Native Time

A HISTORICAL TIME LINE OF NATIVE JAPAN

ネイティブ・タイム

先住民の目で見た母なる島々の歴史

北山耕平

ネイティブ・タイム

先住民の目で見た母なる島々の歴史

NATIVE TIME

A HISTORICAL TIME LINE OF NATIVE JAPAN

目次

装幀：白谷敏夫［ノマド］　鏃の画：菊地慶矩

自分たちが誰だったかを思い出すこと

前書きにかえて

Remembering Ourselves : An Introduction

われわれは　ここにいた、
地球が　若かった　ころから。
われわれが　歩くと
地球は　震えた。
大昔、地球に　生きる　とは
そういう　ものだった。

ローリング・サンダー、亀の島、
西ショショーニ国メディスンマンの言葉

『土地の霊』の妙な点は
その土地に居た古き住民が死にたえ、
あるいは消え去るまでは、
そこに新たに来た者に対して
最大限の影響を与えないでいるという事実である。
——D・H・ローレンス『アメリカ古典文学研究』（大西直樹訳　講談社）より

拙者の信ずる所では、
山人は此島國に昔繁栄して居た先住民の子孫である。
其文明は大に退歩した。
古今三千年の間彼等の為に記された一冊の歴史も無い。
——柳田國男「山男山女山丈山姥山童山姫の話」『山人外傳資料』（筑摩書房）より

母なる地球の歴史は気が遠くなるほど長い。このとてつもなく長い歴史の中で、われわれ人類が登場したのは、実はつい最近のことなのである。大切なことなので、このことはよく覚えておいてほしい。今日までの地球の全歴史を二十四時間に短縮して、例えばそれがある日の午前〇時にはじまったとすると、有機生命体が登場するのは同日の夕方五時頃で、恐竜たちが地響きを立ててやってきたときはすでに夜の十一時三十分をまわっていた。恐竜たちの中から人類が生まれてくるのは、あと二、三秒で深夜十二時になろうかという時間帯だ。

われわれは、ほんの少し前に、ここに、あらわれたにすぎない。

だからわれわれの中の奥深くには、進化してきた過去を全部受け継いでいる部分が、いまだ残されている。たとえ、どんなに、ライフスタイルが、激しく移り変わったとしても、われわれの中には「人間としての最初の生き方」が、当然のごとくインプットされている。いくら文明人を気取ったところで、少なくとも、ここ四、五万年の間は――つまりネアンデルタール人が滅んで新人として生まれ変わって以来――人間の脳みその基本的な部分は、なにひとつ変わってはいないのである。

わたしはかつて、アメリカ大陸の先住民――亀の島に住む人びと――と自分の関係を書き綴って『ネイティブ・マインド――アメリカ・インディアンの目で世界を見る』（一九八八年初版、地湧社）という本を上梓した。その本は幸いにもロングセラーとなり、今でも毎年のように版を重ねている。その本が画期的だったとすれば、わたしたち日本人が「アメリカ・インディアン」と呼ばれて長いこと差別されてきた人たちと、肉体的・精神的・民族的にきわめて近いところにいるということ、そして道に迷って途方にくれていたコロンブスら一行を彼らが見つけるまでは、そこではいわゆる「人間としての最初の生き方」を守ったままの「石器時代」が続いていたことを、白人経由ではなく、自分の目で確かめてきた者の記録だったという点だろう。

もちろんアメリカ大陸のネイティブ・ピープルと一口に言っても、正確にはもともとの国の数だって五百以上もある。中米や南アメリカ大陸もあわせると、言語の種類はゆうに二千を超えるのだ。文化も、信仰も、社会システムも、言葉も大きく異なるそれだけの新旧モンゴロイドの人々を、乱暴にもひとまとめにして「インディアン」とヨーロッパ大陸からの移住者連中は呼んだにすぎない。わたしがそうしたたくさんあった国のなごりのひとつを訪れた時期は、一九七〇年代の末で、その時代はかろうじてまだ、すべての伝統が強権的に断ち切られた暗黒の一九五〇年代を生き抜き、白人化教育を受けないで育った最後の世代が長老として健在だったころのことだった。

もちろん片方では都市への流入と混血が急速に進んで、自分がどこに——なに族に——属しているのかすらもわからない「インディアン」たちが続々とつくりだされている時期でもあった。そしてその後十年ほどで、コロンブスが来たときにはじまった戦争を最後まで戦い続けた世代は、大半が亡くなってしまい、幽霊の道《ゴースト・トレイル》をたどって、彼らが「幸福な狩場《ハッピー・ハンティング・グラウンド》」と呼ぶところへ姿を消した。

そうやってアメリカ・インディアンであるということが「血の問題ではなくて、生き方の問題である」ことを知っていた最後の、プライドを持ってコロンブスが来たときにはじまった戦争を闘い抜いた世代が姿を消すと、そこにたくさんの「ルーツを失ったインディアン」や「わけしり顔でアメリカ・インディアンの教えを売り物にする英語を話す人たち」があらわれたのだ。

その結果、なにが起こったかというと、アメリカ大陸のネイティブ・ピープルの伝統文化は大きく変容をはじめた。それぞれの部族をひとつにつないでいた伝統の聖なる小さな輪は壊れ、北の人たちの儀式を南の人たちがやるようになり、南の人たちの信仰が北の人たちの中に移植されて、あるいは誰のものかもわからないようなニューエイジ・インディアンにとっての新しい宗教が、なんでもお金にかえる魔法を信じる白人と合作で形作られるようになっていく。

もともと文化はダイナミックなもので、このようなインターネットの網が地球をおおいつくしている時代には、誰もそれを昔のような伝統的なもののまま閉じ込めておくことなどできやしないのかもしれない。それぞれのオリジナルな部族というくつもの小さな輪が消えていき、そのかわりに全部を囲めるような別の大きなひとつの輪を信奉する存在としての「アメリカ・インディアン」が生まれるのも、時間の問題だった。その萌芽は、いわゆる北アメリカ大陸でフロンティアが消滅して以来、常にどこかにあり続けた。この百年間、地球の至るところで、自然が失われるにつれて、それぞれに壊れた輪を修復できずに、先祖伝来の伝統的な生き方を守ってきた先住民たちが、姿を消しつつある。しかし残されたみんなをひとつにつなぐような大きな輪はいまだ明確な形を持ち得ていない。この大きく両端の開いたままの輪を、どうやってつなげるか、大きな輪がひとつに閉じて完成するかどうかが、これからの大きな課題となるだろう。

「では、おまえは、そこでなにをやっているのだ?」という声が聞こえてくる。『ネイティブ・マインド』を発表してからのこの十数年間、わたしは自分の頭の中に刷り込まれている何万年もの歴史を遡る作業——われわれが歴史と思い込まされてきたものを、日本列島の先住民の歴史として逆さまの視点から解読しなおす作業——を続けてきた。いうならば、ずうっと後ろに向かって歩き続けたのだ。この地球に残されたネイティブ・ピープルの文化や生き方、五百年なんてほんの「昨日」のこととして話す彼らの歴史観に触れ、そのリアリティの残滓を体験してきたわたしの目には、二千年ほど前――そう、五百年が一日なら、つい四日前のことだ!――に終わらされた日本列島の「縄文時代」は、もはや学問の対象でもなかったし、過去のものでもなければ、未開な野蛮人のもの珍しい生き方でもなかった。それは「生き方を変えることによって失われてしまったもう一つの生き方」にほかならない。アメリカ・インディアンの精神世界においては、過去は常に現在の中にあるとされている。時は、過去から現在を経て未来に向かって一直線に進んでいくのではなく、宇宙にあるすべてのものと同様に、それもまた円環《サークル》を描いている。過去を曇りのない目で見ることは、現在と未来を見つめることでもあるのである。後ろに向かって歩き続けたその先には、未来が見えているのだ。

地球上に存在するネイティブ・ピープルにとって伝統的な「足ることを知る生き方」「ものを持たないために富を放棄する考え方」が主流だった時代には、今のわたしたちのような「足らないことにたいする不安によってドライブされる生き方」「現実以外に崇高なものを求める世界観」はあくまでも「対抗文化」として存在するだけで、それがメインストリームになることは数万年近くなかったと思われる。しかしこの相対する二つの生き方は、さながら陰と陽の関係のように、おそらく人間の歴史のはじめからあり、両者は写し鏡のように危ないバランスをとりつづけてきた。なぜなら誰もが最初は地球のネイティブだったからだ。

だからといって、ここでもう一度遠い昔に帰ろうなどと提唱するつもりは、わたしには毛頭ない。現代世界はもはや二度と「もうひとつの生き方」にあともどりができないぐらい遠いところに来てしまった。誰も採集狩猟漁労だけでは生きていけないし、おそろしくこみいって複雑化してしまった病も、その土地にある薬草を煎じて飲めば簡単に治るという時代ではなくなってしまった。太陽と、月と、星たちを見て時の流れを押さえておけば、社会の約束や締め切りが守れるというものでもない。しかしそれでもなお、世界の先住民たちが伝統的に伝えてきた自然に関する実際的な知識や、心の置き方、シンプルな世界の見方には、今の複雑すぎて混乱している世界の住民にも役に立つものがあると、わたしは信じる。

いまなによりも大切なのは、過去の、つい昨日までの、いまだにかろうじて生き延びているネイティブ・ピープルたちが、いかに自然を——自然なるものを——自然であることを——尊敬し、崇拝して生きていたかを理解することである。われわれの中から、その自然を敬う気持ちが失われていった背景にあるものを知ることである。おそらくそのことを理解することができれば、失ったものが何かを知り、どうやって失っていったかもわかるし、そのときはじめて、われわれも今の急速に脱工業化に向かって変わりつつある世界において、いっさいのものたちのための平和を獲得し、人類と自然の間のバランスをとることができるようになるかもしれない。

しばしばネイティブの人たちが口にする「最初に造物主《クリエイター》に教えられた生き方」というシンプルな生き方は、人間の心の中に強欲の占有するスペースが拡大するにしたがって、その座をもうひとつの「常に満足しない生き方」に譲り渡し、神や仏や王の名のもとに自然の搾取と開発が強引に進められ、限界が見えないまま陰陽が逆転したあとは、かつての主流が対抗文化になって、その対抗文化が最後の残り火をかろうじて守っている現在という地点まで、とうとう到達した。わたしたちは「前の世界の生き方」をこのまますべて、地球から葬り去ってはならない。世界から

「先住民」とされる人々を——生き方のバランスをとり続ける人たちの存在を——消し去ってはならない。もしそんなことが起これば、母なる地球はバランスを失って、それこそ世界に破滅が訪れるからだ。

今こそ、地球に生き残ってきた先住民たちの文化を敬い、その伝えようとしていることに注意深く、謙虚に耳を傾ける必要がある。そこでは日本列島に住むわたしたちが「縄文時代」と呼んで過去のものにしようとしているもうひとつの文明が、まだかろうじて生き延びているのだから。わたしたちはなんとしてもこの破滅を止めなくてはならない。真冬の冬至が、最初の夏のはじまりであるように、わたしたちはひとりひとりが陰陽を逆転させる最初の一滴として「人間の最初の生き方」を世界中に、自分の頭と身体と心の中に求め、ただそこから自分のほしいものだけを奪い去ってくるのではなく、尊敬をもって、それを学びなおし、すっかり切れてしまったかに見える自分の魂と大地とを結びつける作業を、自発的にはじめなくてはならない。

わたしたちは日本人になる前は「日本列島の人間」として自由であり、解放されていて、スピリットとともに生きていた。草や、樹や、石や、空を流れる雲の話す声を聞くこともできた。母なる大地をおとしめることもなく、自然には神秘的な力が存在することを知っていた。今、アメリカのネイティブたちが、アメリカ人になることによって何か大切なものを失いつつあるように、わたしたちは、日本人になることによって——良い日本人であることに一生懸命のあまり——決定的に何かを失ってしまった。わたしたちの精神が母なる日本列島の根っこから切り離されてしまったのだ。わたしたちは母親を喪失したかに見える。神話は奪われ、改ざんされ、気がついたときには父なる太陽が母親だと教育されていた。わたしたちはひっくり返った世界を正しいものとして教育されて育った。

母なる大地にたいする尊敬を失ってアルコール漬けになっているネイティブ・ピープルほど、地球上で哀しいものはない。差別をたくみに操る征服者たちにより、物理的に、経済的に、また精神的に奴隷のような暮らしをあまりにも長期にわたって強いられてきたために、いつしか生きることにプライドも見つけられず、年寄りも、子どもも、女性も、自然も、生も、死すらも、そうしたものをすべて敬い大切にすることもなくなってしまった。かつてわたしたちは「最初の生き方を知る」人間として、人間は人間以外のあらゆるものと調和を保っていかなくてはならないということを知り、すべての生命を敬いつつ地球で生きていたのに、今は、そこから最も遠いところにいる。

みんなもうすうす気がついていると思うが、日本列島の自然は沈黙しつつある。その声を聞く者たちはいったいどこにいるのだろうか? ファッションのようにネイティブ・ピープルの文化やシャーマニズムやアニミズム的なライフスタイルを取り入れて、意味のない空虚な言葉で自分を飾りたてるのではなく、それを生きることをはじめなくてはならない。誰かの力に頼ることもなく、自らが自らの意思で、自分の精神と大地とを結びつける作業にとりかからなくてはならない。

そのための第一歩が、わたしたちから取り上げられて久しく、学校教育においても完全に無視され続けてきた、もうひとつの歴史を学びなおすことにほかならない。彼らの歴史を学ぶのではなく、われわれの歴史を取り返さなくてはならない。歴史はもともと無数のピースからなるジグソーパズルみたいなもので、そのピースを選ぶ人によって、そこに描き出される絵も当然ながら異なる。学校で教わる歴史はわたしたちを日本列島から切り離して「日本人」に改造してしまうためのものでしかない。わたしは日本列島とその周辺部における先住民の歴史や、先住民的な生き方をしてきた人たちの歴史や、先住民であるがために差別されてきた人たちの歴史と、自然の歴史の中から、捨てられかけていた無数のピースを拾い集め、もうひとつの絵を描く作業をこれまで続けてきた。そしてようやくおぼろげながら一枚の大きな絵が見えるかもしれないというところにたちいたった。

ここにまとめたのは、たくさんの書物や資料を参考にしてはいるが、総体としてはあくまでもわたしの目から見た日本列島とその周辺部の先住民たちの歴史である。それはわたしたちが知っている歴史とはまったく異なるべつの世界を描いている。日本列島人である前に日本人であれと教え続けるシステムの中で、日本人である前に日本列島人であれかしとの願いを込めて、わたしはこれらのピースを一つ一つ本書のもととなる原稿の中に当てはめていった。もう一度日本列島に自然を呼びかえそうと願う――夢見る――世代のために、本書は書かれた。自分が誰であるかを知り、そのうえで自分の魂をもう一度母なる地球につなぐためには、あらかじめ消されていた自分たちの歴史を自発的に学びなおす作業がどうしても必要不可欠であるからだ。

地球の先住民たちは、絶滅するかもしれないという大いなる恐怖の中でなお、予言に残されている新しい人々の到来を信じて心待ちにしている。自分が日本列島のネイティブだったころのかすかな記憶を取り戻すためにも、美しい海と森を蘇生させるためにも、自分たちのＤＮＡに刷り込まれている情報を一度プリントアウトして、曇りのない目で読み直してみる必要があるだろう。あらかじめ失われていた地球との絆を回復するために、また、遠い記憶の中で眠らされている物語を再生させるためにも。

この本は、頭から通して最後まで一気に読み進むためのものでもなければ、ましてや年代や出来事を暗記するためのものでもない。覚えたからといって何かいいことがあるとも思えない。この本は、勉強のためなどではなく、ひとつの異なる世界が連綿とこの大地の上でも続いていることをあなたに体験させるための媒介として存在する。本を開いてその中に浸りこんでほしい。ゆっくりと風呂にでもつかるように、時の流れを、体験されんことを、今はただ、伏してひたすらに願うのみである。

北山耕平

イヤー・オブ・ザ・スネーク

追記

本書には、いわゆる「差別用語」なるものがでてくる。どこの国であれ、先住民の視点から歴史を見直す作業をする場合、差別の問題を、何人たりとも避けては通れないからである。日本列島における先住民の歴史も例外ではない。本書に使われている「穢多」「かわた」「非人」「乞食」「部落」「京城」「土人」「旧土人」などの用語は、本来は差別的な意味で使用されてきたものだが、ここではその時代の差別状況を理解するための歴史的用語として、そのまま掲載してある。細心の注意を払いつつ、心を透明にして、そうした言葉の一つ一つに悪いバイブレーションが入らないように注意したつもりであるが、もし事実誤認や、気になるような使い方にお気づきになった場合、躊躇することなく、お教え願いたい。

また亀の島（アメリカ大陸）の先住民をあらわす場合にも「インディアン」や「ネイティブ」という言葉を、文脈に応じて使い分け、どちらかに統一することは意図的にさけた。「インディアン」を「ネイティブ・アメリカン」と言い換えたところで、差別の本質が消えるものでもないし、カナダの先住民たちは当然だけれども「ネイティブ・アメリカン」という言葉を嫌って「ネイティブ・ネーションズ・ピープル」とか「ファースト・ネーションズ・ピープル」という言い方をしているぐらいだ。それにわたしの出会ったほとんどのネイティブ・ピープルたちは自分たちのことを「インディアン」と呼んでいた。きっとどれを使っても、おなじぐらい正しいし、おなじくらい誤っているのかもしれない。またわたしは「部族」や「族」が「民族」よりも文化的に未開な集団だとももとより考えてはいないし、特定の「民族」が普遍のものとして永遠に存在し続けるとも信じてはいないことも前もっておことわりしておく。来たるべき新しい時代には、なんとしても、人間（ヒューマン・ビーイング）も、自然も、自然であるがために差別されることなく、平等に生きていけるような世界であって欲しいとの願いを込めて、わたしはこれを編纂した。

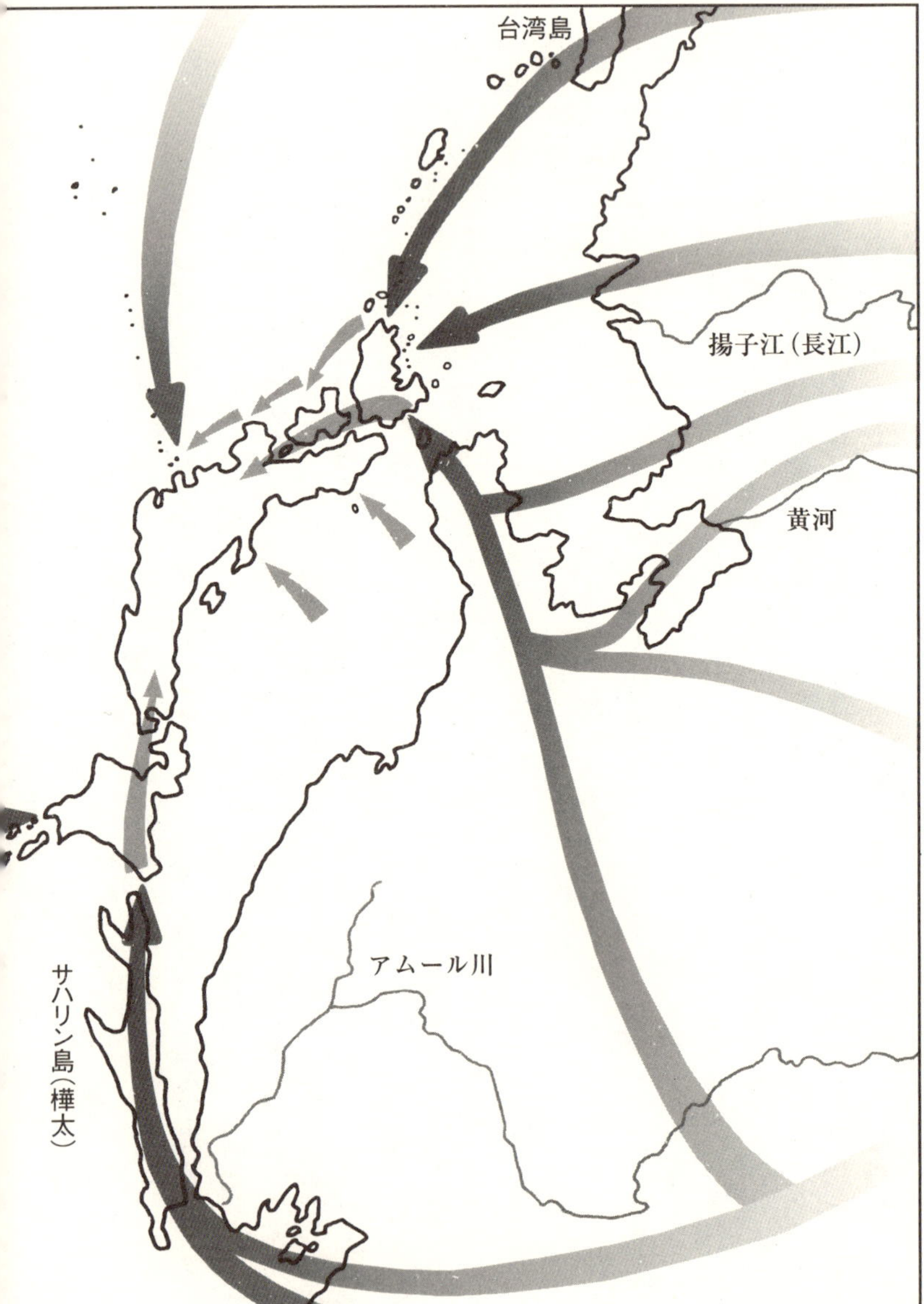
台湾島
揚子江（長江）
黄河
アムール川
サハリン島（樺太）

われわれはどこから来たのか？

——古代日本列島への人とものと情報の流入経路図

［地名・人名などの表記について］

近代になるまでの人名や地名や歴史的な用語などの漢字表記の多くはもともと当て字で書かれており、文献によって異なっていることが多い。そうした場合、できうる限り読みやすいように統一を試みてはあるが、それでもなお幅を持たせて異なる表記を残した部分もあることをおことわりしておく。地名に関しては、調べのついた範囲において現在の地名を〈　〉の中に入れておいた。また近代までの北海道の地名については、それぞれの年代における名称を特定しにくいため、記述方法はあえて統一していない。これに関してもなるべく現在の地名を〈　〉内で示した。

JOURNEY TIME

2,000,000 B.C. - 1,000 B.C.

JOURNEY OF THE PEOPLE

大旅行時代

2,000,000 TO 600,000B.C.

今では中国という国になっているユーラシア大陸の一部に人間があらわれた痕跡が残っているのは、現在わかっているところでは、約二百万年前のことである。しかも地質学的に言うならば、現在ある日本列島各地の大きな平野では、過去二百万年の間に、地盤が最大で三千メートルも沈降したことが明らかにされている。われわれの母なる日本列島は、それだけ激しく動いている、いや、生きているのである。

過去に三回あったとされる大氷河時代には、当然ながら南西諸島を含む日本列島は大陸の一部だったか、あるいはユーラシア大陸から弓なりに伸びた半島だったから、その時に大陸に人間がいたとすれば、その中に何人か、あるいは何家族かが、あるいは特定のヴィジョンを見た部族《トライブ》や仲間《バンド》が、ユーラシア大陸から平野となっていた黄海（現在の水深百三十メートル）を歩いて、あるいは朝鮮半島を経由し、陸地化していた朝鮮海峡（水深百四十メートル）や対馬海峡（水深百二十メートル）を歩いて、太陽の昇る方角へ移動してきていたとしてもおかしくはない。少なくともオオカミたちは家族で、あるいは群れをなして渡ってきていた。

現在の日本列島を構成する島のひとつ、本州島中西部の兵庫県神戸市西区の宅地造成予定地から、この時代のものと推定されるこぶりのゾウ（アカシゾウ・肩高ほぼ二メートル）の化石が出土する。またこのころ今の有明海にあたるところは、ユーラシア大陸東部の大河のひとつである黄河の河口にあたっていて、そこに広大な干潟が広がっていて、ムツゴロウたちがすでに住んでいたのだ。

600,000 TO 300,000B.C.

海面の変化はくりかえし起こったが、海進期には関東平野をはじめとして主要な平野とされるところでは海が大きく湾入していたし、北海道の石狩平野はまだ海で、北海道島は北東部と南西部の二つの陸地に分かれていた。その北東部北海道島の十勝の下美蔓《しもびまん》西遺跡〈上川郡清水町〉ではこのころの地層から剥片石器四点が見つかっている。本州島の内陸では、琵琶湖をはじめとして会津盆地、福島盆地、長野盆地、松本盆地などの山間の盆地に多くの湖があって、それぞれの湖盆は山麓の砂礫や火山の噴出物で急速に埋め立てられつつあった。瀬戸内海にも海水が浸入した。

広葉樹が繁茂していて、気候もおおむね温暖だったらしい。しかし海面が後退していた寒冷期にはかなり寒い時期があり針葉樹林になっていた。パンダも、水牛も、バッファローも、ギボンも、バクも、インドサイも、みんな大陸南部からやってきて、すみついた。瀬戸内海に水はなくて、九州島も四国島も本州島も陸地でつながっていて、対馬と朝鮮海峡を通じて日本列島と朝鮮半島やユーラシア大陸が接続していた。琵琶湖が現在のところにおちついたのもこのころのこと。海洋暖流に近接して、海洋性気候の影響を受けて、低地地帯にも植物が豊かに繁茂して、おおむねすべての生命にとって良好な自然環境だったが、現在の中部関東地方では八ヶ岳が噴火をくりかえしており、火山灰や軽石を広い範囲に降らせ続けた。この度重なる噴火によって、それ以前の人の営みはほとんどが土の下に埋まってしまう。このとき形成された土壌が「多摩ローム層」と呼ばれる地層で、栃木県の葛生町の石灰岩からこの時代のものとされる人骨の一部が見つかっている。

300,000 TO 150,000B.C.

きわめて温暖だったらしくワニが日本列島にあらわれた。ボルネオやニューギニアで産する軟体動物や珪藻の化石も発見されている。ナウマンゾウもやってきた。トラ、シカ、ハイエナ、サイなどもやってきた。九州島の大分県速見郡日出町の早水台《そうずだい》遺跡から、この時代に特有の手法で作られた石器が発見された。そして再び次の氷河期が訪れる。ネアンデルタール人が地球の西半球に登場した。

140,000 TO 130,000B.C.

ひとつ前の氷河時代が終わり、最終間氷期に移行しはじめた気候激変の時代。日本列島と大陸をつないでいた陸橋はことごとく海中に没した。

120,000 TO 110,000B.C.

最終間氷期の氷河が溶け出したことによる海進と、その後の海退で、だいぶ今の日本列島の形に近づきつつあった。朝鮮海峡も、対馬海峡も、津軽海峡も、海になっていた。南からの暖流が日本海に流れ込んでいたことだろう。北海道島は水没した石狩平野を境にしてまだ二つの陸地に分断されていた。ナウマンゾウが広範囲に分布して大いに栄えていた。

日本列島を構成する様々な火山帯の活動が活発な時期で、海岸平野にローム層となる土を降り積もらせた。北海道島の屈斜路湖や阿寒湖はこのころに形作られた。

100,000 TO 40,000B.C.

北緯五十度以南のシベリア南部のアルタイ地方に、剥がしとる石器の形をあらかじめ想定して、計画的に調製と加工をくりかえして作られた石器を作る人たちが、西方よりあらわれた。

富士山、赤城山、大山《だいせん》、阿蘇山などの火山活動が激しくおこなわれて火山灰を厚く積もらせた。鹿児島湾入口付近にあった阿多カルデラ火山も大噴火した。北海道島はユーラシア大陸東北部のシベリアと陸続きであって、現在の襟裳岬のあたりにはマンモスたちがいた。マンモスはヨーロッパ北部、シベリア、カムチャッカ、アラスカに広く分布していた。

地球は——とりわけ北半球はどこも——氷河期に入っていて、海水面が今の標準よりも約百メートルから二百メートル近くも降下していた。韃靼《だったん》海峡（現在の水深十メートル）も宗谷海峡（水深六十メートル）も陸地化し、サハリンと北海道はシベリアから突き出した巨大な半島だった。このころのハンター（狩人）の存在を明確に裏づけるかのように北海道島中央部の由仁町では、傷跡が人為的につけられたオオツノシカの角の化石が発見されている。

のちに日本列島となるところにはおもに温帯型の森林が広がり、ゾウ（ナウマンゾウ）、カモシカ、シカ、オオツノシカ、トラ、ヒョウ、ヤマネコ、バッファロー、アナグマなどが生息していた。九州島北部の遠賀川流域の東から西に伸びる丘陵上の辻田遺跡〈福岡県北九州市〉で、凝灰岩などで作られた尖頭器や錐様石器が出土しているが、この時代のものとしては西日本ではじめてのものとなる。ニホンザルやタヌキやアナグマなど、現在の日本列島土着の哺乳動物はこの時期に西の陸橋を渡ってきた。

ちょうどこのころから、ユーラシア大陸と新大陸をつなぐ陸橋を渡って、北アメリカ大陸にも人々が住みはじめる。その人たちは小さな集団で、石の矢じりのついた槍とわずかな身の回り品だけを持ち、大型動物を追って東や南へゆっくりと旅を続けた。ニューメキシコ州アルバカーキ近郊のサンディア山の洞窟からこの時代の遺跡が発見されている。

35,000 TO 30,000B.C.

気候がいちじるしく寒冷化、乾燥化した。森林限界線が現在の北海道島南部あたりまでさがっていて、北海道などはほとんどツンドラ状態だった。海水面は低下し、周辺の大陸棚や、宗谷・津軽・対馬・朝鮮・韃靼《だったん》の諸海峡も、瀬戸内海も陸化して、川はその上に段丘を形作りながら次第次第に深く刻んでいった。その結果、現在の日本海は、海面の低下によって湖になっていた。陸橋が出現し、そこをつたって小型のウマ、ヘラジカ、オオツノシカ、オーロクス、バッファロー（バイソン）などの北方の寒冷な草原で生きる動物たちも南下してきた。それを追いかけて北からハンターたちも到来する。本州島東北部あたりから、これまでのものとはまったく異なる材質や製法の石器が登場するのだ。それ以前は、安山岩や珪質凝灰岩などを割って作った石器だったが、このころから珪質頁岩《けつがん》や黒曜石などを素材とした石のナイフなどが使われはじめる。それは道具の革命であり、それまでとはちがう人たちの到来を意味する。

同じ本州島の山形県飯豊《いいで》町の海抜四百メートルのところにある上屋地《かみやち》B遺跡からハンド・アックス（握槌）、斜軸尖頭器、チョッパー（片刃礫器）、チョッピング・ツール（両刃礫器）などが見つかっている。

30,000 TO 16,000B.C.

黄海は平野化しており、朝鮮陸橋、対馬陸橋からも大型哺乳類を追いかけて渡ってくる一群があったし、南の琉球陸橋を渡ってきた人もいたことだろう。琉球陸橋とユーラシア大陸の間には、黄河や揚子江の水をたたえる沖縄トラフとなる大きな内海がひろがっていた。九州島の大分県神野洞穴遺跡からは炉の跡や焼いた獣骨が発見されているし、九州島の南、徳之島の天城《あまんぐすく》遺跡では石器が、さらにそこから百五十キロ北上した種子島にも、このころのものと思われる石で蒸して料理をした跡が残されていた。

地球の各地で、天候の急激な変化に適応できなかったネアンデルタール人などの、いわゆる「旧人」、つまり「直立原人《ホモ・エレクトス》の子孫」が絶滅しつつあった。愛知県豊橋市の郊外の牛川鉱山でこの当時の女性の上腕骨の一部とされるわずか五センチほどの骨が、岩の割れ目から発見されている。そのすぐそばから同じ女性の左の大腿骨の一部も発見された。調査ではネアンデルタール人のものとよく似ているらしい。日本列島の中では古いタイプの人間（旧人）と、新しいタイプの人間（新人）がぶつかりあって、さまざまな文化変容が起こりはじめた。当時は、豊かな森――スギを中心にする森――におおわれた大地がひろがっていた。

大陸との間にはすでに南からの陸橋は消えつつあったが、北海道島はしかし、氷結や陸橋のためにユーラシア大陸北東端の現在のサハリンや沿海州と、そしてクリル（千島）列島と、さらにその北のカムチャッカ半島とも、そして北アメリカ大陸とも、地続きでつながっていた。シベリアのバイカル湖の西にマンモスを追いかけるネイティブ・モンゴロイドの一群が登場する。気候は寒冷化に向かっていた。

トナカイやマンモスとともに生き、火を使い、防寒具を持ち、夏と冬でタイプの異なる縦穴式の簡易住居を使い分ける彼らは、住居の中央には炉、木の枝で骨組みを作り、トナカイの角や薄い土の層で補強された毛皮で全体をおおい、板状の石や大きな骨で半地下の部分の土壁を強化していた。狩猟用の道具もいちじるしく発達した。マンモス、ケサイ、トナカイ、ホッキョクギツネ、バッファロー、ウマ、クズリ、ホラアナライオン、シベリアオオカミ、シベリアヤマネコ、マウンテンゴート、鳥や魚の大量の骨が出土している。連中はマンモスの牙で小さな女性の像を作ったりするなかなかのクラフトマンたちだった。このマンモスハンターたちが北からのルートで草原と森のひろがっていた現在の北海道島までやってきていた可能性がある。

やがて刃を植え込んだ尖頭器が考案される。石刃が小さくなり、槍の先に使えるように両面を加工した細石刃を作りだす技術が完成された。この細石刃は、剥がしとる作業面が楔形をしていた。この技術は、シベリア全域のみならず、中国北部、朝鮮半島、日本列島、北アメリカ大陸にまで及ぶ。さらにこの細石刃を詳しく見ると、地域的なまとまりが見受けられるという。それらは「エニセイ川以西」「アンガラ川流域と後方バイカル」「バイカル北部」「レナ川中流域」「アムール川上流域と蒙古と中国北部」「朝鮮半島と日本列島南部」「沿海州と日本列島北部」「カムチャツカ半島」「アメリカ大陸北部」の九つのグループに分けられている。

当時、海水面は少なくても現在の水準から百メートル前後から百四十メートルほどは降下していた。つまり、現在水深が百三十メートルから百五十メートルのところにあるいわゆる大陸棚の外縁部までが陸地だったということである。これはどういうことかというと、サハリン、北海道、本州、九州は大陸から南に向かって突き出した巨大な半島であり、現在の瀬戸内海も、黄海もほぼ完全に干上がった平原で、沖縄諸島もユーラシア大陸の一部だった。

現在の九州島南部の鹿児島湾（姶良《あいら》カルデラ）あたりが大噴火をくりかえし、いわゆる「シラス台地」ができると同時に、広い範囲に火山灰を積もらせた。本州島北部にまでこのときの火山灰が積もっている。このころ、朝鮮半島から剥片尖頭器と呼ばれる穂先のついた槍を持つ人たちが、湖状態の日本海から東シナ海に流れ出る川を渡って到来した。北海道島と本州島の間にある津軽海峡や、日本列島と朝鮮半島の間にある朝鮮海峡は、この時期にできあがりつつあった。

静岡県の浜名湖の北岸三ヶ日町只木〈引佐郡〉というところではアナグマやオオツノシカやナウマンゾウやヒョウなどの骨とともに、人間の頭骨と骨盤と大腿骨の破片が発見されている。またこの三ヶ日からさらに東にある静岡県浜北市根堅からもヒョウやアナグマやシカやニホンザルの骨とともに人間の頭骨と上腕骨と鎖骨と骨盤など多数の骨片も発見されている。三ヶ日の人も、浜北の人も、のちの調査から旧人ではなく、わたしたちとおなじホモ・サピエンスであることがわかっている。

また沖縄本島島尻郡具志頭村《ぐしかみそん》の石灰岩台地の割れ目で発見された保存状態のよい九体の人骨（港川人）も――一人は四十歳前後の男性と確認されているが――このころの人たちとされていて、この人たちは人類学的には東南アジアに起源を持つ集団で、モンゴロイドの一員とされており、中国南部から台湾島を経ていわゆる照葉樹林帯の縁を沖縄まで北上してきたらしい。男性の身長は百五十センチ代前半で、女性はそれよりも十センチほど背が低い。

大阪府の南東部には、この当時の石器を作っていた特別な石切場の跡がある（翠鳥園《すいちょうえん》遺跡）。数百点のナイフ形石器のほか、多量の石片や石屑、未完成品、失敗作など、石の細工をするネイティブたちの工房の様子が手にとるようにわかる。

現在東京都に属する伊豆七島の神津島は、この時代に海水面が最低になっても本土とは陸続きにならない島のひとつだが、この神津島産の黒曜石が、このころ関東平原南部、伊豆、駿河一帯に、海洋交易の結果として広まっている。北海道島の白滝、置戸などが原産の黒曜石は、北海道島から津軽海峡を渡った本州島北端部の青森県まで、隠岐之島原産の黒曜石は、本州島南西部の若狭から出雲にかけて、九州島の腰岳原産の黒曜石は、九州島全域から周防、四国島西端まで広まっていた。同じように、本州島中央部、現在の長野県長門町鷹山地区にある遺跡群は、霧が峰や八ヶ岳一帯の黒曜石鉱山として、当時の採掘現場をそのままに残している。明らかに特別な場所と認識されていたようで、この遺跡のそばには住居跡や日常生活につながるような遺跡は存在しない。あきらかに特別な石を採るための場所なのだ。ここの黒曜石も関東平原など広い範囲にまで広まっていた。石製のナイフを使いながら広い行動範囲の中、狩猟と採集と交易の移動の旅を続けるネイティブ・ピープルたちの姿が浮かび上がってくるだろう。

日本列島本州島北西部、信濃川中流域の下モ原I遺跡と、そこから段丘をはさんで六百メ！トルほど離れた井尻A遺跡から、頁岩《けつがん》製のナイフである彫刻刀形石器本体と、そのナイフの切れ味が鈍ってきたためにさらにそれを叩いて新しい面を出した刃先の部分が、別々に発見され、それらの石片が接合することも確認されている。

このような石のナイフを自在に使う文化は、爆発的に本州島東部から東北部に多く広まっていることから、その人たちは寒冷な気候に順応していたと思われる。日本列島において、縦長の石のナイフが出土するのは本州島中部地方——八ヶ岳周辺の高原地帯——以北の東部地域に限定されているが、横長の石のナイフや、剥片尖頭器は西部に集中する。この違いは、研究者の調査によれば、ネイティブ・ピープルが暮らす生態系の違いによるもので、それぞれ生活をなりたたせていた森林の相違ということになる。異なる二つのタイプの森の人々の存在が浮かび上がってくるだろう。

中部山岳や、中東部から北にはゴヨウ、カラマツ、コメツガ、トウヒ、モミなどの亜寒帯針葉樹林が、関東平原にはそうした針葉樹の中にハンノキやコナラ、ブナ、ハシバミなどの落葉広葉樹が混在していた。本州島東北部JR東北本線の長町駅の西に広がる仙台市富沢遺跡の地下五メートルのところには、この時代の森林が埋もれている。トウヒ、グイマツ、モミ、ハンノキなどの根株や幹、ハンノキやヤナギの葉っぱ、チョウセンゴヨウの種子、シカの糞、野営の跡——キャンプ・ファイアーの跡の周囲に、肉や皮を切ったことがわかるナイフ形石器や、石器を作るときに出る剥片など——が発見された。誰かが獲物を追ってこの地に至り、夜になったので焚火をおこして野営をし、肉を切って食事をしたあとで、刃のこぼれた石器を補うために新しい石器を作っているところが想像できる。青森県の木造町出来島ではこの時代の地層からとてつもなく広い針葉樹の埋没林も発見された。

亜寒帯針葉樹林をテリトリーにするネイティブ・ピープルと、落葉広葉樹林をテリトリーとするネイティブ・ピープルは、ともに森に暮らすハンターでありながら、文化的には大きく分かれていたと思われる。

亜寒帯針葉樹林にはカバノキやマツが多く、とくに白樺などカバノキ属の樹の下には「ベニテングダケ」学名「アマニタ・ムスカリア」が多く自生しており、このおそらくは世界で最も人間とのつきあいが古い幻覚性キノコが、そのエリアに暮らす人たちの精神生活に与えた影響を無視してはならない。

現在の日本列島の東北部に、のちに水田稲作とともに、意識に影響を及ぼし酩酊状態を作り出すエージェントとして酒アルコールが持ち込まれる以前、意識を変えるために、異なる意識の状態を学習させるために日常的に用いられたエージェントは、おそらくこの「ベニテングダケ」であったと想像されるからだ。それは人類がこれまでに使った幻覚誘導物質としては最も歴史の古いものである。旧世界と呼ばれる地域では、この「ベニテングダケ」というキノコが「神という概念」を形作るのに貢献したことは想像に難くない。特に日本列島の北部や東北部と強い関係があるサハリン沿海州や北東や極東のシベリアにおいては、この「ベニテングダケ」にたいする信仰が、例えば北東シベリアではチュクチ族、ユカギール族、カムチャッカ半島のコリヤーク族などのかなりの古アジア・モンゴロイド系少数民族にあったことが記録に残されている。

そういう部族ではこのキノコをそのまま食べたり、トナカイのミルクや、野菜ジュースに混ぜ

15,000 TO 13,000B.C.

て飲む風習があった。チュクチ族では、「ベニテングダケ」をそのまま か、あるいは乾燥させたものを食べるのだが、特に乾燥したものを食べる場合、女性が口の中で唾液によってこれに湿り気を与えたものを男性が食べたといわれる。それぱかりか、キノコを食べた男性の尿を再びみなに回して飲んだといわれている。キノコの持つ幻覚性分は、全部が身体に吸収されてしまうのではなく、余分な分は成分を損なうことなく再び尿の中に排出されることがわかっている。少ない数のキノコでより多くの人たちが異なる意識を体験するための知恵だったかもしれない。

シベリアにおいて石器時代人の残した岩絵が発見されているが、その中にベニテングダケを頭に付けた人間の絵がある。チュクチ族の神話には「ベニテングダケ族」と呼ばれる人たちの存在を教えるものがあって、この「ベニテングダケ族」の人間は、このキノコを食べて違う意識の中にあるときにだけ見えるとされる。人間として見える「ベニテングダケ」の数は、人間が食べた「ベニテングダケ」の数に等しいといわれている。つまり、一本の「ベニテングダケ」を食べると、一人のベニテングダケ人が、三本食べると三人の「ベニテングダケ人」が見えるのだ。

最後の氷河期のピークにあたり、海水面は現在よりも百数十メートル低いところにあった。氷河期といっても地球がすっぽり氷河におおわれていたわけではない。地球全体で見ればヨーロッパ北西部と北アメリカに大陸氷ができただけで、残りの七十パーセントは緑におおわれていたのだ。このころベーリング海峡は陸続きになっていた。しかしゆっくりと海水面は上昇の兆しを見せてはいた。カムチャッカ半島にも人が住みはじめた。中国大陸江南の長江（揚子江）中流域の森に囲まれた土地で土器の使用がはじまった。

　本州島西北部の日本海側の多雪地帯には豊かなブナやナラの林がひろがっていた。人々は林に囲まれて暮らし、ヒシの実を採ったり、ドングリを採集したり、狩猟をおこなっていた。初期の農耕がはじまっていた可能性もある。人々は家族で暮らすことを覚え、社会を作りはじめていた。本州島中央部、関東平原の北部山岳地帯、群馬県赤城山南西麓の小暮東新山《こぐれひがしあらやま》遺跡で、直径三メートルのほぼ円形の縦穴住居《アース・ロッジ》跡が発見されている。現在の標高で三百メートルほどのところで、七本のポールを柱にした、おそらくはネイティブ・ピープルに特有のティピ状のソフトハウス（円錐形天幕）と想像され、その形状から出入口は東、太陽の昇ってくる方角に向けられていたようだ。またこれとおなじようなものが関東平原の南部にひろがる丘陵地帯、相模川中流域の田名向《たなむかい》原《はら》遺跡〈神奈川県相模原市〉にもある。

　青森県の東津軽郡蟹田町の大平山元《おおだいやまもと》Ⅰ遺跡からは、日本列島最古の土器が出土。九州島北東部の、標高二百四十メートルの岸壁に口を開けた鍾乳洞の聖嶽《ひじりだき》洞窟遺跡〈大分県本匠村〉からは、この時代の人骨の一部——足の骨の一部、頭蓋骨片、肋骨の一部、奥歯——とその人物が使用したと思われる細石器が発見されているし、静岡県の休場《やすみば》遺跡からは石で囲った炉が原形を保ったまま二つ発見されているし、九州島の薩摩半島南東部の水迫《みずさこ》遺跡〈鹿児島県指宿市〉からは縦穴住居《アース・ロッジ》群や道路状遺構、住居西側の石器製作場、杭の列などがまとまって出土して、たとえ土器は存在しなくとも、すでに定住化に向かうある種の文明を持った集落の存在が浮かび上がった。

北海道島とユーラシア大陸をつないでいた陸橋が姿を消し、韃靼《だったん》海峡や宗谷海峡ができた。このころから本州島の東北部で土器が使われはじめる。

12,000 TO 10,000B.C.

氷河期が終わりつつあり、地球は急速に温暖化に向かっていた。シベリア南部のツンドラ地帯は次第にステップ地帯となって、南の方にいた野生の動物たちが季節にあわせて渡りを繰り返すようになった。そしてこうした鳥や動物たちの渡りにあわせて移動する一群の人々があらわれる。当時はサバンナ状態だった北アメリカ大陸の大平原にも薄手の両面加工されたきわめて美しい尖頭器（石の穂先）や石のナイフを作る人たちが登場した。この先住民たちは北アメリカ大陸を「亀の島」と認識していた。

日本列島においては、針葉樹と落葉広葉樹の混ざりあった森林が、自然とともにある人間が生きていくのに必要なものすべてを与えてくれる森林が、本州島の低地にもまだ茂っていた。そして海面が——年間一センチメートルというスピードで——上昇を続け、北海道は島となり、やがてその北海道島もほぼ二分されて、石狩平野はまた海となった。北海道島でもこのころから土器が作られはじめる。月桂樹葉形のポイントのついた石槍を手にした人たちもあらわれる。九州島、長崎県の泉福寺洞穴からも土器出土。富士山がさかんに噴火し溶岩流を大量に流出した。海水面の上昇で日本海に流入する対馬暖流の量が次第に増加して、その結果水蒸気の供給量が増え、日本海側の斜面でたくさんの雪が降るようになってきた。

9,000 TO 6,000B.C.

海面の上昇により北アメリカ大陸とユーラシア大陸をつないでいた陸橋が消滅して、幅およそ九十キロメートルにおよぶベーリング海峡ができ、アリュート族とイヌイット（エスキモー）族の文化が分離した。シベリアでマンモスを捕って食料にしていた狩猟民の最後の集団がマンモスを追って新しい大陸に渡った。この人たちが北方インディアンの一部種族の祖先となった。シャイアン、アラパホ、ブラックフット、グロス・ヴェンチュラなどのインディアンの諸部族は、学問的にはアルゴンキン語族と呼ばれるネイティブ・アメリカンの言語圏に属するが、このアルゴンキン語を話す人たちの間に、凍りついた大きな水の上を渡っている途中にその氷がふたつに裂けて、一族が右と左に永遠に分かれざるをえなくなったとする伝承が残されている。それがベーリング海峡を渡った祖先の記憶であると主張するネイティブもいるぐらいだ。おなじとき、ベーリング海峡を越えてアリューシャン列島に入った人たちもいた。太平洋とインド洋の間にあった大きな大陸が、インドネシアとニューギニアとオーストラリアに分離した。北米南西部の先住民たちが野菜などを擂《す》りつぶして加工するフード・プロセッサーとしての石器道具を使いはじめた。おそらく大型の狩猟動物たちが姿を消しつつあったために、ライフスタイルの変更を余儀なくされたものと推測される。このころから墓が作られるようになることから、ネイティブ・モンゴロイドに文化的な大きな革命が起こった可能性がある。この文化革命は意識のネットワークを伝って、おそらくすべてのネイティブ・モンゴロイドに広まったことだろう。

対馬暖流の本格的な流入で、本州島東北部がブナやナラなど温帯の落葉広葉樹の――コナラ、クリ、クヌギ、モミ、ツガなどの――生育に適した風土になった。きわめて精密な石の矢じりの出現が見られる。弓矢や槍が普及した。魚網につけるものらしい打ち欠き式石錘が盛んに使われるようになった。植物繊維を編んだ袋物も使用していた。縦穴住居。磨製石斧の使用。犬を飼っていた形跡も出てきた。

北海道島で恵庭《えにわ》岳、樽前《たるまえ》山が噴火し、支笏《しこつ》湖がカルデラ湖としてできあがり、勇払《ゆうふつ》平野が形成される。南シベリア方面からもたらされたアルタイ・ツングース系北方文化の影響を色濃く受けて細石刃と呼ばれた石のナイフにいろどられる新しい道具の時代がはじまった。この細石刃の文化は、環日本海的な文化であり、朝鮮半島でもソウル市のソクチャンリ遺跡やピョンヤン市のマンダルリ遺跡から出土する。おそらく北のルートからも西のルートからも人びとが日本列島各地に入ってきたと見られる。西は朝鮮半島南端から対馬、壱岐、九州島北部へ。北はオホーツク海を渡ったアムール川流域の大陸から北海道島東北部へ。

そしてこのころ、同じ北海道島の南端部、現在の函館市の函館空港遺跡群の津軽海峡を望む丘陵の上に、津軽海峡をはさんだ本州島北端部の青森県深浦産の黒曜石や、これも青森県の同時期の遺跡から出土する貝殻で模様をつけた土器の破片などと一緒に、五百年近く続いたと思われるネイティブ・ピープルの一大集落が出現するのだ。なんと縦穴住居《アース・ロッジ》の跡だけで全部で六百軒近くもある大集落の——部族の国の——出現である。

本州島東部の神奈川県横須賀市夏島にある貝塚遺跡からは、日本列島で一番古い犬——南方系の小柄な犬——の骨と、このころの糸を撚《よ》って文様をつけた土器が出土。丈夫な土器を焼くために高温の火を扱う技術が北海道島、本州島東北部などからゆっくりと南に広まっていった。日本海に浮かぶ孤島であり、鳥海山の山頂部が噴火の際に吹き飛んでできたと言い伝えられている飛島《とびしま》にも、このころの土器の出土した遺跡がある。高温の火力を扱う技術は、日本海を経由して大陸からもたらされたものらしい。

ようやく火山活動が沈静化して富士山が現在の富士山のような美しいコニーデ形になった。本州島東部の関東地方と今では呼ばれるあたりでは、人々が食糧源を求めて海へ進出を開始した。その結果海産物や貝製品が交易品として使われはじめ、しばらく——これから二千年近く——は、それらが大へんにもてはやされた形跡があるが、その後は海産物による交易も沈静化していく。本州島西部、山口県萩の北東、日本海沿岸阿武町宇生賀《うぶか》あたりでは、このころソバを栽培していた。気候がゆっくり温暖化した。

本州島東北部から津軽海峡をはさんで北海道島の渡島《おしま》半島部にかけて円筒土器が用いられていた。津軽海峡をはさんだ往来はかなり自由におこなわれていたようだ。このころより日本列島全域において、洞穴や洞窟などの岩陰住居にかわって、露天に住居を設営する「縦穴住居」と後世に名づけられたアース・ロッジや、本州島北部から北東部に特有の巨大な縦穴住居であるロングハウス、アメリカ・インディアンのウィグワムと呼ばれる小さなこんもりとした丸い塚のような簡易住居にも似たスタイルのソフト・ハウスが目立つようになり、海岸地方において、ハマグリ、カキ、オオノガイ、アカニシ、オキシジミ、アサリなどを主体にする海水産貝塚をともなう遺跡が激増しはじめる。貝をたくさん集めて天日で乾燥させることが生活の大きな部分を占めていたようだ。また本州島中央部の野尻湖〈長野県〉では死者にトチノキ属やカエデ属の花を捧げる風習も見られた。

　食料資源としては、ニホンジカ、イノシシなどがメインのタンパク源になっていくが、海浜では貝類や、水辺ではサケやマスなどの魚類が、そして森の近くでは貯蔵穴に貯えられたドングリやクリなどの木の実や種も忘れることができないだろう。このころより落葉広葉樹林帯に生活の舞台が移る。日本列島のこの時代の先住民はドングリなどを日常的に好んで食べたことは間違いない。上手に作られたドングリのスープほどおいしいものはなかったと思われる。彼らはドングリの苦味を取り除く方法も、地面に穴を掘って貯蔵する方法も心得ていたのだから、ドングリは主食だったとみるべきだ。そして秋には群れをなして川を遡上してくるたくさんのサケやマスもつかまえた。サケやマスが多くとれるところではサケやマスが主食とされていたことだろう。そうしたサケやマスが多く遡る川としては、太平洋岸では南限が中部地方の木曽川どまりぐらいで、もっとも多かったのは関東地方の利根川以北だし、日本海岸では鳥取県の日野川あたりが南限ではないかとされる。

　伊豆の大島、御蔵島にこの時代の人が生活した跡が発見された。伊豆の島と本州島東部をつなぐオオツタノハガイ製のブレスレッドなどの貝製品や黒曜石を運ぶルートがすでに確立していた。本州島東北部の日本海側で豪雪が降るようになったのはこのころから。沖縄本島の読谷村《よみたんそん》の渡具知《とぐち》東原《あがりばる》遺跡から打製石器とともに爪形文様のある土器が見つかっている。

　世界的に気温の高い時代をむかえて、北アメリカ大陸ではメキシコ高原でトウモロコシなどの植物栽培がはじまり、中国では長江（揚子江）の中下流域において、水田による稲作がはじまっていた。現在の中国浙江省余姚《よよう》市寧紹《ねいしょう》平野にある河姆渡《かぼと》遺跡では、動物の肩甲骨のようなものに穴を開けて紐をつけて引っ張る鋤のような農具や、炭化したコメ——インディカ種、ジャポニカ種の二種類のコメ——などが出土しており、すでに水田稲作の技術がかなり進んでいたことをうかがわせる。本州島では西のはずれ、現在の山口県萩の周辺でアワやキビ、そしてソバなどが栽培されていた。

5,500 TO 4,000B.C.

気候の温暖化がピークを越えてその勢いがゆるやかになってきた。海面の上昇は止まったが、海は現在の海岸線の位置を越えて内陸深く湾入して、日本列島のいたるところに入り組んだリアス式海岸が形作られた。トロピカル前線が全体に押し上げられており、中国では黄河のほとりまで竹が生えて水牛が遊ぶ南方的な風景だったし、日本列島でも海水の表面温度は今よりも三度ほど高く、本州島南岸では黒潮の勢いがことのほか強くて、現在の房総半島あたりでも珊瑚礁が生育していた。

九州島薩摩半島の南海上の硫黄島付近にあった鬼界カルデラ火山から噴煙が立ち上り、これに続いて火砕流をともなう噴火が二回生じたのち、最後のとてつもなくすさまじい噴火が起き、膨大な量の火山灰や軽石や岩のかけらを空高くに吹き上げた。大量の火砕流が流れ出して周辺百キロメートルを一気におおいつくしたといわれる。噴火によって日本列島の西南部の広い範囲が大きく揺れた。そしてこの噴火で発生した大津波が九州島南部沿岸地帯を急襲した。地球の天候にも影響を与えたことだろう。九州島でも池田カルデラ火山、開聞岳、霧島山なども前後して噴火した。このときに広範囲に広まった火山灰の下に、当時九州島に広まりつつあった貝殻で模様をつけた土器を使用する人たちなど、いくつかの独特の土器を残したネイティブの文化が消えてしまう。しかしその後百年ほどすると、それまでとは模様のつけかたの異なる東国スタイルの土器を作る人たちや、朝鮮半島に起源を持つ幾何学文様の施された土器などが九州島に普及しはじめる。

日本列島ではこの時代、土器の様式がはっきりと異なる九つの地域文化――部族伝統社会を基盤とした九つの大きな国――が存在したことがわかっている。(A)北海道島の道北・道東地域、(B)北海道島の道南・本州島東北部地域、(C)本州島東北中部地域、(D)関東東部地域、(E)関東南部・伊豆半島・中部山岳南部地域、(F)中部山岳北部・佐渡地域、(G)本州島西部・能登半島・紀伊半島・瀬戸内・四国島・九州島北東部地域、(H)九州島西部南部・種子島・屋久島地域、(I)南島地域であるが、このうちの(A)北海道島の道北・道東地域の部族はシベリア・アムール川流域や沿海州の北東アジアとの強いつながりを示唆している。

このころそれ以前の東日本にかわって、九州島や四国島などにある洞穴遺跡や岩陰遺跡で海産品や貝製品の出土が大量に増えはじめた。丸木舟(カヌー)を櫂《かい》で漕ぐ人たちの登場だった。本州島の大部分が常緑樹林でおおわれており、日本列島はどこまでも緑の小さな大陸であった。本州北端部の陸奥湾に面した青森県三内《さんない》丸山遺跡〈青森市〉で、千五百年続くネイティブ・ネーションの巨大集落が作られはじめる。本州島東北部の一部で抜歯の風習がはじまる。焼失跡のある縦穴住居が目立ちはじめた。「死者を送る葬式の儀礼として家を焼く風習がはじまった」と主張する人たちもいる。

西アフリカのニジェール原産のヒョウタンがエジプトから中近東地方、インドを経由して、東南アジアに広まった。北アメリカ大陸でもメキシコでヒョウタンの栽培がはじまる。中米ではサツマイモの栽培もはじまり、南米大陸ではインカの人たちがジャガイモ栽培を開始した。極東アジアでも日本列島の本州島では、岡山県の朝寝鼻《あさねばな》貝塚〈岡山市〉のこの時代の地層から、イネのプラント・オパール（イネ科の植物の葉に含まれる機動細胞珪酸体の微小化石）が発見されている。おそらくは陸稲であり、雑穀栽培のひとつとしての稲作がすでにおこなわれていたと推測できる。

中国では、東方の長江と淮河《わいが》の流域一帯に「夷《い》」と総称される多くの民族が存在していた。「夷」という漢字は「弓を持って狩猟をする人」をあらわす。その後、「東夷《とうい》」と呼ばれる夷の中でも東側で勢力を得た集団は山東半島一帯に勢力を拡大していく。彼らは長江、淮河流域から黄河の下流域までを居住地として、九つの支系に分かれていたことから「九夷」と称された。九夷とは、方夷、黄夷、白夷、赤夷、玄夷、風夷、陽夷、莱夷、嵎夷であるとするが、島に暮らす島夷とか淮河の中下流の淮夷や徐夷なども記録に出てくる。夷というからには、弓矢を常に携えている人たちだから、山河や海で獣や魚を獲るのに弓矢を使った一族のことだろう。

本州島中部山岳地帯で、のちにフォッサマグナと呼ばれることになる糸魚川—静岡構造線を構成する断層が動いたために大地震が発生したようだ。長野県茅野市の阿久尻遺跡からこの時代の縦穴式の一般住居とともに、二十棟にわたる方形柱穴列が発見され、さらにこの四角い穴の列を目指して大きな鉈を何回も振りおろしたような地割れの跡が見つかったことでわかった。九州島宮崎県の永迫《ながさこ》第二遺跡〈東諸県郡高岡町《ひがしもろかた》〉では、石にシカの角などで穴をあけて磨きあげた抉状《けつじょう》耳飾り、円形のイアリングも出土した。

二千四百年後に「ヘイール・ボップ彗星」と命名される巨大彗星が天空に出現。はるかのちにキリスト教会によって定められた「世界が創造された年」は、このころ、正確に言うと「紀元前四千四年十月二十六日午前九時ちょうど」とされている。

4,000 TO 3,000B.C.

地球の気候がかなり寒冷化してきた。中国の雲南省ではカレン族がビルマ方面に南下した。バイカル湖南部沿岸地域の禿山地帯からツングース満州語を話す最初の集団が東に移動し、のちに女真《じょしん》族の中核を形成する。このころ西北朝鮮、中部朝鮮、南部朝鮮から、櫛目の文様を刻み込んだまったく新しい土器製作の技術を持った人々が、九州島の北部〈佐賀県〉や西部〈熊本県〉に渡来しはじめていた。石を削って「C」の形に作られた耳飾りが流行していたようだ。この耳飾りの製作遺跡が、長野県北部、新潟県西部、富山県東部、石川県、福井県地域でしばしば見つかるが、この時期同じ形をした耳飾りが中国の揚子江下流域の江南地域からも出土する。

富士山の新しい火山活動が活発化した。このころ本州島から北海道島への文化的な影響も強まっていく。本州島東北部、青森県の三内《さんない》丸山の遺跡を残した人たちのネイティブ・ネーションが最も栄える時代となる。計画的で大がかりな造成工事、最大で百軒ほどの住居群の中央を東西に道路が走り、墓穴群や倉庫らしきものが建ち並びはじめた。直系一メートル近いクリの巨木を使った建築物もこのころできた。ネイティブ・ピープルの作る土器の模様が抽象化し、朱色や赤色塗料による文様描写がひろまった。儀礼用具と見られる特別な石器も製作されはじめた。

村が大きくなったような小国家が各地に点在していたらしく、岩手県の御所野《ごしょの》遺跡〈二戸郡一戸町〉からも縦穴住居群五百棟以上が、茨城県の南三島遺跡〈竜ヶ崎市〉からは四百軒以上の、神奈川県の岡田遺跡〈高座郡寒川町〉からはおそらく千軒を越えるであろう大住居群が、発見されている。山形県の一ノ坂遺跡〈米沢市〉は当時の石器製作工房があったところといわれるが、興味深いのは全長四十六メートルもある長楕円の工房としてロングハウスが建てられていたこと。床面下からは百万点を越える剥片が出土した。このころ装身具類の数が増える。岩手県の上野《うわの》遺跡〈二戸郡一戸町〉からは狼の頭の形をした縦横五センチ厚さ二センチほどの粘土製のペンダントヘッドが出土。この時代の土器の多くはシンプルな作りの物で、特別な模様があったり形が変わっているものは明らかに特別な目的——呪術や祭祀——のためのものであるようだ。土器はどれもそれを製作した人の才能や趣味のようなものをきわめてよく反映している。あまりにも手の込んだ作品が多く出土するために、当時には土器専門の製作者集団が存在したのではないかという意見もあるほどだ。おなじような土器を作りつづけたアメリカ・インディアンの部族においては、伝統的に土器作りは女性の仕事と決められていた。

祭り用の土製面が出土したのは滋賀県の正楽寺遺跡〈神崎郡能登川町〉で、ここからは他にも住居跡、ドングリなどの貯蔵穴群、広場、環状木柱列（儀式の施設）、墓などが発見され、当時の村の光景を想像させてくれる。常時数十人が定住していたらしく、集落としては二百年近く続いていたらしい。関東や関西で作られた土器がたくさん発見されていて、交易の範囲の広さもわかる。環状木柱列の近くから、一人だけていねいに葬られた人骨が見つかった。

本州島中央部、現在の京都周辺で激しい地震。この時代にもっとも栄えたと想像されるのが本州島中部、現在の福井県の若狭湾に接する三方《みかた》五湖の、もっとも奥まったところにある三方湖に注ぐ川の近くにある鳥浜貝塚である。五、六軒の縦穴住居がある村で、推定では三十人ほどのネイティブ・ピープルが暮らしていた。ここで見つかったもので特筆すべきものは、大型のカヌーというか丸木舟である。太さ一メートルほどのスギをくり抜いて作られ、何本もの櫂も発見されているので、おそらくは数隻の舟があったらしい。桟橋と言うか、船着き場のようなところもあって、そこから舟を出して若狭湾で魚をつかまえていたと思われる。弓矢、木槌、柄のついた石斧、赤色のウルシ塗りの櫛、皿、鉢、お盆、大麻の植物繊維の糸まであった。糸には赤いウルシが塗られていた。食べていた物としては、淡水産のシジミなどの貝類、牡蛎、サザエ、フナやコイなどの淡水魚、マグロ、カツオ、ブリなどの回遊魚、フグ、クジラ、クルミ、クリ、ドングリなどの木の実、シカ、イノシシなどなど。さらにはその村には飼い犬がいたこともわかっている。犬は現在のシバ犬に近いものだったそうだ。そして興味深いのは、ヒョウタン、エゴマ、リョクトウ（緑豆）、シソ、ゴボウ、大麻などの渡来栽培植物の種子が出土することで、これらの植物が村において栽培されていた可能性を否定できない。

同じころ栄えた別のネーションの遺跡として、本州島中部から日本海に突き出した奥能登の真脇遺跡〈石川県能登町〉もある。直系一メートルもあるクリの大木を半割にした巨木柱群が残されていて、こうした巨木柱はこのころの遺跡——寺地遺跡〈新潟県青海町〉、チカモリ遺跡〈石川県金沢市郊外〉、三内丸山遺跡〈青森県青森市〉など——に多く見られるものだが、それらがどれも海の見えるところ、海から見えるところにあることから、海とかかわりがあるものらしいことは想像がつく。ところで真脇遺跡からは大量のクジラの骨が出土した。クジラといっても、小型のものがほとんどだが、中にはゴンドウクジラなどの大型のものもあった。

現在の関東地方を例にとってみると、霞ヶ浦は海の一部であったし、利根川や中川や荒川や多摩川などの河川の低地沿いに栃木県や群馬県の近くまで、東京湾が関東平野の奥深くまで湾入していた。大阪で見てみるなら、河内平野や大阪平野も海であり、淀川の低地に沿って高槻付近まで、東は生駒山山麓まで河内湾が達していた。こうした景観から考えても、どこに行くにしても海や川を使った方が簡単なことはよくわかる。陸を行くとしたら重たい荷物を持ち運ばなければならないが、ボートやカヌーなら荷物を載せてすいすい行くことができるのだから。

海はネイティブ・ピープルにとっては道であり、カヌーによる移動は、彼らの重要な交通手段だった。彼らは海岸に沿って——遠くの村にまでも——どこまでも、行ったことだろう。彼らはおそらく多くの時間を舟の中で過ごした。このころのネイティブ・ピープルが、ボートやカヌーになるよい木を選ぶ目と、舟を上手に作りあげる確かな技術を持っていたことは間違いない。余談だが、地球が寒冷化していたこの時代に、優れた航海技術を持つネイティブ・ピープルの一群が日本列島から太平洋を横断して、南米大陸のペルーにたどり着いたと主張する学者もいる。

九州島西部の、現在の長崎県の伊木力《いきりき》遺跡〈西彼杵《にしそのぎ》郡多良見町〉からは、センダンの木で作られた幅八十センチほどで、全長が優に七メートルを超すと思われる丸木舟の部分が出土した。完全な形で復元すれば、外洋の航海にも耐え得るような丸木舟であることがわかる。

関東地方で大地震が起きたらしい。神奈川県大井町の遺跡でこの時代の住居跡などとともに大量の地割れの跡も発見されている。平均で幅一メートル近い地割れが住居を引き裂くように伸びていて、地割れの上に浅鉢形の土器が二枚伏せておかれていた。これ以上地面が裂けないようにとの祈りを込めて置かれたものと推測されている。

南西諸島は、このころ三つの文化圏に分かれていた。種子島や屋久島などの北部圏、奄美や沖縄諸島などの中部圏、宮古島や八重山諸島などの南部圏で、南部圏は南方的な要素が強く、本州島や九州島からの影響はまったく見られない。中部圏はこのころ一時期、九州島などのものと同じような土器が作られるが、その後は次第にネイティブ化して独自の方向に進みはじめる。山でシカを狩猟し、海で貝や海藻を拾うなど自然採集的な暮らしだった。北部では、九州島の影響が色濃く見られる。

北アメリカ大陸北西太平洋沿岸地域、アリューシャン列島、カムチャッカ半島、沿海州、北海道島、そして本州島北部の——海と川と森とともに生きる人たちの——文化は、漁労採集と海生生物を含む小型動物の狩猟文化であって、鮭やワタリガラスへの信仰に見られるように、ある種の共通性を持っていた。例えばハンターたちは、人間が一方的に動物や魚を捕らえて殺すのではなくて、動物や魚が心の正しいハンターのところにやってきてとらせるのだと信じていた。心が正しいハンターはいつだって動物や魚などのスピリットを敬い、自分にとらせてくれた動物の肉や魚などを気前よく他の人たちにふるまい、伝統的にタブーとされていたことをよく守る人とされた。動物たちはタブーを守らない人を避けると信じられていたのだ。またこの中のかなりの数の部族社会が、伝統的な階級社会を持っていて、ある程度の権力を持った指導者の下に、貴族と、平民と、奴隷に分かれていた。戦《いくさ》で勇気を示した戦士や偉業を遂げた人などが「貴族」に含まれていたらしい。奴隷は「戦争で捕虜になった人」が主で、その身分は一代に限られ、子孫まではおよばなかったという。日本列島をテリトリーとした先住民の部族や国々の中にも、おそらくそうした社会構造があったのではないかと想像される。

中国では水田稲作が黄河流域でも開始された。このころ、中米ユカタンでオルメカ族と呼ばれる人たちが、金属をいっさい使用しないまま、この大陸で最初の大がかりな二千年以上続く都市文明を築きはじめた。オルメカとは「ゴムを使う人々」の意味だ。オルメカの影響を大いに受けたメキシコのマヤ族の暦では、わたしたちの今の世界がはじまったのがこのころ、正確には紀元前三一一三年とされている。そして同じマヤ族のカレンダーによれば「この世界」が終わる日付は、西暦二〇一一年十二月二十四日となっている。

3,000 TO 2,500B.C.

海面がゆるやかに低下をはじめ、それとともに海岸低地がひろがって、河川のうねって流れる沖積平野へと姿を変えていった。日本列島の推定人口、二十六万人。シベリア沿海州やアムール川下流域、朝鮮半島、九州島各地に櫛目文の土器を使う人たちが定着しはじめた。南方的な定住漁労民の影響も顕著となり、おそらくは焼き畑農耕によるコムギなどの栽培もおこなわれていただろう。現在の日本各地に残る在来作物の中には、このころに渡来したと思われる沿海州オホーツク経由の北方系栽培植物に近い要素を持っているものがあるという。遠くまで旅をする人たちの方向認知の目印とされた北極星は、天の北極が約二万五千年という時間をかけて極の周囲を円移動しているわけだから、現在の北極星である小熊座のα星ではなくて、竜座α星だったとされる。

関東地方の東京都北区にある中里遺跡は、この時代にはまだ海岸だったことがわかっているが、当時の海岸線の跡と思われるあたりから、全長約六メートル、最大幅七十二センチ、両舷側の深さがおよそ四十五センチで、ムクノキを削り、軽石のようなもので船体を磨きあげられた――肉厚は二センチから五センチある――外洋航海も可能な大型の丸木舟が完全な形で発掘されている。

北海道島南部に本州島の北陸や東北地方から翡翠《ひすい》や琥珀《こはく》や天然アスファルトが運び込まれるようになる。この時代の日本列島ネイティブ・ピープルが最も愛した石が翡翠であることは間違いない。翡翠は緑色をしたきわめて堅くて美しい石で、呪術的な使われ方をしたようだ。本州島の東側における翡翠の原産地は、新潟県糸魚川市を流れる姫川の上流などがある。本州島東北部や北海道島南部で出土するほとんどすべての翡翠が糸魚川産のものであることが確認されている。

2,500 TO 2,400B.C.

天然アスファルトは、新潟県から秋田県にいたる日本海沿岸地域の石油が埋蔵されているとされる地域に自然に湧出し、ふだんは塊だが熱を加えると溶けて流動化するために、魚を捕まえる漁具をあつらえる作業にはなくてはならないもので、動物の角や骨で作った銛《もり》やヤスを固定する際の接着剤として用いられた。

水田稲作が中国の山東半島あたりまでひろがった。地球規模の寒冷化と乾燥化がはじまりつつあった。しかも寒冷化は急激だった。青森県の三内《さんない》丸山に栄えたひとつのネイティブ・ネーションが終焉をむかえた。日本列島における先住民の推定人口は約十六万人ほどに減少した。

世界各地で民族の移動がはじまる。南アメリカ大陸の西部山岳地帯でインカ帝国の文明が勃興。ユーラシア大陸ではツングース系の人々の南下が起きた。マラヨ・ポリネシア系の言葉を話す古モンゴロイドの人たちの第一波が、ユーラシア大陸東南端から最初に海に乗り出して、メラネシア、インドネシア全域、ニューギニア、フィリピン群島、ミクロネシア諸島、台湾島、そしておそらくその一部が石器時代の海人族として日本列島沿岸に流れ着いて村を作るのもこのころのことだった。

四国島南部、高知県の居徳《いとく》遺跡群〈土佐市高岡町〉から、花びら文様を描いた漆器などといっしょに出土した木製の鍬《くわ》二点は、刃の部分がいずれも長さ三十センチ、幅十二センチほどの紡錘形で、厚さは三センチから五センチ近くあった。柄は折れていて、柄の全長はわからないものの、ネイティブの人たちの農耕が、プランティング・スティックと呼ばれる種を植えるための棒だけの状態から、すでにかなり進化して土地を耕して植物を栽培する状態になっていることをうかがわせる。九州島は佐賀県の菜畑遺跡〈唐津市〉などでも、これよりも百年ぐらい新しい鍬が出土している。中央の広場を囲んで円環状に建てられた縦穴住居群が各地に発達した。

中国では夏《か》王朝が生まれ、夏王朝の禹《う》王の時代に、儀狄《ぎてき》という者がはじめて酒を造って王に献上したとされている。禹王は「酒を危険なもの」として製造を禁止し、儀狄も遠ざけてしまった。夏の王朝は四百七十一年間続いた。

また、地球規模の寒冷化がはじまるとともに、ブタを飼育していたと思われる中国の古代仰韶《ヤンシャオ》の農耕文明が、騎馬民族の南下によって亡びたり、ポリネシア人となるモンゴロイドの人々がまたしても海に乗り出したりするなど、世界規模での民族移動期になり、このころから九州島方面に、櫛目文のついた朝鮮土器を使う、河口や川べりや浜辺近くに暮らして基本的には魚労生活を営む人たちが、本格的に到来しはじめ、その影響が南へ、沖縄まで広まっていくのがわかる。九州島や本州島西部など西日本各地に、対馬や壱岐を経由して朝鮮半島南端から移住する集団があらわれはじめたようだ。

当時の日本列島の人口の半分が、この時代に入れ替わったとする説もある。日本列島においてはいまだ無文字時代であり、海岸沿いと山側では違う言葉が話されるなど、それぞれの部族のテリトリーに応じて、おそらく多数の祖先伝来の言語と、そこから分かれた方言とが話されていたことだろう。北海道島にも北のルートから鉄器を持ち込んだ人たちがいた。

2,400 TO
1,000B.C.

地球規模の寒冷化がピークをむかえつつあった。このころアーリア人がインダス川のほとりからメソポタミアに到達した。中米ではマヤの壮大な文明が興りはじめる。東アジアでも、長江流域で漢民族が成立して周辺に影響を及ぼしはじめた。バイカル湖周辺でツングース語を話す諸族に共通の文化が形作られた。ユーラシア大陸東北部のシベリアの北極海沿岸から、森林が消え、その森に暮らす鳥や動物たちが姿を消した。北方民族がよりよい環境を求めて——ある集団はベニテングダケの群生する森を追いかけて——移動を開始した。北東アジアでは撚糸文土器が姿を消しつつあったが、そのころから北アメリカ大陸のアラスカからミズーリ河上流域で、それとよく似た土器が作られはじめる。ワタリガラスへの崇拝も北部太平洋の東と西のふたつの大陸の沿岸地域に広まったと想像される。

北海道島のカリンバ3遺跡〈恵庭《えにわ》市黄金地区〉で、ベンガラがまかれて朱色に染められた墳墓に、濃い赤色をした縦櫛、腕輪、髪飾り、首飾り、ヘアバンドなどの赤色漆塗り製品や勾玉《まがたま》、丸玉などとともに、赤漆を染み込ませた腰帯をまいた成人の女性が、他の女性二人とともに埋葬されているのが発見された。手で植物の繊維や茎を編んで、床敷きや、かばんやポシェットのようなものや、腰布のようなものなどのさまざまな生活道具を編み上げる工芸技術が一般化していた。死者の墓にはキクの花を捧げたりもしていたようだ。本州島の秋田県大湯にある環状列石などストーン・サークルの出現に代表される巨石文化。北海道島でも小樽市郊外忍路など、この時期に環状列石の形態をとった墓が多く作られる。こうした墓は、モンゴル東部、ザバイカル、アムール川上流など北東アジアにもこのころから出現する。この時期は、シベリア極東地方のアムール川流域や沿海州地域のアルタイ系諸民族の間に高温の火で石を溶かす魔法（技術）としての金属器が入りはじめるころと期を一《いつ》にしている。

このころシベリア極東地方、アムール川下流域のネイティブ・ピープルには、かつて旧ソ連が政策的に区分けした少数民族表記でいうところのナーナイ（ナニ）族、ウリチ族、ウデヘ族、エベン（エベンキ・ラムート）族、ネギダール族、ニヴフ（ギリヤーク）族、オロチ（高句麗）族、オロッコ（オルチャ・ウィルタ）族などの遠祖がいたと想像される。もっとも彼らが西方、アムール川上流域から来たツングース族や、南方のこれもツングース系満州族や蒙古族などと混血する以前であるのだが。このうちニヴフ族以外はすべて満州ツングース（エベンキ）語を話し、ニヴフ族は古アジア人語族に属する。外見はそれぞれ少しずつ異なるが、モンゴロイドの特徴のどれかを持ち、いわゆるシャーマニズムを信念体系の根幹にすえていた。

漁業の方法や道具、海獣を捕らえる方法、犬を飼う習慣、半地下の冬住居、うずまき模様などは北東古アジア系文化から引き継ぎ、鳥や獣を捕る方法、円錐形の簡易住居（チュムと呼ばれる）、白樺の皮で作るカヌー、赤ん坊の揺りかご板、トナカイ用の鞍、胸あてのついた衣服などはエベン族の文化に属する。彼らはその昔は深い地下の住居に住み、シャーマニズムを自分たちの宗教とし、ワシ、クマ、トラ、ハクチョウ、カラスなどの生まれ変わりだと自分たちを信じ、トリカブトの毒を狩猟に用い、犬ゾリを移動手段として、土器を作り、その表面にうずまき形の模様をつけた。そして非常に早いころに鍛冶などの金属加工も、織物の技術も確立されていった。

ナーナイ族、ウリチ族、オロチ族、ニヴフ族などの間にはアイヌ（クイ）が先祖であるという氏族や、氏族伝承が存在するという。彼らは漁業が第一の仕事であり、狩猟を第一の仕事にしていたのはウデヘ族だけで、他の部族は狩猟は副業どまり、ニヴフ族、オロチ族、ウリチ族は銛《もり》などを用いて海獣も捕った。海獣からは食用の肉と油、交易用の毛皮を得たり、自分たちの衣服や履物を作った。犬を飼育し、犬の肉を食べ、犬の皮で衣服や履物も作り、犬にソリを引かせ、飼っている犬の数がそのままその家族の豊かさをあらわした。エベン族、ネギダール族は干した肉や燻製にした肉を食べ、狩猟に出たときには焚火をしたあとの穴を使って肉を料理した。魚は普通は干物にして食べたが、生で食べることもあれば、冷凍、燻製の他にも木や草の実といっしょに煮たり焼いたりして食べた。

生活は定住か半定住で、ウリチ族、ニヴフ族は一年中、定住村の住居と作業場兼用の建物に住んでいた。ナーナイ族、ネギダール族、オロッコ族、オロチ族、ウデヘ族は、冬は森の中の定住村に住み、夏は魚の獲れる川の岸の季節村に移った。中でもウデヘ族は最も多く移り住み、遊牧のため、魚や獣を求めてひんぱんに住居を替えた。定住村も季節村も川岸に沿って細長く広がり、それぞれは互いに離れて住み、半地下型の縦穴住居のそばには高床式の納屋が作られて、明かりはアザラシの油に灯をともした。出産は仮小屋を建ててそこでおこなわれた。男も女も顔や腕に植物の汁で染めた糸を皮膚の下へくぐらせることで刺青を入れ、既婚未婚で髪形が少し異なっていた。彼らは地球の上で暮らすすべての人間は、良いスピリットと悪いスピリットにコントロールされていると信じていた。どの部族も氏族単位で分かれ、同じ先祖から出た氏族がひとつの村に住み、その氏族の持っている火打石でおこした火を使っていた。氏族が分かれるときには火打石を割って分けた。

中国東北部から朝鮮半島西北地方の丘陵地に石を溶かす魔法としての青銅器の技術を持ち、文様のないシンプルな土器を使う農耕民たちが登場する。扶余族とか濊貊《わいはく》族といわれる祭政一致の部族連合集団である。扶余族は農業と牧畜を主業となし、支配階級は戦士集団を組織して、多くの奴隷を所有していた。半島北東部の沃沮《よくそ》、東濊《とうわい》も同じグループだし、半島西北に定着したのが檀君朝鮮《だんくんちょうせん》、馬韓、辰韓、弁韓などの韓族系に属する部族集団だった。この人たちはそれ以前にいた櫛目文のついた土器を使う人たちを暫時征服駆逐していったようだ。朝鮮半島では現在のソウル市西部郊外の金浦《きんぽ》平野の遺跡から、この時代のコメとクリの炭化物が出土している。

日本列島において抜歯の風習がこのころまでに関東地方へ南下する。東京都大田区と品川区にまたがる大森貝塚からこの時代の縄で文様をつけた土器が出土した。西日本各地の海岸に面した遺跡からは、貝殻で文様をつけた似たような土器が出土する。岩手県の大向上平《おおむかいうわだいら》遺跡〈二戸市〉では新潟県糸魚川産の翡翠《ひすい》の大きな珠ふたつと、現在では房総半島以南の太平洋岸にしか生息しないアマオブネガイという貝の殻で作った小さな玉が七十点ほど発見されている。

南の島々から九州島北部や南部、瀬戸内海沿岸地域を船でつなぐ海人族のネットワークができていたようだ。中国東南沿岸の百越《ベーヴェト》族中の一小族が、貨幣として使われていたタカラガイ（宝貝）を求めて琉球列島の南のある一島に来往し定着した可能性もある。鹿児島県の屋久島では、この間の三百年間ほど安定して定住したと見られる十五、六軒ほどの住居跡が見つかっているが、海岸に近いにもかかわらず釣り針や重りなどの漁労具はなく、石の矢じりなどの狩猟道具もなく、かわりに石皿や穀物や木の実を粉にする磨石《すりいし》など植物調理具が大量にあった。ノミ形石器など木工用の道具も豊富にあり、農耕定住がおこなわれていたと推測される。

対馬の佐賀貝塚遺跡〈長崎県〉から三棟の縦穴住居跡と、佐賀県伊万里市腰岳産の黒曜石で作られた矢じりや、猪の牙製の釣り針や銛《もり》などの魚を捕る道具、朝鮮半島でしか使われていない石ノミや、石斧などが出土し、調査の結果そこでは海を越えて九州島や、朝鮮半島に渡るための舟を作っていたらしいことがわかってきた。

沖縄本島で胴のふくらんだ深鉢形の土器が使われはじめるが、日本列島で使われていた土器とは異なり、そこには縄目の文様は施されてはいない。本州島東部一帯でオオツタノハガイの腕輪にたいする需要が急激に高まる。江戸川河口と利根川の河口にはさまれた房総のあたりがこうした貝製品の製作地だった可能性があるといわれている。やがてこの貝のブレスレットは本州島東北部からさらに北海道島へと広まっていく。

伊豆七島でも八丈島を除くほとんどの島で人が生活していた。八丈島は一時人が暮らしたが、この時期二千年ほどは無人島の状態が続く。また出羽富士と呼ばれている東北部日本海側の鳥海山の西裾、三崎山遺跡〈山形県遊佐町〉からは、このころのものと推定される一振りの青銅刀子が発見された。青銅製で、長さ二十六センチ、柄のところから峰にかけてゆるやかな弧線を描き、その内側に刃がついていた。刃渡りは十七センチ弱。刃は鋭利で実用に適するという。

このころユーラシア大陸東部にあったのは、夏《か》を滅ぼした殷（商）という国で、漢字の元となる——甲骨文字などの——文字が誕生する。殷の王朝は七百年ほど続いたが、南方と西方の民族を束ねることに成功した周に滅ぼされた。このとき殷人の箕子が朝鮮の王位を継いだという言い伝えが残されている。『尚書大伝』という書物には「商はもと海東の夷《えみし》で、扶余に属した」という興味深い記述がある。

中国東北の粛慎《ミシハセ》がその周に朝貢した。周の農業は殷のそれよりもさらに進歩していて養蚕も盛んだった。周は東方の、つまり現在の山東省と淮河《わいが》流域にあった東夷と淮夷の住む地域に進攻して、鉱物資源の銅や、奴隷にするための人や家畜の略奪をくりかえした。そしてのちに周は夷にたいして朝貢を強要して布などを差し出させていた。

中国から台湾島に農耕民が移住した。中国で盛んになりつつあった農耕文化の影響を受けて、朝鮮半島北西部では畑作農耕が、中西部の金浦平野では最初の稲作もはじまっていた。部族というひとつの共同体が持っていた土地や耕作地や漁場や猟場などのよいところや家畜などを、超権力《スーパーパワー》にまかせて独り占めにして、富とはものを持つこととしてシステムを正当化し、財産を失った弱い人々を奴隷として扱うような、自然の秩序に挑戦し続けるパワー・トリップとそれにドライブされる生き方、文化が、このころから次々と勃興しはじめた中華帝国を中心にして、同心円的に四方に広まりはじめる。このころにはすでに日本列島の九州島にも、水田稲作農耕を伝える人たちが到来しはじめた。

本州島西部の三瓶山《さんべ》〈島根県大田市〉が盛大に噴火して、火砕流が周辺の川をせき止めて杉の巨木の林が水没した。

COLONIAL TIME

1,000B.C. - A.D.669

IN THE NAME OF THEIR GODS

植民地の時代

1,000 TO 400B.C.

中国の北方山麓地帯にはのちに鮮卑《せんぴ》族やチベット系となる半猟半牧の生活を営む少数民族がいたし、北方草原地帯（シベリアの草原）ではスキタイ（スキュート・匈奴）と呼ばれる独自の青銅器文化を持った遊牧騎馬民族が周辺の諸部族や国々に影響を与えはじめていた。スキタイ人は赤く熱した石の上に大麻を置いてその蒸気に酔ったという。中国に西方より高温の火を操って石を溶かす魔法としての製鉄技術が伝わる。日本列島では本州島中央部で「フォッサマグナ」とはるかのちに名づけられる活断層がずれたことで巨大地震が発生した。また中西部でも、大阪平野北部に位置する有馬―高槻構造線活断層が動いて、さらにはこの活断層の東方延長線上にある琵琶湖のあたりでも、大きな地震がそれぞれ発生し、琵琶湖の湖岸が広範囲で水没した。

朝鮮半島では青銅器が、そしてのちには鉄器も使われはじめる。豚や牛の飼育もはじまっていた。おそらくそのころ、アルタイ・ツングース系のオロチ族（のちの高句麗人）が、朝鮮半島北部の東の朝鮮湾からウラジオストックにかけての沿岸より海流に乗り、北西の季節風の吹くころ一気に南下して、能登半島を中心に東北から山陰島根の中部にいたる本州島西北海岸地方に上陸しはじめる。彼らは麦、粟、稗、粟などの栽培に長け、かつてなかったほど高温の火を操る人たちで、ハンターでもあって、穴のあいたガラス小玉を作り出し、のちには高度な産鉄の技術を持った産鉄民となり、日本の歴史には「コシ――越・古志――の民」とか「ヤマタノオロチ」として登場する。この、朝鮮半島の東のつけねのあたりから直接本州島西北部に上陸する海上ルートは、こののち「扶余」「高句麗」「渤海」などからの難民や開拓者たちなどに利用される海のハイウェイとなっていく。

火を操る技術の影響を受けて、日本列島ではより高温による土器生産が可能となり、複雑な模様と形態で呪術的要素の強い亀ヶ岡スタイルの土器が、高度に進化した漆器製作技術と出会うことでクライマックス期を迎え、本州島の東部で大流行したようだ。列島南北端の南島地域と北海道島道北・東部の土器文化は相変わらず独自性を維持していたが、本州島、四国島、九州島の土器に見る地域文化圏は統合される傾向にあり、ついには亀ヶ岡式の東日本と、突帯文式の西日本に二分されるようになる。

照葉樹林文化の典型的な技術であるウルシの利用もこのころには定着した。また青森県の亀ヶ岡遺跡からは中国古代貨幣——明刀銭——も出土したりしているし、青森県各地の縦穴住居跡から大陸渡来の青磁のかけらが出土するようになった。これらは日本海を越えた人々の移動と交易を暗示するものである。このころの北極星は、つまり天の北極に最も近い位置にあった星は、小熊座のβ星で、この星が西紀がはじまるまでの事実上の北極星とされており、中国名を「帝星」とか「北極大帝」とか「天官」といわれた。

北海道島、知床半島の羅臼町植別《うえべつ》遺跡の墓から、鉄製の刀とともに、その鞘の部分と思われる純度九十パーセント以上の三片の銀製品の破片が出土している。日本列島で発見される銀製品では、これが最初のものだ。北方の宗谷海峡に面する礼文島の船泊《ふなどまり》砂丘遺跡群からは、本州島東北部、現在の秋田県昭和町槻木《つきぎ》あたりを原産地とする天然アスファルトや、新潟県糸魚川産の翡翠《ひすい》、九州島以南の南東海域で採取されたタカラ貝などが見つかっている。秋田県産のアスファルトは矢と矢じりをつける接着剤や補強剤として以前から日本列島各地のネイティブ・ピープルの間で重宝されていたものだった。同時に、この礼文島で製作された平玉《へいぎょく》が、近隣の北海道島各地のみならず、サハリン島などからも出土する。さらに奄美諸島や南西諸島で採れるゴホウラ貝やイモ貝など南島産の貝のブレスレットはとくに人気があったようで、南方系海人族のネットワークを経由して、九州島全域に広まっているばかりか、本州島を経由して北海道島にまで渡っているほどである。ゴホウラ貝の腕輪は男性用で、イモ貝のそれは女性用で、腕輪はどうやらある種の権力の象徴とされていたらしい。こうして見ると、交易圏の広さと、長い距離を旅するネイティブのセールスマンの存在が浮かび上がってくる。この時代の日本列島に暮らす人々は海をものともせずに長い距離を移動したし、当然ながら世界の原初の人たちと同じように、神秘的な力の存在を確信しており、母なる地球と父なる太陽に基づく自然の宗教を生き、すべての人がその下でつどうことができるという生命の樹を持ちつづけていて、男色や衆道や売春がシステムそのものの一部に巧妙に組み込まれることもないまま、性も解放されていて、詩的な意味での自由が存在していた。

また千葉県八日市場市多古田の低湿地遺跡からヒョウタンを縦にまっぷたつに割った形の木製杓子が出土した。木彫の一本作りの黒漆塗りのもので、頭部には蔦を模した橋状の把手まで彫られている。母なる地球を表現したと思われる不思議な形体の土器が、この時代数多く作られた。本州島東北部にはじまった抜歯の風習が九州島と海の道を経由して沖永良部島にも伝播。南島との交易の活発さをうかがわせるように、南西諸島に縄目の文様のついた土器も定着した。が、最高時で二十六万人を数えた先住民の推定人口は、新しく持ち込まれた流行性の病気などが原因して、この当時、のちのちの学者の研究によれば、すでに約七万五千人ほどにまで落ち込んでいたとされる。

この時代の文献とされる中国の『管子』にはじめて「朝鮮」の名前が登場する。その古・朝鮮は、朝鮮半島西北部から中国東北部の遼東地方にかけての地域にあったらしく、鉄器文化と強力な政治知識を持つ燕《えん》の国と敵対関係にあり、斉とは盛んに交易を進めていたという。中国人が王位に就いていた可能性も否定できないが、いずれにせよ差別と奴隷制を基盤にすえた征服王朝国家であることは間違いなく、スキタイの影響を受けた青銅器の高い技術を持ち、それに続いて製鉄の技術もいち早く取り入れていた。遼東半島南端にある旅大市の郊外の崗上墓《こうじょう》と呼ばれるこの時代の古墳からは、百人あまりの奴隷たちが殉葬されているのが発掘されている。彼らは生きながら埋められたわけ。

中国ではこのころ、周の勢いも衰えていて、地球規模の寒冷化による北方遊牧騎馬民族の匈奴――自らを「胡《ふ》」と呼んだ太陽信仰の母系制氏族のスキタイの人たち――の南下と、古代宗教文字の持つ力の争奪戦に端を発した動乱激動の春秋戦国時代に入っていて、秦、斉、楚、燕、韓、趙、魏の七つの大きな国が戦争をくりかえした。揚子江の下流域にあって互いに対立していた呉や越の国の人びとも故国を追われて難民となり、水田稲作と金属加工の技術と、結核や麻疹《はしか》などのさまざまな病原菌を持ち、陸伝いに、あるいは海伝いで、遼東半島から朝鮮半島に流入した。一説によればその規模約十万人以上とか。たとえば越などは、およそ五万人の軍隊が大船団を組織して呉の本拠地である姑蘇《こそ》を渡洋攻撃したあと、そのまま杭州湾南部の根拠地を引き払って、国ぐるみで約六百五十キロを渡航して山東半島の南部に移転し、その後は歴史の舞台から忽然と姿を消してしまっている。

越の人たちはもともと華南の海岸地帯、浙江省、福建省、広東省、広西省からベトナムへかけての海洋性のネイティブ・ピープル（古モンゴロイドのマラヨ・ポリネシア系海人族）で、ドラゴン・クランあるいはスネーク・クラン――龍や蛇をトーテムとする一族――であり、全身に入れ墨をほどこし、米と栗と魚を常食とする人々だった。この人たちが初期の――水田開拓をともなわない自然湿地帯利用の――稲作とともに日本列島に移り住んで、各地の湿地帯に村――小国――を築き、先住民たちと同和雑婚混血して倭人のベースとなっていった可能性がきわめて高い。

同様に、越に敗れた呉の人々が、海を渡って朝鮮半島南部から日本列島に難民として流れ着き倭人のベースになったとする説もある。海人族の彼らは「阿麻《あま》」「海人《あま》」と自分たちのことを称した。そしてのちに「天の王朝」などと呼ばれる彼らが一番多く暮らしていたのが、古文書に「高天原」として記載されている琵琶湖周辺の淡海（近江）だったとする興味深い考え方もある。

柱状抉入《けつにゅう》石斧という特別な、石刃が直角に柄につけられている道具が、中国の揚子江河口以南の東シナ海に面した一帯、海南島、台湾、琉球列島、九州島、本州島西南、瀬戸内、四国島、朝鮮半島南西沿岸部などでしばしば出土する。この道具こそ、初期の米作りを極東アジアに広めた人たちの足跡を物語るものとされるものだ。九州島では、福岡市の板付《いたつけ》遺跡や佐賀県唐津市の菜畑遺跡などで、土留めされた畦によって区画されていて水路のはりめぐらされた水田の痕跡らしきものが発掘された。本州島でも大阪の長原遺跡〈平野区〉からは籾の圧痕のついた深鉢土器と水田の遺構が、同じ大阪の牟礼遺跡〈茨木市〉からは水田の遺構が、岡山県の南溝手遺跡〈総社市〉からは籾跡のついた土器が発見されている。

この時代、朝鮮半島では、漢民族の南下にともなって、馬韓族が移動をはじめ、この馬韓族の移動にともなって、辰韓・弁韓族も再移動をし、朝鮮半島東南部に落ち着いておのおの辰韓国、弁韓国を建国する。馬韓族は発達した金属文化を持って先住民を征服しながら漢江西南で目支国《もくし》を建国、これがのちの馬韓国となる。そして同じころ太白山脈を源として朝鮮半島南部を横断して流れる——全長三百五十キロメートルの——洛東江流域沿岸から、騒然としつつあった北方勢力の影響を避けるように、ほぼ完成された水田稲作栽培と青銅を扱う技術を持った南方アジア系と推測される海洋性の倭人たちが、家族で、集団で、あるいは部族ごとに、新天地を求めて三々五々南下して海峡を越え、対馬や壱岐を足場にして、九州島の北部などにおいて先住民を奴隷にしたり、その奴隷で商売をしたり、追放したり、絶滅させたりしつつ、自国の分国としてのコロニー作りをはじめていた。

九州島でも、現在の福岡県、佐賀県、長崎県、熊本県、大分県にだけ分布する支石墓は、大型で扁平の巨石を数個の支石で支え、その下に瓶棺や石棺がある南朝鮮式の墓のスタイルで、副葬品には朝鮮半島製の磨製石器や銅剣銅矛、中国製のガラス製品などが収められていて、それらはこの時代に作られたものだった。

稲作農耕祭祀をもって精神を支配する権力とし、身分制度で兵隊と奴隷を巧みに扱い、地球を聖なるものとして——生きている母親として——見ることをやめ、自然は人間の手で征服できるとし、法律と牢獄を文明の証とする――これまでの「自然とともにある精神的な相互扶助システム」とはまったく異なる――「新しい――プログレッシブな――生き方」が、それまでになかった結核や疱瘡や麻疹《はしか》などの新しい病気とともに、日本列島の西部から中央部に徐々にひろがりはじめる。

水田稲作農耕は、灌漑施設、木製農具、石包丁など大陸系磨製石斧、煮炊きや食器に使われた土師器《はじき》という独自の赤褐色の素焼きの土器、大型の貯蔵用壺などとセットになっており、あらかじめ技術などが完成された形で、コロニアル経営の根幹として導入されたらしい。入植者たちは、新しい土地を発見し、そこに自分たちと同じ言葉を話す人があらかじめいないかぎり、そして米作りに適した低湿地帯に米が植えられていないかぎり、その土地を自分のものだと宣言してよいとする、おそろしく不思議な単純さを持っていたようだ。

九州島北西部の佐賀県にある吉野ヶ里遺跡に代表されるような、周囲に二重の濠をめぐらせた環濠（城塞）集落が出現する。そうした環濠集落は、中国や朝鮮半島でも発見されており、稲作とともに伝わった朝鮮半島からの入植者（屯田兵）による開拓砦兼実験農場である可能性がきわめて高い。外堀には常に水が流され、内堀はから濠で、敵の侵入を防ぐために先端を尖らせた木の枝を並べた逆茂木《さかもぎ》や外側に向かって斜めに打ち込まれた杭列が見つかっている。吉野ヶ里遺跡からは直刀の銅剣と一緒に首から上のない人骨を納めた甕棺や、矢じりのつき刺さった人骨も出土した。数百体の人骨を調査した結果、吉野ヶ里の環濠集落で暮らしていた人たちについてわかったことは、男子の平均身長は百六十三センチで、女性は百五十センチ以上であり、集落においてははっきりと身分や階級が分かれていたことであった。吉野ヶ里に埋葬された死者には、南の島でしか採れない前述のゴホウラ貝を加工したブレスレットを使う習慣が見られた。

仏教の開祖であるゴータマ・シッタルダが誕生（前五六三年）する。春秋時代から戦国時代にかわりつつあった中国では孔子が没した（前四七九年）。「東夷、天性従順、西南北と異なる。孔子は中国で道がおこなわれていないのを悼み、海に浮かんで九夷とともに住もうとした、もっともなことだ」と『漢書』（巻二十八下　地理志）は記す。

中国のみならずいたるところで戦乱が続く。インドではシッタルダ入滅後、仏教は保守派の小乗と改革派の大乗に分かれ、両派内部はさらに分裂して二十部派といわれる部派仏教の時代に入った。

中国戦国時代の七大国のひとつ燕《えん》は、鉄器文化を持って南満州から朝鮮半島の北半分を勢力圏におさめていた。この影響を受けて多くの漢民族が西北朝鮮に流入した。燕の北側（北満州）では扶余《ふよ》という部族連合国が生まれようとしていた。扶余の内部は、のちに百済となる南扶余（貊《はく》族）と、のちに高句麗の母体となる北扶余（濊《わい》族）との二派に分かれていた。貊族も濊族もツングースではなく中国系で、扶余は早くからツングース系のネイティブ・ピープルを支配するかたちで遊牧と農耕を発達させ、弓・矢・刀・矛を武器とし、六つのカーストと奴隷制を国の基盤にして、柵内の城に宮室や倉庫、牢獄をもうけていた。村落の豪族の家には下戸、奴婢がいて、苛税を徴収した。そしてその豪族が死ぬと、百人を数える殉死者とともに葬ったという。

また中国の最も古い地理誌である『山海経《せんがいきょう》』に「蓋国　在鉅燕南　倭属燕」とある。「蓋国」とは「辰韓、馬韓、弁韓」の三国を総称したもので「韓国」とも呼ばれた。だから『山海経』からの引用は「辰韓、馬韓、弁韓の三国は大きな燕国の南にあって、倭は燕に属する」と読める。燕の南には、金属器を使い農耕をおこなっている韓族が住んでいた。弁韓族、辰韓族が建国した辰国は目支《もくし》国を建国した馬韓族に事実上乗っ取られ、目支族の王は鉄器文化を基盤として辰王と称し、この辰国の王が朝鮮半島南部に数多くあった諸部族社会のうちのかなりの部分を束ねており、それぞれの国はこの辰国を窓口にして、中国の文化を吸収していた。この辰国の王――辰王――こそが今に続く日本の天皇家のルーツだとする説もある。

のちに書かれる『後漢書』(東夷伝　韓条)に「馬韓は(朝鮮半島の)西にあり、五十四国を有す。その北は楽浪《らくろう》、南は倭と接す。辰韓は東にあり、十二国を有す。その北は濊貊(東濊)と接す。弁辰は辰韓の南にあり、これも十二国を有し、その南もまた倭と接す。合計七十八国。伯済はその中の一国なり」とある。またこの時代の三韓地域のことを伝える『三国志』(韓伝)には「弁韓と辰韓はあわせて二十四国。大国は四、五千家、小国は六、七百家、総て四、五万戸なり。その十二国は辰王に属する。辰王は常に馬韓の人を用いてこれを作る。世世相継ぐ」とある。

つまりこのころ、朝鮮半島南部の大河洛東江の上中下流域には、辰王の圧力に屈しない、おそらくは江南からの南方アジア系と推測される海洋性の、男女ともに文身《いれずみ》を入れた倭人たちによって構成される伽耶族の国々があって、天孫降臨の神話を持ち、それぞれが王政と身分制度に基づいた体制を作りあげ、肥よくな土地と灌漑の利を生かして水田稲作をいち早く発達させ、養蚕も盛んで、馬や牛に乗り、塩、ワカメなどを自給し、銅にかわって流域に産出する良質の砂鉄を利用する技術を自分たちのものにして強力な軍事力を有していたのである。

伽耶族の国々は「六伽耶連盟」として知られており、「古資弥凍国」「半路国」「弥烏邪馬《みうやま》国」「狗邪《くな》国」「走漕馬《そつま》国（卒馬）」「安邪国（安邪伽耶・阿羅伽耶）」の六国から構成されているというが、実際は洛東江中流から上流の高霊地方の「上伽耶《ウガヤ》（弥烏邪馬国・大伽耶・高霊伽耶・上伽羅）」と、河口の金海デルタ地帯の「下伽耶《アラカヤ》（狗邪国・狗邪韓国・本伽耶・金官伽耶）」の兄弟国がベースとなっているもので、この二国はともに太陽をトーテムとするサン・クランの人たちだったといわれる。そしてその伽耶部族連盟の中の一部族で、最初の盟主国でもあり、洛東江中流の高霊地方で栄えていた弥烏邪馬国（ウガヤ）が、北の辰王からの圧力から逃げるように南進してまず海を渡り、九州島一円を植民地化して支配下におさめ分国をうち建てた。これをはじまりとして他の伽耶連盟の諸国も日本列島に植民地開拓と奴隷獲得のためにのりだしていく。九州島福岡県の曲り田遺跡〈糸島郡二丈町〉から水田耕作用の鉄の斧らしい鉄塊が出土している。

やがて秦が中国を統一して封建専制主義の中央集権国家をうち建て、秦の始皇帝が国家と文字の統一を実現して、古代宗教文字の力を政治的に用いはじめ、漢字の支配する世界が一気に拡大を開始する。古代宗教文字の、換骨奪胎による政治文字化――政治的な駆け引きを、文字とその記録されたものを媒介にしておこなうこと――が、秦の始皇帝によって達成されるやいなや、周辺の衛星国家にも、早いところではこの政治文字としての漢字が伝わったかもしれない。

古代朝鮮半島図

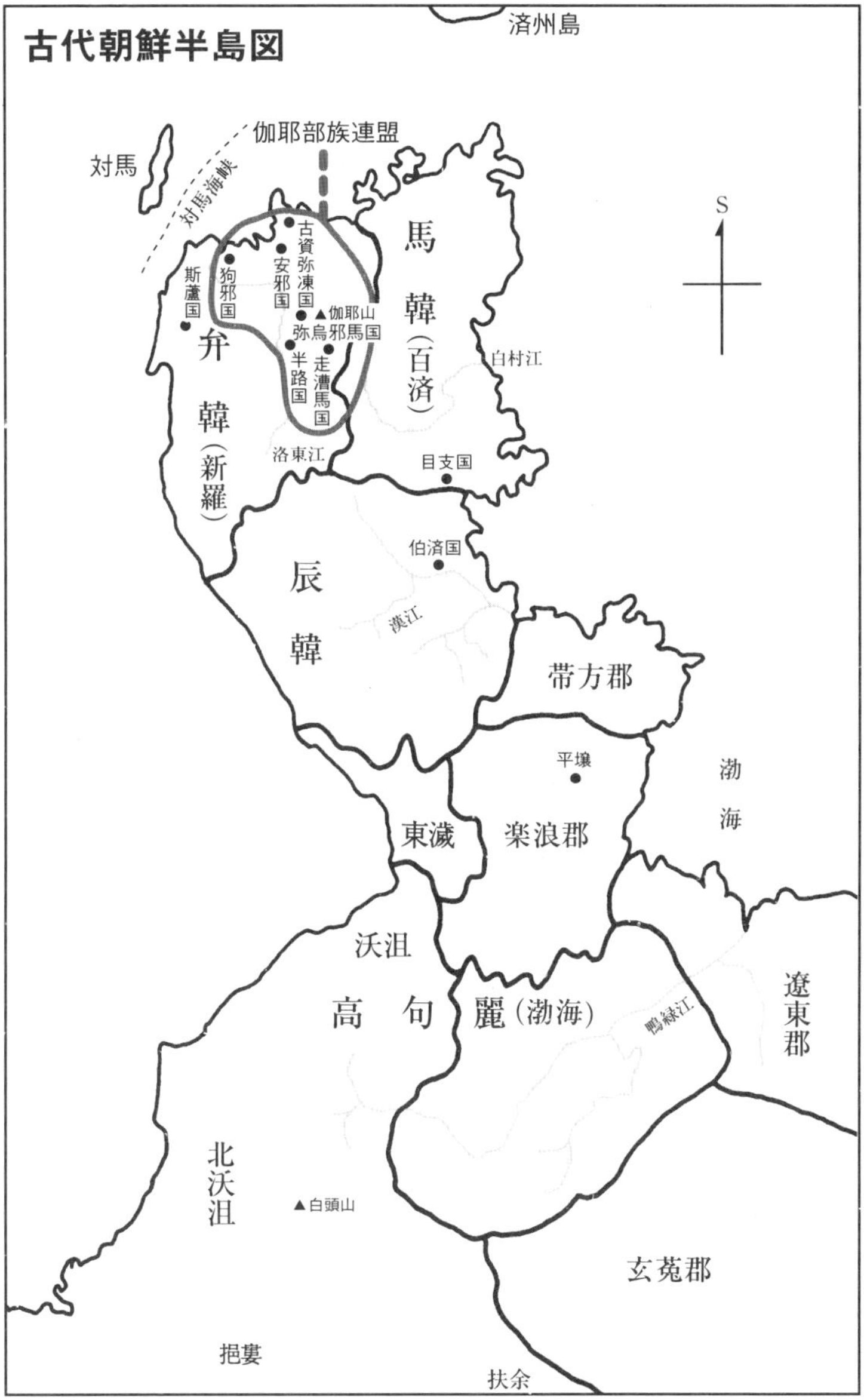
済州島
伽耶部族連盟
対馬
対馬海峡
S
馬韓（百済）
古資弥凍国
安邪国
狗邪国
斯盧国
伽耶山
弥烏邪馬国
半路国
走漕馬国
弁韓（新羅）
白村江
洛東江
目支国
伯済国
辰韓
漢江
帯方郡
平壌
渤海
東濊
楽浪郡
沃沮
高句麗（渤海）
鴨緑江
遼東郡
北沃沮
白頭山
玄菟郡
挹婁
扶余

倭人とその周辺の国々でも、漢字を公用語としていただく世界と一部ではあるがつながりはじめ、古アイヌ語のような無文字語の生活語との、はじめから二つにリアリティの分離した世界を、朝鮮半島と日本列島の一部の人々は受け入れはじめた。このときから朝鮮半島も日本列島も、大陸国家の一部に、つまり中国の歴史の一部に、しっかりと組み込まれていく。

秦は全国を郡県制によって統治しながら、万里の長城を築いて、遊牧騎馬民族の匈奴（スキタイ）にたいする防衛線とした。同じころ、秦の始皇帝の命を受け薬草を求めて徐福ら一行老若男女数千人が渡来したという伝説が、日本列島の各地——紀州熊野、肥前佐賀、安芸厳島、尾張熱田、三河小坂井、秋田男鹿半島、津軽小泊、八丈島、青ヶ島、富士山北東麓など——には残されている。徐福は秦に滅ぼされた斉の人で、現在の山東省の海辺の村で生まれたというが、おそらく漂白する海人族としての倭人であったろう。南西より東シナ海を舟で渡って日本列島に逃げてくる難民たちや、中国系の商人たちの来航が急激に増えたのもおそらくこの時期だ。海人族の彼らは漂着した浜辺に村落共同体を築いていった。沖縄本島を含めた南西の島々では、中国の戦国時代末から秦代の明刀銭《めいとうせん》や前漢時代から隋の時代に使用された五銖銭《ごしゅせん》といった中国の古代貨幣や、楽浪郡周辺で製作された土器などが出土する。そして本州島東北部においては、金属器を模したと思われる磨製石剣の出現も見られるのだ。おそらく石を火で溶かして鉄を作る技術は先住民たちには魔法のように思われたことだろう。

朝鮮半島にあった燕国も秦に滅ぼされた。また『魏志』（辰韓条）にも「秦が燕を滅ぼしたとき、難民が韓国に逃げてきた。馬韓はその東の方の土地を割いてこれらの人々が定着するように与えた」とある。おそらくこれが百済（伯済）という国のはじまりだ。しかし中国ではその秦も十五年ほどで亡び、前漢が勃興する。中国の歴史書『三国志』の中にこの時代の辰韓についての記述として「辰韓は馬韓の東に在り、その古老伝世して自ら言う。古の亡人、秦の役を避けて来たって韓国に適《ゆ》く。馬韓その東界の地を割いて之に与うと。城柵あり、その言語、馬韓と同じからず。名づけて秦韓者となす」とある。朝鮮の歴史書『三国史記』（新羅本紀）にも秦国から逃げてきた人々が辰韓人と雑居していたが、「その数が多く栄えたので、馬韓ではこれを忌み嫌った」という記事がある。

　こののち、辰韓に暮らしていた旧秦国の住民の多くも、辰韓の伽耶族の人たちと同じように南進して海峡を渡り、九州島に移り住んだ。秦の人たちは——一説にはペルシャからやってきたともいわれ——もともと大地から根っこの切れた人々であるらしく、宗教にたいしてもことのほか寛容で、道教や、拝火《ゾロアスター》教や、景教（ネストリウス派のキリスト教）をも持ち込んで土地の宗教と合体させていったし、奴隷商人としても名をはせた。そしてこのころ朝鮮最初の封建国家として高句麗が建国されたらしい。

　中国華南の広州（南海）ではこの時代の造船所の遺跡が発見されている。中心部分には平行する三つの造船台があるほどのきわめて大規模な造船工場で、船台の滑走台の長さは八十八メートル以上だという。この船台からは幅六メートルないし八メートル、長さ三十メートルもの木造船が建造されたようだ。遺跡からは鉄鋳物、鉄釘、鉄棒や砥石なども出土する。

「天子は南面して天下に聴く」と説く『易経』が北方諸民族のシャーマニズムに基づくヴィジ

ョンを言語化する過程で集大成された。ユーラシア大陸では匈奴（スキタイ）が、アルタイ山脈のはるか西方からバイカル湖の南を経て陰山山脈で中国と接する広大な草原に遊牧帝国を築き上げた。ギリシャの歴史家のヘロドトスはこのころ、スキタイ人が焚き火に大麻を投げ込んで煙を吸いながらその酔いの中で歌ったり踊ったりする光景を見て、「ギリシャ人がワインに酔うごとし」と書き残した。

このころ本州島中東部の関東地方にまで稲作が広まった。

200 TO 100B.C.

燕の王が秦に追われて匈奴（スキタイ）に亡命したので、その家臣の衛満が、一千人あまりの燕人を率いて亡命し朝鮮の王位を継いだという話が伝わっている。衛満に追い出されたもとの朝鮮の王は南の辰国へ亡命し、韓王と称した。秦が結局統一できなかった匈奴（スキタイ）や西域の諸族、東胡の鮮卑《せんぴ》と烏桓《うがん》なども統一することになる漢の影響が大きくなるのを受けて、増大する辰国の王の圧力も避けるように、しかしその政治的・経済的・物理的・技術的・文化的な影響をもろに受けつつ、朝鮮半島南端の洛東江河口周辺から伽耶連盟の各諸国も弥烏邪馬《みうやま》国（ウガヤ）に続けとばかり、船で海にこぎだし、暫時、朝鮮海峡をはさんだ——韓国《からくに》に向かい合う——九州島北部や、本州島西部の島根半島あたりまでの日本海沿岸や、本州島と四国島が向かい合う瀬戸内地域に、独自のコロニーを築きはじめていた。彼らと一緒にニワトリももたらされた。古くからの連続性を保っていた日本列島の伝統的ネイティブ文化は、この倭人が大半を占める朝鮮半島経由の開拓者たちの大量到来によって、決定的に西と東に分断されてしまう。
九州島北部から本州島西南部に水田稲作と青銅器とこれまでにない墓のスタイルを伴う異質な文化がさらにひろまっていく。当時すでに島根県の海岸地域には、ものすごい数の弥生遺跡があることを考えれば、朝鮮半島や大陸から日本列島を目指した移民たちの首都がここに存在したことは間違いない。新大陸アメリカにとってニューヨークが移民の最初に着く町だったように、出雲近辺は日本列島の開拓者たちにとっての交易のキャピタルだったのである。彼らはそこでさまざまな準備を整えると、そこを足場にして奥地に入っていったのだ。それにつれて人口も急速に増えつつあった。

漢の武帝が遼東半島のつけねに位置した衛満朝鮮に攻めいり、朝鮮半島北西部にあった古朝鮮を最終的に滅亡させ、その故地に中国の直轄地である楽浪郡、真番《しんばん》郡、臨屯《りんとん》郡、玄菟《げんと》郡の四郡を設置して、漢人の支配のもと漢字を公用語にした。『史記』には前漢の隣に「烏桓、扶余《ふよ》」「鮮卑」などの国があったと記されている。このころから漢民族の朝鮮半島への大量流入が起こった。

漢の武力をうしろだてにして、半島中南部に勃興しつつあった馬韓や辰韓が洛東江流域の肥よくな大地と鉱物資源を狙いはじめた。この勢力に押されるように洛東江流域を故郷とする伽耶族が南下して九州島に移動する。九州島北部の三沢北松尾口遺跡〈福岡県〉でこの当時の物と推定される青銅製の「やりがんな」の一部が出土しているし、朝鮮式の無紋土器もたくさん発見されているのはそのためだ。『後漢書』（倭伝）によれば、このころすでに日本列島には伽耶部族連盟の倭人によって構成される世襲制の百ほどの村落集合国が存在したとされている。

朝鮮半島や対岸の日本列島西部でも、少しずつ、そしてある瞬間爆発したように、中国語の影響を受けて、独自の言語形成期に入る。倭人とされる海人族によって広められた稲作が、とりあえず本州島最北端の津軽平野まで及んだ。大陸や半島から渡来した、秦人、漢人、越人、濊《わい》人、高麗（高句麗・オロチ）人、扶余人、馬韓人、辰韓人、伽耶人などの、水田稲作と金属器の技術と、それまでにない麻疹《はしか》や、結核のような伝染して人を死にいたらしめる病気と、大地と人間を物のように所有できるとする新しい生き方とを持って、あらかじめ大地との根っこを失った忙しい人々が、南海へと活路を求め、九州島、瀬戸内、四国島、本州島西北部から中央部、中東部の日本海沿岸へ上陸し、各地にコロニーと子孫を残し、朝鮮風コロニアル文化を移植し、奴隷を盛大に狩り集め、混血をくりかえしながら、土着や先着民のネイティブ的文化を大きく変容させていったのではあるまいか。日本列島は、さながら最初のアメリカと呼んでもいいような、人種のるつぼというか、新旧モンゴロイド系各種民族をメインとしたさまざまな民族と人種のサラダボウル状態にあった。シベリアオオカミの系統に入る大型のオオカミがこのころ姿を消し、本州島、四国島、九州島にはやや小型のニホンオオカミが残された。

本州島中西部の琵琶湖付近を震源とする激しい地震。水田の作られていた陸地の一部も湖に沈んだようだ。本州島東部、現在の埼玉県熊谷市の上之池上遺跡はこの時代のもので、利根川や荒川の氾濫地域の中にあり、縦穴住居の溝から稲作栽培の証拠となるプラント・オパールが検出されているが、そこから出土した壺には、新しく西から持ち込まれた形をしているにもかかわらず、昔ながらの縄目紋の文様もつけられていた。異なる二つのライフスタイルが激しく混ざりあう激動の時代だったと想像される。権力の象徴としての古墳が本州島中西部あたりに造られはじめた。島根県の湯谷悪谷遺跡〈邑智《おおち》郡岩見町〉や九州島福岡県の庄原遺跡〈田川郡添田町〉では鉄が作られていたらしい。このどちらも伽耶人の居住地だったような気がする。

インドでは在家信者を中心に大乗仏教が興隆して急激に広まり、数多くの大乗経典が作成された。

100B.C. TO 0A.D.

漢帝国が、ネイティブ・ピープルの反抗にあって真番《しんばん》、臨屯《りんとん》の二郡を廃止し、真番を楽浪《らくろう》郡に隷属させ、臨屯を玄菟《げんと》郡に隷属させた。漢はさらにまた遼東郡に玄菟城を築城して、郡の役所を移した。半島の管轄統治はすべて楽浪郡が担うことになった。亡命秦人のコロニーのあった東部の辰（秦）韓諸国では六つの村落共同体がまとまって斯蘆《しろ》国（のちの新羅）が、朝鮮半島北部の玄菟郡には北扶余《ふよ》の濊《わい》族の流れをくむツングース系五部族からなる高句麗が、それぞれ征服国家として成長拡大し、南扶余の貊《はく》族の分国でもある西部の馬韓諸国では辰国を吸収した伯済国（のちの百済）も、国家としての胎動を見せはじめた。

本州島中北部、福井県坂井郡三国町の九頭竜川河口内にある加戸下屋敷遺跡から、菅玉や勾玉とともに、銅鐸を作った工房跡らしきものが出土している。銅鐸は、百済の母体となった馬韓族の農耕儀礼に関係あるものとされるので、馬韓を構成していた小王国群から渡ってきた人々の植民地が、すでにこのあたりにあったものと想像される。伽耶連盟諸国は弥烏邪馬《みうやま》国（ウガヤ）コロニーや、狗邪国《くな》（アラカヤ）コロニーをはじめとしてかなりの数の小国を生み出していた。「楽浪の海中に倭人が住み、分かれて百余国を作り、定期的に朝貢してくるという」と『漢書』（巻二十八下　地理志）は記す。海中にあったとされる倭人の国は、それぞれが中国の属国であるか、冊封国《さくほう》か、衛星国である。日本列島における青銅器の原材料が、この時期から朝鮮半島産から中国産に変化する。

当時の中国の歴史書に記された「倭」「倭人」とは、朝鮮半島南岸の洛東江流域の伽耶部族連盟および海境海人族の人々をひとまとめにして呼んだ別称であると同時に、対馬や壱岐を拠点にして九州島や本州島西部各地に建設されつつあった「倭の盟主（弥烏邪馬国）」が全体を統治する国々のコロニー（植民地）およびその人民の呼称でもあった。したがってそこには国境などという概念はもともとなかった。弁韓の六伽耶連盟の中に「盟主」という存在が先にあって、その支配下にある土地とその住民が「倭」と呼ばれたのにすぎない。確定された領土を持つ国家とはまったく異なる。

伽耶族の人たちは九州島北部、山陰から北陸にかけての日本海沿岸に拠点となるコロニーを作ったが、中心は九州であり、北部九州にウガヤ（上伽耶・弥烏邪馬国）、南西部九州にアラカヤ（下伽耶・狗邪国・狗奴国）が最初の国を設けた。九州島に足場を固めたウガヤは、やがて伽耶連盟諸国の産鉄および各種専門技術者たちの情報拠点となりつつあった出雲地方の入植者ネットワークを足場として、やがて近畿地方へとその主力を移し、先住民を取り込んで大和飛鳥地方に自分たちのコロニーを確保する。九州島ではアラカヤが、手薄になったウガヤの土地を狙うかのように北部へ勢力を伸ばしはじめた。

ちょうどこのころ近畿地方の河内、大和などに、巨大環濠集落の出現を見る。洛東江、九州島、出雲、吉備経由で大和に入ったウガヤ（弥烏邪馬国）の海人族による新たなコロニーであり、琵琶湖周辺から東海地方にかけての先住古代海人族系の淡海国（天の王朝）とも、また九州島のアラカヤの「狗奴国」とも別物だった。この遺跡の代表的なものが現在の大阪府にある池上曽根遺跡や奈良県の唐子・鍵遺跡であるだろう。池上曽根遺跡は、六十万平方メートルの広さを持つ、長径二百八十メートル、短径二百六十メートルの環濠で、最盛期にはその外側に四十メートル級の別の大きな濠がめぐらされていたという。中心部には南北六・九メートル、東西十九・二メートルの、南洋の島にあるアバイと呼ばれる集会所の建物を彷彿とさせるような、大きな高床式の建造物が建てられていた。建物の南側にある井戸は、樹齢七百年、直径二メートルほどのクスノキをくり抜いて作られたもの。この集落には、およそ五百人から一千人ほどの人口があったと推測されている。奈良県の唐子・鍵遺跡からは、二、三階建ての楼閣のようなものを刻んで描いた土器が発見された。

こうした環濠集落は、おそらくそれぞれが砦として点で存在し、いくつもの点が互いに、狼煙《のろし》などで連絡を取り合いながら、ネットワークを構成していたようだ。環濠やその付近からは、数千個のつぶて石、黒曜石の矢じり、覗き穴のついた一メートルほどのスギの板を使った楯、焼け焦げた弓、打撃によって折れた銅剣、刃が鋭く研がれた石剣などが見つかったりしている。環濠集落について知れば知るほど、この時代が、平和とは程遠く、おそろしく不安定な侵略戦争の時代であることがわかってくる。

『常陸風土記』には、おそらくこのころ、伽耶系海人族の鹿島、香取の神が天から新しく下ってきて、関東平野から仙台平野へかけて、その神の子孫や氏子たちを各地に配って国造《くにのみやっこ》としたという噂も掲載されている。

A.D.1 TO 100

北海道島中央部の石狩平野を中間地帯にして、このころ、様式の異なるふたつの土器文化が生まれようとしていた。どちらも本州島における当時の新しい土器文化の影響を受けながら、なおそれまでの縄目を付けた土器を発展させたもので、この古くて新しいスタイルの土器は、それを可能にした母なる日本列島の川と森の豊かな恵みと、それの織り成す文化に守られながら、九州島、四国島、本州島における状況の、大きな、そして急激な変化にあまり影響を受けることもなく、こののち七百年ほど続く。

前漢が滅び漢民族が新を興した。朝鮮半島では、高句麗が、沃沮《よくそ》や東濊《わい》を服属させるなど勢力を伸ばしつつあった。匈奴が新に侵攻し、新は高句麗に出兵を求めたが、高句麗はこれを拒否。新が高句麗を討とうとしたために、かえって高句麗の力を益し、周辺各地で異民族が叛乱を起こした。新がすぐに後漢にとってかわられた。馬韓（伯済）、伽耶族の国々（弁辰・弁韓）、辰韓（斯盧《しろ》国・のちの新羅）は直接に中国の支配を受けていたわけではなく、楽浪《らくろう》郡の漢人の役人たちによって中国とつかず離れずの冊封《さくほう》関係を維持し続けた。

朝鮮半島南部においては、洛東江下流の河口にあって良質の鉄の産地だったアラカヤ（本伽耶・金官伽耶国・狗邪《くな》国・下伽羅）の首露王が、周辺の諸伽耶を統一して伽耶部族連盟の盟主になった。『三国遺事』という韓国の歴史書には、彼が王妃をインドのアユダ国より迎えたという説話がある。この逸話からも推測できるように、伽耶連盟を構成する倭人はおおむね南方系だった。なおまたこの首露王にはたくさんの王子があり、第四男から第十男までの七人が、天に昇って行方知らずになっている。

このことで興味深いのは日本国の国史とされる『日本書紀』（巻第三　神日本磐余彦天皇《かむやまといわれひこのすめらみこと》　神武天皇）の冒頭にある「カムヤマトイワレヒコノスメラミコトはまたの名をヒコホホデミといい、ヒコナギサタケウガヤフキアエズノミコトの第四子である」という記述かもしれない。「神武」という王が実在したかどうかはともかく、彼がどうやってヤマト朝廷を打ち立てたかを述べる記録を読むと、神武は「アラカヤ」系のベア・クランであることがわかるので、なぜ父親をウガヤの人間に設定したのかがよくわからない。おそらく、彼が打ち立てたヤマト朝廷と、それ以前のヤマト朝廷（ウガヤが大和飛鳥地方に作ったコロニー）の連続性を保つための工作だったのだろう。「征服王朝」と呼ばれたくなかったのかもしれない。

それはさておき、アラカヤ（本伽耶・金官伽耶国・狗邪国・下伽羅）は九州島南部の分国である「狗奴国」の経営に力を入れ、九州西南部を直轄経営した。『後漢書』（東夷伝）に「倭奴国が朝貢し、使人は自らを大夫と称していた。倭の最南端である。帝は倭王に印綬を授けた」との記述がある。「倭」の名前が中国の歴史書に出るのはこれがはじめてだが、倭の奴の国とは「倭人が建国した狗奴国」であろう。宗主国である中国の属国のひとつとして冊封体制に組み込まれ「漢委奴国王」の金印を受けた。「冊封」は「柵封」とも書くが、中国の王朝がその周辺の国に招諭を出し、応じた国の首長をして王となし、臣として朝貢せしめることである。もちろん冊封の主体は中国王朝だけでなく、極東アジアに興ってそのシステムを真似したすべての権力が同様の手段を先住民や周辺少数民族にたいして使うことになった。東進して本州中央部の大和にコロニーを作りはじめていた太陽氏族ウガヤ（上伽耶）が中心となった邪馬台国と、九州島の支配力を益しつつあったアラカヤ（本伽耶）の狗奴国の間の、兄弟国同士の本家と元祖を争う緊張関係が高まりつつあった。

瀬戸内海沿岸の高地に、軍事的防衛的な色彩の強い朝鮮式の入植コロニーがあらわれはじめる。入植者たちが、民族浄化の意識を持っていたかどうかはともかく、奴隷狩りに精を出したことは想像に難くなく、多くの背の小さな先住民の生口（奴隷）たちが、宗主国への朝貢の際に献上された以外にも、おそらく、本国のあった南朝鮮洛東江沿岸各地に労働力としてたくさん送られたことだろう。奴隷とされて連行された日本列島の先住民たちに対する朝鮮半島内における差別は、この後はそのまま日本列島に持ち込まれることになる。

インドではヒンドゥー教が急速に拡大し、カースト制差別思想の前に大乗仏教が劣勢になった。仏教の中の延命を図った部分はヒンドゥー教とくっつく形でネイティブの神秘的瞑想法や健康法や性崇拝タントリズムやカースト制観念などをとりいれ、呪文や秘技を重視する密教に姿を変えていく。大乗仏教が中国に持ち込まれた。

100 TO 200

本州島の琵琶湖以西において水田稲作と密接に関連するらしい銅鐸がさかんに作られる。中国の北に位置して常に中国の権力をおびやかし続けた遊牧騎馬民族のスキタイ（スキュート・匈奴）が南北に分裂した。北のスキタイはモンゴル系の鮮卑《せんび》に追われ、後漢にも追われて、アルタイ山脈の西に姿を消し、二度と帰ることはなかった。南のスキタイは後漢に帰順した。

このころ先住民たちが「亀の島」と呼んでいた北アメリカ大陸ではネイティブ・ピープルは投げ槍を用い、自分たちの殺した動物の皮を身にまとい、木の繊維でサンダルや籠やポシェットを編み、麻ひもで編んだ袋や罠を作ることをすでに学び終わっており、定住と初期の農耕がはじまろうとしていた。大きな原因は「穀物（トウモロコシ）」の獲得だった。人々は植物――豆やスクァッシュなど――を植え、地面に穴を掘って余分な穀物を蓄え、石でその穴に蓋をして、灌木や泥でその上をおおった。投げ槍による狩猟が弓と矢によるそれへと変化した。人々は農業をするようになり、家庭を持ち、社会を形作りはじめた。

このころ北アメリカ大陸のメキシコ中央高原とその南にマヤの諸都市が出現する。地球規模で海水面が最も低い時期だった。

日本列島で石の矢じりなどが使われることが少なくなり、鉄器が普及しはじめる。鉄器では「斧」「刀子」「ノミ」などの工具がまず普及し、しばらく間を置いて「鎌」「鍬先」などの農具が普及する。鉄器の広まるのは九州島で早く、瀬戸内や本州島は遅れた。この当時の鉄の原産地は朝鮮半島南部だった。『魏志』（韓伝）によれば、倭人は他の朝鮮半島南部の国々と同様、中国朝廷の指図に従い、奴隷たちと引き換えにして、弁韓、辰韓の鉄を採取し輸入していたものらしい。

　朝鮮半島では、高句麗が後漢に侵略をくりかえし、馬韓、挹婁《ユーロー》などと協力して中国コロニーの玄菟《げんと》郡や遼東郡やこれを背後から支援した扶余《ふよ》などと戦い、東北諸族の盟主となりつつあった。結果として扶余国が弱体化し難民が南へ——朝鮮半島や日本列島へ——流出した。高句麗は後漢と和議を締結。

　『後漢書』（東夷伝）は「倭面上国王帥升等は生口（奴隷）百六十人を献じ皇帝の拝謁を申し出た」と書いている。中国の官僚としての「倭に面した上国」の王の名前は「帥升《すいしょう》」というのだった。「倭面上国」はアラカヤ（本伽耶）が九州島に作って三百五十年近くたったベア・クランの国の狗奴国だと推測される。そこでは奴隷を狩り集めて中国の皇帝に献上することが挨拶代わりにおこなわれていたようだ。奴隷にされるのはいつだって「先住民の若い男女」である。

　水田稲作の技術がとりあえず本州島東北部の北辺にまで普及。朝鮮半島から伽耶部族連盟の住民のかなりの部分が難民として、開拓者として、九州島や本州島西部、四国島に移り住んだ。高句麗も、辰韓や馬韓（伯済国）も、伽耶に負けじと独自に領土拡大路線をとった。九州島や本州島の山陰、北陸、瀬戸内の播磨、吉備、淡路、摂津などにあったいくつもの、半島南岸からの渡来系の人たちが作ったコロニーの間で、朝鮮半島南部の肥よくな大地と豊かな鉱物資源を持つ伽耶族の故地をも巻き込んで、畿内の勢力と北九州を中心とする勢力の間で覇権を競う争いが起こった。中国の歴史書によって「倭国大乱」と呼ばれるこの極東アジアの動乱は、およそ四十年ほども続いたろうか。本州島西部に築かれていた移民のキャピタル出雲の伽耶族とネットワークを組んで、暫時大和飛鳥をコロニー化しつつあったサン・クランの国である弥烏邪馬《みうやま》国（ウガヤ・上伽耶・大伽耶）は、しかし朝鮮半島南部洛東江中流の本拠地において、このころにわかに拡大してきた馬韓（伯済国・熊氏族／ベア・クラン）によって、朝鮮半島の本貫の地、帰るべき故郷を奪われてしまう。洛東江中流の高霊の地にあった本国を失ったことによって、ウガヤ系ヤマト王朝（弥烏邪馬国）は日本列島西部においても伽耶部族連盟内での発言力を低下させていく。軍事的緊張の高さを物語るように、この時期、瀬戸内周辺や九州島、本州島の関東地方のいたる地域で、山頂や台地などの見晴らしのよい場所に高地性集落がいくつも出現する。周囲に濠がめぐらされるなど防御機能が完備された臨戦体制集落である。

　ウガヤは、やがて二十八の小さな王国をどうにか束ねて弥烏邪馬国の後身の「邪馬台国」を興し、女王卑弥呼——伽耶の王女か——をたてて女王盟主とし、奴隷制に基盤を置いた倭の部族連盟国家を形成して、争乱の時代を終結させた。邪馬台国に属するそれぞれの小国には王がいて、王の下に「大人」という身分があった。盟主（女王）と王と大人という階級が、下戸と奴婢とされる人たちを支配していた。『三国史記』（新羅本紀第二　阿達羅尼師今《アタラニスクム》）には「倭国の女王卑弥呼が遣いを送ってきた」の記述が見える。ウガヤの卑弥呼は、まず同じサン・クランである新興の斯盧《しろ》国（のちの新羅）と友好関係を結ぼうとしたのである。

　本州島中東部太平洋岸、現在の静岡県静岡市の南の海岸近く、安倍川が作り出した長さ三百メートル、幅八十メートルの扇状地の南端に十戸ほどの住居と二戸の高床倉庫のある集落が、高度な生産技術を持つ入植者たちの一団によって作られ、この集落の東側の低地に総面積約二万三千坪で灌漑施設の整った、他のどこにも見られないぐらい大規模な水田が出現する。彼らは魚介類や鳥獣の調達から、糸を紡いで布を織り、小さな琴のような楽器をたしなむなど、ほぼ自給自足のプランテーション・ライフを満喫していた。登呂遺跡として知られるこの壮大な稲作の入植実験農場は、しかし六十年から七十年後に突然起こった安倍川の氾濫による大洪水ですべてが土砂の下に埋められてしまうのである。

このころ仏教を取り入れた中国では、大乗経典の翻訳がはじまっているが、道教徒による叛乱も起こる。倭人が朝鮮半島の東辺を荒らし回った。

200 TO 300

地球規模で寒冷期となり気候が冷涼化した。日本列島の太平洋沿岸の広い地域——南海・東海——で大地震が発生。魏が楽浪郡《らくろう》南部を分割して帯方郡《たいほう》を設置した。ウガヤ系邪馬台連邦国の倭人の盟主となった卑弥呼が、大夫の難升米を新興の斯蘆国《しろ》（辰韓・のちの新羅）経由で帯方郡に派遣して、生口（奴隷）の男四人、女六人を魏に献上した。

首露王亡きあとも九州島の狗奴国の経営をうまく進めてそれなりに力をつけていた伽耶盟主国のアラカヤ（狗邪国《くな》）も、斯蘆国にたいして和を請うた。伽耶族にとっては新羅は同族だったたからだ。しかし拡大するベア・クランの——熊トーテムの——伯済国（馬韓・のちの百済）の勢いが、アラカヤ本国の存在をもおびやかしはじめていた。アラカヤは王子を人質として斯蘆国に送り込み、安全保障と保護を求めたが、斯蘆国にはまだそれほどの国力はなかった。

　朝鮮半島南部から、水田稲作と産鉄の技術を持った人たちが続々と大量に、ある者は難民として、あるいは入植を目的とした移住者として、またあるいは屯田兵として、または新天地を求めて海を越えて、九州島東北部を足掛かりに、本州島の山陰（出雲）、北陸にかけての日本海沿岸各地に入植しはじめていた。九州島にはウガヤの邪馬台連邦国と盟主を競って緊張関係にあったアラカヤの分国狗奴《くな》国があり、男子の卑弥弓呼《ひみここ》が王の地位についていた。邪馬台国の女王であり邪馬台連邦国の盟主でもあった卑弥呼が魏に二度目の朝貢をした。鉄の輸入経路や奴隷の交易流通に各地の政治勢力が介入しはじめて争いが絶えず、それに気候が寒くなり雨も増えたために稲の生産地が減少したことも原因して一触即発の状態が続いていたのだ。入植者は先住民を奴隷として生け捕りにし、追い立て、あるいは同化させ、あるいは滅ぼしながら、ある者たちは南下し、またべつの一族は東へと向かった。北海道島を除く日本列島のコロニアル化がさらに進んだ。入植者たちは東を——太陽の昇る方角を——目指した。瀬戸内沿岸から大和地方にかけて、南九州では日向と大隅で、時を前後するように注目すべき古墳がいくつもあらわれる。

　当時の朝鮮半島からの入植者のおおざっぱなルートとしては次の三つが考えられる。朝鮮半島の南部と南西部、朝鮮海峡にのぞむ沿岸、とくに洛東江河口周辺や多島海から対馬、壱岐を経て九州島北部、同西北部各地の沿岸、あるいは沖之島に直行して九州島北東部、本州島西部（山口県）にいたる西方ルート。朝鮮半島東北部、同東南部、南部の東海岸から越《こし》の国（福井県、石川県、富山県、新潟県）の沿岸、あるいは隠岐から山陰（出雲を中心とする島根県、鳥取県）地方、但馬、丹後半島（兵庫県、京都府）の日本海沿岸にいたる東ルート。朝鮮半島南部、西部、東部のそれぞれの海岸から瀬戸内海各地の沿岸に直行する瀬戸内ルート。さらに瀬戸内海から太平洋を回り込んで東海から関東に上陸する者たちもいたが、人と物と情報は、基本的にはこの三つの流れを伝って日本列島に流入し、これらが複雑に入り組んで、それぞれかってな「国造り」というものがはじまっていた。もちろん同じルートを使って朝鮮半島と行き来もくりかえされた。

このころ、現在の奈良県桜井市に突如巨大集落が出現する。近畿地方でも最大級の大型前方後円墳である箸墓《はしはか》古墳に隣接する纏向《まきむく》遺跡が発掘されている。この集落跡からは運河や水道などの大規模人工施設、瀬戸内西部から関東にいたる各地の土器が、また吉備でのみ発達した特別な器台などが出土する。

フロンティアから最も遠くはなれた本州島最北部、現在の青森県西津軽郡森田村の石神遺跡からは、住居跡と一緒に土師器《はじき》が出土しただけでなく、そこから三方を壁で囲んだ製鉄炉――ふいご送風がおこなわれたタタラ炉――の跡が見つかっている。高度な製鉄技術を持ったネイティブ・ピープルたちがそこには存在していたようだ。琵琶湖の周辺にあった先住系海人族の天の王朝は、このころには朝鮮半島からの大量の入植者集団に圧迫されて壊滅的な危機に陥っていたと想像される。

邪馬台国の卑弥呼が魏の帯方郡に再度使いを派遣して、狗奴国との戦いに支援を要請した。同じ二四七年、卑弥呼、没。一説では魏の意向に反したために処刑されたといわれる。卑弥呼の遺体は、扶余《ふよ》や高句麗の葬送にならって埋葬され、奴婢（下男と下女）百人ほどが生き埋めにされた。翌二四八年九月五日、日本列島で皆既日食が見られた。邪馬台連邦国に男の王が立ったが、誰もその命に従おうとせず、再び内戦が激化しクーデターも起こり、千人近くが死んだ。卑弥呼の父系の王女で十三歳だった壱与が卑弥呼のかわりに立つ。壱与が慣例にしたがって使節を魏に派遣し、男女の奴隷三十人を献上した。卑弥呼も壱与も、生涯を独身でとおした。独身の女性を王として共立する狙いは、子どもを作らせないことにあったと思われる。邪馬台国を構成した倭人の連邦諸国は、盟主が血筋で継承されることを嫌ったようだ。日本列島における推定人口はこの当時で約六十万人になっていた。そして邪馬台国は、ここで歴史から姿を消す。

魏が滅亡して晋が建国された。馬韓や辰韓が晋に朝貢した。晋はそののちに呉を滅ぼして中国を統一したものの内部紛争が激化し、そこへ北方から匈奴が進攻したり、さまざまな民族が割拠して再び戦国動乱の時代に突入し、七つの民族が代わり番こに建国した二十三の政権の「五胡十六国」の時代となる。九州島に拠点を持つアラカヤ系の倭人が辰韓を急襲し、千人ほどを生け捕りにして引き上げた。このときの倭人はのちの隼人だとされる。

亀の島の中央高原に石を巧みに操る人たちの文明が栄えはじめた。トウモロコシ、豆、綿の栽培がおこなわれ、地下に掘られたキバと呼ばれる神聖空間が作られ、人々は石で作った家や、崖をくり抜いた部屋などで暮らしていた。天の北極がこのころようやく現在の北極星、つまり小熊座α星に落ち着いたとされる。

300 TO 400

北アメリカ大陸の南部でマヤ文明が黄金時代に入っていた。ヨーロッパにおいてはゲルマン民族の大移動。中国では南の匈奴が西晋を滅ぼして再び北方遊牧民族が暴れはじめ、その影響で地主や農民など漢人の南下がはじまった。中国動乱で扶余《ふよ》が衰弱し、高句麗への大量の漢人流入をきっかけに朝鮮半島が一気に激動の時代へ移る。扶余を併合した高句麗が南下して中国コロニーの楽浪郡《らくろう》を滅ぼし、その翌年には馬韓の小国であった伯済国と連合して別の中国コロニーの帯方郡を、さらにその翌年にはもうひとつの中国コロニーだった玄菟《げんと》郡をも滅ぼした。魏、呉からの難民が大量に朝鮮半島や九州島、本州島西部に流入する。

そのころ朝鮮半島の南部の漢江流域では、支配力が弱体化した目支《もくし》国（馬韓）にかわり諸部族を統一した伯済国が、北扶余の王家の力を得て近隣諸国と連合して百済国を建国し拡大策を取った。南進する高句麗と北進する百済がぶつかりあうのはもはや時間の問題だった。両国のにらみあいが続いていたころ、北方系の色の濃い支配者をいただく斯盧《しろ》国（のちの新羅）が、南方系海人族であって同族の辰韓諸部族の伽耶諸国を暫時統合し朝鮮半島東南部を領有したが、高句麗や百済にくらべると基盤がまだ軟弱だった。はたせるかな高句麗と百済が激突。百済が高句麗の平壌城を攻撃して高句麗王が流れ矢に当たって戦死するという事件も起きた。

高句麗は奴隷制を基盤とする征服国家として一層の国力の充実を図るために儒教と仏教を受け入れることにした。大乗仏教はまず中国の北朝から高句麗の貴族階級に入った。仏教大学も創立された。高句麗が前燕に入貢し、前燕は高句麗王を冊封《さくほう》した。高句麗は斯盧国との友好関係をも固めた。

一方、中国南朝経由で百済の王族貴族階級にも仏教が入った。百済は漢城に遷都し、支配体制の強化と軍事力増強に力を注ぎはじめる。冠位の官階十六等を制定するなどして、ベア・クラン——熊氏族——の百済王国が急速に力を伸ばし、アラカヤ一族の故地〈金海や釜山のあたり〉を除く朝鮮半島南西部一帯をほぼ制圧して、やがて全盛期を迎える。水田稲作と産鉄技術と鎮護国家の秘法としての大乗仏教を持った百済は、領主的貴族連合体制を固めつつあった斯蘆国を牽制しながら、洛東江流域の大部分を手に入れ、ついにアラカヤをその支配下に強引に組み入れると、伽耶族の倭人らを傀儡《かいらい》として利用し九州島における領土の拡大を図った。このころ下関海峡ができたとする説がある。潮の流れを変えるために、地域を開くという大工事をしたというのだ。この海峡は、九州島と、朝鮮半島南部の間を船で行き交うときにはきわめて重要になる。

百済の近肖古《グンジョゴ》王は、旧辰韓、旧馬韓の領域を手中にしたあと、九州島西南部にあるアラカヤ一族の建国した狗奴《くな》国を傀儡統治にして、そこに熊襲の——ベア・クランの——国を建てた。サン・クラン——太陽氏族——のアラカヤは結局、信仰を捨てて狗奴国を譲りわたした。サン・クランだった倭のウガヤ一族——反百済親新羅（斯蘆国）勢力——は、九州島北部の同族と図り大和から遠征してベア・クランの国を制圧におもむいたが、かえって返り討ちにされてしまう。おそらくこれが邪馬台国の事実上の解体なのかもしれない。

ウガヤであれアラカヤであれ、伽耶族はもともと種族的には弁辰一族であった斯蘆国と非常に近く、百済族とはまるで異質だった。百済はその前身の辰王の時代から北方勢力として伽耶諸国に圧力を加え続けた国であり、とりわけウガヤ族にとっては百済はもともと帰るべき母国を滅ぼした憎い敵でもあった。

のちの新羅（斯蘆国）の歴史書には、このころウガヤの倭王が使いを派遣して王子に斯蘆国（新羅）から嫁を迎えたいと伝えてきたとある。斯蘆国の王は、相手が「王女を嫁に送るほどの相手ではなかった」ので、役人の娘を送っている。これ以後も何度も倭国からは嫁を求める話が頻繁にあったらしい。倭の歴史書である『日本書紀』には、この当時、新羅（斯蘆国）の使者が武庫《むこ》〈兵庫県〉に宿泊していたとき、港に係留していた使船が失火し、その火がほかの船に燃え移り、多数の船が焼失した。これを知った新羅（斯蘆国）の王は船大工を派遣して陳謝した。このときの船大工は摂州猪名部〈兵庫県〉に住んだ、とだけある。

当時紀伊半島の吉野地方にいた先住民の国巣《くず》（欅）は、すでにすっかりウガヤ系王家に恭順して倭王を「わが父」と呼び、そのグレート・ファーザーに醴酒《こざけ》を造って献上するまでになっていた。

百済系の熊襲は、やがてアラカヤ系海人族を近衛師団の隼人として瀬戸内海経由で大和に進攻し、大和にコロニーを築いていたウガヤ太陽王朝は、百済に操られるアラカヤ熊王朝によって放逐されてしまう。さらにたくさんの百済人などが、これ以後朝鮮半島からやってくるようになったことは想像に難くない。以後渡来人の数はおよそ千年間で百万人を越す規模にのぼったと推定される。

朝鮮南部でよく使われていた薄手の丹塗磨研土器が、そしてやや遅れて無紋土器が、九州島の北九州地区などでも使われはじめる。このころから、百済勢力のバックアップを受けて、アラカヤの倭人による「東国支配」も進んでいく。倭国は「東加羅」「大東加羅」などとも呼ばれ、百済王権による実質的な倭国の統治は、こののち約三百年間も続けられることになる。

百済とアラカヤ、斯蘆国（新羅）とウガヤ、百済と斯蘆国（新羅）、ウガヤとアラカヤの複雑な愛憎関係を包み込んだ朝鮮半島における権力抗争は、そのまま倭人同士の同族差別として日本列島に持ち込まれた。琵琶湖周辺にあった先住海人族たちの天の王朝淡海国はスネーク・クランとサン・クランに分裂崩壊して、その住民たちは暫時先住民として東に追いやられた。

さて、この当時の日本列島のネイティブ・ピープルのことを知ることのできる資料はほとんどない。といってあきらめるわけにはいかないので、さらに四百年ほどのちの八世紀に、日本で最初に編纂された国史とされる『日本書紀』の、当時からしてもはるか昔にあたる、神話と現実の境目がまだどこにあるかわからない時代の物語——それも征服者の立場からかなり一方的に書かれた本州島西部地域の征服の物語——のある部分を、ここでは視点を逆さまにして、ていねいにひもといてみることにしたい。そうすることによって当時の先住民たちのリアリティのかけらぐらいは、探しだすことができるかもしれないから。

神武東征を伝える記録を読み直して歴史のはじまりを調査すること

いにしえの言い伝えによれば、タカミムスビノミコトが真床追衾《まことおうふすま》という神聖なふとんにくるんでアマツヒコヒコホノニニギノミコトを地上に降ろした。その場所は日向の襲《そ》の高千穂峯とされる。古代の日向とは、現在の宮崎県だけではなくて、薩摩や大隅をも含んだ九州島の南半分をあらわしたらしい。襲というのも土地の名前だろう。そこで、ニニギノミコトはひとりの美女と出会った。美女は、ニニギと同じルーツを持つ天神族と、九州島の先住民の女性との間に生まれたハーフの女性で、名前をカシツヒメ、またの名を「カムアタツヒメ」とも「コノハナノサクヤヒメ」ともいった。ニニギはこの美女と一夜を共にし、その結果女性は妊娠する。

彼女が妊娠を告げても、しかしニニギはその言葉を信じなかった。「おまえがみごもったのはわたしの子ではない。そんなに簡単に子どもなんてできるわけがないだろう」などと言う。美女は怒り、戸のない産室を作ると、中にこもって天と地に誓った。「もしわたしのみごもった子が、あなたの子でなかったら、必ずその子は焼け死んでしまうでしょう。反対にもし、その子があなたの子だったら、たとえ火でも、その子の命を奪うことはできないでしょう」。そう言うと、内側から産室に火をつけて焼いてしまった。

このとき火災のはじめて立ちのぼる煙のさきからひとりの子が生まれた。その子の名前はホノスソリノミコトという。この子が成長して隼人の始祖となった。つぎに熱をさけていたときに生まれた子がヒコホホデミノミコトという。そして三番目に生まれたのがホアカリノミコトである。この子は長じて尾張連《むらじ》たちの始祖となった。それからだいぶたってからアマツヒコヒコホノニニギノミコトは死んでしまった。そこで筑紫の日向の可愛《え》の山に墓をつくり埋葬した。

以上は『日本書紀』（巻第二　神代下）の記述であるが、隼人の始祖となったとされるホノスソリノミコトは、いわゆる「海幸山幸」の物語の海幸のことである。コノハナノサクヤヒメが炎の中で二番目に産んだヒコホホデミノミコトが山幸である。しかし山幸であるところのヒコホホデミノミコトについては、なぜか、どの一族の始祖になったかを、『日本書紀』は黙したまま語らない。「幸《さち》」とは「霊的な力」を意味するのだという。物語は、山幸と海幸がそのスピリチュアルなパワーである「幸」を互いにとりかえるところからはじまっている。これはなにを意味するのか。この物語をあくまでも九州島での話とすれば、海人族の海幸が「隼人（伽耶系日本人）」になったのなら、山人族の山幸はまぎれもなく「熊襲（百済系日本人）」の始祖になったと言わねばならない。

海幸のホノスソリはヒコホホデミの弓と矢を持って山に狩猟に行くことになり、山幸のヒコホホデミはホノスソリの釣竿と釣り針を持って海に魚釣りに出かけることになる。結局二人ともなにひとつ獲物はなかったのだが、弟のヒコホホデミが兄の大事にしていた釣り針をなくしてしまう。弟は新しい釣り針を自分で作ってそれを兄に返そうとしたが、兄はもともとのものでなければだめなのだと言って聞かない。ほとほと困り果てたヒコホホデミは浜辺で（隼人の長老である）塩作りの老人と出会って相談する。老人は話を聞いたあとで目のない篭——メナシカタマともいう。沈まない駕篭。ポリネシアの人たちが乗るような双胴のカタマラン・ボートだという説もある——を作ると、その中にヒコホホデミを入れて海中に沈める。気がつくとヒコホホデミは海の神の宮についていた。そこで海神の娘のトヨタマヒメと恋に落ちる。

この話は有名な話なのであらすじぐらいは聞いたことがあるかもしれないけれど、大事な部分なので書きとめておく。ヒコホホデミはその海神の国——海人の国？——で三年を過ごすのだ。そして「潮満玉《しおみつたま》」と「潮涸玉《しおひるたま》」をもらい、「しおみつ玉を水の中に入れると潮が満ちてくるので、これでわがままな兄をおぼれさせなさい。もし兄さんがわがままを謝るようなら、反対にしおひる玉を水の中に入れると潮が自然に干上がるので、これで助けてあげなさい。そうやって責めて悩ませれば、兄さまも自然に降服することでしょう」と身重のトヨタマヒメに言われ、「わたしのために産室を作って待っていてください」と囁かれて、もとの浜辺に帰される。そして兄で隼人のホノスソリに、ヒメに言われたとおりのことをし、責めに責めて降参させてしまうのだ。隼人であるホノスソリは熊襲であるヒコホホデミにこう言う。「今後は、わたしはおまえの家来となって、俳優《わざおぎ》の民（芸人）として仕えるから、かんべんしてくれ」と。『日本書紀』はまた「一書によれば」としてこののちの顛末を次のように伝える。

で、一書によれば、隼人であるホノスソリは「助けてくれるなら、子々孫々まで、宮のまわりの垣のそばに侍《はべ》って俳優の民となろう」と言ったけれど、そんなことではヒコホホデミの怒りは静まらず、さらに責めたてたので、隼人である兄は、ふんどしをして、赤土を手や顔に塗ると「これこのとおり、身を汚して謝る。永久に芸人（俳優）としておまえに仕えるからもう堪忍してくれ」と言いながら、脚をあげて大地を踏みならしてその苦しんだ様子のまねをしてみせた。はじめ潮が足をひたしたときにはつま先で立つようにし、潮が膝まで及んだときには足をあげ、腿まで水が来たときには走り回り、腰まで来たときには腰をなで、腋まで来たときは手を胸に置いて、首まで水が来たときには手をあげてひらひら振る様子を見せた。それ以来、今にいたるまで、この子孫である隼人たちは、一度もやまずにこの動作をくりかえしていると。けっこう残酷ないじめの話なのだ。

このときのトヨタマヒメが産んだタマヨリヒメが、のちに母親となってウガヤフキアエズノミコトとの間に四人の男子をもうける。第一の子がイッセノミコト、第二の子がイナヒノミコト、第三の子がミケイリノノミコト、そして第四の子が、二代目のヒコホホデミであるところのカムヤマトイワレヒコ大王、いわゆる神武天皇である。もっとも天皇という名前はまだ使われていなかったはずなのだが、『日本書紀』が記されたころに書き改められてしまったようだ。『日本書紀』(巻第三　神日本磐余彦天皇　神武天皇)によれば、カムヤマトイワレヒコ(神日本磐余彦)天皇は、別名を「ヒコホホデミ」といった。ここでは一貫して「ヒコホホデミ」という名前を使わせてもらう。

ヒコホホデミ。この人物については、科学的でないだとか、神話上の存在だとか、想像の産物だとか言われているが、日本列島のネイティブ・ピープルについて語るときに、彼というリアリティを無視しては話が前に進まない。

そこで「神武」こと海人族と先住民との混血である「ヒコホホデミ」の話に戻ろう。彼もまた筑紫嶋と呼ばれた現在の九州島は日向の生まれだった。日向というのは――フェニックス・ハネムーンに象徴される南国宮崎県だけを連想されるかもしれないが――大事なところなのでくりかえさせてもらうけれど、薩摩も大隅も(つまり現在の種子島、屋久島などの島の部分を除いた鹿児島県全域)含んだ九州島の南半分を指し示していた。九州島の北側は「筑紫」で、その東南に

「豊」があり、西南に「火」があり、「豊」と「火」の両方に接する南に「日向」の地があった。

　日向は火山灰の厚く積もった大地で、農業生産の観点からはあまり土地の肥えたところとは言えない。ここで生まれ育った彼が「熊襲」の出身である可能性は十分にあるだろう。「熊襲」は「襲《そ》」という土地に暮らしている「熊一族」を意味すると考えられる。英語にするなら「ベア・クラン」である。古代における人間の集団は、血族だけでなく、それぞれの人が属する氏族によって分かれていたと思われる。氏族には「太陽一族」「熊一族」「狼一族」「鹿一族」「蛇一族」「蜻蛉一族」「蛙一族」「亀一族」「鳶一族」「烏一族」「鮭一族」などさまざまな自然界トーテムがあったはずだ。そうした一族はたいてい「クラン・マザー」といわれる「氏族の母」を最高権威者にしていた。クラン・マザーは、チーフやメディスンマンやメディスンウーマンよりも力を持っていた。どんなに勇敢なチーフであれ、クラン・マザーの言うことには従わざるを得なかったのである。

　さて、おそらくヒコホホデミは、神話で言うところの「天神」つまり「朝鮮半島南部から新たに渡来した熊氏族の開拓者」の父と、先住民の母とのメスティソ（混血）だったかもしれない。ヒコホホデミの直接の父親はウガヤフキアエズというおそらくは伽耶（ウガヤ）の人間だが、その祖先は——天の国から降りてきたとされる——ヒコホノニニギノミコトで、この人物は「葦がたくさん生えていて水が豊かで水田を造るのにふさわしい土地は全部自分がもらい受けたもの」とパラノイアックに深く思い込んでいたふしがある。この人が、天の岩倉を開いて、雲の道をおしわけて、やってきたときの、八世紀の人たちが考えた大昔の日本列島は、自分たちのことをわきにおいてずいぶんと勝手な話だが、おそろしく野蛮で、乱れに乱れていた時代だったなどといわれている。

ある日、ヒコホホデミは大人——四十五歳といえば立派な大人だ——になったときに、こう考えた。この大大大大祖父がやってきてから、すでにものすごい年月が経ったのに、いまだ遠い地方には水田も作らない貧しい村がある。その村々には酋長がいて、おのおの境界をわけて、相たたかいあったりなんかしている。なんとなげかわしいことか。この間も、隼人の長老である塩作りの老人から「東の方に美しい国があり、そこは青い山にぐるりと取り囲まれていて、その昔そこに天の国から船でやってきた者がいる」という話を聞いたばかりだ。きっとそこは、わたしが国をうち建てて天下に号令をかけるに好都合の土地で、そここそが国の中心に位置するところにちがいない。天の国からそこに来たというのはきっとニギハヤヒのやつだろう。そこに行って都を作ろうと思うのだが、どうだろうか？

この話を聞かされた三人の兄や一人息子にけしかけられて、ヒコホホデミは東の国を攻めることを決意し、冬の十月の大潮の日を選んで、おそらくは隼人の水軍をごっそりと引き連れ、船団を組織して、おっとりがたなで東征を開始することになった。

海人族系の隼人は、ベア・クランのヒコホホデミの傭兵として、近衛兵として、日本列島史には最初から登場するのだ。当時の海上航海は原則的に日の出から日没までであるから、寄港する場所がたくさん必要となる。九州島と四国島の間にある豊与海峡で、鳥の羽を身につけた海人族の先住民のウズヒコをパイロットに雇い入れ、筑紫国の菟狭《うさ》、関門海峡をまわりこみ、半島系移住者の拠点であった岡水門《みなと》（遠賀川河口）に寄り道をしたのちに、瀬戸内海に入り、安芸国の埃宮《えのみや》につき、そこで年が暮れた。

翌年の春三月にはのちの吉備国に入り、ここに仮の本部を設営した。そこで、さらなる軍旅のための船や兵器や食糧を調達するなどしながら、よほどおいしいことがあったと見えて、まる三年を過ごしたあと、ヒコホホデミは水軍を東に向かって動かした。ある岬を前にして潮の流れのあまりに速い場所にぶつかったので、そこを浪速国《なみはやこく》と名づけた。

大きな川を船でさかのぼり、河内湖に入って三月には河内国の草香《くさか》村あたりに着いた。船着き場の空はよく晴れて、白い雲が浮かんでいた。そしていよいよ、そこからヒコホホデミの軍隊は陸を進むことになった。

だんだん道が険しくなってきたので、いったん引き返し、東の方の胆駒《いこま》山を越えることにした。ヒコホホデミの率いる隼人の軍勢の噂を聞きつけた土地のネイティブのチーフであるナガスネヒコが「自分の国と人々を守らなければならない。今日は死ぬにはよい日だ。ホ！」と武器を手に立ち上がった。

チーフ・ナガスネヒコは孔舎衛坂《くさえのさか》〈大阪府東大阪市日下町〉に防衛線を張って、ここで一族の者たちとともにヒコホホデミの軍を待ち受けた。戦いは相当に激しいものだった。ヒコホホデミの一番年長の兄であるイツセノミコトの肘に流れ矢が当たってしまったのだ。矢にはトリカブトの毒が塗られていたらしい。ヒコホホデミは軍を引かざるを得なかった。

「太陽に向かって戦ったのがまずかったのだ。一度退却し、天と地の神にお詫びをしたのちに、今度は太陽を背に受け、自分の影を踏みながら敵に襲いかかるとしよう。こうすれば、たちまち敵も退散するに違いない」ということで、ヒコホホデミは軍勢を引き下がらせた。チーフ・ナガスネヒコもそれ以上ヒコホホデミの軍を深追いすることはなかった。この戦いはチーフ・ナガスネヒコの勝利だった。一か月後、紀伊半島の沿岸を南下してヒコホホデミの軍隊は山城《やまき》という船着き場に着いた。

兄のイツセの、あの流れ矢で受けた傷が、ここのところことのほか痛むようになっていた。イツセは傷がひどくなることを悔しがり「この程度の傷で死にたくない！」と剣をにぎりしめてさわいだが、傭兵たちの漕ぐ船の船団が紀国（紀伊国）の竈山《かまやま》に着くころには、死んでしまった。イツセの亡骸《なきがら》は竈山の地に埋葬された。

さらに一か月が経った六月中旬、名草山の麓の村で、一行はネイティブの女を血祭りにあげた。女は名草の戸畔《トベ》だった。「トベ」は前述したクラン・マザーだったかもしれない。それから狭野《さぬ》をこえて熊野——熊野というと和歌山県域だけを考えるが、もともとは現在の三重県の伊勢神宮近くの海岸地域までが熊野と呼ばれていたらしい——その熊野の神村《みわのむら》というところに着き、そこにあったまるで楯のような巨岩を征服したりした。そこからまた軍船は隊列を組んで陸地を左に見ながら、おそるおそる進んでいった。

ところが海の中で突然暴風雨に襲われて、船団は漂流する。兄のイナヒは嵐の空を仰いで嘆いた。「わが祖先は天神であり、母は海人であるというのに、陸でも海でも苦しめられるなんて、もうたえられない！」と言うがはやいか剣を抜いて手に持ち、そのまま海に飛び込んで死んでしまった。次の兄のミケイリノも同じように天気のあまりに悪いのを恨み「母も叔母も海人なのに、どうしてこんなことになるのか！」と絶叫したあげく海に飛び込んで行方不明になってしまった。こうしてヒコホホデミは兄をすべて失ってしまったのだった。

ヒコホホデミと息子のタキシミミと傭兵たちを乗せた船団はさらに前進し、熊野の荒坂津、別名を丹敷浦《にしきのうら》というところで、丹敷のトベであるメディスンウーマンを斬り殺した。その女性は呪術を使った。いきなり神があらわれて、毒気をはいたのである。征東軍は一人残らず気分が悪くなって倒れて寝込んでしまった。

その晩、熊野に住んでいたタカクラジという男が、雷さまからひとふりの剣をもらう夢を見た。雷さまはその剣を「天から降りてきた者の子孫に与えよ」と男に告げたという。翌朝早く目を覚まして男が倉庫を開けると、はたせるかな床に剣がつき刺さっていた。男は倒れたまま眠り込んでいるヒコホホデミら一行のところへその剣を持っていった。するとヒコホホデミも、ほかの者たちも、たちまち目を覚ましたものの、意識もうろうとして自分がどこにいるかも定かでないありさま。

天神系の後方支援を受けて、やっとのことで正気を取り戻したヒコホホデミら征東軍一行は、そこで船を捨てることにして、山に分け入って北を目指すことになった。しかし山々はあまりにも深く、道なき道を進まなければならず、やがて進むことも退くこともできなくなる。さながら熊野山中、死の彷徨である。行軍は困難を究めた。ほとほと困り果てて、一行はそこで野営をした。

その晩、ヒコホホデミは天神の祖先から聞かされたえらい神の姿を夢に見た。「これからヤタガラスを遣わすから、それに道案内をさせよ」という声が聞こえると、はたせるかな大きなカラスが空から舞い降りてきた。「夢で見たとおりだ。喜べ、これで助かるぞ！」とヒコホホデミらの軍隊は喜び勇んで山を踏みひらき、そのカラスの向かう方に行軍を開始した。そして山をいくつも越えたあげく、やっとのことで菟田下県《うだのしもつこおり》というところに出たのだった。

よほどうれしかったのかヒコホホデミは、このとき大軍の先頭に立って山道を歩いたヒノオミという指揮官に「ミチノオミ」という名前を与えて功をねぎらった。

結局ヒコホホデミの軍は、熊野の山の中を一か月近くさまよい歩いたことになる。賢明な読者はすでにお気づきかと思うが、その大きなカラスは、ほんとうの「カアカア」鳴くカラスではない。ヤタガラスは、寝返った先住民の優秀なトラッカー——人や動物の足跡や気配を読んで斥候をしたりする間者のこと——ではないかと思われる。

八月上旬、司令部をとおして菟田県《うだのあがた》のチーフに召集をかけた。チーフは二人いて、しかもその二人は兄弟で、その姓を「ウカシ」といった。ウカシの弟はじきにやってきた。が、しかし、ウカシの兄はいつまでたってもやってこなかったのだ。

弟の方は口の軽いやつで「兄は反逆を企てています。天の国を祖国に持つ人が軍隊を引き連れて着いたと聞いて、一族郎党に武器を持たせて襲撃しようと考えていたのですが、あまりにこちらの軍勢が多かったので、とてもまともに対峙してはかなわないと悟り、あちこちに伏兵を隠しおきて、仮の本陣の建物を造り、その建物の中にしかけをもうけて、みなさまを宴会に誘い出し、わなにかけて攻撃することを考えております。どうかくれぐれもこういうはかりごとがあることを忘れることなく、準備めされよ」とペラペラ内情を通じてきた。

ヒコホホデミはヒノオミ改めミチノオミを派遣して状況を視察させた。あらかじめ弟から聞いてすべてを知っていたミチノオミは、弓をひきしぼって脅かしながら逆に兄のウカシをそのわなに追い込んで殺害した。ミチノオミは兄のウカシの遺体をわなの穴から外に引きずり出してこれを切り刻んでみせたりもした。斬られた死体からは踝をひたすほどの大量の血が流れた。

その後、兄を裏切った弟のウカシは、牛肉と酒で兵たちを盛んにもてなした。そして一行はこの菟田村《うだむら》にしばらく滞在した。

しばらくしてヒコホホデミは吉野の地がどういうところかを視察するために、軽装備の兵たち数人を率いて、あたりを歩いて回った。吉野に着くと、そこに井戸があり、井戸の中から、ピカピカと光り輝いている人があらわれた。よくみると尻尾があった。はいだ動物の皮を着ていたので、ヒコホホデミには尻尾のある人に見えたのだろう。

「おまえは誰だ?」「わしはこの地のネイティブのイヒカです」とその輝く人は応えた。この人物が——女性だったとする説もあるが——吉野首《よしののおびと》たちの始祖である。それからまたしばらく進むと、再び尻尾のはえた人が、大きな岩をおしひらいて姿をあらわした。「おまえは誰だ?」「わたしは岩をおしわける者の子でござる」とその尻尾をはやした人が応えた。この者が吉野の国樔《くず》たちの始祖である。さらに今度は川に沿って西に向かうと、川で梁《やな》を作って魚を捕まえている人がいた。素性を尋ねると「わたしは苞苴担《にえもつ》の子です」と応えた。この者が阿太の鵜飼《うかい》たちの始祖である。

九月になると、ヒコホホデミは菟田の高倉山に登ることにした。山頂からだと、あたり一面がよく眺められるからだ。そのころ、国見丘という山の頂には八十梟帥《ヤソタケル》が一族とともにたてこもっていた。女坂には女の戦士たちを、男坂には男の戦士たちを配して、墨坂では炭火をあかあかとおこして、侵略軍が来るのを待ちかまえていた。

それに呼応するかのように、磐余村《いわれのむら》一帯でも、先住民のチーフであるシキの配下がそこかしこでゲリラ戦にそなえていた。シキは二人兄弟の兄で立派なチーフだった。

このあたりの道という道は、ことごとく封鎖されており、犬の子一匹通れない。先住民の戦士たちは、要害の地をことごとく押さえていた。当然ながら、地の利は彼らの方にあった。彼らはこの土地のスピリットとつながっていたからだ。

ヒコホホデミは悔しくて頭に来た。絶対にやっつけてやるぞと、心に誓い、ありとあらゆる神々に戦勝の祈願をして、その晩は眠りについた。すると夢の中にまた天神があらわれてこう告げた。「よく聞くがよい。天香山《あめのかぐやま》の中に神社がある。その社の中の土をとってきてかわらけ八十枚と酒を入れておく瓶を作り、それで天の神と地の神を敬い祀れ。そして心身を潔斎したのちに呪いをかけよ。賊どもは、自然に平らぐであろう」と。

ヒコホホデミが夢のお告げ通りのことをしようとしたとき、またあの口の軽いウカシの弟がひょっこりと顔を出して「倭国《やまと》の磯城村というところに磯城のヤソタケルという者がおります。また高尾張村（葛城村という説も）には赤銅《あかがね》のヤソタケルがいます。この連中は、あなたさまの軍隊に逆らって戦の準備をしておりますので、わたくしめは心配しているのであります。そこで天香山の土をとって瓦を作り、それらを天の神の社や、地の神の社にくばって、それで神々をお祀りになられてはいかがでしょうか。そのあとで悪人どもを征伐なされば、簡単に平定できるはずですよ」などと言う。

ヒコホホデミは夢と同じことをウカシが言ったので内心ひどく喜んだ。そして自分の軍の兵隊たちの中からシイネツヒコをえらんで、この者に汚らしい衣装と簑笠を着せて、よぼよぼの爺さまの格好をさせ、弟のウカシには箕を着せて、これもよぼよぼの婆さまの姿をさせると、ふたりに天香山の土をとりに行くよう命令した。

天香山まで行くためには、ふたりは先住民たちが行く手を塞いでいる道を通らなければならないのだ。われわれの未来がこの任務にかかっているというのに、変装してうまく敵の目を欺けるものだろうか？　シイネツヒコは不安でたまらず、敵の領地に足を踏み入れる前に祈りを上げた。「この戦いに勝てるのなら、行く道が自然に通れるだろう。反対に、この戦いに勝ち目がないのなら、敵はわれわれの命を落とすだろう」という言葉を残して、二人は山道をとぼとぼと進んだ。

ネイティブ・ピープルは、いつの時代においても、年寄りをことのほか尊敬し、大切にする人たちである。年寄りが話をしているときには、年寄りは大切な書物のような存在でもあるから、年下の者は絶対に話をさえぎるようなまねはしないのだ。年寄りは、子どもと同じように、誰であれ、たとえ血のつながりがなくても、大切にされる。一人で寂しく死んでいくような年寄りなど、部族として生きる集団の中には、一人としていなかった。だから、ネイティブの戦士たちも、相手が年寄りとなるとやさしくなる。ヒコホホデミらもそれを狙ったものと思われる。変装したシイネツヒコとウカシの二人は、なんの検査を受けることなく無事に目的の山に着くことができた。二人はそこから土を持ち帰った。

ヒコホホデミは喜んで、瓦を八十枚と八十枚の浅い皿と、酒を入れる瓶を作り、それを菟田川（吉野川）の上流、丹生《にう》の川上までのぼって、そこで天の神と地の神を祀った。すると朝原というところで、水の中から泡がぶくぶくと湧いているところがあった。

ヒコホホデミはそこでまた祈祷をした。「これよりここでこの八十枚の瓦をつかって、水を使わずにたがねを作ろうと思う。もしたがねができたら、もう武器など使わずとも、敵をやっつけて、天下を平定することができるだろう」と言い、そこでたがねを作らせたところ、たがねは自然にできあがった。たがねを酒の瓶につめると、ヒコホホデミが口を開いた。「これからこの酒瓶を丹生の川の中に沈めよう。もし魚が、大きいのも小さいのもみんなうきあがってきて流れていけば、わたしは必ずこの国を平定できるだろう」そして瓶を川に沈めた。瓶は川の中で口を下に向けた。なかからたがねが流れ出し、しばらくすると、魚たちはみんな浮き上がってきて、水面に出て口をぱくぱくしはじめた。おそらく「たがね」は水銀のことと思われる。「丹生」とは「水銀の生まれる場所」を意味するのだ。どんな武器を持ってしてもかなわないものとは、毒物であった。それが毒だなどと気がつかないシイネツヒコらは、ヒコホホデミの言ったとおりになったことを単純に喜んで、見たままを伝えた。「魚がみんな浮き上がってきて流れていきます」と。

トリックを仕掛けたヒコホホデミはわざとらしく大そう喜んでみせ、丹生の川上の真坂樹《まさかき》を根こそぎ引っこ抜いて、そこに自分の信じる神を祀った。神さまを祀るときに、酒瓶を併せて祀るようになったのはこのときからであるらしい。

ヒコホホデミはミチノオミを呼び出すと「これから神懸かりの儀式を自分の体で試したい。おまえを斎主とする。おまえ女になれ。厳媛《いつひめ》の名を与える。神祭りのために置いた埴瓦《はにへ》は、厳瓦《いつへ》と名づける。燃やす火は厳罔象女《いつのみつはのめ》としよう。食べる物は厳稲魂女《いつのうかのめ》だ。薪の名前は厳山雷《いつのやまつち》とする。草は厳野椎《いつののづち》だ。それから、それから、えーっと」と、いつまでも興奮は収まらないのだった。

そして一か月後、ヒコホホデミは神々のために祀られてあった瓦の上の食べ物を食べて、武器を確かめると、ヤソタケル一族との戦いに出陣した。国見丘の戦いは、圧倒的な兵力の差を見せつける形でたちどころにして終わった。ヤソタケル一族のかなりの者が、その戦で手傷を負ったり命を失ったりした。しかし、うまく逃げおおせた者たちもたくさんいた。

ヒコホホデミはこの戦いに必勝を期していた。とにかく敵のすべてを皆殺しにするつもりでいた。生きて逃げた者たちがいることなど、許せなかった。ヒコホホデミはミチノオミを呼び出すと「おまえは部隊を引き連れて忍坂村《おしざかむら》に行き、そこにおおきな地室《じむろ》を作れ。その中で村の者たちと盛大に宴会をするのだ。逃げて村人に混ざりこんでいる賊どもをその宴会に誘い込み、そこで皆殺しにしろ」と命じた。

「地室」とは地中に深く広い穴を掘って、はしごでそこに出入りをするような、ネイティブたちが利用した集会場なのだろう。北米中西部のホピ一族などプエブロ・インディアンが伝統的に土の中にキバと呼ばれる集会所を作るが、同じようなものかもしれない。ミチノオミはその密命を受けて忍坂村に行き、そこに室を掘り、そこに腕っぷしの強い兵隊を何人か選んで村人のような格好をさせて紛れ込ませ、「酒宴が盛り上がったところで、わたしたちが立ち上がって歌をうたうから、その歌が終わるときを待って、おまえたちは一斉に賊を斬れ」とあらかじめ告げておいた。

人々は宴会の座について、酒を飲み、肴をほおばり、やがて酒宴もたけなわとなった。当時はまだ酒は一般化していなかったから、酒を飲ませるというだけで、たくさんの人が集まってきたのだ。世界中のどのネイティブの文化も、アルコールによって根こそぎだめにされていく。アルコールはまるで武器のように使われた。それに日ごろ酒を飲まない人たちだから、わずかの酒で酔っ払った。酔っ払って気が大きくなったところで、村人に扮したミチノオミらが立ち上がり、「このひろい室の中には、たくさん敵がいるけれども、そんなことはかまいやしない。われらは力に守られてる。さあ者どもよ、撃ちてしやまん」と歌った。先住民の者たちが、征服者と同じ言葉を共有していないことは確かだろう。酒につられて集まっていた村の者たちには、その歌の意味することがまったく理解できなかったのだから。

「さあ、一気にやっつけよう。撃ちてしやまん」という歌を合図に、宴会は地獄と化した。殺戮は一瞬のうちに終わった。室の中には死体が山となり血が溢れた。兵士たちは村人が虐殺された光景を見て大喜びした。天を仰いで大笑いしながら次の歌をみんなで歌った。「敵を全滅させて、ああうれしやな、うれしやな。みんなよ、ともによろこぼう」そしてまた別の歌。「夷《エミシ》なんて、たいしたことない。エミシは、一人で百人にあたるほど強いと、噂には聞いていたが、これをみよ、われらにたいしては、抵抗することすら、できなかったぞ」その歌は、あらかじめ歌うことが決められていた歌だった。

「エミシ」とは「辺境に住む先住民」のことだろうが、「野蛮人」という意味の方が強い。例えて言えば、のちにアメリカ陸軍の騎兵隊が、自分たちが掃討する北アメリカ大陸の先住民族のことをひとまとめにして「インディアン」と呼んだのと似ている。「エミシ」という言葉は「夷」「蝦夷」「毛人」などさまざまな漢字をあてられながら、あるときには「勇気のある人」を意味したりと、その意味にも大幅な揺れを持ちつつ、これ以後千年近くも使われることになる。特定の部族名を指すものではないことを頭に入れておきたい。

で、忍坂村の大虐殺が終わると、指揮官ヒコホホデミは「戦いに勝ってもおごることがないのがよい指揮官というものだ。このあたりの賊は滅ぼすことができたが、まだまだたくさんの敵が、おそれおののきながら、残っている。この連中がどう動くかも気になるところだ。だから、あまり長いこと一か所にとどまるのは危険である。前もって危険を避けるために、駐留地の場所を変えようではないか」と提案し、軍は移動を開始して、次の野営地に移った。忍坂村の大室はそのままうち捨てられた。この戦いでたくさんの先住民が殺されたが、ただの一人として殺された者たちの名前は残されていない。

十一月になるとヒコホホデミは磐余村《いわれのむら》に全軍で総攻撃をかけることになった。そこでまず先住民のチーフであるシキに使者を送り降服をすすめたが、シキはこの申し入れを拒否した。つぎにスカウト（斥候）のヤタガラスを、降服をすすめるために再度送った。ヤタガラスが「天神の子が、おまえを呼んでいるぞ。さあ、さあ」と伝えるとシキは頭に血をのぼらせて「征服者が来て腹を立てているところなのに、今度はカラスの奴までがいやな声でなくものだ」と言ったかと思うと、キリリと弓をひきしぼってヤタガラスを射た。カラスは仕方なくカアとひと鳴きしてその場を飛び去り、次は弟のところへ顔を出した。

そこでもう一度「天神の子が、おまえを呼んでいるぞ。さあ、さあ」と鳴いてみたところ、弟の方は腹が据わっていないらしく「わたしは征服者さまが来られたと聞いて以来、このように朝から晩まで畏れかしこまっています。おカラスさま、よくぞ鳴いてくださいました」と言って、平皿八枚を作ってごちそうを出して、それからヤタガラスにくっついてのこのことヒコホホデミの本営に足を運んだ。そしてちょっと脅されただけで言わなくてもいいことをべらべらと全部話してしまった。「わたしの兄は、チーフですが、天神の御子が来られたと聞いて、腕の立つ戦士たちを何人も集め、武器を準備してあくまでも戦うつもりでおりますから、できるだけ急いで襲撃の計画をおたてになりますように」

そこでヒコホホデミは軍の司令官たちを召集した。「シキの兄の方は、やはり戦うつもりでいるようだ。いくら呼びつけても顔を出す気配もない。さてどうしたものか？」

「あのシキというのはどうにも腹黒い賊です。もう一度弟に説得させてみて、それから、うちの軍にいるクラジ兄弟にも説得をさせてみましょう。それでも帰順しないということがはっきりしたら、ひといきに武力でやっつけてしまうのはどうでしょう」

そこでヒコホホデミは弟のシキを兄のところに行かせ「戦っても勝ち目はないのだから」とね

んごろに説得を試みたが、当然ながらチーフ・シキは「来るなら来い、いつでも戦うぞ、ホ！」と戦う姿勢を崩さなかった。

この結果を見て軍師のシイネツヒコが攻撃作戦をたてた。「まずは女たちの軍を最初に忍坂の道へ出撃させましょうぞ。敵はきっと精鋭を出してくるはずです。そのすきをついて、わが軍は強兵どもを一気に墨坂に投入し、菟田川の水をとって敵軍がおこしている炭の火にそそいでその火を消し、もうもうと白い雲をあがらせるのです。不意をつけば、必ず敵を撃破できるでしょう」

ヒコホホデミはこの計画をいたく気に入り、まず女たちの部隊をできるだけ多く集めて出撃させた。女たち？　征服軍といっても、大量の移住者なわけだから、はじめから女たちもいたといえなくもない。兄のシキに率いられた戦士たちは、女たちの軍を見ていきなり大軍が襲ってきたと思い込んで、これにたいして全軍を投入して戦いを挑んできた。作戦がうまくいってヒコホホデミの軍はそれからの戦においては負けることを知らず、戦えば必ず敵を打ち破った。もちろん、そうやって戦いが続けば兵士たちにも疲れの色が見えてくる。ヒコホホデミは兵たちを慰める歌を作った。「楯をならべて、伊那瑳《いなさ》の山の、木々の間で、敵をうかがい、戦って、われらは、腹が、減ってしまった。鵜飼の仲間よ、うまいものを持ち、はやく助けに、来てくれよ」。この歌で元気を取り戻した男軍が、ウォーッと墨坂を越えて敵の戦士たちを挟み撃ちにして殲滅し、ウォー・チーフのシキ兄を斬り殺した。

十二月になりヒコホホデミの軍は、ついにあのチーフ・ナガスネヒコ（長髄彦）率いるえり抜きの戦士たちとぶつかることになったのだが、しかしそれまでの戦いのように、今度ばかりはそう簡単に事は進まなかった。戦いは膠着し、一進一退をくりかえした。チーフ・ナガスネヒコらも必死だった。そんなあるとき、突然空が暗くなってバラバラッと雹《ひょう》が降ってきた。何事かと空を見上げると、そこに一羽の金色の鳶《とび》が飛んできて、ヒコホホデミの持っていた弓の弭《はず》にとまった。いったいどんなトリックを使ったのかとナガスネヒコらがかたずをのんで見ていると、今度はその目が稲妻のように輝き、ナガスネヒコが率いる戦士たちはみな目がくらんで戦うことができなくなってしまった。鏡を太陽にあててその反射光線で目を射た可能性もないわけじゃない。とにかく勝利のためなら侵略軍は使える武器はなんでも使った。

チーフ・ナガスネヒコの「長髄《ながすね》」は、もともとそこにあった先住民の村の名前だった。チーフは村の長として「ナガスネヒコ」を名のっていたのだ。しかしそのときヒコホホデミの軍が猛禽類の鳶《とび》を使ったので、以後その村の名前は「鳥見《とみ》」とかえられた。

さて、文明の利器によって目くらましを受けたチーフ・ナガスネヒコがヒコホホデミのもとに使者を送り「その昔、ここには、ニギハヤヒという天神の子が、海を越えてやってきて、住み着いている。わたしの妹を嫁にして、ウマシマデという子もいる。わたしはニギハヤヒに従っている者だ。いったいどうして天神の子が二人もいるのか？　しかも天神の子と名のって、なぜ人の土地を奪おうとするのか？　お前は、天神の子を名のるイカサマシだな」とつめよってきた。ヒコホホデミは返事を送った。

「天神の子といっても、たくさんいるのだ。お前の従っている者がほんとうに天神の子なら、必ず証拠の品があるはずだ。それを見せよ」

ナガスネヒコはニギハヤヒの矢——青銅の矢じりがついている——と歩靫《かちゆき》を見せた。ヒコホホデミには一目見てそれがほんものであることがわかった。「つくりごとではなかったのだな」と言って、今度は自分の矢と歩靫をナガスネヒコに示してみせた。ナガスネヒコの目には天神の印である鉄の矢じりが焼きついた。それらは同じものであった。

　ニギハヤヒは、同じ天神と先住民をはかりにかけて、結局はナガスネヒコを裏切って天神を選んだ。「天神が大切に思っているのは天孫だけなのだ」と彼もまた教育されて育った、大地から切り離されたひとりだったから。いくら相手が先住民のチーフとは言え、「性質が曲がっていて、天と人とは本来まったく異なり、それぞれの分際というものがあるのだと、もはや教えても無益であると見てとり」——と『日本書紀』は書いている——ナガスネヒコは、ただそれだけの理由で、ニギハヤヒに殺されてしまったとされる。ニギハヤヒはナガスネヒコの軍勢を引き連れてヒコホホデミに帰順し、のちの物部一族の遠祖となった。

　以上が『日本書紀』による伝承だが、平安時代に書かれた物部氏の別バージョンの伝承を伝える『先代旧事本紀《くじほんぎ》』では、ヒコホホデミが侵略してきたときにはすでに長髄村はニギハヤヒの息子のウマシマチ（デ）の時代となっており、ナガスネヒコは、ヒコホホデミとニギハヤヒ一族の矢と歩靫が同じ作りであることを知ったとき、戦を止めようとしたが、率いていた戦士たちの勢いを止めることができずにそのまま戦になって、ニギハヤヒの子であり、妹の息子で自分の仕えていたウマシマチ（デ）に謀られて殺されている。ウマシマチ（デ）は父ニギハヤヒから伝えられた十種類の神宝をヒコホホデミに献上して征服軍を迎え入れた。ヒコホホデミは大王に即位し、ウマシマチ（デ）の妹――ナガスネヒコの姪――を妃としたともある。

　またニギハヤヒとともにウガヤ（上伽耶）から海を越えて一昔前に降臨していた物部一族は、ヒコホホデミ軍を大和地方に迎え入れる際に、二つに分裂したといわれている。皇軍に恭順した物部を「内物部」といい、恭順しなかった物部を「外物部」という。そして内物部の伝承が平安時代に出現した『先代旧事本紀《くじほんぎ》』であるとするなら、外物部の伝承が江戸時代に出現した『先代旧事本紀大成経』であるだろう。次はこの『先代旧事本紀大成経』におけるチーフ・ナガスネヒコの行状を見てみる。

　『先代旧事本紀大成経』においても、時代はニギハヤヒから、ニギハヤヒとナガスネヒコの妹の間にできた息子のムマシマジの時代に移っていたとされている。ムマシマジが前書にいう「ウマシマチ（デ）」であるのだが、甥っ子のムマシマジがチーフ・ナガスネヒコに向かって、

「父ニギハヤヒは、志なかばでなくなりました。天が、父の遺志を継いでその任を全うさせるためにべつの天孫を送られたのは運命でありましょう。ところがおじさんは、その人に帰順しないで武器を向けるのは、天の命にそむくことではありませんか。勝手すぎます。ひとつの国に、王は二人いりません。わたしはこの国の王になりたいとは思いません。新しく来た天孫に速やかに恭順します」といってヒコホホデミの軍に帰順してしまう。

　チーフ・ナガスネヒコは翌年二月に何者かに襲撃され、「大倭国《ヤマト》」を棄て、陸奥国（関東の北）に落ち延び、やっとかつてニギハヤヒとその一族が支配していた「大倭」は一国すべてがまつろうことになった。チーフ・ナガスネヒコは、陸奥国で塩を焼いて民に施したとされ、現在も宮城

県の塩竈神社に「塩土大神《しおつちのおおかみ》」として祀られている。外物部の歴史書『先代旧事本紀大成経』は天の王朝系海人族のチーフ・ナガスネヒコが日高見国に移り住んで蝦夷《エミシ》に吸収されたことを伝え、大倭で殺害されなかったことを主張する形になっているのだった。

いずれにせよチーフ・ナガスネヒコはヒコホホデミの前から姿を消した。が、それで大和盆地における先住民との戦いがすべて終わったわけではなかった。現在は「葛城《かつらぎ》」と呼ばれている地方の高尾張《たかおわり》という別の先住民の村には――手と足は長いが胴は短くて小人か子どものような――土蜘蛛たちがいて、「赤銅《あかがね》の八十梟帥《ヤソタケル》」と恐れられていた。ヒコホホデミ軍は葛《くず》の網を作り、それで襲いかかって全員を殺した。以後その一帯は「葛の城」と書いて「葛城《かつらぎ》」と呼ばれるようになった。土蜘蛛がいたのは、さらに三か所あった。層富県《そほのあがた》〈奈良県〉の波哆丘岬《はたおかさき》には、ニイキというメディスンウーマンがいたし、和珥《わに》の坂下《さかもと》にも、膽見《ほそみ》の長柄丘岬《ながらのおかさき》にも、名のあるメディスンマンが一族を率いていたとされる。こうした先住系のネイティブ・ピープルの居住地がことごとく大和盆地から一掃されることで、秋津洲――のちの大和国――の最初の基礎が築かれたのである。

日本列島における侵略と征服を正当化するためにのちに書かれることになる新しい日本国の歴史書『日本書紀』には、このころの実力者として武内宿禰《たけのうちのすくね》という名前の伝説的――出雲コロニーの豪族で蘇我氏の直系の先祖とされる――人物が登場する。武内宿禰はとにかく謎の多い人物の代表で、百済人とする説もあれば、斯蘆《しろ》国（のちの新羅）のもと王族でそこから追い出されたために新羅に根の深い怨みを持ち王権の奪還をもくろむ人物とする説もあるし、秦の始皇帝によって日本列島探査に送り出された徐福の子孫とする説まである。いずれにせよ一貫して反新羅であった彼は、対新羅（斯蘆国）戦争と蝦夷《エミシ》征服の両方に関係を持つきわめて特異な人物でもあった。

神武東征を逆にウガヤ王朝サイドから見ると、このころ、九州島で熊襲が蜂起したので、大和の大王が自ら熊襲を平定するために九州島の玄関口であり巨大なコロニーである筑紫におもむいたことになっている。そこには遅れてやってきた妃も登場するのだ。妃はシャーマン的な体質の持ち主だった。従者として控えていた武内宿禰の琴の音で、妃は神懸かりし「熊襲が服従しないことで憂えることはない。熊襲の国などたいしたものではない。わざわざ兵を送らなくてもいい。それよりもむしろ海の向こうにあって、金や銀や麗しき色に輝く国、新羅（斯蘆国）を攻めよ。わたしをしっかりと祀れば、武力を使うまでのこともなく、新羅は自然に従うようになる。そうすれば熊襲だって言うことに従うようになろう」との神託をもたらす。つまり「百済のためになるようなことをせよ」というわけだ。王は高台に登って海の向こうを見渡すが、妃が口走ったような夢の国は見えず、怒った王はそのまま熊襲――アラカヤの神武勢力――との戦争に向かうが、なんら戦果があがらないうちに大和の大王はなぜか――暗殺の可能性もあるが――死ぬか殺されるかしてしまう。こののち「熊襲」の名前は日本の歴史からきれいに姿を消し、かわりに登場してくるのが海人族系の「隼人」である。

百済系の――ベア・クランである――熊襲は、海人族の隼人を近衛兵として東に移動して、神話の国譲りのように、出雲にあった産鉄と稲作のコロニーを経由して先にそこに入ったウガヤや新羅からやってきた人たちから、実質的に出雲と吉備と大和にまたがっていたコロニー――邪馬台国――の主導権を奪取した。九州を足場に、出雲・吉備に植民し、大和地方にもコロニーを築いていたサン・クランの人たち、同様に斯蘆国（新羅）から出雲、吉備、大和に植民していた物部系サンダーバード・クランの人たちは、そこで体制派と反体制派に分裂し、新政権から離脱する者たちは、その後さらに自由のある東の辺境に、太陽の昇る方角に向かって、新生百済アラカヤ系ヤマト政権と対峙する蝦夷《エミシ》に組み込まれていった。

　前出の武内宿禰にまつわる話として、別のところには東方諸国視察の帰朝報告なるものも掲載されている。それには「東の果てには日高見国があります。この国の人間は、男も女も髪を結っていて、身体には入れ墨を入れ、誰も彼も勇気があって恐ろしい存在です。この者たちはみな蝦夷《エミシ》です。その土地はよく肥えていてとても広いです。攻め滅ぼしてその土地を奪うのがよろしい」とある。ここで用いられている「日高見国」という用語は、場所が特定されているものではなく、時代とともにその位置が動いていることに注意しなくてはならないだろう。それは、大和にできつつあった征服国家に対立する先住民たちの――南方（海人）系と北方（騎馬）系の――部族連合ネーションの総称であり、人々のテリトリーという有機的な概念でとらえるべきものであって、一本の線で国境を策定できるようなものではないが、わかりやすく考えるとしたら、それは「父なる太陽をトーテムとする人たち――サン・クラン――の国」という意味で、現実的にはのちの常陸国以北の、北関東から東北にかけての海道（東海道）と山道（東山道）の道の奥の全体ととらえるべきだろう。『常陸風土記』では常陸の信太《した》郡を「もとの日高見国があったところ」と記している。同じように本州島中部の飛騨国もおそらくは「東国の中で最初の日高見国があったところ」なのかもしれない。
また「大祓」という道教の色彩の濃い儀式が現在も宮中に伝わるが、これは宮廷において、親王諸臣の罪穢を除くためにおこなわれた祓だとされる。この「大祓」の際に中臣（中国系の藤原氏）が奏上する特別な祝詞《のりと》があり、その中に「天之八重雲《あめのやえぐも》を伊頭《いず》の千別《ちわき》に千別て、天降《あまくだ》し依《よさ》し奉りき。かく依し奉りし四方《よも》の国中と大倭日高見之国を安国《やすくに》と定め奉りて」という重要な部分がある。この祝詞の中の「大倭日高見之国」には、二つの解釈がなりたつ。「大倭は日高見国」だとするものと「大倭」と「日高見」を分けて考えるものである。喜田貞吉という高名な歴史学者は、二つを分けて考える場合には「大倭と蝦夷《エミシ》の本国日高見の両方を平定するのが天皇統治の使命」ということになるし、二つをひとつのものとする場合は「畿内の大和地方ももとは蝦夷《エミシ》の国、日高見国であったのを平定して安国とした」ということになると言っていた。（『奥羽沿革史論』の講演より。一九一六年）
また『常陸風土記』は「茨城郡」の名前のおこりを次のように記す。「年寄りがこう言っていた。昔、国巣《くず》（ツチグモとかヤツカハギとも呼ばれる人たち）、山の佐伯、野の佐伯たちがおった。その連中は、みんな山に掘った土窟《いわや》の穴の中で暮らしており、人の姿を見ると穴の中にさっと隠れ、人の姿が見えなくなると、またその穴から出てきて遊んでいる。まるで狼のような性格で、その心はさながら梟《ふくろう》のようでもある。いつも目を凝らして見ていて、すきさえあれば人のものを奪う。呼んでも来るようなことはなくて、生活風習がわれわれのものとはだいぶ異なる。あるとき、そうやって穴から出て遊んでいるときをうかがって、茨棘《うばら》（刺のたくさんある植物）でその穴を塞ぎ、そのあとで騎兵を出して追いかけさせた。驚いた佐伯どもは、例によってものすごい勢いで走り出し、土窟に帰ろうと思って、つぎつぎにみな茨棘にひっかかって傷つき倒れ、しまいには死んでしまった。この『茨棘』から『茨木』という名前が付いたのだ」と。また「行方《なめがた》郡」のページには「西北に堤賀里《てがのさと》というところがある。昔、そこに『手鹿』という名前の佐伯がすんでいたからそういう名前が付いた」とある。

このころ、それまでにいったん本州島最北部の津軽平野まで及んだ水田稲作が寒冷期で壊滅的な打撃をこうむり、稲作ラインは宮城県の仙台平野あたりまで後退する。仙台平野、大崎平野、置賜《おきたま》盆地、最上盆地などに前方後円墳や前方後方墳が出現。こののち、津軽平野まで再度稲作ラインが押し上げられるのは、二、三百年後のことになる。

そしてこの時期、シベリア東部のアムール川（黒龍江）の中流域、下流域にアルタイ・ツングース系の靺鞨《まっかつ》（のちにその一部が女真という国を造る）という国があり、この文化の影響を受けてオホーツク沿岸一帯、利尻島、礼文島、サハリン島、千島列島南部、網走沿岸部などに、ニヴフ（ギリヤーク）族と想像される北方少数民族の文化の影響が色濃くあらわれはじめる。彼らは北海道島の北端部でこののち八百年ほども続く独自の海洋性文化を開花させることになるのだが、まずサハリン島の南部から礼文島、利尻島に移住し、続いて北海道島北端部に進出、その後年を経るごとに構成人員の数を増やしつつさらにオホーツク沿海を南下して、知床半島、根室半島、クナシリ島、エトロフ島にまで最終的にはテリトリーを広げていった。この人たちは、トドやアザラシやクジラといった海棲哺乳類を狩猟することを生活の中心にすえた北方海人族だった。なかなかのアーティスト揃いで、手先が器用で、オットセイ、トド、アザラシ、アシカ、クジラなどの海獣類の骨などで銛《もり》を作ったり、セイウチの牙を彫って「オホーツクのビーナス」と呼ばれる女性像や、熊などの骨で小さな彫刻品を残した。地面を掘り下げた縦穴式の住居で、上から見ると独特の六角形で、四隅を丸くした方形のものもある。住居の内部に石で囲んである炉が設けられており、壁際にはベンチがしつらえてあった。この人たちがはっきりどこの種族に属するのかよくはわかっていない。イヌイット族に近いアリュート族であるとする説、樺太のアイヌであるとする説、ニヴフ（ギリヤーク）族であるとする説があるが、ニヴフ（ギリヤーク）族とするのが一番理にかなっているようだ。

倭国の斯蘆国（のちの新羅）にたいする攻撃が本格化した。背に腹はかえられない斯蘆国が高句麗に援助を要請した。契丹が北から高句麗に攻め込んだ。高句麗で広開土王が即位する。高句麗は斯蘆国から人質を受け入れてとりあえず和睦した。高句麗と百済の武力衝突が激化。百済は南下した高句麗に十あまりの城をおとされてしまう。高句麗はすかさず北進して契丹を攻撃。斯蘆国は、高句麗の王家や伽耶部族諸国と接近。百済王家に精神を支配されたアラカヤ系倭国は、百済や他の高句麗に反感を持つ国々と反高句麗同盟を結成する。百済王国の属国である倭の水軍が、高句麗と同盟を結んだ斯蘆国を攻撃。高句麗が百済を攻撃し、たまりかねた百済王は男女の生口（奴隷・日本列島の先住民か？）一千人他を献上して降参する。しかしこのときにはアラカヤ系倭人による百済の奪還作戦がまんまと功を奏し、朝鮮半島南部の支配権がとりあえず百済と倭の連合軍に移る。倭の宗主国である百済の王が、倭王に七支刀を贈呈した。この七支刀は現在

400 TO 500

奈良県天理市の東にある石上神宮《いそのかみ》の神宝とされている。倭国からの援助だけが頼りの百済が倭国に太子を人質としてあずけてきた。

太平洋では、マライ・ポリネシア系の言葉を話すモンゴロイドの人たちがイースター島やハワイ諸島に到達していた。中国では鮮卑《せんぴ》の建国した北魏が北方を統一して混乱状態に終止符が打たれ、南方の宋朝との南北朝が向かい合う時代に入った。

百済の傀儡《かいらい》となった九州南部のアラカヤ一族は、東進してウガヤ系ヤマト王朝を乗っ取るにあたり太陽信仰から熊信仰へと宗旨変えをしていた。斯蘆《しろ》国の王が王子を人質として倭国に送ってきた。人質として倭国にとどまっていた百済の王子が、先王の死にともなって倭王の兵に守られて帰国して即位した。百済人の王仁博士が『論語』や『千字文』などの漢字の書籍を持って新生のアラカヤ系ヤマト王朝にやってきた。漢字の導入は、仏教（漢字で書かれた仏典）を持ち込むためにはどうしても欠かせない下地づくりだった。百済の須須許理《ススコリ》は酒を醸す技術をもたらした。池造りの匠も百済からやってきたし、その下で工事をおこなったのは斯蘆国（新羅）からの渡来者たちだった。当時の先端技術といわれるもの、新しい生き方は、伽耶人や百済人や新羅人や漢人がもたらしたと言っていい。

朝鮮半島では高句麗が三万の大軍を率いて二回目の南進を開始した。半島の東海岸を南下して洛東江流域まで一気に進出。百済の都漢城を攻撃して王を殺し男女八千人を生け捕りにした。百済の勢力が急激に低下し、百済はあわてて都を遷都。なりふりかまわずに斯蘆国に結婚による同盟を申し入れたりするものだから、百済から斯蘆国に逃亡する人民もあとを絶たなかった。倭国に人質としてあずけられていた斯蘆国の王子が身代わりを立てて逃げ帰った。

斯蘆国が高句麗に使者を派遣、統一新羅として国号を定めた。それまで斯蘆国では王が死ぬと男女各五人が殉葬にされていたが、新生新羅ではこの風習が禁じられ、神宮を建てて祀ることになった。「神宮」という言葉はこのときはじめて登場する。一時は朝鮮半島南部を統一する勢いだった百済本国は、宮廷貴族に権力が握られて戦争が得意でなかったことが原因してか、このころになると衰退と弱体化の一途をたどっており、当時中国華北を統一していた北魏にはじめて入朝し援兵を乞うたりしている。そして高句麗もかつての勢いはなくなったかにみえた。そして高句麗が衰退して南進を止めて以降は、新羅の台頭で朝鮮半島南部におけるミリタリー・バランスも大きく変わることになる。

百済にかわって朝鮮半島で力を得た新羅は、同族ということで伽耶部族連盟にもすりよっていた。伽耶部族連盟の諸国は、共通の王を立ててはいたものの統一の王国ではなかった。倭の王の故郷のことを「任那」といい、王がウガヤ系ならば高霊地方が、アラカヤ系であれば金海地方が「ミマナ」と呼ばれたのだとされる。新羅も遅まきながら仏教を正式に取り入れた。高句麗から遅れること百五十五年、百済よりは百四十三年も遅れた理由は、北方系の新羅ではネイティブからのシャーマニズム的な在来信仰による抵抗が強かったからといわれている。新羅において仏教を受け入れることに前向きだった中国系新羅人の多くが、仏教と道教と拝火《ゾロアスター》教と景教をまとめてひとつにしたものを持って日本列島に移り住んだ。国力が益すとご多分に漏れず新羅国内でも王位をめぐって争いが起きつつあったからだ。半島内における百済の弱体化と新羅の台頭による力の逆転は、当然ながら日本列島における権力抗争にも大きな影響をもたらした。百済と新羅の領土と奴隷獲得をめぐる抗争こそが、今後ヤマト政府をつき動かし続ける見えざる力となっていくのである。

このころ倭人の王の讃が、十年間に三回の使者を南の宋に送っている。倭国王の珍、倭国王の済、倭国王の興らが、中国の臣下として相次いで使者を送って朝貢する。そして四七八年には、倭王・武なる人物が、使節を送り皇帝に上表文を差し出している。倭国王・武は、中国皇帝の臣下だった。すがるようにして宗主国皇帝からもらった官職とは『宋書』(倭国伝)では「使持節都督倭・新羅・任那・加羅・秦韓・慕韓六国諸軍事・安東大将軍・倭王」という。いわく「東は毛人を征すること五十五国、西は衆夷を服すること六十六国、渡りて海北を平らぐること九十五国」と。ここに「毛人」という言葉が出てくる。この言葉を見て、「毛のたくさんある人」を想像するかもしれないが、それはまったくの間違いで、「毛」とは『令義解《りょうのぎげ》』に「謂土地之所生、皆為毛也」とあるように「土から生まれたもの」「地球から生まれたもの」つまり「土地に生まれたもの」を意味し「ネイティブ」にあたるものと認識しなくてはならない。少なくてもわたしはそう理解する。その読み方は「エミシ」であるだろう。しかし頼みとした南宋はじきに亡び、かわって斉が建国され、それにともなって毎年のように使者を中国に送っていた倭王・武は「鎮東大将軍」(『南斉書』倭国伝)になる。すでに百済の弱体化は誰の目にも明らかになっていた。

日本列島においては、縦穴住居の中に、炉にかわってかまどが作られるようになった。サハリン島から宗谷海峡をまたぐ格好で新しい土器のスタイルが北海道島北端部にひろがり、それと同時期に押し出される格好で北海道島で独自に営まれていた土器文化の一波が、このころ津軽海峡を越えて本州島東北部の仙台平野や山形平野まで影響を及ぼす。

九州島にこれまでにはないような墓や装飾古墳が、畿内では大型の古墳に家型の石棺が出現し、急激に増加しはじめる。九州島南部にあった狗奴国《くな》(海人族系伽耶国・アラカヤ)に百済王家を通してすでに仏教が到来していた可能性が大きい。九州島南部の、鹿児島市吉野町の七社《ななしろ》遺跡では縦穴住居の中から、籾痕のついた土器片と一緒に土錘が十個発見された。長さ五センチほどの親指大の棒状の土錘の両端に穴をあけたもので、漁労用の網の重りとして使われたものらしい。鹿児島県始良《あいら》町の小瀬戸遺跡からも同じような双孔棒状土錘が出土しているし、この地方の土器片には魚の絵が彫り込まれたものまであって、海人族としての隼人の存在が見える。大隅半島の志布志湾沿岸には、近畿地方にあるものとよく似た古墳が出現する。ヤマトの王が百済に良医の派遣を求めたところ、百済は高句麗の医者であった徳来を送ってきた。徳来は難波に住み、子孫もその地で医業を継いだために「難波の薬師」と呼ばれた。このころ現在の近畿地方にやってくる朝鮮半島系の人たちが数において最初のピークを迎えつつあった。

榛名山大噴火。関西地方で大きな地震。震源地は阪神地方だった。

大和地方の唐古《からこ》池の西に石見《いわみ》遺跡があり、直径三十メートルの円形の微高地の周縁の溝から、人物や鹿や馬や水鳥などをかたどった埴輪や、円筒埴輪、奇怪な人形状の木製品、笠形木製品、少々の須恵器や土師器《はじき》などが出土している。微高地は古墳ではなく、一種の祭祀遺跡で、ここには朝廷の直轄領である屯倉《みやけ》があったらしく、土地の神にたいする慰霊祭祀を目的としたものと想像される。この時代になると、ヤマト大王家では、大本営のある畿内とそれにたいする「畿外」とか、「内国」にたいする「外国」という概念が形成されていく。畿内地方の東側には布引《ぬのびき》山地、鈴鹿山脈、伊吹山などが続いて自然の要害をなしているが、その東の山を越えた伊勢・尾張・美濃・越前等々の近東の——淡海国を追われた天の王朝系住民の多く暮らす——諸国が畿内勢力の支配下に入ったのは、伊勢神宮と熱田神宮の二つの大社がこの地域に祀られたこの時代であった。さらにこれら近東の国々の東には三河・遠江・駿河・伊豆・信濃・甲斐・越中などの中東諸国があって、そのまた奥には「あずま」と呼ばれる辺境がひろがり、辺境と接してそこには蝦夷《エミシ》の国である日高見があった。

西国と畿内をつなぐ軍用道路としての四道——山陽道、山陰道、南海道、西海道や、畿内と東国をつなぐ軍用道路としての東海道（海道）、東山道（山道）、北陸道の三道や、畿内を野蛮人の侵入から守るために東国に向かうそれぞれの道の起点近くに、関東と関西を分けるための——ある人はこれを畿内の争乱を東国に波及させないためのというが——鈴鹿関（東海道）〈三重県鈴鹿郡〉、不破関（東山道）〈岐阜県不破郡〉、愛発《あらち》関（北陸道）〈福井県敦賀市〉の三つの重要な関所も整備されつつあって、政府による新たな開拓も勢いをつけ、当然先住民との争いが最も激しかったはずなのだが、記録は大王や王子や将軍たちによる蝦夷《エミシ》や熊襲の征服の伝説としてわずかに残るのみである。

伝説によれば、このころ九州島西部の曽（襲）の国に王化に従わないアツカヤとサヤカの二人のチーフがいた。たくさんの者たちを一族として率いており、総称としては「熊襲の八十梟帥《ヤソタケル》」と呼ばれていた。大王に率いられた征討軍は、チーフの二人娘の姉のイチフカヤと妹のイチカヤを、贈り物戦術とおためごかしの偽りの愛作戦で政府内部に取り込み、間者に仕立て上げた。姉のイチフカヤはなにくわぬ顔で家に帰ると政府特別製造の強い酒をチーフに飲ませ、父親が眠ったすきに大切なチーフの弓の弦を切ってしまう。そこへ兵隊一人が踏み込んでチーフは切り殺される。その後大王によってあわれにも姉は処刑され、妹のイチカヤは火国造《ひのくにのみやつこ》に預けられたとされる。またいわゆる「西の熊襲と隼人を征し、東の蝦夷《エミシ》を征したとされるヤマトタケルという悪ガキ伝説」もこの征服と占領の時代を背景に生まれたと考えられる。中国の歴史書に登場するあの倭王・武がヤマトタケル（倭武）の一人である可能性だってあるだろう。それに日本に生まれた者ならおそらく誰もが小さいときに教え込まれる物語の『桃太郎』も、この人物をモデルにしているとも言われているぐらいだから。

日本童男《やまとおぐな》——キッド・フロム・ヤマトの伝説

これからお聞かせするヤマトタケルの悪ガキ伝説は、ヤマトタケルという殺しつくし、焼きつくし、犯しつくすことを天命とされた狂暴なヤマトの王子一人の行動ではなくて、この時代に先住民を征服しその土地を簒奪するためにヤマト大王家の手となり足となって働いた何人もの若き武人王子たちの人格を合成したものであると考えたほうがよさそうだ。親の愛を知らずに育ったためか、生まれつき狂暴で、生命に対する尊敬を学ぶこともなく、人を殺すことをなんとも思わなかったターミネイターのキッド・フロム・ヤマトは、まずティーンエイジャーのころに、九州島中部の球磨《くま》郡人吉、南部の曽於《そお》郡国分一帯の熊襲の一族を「これらの地方には生きている人間がいなくなった」とされるほど殺戮の限りを尽くして徹底的に平定して、というよりは女装までして酔っ払っている相手の肛門に剣を刺し通して謀殺し、壊滅させて、いまわの際の熊襲のチーフから「ヤマトタケル」と呼ばれる。つまり「ヤマトからやってきた悪ガキ」という意味だ。

さらにキッドは出雲国にできつつあった伽耶（ウガヤ）系のコロニーを強引な手法で屈伏させると、今度は荒ぶる蝦夷《エミシ》を平定するという任務を大王より受けて東国におもむくわけ。大王はキッドに「東の国には野蛮人が多くいるが、なかでも最も強力なのが蝦夷《エミシ》である。男女が雑居し、父と子の区別がない。冬は穴の中で生活し、夏は樹の上に家を構えて住んでいる。毛皮を着て、血を飲み、兄弟が互いに疑いあい、山に登るときは空を飛ぶ鳥のごとくであり、草を走るときは逃げる獣のようである。恩を受けても忘れ、あだをみればかならず報復する。髪を束ねた中に矢を隠し、刀を衣の中に帯び、党類を集めて辺界を犯し、農作物が実るころになると開拓者たちを襲いに来る。攻撃を仕掛ければ草に隠れ、追っていけば山に入る。それゆえ、昔から今にいたるまで王化にしたがっていない」と侵略者の側から見た一方的なフロンティアの状況を伝え、さらにキッドに斧《おの》と鉞《まさかり》を手渡して「お前は形はわが子だが、中身は神である。天はわれを憐れみて、国が乱れるのを悲しみ、天業をおさめ、わが国家を絶えさせないようにするために現人神《あらひとがみ》の子を遣わしてくれたのだ。この天下は、お前のものであり、お前は大王そのものである。願わくば、謀を深くし、遠くを慮って、姦賊を探り、変をうかがって、その勢いで相手をたじろがせ、徳をもって懐柔し、兵の力に頼ることなく敵を帰順させ奴隷にせよ。言葉を巧みにして暴神をおさめ、武をふるって姦鬼を一掃せよ」と送り出した。

　鉞《まさかり》を担いで意気揚々と大和から伊勢に入れば、そこでキッドは伊勢神宮を守る叔母のヤマトヒメから草薙剣《くさなぎのつるぎ》を手渡され「蝦夷《エミシ》の奴隷を伊勢神宮にたくさん連れてきておくれ」と頼まれる。世に「蝦夷《エミシ》征伐」とされるものの目的のひとつが奴隷の獲得であったことは間違いない。で、そのことを約束する代わりに、伊勢神宮に集められていた巫女の一人を航海の安全を守らせる人柱としてもらいうけると、次にそのあたりの天の王朝系海人族の末裔の若者たちを一斉に狩り集めて、なかば強制的に征討軍に組み入れて殲滅部隊を組織した。

　そして軍を動かして陸路で尾張から、三河、遠江を経て、駿河、相模に入り——駿河や相模では天の王朝系や高句麗系や伽耶系の移住者たちが羽振りをきかせていたために——そこで景気付けに火を放って国中を焼き払い先住民や開拓民を殺しつくした。それから三浦半島観音崎突端の走水《はしりみず》より——伊勢神宮の巫女を荒れる海に突き落として波を静めてから——浦賀水道を渡って上総に渡り、そこからまつろわぬ者どもを求めて血に飢えた征討軍を陸と海の二手に分けると、水軍は九十九里浜沿いに、歩兵隊は陸路でまっすぐ常陸国に向かった。常陸国では蝦夷《エミシ》と渡来系の混血たちをことごとく皆殺しにして、かつてのヤマト王朝の拠点を立て直し、次は久慈川をさかのぼって陸奥国に入った。水軍も大きな鏡を船につけて鹿島灘を北上した。

陸奥国陸前の竹水門《たかのみなと》〈宮城県七ヶ浜町湊浜〉で日高見国の蝦夷《エミシ》のチーフである嶋津神や国津神の率いる集団を降伏させると、五百人ほどの蝦夷《エミシ》を捕まえて奴隷として船に乗せて伊勢神宮に送った。そして仙台平野に残っていた敵を滅ぼしてから、部隊は反転して津軽の蝦夷《エミシ》たちが加勢する土蜘蛛を討つために磐城国棚倉盆地〈福島県棚倉町〉を目指した。ここで岩室にたてこもり、たくさんの猪鹿弓《ししゆみ》や猪鹿矢を連ねて射てくる七つの土蜘蛛の部族――黒鷲《くろわし》、神衣媛《かむみそひめ》、草野灰《かやぬはい》、保保吉灰《ほほきはい》、阿邪爾那媛《あざになひめ》、栲猪《たくい》、神石萱《かむいしかや》、狭礒名《さしな》らをチーフとする一族――をことごとく討ち果たし、生き延びた者たちを捕虜にして勝利宣言をすると、恐怖の征討軍は関東平野を突っ切って足柄峠から甲斐国に入り、酒折宮〈甲府市酒折〉に滞在したあと、信濃国の諏訪地方に入ってそこのゲリラを掃討し、一部隊を古志（越）国に派遣してこれを征させ、再び合流して木曽川に沿って南下し、中津川を通り、神坂峠を越えてやっとのことで美濃国から尾張国まで帰り着いた。

　尾張で天の王朝系先住民の女性を妻にして落ち着いたのも束の間、近江国の伊吹山に蛇一族のさらなる荒神がまちかまえているとの知らせを聞いたのだ。キッド・フロム・ヤマトは熱田に祠を建ててそこに草薙剣を奉納してから、最後の戦いにおもむき、ここで大蛇の毒気にあてられて力つきる。おそらく伊吹山にたてこもってキッドらを迎え撃った先住民の使っていたトリカブトの毒にやられたのだろう。キッドは酔ったように足元をふらつかせ、全身が熱でほてるなか、もう一度尾張まで戻り、祝穂野《のぼの》というところで、二度と故郷の大和を見ることもなく、二十九歳で絶命した。大和の人たちの言い伝えでは、キッドはそこから白鳥になって大和に飛んで帰ったといわれている。大和からの調査団が祝穂野墓を開いてみたら、衣が一枚あっただけで遺体がなくなっていたらしい。大和の大王家にすれば、キッドの死は悲しくも美しい伝説なのかもしれないが、蝦夷《エミシ》や土蜘蛛とされた先住系の人たちに言わせれば「ヤマトタケルは汝が罪を負って死せり」となるだろう。

それはさておき、ヤマトタケルは、蝦夷《エミシ》の地を征討したのち、奴隷とした捕虜の蝦夷《エミシ》らを伊勢神宮に納めている。しかし連行した彼らが昼夜をわかたず騒ぎ立てるので、ヤマトタケルの叔母のヤマトヒメの逆鱗をかい、「この蝦夷《エミシ》らを神宮のそばに近づけてはなりません」と言われて、ついには朝廷によって彼らは三諸山《みもろ》（三輪山）の麓に移される。だが、ここでもまたしばらくすると彼らは山の神木を伐ったり、近隣の里人をおびやかしたものだから、結局畿内から追放され、播磨、讃岐、伊予、安芸、阿波の五か国に分けて強制移住させられた。このとき移住させられた捕虜の蝦夷《エミシ》たちは、佐伯部の祖先となったといわれる。それまで大王の親衛隊をつとめていたのは熊襲の「久米一族」を率いる大伴一族だったのだが、以後、帰降蝦夷《エミシ》の中からも夷族武力集団として「佐伯一族」がその役を担うようになっていく。もちろん蝦夷《エミシ》といっても、その中にはネイティブから渡来系先住民まで広く含まれており、佐伯ももともとは渡来系天の王朝の海人族で、まつろわなかったためにひとまとめに蝦夷《エミシ》に加えられたのでは、とする説もある。

地球規模の気候変動でゆるやかに海面が低下しはじめていた。百済で新しい王が即位した。新しい百済王は、かつて大和飛鳥に亡命していた王子の息子だった。ヤマト大王家の覇権が現在の中部地方あたりまで拡大する。近江国甲賀付近に朝命でアラカヤ系渡来人の新開地が作られ、対新羅戦の間諜団が組織された。これが甲賀忍者集団のおこりである。

　足柄関（東海道）〈静岡県と神奈川県の県境〉と碓氷《うすい》関（東山道）〈長野県と群馬県の県境〉が東国への関門となった。「昔は相模国足柄岳坂より以東の諸縣《くにぐに》、すべて我姫国《あづまのくに》といいき」と『常陸風土記』にあるのはこの時代。榛名山が再び大噴火し、周辺の集落を火砕流や軽石が埋め尽くした。それにともなって伽耶の人たちが入植しつつあった関東北部で大きな地震が発生した。

　北海道島に、縄目のつけられた土器にかわって、この当時本州島に広まりつつあった朝鮮半島渡来の土師器《はじき》から影響を受けた「擦文土器」がひろく使われはじめる。擦文土器が広まる以前に北海道島の北部に入ってきていたニヴフ族の使っていた土器との大きな違いは、胴部の膨らみがないことで、底に向かってだんだん細くなっているのが特徴だった。土器を作るにあたって、木片で粘土をならしながら形を整えていくのだが、その際に木片がこすれたような痕が粘土にクッキリと残る。木の刷毛でこすったような模様で、これを擦文とはるか後世の人たちが名づけた。この土器を作った人たちは、縦穴住居に暮らしていたが、ニヴフ族の縦穴住居と決定的に異なるのは、住居の中央に炉がなく、そのかわりに住居の壁際にカマドが設置されているところだった。ニヴフ族が海洋性の文化だったとすれば、この擦文土器を作った人たちは北海道島ネイティブの生き方を受け継いだ内陸的な文化を持ち、海よりは川と森の人たちであったらしい。秋から冬にかけて遡上するサケやマスの漁をし、鍬や鎌など鉄製の農具を使ってヒエやアワやソバやムギやモロコシを栽培していた。この擦文土器を使う農耕文化、川と森の人々のライフスタイルは、北海道島のみならず、のちには十三世紀頃まで別の国として続き、本州島北端部にまで大きな影響を与えることになる。

中国では南北朝時代が続き、時代が不安定だったためか、仏教が大流行する。北中国に突厥(チュルク・トルコ系)が遊牧民の帝国を興した。南中国では斉が倒れ、梁が建国された。梁は華南の大方を領有し、高句麗王に「車騎大将軍」を、百済王に「征東大将軍」を、倭王・武には「征東将軍」を授けた(『梁書』武帝紀)。新羅王が、北魏に入朝し、国内の反対を押し切って仏教を公認した。

朝鮮半島においては日の出の勢いの新羅と落日の百済の熾烈な戦いが続けられた。強大化する新羅からの報復をおそれて、倭国では誰も王になりたがらず、アラカヤ百済系の――ベア・クランの――倭人たちはわざわざ丹波国に隠れていたサン・クラン(ウガヤ系)の王を探し出してきて、臨時の新羅系王朝がヤマトに作られた。新しい王は二十年近くも都に入ることができなかった。やがて百済に組み込まれていた最後の伽耶の国――金海(アラカヤとも金官国とも狗邪《くな》韓国とも狗邪国とも金官伽耶とも呼ばれた伽耶連合国の盟主国本伽耶)――が、圧力と説得に屈して新羅に投降する。というより、同族の新羅と手を結んだ方が生き延びられると判断したのかもしれない。伽耶国最後の王はのちに新羅の高官となっているし、その九代目の孫は新羅を統一に導く人物となった。新羅が歴史書を編纂し、伽耶の歴史をことごとく抹殺した。このころ九州島北部に彩色壁画を持つ装飾古墳が出現する。

北方の高句麗と、東方の新羅からのたゆまざる攻勢に耐えかねて、百済は倭のアラカヤ政権

（ヤマト大王家）に援軍を要請した。倭国は六万の兵を動員して「任那（倭の伽耶人たちは王の故郷をそう呼んだ）」奪還と百済救援に向かおうとしたのだが、せっかくの軍勢も、百済の直接支配を嫌って新羅と連絡を取り合うウガヤ系筑紫コロニーの国造《ボス》による磐井《いわい》の乱が勃発して動けなくなってしまう。磐井は火国〈佐賀県・長崎県・熊本県〉と豊国〈福岡県東部・大分県〉の二国を制圧した。もっとも豊国はもともと新羅系の秦人たちが入植したコロニーだったから、制圧とは言わないのかもしれない。磐井その人も、政府軍によって討たれたのではなく、『筑後国風土記』には「独り豊前国の上膳県に逃れ、南の山のけわしき峰の曲に姿を消す」と記されている。伽耶の国の一部が新羅に入ったことで、新羅はやっと国としての体裁を整えはじめた。残りの伽耶諸国もことごとく新羅に併合されていく。新羅はこのころになると中国の文物や制度や技術を積極的に導入し、それらをベースに中央集権的国家体制を整備しはじめた。

『百済本記』に、このころに聞いた話として「倭国の大王及び太子・王子がみないっしょに死亡した」との記事がある。どうも、ヤマト国内でクーデターが勃発して、サン・クランの新羅系臨時王朝が滅ぼされ、新しくアラカヤ百済系ベア・クランの王が立ったということらしい。

戦乱の時代を背景に富国強兵の妙法としての仏教が大流行していた落日の百済の王家から、救援軍の派遣と引き換えにヤマトの貴族階級のために中国の文字で記された仏典と、キンピカの仏像が公式に伝来した。中国語の一種として、亜中国語として、もっとわかりやすく言うなら中国の「植民地語」として、「占領語」としてゆっくりと日本語が形作られていく。

王権を頂点とする中央集権の律令体制に移行した新羅が勢力を一気に拡大したことで、高句麗も新羅の力を無視できなくなる。高句麗は北から新羅を攻めたが、新羅も負けずに必死に守りとおした。高句麗は弱体化した百済にも侵入した。高句麗と新羅の双方に攻撃を受けた百済の聖明王が、王子の恵《けい》を使者として救援軍派遣をヤマトの政府に再度要請。難を逃れた人たちが海を越えて植民地開拓に続々と渡来した。

当時東の国に作られていた伽耶の人たちのコロニーである毛野《けの》国が、上毛野と下毛野の二つに分かれた。百済系の王が東国における直接支配権を拡大しようとしたために上毛野で抵抗運動が起きたようだ。百済人二世の王は、「加羅（伽耶）をもって加羅（伽耶）を制する」の作戦から加羅系の豪族を国造《くにのみやっこ》として派遣し、これを平定させた。

倭国と百済の連合軍が新羅と交戦し百済の王が戦死して、百済の王子の恵は一族を引き連れて倭国に亡命した。恵は一族の者たちとして、彼を守るボディガードや、修法道士、医薬士、土工、木工、杣人《そまびと》、冶金、鍛冶、彫刻、画師、楽人、蚕桑《さんそう》、織工などの多くのクラフトマンやアーティスト、多数の農業者たちを引き連れて、摂津国の明石浦に上陸して、明石川を遡って永住の地を探し求めて、やがて摂津国と播磨国の国境に程近い丹生山の近くにある小さな湖の湖畔に居を定めた。そして倭国の王に許可を求めて大がかりに谷を埋め森林を伐採し、そこにいくつかの仏舎を建立した。

当時は海水面が現在よりも約三・五メートルほど低下していた。この時期を境に再び海面はゆっくりと上昇しはじめる。

中国の華南にあった梁がわずか六代で滅び、梁から多くの——おそらくは海人族の倭人の——

僧侶や工人が百済や日本列島西部に亡命した。新羅が、仏教と儒教とシャーマニズムの三位一体を成し遂げ、それを精神的な支柱にすえた組織、上流貴族の美貌の子弟を「花郎（この世に出現した弥勒《みろく》の分身）」として奉戴し、その下に多くの青年たちを花郎徒として霊的な武闘結社を組織して、その勇敢で魔術的な働きで、朝鮮半島南部洛東江上流にあって早い時期に百済に服属せられ、百済側について最後まで新羅と戦い続けた倭人の朝鮮半島における最後の拠点である弥烏邪馬《みうやま》の末裔たちを攻め滅ぼした。ウガヤもアラカヤも、倭国の伽耶族の人たちは、この時点で決定的に帰るべき故郷を喪失した。これが「任那滅亡」である。このころから、九州島北部で装飾古墳がたくさん造られるようになる。埴輪が畿内で衰退し、かわって関東で隆盛を見る。王が死に、新しい王がついた。

新羅、北斉に入貢する。倭国は新羅と事実上の国交を断絶。倭国政権の朝鮮半島における影響力が衰え、日本列島における百済派・新羅派、アラカヤ・ウガヤのそれぞれの覇権を狙う内部抗争がさらに深刻の度を深めていく。

佐渡嶋の北側の海岸に一隻の舟に乗って粛慎人《みしはせひと》が漂着したという記録がある。島人は「人ではない。鬼魅《おに》である」といって近づかなかったと『日本書紀』は語る。また高句麗から王の使者が越《こし》にやってきた。越の国のチーフが「国王」として高句麗の王からの調物を収めてしまったために大和の倭国政権がそれを取り戻す事件も起きた。

このころ、東国に、倭国にたいして独立した蝦夷《エミシ》の国があったことはすでに報告した。政府側は先住民である蝦夷《エミシ》の話す言葉を「夷語」と呼び、常に交渉の際には「訳語人（通訳）」が存在した。蝦夷の国は前述のごとく「日高見国」と呼ばれた。このころになると日高見国は、完全に倭国政権と対立していたのではなく、当初は、朝貢をする関係の属国のような形で、その独立と安全を保障されていたらしい。それに伴って近畿などから大規模な移住も進められた。

この時代の北海道島を除く日本列島の推定人口は、約五百四十万人にものぼる。ある計算では、ここまでの約千年間における実質的渡来人の数は一世の数で約百五十万人にのぼり、二世以後の子孫人口になると四百八十四万人弱となる。したがってこの当時における先住民系と渡来人系の人口の割合は、先住民一人にたいして渡来人八・六人となるという。

混血は急激に進んで、おそらくこのころにはもう九州島、四国島、本州島にはいわゆるフル・ブラッドはほとんど残ってはいなかったと想像される。ネイティブであるということが「血の問題」ではないのだとするなら、残されたのは「生き方そのもの」の違いだった。

そして五八一年の春二月「蝦夷《エミシ》数千が辺境を犯して害をなした」と自己中心的な『日本書紀』の記す事件が起こる。ほんとうは「ヤマトの軍が一方的に侵略したために叛乱が起こった」のだけれど。

立ち上がった蝦夷《エミシ》のチーフは名前を「アヤカス」といった。チーフ・アヤカスは捕らえられ、畿内大和に連行され、当時はまだ天皇とは呼ばれておらず大王とされていた人物からこう言われた。「思うに、おまえたち蝦夷《エミシ》は大足彦天皇《おおたらしひこ》の世に討伐され、殺すべき者は殺され、許すべき者は許された。今、自分は先例にしたがって、首謀者を殺そうと思う」と。戦いに疲れていたチーフ・アヤカスはこのとき初瀬川の川中に入り、三輪山に向かって、流れる水をすすってこう誓わされた。「わたしたち蝦夷《エミシ》はあなたの家来となります。今後は、子々孫々清く明らかな心で、倭王に仕え奉ります。もしこの誓いに背くようなことがあれば、天地のもろもろの神と王の霊が、われわれの種族を絶滅されるでしょう」と。

仏教——王室（国家権力）を守護するための仏教——を進んで受け入れようとした親百済反新羅派の蘇我氏と、仏教（地獄という概念）の受容に反対する親新羅反百済の物部氏による首長同士の争いが激化する。物部守屋は「今、災いが多いのは隣国の客神の像を国内に置いているからにほかならない。すみやかに豊国に送り返したらいかがか」（『日本霊異記』）と主張して、最後には蘇我馬子が建てた大野丘の塔や仏殿を焼き払い、仏像を難波の海に捨ててしまう。なぜ仏像を豊国に送り返せと言うのかというと、豊国に新羅から移り住んだ秦王国のコロニーがあって、そこが倭国への仏教のプッシャーをおこなっていたからなのだろう。

ヤマトの大王が病にかかり、仏教に帰依したいのだがと群臣に相談した。排仏派の物部と崇仏派の蘇我による、血で血を洗う武力抗争で、蘇我が勝利し、物部守屋の土地・財産・奴隷をことごとく没収。この段階で蘇我馬子が実質的に権力を掌握し、仏教はヤマト王家公認の宗教となった。臣《おみ》や連《むらじ》たちが、王や親の恩に報いるために競って仏舎を作った。仏舎はのちに寺と呼ばれた。仏教の「因果応報」という考え方が、奴婢差別の理論的根拠とされたことは間違いない。『仏説輪転五道罪福報応経』というかなり初期の時代に伝来した仏典には「人の奴婢となるは、負債を償わざるがため。人の卑賤となるは、三宝をうやまわざるがゆえ」とある。結局「奴隷になるのは前世のおこないが悪かったから」という勝手な、支配する側にとっては都合のよい論理であるらしい。

　隋が中国を統一した。この隋という巨大帝国が登場したことで、やがて周辺の諸国に大いなる緊張がもたらされることになった。高句麗、百済が相次いで隋に入貢する。高句麗は北の突厥と手を結ぶと同時に百済との関係をも強化した。新羅がなかなか動かないのを見て、百済に支配されるヤマトは、伽耶（任那）奪還のため、再び二万余の軍隊を九州島筑紫に派遣。さらに朝鮮半島南部の足場を奪回しようと出兵も企てたが、大臣の蘇我馬子の反対で頓挫する。ヤマトの大王は蘇我馬子殺害をもくろんだが、反対に蘇我馬子の謀議により、東漢直駒《やまとのあやのあたいこま》の手にかかって暗殺されて、ここに初の女帝が王位に就くことになった。大王の死に際して、建国当初からの近衛兵である「隼人」が殯《もがり》の場所の守衛をつとめた。蘇我馬子は病気になったとき仏教の僧侶に快癒を仏に祈らせた。僧侶が医者を兼ねるようになるのはここにはじまったという。

　新羅が隋にはじめて入貢し、それからしばらくして隋が大軍を動かして高句麗に侵入、百済もこの機に乗じて新羅を隋から孤立させるために、倭と連携して新羅との国境に進攻した。「渤海に星が落ちた」と『隋書』が書き残す事件が起きる。

　百済の王が王子を遣わしてきた。この王子がその後どうなったのか、帰国したのか、日本列島に残ったのか、そうしたことの一切があきらかにされていない。ヤマト政府は新羅に使いを派遣する。翌年、派遣した使いが帰国する際、新羅が孔雀を贈ってきた。畿内で大きな地震が起こり、建物の倒壊が甚だしかった。今度は百済から駱駝と羊を贈ってきた。本州島中西部に大地震が発生した。全国に地震の神を祀るよう命令が出た。高句麗に道教がもたらされた。

600

倭国政権内部では、厩戸王子（のちに聖徳太子とされる謎だらけの人物）に象徴されるような、反百済派の勢力も次第に勢力を増しつつあった。高句麗から仏教僧の慧慈《えじ》――現在も法隆寺に像が残されている――が渡来し、厩戸王子の教師となって、わざとらしくも、翌年には一緒に四国島の伊予温泉に入りに行ったとされている。

誰のものでもなく、ほんらいはすべての人のためのものであった母なる大地が、特定の個人のものになっていくプロセスとして、大王家や皇族や豪族たちの間で「田園」と称する領土の土地私有制が公認されはじめた。ある研究では、この時代、悪天候が長く続いたために海上交通の途絶が起こり、日本語と沖縄語が分離したという。つまり、それ以前は本州島の西半分から琉球列島まで人々は同じ倭人の言葉（原日本語／古代海人族語）を話していたのだ。

朝鮮半島南部洛東江流域において新羅と伽耶の残党による戦いが続く。この年「四十三万人の異敵が来襲」という話もあるし、また「三韓が襲来した。戎人八千人が鉄人を大将にしていた。討伐しようとしたが武力ではかなわず、彼らは人間を食糧にしていた。筑紫の九か国ではふせぐことができず、向かう者の大半は打ち殺されたり、山や林の中に逃げ隠れた。戎人たちは、抵抗を受けることもなく、西国まで攻めのぼった」ともある。戎人、鉄人は「突厥《とっけつ》」（チュルク）の騎馬民族であるが、このときの鉄人の大将こそが、聖徳太子とされる人物ではないかという説もある。

このころ畿内では前方後円墳が造られなくなり、大型古墳も方墳になるが、その後、古墳も造られなくなる。関東地方に、横穴式石室を持つ古墳が盛んに造られはじめた。この古墳の流行は関東地方ではこれ以後百五十年ほど、東北地方では二百年ほど続く。

この年、『隋書』（東夷伝・俀《たい》（倭）国条）によれば、たい（倭）王が使者を百三十年ぶりに中国の朝廷に送っていることになっている。中国では隋が統一を回復してまもないころのことだった。隋の文帝が関係官庁の役人に命じて、たい（倭）王の使者からたい（倭）国の風俗を細かく聞き出させているのだ。それによるとたい（倭）国は、百済と新羅の東南、水陸三千里（二百キロあまり）のところにあって、大海の中で、山の多い島である。昔は三十ほどの国からなり、それぞれに王がいて、魏の時代に中国と通行した。今の王は、姓を「阿毎《アマ》」といい、字《あざな》を「多利思比狐《タリシヒコ》」、号を「阿輩鶏弥《あはきみ》」という。王の妻は、名を「鶏弥《きみ》」といい、後宮には侍女六、七百人がいる。太子を名づけて「利歌弥多弗利《りかみたふつり》」というらしい。

いったいこの国はどこの国のことをいっているのだろうか？　俀国を倭国だとする説もあるが、こんな名前の人たちはこの国の正史といわれるものの中にはどこにも見あたらない。倭国ではなくて、別の九州にあった海人族の国タイ国ではないのかとする意見もあるし、こちらの方がずっと説得力もある。そうなると、いえることは、ここがおそらくあの「ヤマタイ」連邦国のなれのはての国であるということだろう。そしてもしここが、近畿地方の倭国とはまったく関係ないとしたら、この国はのちに武力によってヤマトに併合される九州島にあった国に違いない。あるいは「アマタリシヒコ」は「蘇我馬子」のことで、彼が大王であった国を指すという説もある。

まあ、これについては、中国側に残されている文書から、その国の風俗がどういうものかを読んで判断してもらうしかないだろう。

この年、俀国からの使者は隋の文帝にたいして次のように語りかけたという。「俀王は天をもって兄となし、日をもって弟とし、天がまだ明けないときに起きて政事を聴き、如来のようにあぐらをかいて座り、日があがると仕事をやめて、あとは弟の太陽に任せます」と。これを聞いて隋の高祖は「道理にあわないことを言っている」として、訓令して改めさせたと『隋書』は伝える。

隋書による俀国の風俗

俀国の人々の服飾だが、男性は肌着をつけるが袖は小振り。履物は麻のくつのようなものに漆を塗り、足にくくりつける。多くの人は裸足だ。金銀を使って飾りにすることはできない。昔は、衣服として横幅の広い布を結んで連ね、縫うことはしなかった。頭には冠などなくて、ただ髪を両耳の上に垂らしているだけだったが、ちかごろ（隋代）になって、王がはじめて冠の制度をはじめた。錦やあやぎぬで冠を作り、金や銀を花のようにちりばめて飾りとする。女性は髪を後ろに束ね、肌着をつけ、裳裾にはみなひだ飾りがつけられている。竹を使って櫛を作り、草を編んで敷物にする。獣の皮で上衣を作り、縁には色のついた皮をあしらう。

弓、矢、刀、小矛、弩、矛があり、皮に漆を塗って甲《よろい》とし、動物の骨で矢じりを作る。軍隊はあるが、攻めていくことはない。王の朝廷の集いには必ず儀仗をつらね、自国の音楽を演奏させる。戸数は十万戸ほど。殺人、強盗、姦通は死罪と決められており、盗人には盗んだものを計算してつぐなわせ、財のないときには身体を没収して奴婢にする。ほかにも罪の軽重により、流罪や杖罪がある。訴訟を審理するときには、承服しない者の膝を木で圧したり、強弓を張り、その弦の部分でうなじをこすったりする。小石を熱湯の中に置いて、争っている者にこれを取らせる。道理にはずれていれば、その手が火傷でただれるという。また甕《かめ》の中の蛇をつかませることもある。心が曲がっている者は蛇にかまれるらしい。しかし、人々は気性がさっぱりしていて、静かで、訴訟はまれで、盗賊も少ない。

楽器には五弦、琴、笛がある。男子も女子も、多くが腕に入れ墨をし、水に潜って魚を捕らえる。昔は文字がなくて、木を刻んだり、縄を結んだりしてしるしとした。仏法を敬うようになり、百済で仏教の経典を求めてはじめて漢字というものを知った。占いの技術はあるが、それよりも巫女の伝える言葉の方を信じる。

毎年正月一日には必ず射芸をおこない、酒を飲む。そのほかの節季は中国とほぼ同じだ。囲碁、双六、博奕などのゲームを好む。気候は温暖で、草や木は冬も青く、土地は肥えていて、川や沼が多く、陸地は少ない。鵜の首に小さな環をつけ、水に放って魚を捕らえさせ、日に百尾ほどを数える。皿やまな板を使う習慣がなく、柏の葉に食事を盛りつけて、手で食べる。

性格は素直で雅風がある。女性の方が多くて男性が少ない。婚姻に際しては同姓は不婚とし、男女が好きあえば結婚する。結婚した女性が夫の家に入るときには必ず火を跨いでから夫と顔を合わせる。婦人は貞淑で嫉妬はしない。死者は棺におさめ、親しい賓客は遺体のそばで踊ったり歌ったりする。妻子や兄弟は白布で喪服を作る。身分の高い者の場合は、家の外で三年間を殯《もがり》して、庶民は日を占って埋葬する。葬儀に際しては、遺体を模型の船に乗せて、みんなで地上を引くか、小さな輿に乗せる。

阿蘇山という山がある。この山が噴火して石が天に高くのぼろうとするとき、普通は異変として、祈祷の祭をおこなう。如意宝珠《にょいほうじゅ》があって、その色は青く、大きさは鶏の卵ほどもあり、夜は光を放つので、魚眼の精だと言っている。

新羅や百済も、俀を大国とし、珍しい物が多い国として、ともに敬仰し、使者を常に行き来させている。

601

倭国政府が、新羅攻撃計画を立案した。高句麗と百済に使いを派遣。

602

来目《くめ》王子を撃新羅将軍に任じ、全国から軍二万五千を動員し、九州島筑紫の前進基地に派遣した。百済が新羅に攻め込んだが、反対に向かい討ちにあって破れた。百済から僧勧勒《かんろく》がやってきて、暦書、天文、地理、遁甲、方術などの書物を献上し、大陸や半島からの移住者の子弟を書生として集めて教えた。このころ百済や高麗から多くの僧も渡ってきた。

603

撃新羅将軍の来目《くめ》王子が筑紫の屯営で病死した。一説では新羅から潜入した間諜に殺されたともいわれる。当麻王子がかわって征新羅将軍に任じられるが、随行した妻が筑紫に向かう途中で病死し、王子はそこからヤマトに帰ってしまう。新羅攻撃が中止された。倭国において百済王国の冠位制そのままの冠位十二階制が制定された。

604

この年が易でいう「上元の甲子一白」にあたっており、それを期して暦日が制定されることになった。ヤマト（倭・日本国）では太陰暦に基づいて「漢暦」と呼ばれた中国の暦がこれ以後一千八十年にわたって使われることになる。中国のカレンダーで生活する人たちだったわけ。だから、この年以降の年代はわりとはっきりしているが、それ以前にさかのぼってヒコホホデミ（神武）にいたるまでのヤマト帝国の暦時なるものは、のちの世に逆算によって推定されたもの。

605

隋国の海浜に暮らす航海の技術に長けた海師の何蛮《かばん》らが、春と秋、天が清くて風が静かなとき、はるか東の海のかなたを望むと、そこに、ぼんやりとして煙霧の気が集まっている、島のようなものがおぼろげに見えたが、どのくらい遠くにあるのかわからなかった。きっととても目のよく見える人物だったのだろう。何蛮ら航海士たちが見つけた島陰は、流求国（沖縄）だったといわれている。

607

隋の煬帝《ようだい》が海師の何蛮《かばん》の話を耳にして、何蛮とともに使いの朱寛《しゅかん》を船で送り、東の海を探査させた。船は流求国に着き、言葉が通じなかったので、住民ひとりを捕らえて隋へ連れ帰った。俀《たい》国王のタリシヒコが、再び使者を送り朝貢した。『隋書』（東夷伝）では、使者はこう言っている。「海西の菩薩のように慈悲のある天子が重ねて仏法を興隆されていると聞いたので、使者を送り、朝拝させ、合わせて沙門数十人を伺わせ、仏法を学ばせたい」と。そして煬帝に差し出した国書に「日出づる処の天子は国書を日の沈む処の隋の天子に送る。安泰でいられるか」と書かれていた。これは属国とされてきた俀（倭）が中国から自主独立をうかがいはじめたことを物語るものなのか——あるいは事実上の大陸からの独立宣言なのか、あるいはただの無礼な手紙と思われたのか。この隋の皇帝を相手に勇ましい国書を送った人物のことは、よく「聖徳太子」などといわれているが、あてにならないし、それに正史とされる『日本書紀』には手紙の存在すら出てこない。当然ながら煬帝はこれを見て腹を立て「無礼なので二度と奏聞させるな」と命じた。この年、もうひとつの倭国の女帝が、小野妹子を飛鳥から隋に使者として派遣し朝貢したと『日本書紀』にはある。

608

隋の煬帝《ようだい》が再び使者の朱寛《しゅかん》を流求国に送って異俗をくわしく調べさせ朝貢を求めたが、流求国はこれに従わなかった。しかたなく朱寛《しゅかん》は流求国で使われている布や甲《よろい》を奪い取って持ち帰った。するとそこに俀国からの使いが来ていて「これは夷邪久国人の使っているものだ」と言った。

「夷邪久国人」は「屋久島人」ではないかという説あり。頭に来た煬帝は広東省潮州から軍隊を送りだし、台湾島を経由して流求国を攻撃した。流求の都は火の海となり、宮室は焼き尽くされ、男女数千人が捕虜とされ、戦利品として隋の国に連れ帰られた。以後、隋と流求国との往来は絶えた。

『隋書』（東夷伝　流求国条）に、朱寛が調べあげたと思われる当時の沖縄のことが、次のように記述されている。流求というのは、「倭国」と同様に、中国によってつけられた国の名称だ。また「流求」「琉球」とは「竜宮」のことだとする説もある。

『隋書』（東夷伝）による流求国の風俗

流求国は海島の中にあって、福建省安郡の東にあたり、水行五日で到着する。土地には山の洞穴が多い。王の姓は歓斯《かんし》、氏名は渇刺兜《かつしと》だが、その由来はわからないものの、国は代々続いている。土人は王を可老羊《かろうよう》と呼び、その妻を多抜茶《たばと》と呼ぶ。王のいる場所は「波羅壇洞《はらだんどう》」といわれ、塹柵を三重にし、流水を用い、棘《いばら》の樹を藩《へい》としている。王の居る所の舎屋の大きさは十六間あり、禽獣を彫刻してある。ガジュマルの樹が多く、橘に似て葉が生い茂り、枝葉が髪のように下に垂れ下がっている。

国には四、五人の帥《すい》がいて諸洞を統率している。洞には小王がいる。村が方々にあり、村ごとに鳥了帥《ちょうりょうすい》がいて、共によく戦う者がなり、たがいに自ら立って一村を治める。

男女は皆、白紵《ちょ》で髪をくくり、髪をうなじの後ろから巻いて額に下げる。男子は鳥の羽根を冠とし、珠貝で装い、赤毛で飾るが、形や作りは同じではない。女性はうすぎぬで模様をつけた白布を帽としているが、その形は正方形だ。ガジュマルの皮やいろいろな色の紵《ちょ》や雑毛を織って衣服を作るが、裁ち方は同じでない。毛を綴って螺貝《ほらがい》をたらして飾りにし、いろいろの色を間に入れて、小貝を吊りさげる。その音色は珮《おびだま》のようだ。璫《みみだま》をつなぎ、釧《くしろ》とし、珠を首にかけ、籐を編んで笠とし、羽毛で飾る。

刀、矛、弓矢、剣、大針の類があるが、この地に鉄は少ない。刀は皆薄くて小さく、多くは骨角でこれを補っている。紵《ちょ》を編んで甲《よろい》を作るが、熊や豹の毛皮を用いる場合もある。

王は木製の獣に乗り、左右を輿《こし》としてかつがせていく。導従する者は数十人を出ることはない。小王は机《き》に乗るが、それには獣形が彫刻してある。

国人は攻め合うことを好む。人は皆丈夫そうでよく走る。死を恐れず、傷に耐える。諸洞はおのおの部隊を作り、たがいに助け合わない。両軍があい当たるとき、勇者三、五人が進み出て、おどりあがって騒ぎ、言葉を交わし罵り、撃ち合う。このようにして勝てなかったら、一軍は皆逃げ去り、人を遣わし謝って双方和解する。戦死者を収容し、共に集まって食べる。そこで髑髏を持って王のところに行き、王は冠を賜って隊帥とさせる。

定まった税金はなく、事があれば均等に税を徴収する。刑を用いるのに基準はなく、事に臨んで科《とが》を決める。犯罪はすべて鳥了帥のところで断じ、服さないときには王に上請する。王は臣下に共に議定させる。獄に枷《かせ》とか鎖はなく、ただ縄でしばる。死刑を決めると鉄錐でおこなう。大きさは箸のようで長さ一尺ほど、頭の頂をうがって殺す。軽罪には杖を用いる。

風俗に文字はなく、月の満ち欠けを望み見て時節をしるし、草の枯れたり、青くなるのを見て年歳とする。

人は深目で長鼻で、西方の胡人（チュルク・突厥《とっけつ》）に似ており、小知恵がある。君臣上下の節や拝伏の礼はなく、父と子は同床で寝る。男性は髭を抜き、身体で毛のあるところはすべて除去する。女性は墨で手に入れ墨をし、虫や蛇の文様を彫り込む。嫁に出したり、妻として娶るときには、酒肴、珠貝をもって正しい礼とする。あるいは男女があい悦べばそこで結婚する。女性が、お産をして乳を与えるときには、必ずエナ（膜と胎盤）を食べる。産後は火で自分に灸をして汗を出し、五日で平常に復する。

木槽に海水をさらして塩を作り、木汁から酢を造る。ご飯を醸して酒を造るが、味はとてもうすい。食べるときは手で食べる。たまに珍しい味のものが手に入ると、まずそれを尊敬する人にすすめる。宴会のあるときには、酒を執る者は必ずその名前の呼ばれるのを待ってから、そのあとで飲む。王に酒をたてまつる者もまた王の名を呼び、口に含んでから共に飲み込む風習も、突厥のそれとよく似ている。歌い出し、足踏みしてひとりが歌えば、みんながそれに和して、音はたいへんに哀怨《あいえん》にひびく。女子は上膊《じょうはく》をあげ、手をひるがえして舞う。

死者がまさに息を絶とうとするとき、抱えて庭に出て親戚や客は大声をあげて泣いてあい弔う。遺体を洗って布で包み、葦草を敷き、土に埋めて殯《もがり》する。上には盛り土をしない。子は父のために数か月間は肉食を絶つ。同じ流求でも南境の風俗は少し異なり、人が死ぬと村里の人がみんなでこれを食べてしまう。

熊、羆《ひぐま》、山犬、狼がいる。猪と雉がもっとも多い。牛も、羊も、驢馬もいない。

田はよく肥えている。まず火で焼いたあと水を引いて田にそそぐ。鋤は一本。石で刃をつくり、長さ一尺ほど、幅数寸のもので耕している。

土は稲、粱《りょう》、黎胡《あわきび》、麻、豆、赤豆、胡豆、黒豆などに適している。木には楓、ビャクシン、樟、松、ヤマニレ、楠、杉、梓、竹、籐があり、実のなる木、薬草は長江左岸と同じであり、気候や風土は華南に似ている。

風俗は山海の神につかえて、これらを祀るのに酒肴をもってし、戦闘して人を殺すと、殺した人を神として祀る。あるいは茂った樹に小屋をかけたり、または髑髏を樹上に置き、矢で射る。または石を重ねて置き幡をかけて神主とする。王の居るところの壁の下には、髑髏を多く集めてよしとしている。人は門戸の上をあけて、必ず獣頭骨角を安置している。


この年、隋の煬帝は、流求国に軍隊を送るかたわら、書物の記述をする下級役人である裴世清《はいせいせい》を俀国にも遣わした。彼は百済から竹島を経て、済州島を望み、対馬国、壱岐国、筑紫国へ。東に進んで秦王国に着いている。裴世清によれば秦王国の人たちは「華夏（中国）と同じ人種。夷州（台湾）ではないかと疑いたくなるが、明らかなことはわからない」とある。そこから俀国に従属する十余国（「十余りの国」と読むか「トヨ国」と読むのか）を経て海岸に出て俀国に到着するのだという。

俀国のことよりもなによりも、まず中国系人種の住む、「秦」という名の王国とは、いったいどこのことなのか？　それは秦国崩壊（前二〇六年）とともに朝鮮半島南部の新羅領に移り住み、のちに九州島の豊国にコロニーを作った新羅の中国系の人たちで、道教、景教、仏教を受け入れ、そうしたものからいわゆる神道を構築して、さらにそれを仏教と合体させることで神仏混合を仕掛け、精神的な部分で日本列島のスピリットを封印していった人たちの国のことではなかろうか？　秦王国の中心地は宇佐神宮とされている。当然ながら倭国への仏教流入に最も貢献した人たちでもある。いわゆる日本の神道の基礎を造ったのもこの人たちであった。一説にはいわゆる「奴隷商人」だったともいわれている。

裴世清は俀国による盛大な歓迎会の席で「隋の皇帝の徳は天地と並び、恩は四海に及ぶ。俀王が皇帝の徳を慕うがため、使者を遣わし、宣諭をするのだ」とリップサービス。裴世清の実質的な来朝の目的は隋の煬帝にかわって俀国王を引見し、誓約状を書かせてこれを保証する人質を取るためだが、『隋書』（東夷伝）はここまで一貫して「倭国」でなく「俀国」と書き続ける。しかしヘンだ。倭国の国家元首なら、このころ女帝であったはずなのだが、隋からの使者の裴世清は、なぜか男王に会っているではないか。この男王については、厩戸王子であるとか、蘇我馬子であるとか、苦しい解釈がなされているが、ほんとうのことはわかっていない。

俀国は裴世清が帰国する際、高向漢人玄理《たかむくのあやひとくろまろ》をはじめ倭漢値福因《やまとのあやのあたえふくいん》、新漢人大国《いまきのあやひとおおくに》、奈羅訳語恵明《ならおさえのえみょう》、南淵漢人請安《みなみぶちのしょうあん》、新漢人日文《いまきのあやひとにちもん》、志賀漢人恵隠《しがのあやひとえおん》、新漢人広斉《いまきのあやひとひろなり》らを、あくまでも「人質」としてではなく「留学生」として送っている。

漢人というのは、朝鮮半島を経由してやってきたかどうかはともかく、みな中国系か朝鮮半島系である。ここでもまた高向漢人玄理《たかむくのあやひとくろまろ》が「厩戸王子」だったというほとんど苦し紛れの説もある。

またこのとき前年に隋に送られた小野妹子が裴世清と一緒に帰ってきたものの、隋帝からの手紙を百済でなに者かに奪われたと報告、その後裴世清の帰国に際して八名の留学生らと一緒に、彼は再び隋に派遣されたと、のちに書かれる歴史は記すが、これも眉唾ものだ。隋側の記録にはそんなことは出ていないのだから。

この年は新羅の人が多く倭国に帰化してきたと、『日本書紀』は書き記した。百済から僧ら十人と一般人七十五人をのせて呉国に派遣された船が途中暴風で漂流して肥後国に漂着したと。

609

小野妹子らが医学の文献など大量の書物を持って隋から帰国。

610

倭国から年賀の使いが隋を訪れたという記述を最後に、隋書における倭国の——邪馬台国のなれのはての国の——記述は姿を消す。日本列島で大きな乱があって、倭国が滅び、通行がとだえてしまったようだ。

日本列島の西南部では、おそらくいまだその全体を理解しえなかった渡来系開拓者たちによって日本列島のことは「芦原の中国《なかつくに》」とか「大八州国《おおやしまくに》」などという名前で、特に九州島は「筑紫嶋《ちくしのしま》」

などと呼ばれはじめていた。

　のちに書かれる『古事記』の記述を信じるなら、筑紫嶋は、全体が北部の白日別《しらひわけ》という別名を持つ筑紫国、東部の豊日別《とよひわけ》という別名を持つ豊国、健日向日豊久士比泥別《たけひむかひとよくじひねわけ》という別名を持つ西部の肥国（火国）、健日別《たけひわけ》という別名を持つ南部の熊曽・隼人国の四つの国に分けられていた。朝鮮はもともと「太陽の昇るところ」を意味しており、「日別《ひわけ》」というのはあきらかに朝鮮の分国を意味している。隣の四国島は「伊予二名嶋」と呼ばれ、愛比売《えひめ》こと伊予国、飯依比古《いひよりひこ》こと讃岐国、大宜都比売《おおげつひめ》こと粟国《あわ》、健依別《たけよりわけ》こと土左国というふうに、それぞれが二つずつの名前をもたされていた。

　隋の国で医術書の教典となる『諸病源候論』五十巻が完成した。

611

　隋が高句麗攻撃の準備のために山東半島で軍船三百隻の急造をはじめ、百十三万八千人の正規兵と、軍属として二百三十万人が徴発された。百済は隋と高句麗の両方にいい顔を見せる二股外交という賭けにでた。

612

　隋が高句麗に遠征したが、陸軍と海軍の連携の失敗や、政府の内部分裂、全国規模の農民の叛乱にあって攻撃は中止され、撤退した。二百万の兵のうち無事帰還したのはわずか二千七百人だったと記録にある。日本列島にはこのころ百済からの移民が増えつつあった。

613
難波から大和にいたる軍事用の大道を建設。

616
三月にヤク〈屋久島〉の人三人が帰化。五月にはヤクの人七人、七月には二十人が帰化。ヤクの人たちをすべて朴井《えのい》〈奈良市か〉に住まわせたが、全員が帰郷を待たずに死んでしまった。隋の王朝が農民の叛乱にあってあっけなく滅亡した。

618
中国では隋にかわって唐がおこった。隋と戦争状態にあった高句麗が、倭国政府に、隋の滅亡を伝えるとともに、古代中国の武器「弩《ど》」を持ってきた。弩は、銃身のような台と引き金を持つボーガンのような弓で、発射装置の部分は青銅製であり、普通の弓に比べて飛距離や貫通性は格段にすぐれていて、これ以後長い間、対蝦夷《エミシ》戦争のハイテク武器として政府軍によって使われることになる。

619
摂津国のある漁夫が、堀江に網をはっていたら、何かがその網にかかった。形は赤子のようでもあり、魚でもなく、人間でもなく、何とも名づけられなかったという。

620
ヤク〈屋久島〉の人二人が伊豆嶋〈伊豆大島か〉に漂着した。厩戸王子と、蘇我馬子が、中臣御食子《みけこ》や秦大連《はたのおおむらじ》、小野妹子に命じて資料を収集させ『天皇記《すめらみことのふみ》及び国記《くにつふみ》、臣連《おみのこむらじ》伴造《とものみやつこ》百八十部《ももあまりやそとものお》井をあはせて公民等《おおみたからども》の本紀《もとつふみ》』を記したとされるが、それらはすべてのちに焼失したとして、公にはひとつも残されていない。

621
新羅と倭国が正式な国交をはじめた（倭国側では「新羅が朝貢した」と記す）。

622
厩戸王子が病気で死んだ。彼のことを「聖徳太子」という人がいるが、ほんとうにそうだったのだろうか？　彼など存在もしなかったとする人も、外国人（突厥人）で目は青かったとする人もいるぐらいだ。いったいなぜ、そんな手の込んだことをしてまで「聖徳太子」を存在させる必要があったのか？　聖徳太子は、蘇我一族が「大王家」であり実質的な「最高権力者」だったことを歴史から隠すために、ダミーとしてのちに『日本書紀』の製作者らによって作られた仮想現実だったのだろうか。唐の意向を受けて新羅の使者がやってきた。

623 新羅が伽耶に侵攻し、百済と倭の連合軍が新羅を攻撃した。留学生の薬師恵日と倭漢直福因《やまとのあやのあたいふくいん》らが帰国して、唐の医方がはじめて伝えられた。

626 蘇我馬子が没し、蘇我蝦夷《えみし》が実権を掌握した。

627 この年、陸奥国の貉《むじな》が人に化けて歌をうたったという噂あり。この年代の陸奥国というのは、今日の福島県全域と宮城・山形両県の一部を指す。「陸奥」とも「道奥」とも書かれるが、中央政府の所在地を基点にして各地にいたる交通上の遠近によって「みちのくち」「みちのなか」「みちのおく」（または「みちのしり」）と呼ぶ政治的慣行がこのころにはできあがっていた。で、東山道の「道奥」のムジナが人に化けて歌をうたったという噂がもたらされたのは二月のことだったが、さてそれから三か月後の五月、無数の蝿が群れ集まって、その凝りかさなることなんと十丈ばかり、これが真っ黒な一団となって大空に舞い上がったかと思うと、当時は信濃坂と呼ばれていた現在の碓氷《うすい》峠を越えて東に向かったが、その鳴く音はさながら雷のごとくであったという。

蝿の群れは上野国にいたって、ようやく散りおさまったと、当時のXファイルでもあった『続日本紀』にある。山道（東山道）の奥で、毛野国から蝦夷《エミシ》国にかけてなにやら一大事の起こる前触れではないかと、都の人たちは不安に駆られて騒いだ。

百済が新羅に攻め込んで立て続けに城を二つ落とした。唐が新羅の意を受けて百済に使いを送り、この戦いを止めた。

628

唐帝国が中国国内の統一をなしとげた。倭国のたてまえの国家元首であった女帝が病気で倒れる。そしてふたりの兄弟の王子たちに遺言して没する。弟の王子が新しい大王になった。

629

三蔵法師（玄奘）が経綸を求めて唐の長安をたちインドに向かう。半島で勢力をつけつつあった新羅が高句麗に攻め込み、高句麗が破れた。

630

唐帝国、西方への侵略政策を開始、また北の突厥（チュルク）も追い払う。倭国が唐に最初の遣唐使を派遣した。

631

百済の王子・余豊璋《よほうしょう》が人質として倭国に来た。しかし「人質」とは名ばかりで、ほんとうは亡命政府樹立の準備だったらしい。またこの余豊璋がのちに「天智天皇」に化けたというラディカルな説もあるのだが、真相は定かではない。半島において滅亡直前の百済は、蘇我大王家の力を借りて奈良の飛鳥に百済の亡命政権を樹立し、新百済国を日本列島に建国するための準備を整えつつあった。『旧唐書』（列伝　東夷）に「倭国が使者を遣わして貢ぎ物を献上した」という記録がある。唐の太宗はその道の遠いのを哀れんで、新羅の役人に命じて、倭国からの毎年の朝貢を止めさせた。その『旧唐書』には倭国のことがこう書いてある。

「倭国は古の倭奴国である。長安を去ること一万四千里、新羅東南大海の中にある。山の多い島に生活し、領域は歩いて東西五か月、南北三か月という。歴代、中国と通行してきた。その国には城郭がなく、木で柵を作り、草で屋根を作っている。四面に小島五十余国があり、すべて倭国に従属している。王の姓は阿海《あま》氏で、一大率を置いて諸国を検察したので、皆怖れ従ってきた。官位を設けて十二等がある。訴訟する者は這って進む。この地には女が多く男が少ない。文字は十分に使われ、風俗は仏教を信じている。人は皆跣足で幅の広い布で体の前後をおおう。身分の高い者は錦の帽子をかぶるが、一般人は椎髻《ついけい》を結い、冠や帯を使わない。婦人の衣服は一色の裳《も》裾《すそ》と長い肌着で、髪は頭の後ろで束ね、銀製の草かんざしをさしている。それは長さ八寸あり、左右に数本の枝をつけ、本数などで貴賤の等級も明らかにしている。衣服の制度は大そう新羅に似ている」

632

新羅にはじめて女王がたった。前の国王の一人娘で、才気渙発で、心の広い女性だったといわれる。遣唐使が唐からの使者を連れてきたが、帰国した遣唐使と唐の使いが朝鮮半島の新羅を経由してきたことで、倭国の王子が難癖をつけたために、唐の使者がそのまま怒って帰国してしまった。倭国と唐はこのときから事実上の国交断絶状態に。

634

夏の終わり、長い星が南の空に見えた。人々は「ははき星」だとうわさしあった。そのころ、最初の入植地であった出雲を追われて賤民となったウガヤ系移民の子孫として、大倭国葛木上郡茅原の里〈奈良県御所市茅原〉に役小角《えんのおづぬ》が誕生する。父は賀茂間影麻呂で、母の名は賀茂都々岐といった。小角はのちに修験道の開祖とされ、役の行者、役優婆塞《えんのうばそく》とも呼ばれる人物である。彼は葛城山に住み、鬼神を使役し、孔雀明王の呪法を修した。ネイティブ・ピープルの信仰体系と渡来仏教の呪術的な部分を合体させて、修験道のベースとなるものを残した偉大な宗教改革者であり、著名な採薬行者（メディスンマン）ともなった。倭国の葛城山は出雲を追放された伽耶系の人たちが隠れて暮らす土地だった。

635

春、去年から空に見えていた「ははき星」が空をめぐって東の空に移った。唐の都である長安にオッペン（阿羅本）というネストリウス派のキリスト教の宣教師が姿をあらわして布教に努めた。唐の皇帝は「その教旨をたずねるに、玄妙無為なり。よろしく天下に行うべし」との詔書を下してこれを保護奨励した。長安に大秦寺が建てられた。大秦景教寺院で、これをわかりやすく翻訳すると「ローマ・キリスト教寺院」となる。オッペンはのちにキリスト教の弘布の功績から「鎮国大法王」なる称号を得ることになる。

636

新年早々日蝕が起こった。百済が新羅の独山城を襲撃した。

637

春、大きな星が東から西へ流れた。「雷のような音がした」と言う者もあれば「地雷《つちのいかずち》だ」と言う者もあった。遣唐使と一緒にやってきた唐の学問僧の旻《みん》が「あれは流れ星などではなく、天狗《あまつきつね》だ。天狗の吠える声が雷に似ているだけだ」とわかったようなわからないことを言った。

この年、蝦夷《エミシ》がそむいて入朝しなかった。追い詰められていた蝦夷《エミシ》たちが蜂起し、戦いの道にでたのだ。上毛野君形名《かみつけののきみかたな》が将軍に任命され、蝦夷《エミシ》軍の鎮圧に向かったが、反対に政府軍は蝦夷《エミシ》の反攻にあい、夜陰に乗じて背走した。『日本書紀』に「蝦夷《エミシ》、背きて朝《もう》でず」というたった一行の記事。このころ開拓者として辺境に移住した者たちの多くがこのとき蝦夷《エミシ》の捕虜となったらしい。大干ばつで、食糧が国中で不足した。

641

百済で王が死に、息子が王の位に就いた。ヤマトの大王が百済宮で死んだ。伽耶系の妃が王の位に就いた。

642

親百済派の蘇我一族は、権力内部にあって政治改革の一環として蝦夷《エミシ》対策を積極的に推し進め、先住民の国である日高見国と倭国との融合に前向きな姿勢を取った。蘇我毛人《えみし》が、またの名を「蘇我蝦夷」と呼ばれたのは、そのせいか。彼は自ら「東方儐従者《あずまのしとりべ》」と称する蝦夷《エミシ》のボディガードを五十人ほど警護にあたらせていた。「この年、十月十二日、異族（蝦夷《エミシ》）の代表が朝廷と会談。同十五日、蘇我大臣が異族を家に招き供応して、みずからその接客にあたった」との記録が『日本書紀』に残っている。異族は「越蝦夷《こしのエミシ》」であり、一か月ほど前に越の辺境の蝦夷《エミシ》数千人が都に上がっていた。

新しい王に率いられて百済が、新羅の占領していた一部の旧伽耶諸国の地を攻撃して奪回した。新羅は弥勒《みろく》信仰によって結ばれた戦士集団の花郎の中から金春秋（のちの新羅・武烈王）を選び高句麗に援兵を要請する使いとした。高句麗で軍事クーデターが起こり、国王や貴族の多くが殺されて、唐の侵略に備える戦時体制になった。

643

百済国で政変が起き、親高句麗派に権力が集中、王子のひとり翹岐《ぎょうき》らが追放されて倭国に亡命してきた。新羅は唐の太宗に使いを送り援兵を求めたが、唐からは、女王を廃して太宗の親族を国王に迎えるなら兵を送ると言われた。蘇我入鹿《いるか》が実権を握り、ヤマト王家の事実上の大王になった。ウガヤ系サン・クランの新羅寄りの王家が百済系の蘇我氏によって滅亡させられ、その王家に使われていた隷属民や使用人は、斑鳩寺と四天王寺に寺賤として与えられた。

644

春早く、大倭（ヤマト）国の菟田《うた》郡で押坂某という人が子どもを一人連れて雪の日に菟田山に登ったところ、そこで紫色のキノコが雪の中からはえ出ているのを見つけた。高さは六寸ほどで、四町ばかりの広さにいっぱいはえていた。子どもにつみとらせて持って帰って隣人に見せたところ、誰もが「いったいこれはなんというキノコだろう?」と首をかしげ、毒かもしれないと疑ったという。そこで押坂某と子どもがそれらのキノコを煮て食べてみると、たいへんこうばしい味がした。これはうまいものだと思って、翌日再び同じ場所にとりにいってみたところ、もうキノコはひとつもなかったのだった。押坂某とその子どもは、このキノコの吸い物のおかげで病気もせず、長生きをしたらしい。

また東国のひとつ、駿河国の富士川のほとりに大生部多《おおおべのおほし》という者がいた。彼は、蚕《かいこ》を祀ることを村人にすすめて、こう話したという。「これは常世の神なり。この神を祀る者は、富と長寿が得られるだろう」。神主たちは聞きつけたこの予言に便乗して、ことさらにおおげさに「常世の神を祀る者は、貧しき人は大金持ちになり、老人はあっというまに若返る」とふれまわったものだから、騒ぎは大きくなった。人々は、その財産や、酒や、野菜や、家畜をことごとく放棄して、みな口々に「新しき富入来れり」と連呼した。都と田舎を問わず、人々は常世の虫を争うように手にいれて、家々の敷居にこれを置き、歌い舞い狂って、福を求め、宝を捨てた。しかし、得るところはなにもなく、失い損するところまことに大きかった。ここに山背国葛野《かどの》に秦造《はたのみやっこ》河勝《かわかつ》なる者がいた。世間の人々が、この常世神の信仰に迷わされ、ふりまわされているのを憎んで、大生部多を打ち殺してしまった。騒ぎに便乗していた神主たちも、河勝の勢いに恐れをなして、常世神の宣伝をやめたので、あれほど広まっていた常世神騒動も沈静化してあとを絶った。人々はその事件のことをこう歌った。「太秦《うずまさ》は神とも神と聞こえくる　常世の神を打ち罰《きた》ますも」（太秦の秦河勝は、神さまの神さまだという評判だぞ。噂にたがわず、あの常世の神を見事に打ちこらしめなさったのだから）

秦河勝は能楽の原型を形作ったとされる「秦氏」の人間で、秦氏は朝鮮半島を経由して大倭にやってきた渡来人であって、彼らは百人を越す集団で散楽、歌舞、音曲を持ち込んだ「秦ノ弓月《はたのうづき》」の子孫とされる。「秦ノ弓月《はたのうづき》」はペルシャ語で「はるばる遠くからやってきた統率者」の意味があるらしい。大王の前に織物をうずたかく献上したので「ウズマサ（太秦）」という姓をもらっていた。

唐帝国が高句麗にたいして宣戦布告すると同時に、新羅王にたいして高句麗への出兵を命じた。新羅が独力で百済を攻撃し勝利をおさめた。

645

唐の陸軍が高句麗に侵攻し制圧作戦を開始した。新羅は三万の大軍を派遣して唐を助けた。春から夏にかけて、鼠が難波の方に向かっていくのが目撃された。六月、ヤマト政権内部でクーデター。中大兄《なかのおおえ》や中臣鎌子（鎌足）ら親新羅・親唐派が、ヤマト大王家であってアラカヤ百済系で反唐政策を推し進め東国の蝦夷《エミシ》たちを私的に組織して身辺を守らせていた蘇我大王一族を滅ぼした。蘇我入鹿《いるか》は暗殺され、蘇我蝦夷《えみし》は自殺した。百済系ベア・クランの女帝が王座から降りた。

大王家や宇佐神宮の秦一族と親戚関係になったフィクサーである中国系の中臣鎌子（鎌足）の策謀で、サン・クランの継体系王統の大王の下に新羅系新政権が樹立された。中大兄は皇太子の地位についた。蘇我石川麻呂に「なによりもまず天神と国神を祀り鎮めなくてはなりません」と直言されて、王はその日のうちに倭漢直比羅夫《やまとのあやのあたいひらふ》を尾張国に、忌部首子麻呂《いんべのおびとこまろ》を美濃国に遣わして、神に供える幣《まいない》を徴発させている。尾張や美濃という東国になにがあったのだろうか？八月には東国などの国司を任命している。

東国国司の管轄範囲は、現在の福島県から宮城県南端付近までで、これより北は蝦夷《エミシ》の居住域――日高見国――と認識されていた。国司任命に際して王からの通達の中に「国や郡内の刀・甲・弓・矢は全部集め、人家から離れた空き地に武器庫を作ってそこに収めること。ただし辺境の国で蝦夷《エミシ》と境界を接するような地方では、武器を集計したのちにもとの持ち主に預ける」とある。

また奴隷制の根幹として「良男と良女の間に生まれた子は、その父につける。良男が婢（奴隷の女）をめとって生まれた子は、その母につける。良女が奴（奴隷の男）に嫁いで生まれた子は、その父につける」と決められた。奴隷の子はことごとく奴隷とされたのである。

律令制と奴隷制による法治国家の創立というクーデターの狙いは、「公地公民」をたてまえとして——全国の土地と人民（庶民）を、戸籍を作ることによって大王とその権力システムのものとするという——制度の大改革を断行し、全国の土地から堂々と税金を徴収し、民を「オオミタカラ」として税金を払わせたり、その代価として国家のための労働や兵役に使役することができるという非人間的なスーパーパワーの創出にあった。

律令階級制度においては、当然ながら税の制度は「上に軽くて下に重い」ものであり、最大の特徴は、位が五位以上の「官人（みやびと）」になると、すべてが無税——調・庸・雑徭《ぞうよう》などの課役がすべて免除——だった点である。位が五位以上になり、免税の身分を朝廷政府から公認されると、宮殿に昇殿、内昇殿を許され、そこではじめて「人並み」に扱われ「世間」の仲間入りをしたとされた。五位、四位の者は免税の対象が本人と両親と子どもに限定されていたが、三位以上になると、親と子ども、祖父、兄弟、孫にいたるまでが免税対象とされた。衛士《えじ》や防人《さきもり》や、官人の使用人は、位を与えられるといっても六位以下で、この場合は本人にかぎり免税とされたが、まず人並みの扱いはされなかった。そうした税金支払い機械であるオオミタカラの不満の矛先が王権に向かわないように、下層民である庶民のさらに下に賤民階層が設けられていて、徹底した差別教育が施されたのである。

班田制によって「田園」と呼ばれた私有地がことごとく廃された。ことここにいたって亡命政権樹立を画策していた百済の野望がついえたかに見えた。新興新羅をバックにした新政権が第一におこなったことは、蘇我一族が覇権を握っていた東国に、自分たちの影響力の及ぶ国司を派遣して戸籍調査をさせることだった。陸奥国がとりあえず設置された。しかし、武器を集めて人民から隔離するために派遣されたのがもともと蘇我氏の息のかかった国司たちだったので、事態は新政権がもくろんだようにはならなかったらしい。倭国の国家権力はこのことでかえって弱体化した。

国司の中には、国造《くにのみやつこ》が集めてきた武器をもとの持ち主には返させずに、そのまま国造に与えた者もいたらしい。東国の国造は、旧大王家の蘇我一族に忠実だったから、このことはすなわち蝦夷《エミシ》に武器を渡して叛乱を起こすことをすすめるようなものだった。そしてはたせるかなその結果として、蝦夷《エミシ》の大叛乱がやがて起こることになる。蝦夷《エミシ》の集団は、戦争のないときには「老翁《おきな》」と呼ばれる長老がチーフをつとめていた。いわゆる「エルダーのピース・チーフ」である。しかしヤマト侵略政府軍と戦時体制に入ったり、対立集団と緊張関係下にあるときには、「ウォー・チーフ」である「魁帥《かいすい》・首帥《しゅすい》」が表に出た。

朝鮮半島においては高句麗が靺鞨《まっかつ》の兵とともに攻めてきた唐を撃破した。瀕死の状態にあった百済が、逃げ道を絶たれたことで、やっと戦う姿勢を見せ、そのことで次第に息を吹き返しつつあった。この時代の遺跡である北海道島の手宮の洞穴〈小樽市〉に、靺鞨語で「われは部下を率いて大海を渡り……戦い……この洞穴に至りたり……」と彫刻されており、靺鞨のチーフの墓誌だとされている。

新生倭国政権は王都を新羅人コロニーのあった難波に移した。越《こし》の国から京に報告が来た。

「浜辺に漂っていた大量の枯れ木が東に向かって流れていきました。砂の上に残された跡をみると、田地を耕したあとのようでした」と。

三蔵法師（玄奘）がインドからたくさんの経典を持って唐の長安に戻り、経典の新しい翻訳を開始した。

646

新生倭国政府によって「畿内」が策定された。「畿内」とは「東は名墾《なばり》の横河よりこちら、南は紀伊の背山《せのやま》よりこちら、西は明石の櫛淵《くしふち》よりこちら、北は近江の楽浪《さざなみ》の逢坂山よりこちらを指す」と。律令体制下の政治的な地域区分は「京師《けいし》」「畿内」「一般諸国」「化外の地《かがい》」というふうに都を中心に同心円的な区分で分けられているのが普通だった。「化外」とは「王化に従わない土地」という意味である。

政府はこれまで皇族を含む、それぞれの氏族や、臣《おみ》や連《むらじ》などが所有していた「品部《しなべ》」を廃止させて、「国家の民《おほやけおおみたから》」とした。わかりやすく言うと、彼らを一括してヤマト中央政府直属としたわけ。なぜ「品部」を中央に直属させたのかというと、税の対象にする必要があったからだし、職能的部民の技術が、軍事的なものが中心だったからにほかならない。朝廷としては、そうした軍事技術を確実に把握する必要があったのだ。

『令集解《りょうのしゅうげ》』（巻四　職員令造兵司条）による「品部・雑戸《ざっこ》」の技術とは「雑戸」が「鍛戸《かぬちべ》」「甲作《よろいつくり》」「靫作《ゆぎつくり》」「弓削《ゆげ》」「矢作《やはぎ》」「鞆張《ともはり》」「羽結《はゆい》」「桙刑《ほこけずり》」の八職であり、「品部」は「爪工《つまたくみ》」「楯縫《たてぬい》」

「幄作《あげはつくり》」の三職だった。

東国に派遣された八人の国司のうち六人が汚職や過失や無能をとがめられた。旧俗が禁止された。「旧俗」とは、倭国が建国される以前のネイティブ・ピープルの風習のことで、例えば「愛する者を失ったり、家族に死者が出たときに、死んでいった者のことを忘れないように、生きている者が髪の毛を切り落としたり、刃物で腕や腿を刺して消えることのない傷をあえて残したりすること」で、そうしたものがこのとき一切禁じられた。禁を犯せば、その当人だけでなく一族の者すべてが処罰の対象とされた。農耕をする月には田作りに専念させるために、諸国の百姓のハレの日以外の飲酒と魚食が禁止された。

越《こし》の国の鼠が、昼夜あいついで続々と連なって東に向かって移っていくのが目撃された。役人たちが神の名前や、大王の名前を勝手に人々や土地につけるようになっていて、そのために神の名や、大王の名をつけた部民が賄賂として他人の奴隷にされたりすることが流行した。

このころ百済人のコロニーであった摂津と播磨の国境近くの土地に丹生山明要寺《たんしょうざんみょうようじ》という寺院があり、そこに「法道仙人」と称する行者がいた。東播磨を中心にして約百に及ぶ寺院を開山したり、たくさんの水田を拓いたりしている謎の人物で、仏教を広めるのに貢献したばかりでなく、池を造ったり、湖の干拓をしたり、橋をかけたり、病人を治したり、薬草の料理として草根木皮の使い方を指導した。ところが実名もわからないままあるとき忽然とその姿を消してしまう。彼のことはそれから約五百年後に書かれた『元亨釈書《げんこうしゃくしょ》』に記されているのみである。

それによれば「法道はインドの人で、法を修めて神通力を得、紫雲に乗って中国に渡り、百済

647

を経て本朝に飛来し、播磨国加西郡法華山に天降った」ということらしい。法道仙人はこのころ十代になったばかりの役小角《えんのおづぬ》に雑密の修法を授けたといわれる。

唐が海と陸から高句麗を攻めた。新羅国内で女王の政事に不満を抱く者たちによるクーデター未遂事件が発覚し首謀者が殺された。この年、ヤマト国では七色十三階の冠位制定される。新生の倭国政府は、本州島東北部日本海側の陸奥の開発に着手し、阿賀野川と信濃川にはさまれた平野、現在の新潟県新潟市沼垂に、越の蝦夷《エミシ》に備える前線基地としての渟足柵《ぬたりのき》を設置した。「ここ数年、鼠が東に向かって行ったのは、柵を作ることの前兆だったのだ」と老人たちが語り合ったという。この柵から、東の太平洋岸までを結ぶ線が、蝦夷《エミシ》のクニとの国境として、この段階でとりあえず確定された。

柵には、そこを守りながら水田稲作農業をする屯田兵が配置された。屯田兵は、柵戸《きのへ》と呼ばれた。新羅で女王が没し、新しい女王が位に就いた。この年、新羅の使節として花郎の金春秋（のちの新羅・武烈王）が、貢ぎ物の孔雀と鸚鵡をつれて倭国へ来た。『日本書紀』は金春秋のことを「容姿美しく、話がうまい」と書きとめた。呉人の福常善那が搾乳の技術を修得し、女帝に牛乳を飲ませたことで、乳長の職と和薬使主《やまとくすしのおみ》の姓を与えられた。

前線基地《フロンティアライン》が北に押し上げられ、現在の新潟県村上市岩船の三面川《みおもてがわ》と荒川の沖積地に、磐船柵《いわふねのき》ができ、柵戸《きのへ》が配された。渟足柵《ぬたりのき》は後方開拓の基地となった。磐船柵は、越の蝦夷《エミシ》攻略と日高見侵略の最前線の砦であり、ここには寝返った蝦夷《エミシ》の中から防衛隊として使えると判断された者たちが配属されて、蝦夷《エミシ》との戦にあたった。「夷をもって夷を制する」というのが、中国的な、そして中国を規範とした倭国のやり方である。

百済復活という情勢の変化に、新羅が唐に金春秋（のちの新羅・武烈王）とその息子を派遣してねんごろに援助を要請。倭国政府内部でも百済派が勢いづいて、親新羅派ヤマト政権の動揺と混乱ははなはだしかった。『旧唐書』（列伝　東夷）によれば、この年、倭国はまた新羅に頼んで唐に上表文を送り、唐との国交を回復している。

四国島南海地方で巨大地震が起こった。『日本書紀』は高知平野を震源地にするこの南海大地震の様子を「ひどく地面が揺れた。国中の男女が叫び呼びあって西も東もわからなくなったままさまよい歩いた。山は崩れ、川が湧きあがった。諸国の郡の官舎や百姓《ひゃくせい》の倉屋、寺の塔、神社のどれもが崩壊した。その数は数えられない。死者の数も多く、失った家畜も数知れない。伊予では温泉が埋もれて出なくなり、土佐では十万平方キロメートルもの畑が陥没して海になった。土地の老人は、これほどの地震はいまだかつてないと言っている。また土佐の国司によれば『大潮が高くあがって海の水が押し寄せてきました。税を運ぶための舟の多くが流されてしまいました』」と記録している。

「百姓」は身分をあらわす言葉で「皇族以外のすべての有姓者をさす語」として当初は使われ

ていた。もともとは隋や唐で「被支配身分呼称」として用いられていて、それがそのまま導入されたようだ。

649

新羅と唐の関係が緊密となり、新羅が唐の衣冠を使いはじめた。朝鮮半島において百済の巻き返しが起こって、ヤマトのサン・クラン系政権が大混乱に陥った。

650

穴戸国（長門国）から白い雉《きじ》が献上された。百済の王子の豊璋《ほうしょう》だとか、中国から来ていた僧、高句麗の医者、新羅から来ていた家庭教師といった、当時の文化人たちが、白い雉がいかに珍しくおめでたいことかをさわぎたてたので、盛大なパーティが開かれ、年号も「白雉《はくち》」に変更された。

651

新羅からの使いが筑紫に到着する。朝貢使が唐の服を着ていたという理由でヤマト政府はこれを追い返した。このころより、朝廷内部で、新羅憎しの声が高まっていく。

653

親新羅派と親百済派で内部分裂寸前の朝廷では、王子が、海に開いた港であった難波の都を捨てて、新羅系の大王を残したまま、急きょ飛鳥へ遷都を決行した。このころ常陸国など坂東諸国とともに「道奥国《みちのおくのくに》」が建てられた。「道奥国」はのちの「陸奥国」である。この当時はまだ、侵略征服戦争というよりは、蝦夷《エミシ》たちに形式的な服属儀礼をおこなわせることができれば、とりあえず目的は達成されたと、ヤマトの政府は認識していたらしい。服属儀礼をした者にたいしては、饗宴や位を与えたり、褒美を授けたりした。

654

元日の夜、鼠がヤマトの都に向かって走ったという。大唐帝国の内情を偵察するための遣唐使がヤマト政府から派遣された。新羅では、もと花郎であり、伽耶の始祖の血を引くとされた金春秋が、女王のあとを継いで国王となった。「武烈王」である。蘇我一族の娘を妻にして、親新羅派政権の中枢にいた大王が、置き去りにされた難波宮で病死した。政権内部では百済派の本格的な巻き返しがはじまる。朝廷内の百済派はよほどうれしかったのか「百済からの調使百五十人を使って大宴会を開いた」ほどだった。トカラ国（吐火羅）の男二人、女二人、シャエ（舎衛）の女一人が難破船にのって九州の日向に漂着した。

655

親百済派の女帝が再度、大王の位に就いた。飛鳥の王都が火事で焼失。別の都を飛鳥に立てる。北（越）の蝦夷《エミシ》九十九人、東（陸奥）の蝦夷《エミシ》九十五人と晩餐会。「五月のある朝、葛城山の峯から竜に乗った人間があらわれた」と『日本書紀』が書いている。「その竜にまたがった人間は、顔かたちが唐人に似ていて、青色の油絹の笠をかぶり、山脈の上を北に飛んで生駒山のかなたに一度消えたが、昼になるとこんどは西に向かって飛んでゆくのが見え、やがて住吉の浜の松の真上でしばらく小休止したのち、再び西の空に向かって飛び去った」らしい。『六国史』では、それを見た人たちが「あれは蘇我蝦夷《えみし》の霊だ」と言い合ったという。

656

再び飛鳥の王都が火事にあう。新羅から使いが来た。新しく宮城を建設するために奈良の香具山と石上山の間に運河を掘る工事がおこなわれ、二百隻の舟で巨石を運んだ。工事の人夫のべ三万ほど、石垣を造るための人夫のべ七万ほどが狩り出された。完成までにおそろしい数の木を切り倒したという。時の人この光景を見て「狂気の沙汰だ」と口々に言い合ったという。新羅が中国の服制を採用したというニュースが正式にヤマト政府に伝えられた。

657

飛鳥大仏の飛鳥寺の西に、須弥山《しゅみせん》の像を作る。女帝からの通達で、牛と馬と犬と鶏の肉を食べることが禁じられた。この禁令は、のちに魚類にも及ぶことになる。これはなにも「動物愛護の精神」からおこなわれたものではない。とにかくなんであれ生きているものの「死」を「ケガレ」とする見方が、仏教の影響を受けて貴族ら支配者たちの精神世界の大きな部分を占めていたのである。先住民的な世界観では死は敬うものとされ、死をケガレと見る世界観と真っ向から対立する。

658

越《こし》の国の守、阿部比羅夫が百八十隻の船団を率いて磐船柵《いわふねのき》を出発して北を目指した。鰐田《あいた》（秋田）、渟代《ぬしろ》（能代）の蝦夷《エミシ》を攻撃した。阿部比羅夫自身、かつては大和の東方にある山の中をねぐらとしていた蝦夷《エミシ》の大きな一族のチーフであり、その後ヤマト政権に帰順して政府軍の重鎮となった人物で、ここでもまた「夷をもって夷を制する」という作戦がとられたようだ。

鰐田蝦夷《エミシ》のチーフ恩荷《オガ》（男鹿）がこう言ったという。「自分たちが弓矢を持つのは、官軍に敵対するためではない。自分らは肉食を主としているので、獲物をとらなくてはならないからだ。このことはアイタ浦の神の知りたもうところである。清き白き心で朝に仕えることを誓う」と。

三か月後、鰐田、渟代の蝦夷《エミシ》二百人余が都にやってきて朝献した。盛大にごちそうをし、褒美もいつになくたくさん出された。柵養蝦夷《きこうえびす》（砦の中で米作りをしながら兵役についている蝦夷《エミシ》のこと）二人には位一階、渟代郡大領サニクナに従八位下、同少領ウハサには初位、勇健者二人には位一階が授けられた。サニクナには蛸旗二十頭・鼓二面、弓矢二具、鎧二領がプレゼントされた。津軽郡大領マムには正八位上、少領アオヒルには従八位下、勇健者には位一階を授けられた。

渟足柵造《ぬたりのきのみやつこ》大伴稲積は小乙下を授けられた。さらに渟足郡大領サナクナ（サニクナ）が、エビスの戸口と捕虜の戸口とを調査した。

同じ年、阿倍比羅夫は海を渡って粛慎《ミシハセ》と戦い、生きた熊二頭と、羆の毛皮七十枚を朝廷に献上した。奥州で安倍一族が成立した。このころ、この先七百年ほど続く北海道島で最後の土器文化が開花する。その文化は、のちに津軽海峡を越えて本州島北部にまで影響力を広めた。北海道島にかまどのついた縦穴住居が出現する。唐と新羅の連合軍が百済を攻撃して王と妃と王子を捕虜にして連行した。

出雲大社が造営された。木像の平屋建てで、高さが五十メートル近くあるとにかく巨大な建築物で「雲に分け入る」と表現された。「出雲国造《くにのみやつこ》に命じて神の宮を作らせた。キツネが、於友《おう》郡の役丁《えよほろ》のとった葛の末を噛み切ってどこかへ消えた。またどこかの犬が死人の手をくわえてきて言屋社《いうやのやしろ》に置き去りにした。天子が死ぬ予兆だろうか」と『日本書紀』は記す。百済による侵略に腹を据えかねた新羅が、正式に唐にたいして援兵を要請した。朝廷が陸奥と越《こし》の蝦夷《エミシ》に饗応した。陸奥と越との国司に、位を各二階、郡領と主政とが各一階を授けられた。

阿部比羅夫、百八十隻の船団を率いて鰐田《あいた》、渟代《ぬしろ》、津軽の蝦夷《エミシ》を攻撃し、北海道島の後方羊蹄《シリベシ》にキャンプを設置する。鰐田、渟代の蝦夷《エミシ》二百四十一人、その捕虜三十一人、津軽郡の蝦夷《エミシ》百十二人、その捕虜四人、胆振鉏《いぶりさえ》の蝦夷《エミシ》二十人を選んで一か所に集めて盛大なる宴会を催し、褒美を与えた。後方羊蹄にキャンプを設置したのは、問菟《とひう》の蝦夷《エミシ》イカシマとウホナの二人が宴会のときに進み出て「そこを政所にするとよい」と進言したからだという。阿倍比羅夫が連れ帰ったと思われる道奥《みちのく》の蝦夷《エミシ》男女二人が、唐の高宗（天子）に会わせるために、遣唐使の一行らとともに——蝦夷《エミシ》の国からの外交使節として——連れていかれた。このときの通訳と高宗との会話の記録がのちに編纂された『日本書紀』に転載されている。その際、髭もじゃの男と、比較的のっぺりとした——中国女性とは異なる——顔立ちの女のふたりの蝦夷《エミシ》たちは、唐の天子に白鹿の皮一枚、弓を三はり、矢を八十本を献上していたのだった。

唐の皇帝と倭国の使者の間で交わされた「蝦夷《エミシ》」についての一問一答

天子　これらの蝦夷《エミシ》の国は、どこにあるのか？
使者　国は東北《うしとら》にあります。
天子　蝦夷《エミシ》は、何種類いるのか？
使者　三種類います。われわれは、一番遠いところにいるものをツガル、次がアラエビス、近くの者たちをニギエビスと呼んでおります。ここに連れて参りました者たちは、そのニギエビスでございます。毎年、ヤマトの国のみかどに朝貢をしてる者たちで。
天子　その国に五穀はあるのか？
使者　ありません。連中は肉を食らって生きております。

天子　家に暮らしているのか?
使者　家を持ちません。山の奥で、大きな木の本で暮らしております。
天子　朕は、この蝦夷《エミシ》たちの着ているものや顔かたちの異なるを見て大いに不思議に感ずるぞよ。あとでまた会おう。

唐の高宗が新羅にたいして援軍派遣を決意した。

中国の史書『通典』(東夷伝　蝦夷)に「蝦夷国《エミシ》」の解説が残されている。それによれば「蝦夷国《エミシ》。海島の中、小国である。その使者は髭の長さ四尺、もっとも弓矢をよくした。箭《や》を首に挿し、人に弧《ゆみ》を戴かせ、四十歩の所に立ち、射て中《あた》らないことはなかった。大唐の顕慶四年(六五九年)十月、倭国の使者に随って入朝してきた」とある。

百済と新羅が全面戦争に突入。唐はこの戦いで新羅のために水陸十三万の兵を投入し、山東半島から海路百済に進攻した。阿倍比羅夫、今度は二百隻の大船団を組織して蝦夷《エミシ》を攻める。そして蝦夷《エミシ》の訴えで粛慎《ミシハセ》(靺鞨《まっかつ》)と交易を求めて接触を試みるが、失敗して再び戦火を交えることになった。

新羅と大唐の連合軍の攻撃を受けて、百済が滅びる寸前であることを、百済の使者が伝えてきた。百済から国軍参謀長である百戦錬磨の将軍の鬼室福信《きしつふくしん》がやってきて、人質の皇子・余豊璋《よほうしょう》の返還を要請。親百済派の女帝は再び難波宮に移り、盛大に戦争の準備にとりかかった。信濃国からの報告では、蝿の大群が雷鳴のような音をたてて東山道を信濃の東方から西方に向かって、乗鞍と御岳の間の巨坂《おおさか》を飛び越えていくのが目撃されたという。人々はそれを、百済救援軍が大敗をきっする前兆かと噂しあった。

661

天界の星の位置が「庚申」にあることを告げた。「庚申の年には凶事が起こる」と信じられていた。はたせるかな高句麗が百済に攻め込んだ。風前の灯の百済救援のために瀬戸内海を圧する水軍の大船隊とともに西に向かったベア・クランの女帝が、九州朝倉宮において客死した。浅倉宮の神木を切り倒して行宮造営の材料にあてたために、神の激怒を買って宮殿が破壊されたうえ、宮廷には鬼火があらわれ、近臣の多くも病で急死したという。時を前後して百済でも国王が死に、新しい王が立った。新羅は、新羅王家と伽耶王家の合体だった。倭国では百済系の中大兄皇子が政権の権力を実質的に掌握した。唐が高句麗を攻める決定を下す。八月一日、筑紫国の朝倉山〈福岡県甘木市〉の上に鬼が出て、大きな笠を着て、ヤマトの女王の喪の儀を臨み視ていたので、人々がみな怪しがった。蝦夷《エミシ》侵略戦争で名を上げた阿倍比羅夫が今度は百済救援の将軍に任命された。鬼室福信《きしつふくしん》に、兵器や糸、綿、布、なめし革、種籾などを与え、阿倍比羅夫らに警護を任せて、五千余の兵をもって百済の王子・余豊璋《よほうしょう》を百済本国に送り返した。百済復興軍が組織化された。九州で謎の死を遂げた女帝の埋葬が飛鳥でおこなわれた。

662

アラカヤ系倭国水軍の司令長官として安曇比羅夫《あずみのひらふ》が軍船百七十隻を率いて百済に乗り込んで、王子・余豊璋《よほうしょう》を正式に百済王とし、十三万の軍隊を擁する大唐帝国との戦時体制を一応整えた。

663

上毛野雅子《かみつけのわかこ》ら、兵二万七千人を率いて新羅を討ちに遣わされる。百済の王となった豊璋《ほうしょう》が、このせっぱつまったおりに参謀長の鬼室福信《きしつふくしん》と仲たがいして彼を殺害する事件が勃発。『旧唐書』（列伝三十四　劉仁軌）によれば、豊璋は高句麗と倭国に援兵を求めている。倭（ヤマト）と百済の連合軍に乱れのあることを知った唐は、総司令官劉仁軌のもと、この機会を狙って兵を動かした。

倭・百済連合軍が、唐・新羅連合軍と朝鮮半島南岸の白村江《はくすきのえ》で激突。倭・百済連合軍はがむしゃらな特攻作戦を展開したあげく大敗をきっして降服。「煙は天にとどき、海水は血で赤く染まり、賊衆は潰滅した」と『旧唐書』は告げる。倭国の水軍は壊滅状態に陥った。大唐帝国によってついに百済国の息の根が止められた。百済王の豊璋は高句麗に逃げ落ちた。百済の宝剣は唐軍の手に渡った。

宗主国の壊滅で倭水軍が大量の百済の難民を連れて帰還した。難民の中には、百済の王族、貴族、多数の芸術家、工人、学者など、影響力を持つ知識人が含まれていたし、唐と新羅の連合軍と戦った高句麗人の中にも日本列島に逃げ込んだ者が多かった。百済人の多くは近江に移住させられ、高句麗人の多くは蝦夷《エミシ》対策の一環として、政府により鈴鹿山中の伊賀の居留地や、現在の

664

関東地方、昔の国でいう「相模」や「武蔵」に移住させられた。百済軍将軍鬼室福信の一族もこのとき近江に移住し、日野に鬼室神社を建てている。高句麗からの移住者は、湘南大磯の海岸から上陸し、関東平野の南に連なる山々に沿って北上し、現在の埼玉県入間郡の高麗《こま》神社周辺に落ち着いた。のちに関東騎馬武者の母体となるのがこの一族だったとされる。

百済から続々と流入する大量の移民たちを一挙に採用できるような体制を整えるために、国内の冠位を大幅に増やすことになり、冠位二十六階を制定。百済王の善光（禅広）ら一行を難波（新羅人コロニー）に住まわせる。これは新羅コミュニティーの監視下においたということか。京の北で星が落ちた。地震があった。唐使節・郭務悰《かくむそう》が畿内に来る。公的には入京を許されずにそのまま帰国したとされているが、これははなはだ疑問。そのまま居残って占領準備を影で取りしきったとの説も。結局倭国は唐に無条件降伏をしたわけで、郭務悰という人物はいうまでもなく「倭国占領軍最高司令官」なのだから、戦勝国の唐を喜ばせるような戦後政策がこの後とられ続けることになる。

年末、淡海国から「坂田郡の人、小竹田史身《しのだのふびとむ》が飼っている猪の水槽の中に、にわかに稲が実りました。身がそれを穫り入れると、その後、日に日に富がふえました。栗太郡《くるもと》の人、磐城村主殷《いわきのすぐりおお》の新婦の部屋の敷居の端に、一晩のうちに稲が生え穂がついて、翌日にはもう熟れて穂が垂れました。次の日の夜、さらに一つの穂が新婦の庭に出て、二箇の鍵が天から落ちてきました。女は拾って殷《おお》に渡し、殷《おお》はそれから金持ちになったということです」と報告があった。

665

亡命百済人を使って、対馬壱岐には狼煙《のろし》台を、筑紫の大野や長門に城——迎賓館——を築き、朝鮮半島からの進駐軍の便に備えた。そのころ唐帝国はその国威を内外に誇示するために、中国泰山にて封禅の儀を催した。帝国軍総司令官の劉仁軌は新羅、百済、耽羅、倭の四国のそれぞれの「酋長」を連れてその会におもむき、高宗を大いに喜ばせたと『旧唐書』(列伝三十四　劉仁軌)にある。一体、この倭の酋長とはなに者なのだろうか？　倭国は唐帝国の属国の扱いか、もしくは倭国はこの時点で一度滅亡したのか？　占領軍によって百済人男女四百人あまりが近江国の神崎郡に移住させられ、耕すべき田を与えられた。おそらくこの年に唐帝国からの進駐軍も九州島に入っている。

666

滅亡寸前の高句麗から救援を求めるための使節が来た。大唐帝国が高句麗の内紛に乗じて出兵した。首都平壌が陥落した。戦禍を逃れて高句麗からの難民が日本列島に流入したことは想像に難くない。

都の鼠が近江国に向かって移動した。百済人二千人あまりを東国(武蔵国)に移住させた。まるで鼠が百済人を近江から追い出してそのあとに都を造ったと読めなくもない。「鼠」とは「唐人」か、それとも「新羅人」か？
三十二歳を迎えた役小角《えんのおづぬ》が実家を出て葛城山に入り、そこを住居とするようになった。

667

人々の反対にもかかわらず、都が近江に移された。移させられたと見るべきか。近江や奈良で放火と見られる不審な火事が頻発した。大蔵省の建物から出火、斑鳩寺延焼、法隆寺から出火など。

668

親百済派というより、ほとんど百済人だったといわれる中大兄皇子が、即位をしてベア・クランの大王となる。近江遷都にともなって近江国志賀郡〈大津市滋賀里町〉に崇福寺が建立されることになり、その工事現場の地中から奇妙な形の銅器があらわれた。高さ二メートル近い最大級の銅鐸であったが、当時ですらそれが何か、誰がなんのために用いたものかわからなくなっていたようだ。銅鐸を作った人たちと、倭国の支配階級に属する人たちはそれほど強いつながりがないということかもしれない。最初の成文法典である『近江令』二十二巻が制定される。

大唐帝国が新羅と組んで平壌城を陥落させ、天孫降臨神話を持つ高句麗を滅ぼした。高句麗王は王子を連れて降服、二十万あまりの高句麗人や靺鞨《まっかつ》人は唐に連行されたという。七百年近く続いた高句麗がここに消滅し、新羅が半島を統一した。高句麗人や靺鞨人たちがたくさん日本列島に流入した。高句麗の王族の一人若光《じゃっこう》ら一行もこのとき相模国の現在の大磯付近に移り住んだとされる。

十二年間も国交を断絶をしていた新生新羅から使節が来た。新羅との関係改善を図って中臣鎌足が二隻の船を使者に預けて新羅の大臣と王に贈った。新羅の僧で間者の道行《どうぎょう》が熱田明神の草薙剣《くさなぎのつるぎ》を盗んで袈裟につつみ新羅へ逃亡したが、海を渡る途中で風雨に遭って道に迷い戻された。

百済人の子として——『論語』や『千字文』を持ってきたあの百済人の王仁博士の子孫といわれるが——のちの僧・行基が生まれた。行基は青年期に山岳修験者の影響を受けてのちに「本地垂迹説」を提唱するようになる。本地垂迹とは「インドや中国の仏や菩薩が衆生済度のためにヤマトの神祇となってあらわれるとする神仏同体説」のことで、のちに藤原一族の支持を得て国是となった。仏教の側から人々を支配するための方便として、先住民の宗教を再編成しようとする試みがこのあたりから活発化する。

大唐国使郭務悰《かくむそう》が、都合四十七隻の船で二千の兵を連れて政治工作のために本格的に進駐してきた。九州の隼人がおそらく唐の軍隊によって制圧された。倭は事実上、政治的にも、文化的にも、唐帝国の支配下にはいった。『旧唐書』（列伝　東夷）は「倭国」と「日本国」のふたつを分けて記述しているが、その「日本国条」によれば「日本国は倭国の別種」であるとし「倭国は自らその名の美しくないことを嫌って日本と改名」したか、あるいは「日本はもと小国で倭国の地を併合したのだ」と書かれている。それまでの倭（朝鮮半島の南部にあった倭）が、列島にあった日本――日の本のことか？　日高見国のことか？――という国を併合したのだろうか？　いずれにせよ唐帝国のはなはだしい影響下で日本は作られたのである。実質的な日本の建国はこのときだ。政治のシステムも、法律と刑罰の体系も、税金徴収の方法も、学問のシステム、暦法、芸術音楽、建築、トイレとそこでのお尻の拭きかた、工芸美術、精神世界などそうしたもの一切合切を含む文化体系は、この時代に唐から直接、あるいは朝鮮半島経由でもたらされたといっていい。ヤマトの都はさながらリトル・チャイナの様相をていしていたことだろう。中国（唐）系の中臣鎌足が死亡したので、彼に大臣の位を特別に授け、その一族に「藤原」の姓が与えられた。

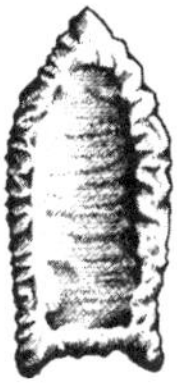

COMBAT TIME

670 - 1,189

BETWEEN THE PEOPLE AND CONQUERORS

闘いの時代

670

新政府によって全国的な戸籍『庚午年籍《こうごねんじゃく》』が作られ、浮浪者と盗人が取り締まりの対象とされた。もちろんこの「全国」には含まれない土地が、日本列島にはまだたくさんあったのだが、ここにいたって畿内という枠組みを越えて、カースト的身分制度を基盤にした差別と奴隷制による律令制中央集権的な統一国家をつくろうとする意思がはっきりとしてきた。氏（ウジ）と姓（カバネ）を含む姓が公文書に使われはじめた。

唐と新羅の間に暗雲がかかり、一触即発の状態に。白村江《はくすきのえ》以降、倭国占領軍最高司令官として亡命百済人と倭人を新羅に対抗しうる勢力として自立させようとしていた郭務悰《かくむそう》を、新羅が捕らえて幽閉した。この年の暮れあたりに、倭が国号を正式に「日本」と改めたらしい。そしておそらくこのときの「日本」は、「新羅日本府」のことなのだ。新羅王族の支配下で暫定的に日本が独立したものだろう。なにしろ「新羅」という言葉自体が「日の昇るところ」「日本」を意味したのだから。倭国と唐の間の国交が断絶した。

671

新羅が百済の故地に攻め込んだ。新羅はその勢いで唐とも戦火を交えることに。唐が新羅を公式に非難した。新羅に幽閉されていた郭務悰《かくむそう》が、今度は新羅の命を受けて、新羅軍二千人を四十七隻の船に分乗させて対馬を経由して九州島にやってきた。かつて唐と新羅の連合軍を相手に百済防衛のために白村江《はくすきのえ》の戦いを断行した百済派のヤマトの大王が、おそらくは唐の勢力の報復によってこの年消される。『扶桑略記』には「天皇馬に駕し、山階の郷に幸す、更に還御なし、永

672

く山林に交わりて崩ずる所を知らず」とある。つまり山の中に狩猟に誘われて出かけたまま帰らなかったわけ。親新羅派であって、旧出雲系や旧吉備系の人たちにも信任の厚かった道教かぶれの大海人王子《おおあまのおうじ》（大王の弟）は、その二か月前に近江を出て吉野に隠遁していた。

強大な権力を持つ唐帝国に操られるかのように、新羅（大和勢力）と百済（近江勢力）の日本列島における代理戦争として壬申の乱が起こった。日本が今後再び二度と半島に進出するようなことがないように、徹底的な打撃を加えておく必要性があることから、大王家の兄弟の不仲につけこむ形で、郭務悰《かくむそう》は新羅色の強い政権を樹立し、背後で国政をコントロールしようとしたとも言える。

朝鮮半島では新羅が百済の故地を併合し、王家を頂点とするカースト的身分制社会の基盤を固めつつあった。東国の新羅系勢力によるバックアップを受けた大海人王子が、百済派の新しい大王（大友王子）を自殺に追い込み、その死を自ら確認したうえで、即位して新たな大王となった。ここにおいて新羅系の王朝が大倭《やまと》に成立する。親新羅サン・クラン王朝の新しい大王と妃はふたりとも絵に描いたような道教徒だった。中国の土俗の宗教であった道教の「倭国的形態」として「神道」の原形のようなものが、「仏教」の影響を受けつつ、このころから形作られていく。飛鳥に京が戻された。新羅が郭務悰を釈放し、唐に正式に謝罪した。

675

大唐帝国が新羅を攻撃した。ヤマトの大王からの「今後、漁業や狩猟に従事する者は、檻や落とし穴や仕掛け槍などを作ってはならない。四月一日から九月三十日までは、隙間の狭い梁を設けて魚を捕ってはならない。また、牛、馬、犬、猿、鶏の肉を食べることを禁じる。もし禁を犯した場合は処罰を覚悟せよ」との通達。新羅の技術者の手により大王のために最初の占星台（天文台）が造られた。

新羅が花郎たちの働きで唐軍を撃退。新羅と唐の戦いには、新羅に滅ぼされた百済や高句麗の難民たちも参加していた。唐という巨大な帝国を敵に持つことによって、朝鮮半島の内部分裂に終止符が打たれ、民族的な自覚が促されたものらしい。

676

下野国では飢饉で、百姓たちが飢えをしのぐために子や娘を売るケースが目立った。もちろん取り締まる法律もなく、この当時、人身売買はかなり大っぴらにおこなわれていた。諸国に「放生」が命じられた。つまり捕まえて飼っている動物があればそれを放ち逃がせということ。

新羅が唐の水軍を撃破した。旧高句麗領の北半分を唐が、平壌以南を新羅が統合することで、新羅と唐の戦争は決着した。唐軍は朝鮮半島における大半の権益を失った。新羅がそれまでの宮廷貴族連合体制から王権を確立し、さらにそれを拡大強化して律令体制に移行した。

677

種子島の人たちが入朝したので飛鳥寺の西の槻《つき》の木の下で饗応がなされた。唐的な律令体制をまねた統一新羅が成立。統一新羅もまた王家を頂点とするカースト的身分制社会だった。奈良県の飛鳥池遺跡から発掘された大量の木簡の中に天武六年（六七七）の日付と「天皇」という文字の書かれた木簡がある。このころには天皇の名前が使われはじめていたようだ。それ以前の大王は「大君」などと呼ばれた。倭は唐と新羅の律令体制にならって天皇家を頂点とするカースト的身分制の社会を形作りつつあった。ヤマト朝廷が模倣した唐帝国の律令においてきわだっているのは、征服戦争によって得た異民族の虜を、抵抗して捕らえられた捕虜と、抵抗せずに帰順した降虜にわけて、捕虜だけをその一族とともに帝国内に強制連行して、官奴婢などの賤民とした点にある。ヤマト政府もこの方式を日高見国侵略戦争において採用した。なぜなら唐からやってきた人たちがブレーンだったのだから。もともとの居住地に送り返された浮浪人の中で、ふたたびその土地から逃げ出したものは、本貫地と現在の居住地の両方で租税と労役を課すべしと定められた。二倍の税を払わされるわけ。

678

天地の神々を祀るために全国で大祓《おおはらえ》がおこなわれた。難波に綿のようなものが降った。長さ五、六尺、広さ七、八寸で、風に乗って松林と葦原でひるがえっていた。人々はそれを「甘露である」と言った。臘子鳥《あとり》（北方渡来の渡り鳥）が空をおおって、西南から東北に向かって飛んだ。この月、九州島筑紫国で大地震が発生した。地面が裂け、どの村でも多数の民家が崩壊した。このと

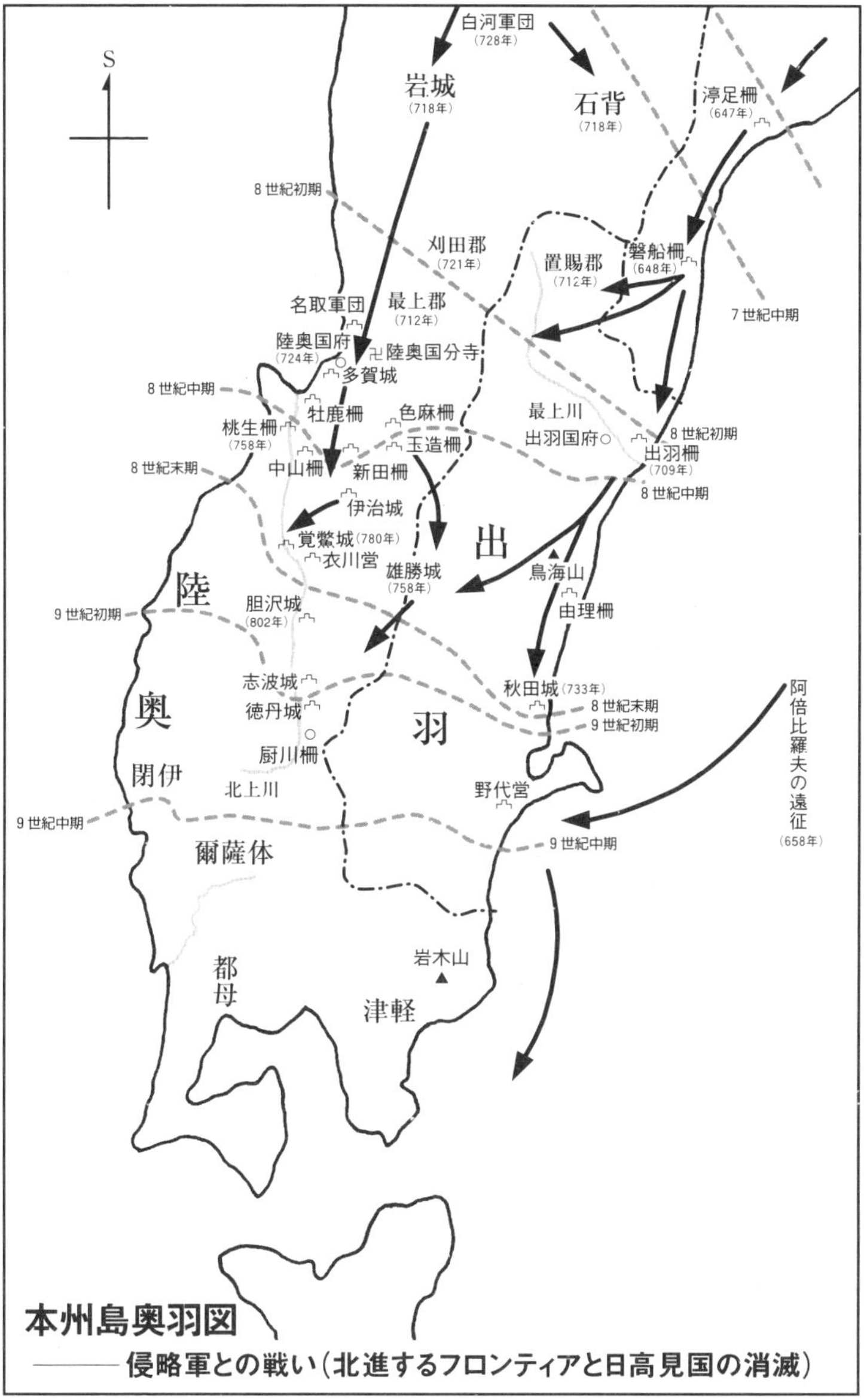

本州島奥羽図
——侵略軍との戦い（北進するフロンティアと日高見国の消滅）

きある丘の上にあった民家では、地震の夜、丘が崩れて移動した。しかし家はまったく壊れず、家人は丘がこわれて移動したことを知らず、夜が明けてからこれに気づいてひどく驚いたという。新羅から使いが来た。

679

「もろもろの氏は氏女をたてまつれ」と天皇からのお達し。『養老令』では「およそ各氏は十三歳より三十歳までの女にかぎって貢進、名のある氏族でなくても貢に差し出したい者なら可」とある。「氏女」とは女性の「氏奴」のこと。「氏奴」は「氏賤」とも書かれ、氏族の私有民のことである。共通の宗教と言葉を持ち同じ血のつながった氏族が異民族と戦って捕虜にした奴は、それを得た者の私有ではなく氏全体の共有財産と見なされたらしい。

竜田山、大坂山にはじめて関所を設け、難波の新羅コロニーに羅城を築いた。「羅城」とは「四方にめぐらす城壁」だというが、「新羅城」ではないのかという説も。種子島に現地調査団が派遣された。

680

高麗（旧高句麗）から使者十九人が来た。新羅から使いと、習言者《ことならいひと》が三人やってきた。天皇が病気になったので、百人の僧を得度させたら、しばらくして回復したという。臘子鳥《あとり》が空をおおって、東南から西北に向かって飛んでいった。薬師寺の建立が開始された。

681

天皇による律令（法律）づくりが開始された。禁式《いさめののり》九十二条が制定され、親王から庶民の隅々にいたるまでの服飾がこまかく決められた。曰く「身につける金・銀・珠玉・紫・錦・繍《ぬいもの》・綾および毛織りの敷物・冠・帯その他種々のものを着用するには、それぞれ身分に応じたものを用いよ」と。百済、高句麗、新羅の三韓からの移民は十年間税を免除されるが、これに加えてその際に一緒に連れてきた子や孫の二世に関しては、すべての課役が免除されることになった。

新羅系で道教フリークの天皇が諸国に大祓《おおはらえ》――「大解除」とも書く――をすることを命じた。大祓はもともと道教に起源を持つ神事のひとつだ。諸国の祭祀をつかさどる国造《くにのみやっこ》らは「祓柱奴婢《はらえつものぬひ》」一人を献上して祓えをおこなった。「祓柱」に人間が使われたのはこのときがはじめてだった。これ以前には生きているものとしては「馬」が使われたことがある。「祓柱」として天皇の罪穢《え》をおしつけられた奴婢たちは、そのまま宮中詰めの官奴婢とされた。この後天皇の周囲では「ケガレ」にたいする「浄」の意識が高められ、天皇の神聖化と神格化がはかられる。それは私有奴隷制の制度化のきっかけとなった出来事だった。

種子島の調査に行っていた役人が種子島の住民を連れて帰り、その島の地図を提出して「その国は京を去ること五千余里、筑紫の南の海中にあります。住民は髪を短く切って草の裳をつけています。稲は常に豊かに実り、年に一度植えれば、二度収穫できます。土地の産物はクチナシやイ草、そしていろいろな海産物です」と報告した。彗星があらわれた。日蝕があった。畿内で地震があった。新羅からの使者が、新羅の国王の死を伝えた。また畿内で地震。

682

陸奥国の蝦夷《エミシ》二十二人が新政府から爵位をもらう。越《こし》の恭順した蝦夷《エミシ》であるイコキナが、俘人《とりこ》七十戸をもって一郡をたてることを願ったので許可された。今後男女共みな髪を結い上げることと決められた。新羅にならって倭国古来の服装を中国の制度にあわせるために「親王以下朝廷の官僚たちが、位冠《くらいこうぶり》（位をあらわす冠）や褌《まえも》（前裳）や褶《ひらおび》や脛裳《はばきも》（袴）を着てはならない。また膳夫《かしわで》や采女《うねめ》らの手繦《たすき》、肩巾《ひれ》なども着用してはならない」と決められた。

隼人が大勢京に来て、方物《くにつもの》を貢いだ。大隅の隼人と、阿多の隼人が宮城の庭で相撲を取り、大隅隼人が勝った。種子島と屋久島と、それに奄美大島の人が朝貢して褒美をもらった。隼人たちが明日香寺の西で開かれた宴会に呼ばれてさまざまな舞楽を演奏した。仏具である灌頂幡《かんじょうのはた》のような形をして火の色をしたものが、空に浮かんで北に流れた。これはどの国でも目撃された。「越の海に入った」と言う者もいた。筑紫国で三本足のスズメが見つかった。

683

「今後は必ず銅銭を用いることとし、銀銭の使用はまかりならぬ」とお達し。官僚や記録人などでグループを作り全国を巡行させて諸国の境界を区分させようとしたが、区分はできあがらなかった。都城が一か所だけということはなく、必ず二、三か所必要だとして、難波に新しい都の造営を開始した。この年、僧正、僧都《そうず》、律師が任命され、僧や尼の国家による統括がはかられた。これは徹底した官僧制の導入を意味し、統制外のいかなる僧尼の存在も許さなかったわけだが、実際には大倭葛城山一帯を根拠地とした不穏な動きをしかねない先住伽耶（伽羅）系採薬行者集団を押さえるための対策だったともいわれている。役小角《えんのおづぬ》らはここにおいては神職とも僧侶とも認められず、優婆塞《うばそく》――在俗の僧――として賤民に組み込まれ戸籍編成からはずされ、事実上の追放令のあとは、どの身分にも属さない浮浪者として扱われることになった。

出雲を最初の入植地とし、のちにそこを追い立てられた伽耶系の人たちで、大和の葛城を拠点としていた人々は、追放令以後は修験者になる者、採薬師として他国に――伯耆《ほうき》国大山、阿波国剣山、摂津国剣尾山、近江と伊勢国の間の鈴鹿山系、信州、甲州の山岳地帯などに――生活の基盤を移した者、そのまま葛城山中にとどまって細々と採薬で暮らしをたて続けた者に分かれた。いわゆる山人と呼ばれる「採鉱冶金師」「杣人《そまびと》」「猟師」「木地師」などである。のちにこうした山人集団の中から、スッパ（素破）、ラッパ（乱破）、トッパ（突破）、さらには「サンカ」「鉢屋」と称する山岳漂流民などが生まれ落ちてくる。天皇の命令で諸国の境界が定められる計画が立てられた。

「女の四十歳以上の者は、髪は結い上げても結い上げなくても、馬の乗り方が縦でも横でも任意とする。このほか巫女や神官などは髪を結い上げなくてもよい」と天皇通達。帰化を望んできた百済の僧尼および俗人の男女あわせて二十三人が、武蔵の国に住居を与えられた。日本列島の太平洋沿岸の広い地域で大地震――南海・東海大地震――が発生した。冬の夜のことで、国中の男女が叫びあい逃げまどった。山は崩れ、河はあふれた。諸国の郡の官舎や百姓の家屋や倉庫、社寺の破壊されたものは数知れず、人畜の被害は多大だった。伊予国の道後温泉では、源泉が埋まって湯が出なくなった。土佐国では地滑りが起きて田畑約一千町歩がうずまって海になった。古老が「こんな地震は今までになかった」というぐらい大きな地震だった。同じ日の夕刻、太鼓の鳴るような音が、東方で聞こえた。ある人によれば「伊豆島の西と北の二面がひとりでに三百丈あまり広がり、もうひとつの島になった。太鼓の音のように聞こえたのは、神がこの島をお造りになる響きだったのだ」ということだ。七つの星が一緒に東北の方向に流れ落ちた。大空が乱れて、雨のように隕石が落ちてきた。天の中央にぼんやりと光る星が出現し、昴星と並んで動いていたが、いつのまにかいなくなった。新羅から使いがきた。

685

冠位を諸王以上十二階、諸臣四十八階の制にあらためる。天皇が発病した。ハレー彗星が地球を訪れ、世界各地の人々に言い知れぬ恐怖感を与えた。

686

「今後は元どおり女は髪を背に垂らしてよい」と天皇が述べる。新羅系の大王が病にかかったのは草薙剣《くさなぎのつるぎ》の祟りだとされ、宮中に置かれていた草薙剣が尾張国の熱田神宮に返された。大王が祟りから逃れることができずに死んだ。百済系による巻き返しがそろそろとはじまっていた。唐帝国に滅ぼされたかと思われていた突厥（チュルク）の遊牧民帝国が陰山山脈で勢力を盛り返して独立した。

687

妃が天皇の位に就く。高句麗、新羅からの移民たちが、鹿が群れをなしていた常陸、下野に土地を与えられて定住した。開拓民のコロニーのあった鹿島神宮、上野一宮《いちのみや》、貫前《ぬきさき》神社などで鹿の骨で占いをしたのはこの人たちだったと想像される。もちろん神社を作ったのも彼らだ。年の暮れ、大倭国で前の天皇の遺骸に別れの言葉を伝える儀式がおこなわれ、南九州の隼人が三百三十七人、貢ぎ物を持って参列した。

688

前の天皇の遺骸に別れの言葉を伝える儀式に蝦夷《エミシ》が百九十人、貢ぎ物を持って参列した。

689

陸奥国の城養《きこう》の蝦夷《えびす》（城柵に服属し田を耕しはじめた蝦夷《エミシ》）マロとカナオリの二人の少年が、髭や髪を剃り肉食をやめ得度の許しを願い出て許可され、仏像や仏具を与えられた。越《こし》の蝦夷《エミシ》で僧籍に入った道信という僧に、仏像、灌頂幡《かんじょうのはた》、鐘、鉢各一個などが与えられた。

このころサハリン島（樺太）から北海道島の北端部へ今までになかった土器を用いる集団——おそらく粛慎《ミシハセ》とされるツングースの部族——が南下をはじめた。また同じころ、北海道島の日本海沿岸の石狩から札幌、江別、千歳を経て、太平洋岸の苫小牧にいたる帯状の低地帯の西側丘陵に土まんじゅう状の墓をつくり、蕨手刀《わらびてとう》、唐様の太刀、土師器《はじき》、刀子、瑪瑙《めのう》製の勾玉などを副葬品とする人たちがあらわれる。この人たちは本州島東北部から北進した人たちだったと想像される。

690

ヤマト新政府によって戸籍が作成される（『庚寅年籍《こういんねんじゃく》』）。奴婢を賤身分とし、その身分は世襲されることが決められた。公卿百官にたいして飲酒と肉食が禁じられた。唐帝国では則天武后が六十六歳で即位して皇帝となり国号を「周」と改めた。

691

良民（良人とも書かれる）と賤民を区別する基準が定められた。百姓の弟が兄のために売られたときは良民に、子どもが父母のために売られたら賤民に、借金のために賤民とされた者は良民に、良民の子が奴婢とつれあって生まれた子は良民に、という具合。朝鮮半島や日本列島でえんえんと王国ゲームをやっていた人たちのほとんどが、隋や唐といった古代中国の儒教的「貴・賤」観を主軸にすえた律令制の上のこうした身分制度を盲信していたようだ。学校教育では教えてくれないが、律令制とはわかりやすく言葉を換えれば奴隷制のことなのである。この「貴・賤」観に基づく身分制度の上に、やがてバラモン・ヒンドゥー教的な、そして仏教的な「浄・穢《え》」観（カースト制度）が、かぶさりまざりあうことで、次の時代の身分制度が確立していく。

朝廷は特別な技術や用品を調えるために、新たに「雑色《ぞうしき》」といって、主として畿内に散在する特技のある人々やその家族を指定して労務を提供させた。「雑色」は以前から存在した「品部《しなべ》」と「雑戸《ざっこ》」に分けられていて、品部は良民に、雑戸は品部より身分が低く、賤民ではないが、賤民に近い存在と見なされた。『令集解《りょうのしゅうげ》』（巻四　職員令・造兵司条）による「雑戸」は「鍛戸《かぬちべ》」「甲作《よろいつくり》」「靫作《ゆぎつくり》」「弓削《ゆげ》」「矢作《やはぎ》」「鞆張《ともはり》」「羽結《はゆい》」「桙刑《ほこけずり》」の八職がそのまま残り、「品部」は、

「爪工《つまたくみ》」「楯縫《たてぬい》」「幄作《あげはつくり》」の三職に加えて「船戸」「楽戸」「雑工戸」「鼓吹戸」「鷹戸」「狛戸」「百済戸」「漆戸」「革張」「綿綾織」「呉服部」「薬戸」「酒戸」「乳戸」「園戸」「水戸」が加えられた。ヤマト朝廷はそうした技術を必要としたために、雑色を拘束したのだ。しかし雑色として仕事についた者は、各戸ごとに一人であり、他の家族たちは在地において良民と変わらない生活を送っていた。

692

諸国の長吏《ちょうり》に、名のある山や河に祈祷を捧げるよう命令がくだった。火星と木星が光ったりかくれたりしながら、一歩ぐらいまで近づいたり離れたりを四度くりかえした。越後国ができた。

693

百姓に黄衣、奴隷には黒衣（つるばみ、墨染めの衣）を着させることが決められた。百姓とは「有姓の被支配身分」のことで、きちんと税金や課役を負担する納税者人民のことだ。奴隷に「賤民身分」という着物を着せることによって良民とはっきり区別する必要があったのだろう。服色序列の最上位に天皇の白をおき、最下位に奴隷の黒を配した。日蝕があった。桑、紵《からむし》、梨、栗、蕪青《あおな》などの栽培を奨励し、五穀の助けとした。

695

新羅から王子を団長とする調査団がやってきた。種子島に役人が派遣されて朝廷に服属しない「蛮《ひな》（未開人）」の居場所を突き止めさせた。大隅国の隼人が朝廷を訪れて、天皇の前で相撲をした。

696

越《こし》の渡島《わたりのしま》の蝦夷《エミシ》イナリムシと粛慎《ミシハセ》のシラシュエソに、衣類や斧などが朝廷からプレゼントされた。日蝕が観察された。

697

女帝、息子に位を譲り、皇子が即位して天皇となった。「陸奥の蝦夷《エミシ》がその地の産物を献上した。新羅から使いが来た。越後の蝦狄《エミシ》が地位に応じて物が与えられた」と、『続日本紀』は書く。北陸道方面では「蝦狄」、東山道方面では「蝦夷」と使い分けられている点に注意。

698

新羅系ヤマト（日本国）政府から新羅へ使者が派遣された。因幡国が銅の鉱石を献じた。唐帝国を教師として奴隷制に基盤をおいた律令国家体制を造り上げようとしていた倭国の新政府が、文忌寸《ふみのいみき》ら八人に武器を携帯させて薩摩と南の島々に派遣した。旱ばつがひどかったので、諸国で雨乞いが執りおこなわれた。

699

近江国が白礬石《びゃくばんじゃく》（明礬《みょうばん》の鉱石）を献じた。伊予国が白鉛（錫と鉛の混合物）や鉛の鉱石を、周防国が銅鉱を、近江国が金青を、伊勢国が朱沙と雄黄を、常陸・備前・伊予・日向の四国には朱沙を、安芸・長門の二国には金青や緑青を、豊後国には真朱を献じさせた（いずれも鉱物から作る顔料）。このころより政府による鉱物資源にたいする執着が強くなる。

旧高句麗王族とされる大祚栄《だいそえい》が、中国東北地方の松花江上流域の白頭山の見える山の中の盆地で、唐に反旗をひるがえして振（震）国を建国した。国名は「日の昇る東の国」を意味した。のちの渤海国である。

越後国の「蝦狄《エミシ》」が土地の産物を献上した。越後国に疫病広まる。越後国に磐船柵《いわふねのき》を修営させる。官有や私有の奴婢で、民間に逃げかくれたりする者があるのを届け出ない人間にたいして笞《ち》（むち）の法がはじめて定められ、奴婢の逃亡中の仕事を弁償させられることになった。

越後の蝦夷《エミシ》百六人が、身分に応じて位を授けられた。修験道の開祖とされる役《えん》の行者小角《おづぬ》が逮捕されて伊豆の嶋〈東京都の大島〉に島流しにされた。「役の行者小角」は、正しくは「賀茂役《かものえだちの》公氏《きみうじ》小角」という。「えだち」というから土木などに従事した役民の長としての性格を持っていたようだ。『続日本紀』はこう書く。「はじめ小角は葛城山に住み、呪術をよく使うので有名であった。外従五位下の韓国連広足《からくにのむらじひろたり》の師匠であった。のちに小角の能力が悪いことに使われ、人々を惑わすものであると讒言《ざんげん》されたので、遠流《おんる》の罪に処せられた。世間のうわさでは『小角は鬼神を思うままに使役して、水を汲んだり薪を採らせたりし、若《も》し命じたことに従わないと、呪術で縛って動けないようにした』といわれる」と。山岳修験者として「神仏不二」の思想を具現化するとともに、採薬行者（メディスンマン）でもあった役小角は、韓国広足の「薬草の調合」の師でもあった。韓国広足は百済系の帰化人の子孫とも、先祖が韓国に使いした功績で「韓国」の姓をもらったのだともいわれるが、小角から薬草の調合だけでなく呪術も学んでいたらしい。小角は捕縛使に囲まれても役人に金縛りの術をかけて逃げ去ってしまうので、仕方なしにその母親を捕らえて出頭を促したと別の記録は伝えている。

この年、種子島、屋久島、奄美大島、度感《とく》島（徳之島）などの人々が、前年に政府から派遣された調査人に連れられてやってきて、土地の産物を献上した。このときの南の嶋の産物は伊勢大神宮などの神社に奉納された。徳之島の人間が倭国に渡来するのはこのときからはじまる。この年、はじめて鋳銭司が置かれ、中臣意美麻呂がその長官に任じられた。

700

政府が丹波国に命じて錫を献上させた。唐の律令をそっくりまねをして倭人版の律令撰定が進められた。これがいわゆる『大宝律令』と呼ばれることになるものだが、この中で興味深いのは良民以外の「庶民（奴隷）」の分類である。この法律では、庶民は「官戸《かんこ》」「家人《けにん》」「公奴婢《くぬひ》（あるいは官奴婢）」「私奴婢《しぬひ》」「陵守《りょうしゅ》」と定められた。「官戸」とは編戸の民となって王化になびき、おかみの官稲を供出する者（永代小作奴百姓）のことで、良民の三分の一の口分田を耕作した。

「家人」は、官戸と認められた者の兄弟や親類で、官戸を連帯保証人として官稲耕作をなした。官戸と家人は家族や個人的な居住空間を持てる奴隷だった。「公奴婢（あるいは官奴婢）」は、日高見国征服戦争で捕虜とされた蝦夷《エミシ》の男女や子どもをおかみが払い下げて官戸が管理監督して強制奉公させていたもの。「私奴婢」は、官戸が自分で購入した私有の奴隷で、売買も譲渡も質に入れることも自由だった。「奴婢」は休みもなければ個人的な空間も与えられず、男女別別に収容して、よく働く男女だけは「子取り」といって交配させて子を作らせられたというから、まるで牛馬のような扱い。「陵守」は「みささぎもり」とも読まれ、天皇の墓の墓守で、これだけはこのときはまだ賤身分ではなかった。

伊豆国の大島に流された役小角《えんのおづぬ》は、日中は禁を守って静かにしていたが、夜になると島を抜け出し、海上を飛び渡り、飛鳥のごとく本土に向かうと一晩のうちに富士山に駆け登り、朝日が登るころには大島に帰島していたと言い伝えられている。その姿は海を渡るとも見えず、陸を駆けているようであったと『日本霊異記』は記す。葛城の一言主《ひとことぬし》に仕えていた神人《しんにん》が「役《えん》の優婆塞《うばそく》が帰ってくる。優婆塞が帰ると、大倭の国が滅ぶ」という神託を出したことが役所に伝えられた。悪い薬を作っているとか、山で金を掘っていたらしいと密告する者もあらわれた。漂流民でもある先住出雲（伽耶）系の山林修業者たちが集まって謀反を起こそうとしており、その首謀者が役小角だとの密告があって、小角は謀反をたくらんだとして――国家転覆の罪をかぶされ――流刑先の大島で処刑されることが決められた。

このころ「日本」という呼び名が対外的な国号としても定められたようだ。百済王善光（禅広）

の孫の百済王遠宝が常陸守に任命された。越後、佐渡の二国が磐船柵《いわふねのき》の修営にあたらされた。「薩摩の比売《ヒメ》・久売《クメ》・波豆《ハズ》、そして衣評《えのこおり》の督衣君県《かみえのきみあがた》ら豪族、同じく助督《すけ》の衣君《えのきみ》弖自美《テジミ》、また肝衝難波《きもつきのなにわ》、これに従う肥人《くまひと》（肥後国玖磨郡の人）らが武器を持って、先に政府より派遣された南の国の調査人の一人である刑部真木《おさかべのまき》らをおどして、物を奪おうとした」（『続日本紀』）とある。これは薩摩に国を建てることと朝貢を促すことを目的に派遣された武装した政府の役人たちにたいして、先住民たちが武力で抵抗したということである。政府はこの事件を普通の犯罪として処罰した。

　秋、全国各地で盗賊がたびたび悪事をおこなった。年の暮れに大倭国に疫病が起こり、政府は医者と薬を贈ってこれに対処している。律令で、人身売買にたいし、売り手と買い手の双方に懲役三年の刑が定められた。おそらく、人をさらって売り飛ばして奴婢にする――「略人」とか「略売人」と呼ばれた――ことが、かなり頻繁におこなわれていたらしく、そうしたことにはじめから甘い歴史的風土もあり、重罪にすることができなかったのだろう。ちなみに律令制の模範とした唐律では、流罪や、絞首刑とされている。

　新羅から使いが来て母王の喪を伝えた。西方にマホメットが出現した。回教を広めることに熱心のあまり、それ以前の信仰を持つ者たちを異教徒として迫害した。アジア大陸の南西部から東南部にかけて多くの難民が生まれた。

　このころの日本国の住民は、良民が五百六十万人、賤民（奴婢）四十万人と推定されている。

元旦の参賀において、新羅と南の嶋からの使者が参列した。粟田真人《あわたまひと》らが天皇から節刀をプレゼントされて入唐執節使《しっせつ》（遣唐使）に任じられた。彼は日本国の大臣として、『大宝令』を撰定するやいなや、国内の発布を待たずして、それを唐側に説明するために、「佐伯《さえき》」（勇者）と命名された船に乗って、唐にすっ飛んでいったのだった。

役小角《えんのおづぬ》を処刑するための役人二人が大島に到着し、処刑が執行されようとしたが、刀に文字が浮き出たり、刀身が三つに折れてしまったりで、なんとしても執行人には小角を斬ることができなかった。役人たちはあわてて都にとって帰り事の次第を報告した。

春から夏にかけて気温が上がらずに全国的な飢饉。天皇が夢で「北斗の星」を名のる不思議な童子と会い「この年の米の不作」を告げられ「天の星の動きがよくないのは、聖者を罪に陥れて死刑にしようとしているからだ」と問い詰められて、すったもんだのすえ大島の役小角に無罪が言い渡されることになった。役の行者小角が赦免された。一説では、この年没したとも、母親を連れて唐に渡ったともいわれるし、別の説では勅命を受けて富士山麓にはびこる悪神を退治したともいわれる。

凡海麁鎌《おおしあまつあらかま》を陸奥に派遣し、地下資源開発を目的として金の精錬をさせる。フロンティアにゴールド・ラッシュの予感がいやがうえにも高まっていた。中央政府は陸奥に黄金があることをこのころすでに知っていたようだ。以後陸奥における蝦夷《エミシ》征討に拍車が掛かるようになる。この段階で陸奥というのは、国として策定されたものではなく、東山道でいう白川関以北、海道常陸国北辺の菊田関以北の太平洋岸をおおむね指すと考えてよい。つまりヤマト中央政府は、関東平野の北の奥羽中央山脈の太平洋岸を全部——まつろわぬ蝦夷《エミシ》たちの日高見国を——このころは「陸奥《むつ》」と呼んでいたのだ。当然ながら大陸に向かっていた日本海側の方が先に開発が進んでいたはずだ。ヤマト国忍海《おしぬみ》郡に暮らす渡来人の子孫である三田五瀬《みたいつせ》が対馬嶋に派遣され黄金の冶金を試みた。数日後、対馬嶋から黄金が献じられた。よほどうれしかったのか政府は元号を「大宝」と改めている。

『大宝律令（大宝令）』が施行された。律令の基幹となる官僚制は、行政の命令や報告を漢字で記された文書でおこなうシステムだった。当然膨大な文書が作成された。令の中には「夷人雑類」の規定があり「夷人雑類とは、毛人（蝦夷《エミシ》）、肥人《くまびと》（肥前・肥後地方の人）、阿麻弥人（奄美大島を中心にした薩南諸島の人々）の類いこれなり」とされていた。ミニ中華思想（ヤマト中心主義）と奴隷制に基づく律令体制の強化方針があらためてここで確認された。これによって良民と賤民の別が動かしがたいものとなり、賤民が良民になるには並ならぬご奉公が強制されるようになった。まあ、ほとんどの場合はなれなかったと言うべきか。

人々の「良」と「賤」を定めたり、あるときには良民を賤の身分に落としたり、逆に、賤身分の者を解放して良民とすることができるのは、ただひとり天皇だけとされた。前述のように賤には「官戸《かんこ》」「家人《けにん》」「陵守《りょうしゅ》」「奴婢」があり、奴婢はさらに「官奴婢（公奴婢《くぬひ》）」と「私奴婢」の二つに分かれていた。俗にいわれる「奴隷」とは「奴婢」のことで、犯罪人などはみな官奴婢とされた。そして年老いたり、唖者とか手や足を失ったり、腰や背中の骨折などで障害者となって奴隷として使いものにならないと判断された場合には、その人間は官戸の賤身分となる。

また謀反や国家反逆――抵抗する先住民などはみなここに含まれる――の罪などを起こした者の父や子どもも官奴婢にされた。官戸は普通七十六歳で解放されたが、身内の者が反逆罪で捕まりこれに連座したものは、八十歳まで国に使われた。官戸や官奴婢は、官奴司《かんぬし》の支配下におかれて、雑役労働などをさせられた。

この当時かなり大っぴらにおこなわれていた人身売買に関しても、売り手と人買いの双方に「賊盗律《ぞくとうりつ》・略人条」で懲役三年の労役、略奪したりかどわかして売り飛ばして奴婢とした者は「島流し」と決められてはいたが、大量の奴隷を暗に必要としていた国家体制において、これが効力を持っていたかどうかは疑わしい。

また鬼神や蠱《こ》といった人間に憑いて悪さをすると思われていたものについても「賊盗律・厭魅《えんみ》条」の中の「魅」の解説に「魅とは、鬼神の姿になったり、左道（妖術）をおこなったり、呪いをかけたりして人を殺そうとする者」と規定されていた。ここにあるような概念は、大陸渡来の仏教の影響が大きい。経典の中には「蠱」として「蠱（道・狐・毒・魅）惑」とか「邪（厭・妖）蠱（毒）」などの表現がある。蠱は強力な虫や動物のことらしい。それが巫者に使われて巫蠱《ふこ》となり、これが人を惑わし、害毒を与えるので蠱毒とか蠱惑といい、その蠱を身体の中で飼っている者を蠱持といい、蠱を使う秘術を蠱道という。蠱道は「外道」「左道」「小道」「邪道」「鬼道」「不道」と同じとされ、仏道や正道の反対語とされる。詐巫たちがいろいろなものを自分で作りあわせて蠱を作り、その蠱の秘法を蓄え、家に伝え、それによって疾病させたり、苦しめたり、死にいたらしめたりするのが「不道」で、この不道をおこなった者は、最も重いものは死罪で首を斬られ、軽いときでも流罪や官位の没収があった。しかもこの刑は、本人のみならず家族にも及んだという。

丹波国で大地震が発生し、近畿一帯を震えさせた。余震は三日間続いた。この年の暮れ、対馬における例の三田五瀬の錬金が詐欺であったことが判明した。やれやれ。

702

はじめて関東の北に陸奥国を置く。越後国に疫病発生。度と量（ものさしと枡《ます》）が諸国に配布された。越中国のうち、頸城、魚沼、古志、蒲原の四郡を割いて越後国の所轄にした。上野国に疫病が発生。駿河国、下総国で大風が吹いた。ヤマトタケルの墓に雷が落ちた。日蝕。駿河、伊豆、下総、備中、阿波の五国で飢饉が起きた。

日向国から薩摩国が分離されることになり、薩摩と種子島が共同戦線をはって叛乱を起こした。隼人の国はこのときまで班田制も施行されることなく、政府の手も届かないで独立していた。薩摩に侵攻したヤマト政府軍の最高司令官は、太宰府から派遣された小野毛野《けの》で、内乱鎮圧に際しては九州島北部から兵が徴発され、武器として甲斐国から梓弓五百張、信濃国から一千二十張が送られた。事実上は九州全域を巻き込む南部と北部の戦争だった。この年、隼人を征討するとき、太宰府管内の九神社に祈祷が命じられた。のちに「その神威のおかげで荒ぶる賊を平定することができた」と報告がある。辺境を守る役の国司が「国内の要害の地に柵を建て、守備兵を置いて守ろうと思います」と申し出た。

703

結局、薩摩国が日向国から分かれる形で設置された。このときをもって隼人の独立国が解体された。大宝律令がすべての国に領布された。昼間なのに金星が見られたので人々は災いが起きるのではとうわさしあった。天皇の母親が死んだ。

高麗人の若光《じゃっこう》に王《こにきし》という姓が与えられた。新羅の使節が来て新羅国国王の喪を伝えた。新羅国側の記録では、日本国から総勢二百四人を数える一大使節が新羅に派遣されたことになっているが、このときの記録が日本側にはなぜかない。相模国で疫病流行。近江国には山火事発生。さっそく使いが派遣されて雨乞いをさせられた。安芸国で「略奪されて売り飛ばされ奴婢とされていた者二百人」が、良人として本籍地に戻された。

日本国の大臣粟田真人《あわたまひと》が、渡唐後三年目にしてようやく則天武后皇帝と会えた。真人は、旧唐のシステムで言うところの「民部省長官」にあたる。進徳冠をかむり、その頂に花を四方に分けて散らし、身体には紫の袍《ほう》を着け、帛《きぬ》の腰帯をして唐人さながらの格好をしていた。長官は好んで経書や史書を読み、文をつづることを理解し、容姿は温雅だったと『旧唐書』（列伝　東夷）は記す。また同書には、前述したが「倭国条」とは別に「日本国条」を分けてあり「日本国は倭国の別種。その国が日の昇るところにあるので日本と名づけた。あるいは、倭国は自らその名の美しくないことを嫌い、日本と改めたという。あるいは、日本はもと小国で倭国の地を併せた」と書き、さらに「日本人で、唐朝にやってきた者は、多くは自ら尊大で事実を答えて対応しなかったので、中国側は疑っている。日本国の国境は東西南北、各数千里あり、西界と南界はともに大海があり、東界、北界には大山があって境界となり、山外は毛人の国だという」と記している。

中国人の間では「朝鮮半島の南部にある倭の分国が日本と名前を改めた」という認識があったらしい。唐の高宗の皇后であった則天武后は、真人をもてなして、料理人をつけて本国——つまりヤマト国——に返した。副使の巨勢邑治《こせおおじ》はそのまま唐に留め置かれた。

704

前年より、水害、干ばつが続く。百姓が多く死亡した。信濃国に疫病発生。武蔵国が飢饉。大臣の粟田真人《あわたまひと》が、白村江《はくすきのえ》の戦いのときの戦争捕虜を連れて唐（大周）より帰国した。大雨や日照りが時期はずれにあったために、穀物の作柄が悪く、田租が免除された。遠く離れた異国に旅をしたことを認められて、粟田真人に田二十町と籾一千石が贈られた。伊豆国、伊賀国に疫病。

705

則天武后、没する。唐の名前が復活した。この年も日照りが続いた。京や畿のおこないのよい僧たちが雨乞いをさせられた。ヤマト国に大風が吹いた。八咫烏《やたがらす》の神社をヤマト国宇太郡に置いた。新羅からの使いが来た。二十の国々で飢饉や疫病が発生した。飢饉と疫病の発生はこの後数年続く。全国の女性のすべてに、垂れ髪をやめて結髪にしなさいという命令が出された。武蔵国の幡羅《はら》郡〈熊谷市〉にある奈良神社の神が光を放った。陸奥で蝦夷《エミシ》が蜂起したので、政府軍はその奈良神社の神を奉戴して叛乱制圧に出撃した。

706

「この年、天下諸国に疫病が広まり、百姓《おおみたから》がたくさん死んだ。はじめて土牛を作り、大儺《たいな》」と『続日本紀』は記す。朝廷の年中行事として追儺《ついな》（鬼やらい）がはじめておこなわれた記録である。土牛とは、土牛童子ともいい、土地の神――地主神――を象徴したものとされ、「牛頭天王」であり「土蜘蛛」でもあった。この「追儺」がいわゆる「鬼を払う行事」にのちのち変身していくわけで、地主神とは、すなわち「鬼」であった。入唐執節使《しっせつし》（遣唐使）の粟田真人《あわたまひと》を乗せて唐に行った「佐伯《さえき》」という名の船に位が授けられた。京や畿内で盗賊が多数発生した。強くて働きのある人が選ばれて盗賊の逮捕にあてられた。

707

天皇が若くして――二十五歳で――死んだ。皇女が即位した。遣唐副使の巨勢邑治《こせおおじ》が、白村江《はくすきのえ》のときの捕虜を連れてようやく帰国してきた。

708

おそらく占領国唐の命令で、遷都がおこなわれることになった。唐コネクションのボスだった藤原鎌足の息子の不比等《ふひと》が右大臣となって、実質的に権力を掌握した。武蔵国より和銅が献上さ

709

れた。和銅とは精錬を必要としない自然銅のこと。「銅がとれたことは、天におられる神と地におられる神とが、ともに政治をめでられ、祝福されたことによってあらわれ出でた宝であるらしい」と大喜びして、自らを「神である」とした女帝が年号を「和銅」と変えて大赦をおこなった。よほどうれしかったのだろう。銅銭の「和銅開珎」も発行した。平城京設営のための地鎮祭がとりおこなわれた。越後国の中に出羽郡が作られた。道臣《みちのおみ》がブタの飼い方を民人に教えた。

はやくも偽金造りがあらわれた。偽金造りは、身柄を賤民にし、その財産は告発した人間のものにされると決められた。利を求めて貨幣の変造などした者は、杖打ち二百回の刑とされた。陸奥・越後の蝦夷《エミシ》について「野蛮な心があって」良民を害すると報告された。勝手なものではないか、良民の方は蝦夷《エミシ》の土地を侵略しているにもかかわらず、である。

新羅から使節が来た。遠江、駿河、甲斐、信濃、上野、越前、越中などの民が徴発され、陸奥鎮東将軍の巨勢麻呂《こせまろ》と征越後蝦夷《エミシ》将軍の佐伯石湯《さえきいわゆ》らに振り分けられ、東山道と北陸道の両方から挟み撃ちにされて蝦夷《エミシ》たちの蜂起が圧殺された。巨勢麻呂も佐伯石湯も、もとはといえばともに帰順した蝦夷《エミシ》だと思われる。上毛野《かみつけの》安麻呂が陸奥守になった。諸国の兵器を出羽柵《でわのき》に運送させる。越前、越中、越後、佐渡四国の船百隻を征狄所（蝦夷《エミシ》征討の根拠地）に送らせた。銀銭の通用を停止して銅銭に切り替えた。平城京建設工事がはじまった。「もし工事中に古墳が発見されたら、埋め戻すこと。墓を暴いたまま放置してはならない。すべて酒をそそいで祀り、死者の魂を慰めよ」と『続日本紀』は記す。浮浪者や逃亡者が増加していたらしく、彼らを隠した者も微罪ではなく、逃亡者と同罪の実刑に処されることになった。

薩摩の隼人の郡司以下百八十八人が入朝した。以後しばらく続けられる隼人の定期的な入朝の、これが最初である。隼人の一部は畿内に移住させられた。律令の制度の中に、宮内省が管轄する衛門府の被管に隼人司《はやとのつかさ》という役所があった。隼人司は畿内の隼人、入貢する隼人を管轄し、隼人たちは番を作って勤務し、歌舞を教えたり習ったりすることや、竹の笠などを作ることを課せられた。『延喜式』によれば、隼人司には大衣《おおきぬ》二名、番上《ばんじょう》隼人二十人、今来《いまき》隼人二十人、白丁《はくちょう》隼人百三十二人が所属。番上隼人は畿内及びその周辺の諸国の隼人で、大衣はその統率者。今来隼人は九州島から新しく差し出された隼人。「白丁」とはもともと朝鮮から持ち込まれた言葉で「被差別階級の者」のことだった。

710

奈良平城がヤマトの王都となる。七九四年まで。「ナラ」とは百済語の「宮」を意味するといわれるように、この都を造ったのは例外なく朝鮮半島からの移住者たちであった。奈良盆地には、出雲を経由して入植した伽耶（加羅）系や新羅系の人たちがもともと居着いていたのだが、結局その人たちは追い出されるか、限定地に押し込められるかして、最終的には百済系の人たちと中国系の人たちによってその土地が占拠されてしまう。

百済系の渡来人たちによって王都が完成した正月、儀式が催され、被征服民である薩摩の隼人

712

と蝦夷《エミシ》らも、騎兵に先導されて参列させられた。左将軍の大伴旅人と右将軍の佐伯石湯《さえきいわゆ》らが率いて朱雀大路の東西に分かれて行進したのだ。日向の隼人の曽君細麻呂《そのきみほそまろ》が自分の住んでいる土地の粗野な習俗を改めさせようと努めたために、政府から冠位を授けられている。陸奥の蝦夷《エミシ》らに、君姓を賜ることを許された。もちろん、すすんで王化に従う者たちにたいしての話だが。

銀銭の使用が停止された。平城京建設の労役に嫌気がさして逃亡する者があとを絶たなかった。蓄銭の額に応じて位階が進められることになった。偽金造りの罪が強制労働三年では軽いとして重罪にされた。

この時代の日本列島の総人口が六百万人から七百万人として、先住民の直系子孫と、渡来人系統の人口比を一対九・六あるいは一対四・六とする学説がある。間をとると、先住民ひとりにたいして、だいたい渡来人七人となる。

政府が越後国の出羽郡を割いて出羽国を作った。陸奥国の最上・置賜《おいたむ》二郡がその出羽国に加えられた。新しい日本国の歴史書である『古事記』が、百済系渡来人の太安万侶《おおのやすまろ》の手で編纂された。秦一族の後押しにより九州島豊前国の宇佐川のほとりに鷹居《たかい》社が建立された。そしてここに最初の八幡神が奉祀された。

713

諸国に『風土記』の編纂が命じられた。陸奥国に丹取《にとり》郡が設けられた。丹取郡は現在の宮城県古川市を中心とする大崎平野にあったと見られる。丹波国の一部を分ける形で丹後国ができた。備前、備中、備後に三分割されていた備前国がさらに細分化されて美作《みまさか》国が置かれた。日向国から、肝坏《きもつき》、曽於《そお》、大隅、姶良《あいら》の四郡が割かれて大隅国が設置された。あきらかに隼人勢力の弱体化を狙ったもので、それに反対する隼人が叛乱を起こした。隼人攻略のために大伴安麻呂を大将軍とする政府軍が投入された。このときに隼人を討伐した将軍と士卒らのうち戦陣で功のあった千二百八十人あまりにたいして、それぞれに功労に応じて勲位が与えられているから、一応鎮圧はされたのだろうが、しかし隼人らの不穏な動きはその後もやまなかった。

領土を拡大しつつあった振（震）国が、唐帝国の冊封《さくほう》を受けて国名を「渤海」と改めた。

714

出羽国ではじめて養蚕がおこなわれた。隼人（大隅、薩摩国の住人）が「道理に暗くて荒々しくて法律に従おうとしない」ので、その地に「豊前国の人たち二百戸を移住させ、統治に服するよう進め導かせることにした」と『続日本紀』にある。

陰陽が錯乱し、気候が不順で、農耕の季節に恵みの雨が降らなかった。尾張、上野、信濃、越後などの民二百戸が出羽の柵戸《きのへ》に強制移住させられた。簡単に言うと「屯田兵」として前線の砦兼実験農場に辺境開発と蝦夷《エミシ》の鎮撫のために送り込まれたということ。新羅使節が入京し、それを迎える騎馬隊百七十騎の副隊長として軍事警察のエリートである大野東人《あずまひと》が青年将校として抜擢された。東人の父は壬申の乱の際に近江朝廷側で活躍した武官だった。

715

正月の天皇の儀式に、陸奥と出羽の蝦夷《エミシ》に加えて、南嶋《みなみのしま》の奄美、夜久（屋久島）、度感（徳之島）、信覚、球美などの島民も、王化に従う「野蛮人」の代表として参列させられた。これは国家の権威を高めるパフォーマンスで、毎年正月におこなわれた。政府から朝賀の儀式に参列した蝦夷《エミシ》と南嶋の人たち七十七人に位階が与えられた。諸国において作られる武器の品質管理が行き届いていないと天皇が怒った。遠江国と三河国で大きな地震が発生した。

この年、関東地方を植民地にしていた多くの百済人が強制的に陸奥の国——大崎平野——へと移住させられた。それまで牧畜や狩猟に利用されていた広大な原野は、こうした政府による移民政策によって暫時、開拓・開発・水田化の道をたどった。相模、上総、常陸、上野、武蔵、下野の六国の、裕福な民一千戸も陸奥国に強制的に移住させられた。おそらく二年前に新設された丹取《にとり》郡が、牡鹿、小田、新田、長岡、志太、玉造、富田、色麻《しかま》、賀美、黒川の十郡に分割されたのはこのときだったろう。

夏、左京の人、高田首久比麻呂《たかだのおびとくいまろ》が不思議な亀を女帝に献上した。長さ七寸、幅六寸、左眼が白く、右眼が赤く、頸のところに三公（北極星をかこむ三つの星）があらわれていて、背中には北斗七星が並べられていて、前脚にはそれぞれ易で言うところの離の卦があり、後脚にはそれぞれ一爻があった。ひっくり返してみると、腹の下には赤白の二つの点があり、それらが連なって八の字になっていたのだ。女帝はこれを見て自分の娘に皇位を譲ることにした。

　位の低い者たちが虎・豹・熊などの皮や金や銀を用いて横刀の帯の端を飾ることが禁止された。陸奥と出羽二国の蝦夷《エミシ》が方物《くにつもの》を貢上した。陸奥の蝦夷《エミシ》で、爵位（第三等）を与えられている邑良志別君《おらしわけのきみ》ウソナらが言上した。「親族が死亡して、子孫が数人しか残っていません。そのために常に蕃族に侵略されることを恐れています。どうか香河村に役所を設けて、わたしたちを編戸の民に入れて、戸籍に登録してもらい、長く安心していられるようにしていただきたいのです」と。また蝦夷《エミシ》の須賀君《すがのきみ》コマヒルらが「先祖以来、献上を続けております昆布は、常にこの地で採取して、毎年欠かしたことがありません。今この地は、国府から遠くはなれていて、往復に何十日もかかり、たいへん苦労が多いのです。どうか閇村《へのむら》に役所を建てて、一般の人民と同じ扱いにしていただければ、共に親族を率いて、永久に貢献を欠くことはありません」と言上してきたので、これを許したと『続日本紀』は語る。

　蝦夷《エミシ》が土地の特産物を定期的に貢ぎ物として国府に貢進することを蝦夷《エミシ》朝貢といい、朝貢の儀礼と宴会は国府の政庁で普通はおこなわれた。陸奥国糠部《ぬかのぶ》地域〈岩手県北部から青森県東部にかけての広い範囲〉に香河郡が、閉伊地方〈岩手県陸中海岸地方〉に閉伊、刈田、田夷の各郡が置かれたが、これらはみな蝦夷《エミシ》の村だった。郡が置かれたということは、朝貢の現地納入所兼国府出張所が設置されたということになる。

716

畿内河内の和泉に、特別行政地区であり、俘囚《ふしゅう》と呼ばれる帰順したものの問題のある蝦夷《エミシ》たちの強制移住監督地区のある和泉監《いずみげん》が新設された。また大倭の中に芳野監《よしのげん》も作られた。多治比県守《たじひあがたもり》の一行が遣唐使として派遣された。吉備真備《きびのまきび》が安倍仲麻呂や僧の玄昉《げんぼう》らと留学生として遣唐使とともに唐に渡った。駿河、甲斐、相模、上総、下総、常陸、下野の七か国にいる高麗《こま》人千七百九十五人が武蔵国に移住させられ、はじめて高麗郡が置かれた。高麗郡の「高麗」は「高句麗」を意味する。関東地方の南部は相模を中心にして高句麗からの移民が集団的に定着したところだった。彼らは朝鮮半島にあった祖国が滅亡したのち、海路、日本列島を回り込むようにして現在の相模湾の大磯に上陸した。

隼人の入貢が六年に一度交代することに決められる。「せっかく出羽国を作ったにもかかわらず、役人も住んでいる人民も少なくて、狄徒（えみし）もまだ馴れていない状態です。しかしその土地はよく肥えており、田野は広大で余地があります。どうか近くの国の民を出羽国に移し、狂暴な狄（えみし）を教えさとし、あわせて土地の利益を向上させたいのですが」と中納言の巨勢麻呂《こせまろ》が申し出たのを受けて、旧陸奥国の置賜《おいたむ》と最上の二郡に加えて、信濃、上野、越前、越後五国の百姓各百戸が、出羽国に移された。陸奥の蝦夷《エミシ》でオラシベというところに住む者が、香河村〈水沢市〉で郡家《ぐんけ》（郡の役所）を造建したいと役所に申し出た。九州島豊前国の宇佐川のほとりの鷹居《たかい》社に祀られていた八幡神が、小山田社に移された。

多治比県守《たじひあがたもり》の一行が唐国からプレゼントされた朝服を着用して唐帝国の皇帝に拝謁した。唐服を着用することは唐朝にたいしての服従の証だった。僧や尼が病気の者にたいして無用な巫術をおこなうことが禁止された。行基とその弟子たちが「道路に散らばって、みだりに罪業と福徳のことを説き、徒党を組んでよくないことを構え、指に灯をともして焼いてみたり、肘の皮をはいでそれに写経をしたりして、家々をめぐり、いいかげんなことを説き、むりに食物以外のものを乞い、いつわって聖道であるなどと称して、人民を惑わしている」として、行基たちの布教活動が禁止された。体系化された密教がこのころ中国に伝えられている。

信濃、上野、越前、越後四国の百姓各百戸が出羽の柵戸《きのへ》に移住させられた。畿内で雨乞いがおこなわれた。大隅、薩摩二国の隼人らが入朝して風俗の歌舞を奏して、位を授かり禄をもらった。政治的なレジスタンス運動みたいなもので、課税を逃れるために四方に――律令制の外側に――流浪して蝦夷《エミシ》などに加わってゲリラ化したり、王臣に仕えたり、資人（雑役夫）になることを望んだり、あるいは僧侶となることを求めたりする人々が多かったらしく、このような人たちをかくまい留める者は罪人とされて処罰された。

大倭国葛城で役小角《えんのおづぬ》について薬草を学んでいた韓国広足《からくにのひろたり》が、師の小角から破門されたとされる。小角のその後の消息はまったくわからない。空を飛んでインドの地に行ったとか、唐に渡ったという説もあるが、真相は不明。いずれにせよ役小角はこのときを最後に別の世界へその姿を隠した。

このころから公文書の中で「大倭《やまと》」という言葉の使用が減少し「大和《やまと》」がとってかわるような傾向が見られる。《本書でも、これからはしばらく朝廷の支配する国の国名を表現するときには「ヤマト」を用い、現在の奈良県地方のことを意味するときには「大和」と書くことにしたい》

で、ヤマト政府がもともと日高見国のあった陸奥国五郡、常陸国一郡を岩城（磐城）国、陸奥国五郡を石背国《いわしろ》に分けた。石背国というのは、現在の福島県太平洋岸と阿武隈川にはさまれた土地だ。石背国は現在の福島県の、阿武隈川以西、猪苗代湖周辺の会津地域。しかもこれまで「フサノアワ」と呼ばれていた上と下の「総国《ふさこく》」が、安房国とされている。これはどういうことかというと、つまり日高見国が境界線を現在の宮城県まで後退を余儀なくされたということなのだ。

不破関《ふわ》、鈴鹿関《すずか》、愛発関《あらち》――いわゆる三関――と太宰府管内および陸奥などの国司につけられる護衛の従者に白丁《はくちょう》（賤民のこと）を採用することが禁じられた。出羽と渡島《わたりのしま》の蝦夷《エミシ》八十七人が、渡嶋津軽津司《わたりしまつがるのつし》という役所のある津軽十三湊《とさみなと》に来て、馬千頭を献上して位禄を授けられた。津軽の十三湊は日本海海運の要衝であり、のちには蝦夷島《えぞがしま》への玄関口にもなるところで、ここに重要な役所が置かれていたらしい。遣唐使である多治比県守《たじひあがたもり》の一行が、『養老令』の原案を持たされて帰国した。

藤原不比等らによって『養老令』が成立したが、施行は三十九年後。この中で「東辺と北辺には鉄の精錬施設を作ってはならない」とある。わざわざ禁じたのには、陸奥や出羽に蝦夷《エミシ》たちの鉄の精錬施設があったからにほかならない。蝦夷《エミシ》は古くより自分たちの鉄を作り出す高度な技術を持ち、それで独特の形体をした俗に「蕨手刀《わらびてとう》」と呼ばれる騎馬戦用の実戦的な直刀を作り出していた。つまり、そうした産鉄のための施設を封じ込めることによって蝦夷《エミシ》たちの軍事力を低下させようとする狙いがあったようだ。

蕨手刀はこの時代に陸奥国を含む東国各地で盛んに使われたもので、遺跡などからの出土数では現在の岩手県が群を抜いて多い。全長は五十センチ内外のものがほとんどで、刀身は幅広であるのが特徴で、柄頭が早蕨《さわらび》のこぶし状をなしているところからそう呼ばれる。(この「蕨手」という名前は近代の学術名で、武士の時代までは「俘囚剣」「奥州刀」「舞草刀」などと呼ばれていた。日本刀が直刀から弧を描くような彎刀《わんとう》へと変化するプロセスにおいて、この蕨手刀の果たした役割は無視できないほどに大きいといわれている)

『養老令』においては新たに「賤の身分」として「陵守《りょうしゅ》」のかわりに「陵戸《りょうこ》」が加えられた。私奴婢・官奴婢・家人《けにん》・官戸《かんこ》・陵戸の五つで、「五色の賤」と呼ばれた。陵戸は歴代の山陵を守護し、そのキヨメ、清掃をさせられた。つまり「天皇家の墓守」のこと。『令集解《りょうのしゅうげ》』の「別記」によれば「陵戸、倭国三十七戸、川内(河内)国三十七戸、津(摂津)国五戸、山代(山城)国五戸、計八十四戸」とある。しかしこのどれもがいわゆる先住民系として戦争捕虜にされた者だったり、罪人だったり、債務の返済ができないために不自由民にされた者たちで、税金こそ納めなくてもよかったが、一切の自由は奪われており、逃亡は死罪とされていた。

百済系の官僚だった大伴旅人の長男として、のちの大伴家持が誕生か?

719

「はじめて天下の百姓《おおみたから》をして襟を右にすることを聴《ゆる》した」と、『続日本紀』のこの年の記述にある。百姓《おおみたから》とは「きちんと税金を納める人たち」のことだが、つまりこの年まで、百姓《おおみたから》も身分をはっきりさせるために、左前に着物を着なくてはならないと決められていたわけ。一部の特権階級を除けばことごとくが卑しい人たちと考えられていたことは、これをもってしても間違いない。

税金としての米は「籾」で納めることに決められた。畿内、西海道以外の諸国に按察使《あぜち》が置かれた。按察使とは「国内を巡視して国司の政治のでき不出来を調査する政府の官僚」のことで、いうならば「公安警察」にあたるものだ。東海、東山、北陸三道の民二百戸が出羽柵《でわのき》に移住させられた。岩城国に駅家《うまや》十処が設置された。

渤海国初代王の大祚栄《だいそえい》が死に、長男の大武芸《だいぶげい》があとを継いだ。武芸は靺鞨《まっかつ》族の暮らしていたところのほとんどすべてを渤海に取り込んだ。靺鞨族が大挙して難民となり、日本列島東北部に流入したが、松花江（ソンホワ川）北方をテリトリーとする靺鞨の中の最強部族・黒水靺鞨《こくすいまっかつ》族だけは最後まで渤海に屈することはなかった。

720

この年、星の位置が「庚申」にあるとして、世間では「なにかよくないことが起きる」と噂された。政府は渡島《わたりのしま》津軽の津司《つのつかさ》だった諸鞍男《もろくらお》ら六人をシベリア方面に派遣し、靺鞨《まっかつ》国の風俗・産物・国情を調査させている。西の辺境の大隅隼人が過去最大規模の動乱を起こし、政府から派遣されていた大隅国の国守が殺害されるというただならない事件が勃発した。

大伴旅人が征隼人持節将軍に任じられ、さらに副将軍二人をつけられて、九州島南部に派遣されて、蜂起した隼人たちの拠点を一掃することになった。律令の規定では将軍の他に副将軍二人が補佐としてつくのは、一万人以上の出兵の場合にかぎられる。この戦の政府側の記録として「隼人のチーフは命乞いをし、賊らは頭を地につけ、争って良い風俗に従うようになった」と『続日本紀』は記すが、隼人征討のために将軍らは一か月も原野に野営しているところをみると、相当の苦戦を強いられたことは間違いないだろう。隼人側は七つの城に立てこもって抵抗したという。争乱の主戦場は現在の国分一帯で、そこは国府の所在地でもあった。二か月後、大伴旅人将軍が帰還するも、副将軍以下の者は隼人の平定が終わっていないとの理由で現地に留め置かれた。宇佐八幡に奉られた八幡神が戦勝祈願として使われ、やがて国家的神に発展するきっかけとなったのが、この年の隼人征服戦争だった。この年の対隼人戦争には宇佐氏法師集団である宇佐法蓮一派も同行した。

『日本書紀』（三十巻・系図一巻）が完成し、この、自分たちにとってきわめて都合のよい歴史を作り上げるかたわらで、唐風の律令体制の法整備をさらに推し進めるために頭をしぼっていた藤原不比等が、なんの因果かたたりかはしらねども病気で死んでしまった。

陸奥国においても、侵略に抗して蝦夷《エミシ》たちが満を持して蜂起した。その結果、按察使《あぜち》（地方行政監察官）の上毛野広人《かみつけのひろひと》が叛乱軍に囲まれて兵士たちもろともとうとう殺されてしまった。多治《たじ》比県守《ひあがたもり》が持節征夷将軍に、阿部駿河が持節鎮狄将軍に任命されて蝦夷《エミシ》攻略軍が派遣された。南嶋《みなみのしま》〈南西諸島〉の人二百三十二人を「手なずけるため」（『続日本紀』）に、身分に応じた位階が与えられた。

太平洋をはさんで隣の「亀の島」の中部高原では、定住していたプエブロ族のひとつのグループが、南の現在のメキシコに向かって移動を開始した。

721

武蔵と上野の二国が赤烏《カラス》を献上した。大和周辺の正月は雷で明け、その後に地震が頻発した。信濃国が分割されて諏訪国ができる。諏訪国には「諏訪神社」があるが、この地は出雲に入植したのちにかの地を追われた伽耶系の人たちの東国における拠点となっていた。諏訪神社の「御柱祭り」は、スピリチュアルなものを司った出雲系の先住伽耶人たちの祭りを今に伝えるものであると想像される。

征夷将軍、鎮狄将軍が薩摩より帰還した。征隼人副将軍らが百人の隼人の首を持って帰還して「斬首したり捕虜にした隼人の数は千四百余」と報告。この年の征討戦後、天災地変、悪い病気がはやるなどの異変が続発し、農作物も凶作となり、土地の人たちは「隼人を殺したたたり」と恐れおののいた。そのために宇佐の八幡神が、隼人戦没者慰霊のためとして放生会《ほうじょうえ》を宇佐郡和間浜でおこなった。これが日本における放生会のはじまりとされる。

新羅が渤海国との国境に長城を築いた。

722

陸奥の蝦夷《エミシ》と薩摩の隼人らを征討した将軍以下の官人と、征討に功績のあった蝦夷《エミシ》および通訳の者に勲位が授けられた。陸奥国を対象に百万町歩開墾計画が出された。陸奥国鎮所に軍の兵糧として私穀を運んだ者には位を授けると、朝廷が地方の豪族に呼びかけた。昼間なのに金星が見えた。諸国の国司に一千人の柵戸《きのへ》を集めることが命じられ、集められた人たちは陸奥の鎮所に移配された。辺境に送り込まれた開拓民たちが蝦夷《エミシ》から攻撃を受けてちりぢりに分散する事件が頻発した。開拓者たちにかける税を免除するか軽減する政策が取られた。

新羅が対倭国戦争用に首都慶州の東の毛伐郡に大きな城を築いた。渤海国が黒水靺鞨《こくすいまっかつ》を伴って突厥（チュルク）帝国に使いを派遣した。

723

常陸国那賀郡の大領の宇治部《うじべ》荒山《あらやま》が、個人で所有していた籾三千石を陸奥の鎮所に献じて外従五位下を授けられた。隼人の賊を征討する軍役に引き出される機会が多かったうえに、穀物の実りがあまりよくなかったので生活が苦しいと、日向・大隅・薩摩三国の兵隊たちが三年間の租税負担の免除を願い出て認められた。水田と田んぼの開墾をさらに推し進めるために三世一身の法が施行された。

大隅、薩摩二国の隼人ら六百二十四人が朝貢し、饗宴がもたれ、隼人が風俗の歌舞を奏し、隼人のチーフたち三十四人に冠位が授けられ、みなが無事に帰国した。『古事記』の編集者とされる太安万侶《おおのやすまろ》が死んだ。新羅の使節が来た。

出羽の国司（知事）が次のように申し出た。「蝦夷《エミシ》たちの中に、わが軍に参加して征討に功績のあった者たちが五十二人いて、この者たちがまだ褒美をもらっていないとうるさくてしかたありません。彼らはみな首を長くして恩賞が下されることを待っています。俗に、よき餌をつけて釣れば、深い淵の魚も釣ることができ、俸禄を重くすれば、忠節の臣があらわれるといいます。今、愚かな夷狄もようやく君の命令に奔走するようになりましたが、長いこと彼らをいたわり慰めないと、おそらくまた散りぢりになってしまうでしょう。そこでこの者たちに、働きに応じて褒美を与えていただけないでしょうか」と。天皇は勅命を出して褒美と位を与えた。奴婢口分田の班給を十二歳以上とした。貧窮者や病人や孤児を救済する施設として悲田院が興福寺に置かれた。

724

女帝が退位してその皇子が天皇になった。犯罪人を島流しにする場合の、配流地の遠近の規定を改訂し、伊豆・安房・常陸・佐渡・隠岐・土佐の六国は遠とされて、諏訪・伊予は中に、越前・安芸は近とされた。本州島東北部、陸奥の海道〈太平洋沿岸〉の蝦夷《エミシ》が戦いを起こして、帰降した蝦夷《エミシ》で天皇の親衛隊として登用されていた佐伯児屋麻呂《さえきこやまろ》が殺された。藤原宇合《うまかい》（不比等の三男）が持節大将軍に、高橋安麻呂が副将軍に任命され派遣された。七道の諸国に数を決めて軍器と幕と釜などを造らせた。坂東九国の軍三万人に乗馬と射術の訓練をさせるなど特別軍事教練がおこなわれた。陸奥鎮所に軍事用品としての布や綿などが運びこまれた。さらに出羽国の蝦夷《エミシ》

725

が蜂起したので、小野牛養《おののうしかい》が鎮狄将軍に任じられて鎮圧に出向いた。陸奥国から宮城郡が分権され、対蝦夷《エミシ》戦争の前線の要塞となる鎮守府を置くための多賀城が築かれはじめた。この年の太政官の奏上に「大昔は人間が淳朴で、冬は土中に居室を作り、夏は樹上をすみかとしました」とある。

陸奥国で前年に叛乱を起こした蝦夷《エミシ》の捕虜で、抵抗せずに帰降した俘囚《ふしゅう》たちのうち、百四十四人が伊予国に、五百七十八人が筑紫に、十五人がのちに河内国に併合される和泉監《いずみげん》に、それぞれ移配された（「監」とは特別行政区のこと）。「俘囚《ふしゅう》」の名前が文字として記録されたのはこのときが最初だ（『続日本紀』）。

のちに刊行された『江次第抄』という書物に「俘囚はもとこれ王民なり。しかるに夷の略するところとなり、ついに賎隷となる。ゆえに俘囚という。夷俘《いふ》というはその属、陸奥出羽にあり。のち諸国に分居す」とあるが、これは、屯田兵でありながら蝦夷《エミシ》の捕虜となったために政府軍に蝦夷《エミシ》の一員として扱われていた俘囚が本来の身分に復帰した七六九年の事件（参照）が根拠となっているらしい。間違えないようにもういちど整理しておくと、「王民」とはもともと「渡来系住民」のことである。百済に追い払われた伽耶（加羅）系の人たちということも考えられるが、俘囚は身分を示す用語であり、律令国家の支配する土地に居住していた服属する蝦夷《エミシ》のことと考えてもよさそうだ。また一説ではアイヌ語では「プ・チュ」が「庫の・人」で、これが「とりこ」

を指し、そこから「奴隷」とか「召使い」を意味するようになったとされるから、この「プ・チュ」に「俘囚」を当て字したのかもしれない。蝦夷《エミシ》たちが「俘囚」と呼ばれるのを嫌悪したという理由もわからないではない。

俘囚の移配先として筑紫（太宰府）が多いのは仮想敵国新羅からの本土防衛のためと思われる。こののち、帰順した蝦夷《エミシ》の中で反政府的な動きをする人々を、カーストの最低のところに組み込んでから各地に強制移住させることになるわけだが、その移住先の主な所は、法制書である『延喜式』に俘囚料や夷俘料が計上されている国として、伊勢、遠江、駿河、甲斐、相模、武蔵、上総、下総、常陸、近江、美濃、信濃、上野、下野、越前、加賀、越中、越後、佐渡、因幡《いなば》、伯耆《ほうき》、出雲、播磨、美作《みまさか》、備前、備中、讃岐、伊予、土佐、筑前、筑後、肥前、肥後、豊後、日向がある。のちに皇族の勉強のために作られた最初の百科辞書である『倭名類聚抄《わみょうるいじゅうしょう》』の郷名に、俘囚郷または夷俘郷がある例としては、播磨国賀茂郡夷俘郷、同美嚢《みなき》郡夷俘郷、周防国吉敷《よしき》郡俘囚郷、上野国碓氷《うすい》郡俘囚郷、同多胡《たご》郡俘囚郷、同緑野《みどの》郡俘囚郷などがある。郷というのは「五十戸を単位とする行政村落」のことで、居留地としてはかなり大きい。

俘囚が、たとえば鎮守府将軍の手先や偵察人となって、すすんで対蝦夷《エミシ》戦争に協力したりすると、国家への服属度が高いものと見なされて、褒美がもらえて、陸奥や出羽の国郡に編成され、種籾を支給されて田を作った。この手のやからは「田夷《たえみし》」と呼ばれて、俘囚よりも一歩だけ公民に近い百姓身分とされ、「田夷」の姓がつけられた。

抵抗せずにおとなしく帰順した捕虜が俘囚であるなら、徹底抗戦してあくまでも帰順しなかった捕虜の蝦夷《エミシ》たちが、その後どうなったのかというと、彼らとその家族はきっと皆殺しにあったか、政府の奴隷（官奴婢）として賤民とされて、奥羽以外の土地に強制的に移管されたのだろう。その数は俘囚の数に比べてかなり多いと想像はされるものの、ほとんど歴史の表にはあらわれることはない。

常陸国の百姓のうち蝦夷《エミシ》の裏切りで家を焼かれ、財物の損失が九分以上の者には、三年間租税負担を免除し、四分以上の者には二年間、二分以上の者には一年間、それぞれ租税負担を免除されることになった。

「災いを除き幸いを祈るには」と天皇が七道の諸国に通達した。「必ず奥深い神の力をたよりとし、神を敬い仏を尊ぶには、清浄であることを第一とする。聞けば、諸国の天神・地祇を祀る神社内には多くのけがれた悪臭があり、各種の家畜を放し飼いにしているという。神を敬うための礼儀が、どうしてこのようでよいであろうか。国司の長官自らが幣帛《みてぐら》を神に捧げ、つつしんで神社の清掃をおこない、それを年中の行事とせよ。また諸寺院の境内はつとめて払い浄《きよ》めよ。そのうえで僧尼に金光明経を読ませよ。もしこの経がなければ、最勝王経を転読させて国家を平安にさせよ」

神社や寺院の清掃は、パラノイアックな清浄観から国家にたいする犯罪人の仕事とされていた。蝦夷《エミシ》の捕虜ははじめから国家に対する反逆者としてケガレた存在と認識されていたのである。

九州島豊前国の八幡神が、大元山の麓の地に移されて宇佐八幡となって八幡大菩薩を祀り、社殿造営にあわせてそこに神宮寺として弥勒寺が建立されることになって、地鎮の導師として大和国から僧・行基がわざわざ出向いている。宇佐八幡は、大陸半島渡来の仏教と、道教的な呪術宗教と、ネイティブの自然崇拝的山岳信仰とが最初に混ざりあった運命的な場所であり、神仏習合の起源もまたそこにあった。

726

山城国愛宕郡《おたぎ》の河原——京都市北区と上京区の境に位置する賀茂川をはさんだ一帯——にあった出雲（伽耶）系流民の別所（限定居留地）から、この年までに数十人の——主に女性の——逃亡者があることが発覚した。

黒水靺鞨《こくすいまっかつ》族が震（渤海）に無断で唐と同盟を結んだために、渤海二代王武芸がこれに反発して戦争が勃発した。

727

日蝕があった。百済・アラカヤ系の天皇と、唐系の皇后のあいだに待望の王子が誕生して、百済や唐の公卿たちが大喜びした。渤海二代王武芸の使者・高斉徳《こうせいとく》ら二十四人がはじめて出羽国に着いた。政府が使いを慰問に差し向けたところ、蝦夷《エミシ》に襲われて軍人ら十六人が殺害されるという災難にあっていたので、季節にあった服装が支給された。渤海国が使節を派遣してきた最大の理由は共通の敵としての新羅を牽制するためだったことは疑いの余地がない。南嶋《みなみのしま》の人百三十二人が来朝。岩城、石背《いわしろ》の二国が、再び陸奥国に併合された。渤海からの使者一行が入京。渤海は

728

いにしえの高句麗であり、高句麗が唐に滅ぼされたあとにできた高麗国でもある。

隼人征服に貢献した大伴旅人が太宰帥に就任した。前年に出羽国に着いて危うく命を落とすところだった渤海の使いが、渤海王の手紙と貂《てん》の毛皮三百枚を持って宮廷を表敬訪問した。手紙は「大王の天朝は命を受け、日本の基は開かれた。奕葉光重く、本枝百世なり。武芸かたじけなくも、列国に当り、すべての諸国を統治す。また高麗の旧居に復して、扶余の遺俗をたもてり」と格調高く書き出されていた。つまり、渤海は扶余の後継にあたり、渤海と日本は、扶余から見れば幹と枝の関係にある。日本も、扶余の後継なのだから、今後ともよろしくといってきたわけ。日本の皇室が扶余の後継者であることは、日本以外の東アジアではよく知られていたことなのかもしれない。貂の毛皮以外には、熊皮、豹皮、海豹《あざらし》皮、朝鮮人参、烏頭《トリカブト》、附子《ぶし》、蜂蜜など。ヤマト朝廷はさっそく遣渤海使派遣を決めた。

日蝕があった。陸奥国が新たに白河の軍団を設けた。また丹取《にとり》軍団を玉作《たまつくり》軍団と改称することが許可された。金星が昼間に見えた。天皇が鷹を飼う気分ではなくなり、だから天下の人も鷹を飼うことが禁止された。皇太子が病死した。

729

漆部君足《ぬりべきみたり》と中臣東人《なかとみあずまひと》らが「左大臣の長屋王（天皇・天武の孫）はひそかに左道（妖術）を学び国家転覆を画策している」と藤原一族に密告した。即座に政府は謀反人たちの無法地帯への逃亡を阻止すべく、畿内から東北に通じる鈴鹿《すずか》・不破《ふわ》・愛発《あらち》の三つの関の守りを固めている。朝廷は兵を差し向けて長屋王とその妻と四人の息子を自殺させた。そして以下のような通達が配られた。「内外の文官・武官と全国の人民のうち、異端のことを学び、幻術を身につけ、種々のまじない・呪いによって、物の命を損ない傷つける者があれば、主犯は首を斬り、従犯は流刑に処する。もし山林にかくれ住み、偽って仏法を修行するといい、自ら教習して業を教え伝え、呪符を書いて封印し、薬を調合して毒を作り、様々のあやしげなことをして、勅命の禁ずることに違反する者についても、その罪は同罪である。その妖術・妖言の書物については、この通達が出てから五十日以内に自首をせよ。もし期限内に自首せず、あとになって告発された場合は、主犯・従犯を問わずすべて流罪とする」と。薩摩国の隼人が入朝し天皇の前で郷土の歌舞を奏したので位と褒美が与えられた。大隅国の隼人が貢ぎ物を持って入朝した。大隅国の隼人、和多利《ワタリ》と夜麻等久々《ヤマトクク》売《メ》が位をもらい受けた。

730

陸奥国田夷村の蝦夷《エミシ》らが反逆の心を捨てて帰順し教導に従っているので、その田夷村に郡の役所を建て、蝦夷《エミシ》らを公民にしたいと陸奥国が報告した。太宰府が「ちょうど十年前に叛乱を起こして鎮圧された大隅と薩摩の両国の隼人たちは、国を建てて以来、いまだかつて班田を受けたことがなく、この者たちが所有する田地はすべて荒れ地を開拓した墾田で、そこを先祖から受け継いで耕作しており、田地を移動してまで耕作することを希望していないので、もしそこへ班田収受などおこなえば、おそらく問題が表面化するはずです」と、政府を牽制した。

当時の法律を集めた『令集解《りょうのしゅうげ》』の「賦役令・辺遠国条」では「大隅・薩摩の住民である隼人を夷人雑類として」取り扱うことになっていた。『大宝令』の注釈とされる『古記』では「夷人雑類は毛人・肥人・阿麻弥《あまみ》人等の類をいう」とある。さらに「夷人雑類」は「夷人」と「雑類」は二つでひとつなのかそれとも二つは別物なのかというと、「ほんとうは同じもののことで、隼人でも毛人でも、生まれ育ったところにいる場合は夷人で、別のところに移されて雑居しているなら雑類となる」と解説されている。

太宰帥の大伴旅人が任地で妻に先立たれて失意の内に帰京した。彼は太宰府につとめていたときに老荘思想に影響を受けた歌や酒をほめたたえる歌を多く残し、歌人として名を残すことになる。

遣渤海使が帰国した。諸国から太宰府に送る防人《さきもり》を停止した。盗賊と海賊が増加。京都の東の丘に多人数の人々を集めて妖しげなことを言い、衆人を惑わす者があり、多いときでは一万人、少ないときでも数千人が集まった。さながら天平のレイブ・パーティのおもむきだが、この妖しげな集団は行基たちのグループであった。行基がやったことは、何万という一般庶民の男女を集めて池を造ったり、川に橋をかけたり、そのほかの社会事業や土木作業だったが、何万という男女が群れ集まったことの原点には、それにともなう性の解放があったことは間違いなく、人民を支配する側としてはそれを恐れたのであろう。歴史書には名前など出ていないが、自由を忘れることのできない人たちが、解放を求める人たちが、たくさんいたのだ。律令体制の強化、仏教的倫理の強制が、人々の自由な性を制約したり抑圧したり弾圧したりするようになっていた。檻をつくって鳥獣を捕まえることが国の法律で禁じられた。

731

筑前守だった山上憶良が『貧窮問答歌』を書いた。このころ律令体制下における過重な税制における農民の負担はかなり厳しく、苦しさに耐えかねて、最後の抵抗として家を棄てて逃げだし、浮浪民となるものが続出した。諏訪国が廃されて信濃国に併合された。倭国の兵船三百隻が新羅の東海岸を急襲し撃破される。大伴旅人が没した。九州島豊前国の宇佐の地では、土地の神として比咩《ひめ》大神が示現したとされる。政府はこれまでのような行基集団の弾圧政策を一変させ、行基法師に従っている優婆塞《うばそく》・優婆夷《うばい》（在俗のまま戒を受けた男女）らで、法の定めに従って修行している者のうち、男は六十一歳以上、女は五十五歳以上の者は、誰でも入道することが許可されるようになった。

732

新羅から使者が来た。鸚鵡一羽、猟犬一匹、驢馬二頭などを連れて。日照りが続き、しばしば雨乞いの祭りをおこなうも効き目まったくなし。役小角《えんのおづぬ》の弟子で破門された韓国広足《からくにのひろたり》が、天皇の薬を調合する典薬頭《てんやくのかみ》（くすりのかみ）に任じられた。典薬頭は宮中の医薬・薬草園・茶園などを掌握し、官の医師、医博士らを管轄する職である。広足が医薬と薬草に関する権利を握ったことは、同じように医薬を生業とする採薬行者たちにとっては、おそらくたいへんにまずいことだったろう。

733

越前国で白い烏《カラス》が捕らえられた。再開第三回遣唐使として多治比広成《たじひひろなり》ら一行が四隻の船で難波の津より出発した。種子島熊毛郡の大領の安志託《アシタ》ら十一人や、屋久島の大領の加理伽《カリガ》ら百三十六人が、氏姓をもらった。武蔵国埼玉郡の新羅人徳師ら男女五十三人が名前を「金」に変えたいと申し出て許された。出羽国に雄勝《おがち》郡を置き、雄勝村には役所が建てられて、人々が居住しはじめた。それまで最上川河口近くにあった出羽柵《でわのき》が、雄物川河口部の秋田村高清水岡《あきたむらたかしみずのおか》に移された。

九州島豊前国の宇佐八幡に比咩《ひめ》大神のために第二殿が造営されることになり、優婆塞《うばそく》の良弁《ろうべん》が地鎮祭をとりおこなった。

734

本州島の近畿地方を大地震が襲った。天下の人々の家が壊れた。圧死した者多し。山が崩れたり、川がふさがったり、地割れが方々におき、その数は数えきれないほどだった。「神倉崩れ、峯より火の玉海に飛ぶ」と『熊野年代記』は記した。東海・東山・山陰道諸国において、牛馬の売買とその牛馬を他国に出すことが解禁された。遣唐使で唐に派遣されていた大使の多治比広成《たじひひろなり》らが種子島に帰りついた。

735

新羅は国名を王城国と改め、使いを日本政府に送ってきた。政府は「国名を勝手に変えた」事実にたいして、礼を失するものとして、この使いを追い返している。新羅との国交が断絶した。唐へ官費留学していた吉備真備《きびのまきび》らが、遣唐使と一緒に二十年ぶりに建築ブームでわきかえる平城京に帰国して、書籍や暦や楽器や最新式の武器など珍しい文物を献上した。真備と一緒に留学していた僧の玄昉《げんぼう》も大蔵経をもたらした。遣唐副使はバラモン僧の唐人三人のほかペルシア人の李《り》密翳《みつえい》という者を連れ帰った。この人物は日本に一番最初にやってきたキリスト教徒で、景教——キリスト教ネストリウス派——の僧だった。このときのバラモン僧の唐人らは、のちに東大寺大仏開眼の立て役者になる。今回の遣唐使は、大仏建立と全国の国分寺・国分尼寺の建設を唐にたいして約束させられて帰国したらしい。薩摩諸島に役人を送り、島ごとに立札を建てた。大隅・薩摩二国の隼人二百九十六人が入朝。都に駐在していた隼人らとあわせて三百八十二人に位階と禄を授けた。このころ九州島太宰府管内で瘡のできる疫病（天然痘）が大流行して死者多数。

新羅に使者を送る。陸奥、出羽二国の功績のあった――政府の役に立った――郡司や俘囚の中の二十七人に爵位が授けられた。唐帰りの吉備真備《きびのまきび》や僧の玄昉《げんぼう》が宮中で思いっきりあちら風を吹かせた。

出羽柵《でわのき》が秋田村〈秋田市寺内〉に移されたことにともない、多賀柵《たがのき》に駐在した陸奥国の按察使《あぜち》が出羽も管轄することになり、いち早く連絡をつけるために、この日本海側の出羽柵と太平洋側の多賀柵を連絡する駅道の開削工事が計画された。陸奥按察使の大野東人《あずまひと》が、「陸奥国から出羽柵に出る道は、間にある（蝦夷《エミシ》の住む）男勝村《おがち》を迂回するために通り道になっているので、この村を征し、直路を開きたい」と政府に申し出たため、持節大使で藤原不比等の第四男の藤原麻呂と、蝦夷出身の佐伯豊人《さえきとよひと》と、常陸守の坂本宇頭麻佐《さかもとうずまさ》らの軍が、陸奥国に派遣された。

ひと月後、藤原麻呂ら一行が多賀柵に到着。麻呂は大野東人と画策して上総・下総・武蔵・上野・下野など坂東六国の騎兵千人で、山の中と海沿いの道を確保した。出羽サイドの「夷狄」たちは当然ながらこの遠征軍の不審な動きに警戒した。いろいろと不満の声もあがった。そこでライフスタイルを改めて農耕に従事する帰順した蝦夷《エミシ》で、遠田《とおた》郡の郡領（政府公認の部族会議議長）である遠田君オヒトと、同じ帰順した蝦夷《エミシ》の和我君《わがきみ》ケアルイの二人を調停役として、オヒトを出羽側の海沿いの道に、ケアルイを山中の道にそれぞれ遣わしてこれをなだめさせた。

次に政府軍は、兵隊の中から腕っぷしの強い者たち百九十六人を選んで将軍の東人にゆだね、四百五十九人を玉造柵、色麻柵、新田柵、牡鹿柵、多賀柵のそれぞれの砦に配置した。遠征軍の将軍の東人が多賀柵を進発。一週間後、遠征軍が色麻柵を発したときには、政府軍は騎兵百九十六人、歩兵四百九十九人、寝返って政府軍のために働く屯田兵になった夷狄二百四十九人にふくれあがっていた。この部隊が出羽国大室駅〈山形県尾花沢市〉に着き、さらにそこで出羽守の田辺難波《たなべなにわ》の率いる政府軍五百人と帰順した夷狄百四十人と合流した。

春三月とはいえ、蝦夷《エミシ》たちのテリトリーである比羅保許山《ひらほこ》は雪が深くて、それ以上進軍するを得ず、東人らはいったん多賀柵に引き返さざるを得なかった。そして翌月、強制代執行となり、政府にとっては賊地である比羅保許山に進軍。東人が自ら指導し、大部隊の兵たちが警護をする中、石を砕き、樹を伐り、谷を埋め、峯を越えて道路の付設工事を進めた。どうにか全長百六十里の新道が通じて、地形は厳しいものの、人馬の往来に困難がなくなったために、麻呂らは作戦の中止を奏請した。

この工事の間に、出羽守の田辺難波のところに雄勝《おがち》村の蝦夷《エミシ》のチーフら三人があらわれ「官軍がわれわれの村に入るという話を聞き、不安でたまらず降服しに来ました」と申し出たという書状が、その出羽守から東人将軍のもとに届けられている。東人は「投降するという夷狄はたいそう悪だくみをする者たちが多く、言うこともころころ変わる。そう簡単に信用することはできない。もう一度帰順を申し出たら、そのときに相談しよう」と応えた。すると難波はさらに将軍にたいしてこう詰め寄った。「このまま軍勢を進めて、賊地に入るのは、夷狄を教え諭して、城柵を築き、そこに人民を移住させるためではありませんか。兵をわざわざ苦しめたり、帰順する者たちを傷つけたり殺したりするのが目的なのでしょうか。もしこの連中の投降の願いを許さず、それを無視して軍を直ちに侵攻させたなら、せっかく帰順した者たちも恐れ恨んで山野に遁走することでしょう。それでは今回の作戦は、労多くして功少なく、あまりよい策とは言えません。今回はひとまず官軍の威力を示しておいて、この地から撤退するにしくはないでありましょう。そのあとでこの難波が帰順した方がどのくらい有利かを連中に改めて諭し、寛大なめぐみでなつかせましょうぞ。そうすれば、城郭も守りやすくなるし、人民も末長く平和に暮らせるでしょう」と。これを聞いて将軍の東人ももっともだと思ったのか、軍勢を引き上げることを決意したと伝えられている。この日本海側と太平洋側をつなぐ軍用道路の完成は、のちに辺境のありさまを一変させる大きな要因ともなった。

この年、五月に日蝕があり、天皇は不安を感じたのか、僧侶六百人を宮中に集めて大般若経を読経させている。疫病が全国的に流行し、それに干ばつが追い打ちを掛けた。日照りは尋常ではなく、困り果てた政府は諸国に通達を出し「風雨を起こすことができ、かつまた国家のために効験ある神々で、政府からまだ幣帛《みてぐら》の領布にあずかっていないもの」も祀るように命じた。宮中各所で僧七百人を集めて大般若経、最勝王経を転読させ、四百人を出家させたばかりか、畿内四か国、七道の諸国でも五百七十八人を出家させた。飛ぶ鳥を落とす勢いだった藤原不比等の四人の息子全員も天然痘で次々と病死した。藤原麻呂は四十二歳だった。

政府は文書においてこれまで「大倭国」とか「大和国」と書いていたのを改めて「大養徳国」と書くことにした。読み方はいずれにしても「ヤマト」「オオヤマト」だったのだが。

政府から新羅へ派遣された使者が帰国して、彼の地で相手にされずに追い返されたことを報告した。政府は伊勢神宮・大神神社・筑紫の住吉・八幡の二社および香椎宮《かしいぐう》（天皇・仲哀を祀る）に使者を送って、新羅国の無礼のことを神々に報告した。あちら風を吹かせ大きな顔をしてやりたいほうだいの吉備真備《きびのまきび》や僧の玄昉《げんぼう》をうとましく思っていた藤原広嗣《ひろつぐ》が、腹の虫を黙らされるために大養徳国守（大和国知事）に就任させられた。広嗣は、この年五十三歳で世を去った藤原宇合《うまかい》の長男だった。

新羅からの使節ら百四十七人が太宰府に着いた。百済王考忠《くだらこにきし》が遠江守に任命された。東海・東山・山陰・山陽・西海道の諸国の健児《こんでい》の徴集を撤廃した。つまり徴兵を停止したわけ。

官僚の大伴子虫《こむし》が同僚の中臣《なかとみ》東人《あずまひと》を刀で斬り殺すという事件が起きた。子虫は謀反の疑いありとして国家によって自害させられたあの長屋王に信頼の厚かった人物である。子虫と東人が囲碁をしていて、話が長屋王のことになったとき、子虫は腹を立てて東人をののしり、しまいには刀を抜いてこれを斬り殺したらしい。東人は、なんら罪のない長屋王をおとしめようと、事実を偽って密告した人物だった。

この年に『大宝令』の解説書である『古記』が成立した。大伴家持が官僚となり天皇や皇族に仕える任務についた。大養徳国守に祭り上げられていた藤原広嗣《ひろつぐ》が、吉備真備《きびのまきび》や僧の玄昉《げんぼう》のことでまたまた文句を言ったために結局太宰府に飛ばされた。陸奥の俘囚《ふしゅう》百十五人が摂津に、六十二

739

人が筑後に強制移住させられた。

渤海の領土拡張を強引に推し進めた武闘派の王の大武芸が死に、長男の大欽茂《だいきんも》があとを継いだ。

貴族の石上乙麻呂《いそのかみおとまろ》が女官の久米若売《くめわくめ》を強姦《レイプ》したという罪に関わったとされ、土佐国に配流されて、被害者の若売も下総国に流された。入唐使《にっとうし》の平群《へぐり》広成、渤海使を伴って出羽国に帰還した。平群広成は過去に帰国しようとした際に乗り込んだ船が難破し、崑崙《こんろん》国（インドシナ半島メコン川下流地域にあったマレー人の国）に漂着し、そこで囚われていたが、のちに脱出して再び唐に戻り、その後、陸路渤海経由で帰国したもの。渤海使の手土産の中には人参三十斤、蜂蜜三石があった。「人参」は「朝鮮人参」のことで、どちらも当時から医薬品と見なされていた。

「日本の使者の平群広成らが、風や潮に災いされ、漂流凋落して渤海国に来ました。つねに丁重にもてなし、来春を待って帰国させようと思いましたが、使者らは一国も早い帰国を望み、年内にもと訴えの言葉ははなはだ重く、隣国との義理は軽くはありません。だから旅行に必要な品を準備し、すぐさま出発させることにしました」

——渤海の欽武王がこのとき渤海使に持たせた手紙の一節

特別行政地区であり、俘囚《ふしゅう》と呼ばれる帰順したものの問題のある蝦夷《エミシ》たちの強制移住監督地区のある和泉監《いずみげん》が河内国に併合された。芳野監《よしのげん》も大和国に併合。藤原氏と橘氏のいがみ合いが原因で、太宰府で次官をつとめていたあの藤原広嗣《ひろつぐ》が、反唐・反新羅の立場を鮮明にして、政治の乱れきっていることが天地の災異の原因になっているとする上奏文を提出し、僧の玄昉《げんぼう》と吉備真備《きびのまきび》ら役人二名の名前を挙げて罷免を要求した。しかしこの要求が受け入れられなかったので、広嗣は太宰府の命令として九州島諸国から兵を集め、ヤマト中央政府にたいして叛乱を起こした。

政府はあわてて間諜を送って情報収集につとめるとともに、あの大野東人《あずまひと》を大将軍に任命し、紀飯麻呂《きのいいまろ》を副将軍に、軍監と軍曹をそれぞれ四人ずつ任命すると、東海、東山、山陰、山陽、南海の五道から一万七千人の兵を徴発してこれらにあたえ、九州島に向かわせた。さらに朝廷の仕事に就いていた隼人二十四人を宮城に呼び出し、当時天皇に取り入ってかわいがられていた橘諸兄《もろえ》が勅を申しつけ、それぞれに特別に位を与えると、広嗣鎮圧軍に加えるべく送り出した。佐伯常人、安倍虫麻呂らを軍監として派遣。天皇は「仏のありがたい助けにより、人民を安泰にさせたいと願っている」と諸国に声明を発表した。

広嗣は遠賀郡の役所に軍営を作り、破壊力の強い弩《いしゆみ》を準備し、各地で狼煙《のろし》をあげて九州島で兵を集めていた。そして政府軍と広嗣の叛乱軍は、現在の北九州市小倉北区の板櫃《いたびつ》川をはさんでにらみあうことになった。叛乱軍も政府軍に負けないほどの軍勢を擁していたが、その主力となったのが隼人たちであった。再び天皇は太宰府管内の人民に声明を発した。「誰でもいい、謀反に加わった者でもよいから、心を改めて過ちを悔い、広嗣を殺して人民の生活を安らかにさせたなら、相応の冠位を贈ろうではないか。そのとき自身が殺されたら、その冠位を子孫に贈ろう。だから早くあやつを殺してくれ」と。大将軍の東人は天皇の命令で豊前国の宇佐八幡におもむき戦勝を祈願した。

叛乱軍と政府軍の共に一万あまりを数える兵たちの、川をはさんだにらみあいは、しばらく続いた。広嗣は隼人軍の先鋒にたち、木を編んで船をつくり、川を渡ろうとした。官軍に位をもらって雇われていた先住民の佐伯常人は、このとき軍士六千あまりを率いて川の東岸に陣を敷き、これも政府軍に雇われた隼人たちを使って、叛乱軍の中の隼人たちに「反逆者に従って官軍に抵抗すれば、ただその身を滅ぼすだけでなく、その罪は妻子や親族に及ぶのだぞ」と何回も何回も呼びかけさせた。当然この呼びかけは隼人の言葉でおこなわれた。

しばらく叛乱軍は声を失って静まり返っていたが、やがて広嗣が馬に乗って進み出た。「勅使が来ていると言ったが、その勅使は誰か?」。佐伯常人らが応えた。「勅使は衛門督・佐伯大夫と式部少輔・安倍大夫である。われわれはここにおる」

広嗣は「今はじめて勅使が来られたことを知った」と言って、すぐに馬からおりて、二人に向かって二度礼拝して「自分は朝廷の命令を拒むつもりはない。ただ朝廷を乱している人物二人を首にすることをこいねがうだけである。もし自分が、それでもなお朝廷に逆らうなら、天地の神々は広嗣を罰して殺すだろう」と言った。常人らは「ではなぜ兵を発して押し寄せてきたのか?」と畳みかけるように聞いても広嗣には答えることができず、また馬に乗って退き還っていった。そのとき、叛乱軍の中から隼人が三人川に飛び込んで政府軍のところに泳いできて投降した。この隼人たちを政府軍が手を差し伸べて助けるのを見た叛乱軍の中からさらに隼人二十人が川を渡って投降、広嗣の直属の部下も十人が政府軍に帰属した。

このとき降服した隼人のひとりでタリシサという者が、叛乱軍の構成や布陣などを詳しく政府軍に伝えた。五千の兵を全体で三つに分けているものの、いまだ広嗣の部隊以外は到着していないことを政府軍はこの隼人から知った。ところがそのころ奈良の都では、なにを思ったのか、よほど怖い思いをしたのか、平城宮にいた天皇が側近の者たちを引き連れて悪天候を押し切って伊勢に撤退してしまった。天皇は大将軍の大野東人に「朕は思うところがあって、しばらく関東に行こうと思う。将軍らはこのことを知っても驚いたり怪しんだりしないように」と伝えている。この時代、伊勢や美濃の東はまだ全部が「関東」と呼ばれていたことがわかる。

広嗣は硬直状態の戦場から弟の綱手ら従者二十名あまりを連れて船で逃亡し、東風を受けて四日ほど航海したのち朝鮮半島南端にある済州島の島影を見たものの、急に起こった西風のために接岸できないまま、今度は九州島方面に吹き返されてしまう。ほんとうは新羅と唐とヤマトの三者から敵視されていたからで、神にも見捨てられた広嗣とその一党を乗せた船は、やがて五島列島の島のひとつ肥前国松浦郡値嘉島《ちかのしま》に漂着。その島の長野村にのこのこと顔を出したところを役人に取り押さえられた。

広嗣逮捕の報を聞かされた天皇が「罪は明白で疑う余地はない。法の規定通り処断し、すべてが終わってから報告せよ」と伝えたため、数日後に弟もろとも処刑が執行された。この叛乱事件で、死罪となった者二十六人、冠位を没収された者五人、島流しされた者四十七人、徒罪《ずざい》（年限をかぎって働かされる罪）三十二人、杖罪（杖で打つ罪）百七十七人。

741

はたせるかな諸国に国分寺・国分尼寺を建設する計画が発表された。たてまえは国を守る経典の力で政情を安定させようというもくろみだった。安房国が、旧名の「総《フサ》」に戻され上総国に、能登国が越中国に合併された。「馬や牛は人間に代わってよく働いて人を養ってくれる。昔にも同じような法律があったが、改めて、馬や牛を屠殺することを禁止する」という通達が天皇から出された。

突厥（チュルク）帝国が崩壊し、渤海がこれに乗じて北進し、北満州地域の靺鞨《まっかつ》を征服して支配下に治めた。

742

諸国で住民が動員され奴婢たちが使役（強制労働）させられて、特権階級のための国分寺・国分尼寺の建設ラッシュが起きた。太宰府が廃止された。陸奥国黒川郡から北の十一郡に赤い雪が降って二寸も積もった。若いときから蝦夷《エミシ》攻略などで名前を売り、先ごろには大将軍として広嗣《ひろつぐ》の叛乱事件の指揮をとった、あの根っからの軍人の大野東人《あずまひと》が死んだ。大隅国で、連続四日間ほど、空中で太鼓の鳴るような音がして、野の雉が驚き、地面がたいそう揺れたという。

743

佐渡国が越後国に合併された。新羅からの使いが持参した書面の記述の仕方が無礼だとして退去させられた。班田農民の負担が重くなりすぎて逃亡する人々があとを絶たず、口分田が荒れほうだいとなっていたので、その対策として「墾田永世私財法」を施行したが、そのこと——土地私有制の再現——が結果として、中央貴族や大きな寺院や神社が自分たちで開墾した荘園を持つことを可能とし、律令体制の根幹を崩すことになる。

百済王敬福《くだらこにきしきょうふく》が陸奥守に任命された。出雲地方で大雨ののち山崩れ発生。隼人が入朝し饗応された。金色に輝く巨大な盧舎那仏を奈良の都に建立する計画が、仏教を支持する天皇によって発表された。彼は「天下の富を有するは朕なり。天下の勢を有するは朕なり」と宣言し「国銅を尽くして象を鎔し、大山を削りて以て堂を構え」ることを公表。それにともなって官の奴隷の男女六十人を解放して良民とした。宇佐に弥勒寺こと八幡神宮寺が建立された。ヤマト国で神仏一体化を実現させた最初の寺だった。筑紫国に鎮西府が置かれた。事実上の太宰府の再開だった。

744

天下の馬飼と雑戸《ざっこ》——鉄工、銅工、金作、甲作《よろいつくり》、弓削《ゆげ》、矢作《やはぎ》、鉾削《ほこけずり》、鞍作、鞆張《ともはり》——などの賤民に準ずる手工業者の人々を、奴隷の身分から解放して平民と同じにするので、その姓を変えてもよろしいという、嘘のような詔勅が出された。しかしこの解放令には「解放されたのちに身についた技術を子孫に伝え習わせない場合は、子孫は暫時前の卑しい品位の仕事に従わせるぞ」という条件がつけられていた。官奴婢六十人も解放されて良民にされた。肥後国に雷雨と地震で被

745

害甚大、死者多数。東大寺の大仏の骨組みができあがった。ユーラシア大陸では突厥（チュルク）がトルコ系のウイグルにより滅ぼされた。

かつて百姓を妖惑するものとして弾劾されたあの百済系の僧行基が、東大寺の大仏づくりに貢献したとして、大僧正に昇進。先着民や先住民たちの精神的な支配のために、すでに限界に来ていた天つ神信仰に代わるものとして、奈良の南都六宗による理論仏教にも見切りをつけた政府が、まさに神道をものみこもうとしていた呪術的な仏教に本腰を入れて肩入れしはじめた徴候だった。このころ都がころころと変わった。太宰府が復活した。畿内と美濃国で群発地震。筑前、筑後、豊前、豊後、肥前、肥後、日向の七か国において苗字を持たない人民たちに、願い出れば好きな姓を許可した。大仏の入れ物としての東大寺の造営が開始され、飛騨匠《ひだのたくみ》らが徴発されて現場に送られた。散逸した『大宝律令』とほとんど内容は変わらないといわれる『養老律令』に「悲陀国は庸調ともに免除。そのかわりに里ごとに匠丁十人を出すこと。四丁ごとに炊事人も一人つけること」とある。徴用された工人たちは一年につき三百三十日以上、三百五十日以下働くという厳しい労働環境におかれて都の造営などで働かされ、辛い仕事に耐えかねて逃亡すれば全国に指名手配され、かくまった者も処罰された。藤原仲麻呂にうとまれて僧の玄昉《げんぼう》が九州島筑紫に、吉備真備《きびのまきび》が筑前に左遷された。百済系を操る大陸勢力の巻き返しがはじまっていたらしい。

746

渤海人、鉄利人、千百人あまりが帰化を求めて出羽に来る。全員を出羽国に置き、着る物や米を与えて追い返した。鉄利はツングース系の少数民族で靺鞨《まっかつ》にあった十六の部族のひとつだ。おそらくは亡命を求めたのだろう。大伴家持が越中守となった。群飲厳禁令布告。つまり大勢が集まって飲酒の宴を開くことが禁じられたわけ。近親者二、三人なら――役所の許可を得れば――飲酒してもよいという法律だった。

747

盧舎那仏の鋳造がはじまる。オオヤマト国は、それまで「大養徳国」と書いていたが、この年からまたもとのように「大倭国」と書くようになった。

749

タイミングよく陸奥国小田郡〈岩手県石巻の北方涌谷《わくや》〉で日本ではじめての産金。百済王敬福《くだらこにきしきょうふく》がこれを献上した。修験道の理解者でもあり、神仏同体の本地垂迹説を提唱して藤原氏や朝廷の支持を得ていた大僧正の行基が、盧舎那仏完成を見ることもないまま死んだ。二か月後、陸奥守百済王敬福が再び黄金九百両を貢上する。時の天皇、その黄金を持って奈良の東大寺へ出向き、礼拝して、盧舎那仏用として奉り、北面して「三宝の奴」と自分のことを言った。「三宝」とは「仏と法と僧」のこと。この大仏建立にあたっては、かなりの数の――延べ実に二百六十万人もの――公民が労働力として強制的に動員され、過酷な労働義務を負わされて、そして足りなかった残りの黄金一万両ほどが唐より輸入されて、盧舎那仏は完成を見る。陸奥国は、このときの王敬福のパフォーマンスにより、全体の一割にも満たない黄金のおかげで調庸（税）を三年間免じられ、小田村は――日が昇り、川が流れ、草が生えるかぎり――永久に税金を払わなくてもよいとされた。大倭国添上郡の大宅の可是麻呂なる者が東大寺に六十一人の奴隷や戸賤などの奴婢を献上したと、『正倉院文書』に記述がある。

夏になる前からこの年はやけに暑い日が続いたらしい。天皇がある日突然詔勅を発表し、「自分の政治がうまくいかず、こんなに暑くなって夜も眠られないのは、自分が仏教一辺倒だったせいであり、これからは天の心に従って、今までのやり方を改めるので、これまでの罪を洗い流したいので大赦をおこなう」と何を思ったのか自己批判したために、一大唐勢力である南都の諸大寺から非難された。天皇はたちどころに幽閉され、「今後は神道を捨てて仏教一本の政治に復帰する」ことを誓わされた。そして唐勢力の黒い手によって問題児とされた天皇が、病気を理由に譲位させられて、三十四歳で独身だった王女が女帝として代わりに立つことになった。

隼人が入朝し、隼人の土地の歌と歌舞を奏上した。半島系の神である宇佐八幡宮の八幡大神が、東大寺参拝のために、禰宜《ねぎ》らによって京に運ばれた。八幡大神は兵士百人以上を前後の警護に配し、大神の通過する国では殺生が禁じられた。参拝の当日には、大唐楽、渤海楽、呉楽が演奏された。東大寺には、封戸四千戸、奴百人、婢百人の「奴隷と奴隷の家族」が贈られた。

『東大寺要録』に寄進された奴婢の筆頭人として「奴長伊万呂年四十八」とある。また「良臣の具になるような手先の器用な者は選んで、将来寺普請の時の工人になるように仕込ませ、文伝歌舞や音曲に向くような女は、供仏大会の儀式にそなえて練習させて接待係となす。これは、奴婢として寄進された寺奴婢の子々孫々に到るまで継ぎつがせてゆく職業ゆえ台帳に記す」とも。
八幡大神が奈良東大寺と出会って、やがて「八幡大菩薩」となっていくプロセスには、権力者と陸奥の黄金の存在があったことを忘れてはならない。行基と良弁《ろうべん》という、東大寺と宇佐八幡の両方に関係を持つ、ともに百済系ヤマト人の二人の僧の果たした役割は大きい。国分寺と八幡神はセットとなって全国に広められていくことになる。

750

「倭」「大倭」「大養徳国」「日本」は、これまでどれも「ヤマト」と読まれていたが、このころから「ヤマト」にたいして「大和」という言葉だけが使われはじめるようになった。再び飲酒禁止令施行。新しい女帝が即位したことを報告するために藤原清河《きよかわ》が正使として第四回遣唐使に任命された。副使には九州島筑前に左遷されていた吉備真備《きびのまきび》と、大伴古麻呂が任じられた。

751

越中守の任務を終えて大伴家持が帰京した。

八年前に出された「天下の馬飼と雑戸《ざっこ》――鉄工、銅工、金作、甲作《よろいつくり》、弓削《ゆげ》、矢作《やはぎ》、鉾削《ほこけずり》、鞍作、鞆張《ともはり》――の人々を、奴隷の身分から解放して平民と同じにするので、その姓を変えてもよろしいという詔勅」が、あれはやっぱり嘘だったとして、事実上取り消され、馬飼と雑戸は――職を解かれたわけではなく――必要とあれば政府がもとのように徴発できるとされた。

陸奥国の調庸は、多賀郡以北の諸郡には黄金で出させ、それ以南の諸郡はこれまでどおり布で支払うことになった。大仏の完成が遅れたために第四回遣唐使が二年遅れで出発した。吉備真備《きびのまきび》も遣唐副使として再び唐に渡った。東大寺の盧舎那仏(大仏)が最終的な金メッキをのぞいて完成したので、政府主催で、周辺諸国から賓客を招き、一万人もの僧が列席し、開眼供養が盛大に開かれた。

開眼供養というのは、言うならば達磨さんに目を描く行為みたいなもので、唐から招来されていた開眼供養導師が筆でもってほんとうに大仏のまぶたをなでるわけ。雅楽や、久米舞、隼人舞、高麗楽、伎楽、唐散楽、唐中楽、唐古楽などの歌舞が披露された。『続日本紀』は「仏法東帰より齊会《さいえ》の儀、未だ嘗てかくのごとく盛んなることあらず」とこの日のことを伝える。百済人の二世で近江(淡海)出身の僧・良弁《ろうべん》が東大寺の初代別当となった。新羅から王子金泰廉《きんたいれん》ら一行七百人が七隻の船で筑紫に着き、入朝し調を貢進した。新羅との国交が回復。貴族たちは新羅の商人から香料、薬物、顔料、染料、金属、調度品などをこぞって購入した。

京の中にいた巫覡《ふげき》(まじない師、占い師、呪師など)十七人が逮捕され、伊豆・隠岐・土佐などの遠国に流された。修験者や採薬行者にたいする圧迫はこののちも執拗に続けられた。中央の権力に屈伏した修験者たちは官僧の下位に組み込まれて山伏となり、最終的には仏教権力のガードマン的な僧兵になっていった。弾圧を避けて諸国に散った採薬行者たちは、加持祈祷で身を立てたり、薬草商人になったり、大道芸人になったり、各地の山岳兵法者集団に組み込まれたりした。

　渤海使が佐渡に着いた。新羅王子ら一行が帰国の途についた直後、軍事の才能を高く評価されていた百済王敬福《くだらこにきしきょうふく》が西海道の軍隊の教練と整備のための特別官に起用された。橘奈良麻呂が按察《あぜ》使《ち》に任命されて、山陰道の警備体制が強化された。高麗（高句麗）、百済、新羅の帰化人の姓を日本式の姓に変えさせた。越後国に組み込まれたはずの佐渡が再び佐渡国とされた。

753

　正月、唐の長安で開かれた賀正の儀に藤原清河《きよかわ》、吉備真備《きびのまきび》らヤマトの遣唐使一行が参列し、そのとき新羅とヤマトの席順のことで争いになった。これ以後、唐との間も事実上国交が断絶する。

渤海使が入朝した。新羅国王、日本からの遣新羅使を傲慢で無礼であるとして会見することを避ける。

754

　唐より帰国する遣唐副使大伴古麻呂らを乗せた船が遭難して沖縄に漂着した。この船には鑑真一行も乗船していた。二十年ほど前に南の島に立てた立札が朽ち果ててしまったので、もとのよ

755

うに島々に立札を修理して建て、どの立札にも「島の名前・船の停泊場所・水場の場所・行き来する国までの道のり・遠くに見える島の名前」をはっきりと書きつけ、難破して漂着する船に帰るべきところを知らせるようにせよとの通達が出された。諸国において双六賭博が禁止された。

鑑真一行を乗せた遣唐使船が薩摩国の石籬浦《いしがき》に到着。鑑真は盧舎那仏の前で天皇に菩薩戒を授けた。鑑真は医薬にも通じていて、盲目ながら香りをかいだだけで薬草の真偽精粗を区別することができ、その鑑定には誤りがなかったとされる。黒砂糖を薬として日本に伝えたのも鑑真だった。あの役小角《えんのおづぬ》を権力に売った韓国広足《からくにのひろたり》が、鑑真から本草学を授けられた。唐人の鑑真の渡来がきっかけとなって仏教が盛大に興隆しはじめる。韓国広足が医薬と薬草園の統制と称して修験者、採薬行者たちの弾圧に乗り出した。

東大寺の僧正だった百済人二世の良弁《ろうべん》が天皇の命令で東国相模国にある「大山」を開いて寺(大山寺)を建てた。相模だけでなく、対岸に見える安房、上総などの房総半島にも寺領を持ち、そこからの租税で寺は運営された。

唐帝国内部で動乱が起きた。渤海が遼東の小高句麗を併合した。

756
前の天皇が、病気を理由に退位させられてから八年後に五十六歳で世を去った。

757
親不孝者や年長者を大事に扱わない者たちを、陸奥国にできたばかりで辺境に接する最前線の桃生柵《もののうのき》〈宮城県牡鹿半島のつけ根〉か、出羽国の、これも完成まもない小勝柵《おかちのき》〈秋田県と岩手県の県境奥羽山脈西側〉に送り、風俗を矯正し、辺境の防衛にあたらせるべしと通達があった。高麗、百済、新羅からの移住者には、問題がないかぎり「姓（氏）」を与えることが許可された。

　大仏建立がかえって人心を離反させ、公民たちを疲弊させたことに怒り、橘奈良麻呂らがクーデターを計画したが捕らえられて処刑にされた。丹治比《たじひ》氏など関係者はことごとく処刑された。丹治比《たじひ》氏はマムシ採りを生業とする畿内山人族（サンカ）の元締めであるとされる。大伴家持の親戚で陸奥鎮守将軍だった大伴胡麻呂《こまろ》、かつてのヒーロー将軍と同じ名前を持つ――とにかくこの時代の都人には「東人」という名前が多かった――前の備前国の守《かみ》である小野東人《あずまひと》らはこれに連座したとして、姓を「乃呂志」（愚か者）と変えられたうえ、獄中で拷問を受けて死亡した。その結果、藤原仲麻呂が女帝を担いで政府中枢の実権を握り、政府内部で百済派の巻き返しをはかって、外交においては対新羅強硬策――というよりは新羅征討計画――を推進して、内政においては奥羽両国で領土拡大にさらなる積極策をとるようになった。もちろん、百済からの移民に土地を分け与えるためである。上総国から「安房国」が、越中国から「能登国」が、河内国から「和泉国」が、再び分割されることになった。左大弁の大伴古麻呂が陸奥鎮守将軍と陸奥国按察《あぜ》使《ち》を兼任することとなり、陸奥守の佐伯全成が鎮守副将軍に任命された。

諸王を含めて祭祀と病気療養の他は一切の飲酒が禁じられた。無届けの集会も禁じられ、友人同僚がたがいに訪問するときはあらかじめその筋に届けて許可を得なければならないとされた。

陸奥国では桃生城《ものう》〈宮城県桃生郡河北町〉造営の準備が進んでいて、それにともない帰降してきた夷俘《いふ》千六百九十人あまりに田を分け与え、王民に組み込んで――つまり天皇の子どもたちとして――辺軍にあてている。つまり投降した蝦夷《エミシ》に田を与えて政府軍兵士とし、この連中に対蝦夷《エミシ》戦争を実行させたということ。このとき「夷俘」という言葉がはじめて使われたことに注意されたい。「夷俘」は「投降した日高見国の住民である蝦夷《エミシ》」を指す言葉として使われはじめたようだ。ここでもまた「夷を持って夷を制する」の政策が実行に移されている。「蝦夷《エミシ》の性質は狼のような心であって、ためらいがちで、猜疑心が多い」から早く田を与えてくれとの進言に応じたものだった。

大伴家持が因幡国守に任命された。奈良麻呂のクーデターに無関係とされたが、この措置は実際には左遷だったといわれる。彼は四十一歳になったこの年を境に、歌を作るのをきっぱりとやめている。

世情不安の詰め腹を切らされる格好で独身の女帝が退位させられ、ウガヤ新羅系サン・クランの血筋の一番若い皇子が、天皇の位に就くことになった。おそらく彼が最後のサン・クランの天皇だったろう。その新しい天皇が最初にさせられた仕事は唐人の鑑真から僧尼の任免権を剥奪して追放することだった。藤原仲麻呂が右大臣の地位に就いて権力をほぼ掌握し「恵美押勝《えみのおしかつ》」と名前を変え、政府の官命をわざとらしく唐風に改めた。太政官は「乾政官《けんせい》」に、右大臣は「大保」となった。朝廷に仕える百済系帰化人の坂上苅田麻呂を父として、のちの坂上田村麻呂が誕生した。

諸国の山林に隠れて雑密《ぞうみつ》などの修行をする隠者がかなりたくさんいたらしく、政府は十年以上修行を積んだ者は得度させるようにと通達を出した。古い占いの書物を調べたところ翌年が大凶にあたるため、諸国に布告して、男女老若となく寝ても起きても歩いていても、口にひまがあれば、みな「摩訶般若波羅蜜多経」を唱えさせるべしとの通達が下った。

百済人コロニーだった常陸国鹿島神社の奴隷二百十八人が賤の身分から解放されて神戸《かむべ》（神田を耕す奴隷家族）とされた。渤海国から使いが越前に到着した。帰化新羅僧三十二人、尼二人、男十九人、女二十一人を武蔵国のあいている土地に移住させ、はじめて新羅郡を置いた。陸奥国の浮浪人を徴発して陸奥国の桃生《ものう》城の建設にあたらせ、これを柵戸《きのへ》として、屯田兵として住まわせた。美濃国に移住していた伽耶国の子人《こひと》と吾志《ごし》という者が姓をつけてほしいと申し出て「賀羅造《からのみやつこ》」の姓をもらう。五道諸国がみな参加したばかりか、さらには坂東の騎兵、鎮兵、役夫や浮浪人、帰順した蝦夷《エミシ》らを徴発して、桃生城、小勝柵《おかちのき》（雄勝城）の造営が突貫工事ですすめられた。再度飲酒禁止令布告。

759

渤海使（当時ヤマト政府は渤海からの使いを高麗の蛮客として扱う風潮が見られ高麗使とも呼ばれた）の揚承慶《ようしょうけい》を迎えて宮中パーティで内教坊の女楽が提供され、それに交わって客も主人も踏歌に打ち興じたという。恵美押勝《えみのおしかつ》は渤海からの客人を自宅に招き、盛大な送別会を催し、わざわざ天皇を動かして、内裏の歌妓を、綿一万屯《むら》とともに揚承慶に賜ったとある。お上品な書き方をしてあるのでわかりにくいけれど、これは送別会で皇居詰めのダンシングチームの女性たちが綿と一緒に贈り物にされたということなのだな。『新唐書』（渤海伝）によれば、彼女たちは十数年後には渤海国の使者によって、唐にたいして「日本国の舞女十一人と方物《くにつもの》を貢した」という記録となって出てくる。

新羅からの難民が断続的にやってきた。政府は新羅との戦いに備えて軍用船五百隻造船計画を策定した。北陸道諸国に八十九隻、山陰道諸国に百四十五隻、山陽道諸国に百六十一隻、南海道諸国に百五隻がふりあてられ、いずれも農閑期を選んで営造し三年以内に完成させる決定が下された。つまりこの時点で新羅侵攻は三年後と決まっていたわけ。

九月になっても桃生《ものう》城と雄勝《おがち》城は完成していなかったので、この工事に参加した者たちの出挙《すいこ》の税が免除された。出羽国にはさらに雄勝・平鹿《ひらか》の二郡が置かれた。そしてこの二郡の、玉野、避翼《さるはね》、平矛《ひらほこ》、横河、雄勝、助河《すけかわ》、ならびに陸奥国の嶺基《みねもと》などに駅家《うまや》が設置された。政府軍によって陸奥国に桃生城が、出羽国に小勝柵《おかちのき》改め雄勝城が完成した。この二つの城の造営に使役された鎮兵らはこの年の税金を免じられた。坂東八国、越前、能登、越後など四国の浮浪人——本籍地を離れて流浪していた人——二千人が、雄勝の柵戸《きのへ》（屯田兵）とされた。相模、上総、下総、常陸、上野、武蔵、下野七国の軍士の器杖を送り、桃生と雄勝の二つの城に貯える。坂東八国に、陸奥国に一旦急あれば国別に二千名以下の兵を徴発し、国司の中ですぐれて強い者一人を選んで部隊を率いさせ、すみやかに救援させろという命令が下った。この年、桃生城に集められた浮浪人一千人ら城下直前で逃亡する。唐と新羅のコロニーに唐招提寺が建立された。

恵美押勝《えみのおしかつ》が太政大臣に就任したが、この年をピークに彼の権力にも陰りが見えはじめる。正月の恒例の授位で「荒夷《あらえみし》を教え導いて、皇化に馴れ従わせ、一戦も交えることなく雄勝《おがち》城を完成させ、また陸奥国牡鹿郡では、大河（北上川）をまたぎ、高く険しい嶺を越えて桃生柵《ものうのき》を作り、賊の急所である拠点を奪取した」功績によって、朝廷が陸奥国の按察使《あぜち》兼鎮守将軍で、恵美押勝の三男でもある藤原朝狩《あさかり》と、その副将軍、出羽守、鎮守軍監らの位階を褒美として格上げした。同じ件で功をあげた百済系で軍曹の韓袁哲《かんえんてつ》にも、危機を恐れずに先に立って突入する勇気があったとして三階級特進があった。他にも国司、郡司、軍毅《ぐんき》にも昇進があり、軍士や蝦夷《エミシ》の俘囚で軍功があった者たちにも、按察使《あぜち》から褒美が与えられた。渤海国国王より恒例の使いが来た。

謀反などの罪で朝廷の賤民とされた二百三十三人の奴（男の奴隷）と二百七十七人の婢（女の奴隷）を雄勝城に移住させ、奴婢の身分から解放して良民とした。陸奥の柵戸《きのへ》の屯田兵たちが、郷里の家族や妻子を呼び寄せる許可を求めて認められた。出羽柵《でわのき》がさらに北進して八郎潟東岸付近に移され、秋田城と呼ばれるようになった。もとの出羽柵は雄物川の河辺の府城ということで

761

「河部府」と呼ばれた。賭博で喧嘩になって殺人を犯した奈良薬師寺の僧の華達《かたつ》こと山村伎婆都《ぎばつ》が還俗させられ、陸奥の桃生の柵戸として移住させられた。中国四国地方で疫病。帰化した新羅人百三十人が武蔵国に移住させられた。大隅・薩摩・壱岐・対馬・種子島などの辺境の要地に派遣されて飢えに苦しんでいた役人たちに太宰府が管理する税の中から特別賞与が与えられた。新羅からの使いが本国に送還された。畿内に居住していた帰化新羅人百三十一人が武蔵国に移住させられた。大伴上足《かみたり》がハレー彗星の出現に関して「災いごと十ヵ条」を書いて人々の間に伝え広めていたとして、実の弟に通報され種子島に左遷された。皇太后が死んだ。新羅から使いが来たが、「身分が低すぎる」として追い返された。陸奥の柵戸として送り込まれた屯田兵らが、郷里から父母・兄弟・妻子をおなじ柵戸として籍に入れるのを許可して欲しいと願い出て認められた。ヤマト国の人口約五百万人。奴婢（奴隷）の数、推定二十五万人。

新羅との戦争に備えて、美濃と武蔵の少年それぞれ三十人に新羅語を習わせた。新羅や百済や伽耶や唐からの移住者たちに次々と姓を与えた。生まれつき凶悪で成長してからも素行が悪かった皇族の葦原王が、飲み屋で博奕をしながら酒を飲んでいて口論となり、人を殺した。皇族だったために、王名を奪われ、「竜田真人」の姓と名を与えられて種子島に流罪とされた。東海東山節度使で陸奥按察使《あぜち》鎮守将軍の藤原朝狩《あさかり》が多賀城を修造した。

762

飢饉の年。渤海からの使い二十三人が越前に来着。朝廷もかつての高句麗からの渡来人の子孫を遣渤海使として派遣した。陸奥国で疫病流行。美濃、飛騨、信濃国で大地震発生。新羅征討のため伊勢大神をはじめとする多くの神社に奉幣する。多賀城に碑が建てられた。碑には「多賀城は、京《みやこ》を去ること一千五百里、蝦夷《エミシ》の国界を去ること一百二十里、常陸国界を去ること四百十二里、下野国界を去ること二百七十四里、靺鞨《まっかつ》国界を去ること三千里にあたる。当城は神亀元年に、陸奥出羽按察使《あぜち》兼鎮守将軍従四位上勲四等大野朝臣東人《あそんあずまひと》の建置したもので、天平宝字六年に、参議東海東山節度使従四位上仁部卿兼按察使鎮守将軍藤原恵美朝臣朝狩《あさかり》が修造した。天平宝字六年十二月一日にこの碑を建てる」と刻まれた。つまり多賀城から蝦夷《エミシ》の国までは、距離にしてわずか百二十里、約八十キロメートルしかないということ。陸奥守に田中多太麻呂《ただまろ》が任命され、鎮守副将軍だった大伴益立《ますたて》は陸奥介を兼ねることになった。

763

渤海使来る。渤海使一行を盛大に饗応。官僚や渤海の客人を招き盛大な歓迎パーティを催した。唐・吐羅、林邑《りんゆう》〈南部ベトナム〉、東国、隼人などの音楽が演じられ、みんなで踊った。使者の位が低すぎるとして新羅使が追い返された。出羽国と陸奥国が飢饉。その他本州島の広い地域で飢饉。唐人であった鑑真和尚が七十七歳で死んだ。日照りが続いて飢饉がその他の地方にも拡大した。

渤海に遣わす船の名前が「能登」とされた。「能登」は「渤海に向かう」という意味であるという。このときに日本側からの使節として渡航したのは「高麗大山《こまのおおやま》」といって、先祖が高句麗からの渡来人だった。新羅から伝えられた暦の使用を廃して、遣唐使が唐から持ち帰った暦を使いはじめた。四国島の阿波国、讃岐国でも飢饉の報告。道教法師を興福寺の少僧都に任命せよとの勅命が下された。河内国で実の母親を殺害した男が、出羽国雄勝《おがち》の柵戸《きのへ》（屯田兵）に配属された。恵美押勝《えみのおしかつ》暗殺計画が発覚した。大伴家持がその計画の立案者の一人だという疑いをかけられた。酒を飲んでくだをまき、上皇女帝と道鏡の男女関係をあれこれ批判した官僚たちが流罪にされた。

伊勢国桑名郡の養老山塊南端にある多度山の多度大神が人に乗り移り、自分は重い罪を犯し、神道の報いを受けているので、そろそろ神さまであることを辞めて、仏教に帰依したいのだがと託宣を下した。このころを前後して常陸国鹿島神宮の鹿島大神、山城国賀茂社の賀茂大神など、日本各地の神社において似たような現象――神であることの苦しさを訴え、神道から免れるために仏教に帰依したいと神が求めること――が起きはじめる。

764

吉備真備《きびのまきび》が造東大寺司長官として中央に復帰して道鏡に取り入った。大伴家持が左遷されて薩摩国守に任命された。突如、新羅使ら九十一名が博多津に着いたが、追い返される。新羅使は唐の命令を受けて日本側の軍備を調査する監視団だったようだ。恵美押勝《えみのおしかつ》が上皇女帝と対立して叛乱を起こし、あげくのはてに逆臣とされて近江で斬殺された。百済王《くだらこにきし》一族という説もあるから、おそらくは百済王族の子孫だったと思われる道鏡、太政大臣禅師に任命されるも、とりあえずはこれを固辞。百済王敬福《くだらこにきしきょうふく》らが兵数百をもっていきなり天皇を幽閉し淡路島に配流し、天皇はそこから脱出しようとして殺害された。これも上皇女帝のクーデターだった。

上皇女帝は復位して天下を掌握した。隼人入朝。年末十二月、「西の方で声が聞こえた」と『続日本紀』は書く。その音は雷の音に似ていたが雷ではなかったと。そのとき大隅国と薩摩国との境にあって煙のような雲が空一面をおおって暗くなり、電光がたびたび空を走った。七日後には空は晴れたが、鹿児島の信爾《しなに》村〈姶良《あいら》郡隼人町か？〉の海に、砂や石が自然に集まって、変化して三つの島となった。炎があらわれ見える様子は、まるで金属を溶かしてなにかを造っている状態のようであり、その島の地形が相連なっている様子は、四阿《あずまや》の屋根にも似ていた。島ができたときに埋没した民家の数は六十二区域で、八十人ほどが生き埋めになった。

765

寺院以外の墾田の開発を禁止する。この年も日照りが続いた。全国的に飢饉。病気を癒す加持祈祷にも長じた道鏡、女帝に請われて太政大臣禅師となる。道鏡が権力中枢に近づいたことで藤原一門がいっそう警戒心を強め、権力奪回を模索しはじめた。

766

ヤマトの女帝が伊予国神野郡の伊曽乃神・越智郡の大山積の神に、人間以外でははじめて従四位下を授け、神戸《かむべ》（神田を耕す奴隷家族）をそれぞれ五戸支給した。久米郡の伊予神・野間郡の野間神にも従五位下を授け、神戸をそれぞれ二戸支給している。神々への位階授与は、こののち大流行した。かつての皇帝の皇子の息子を名乗る男が都にあらわれたが詐欺であるとして島流しに処された。大和国で無実の罪を着せられて公民の身分を剥奪され陵戸《りょうこ》――陵墓に仕える世襲の賤民――とされていた十七人が無実を訴えて認められ陵戸の籍を除かれた。上野国に住む新羅人の子の午足ら百九十三人に吉井連《むらじ》の姓が与えられた。道鏡が法皇となり、百済王朝家に都合のよいようにそれまでの歴史を改ざんするとともに「男神だった太陽神（天照大神）を女神に変えてしまった」とされる。

百済王《くだらこにきし》文鏡――道鏡の弟だとする説あり――が出羽守に任命された。日向・大隅・薩摩の三国で大風が吹いて桑と麻が全滅した。三国の柵戸《きのへ》（屯田兵）に税が免除された。この年大型台風が日本列島を直撃した。しかしこの当時はまだ台風という概念などなかったから、記録は大風が吹いたとのみ書く。「被害が神の怒りによる異変であるなどと言って、人の耳目を驚かすことがあってはならぬ」と通達。

陸奥国の磐城・宮城二郡の稲穀一万六千四百石あまりを貧民に供出して救済した。偽金造りが横行した。偽金を造ったものは捕らえられてほんとうのお金を造る役所の鋳銭司《じゅせんし》に配属され、逃げないように、また逃げてもすぐにわかるように、足かせに鈴をつけて、使役された。陸奥産金の立て役者、百済王敬福《くだらこにきしきょうふく》が、道鏡が法皇となったのを見届けて六十九歳でこの世を去った。

767

鹿島神宮に所属していた奴婢、男八十人、女七十五人が解放され良民に組み込まれた。法隆寺に所属する奴婢二十七人も身分に応じて位をもらった。きわめて珍しくて不思議で美しい七色の雲があらわれたとの報告を受けて、年号が改められた。近江国滋賀郡古市郷三津ヶ浜で漢人の子孫として最澄が誕生する。隼人司の隼人たち百十六人が、位のあるなしにかかわらず、位階を一階あてもらう。宇佐八幡の比売《ひめ》神宮寺の造営が開始された。

冬になる直前に陸奥国に伊治城〈宮城県栗原郡築館町〉が完成した。この対蝦夷《エミシ》最前線の城柵《き》には「弩《いしゆみ》」と呼ばれる重装ハイテク兵器が配備された。造営開始から完成まで三十日足らずの突貫工事だった。このとき蝦夷《エミシ》の集団を率いて服属し、城の造営に協力した功績で、蝦夷《エミシ》のみに授けられる「夷爵第二等」と「伊治公」というウジ・カバネを与えられたアザマロという人物がいた。政府の文書には「伊治公呰麻呂」という名前で記載されているが、この「呰麻呂」という日本名前も、服属した際に政府の役人から、顔に痣があったことからつけられたものだろうと推測されている。

四天王寺の家人《けにん》と奴婢三十二人に身分に応じて位が授けられた。家人とは、身分的には「賤」であるが奴婢（奴隷）よりは上とされ、家族を持ったり、私業を持つことができた。出羽国雄勝《おがち》城下の俘囚四百人あまりが申し出て城に服属することを願ったので許可される。このころには、蝦夷《エミシ》で投降したり、捕虜になってヤマト政権に寝返った者たちを、きわめて政治的な用語の「俘囚《ふしゅう》」という言葉で呼ぶことがすっかり定着した。偽金造りで逮捕された四十人が、鋳銭部《じゅせんべ》の姓をつけられて出羽国に配流された。道嶋嶋足《みちしまのしまたり》が陸奥国にだけ特別にあった役職の大国造《おおくにづくり》に、道島三山が陸奥国の国造《くにのみやつこ》に、それぞれ任じられた。

諸国の寺院や神社の封戸《ふこ》の身分が公民に準ずるものとされた。日向国で赤い目をした白い亀が見つかった。参河（三河）国では白い烏《カラス》が捕らえられた。太宰府からの報告には「肥後国八代郡の正倉のある区画の北辺に蝦蟇《がま》が行列を作り、その長さは七尺ばかりで、南に向かって去っていきました。日が暮れて行方はわかりません」という事件が報告されている。

陸奥国の要請で、他国の鎮兵をやめて同国兵士四千人を加え、調庸は同国に納め、十年に一度京庫に納めることにされた。諸国で徴兵されて陸奥国に送られてくる鎮兵の、途中で逃亡する者たちがあまりに多いためにとられた措置だった。陸奥国の伊治と桃生《ものう》の二つの城兼実験農場に居住を願う者には移住を許可し、現地に到着しだい居住地を与えて安住させ、租税を免除するという達しが出た。大和国に春日神社が創立され、先住民支配で霊験あらたかな常陸国鹿島神宮から分霊とともに、その神域に放し飼いにされていた鹿たちも移された。山階《やましな》寺（興福寺）の僧である基真《きしん》が、よこしまな道を学び、言葉巧みに彼に仕える童子を呪縛し、他人の秘事を暴いたりしたとして飛騨国に送られた。基真はどうも道鏡に使われていたらしい。このころから政府内において反百済勢力の巻き返しもはじまっていた。

桃生《ものう》と伊治の砦が完成したために、日高見国がさらに本州島北部に動かされ、現在の宮城県あたりまでが、陸奥国としてヤマト政府の支配地域に組み込まれた。陸奥の伊治城と桃生城に坂東の百姓が募集で集められて移住させせられた。下総国で飢饉。浮浪の人民二千五百人あまりが陸奥国の伊治村に移住させせられた。陸奥国の大国造《おおくにづくり》であった道嶋嶋足《みちしまのしまたり》の申請で貢献のあった開拓者等にそれぞれ姓が与えられた。このころ道鏡が皇位に就こうとして、太宰府の神社役人を介して宇佐八幡へおうかがいをたてたところ、「道鏡を天皇にせよ」との神託が都へもたらされた。次に女帝の命を受けた和気清麻呂《わけのきよまろ》が、今度は道鏡即位に反対する宇佐八幡の神託を持ち帰り、道鏡の逆鱗に触れ、和気清麻呂の名前を剥奪され「別部穢麻呂《わけべのきたなまろ》」と変えられて、大隅に配流された。新羅系中国人の一族として藤原氏はもともと宇佐八幡とは深い関係にあるわけだから、この事件は、権力の奪取をはかった彼らの事実上のクーデターだったようだ。そしてこの後再び藤原一門が権勢を回復していく。

太宰府から歴代の史書を送ってほしいと頼まれたヤマト中央政府が、『史記』『漢書』『後漢書』『三国志』『晋書』などの中国渡来の歴史書をそれぞれ一冊ずつ発送した。これらの中国の歴史書は遣隋使や遣唐使が持ち帰ったものと見られるが、おそらくこのころにはヤマト中央政府も、かつての「邪馬台国」の存在についての情報を、そうした中国の文献より入手していたと想像される。

陸奥国牡鹿郡の俘囚《ふしゅう》である大伴部押人が「俘囚の名を除いてほしい」と政府の役人に申し出て許可された。聞けば、押人らの先祖はもと紀伊国名草郡片岡里の人間で、昔、先祖の大伴部直が

770

蝦夷《エミシ》攻略のときに屯田兵として陸奥国小田郡嶋田村に入植したものの、親子もろとも蝦夷《エミシ》の捕虜となり、数代を経て俘囚とされていたらしい。「幸いにして朝廷がこのあたりの蝦夷《エミシ》を平定し、その武威が辺境に及ぶようになったことでもあるので、蝦夷《エミシ》のところから逃げ出してだいぶたちます。どうかわたしから俘囚の名を除いて、税を納める一般人の仲間に加えていただきたい」と述べたという。隼人入朝。武蔵国入間郡と下総国猿島郡の正倉がどちらも神火のために焼失した。武蔵国入間郡の正倉では一万五百十三石の貯蔵米が、下総国猿島郡の正倉では六千四百石の穀が灰に帰した。

九州島の太宰府管内で大風が吹いて官舎と民家一千三十あまりが倒壊した。新羅使、太宰府に来着。陸奥国黒川・賀美など十の郡の俘囚《ふしゅう》三千九百二十人が、「自分たちの父祖は、もともと王の民でありましたが、蝦夷《エミシ》に捕らえられて、その奴隷とされていました。今ようやくその敵を殺して逃げ戻り、この地で子孫を増やしました。どうか俘囚の名を除いて、もとのように税金を納めさせていただきたい」と申し出て、許可される。もと王民というからには、朝鮮半島からの渡来系の入植者の子孫だろう。歴史や伝承や言葉遣いなどから、律令国家の役人たちは、彼らがもともと「王民」であることを容易に知り得たと推測される。

政府は疫病を防ぐ神を京の四隅と畿内と畿外の境十か所で祀った。京で飢えと疫病が広まる。二か月にわたって彗星が北斗七星に入り続けた。常陸国那賀郡の住民が白い烏《カラス》を捕まえた。出羽国で雹《ひょう》が降り、稲の作柄に影響がでた。
夏のある日、それまで帰順して中央政府のために働いていた蝦夷《エミシ》のチーフ・ウクハウ（宇漢迷《うかめの》公屈波宇《きみうくはう》）らが、官吏たちの扱いに腹を立てて、突然自分たちの支配地に引き上げてしまい、役所から使いを送って説得を試みたが帰ることはなく、そればかりか「十二の同族を率いてかならず城柵を落とすぞ」と答えたという事件が起きる。近衛中将で相模守の道嶋嶋足《みちしまのしまたり》らが現場に派遣されてことの真相を検問した。

女帝が――道鏡の手でおそらく毒殺されて――百済の王族にルーツを持つベア・クランの新しい天皇――道鏡の弟である百済王文鏡《くだらこにきし》だという説もある――が立った。道鏡が――皇位をうかがう心を抱いたとして（自分の意思で隠居したともいわれるのだが）――下野国の薬師寺に送られた。道鏡の別の弟で大納言をはじめとしていくつかの政府の要職を兼任していた弓削浄人《きよひと》はその子三人とともに土佐に配流。島流しにされていた和気清麻呂《わけのきよまろ》が名誉を回復されて九州島の大隅国から京に戻った。

百済系の朝廷（南朝方）に対抗して、新羅系の北朝方も別の親王を即位させることになった。再開第四回遣唐使で唐朝に送られたまま十八年も抑留されていた藤原清河《きよかわ》が、とうとう帰国を果たせずに彼の地で死んだという知らせを持って、新羅からの使いが太宰府にやってきた。

道鏡を失墜させた藤原永手《ながて》が死んだ。隼人が剣を身に着けることをやめた。大伴駿河麻呂、紀《きの》広純《ひろずみ》ら将軍に、不穏な動きをする蝦夷《エミシ》たちの「征討命令」が下る。陸奥国の太平洋岸で自主独立を守る蝦夷《エミシ》たちから火の手が上がった。橋を焼き道を塞いだのち、桃生《ものう》城を陥落させ、城を守っていた兵たちを蹴り出してしまったのだ。急を告げる報が届き、政府は坂東八か国に支援のための兵を派遣するよう指令を下した。それぞれの国に五百人から二千人の兵を割り当て、地元の屯田兵である柵戸《きのへ》たちと、帰順してコメのある安定した生活を選んだ蝦夷《エミシ》からなる追討軍を組織。折り悪しく渤海使の壱万福《いちまんぷく》ら三百二十五人が船十七隻で出羽国の蝦夷《エミシ》の支配する港である野代湊に着いた。この人たちは常陸の国に送られてその地に住むことになった。

それまで東山道諸国に組み込まれていた武蔵国が、道の便を考慮して東海道諸国に属されることになった。それ以前の東海道は、相模国から船で下総国に直接つなげられていたのだが、「埼玉《さきたま》の入江」と呼ばれた古東京湾の後退にともなって、武蔵国と下総国の交通が容易になったために、もともと交通至難の東山道の一部に組み込まれていた武蔵国が東海道に転属されたというのが理由だ。東大寺大仏大光背ができ上がり、東大寺の造営が完了した。ヤマト朝廷内で百済系貴族の勢力が一層大きくなった。

正月、渤海からの客人である壱万福《いちまんぷく》ら、陸奥と出羽の蝦夷《エミシ》らが儀礼にしたがって拝賀。そのあとで、蝦夷《エミシ》たちは冠位と土産をもらって郷里に帰されたが、渤海からの使いには、上表文が無礼だったことを理由に貢ぎ物が返却されている。政府が遣渤海使を派遣。下野国の薬師寺別当に任じられていた道鏡が死亡した。吉備真備《きびのまきび》が失脚した。

近衛中将の坂上苅田麻呂が同族の檜前忌寸《ひのくまいみき》を大和国高市《たけち》郡の郡司に任命してもらいたいと申し出た。その奏上文の一節に「彼らの先祖の阿知使主《あちおみ》が応神天皇の時代に、朝鮮から十七県の人民を率いて帰化し、天皇から高市郡檜前村の地をもらってそこに居付いたことによります。およそ高市郡内には檜前の一族と十七県の人民が全土いたるところに居住していて、他姓の者は十のうち一、二割程度しかありません」という個所がある。高市郡は大和飛鳥の中心地であり、阿知使主は百済からの移民だから、飛鳥の中心部は住民のほとんどが朝鮮半島の百済からの移住者の血を引く者たちだということになる。そして同族というからには坂上苅田麻呂も百済人で、この苅田麻呂の息子が、のちに征夷大将軍となって蝦夷《エミシ》を滅ぼしまくる、あの坂上田村麻呂その人なのである。

参河（三河）で白い烏《カラス》が捕まった。太陽の周りを虹が取り巻いた。夏台風が日本列島を直撃。渤海からの客を送る船が暴風雨にあって能登に漂着した。年配の大伴駿河麻呂が、いやいやながら老骨にむち打って陸奥按察使《あぜち》に就任した。九州島肥後国で白い亀が捕まえられた。

下野国からの報告に「管内の人民の中に、陸奥国に逃亡する者がいます。陸奥国は、政府の特例で、逃亡者が来ればそのまま戸籍に編入させています。そのために税を納めたくない輩がそのまま陸奥国に逃げ込んで、その数がすでに八百七十人にのぼります。国司はこれを禁じていますが、止めることはできません。役人を送って逃亡者を確認させましたが、連中の逃げ込んだ場所

773

があいにく蝦夷《エミシ》たちの居地に近く、民情も険悪で、互いに隠しあってこちらの手に渡そうとしません」とある。法の手の届かないフロンティアの姿がかいま見られるようではないか。寺院以外の開墾の禁を解除。「墾田永世私財法」が復活した。流星が雨のように降った。狂い馬が平城宮の東面南門に、追儺《ついな》のために立てられていた土牛と童子の人形と官舎の南門の敷居を食い破った。

下野国の国衙《こくが》で火災が起こり、正倉十四棟焼け落ち、貯蔵米や糒《ほしい》あわせて二万三千四百石あまりが灰になった。近江、飛騨、出羽の三国に大風が吹き飢饉の被害深刻。政府米を供出。常陸国の鹿島社の神賤百五人は一か所に収容され良民との結婚を許可されていなかったが、もとのとおりに居住させ、二度と移動を強制せず、同じ身分同士の結婚にかぎって前例に従うようにさせた。上野国緑野《みどの》郡の軍衙《ぐんが》（駐屯地）でも火事が起き、正倉八棟・米穀の穂首三十三万四千石ほどを焼失した。

渤海使が能登に来着した。ところかまわずに漂着してくる渤海使の処遇に業を煮やしたヤマト朝廷は、上表の無礼を責めるとともに、「今後は正式な外交受け付け機関のある筑紫（太宰府）経由で来るように」と、嫌がらせともとれるような通告をおこない、因果を含めて返している。

按察《あぜち》使の大伴駿河麻呂を陸奥国鎮守将軍兼任とした。たび重なる各地の正倉の火災に業を煮やした政府は「諸国の郡司で官物を焼いた者は、管理責任者の郡司以下全員を解任する。放火の犯人を捕らえた者は優遇する。それが代々郡司を歴任している者であっても、心に非望を抱き、故意に放火に及んだ者には、昇進の選考から外す。消火をしない軍団があればこれも解任する」という布告を発して放火を防止しようとした。

常陸国で白い烏《カラス》が捕らえられた。東大寺の別当で僧正となった良弁《ろうべん》が八十四歳で死んだ。山背国乙訓《おとくに》郡の乙訓神社境内〈長岡京市井ノ内〉に狼や鹿がたくさん出没し、しかも野狐が百匹あまり住み着いて、一週間ほど、毎夜吠えたり鳴いたりしていた。

774

正月、陸奥と出羽の蝦夷《エミシ》が拝賀。陸奥と出羽の蝦夷《エミシ》と俘囚《ふしゅう》が、位と土産とをもらって郷里に帰った。この年を最後に蝦夷《エミシ》と俘囚が朝廷に直接参内することが禁じられる。新羅から使いの者たち二百三十五人が、唐朝から託されて「在唐大使藤原清河《きよかわ》ノ書」を持って筑紫の太宰府に来たが、礼儀をわきまえていないとの理由でそのまま送還された。百済王敬福《くだらこにきしきょうふく》の第二子の武鏡が出羽守に、薩摩国守でありながら歌人としても名をはせつつあった大伴家持が相模守に、それぞれ任命された。「摩訶般若波羅蜜」をつねに唱えていれば災害をよけ流行病にかからないので、これをいつでもどこでも唱えるようにとの達しが出された。全国的に飢饉がひどかった。

陸奥国行方《なめかた》郡で神火が出て正倉が炎上し、穀二万五千四百石ほどが焼失した。紀広純《きのひろずみ》を鎮守副将軍に。「愚かな夷狄は野蛮な心を改めようとはせず、しばしば辺境を侵略し、あえて王命を拒んでいる。事態は逼迫しているので、速やかに軍を発して、時機に応じて討ち滅ぼせ」と知事兼陸軍総司令官の大伴駿河麻呂将軍に、さらなる蝦夷《エミシ》攻撃を命じた。

ところがそのときはやく、かのとき遅く、陸奥国の海道——太平洋岸——の蝦夷《エミシ》が蜂起して、橋を焼き道を封鎖して往来を遮断し、桃生《ものう》城に侵入、生存者の数は不明というニュースが京に伝わった。以下は将軍の弁。「賊の行動は、まるで犬や鼠が人に隠れてこそこそと物を盗むときのようであります。ときどき侵入してきて物を盗んでいくことがありますが、大きな被害にはいたりません。今の辺境は草が茂っており、蝦夷《エミシ》たちに有利で、こんなときに攻撃を仕掛ければ、おそらく後悔してもしきれないような事態になると存じます」と。坂東八国に援兵を集めて、陸奥国の急に供えるよう命令が下る。相模守の大伴家持が、前任者の死亡にともなって上総守も兼任することになった。

讃岐国多度郡屏風ヶ浦で空海が誕生した。父は佐伯田公《さえきのたぎみ》というから、おそらくは蝦夷《エミシ》系でしかも非常に早い時期の俘囚《ふしゅう》からの転向成り上がり組だろう。ヤマトタケルとされる人物が最初に蝦夷《エミシ》の土地から連れ帰った蝦夷《エミシ》が讃岐国にも分置されて「佐伯一族」になっている。出自が蝦夷《エミシ》系であるのはほぼ間違いないにもかかわらず、いや、だからこそ、空海は幼少のころより「蝦夷《エミシ》」を「野蛮人」として見るように教育されて育ったようだ。

大伴駿河麻呂が、陸奥国奥地の遠山村で蝦夷《エミシ》と戦う。駿河麻呂が戦った相手の蝦夷《エミシ》は胆沢《いさわ》〈岩手県水沢市〉一帯をテリトリーにする一族と、それにつながる集団で、この胆沢を中心にした戦いは「三八戦争」などと呼ばれている。陸奥の国司が「太宰府と陸奥国とはどちらも日ごろから思いもかけない危機に対応すべく機能しています。もしものときの早馬の奏上文には時刻を必ず記すべきであります。それなのに、太宰府にはすでに設置されている漏刻（水時計）が陸奥国に

775

はありません」と訴えたために、陸奥国に最初の時計が設置された。

前年に太平洋サイドの蝦夷《エミシ》が、それも降伏したと思われていた蝦夷《エミシ》が、蜂起し桃生城《ものう》を攻撃してその西郭を破るという事件が起きたことにより、陸奥国では田畑が荒廃したために当年の課役と田租を免じられることになった。蝦夷《エミシ》の攻撃は止むことがなかった。都に野狐が出て、大納言・藤原朝臣魚名《うおな》の朝堂院内の座席に居すわった。白い虹が天にかかった。奈良平城京の倉庫にあった真綿一万屯《とん》と甲斐・相模両国の真綿五千屯を送って陸奥国に鎧の下に着る綿入れを作らせた。下野国の都賀郡に黒い鼠が数百匹ばかりあらわれ、数十里にわたって草木の根を食べた。野狐があらわれて内裏《だいり》の門にうずくまった。漢字を基にしてカタカナを作ったとされる吉備真備《きびのまきび》が八十一歳で没した。

出羽国が、蝦夷《エミシ》の叛乱により鎮兵九百九十六人の派遣と国府の移転を求めた。相模、武蔵、上野、下野四国の兵士が急きょ出羽に派遣された。日向・薩摩の両国で暴風雨があり桑や麻が全滅した。蝦夷《エミシ》の懐柔と平定に功績があったとして大伴駿河麻呂以下千七百九十人あまりに叙勲した。佐伯今毛人らが再開第五回遣唐使に任命された。

776

陸奥国、四月に兵二万をもって山海二道（この場合は出羽国と陸奥国を指す）の賊を伐つと奏上。天皇は命令を発して、出羽国に兵四千を送り、雄勝《おがち》の西辺を掃討させる。大隅国と薩摩国の隼人八人が土地の演芸を天皇の前で奏した。出羽国で志波村の蝦夷《エミシ》が蜂起した。政府軍不利のため下総、下野、常陸などの騎兵が召集された。作戦途中で最高司令官だった大伴駿河麻呂が死亡する。紀広純《きのひろずみ》が昇格し、陸奥守兼按察使《あぜち》鎮守将軍、つまり征討軍総督に任命され、蝦夷《エミシ》掃討作戦はそのまま続行された。安房、上総、下総、常陸などの関東諸国に船五十隻を作らせて陸奥国まで運び、不慮に備える。九月には蝦夷《エミシ》の女性や子どもを含めた非戦闘員まで三百九十五人が捕虜になり、九州の太宰府管内の国々に強制移動させられた。陸奥国、政府軍三千人を発動して胆沢《いさわ》の蝦夷《エミシ》と交戦。女性と子どもを含む出羽国の俘囚《ふしゅう》三百五十八人が太宰府管内と讃岐国に強制移住させられ、その中の七十八人を都にとどめ諸司や参議以上の者たちに与えて「奴隷」とした。賎民とされた捕虜の蝦夷《エミシ》たちは、所管庁に隷属させられたり、寺院や神社や貴族階級に、天皇から贈られたのだ。この風習は、朝鮮半島からの征服者が持ち込んだものだった。陸奥の百姓で、奥郡を守る者を、三年間免税という条件で募集した。渤海使、暴風雨に遭遇し命からがら越前に漂着。隼人が入朝した。

777

高句麗系渡来人を先祖に持つ高麗殿継《こまのとのつぐ》らを遣渤海使に任命し、新しい船を与えて渤海使らを送り届けさせたが、船が途中で難破して航路を見失い、渤海側の資料では「遠い夷の境域」に漂着して救助された。このころ渤海王の大欽茂《だいきんも》が、日本人の舞女十一人を唐朝に献上している。唐との国交が回復され、第五回遣唐使が派遣された。陸奥国と出羽国の蝦夷《エミシ》に投降する者多しという記録が政府側文書に見られるが、日高見国側の反撃がそうとう大きかったことの裏返しではないかと思われる。陸奥は、中央政府側からいえば、征夷開拓が進むにつれて境域が北へ北へと拡大する特殊な地域だった。というより「北に向かって成長することが至上命題とされた」のである。ひとつの征夷段階が成功するとそこに新しい郡が置かれ、その新しい郡を足場にしてさらにその北の征夷段階に入るわけ。当然だけれど、先住民側から見れば、こうした行為は侵略行為以外のなにものでもない。

相模、武蔵、下総、下野、越後の五国に命じて、甲《よろい》二百領を出羽国の砦や兵営に送らせる。紀《きの》広純《ひろずみ》が陸奥の守と兼任で陸奥按察使《あぜち》に任命された。但馬国の国分寺の塔に雷が落ちた。陸奥国、山海道の蝦夷《エミシ》討伐のため人民が苦しんでいることを理由に当年の調庸・田租を免じる措置を講じた。鎮守将軍の紀広純によれば「蟻のように群れ集まった」志波村の蝦夷《エミシ》に、出羽国の政府軍二万七千が敗れている。俘囚《ふしゅう》の成り上がりで親衛隊の佐伯久良麻呂が鎮守権副将軍に任命され、出羽国に急きょ派遣させられた。出羽国の蝦夷《エミシ》が各地で蜂起をくりかえした。各地で武器を奪われるなど政府軍の被害甚大。

渤海からの使者三十人が溺死し、越前国に漂着した。陸奥国と出羽国の国司以下、征戦に功ある者二千二百六十七人が位を授けられるものの、陸奥国や出羽国においてはゲリラ戦が続けられた。あの伊治のアザマロも、前年の征討に功績があったとして「外従五位下」を授けられ官人の身分を得ている。帰降した蝦夷《エミシ》の村として陸奥国北辺に上治郡《かみじ》〈宮城県栗原郡〉が置かれて、アザマロは、言うならば政府公認の部族会議議長みたいなものとして、その大領に任命された。

渤海使、遣渤海使とともに越前の港に着く。第五回遣唐使、唐使と肥前、肥後、薩摩などに着く。このときの唐からの帰りの船にはあの藤原清河《きよかわ》と唐の女性との間に生まれた遺児の喜娘《きじょう》が同行していたという。その後の彼女の消息については不明。布勢清直らを第六回遣唐使に、大網広道らを遣渤海使に任命。大隅国の海中に神が島を造った。神の名前は「大穴持神」という。

下道長人《しもつみちながと》らが遣新羅使に任命された。新羅使が、唐使とともに九州島太宰府に来着する。みずからを皇族と偽って人民を欺き惑わしたとして周防国周防郡の賤奴が逮捕されて伊豆国に流罪となった。因幡国で大雨のために土石流が発生し三千人が被害を受けた。出羽国に来朝した渤海・鉄利人三百五十九人の今年の滞在を許可する。鉄利人は、ツングース系の少数民族で渤海とは敵対関係にあった。おそらく亡命ではないかと思われる。国司の出挙官稲《すいこ》以外の隠している稲を出挙として利息をとることが禁止された。船九隻を造り、それで渤海人らを帰還させる。鑑真和尚の伝記である『唐大和上東征伝』が著され、その中で「阿児奈波島」という言葉がはじめて使われた。「阿児奈波」は「オキナワ」の当て字だった。

前年に太宰府にやってきていた新羅からの国交回復を求める使いが平城京に入った。唐からの使者も一緒だった。新羅からの使いにたいしヤマト政府は「上表文を持たない使者は今後国境をまたがせないから、よくおぼえておくように」と高飛車におどかして帰らせている。そして新羅からの使者はこれが最後となり、以後新羅との正式な外交は途絶えることになる。しかし、それに反比例するかのように、新羅からの商人の来航は一層盛んになっていくのだった。

平城京に雷が落ち、いくつかの寺から火の手が上がった。新薬師寺の西塔や葛城寺の塔と金堂が延焼した。陸奥国で蝦夷《エミシ》の襲撃が続いていたので、三月中旬をめどに陸奥国に覚鱉《かくべつ》城を建設するという話が政府部内で持ち上がる。雪が消えて川に雪解けの水が増えた直後に北上川を軍船でさかのぼり胆沢《いさわ》の地を確保する計画だった。「胆沢」は日高見国の蝦夷《エミシ》の拠点であり、この場所を守りとおせるかいなかが蝦夷《エミシ》の運命の別れ道だった。蝦夷《エミシ》にとって覚鱉城は生命線を守る意味でも絶対に作らせてはならない柵《き》であったし、政府軍は「陸奥と出羽両国の安泰のために」なんとしても胆沢を陥落する腹づもりを固めていた。

蝦夷《エミシ》のゲリラが長岡〈宮城県古川市長岡〉に侵入して民家に火を放った。政府軍はゲリラを追撃したが双方に死者を出した。陸奥国が「早々に征討しなければゲリラの来襲と侵犯は止まないので三月中に政府軍を派遣してほしい」と上奏した。天皇はこれに応えて「狼は子どもでも野生の心をもって恩義を顧みない。そのように蝦夷《エミシ》もあえて険しい地形を頼みとしてしばしば辺境を侵犯する。兵器は人を害する凶器であるが、この際使うこともやむを得ない。よろしく三千の兵を発して残党を刈りとり、敗残の賊兵を滅ぼすように。すべての軍事作戦は、都合のよい時に随時おこなえ」と檄を飛ばした。

政府軍に胆沢の地を封鎖するように命令が下る。今後は裕福な百姓で、弓や馬が巧みな者たちを兵士に徴用することになり、他は帰農させられた。三月、上治《かみじ》郡の大領までをもつとめていたあの蝦夷《エミシ》のチーフ・アザマロが、大量の開拓者たちを流入させ、蝦夷《エミシ》たちを他の地方へ強制移住させるやり方にとうとう業を煮やして、配下の者たちとともに反旗をひるがえす事件が起きた。

アザマロがどうしようもなく蝦夷《エミシ》であることを理由に常日頃から侮蔑していた、曽祖父が百済人で日本に帰化していた牡鹿郡の大領（豪族）の道島大盾《みちしまのおおたて》を、チーフたちは手はじめに血祭りにあげると、次に、朝廷が覚鱉城建設のために鎮守将軍として派遣し前線に出張中だった征討軍総督（按察使《あぜち》）の紀広純《きのひろずみ》を囲んでこれを殺害、その勢いを駆って、彼と彼に従う者たちは伊治城と呼ばれた政府軍の砦を陥落させた。

伊治城は、陸奥の黄金産地をつなぐゴールド・ラッシュ・ルートの最重要地点であり、そこを基点として桃生《ものう》城、新田柵、玉造柵、牡鹿柵、色麻柵などという城柵が砦の環をつないで要塞化した軍事境界線をなしていた。伊治城ではのべ二千五百人の帰順した蝦夷《エミシ》に種籾を与えて耕作をさせていたという。

アザマロは伊治城を落とした勢いで、数日後には国司が住む、蝦夷《エミシ》地開発の最重要拠点の多賀城をも陥落させ、武器や食料を奪った。武官も文官も後門から逃げ出し屯田兵たちは散り散りになった。『続日本紀』には「逆賊が秩序を乱して、辺境を侵す。狼煙《のろし》をあげるのもむずかしく、見張りも機能を停止した」とある。

このとき悪路王、阿弖流為ことチーフ・アテルイも呼応して、彼に従う多くの同族たちとともに一斉に蜂起している。現在の茨城県から秋田県までのおいつめられていた先住民（蝦夷《エミシ》系、天の王朝系、靺鞨《まつかつ》系、アイヌ系、出雲伽耶——伽羅——系、新羅系）たちがヤマトの勢力を一掃するために武器をとって立ち上がり、一部は関東を越えて富士の裾野にまで攻め上がったともいわれている。日本国《ヤマト》の歴史がはじまって以来空前絶後の先住民たちの大規模な蜂起であり、列島を分断した事実上の南北戦争だったと思われる。ヤマト王朝政権は存亡の危機に立たされた。

平城京ではあわただしい動き。藤原継縄《つぐただ》が征東大使に任じられ、大伴益立《ますたて》と紀古佐美《きこさみ》の二人が征東副使に任命された。大伴真綱が陸奥鎮守副将軍に、安倍家麻呂が出羽鎮狄将軍にそれぞれ任命される。征東副使の大伴益立は陸奥守を兼任させられた。平城京の庫と諸国にある甲六百領《よろい》を出羽の鎮狄将軍のもとに送った。天皇は出羽国に「渡嶋《わたりのしま》の蝦夷《エミシ》が以前に誠意を尽くして来朝し、貢献してきてからやや久しくなる。今まさに俘囚《ふしゅう》たちが反逆を起こし、辺境の民を侵し騒がせている。出羽鎮狄将軍や国司は渡嶋の蝦夷《エミシ》に饗宴を賜る日に、心がけて彼らをねぎらい諭すようにせよ」と命じた。なにを諭すかというと、国家に反逆する者たちは妻子も家族も命を落とすか永遠の奴隷になるのだぞと。

坂東諸国と、能登と、越中と、越後に、糒《ほしい》三万石を準備させている。再び天皇からの檄が飛んだ。「狂暴な賊徒が平和を乱して辺境を侵犯し騒がせているが、狼煙台は信頼できず、斥候も見張りを誤っている。今、征東使と鎮狄将軍とを遣わして別々の道から征討させている。日を定めて大軍を結集させるからには、当然のこととして文官と武官は謀議を尽くし、将軍は力を尽くして、よこしまなことを企てる者を苅り平らげ、元凶となっている者を誅殺すべきである。広く志願兵を募り、素早く軍営に送るようにせよ。もし機会を得たことに感激して、忠義勇気を励み、自ら力を尽くすことを願う者があれば、特に名を記録して教えてきなさい。平定が終わったら、異例の抜擢をおこなうから」と。

百済王俊哲《くだらこにきし》が陸奥鎮守副将軍に任命された。多治比宇佐美が陸奥守に就任した。天皇が副将軍の大伴益立らを、征東の効果がまるであがっていないことで責めたてた。征東使、鎮狄将軍、都を進発する。征東使の要請により、尾張など五国に甲《よろい》千領を運ばせる。同じく要請のあった襖《わたいれ》四千領を東海道、東山道の諸国に作らせた。坂東兵士たちを九月五日までに多賀城に集結させる計画が動きはじめた。当時の官軍の兵が備えるべき物の一覧が残されている。「弓、箭《や》、太刀、鞆《とも》、脛裳《すねはばき》、頭纏《はちまき》、水甬《みずおけ》、塩甬《しおおけ》、小鉗《こかなはし》、縄解《なわとき》など。七月、下総国の糒《ほしい》六千石、常陸国の糒一万石を陸奥国の軍所に運ぶ（ある計算では、これだけの食料を運搬するのに、下総国では最低でも一万二千人、常陸国では二万人の役夫が必要となる）。

「筑紫の太宰府では外敵からの侵入に備えて将校と馬を選び出して鍛え、武装兵を精鋭にして非常時に備えているが、北陸道もまた外敵の侵入を受けやすいのに、軍兵はまだそのための訓練を一度もしていないから、いざというときには役に立たない。至急太宰府にならって軍事教練をせよ」との命令が下る。

夷狄のシラスや俘囚のウナコらが心配して「政府軍はわたしたちを見捨ててこの秋田城を放棄してしまうのですか？　もしそういうことなら、われわれがこれまでどおりに、当番を決めてここを守るようにしたいのだが」と鎮狄将軍に嘆いたという。政府は現実には保てなくなっていた秋田城をあえて保持する決定を下して――ここを頼りにして帰順して歴史をつくってきた俘囚たちの心をくじかないために――専当国司一人を派遣して置き、要害の地にある由理柵《ゆりのき》とともに蝦夷《エミシ》対策にあたらせることにした。藤原小黒麻呂を持節征東大使に任命したものの、征東軍は蝦夷《エミシ》たちのテリトリーに入ることもできずに、多賀城、玉作《たまつくり》城のふたつの城をひたすらに防御する一方だった。

天皇は腹に据えかねたと見えて「いいかげんにしろ。何万人もの歩兵と騎兵が集まっているのだから、今ごろはとっくに平らげているかと思えば、やれ甲を送ってくれだの、綿入れがほしいだのと、征討ができない言い訳ばかりしているではないか。そのうえ、食料の準備もしないで勝手に駐留して、こんどは食料を送れとはなにごとだ。まだ真冬にはなっていないのだから、戦えるはずではないか。それなのに攻め入ろうともしない。人と馬とがことごとく痩せれば、なにをもって敵と戦おうというのか。今月中に賊地へ討ち入らないのなら、多賀城・玉作城などに駐留し、よく防御を固め、もう一度戦術を練るようにせい」などと伝えている。

出羽では蝦夷《エミシ》たちは大室要塞に司令部を置いて木を切って道を塞ぎ砦の回りの溝を深く掘ったりしてゲリラ戦を展開していたし、陸奥では蝦夷《エミシ》たちが副将軍・百済王俊哲《くだらこにきし》を完膚無きまでに打ちのめし、政府軍は全滅寸前で神仏に祈るしか道はなかった。

このころ京の町の街路に多くの人々が繰り出し、男や女の巫覡《ふげき》（呪術使い）と一緒になって、わからないままに淫らな祭りを尊び、藁で作った呪術用の犬やお札や護符の類などさまざまにあやしいものを作って、それらが道の上のあちこちにあふれる状態になっていた。当時、律令国家日本は呪術を固く禁じていた。幸福を求めることをたのんで呪術にかかわりあっていることは「実に妖しく淫らなものを長く養うことになる」という天皇の意見で、そうしたものが改めてここでも禁止された。だが、病気を治すための呪術に関しては、京内に住んでいるのでなければ許可された。

常陸国の国司が、戸籍からもれている神賤（神社が所有する奴隷）七百七十四人を鹿島神社の神戸《かむべ》に編入することを求めて許可されている。戸籍からもれている奴隷の数がかなりにのぼることを想像させる。こうした奴隷が律令国家の下部を支えており、蝦夷《エミシ》の中でも「俘囚」や「夷俘」とは異なり、反体制的な、あくまでも自由を忘れない者たちは皆この「奴隷」に組み込まれた可能性を捨てきれない。ヤマト政府にとっての「蝦夷征伐《エミシ》」は同時に「奴隷獲得戦争」であった。このことを忘れてはならない。

チーフ・アザマロの叛乱は当然国家反逆罪にあたるものだが、結局彼が捕らえられて処刑されたという記述は、このとき以後どこにも見いだせないのである。副将軍の百済王俊哲《くだらこにきし》から「蝦夷《エミシ》軍に包囲されて苦戦したが、桃生と白河郡の神十一社に祈ることでその囲いを撃ち破ることができました。ついてはこの十一社を弊社に列することを請う」との伝令。ヤマト政府はさっそくこれを許可した。

最澄が近江の国分寺で出家し僧籍に入った。

781

伊勢神宮の上に美しい雲が出たという理由だけで年号が変えられた。本州島東北部に残された辺境では、年が明けても蝦夷《エミシ》と政府軍との闘いが続いていた。動員された政府軍の歩兵と騎兵はその数あわせて数万。チーフ・アザマロとともに武器をとって立ち上がった先住民のうち、自分が騙されていたと後悔して、ゲリラ軍から投降してきた者には、特別に税が三年間免除されることになった。また陸奥、出羽の戦いに従軍した一般の百姓には、長い兵役に疲れて家業が破産した者が多かったので、今年の田租を免じられることになった。

藤原小黒麻呂が陸奥按察使《あぜち》兼任とされた。蝦夷《エミシ》征討の食糧を供出した下総国印旛郡と常陸国那賀郡の大領に叙勲があった。二月、穀十万石を、常陸、相模、武蔵、安房、上総、下総の諸国に命じて、陸奥国の軍所に海上輸送で運んだ。美作国《みまさか》苫田郡《とまだ》の兵器庫が、大きな雷のような音を立てて震動したらしい。そしてすぐ鈴鹿《すずか》関の西側中央の城門の太鼓が自然に三度鳴ったと、伊勢国も報告。その一週間後、今度は宮城の左右兵庫の中に置いてあった兵器が自然に鳴った。大きな石を地面に投げつけたような音だった。

富士山が噴火した。天皇が危篤に陥り、伊勢、美濃、越前の三国に急を告げる使者が送られ、鈴鹿、不破《ふわ》、愛発《あらち》の三関の警備も固められた。急きょ皇太子が新しい天皇になった。大伴家持が春宮大夫《とうぐうのだいぶ》に、そしてさらに左大弁にも任命された。陸奥の按察使で持節征東大使の藤原小黒麻呂が兵部卿に就任した。鈴鹿関で城門と守屋四棟が自然に家鳴りを繰り返し、木で建物を叩くような音はまる一日続いた。紀古佐美《きこさみ》が陸奥守に就任した。征東大使で兵部卿で陸奥按察使兼常陸守の藤原小黒麻呂に率いられた政府軍が、蝦夷《エミシ》四千人あまりのうちの七十人ほどを斬殺した。

小黒麻呂らから対蝦夷《エミシ》戦争の報告を受けると、天皇は「状況はわかった。ただあの蝦夷《エミシ》の性質は蜂のように寄り集まり、蟻のように群がって、騒乱のもとをなしている。攻めれば山や藪に素早く逃げ込み、放っておくとすぐに城や砦を侵略する。しかもイサセコとかモロシメとかヤソシマとかオトシロといった連中は、賊の中の首領で、一人で千人にも匹敵する連中と聞く。この者たちは行方を山野にくらまして、機会をうかがい隙を狙っているが、われらの軍の威勢に恐れをなしたか、まだあえて害毒をふりまいてはいない。今回、将軍たちはそうした賊の首領の首のひとつも斬らないまま、先に征夷の軍隊を解散してしまった。ことはすでにおこなわれてしまって、もうどうすることもできない。改めて状況を聞けば、賊は四千人あまりもいて、そのうち斬った首の数はたったの七十ほどではないか。こんなことではとても満足できない」としかりつけている。

大和国の菅原伏見〈奈良市菅原町〉に暮らす土師氏《はじ》一族が名前を変えたいと朝廷に申し出た。土師一族は、もともとは「土蜘蛛」などというレッテルをはられた出雲（伽耶）系先住民で、かつて土でさまざまな人形（埴輪）を作り、その人形をもって殉死にかえさせた功労で「土部《はじべ》」の祖とされる野見宿禰《のみのすくね》が、天皇から「土師臣《はじのおみ》」の公姓をもらって「陵戸《りょうこ》」とされて以来の家系だったが、かねてより「葬式屋」などと差別的な陰口を叩かれ続けたことにたまりかねたもの。請願が認められて土師氏一族は土地の名前を取って「菅原」と姓を改めた。そしてこの菅原一族から、のちに天神様となり、受験の神さまとして頼りにされる菅原道真が生まれてくる。

富士山が小さな噴火を起こして、駿河側の麓に灰を積もらせた。陸奥按察使の藤原小黒麻呂が蝦夷《エミシ》攻略を終えたとして帰京した。小黒麻呂は位をあげられたのち、兵部卿をはずされて民部卿に。内蔵全成《くらまたなり》が陸奥守に任命された。同時に征東軍に加わって功績をあげた百済王俊哲《くだらこにきし》、百済王英孫らの冠位を昇格させ、また征討軍に参加して軍功のあった蝦夷《エミシ》たちにも位が与えられた。征東副使大伴益立《ますたて》は、軍中における怠慢を理由に、いたずらに軍糧を費やして月日を引き伸ばしたとして、その位を剥奪された。藤原小黒麻呂が再度征東大使に任命され、陸奥に送られた。

冬、蝦夷《エミシ》の大反撃が開始される。蝦夷《エミシ》側では、イサセコ、モロシメ、ヤソシマ、オトシロといった「一を以て千に当たる」と政府軍関係者に恐れられたチーフたちが有名だが、のちにチーフとなるアテルイもこのときすでに戦場に出ていたことがわかっている。陸奥守の内蔵全成が兼鎮守副将軍に任命された。ずっと危篤だった先の天皇が死んだ。鈴鹿、不破、愛発の三関の警備が再び固められた。

唐の長安の大秦寺という景教寺院（キリスト教の教会）に、景教僧アダムス（景浄）によって「大秦景教流行中国碑」という碑が建てられた。

782

新しい天皇は百済人の血を半分引いていた（あるいは百済人そのもので亡命者だった、という説を唱えるラディカルな歴史研究家もいる）。彼の母親は百済武寧王の子孫だったし、女御《にょうご》も百済人だった。この年のはじめ、因幡守の職を命じられた氷上川継がクーデターを起こそうとし、事が発覚して逃走し、鈴鹿、不破《ふわ》、愛発《あらち》の三関に非常警戒網が張られたが、結局、大和国葛上《かつらきかみ》郡で逮捕されて伊豆の島に流された。氷上川継は新羅系（北朝側）の塩焼王の子だった。この事件に関与したとしてまた大伴家持がその職を解任された。さらに二か月後、共謀して天皇を呪詛したという罪で、ある夫婦とその仲間たちが日向国や隠岐に島流しになっている。

政府軍はなかなか陸奥国奥郡、日高見国の最深部に手を出すことができず、そこに暮らす百姓は三年間免税とする決定を下した。「鹿島神に祈祷したおかげで凶賊を討ち払うことができました。鹿島神の霊験は偽りではありませんでした。お礼として鹿島神に位階を授けられるようお願いします」と陸奥国から連絡があり、新天皇は軍神としての鹿島神に勲五等と封二戸を与えている。大伴家持の嫌疑が晴れて復任し、さらに陸奥按察使《あぜち》鎮守将軍を兼任させられて、陸奥へ赴くことになった。蝦夷《エミシ》の反撃は勢いを増しつつあり、政府側は領土の拡張と奴隷獲得を二大目的として、再度蝦夷《エミシ》征服戦争の準備に入った。平城京に雷が落ちて、大蔵省の東の長蔵から出火。内厩寮の馬二頭が落雷に打たれて死んだ。天皇の命令で、朝廷に雇われていた各技術職の常勤者五十四人が解雇され、餅戸《もちこ》（大膳職に属する雑戸《ざっこ》）と散楽戸《さんがくこ》（散楽を職とする雑戸）が廃止された。

783

大隅と薩摩の隼人がこの年も入朝した。隼人による入朝はこれが最後となった。陸奥鎮所の指揮官や役人たちが坂東八国（足柄岳の坂より以東。相模、安房、上総、下総、常陸、上野、武蔵、下野）からの籾米を私物化し、鎮兵を使役していることが発覚して、同時に彼らが私田を営むことも禁じられた。天皇が坂東諸国に通達した。「武力に頼らなければ、どうして民の害を取り除くことができようか。昔の中国が武力で四辺の野蛮人を征討したのも無理のないことである。なぜなら、近ごろ蝦夷《エミシ》は猛り狂って乱暴の限りを尽くし、われらは辺境の守りを失った。事情やむを得ず、しばしば軍隊を征討に発動して、その結果坂東の地方を常に徴兵と軍事物資の徴発で疲れさせ、農業従事者を長い間武器や兵糧の輸送でくたびれさせたことを哀れに思う」と。そこで政府は使者を遣わせて慰問し、倉を開いていろいろ支給した。「まず人民を喜ばせてから使う」というのがいつものこの国のやり方だった。

天皇の通達を読むと、辺境《フロンティア》では事態がかなり逼迫してきている様子がありありと見受けられる。被害を申し出た出羽国の雄勝《おがち》と平鹿《ひらか》二郡の百姓たちは、三年間免税となった。そこでまた天皇の通達で「蝦夷《エミシ》は平常の世を乱して王命に従わないことがまだ止まない。追えば鳥のように散り去り、捨てておけば蟻のように群がる。なすべきことは兵卒を訓練して、蝦夷《エミシ》の侵略に備えておくべきである」と。さらに天皇は、坂東諸国の政府側人民は、いつでも戦争に狩り出されると虚弱で戦闘に耐えられない場合が多いとしかりとばしたうえに「なぜ弓や馬に馴れているはずの下級役人や浮浪人の類をこれまで一度も使わないのか。今後はそういう者の中から軍人になれそうな者たちを選びとって軍事教練をさせ備えさせるべし」と告げている。いったいここでいう

「弓や馬に馴れているはずの下級役人や浮浪人」とはどういう人たちだったのだろうか?

天皇が山城国の交野《かたの》で鷹狩りを楽しんだ。仮宮で暮らす百済の皇族たちの位階を昇進させ、大坂の百済寺と百済人コロニーに多大の寄付を施した。常陸介だった大伴弟麻呂《おとまろ》に征東副将軍を兼任させた。

784

大伴家持《やかもち》を持節征東将軍に、文室与企《ぶんやのよき》を副将軍に、入間広成と阿倍墨縄《すみただ》を軍監にそれぞれ任命した。五月某日の早朝、長さ四分ばかりで色が黒くまだらの蝦蟇《がま》二万匹ばかりが難波の市の南道の南にある汚れたたまり水から、三町ほど連なって道にしたがって南行し、四天王寺の境内に入り、真夜中になってみな残らず散り散りに去っていくのが目撃された。平城京に盗賊や放火が多発した。「未開発地域」とされる山林や沢の周囲を王臣家や役所や寺院が勝手に囲って占有するようになっていたために、政府がこれを禁止した。ヤマト政府は東国の蝦夷《エミシ》の叛乱を恐れて山背国長岡村に王都を移した。長岡京遷都といわれるものだが、奈良が百済系（南朝）の都であったように、ほんとうは長岡が新羅系（北朝）の都だったからなのだ。

785

陸奥按察使《あぜち》で鎮守将軍も兼任して下向した大伴家持からの報告。「陸奥国の名取以南の十四郡（亘理《わたり》、伊具、刈田《かつた》、柴田〈以上は宮城県〉、宇多、行方《なめかた》、標葉《しめは》、磐城《いわき》、菊多、信夫《しのぶ》、安積《あさか》、磐瀬、白河、会津〈以上は福島県〉は山や海の僻地にあって、多賀城の砦からははるか遠くに離れています。だから徴兵して出動しても危急にまにあいません。このため仮に多賀と階上《しなかみ》の二郡をおいて、人民を募り、人や兵を国府に集めて東西の防御としました。あらかじめ不意の事態に備えて、矛先を万里の遠く離れた地までおしおよぼすものであります。ただ思いますところ、開設したといってもそれは名ばかりのことでありまして、いまだ郡を統率する官人は任命されておりません。これでは人民があたりを見回しても、心のよりどころがありません。どうか正規の郡を作って役人を備え置くことをお願いいたします。そうすれば人民は全体を管理していることを知り、賊は隙をうかがう望みを絶たれることになるでしょう」と。

で、陸奥国に多賀、階上の二郡がたてられて国府の人兵も増強された。百済王英孫《くだらこにきし》が陸奥鎮守権副将軍になった。出羽国で飢饉発生。長岡に宮廷を造るために三十一万四千人の人間が雇われた。大伴家持が死んだ。その屍体がまだ埋葬されないうちに、大伴継人・大伴竹良ら数十人が、いうならば「総理大臣」として長岡京遷都を計画していた新羅系（北朝側）の藤原種継を殺害し、そのことで逮捕投獄ののちに斬首されてしまった。事の原因が家持にあったらしいことが判明して、家持は死後にもかかわらず冠位と姓名の両方を剥奪されている。大伴家持は最後の最後まで裏で策謀——反新羅闘争——をめぐらせていたのだった。

大型台風が本州を直撃し、各地で洪水など被害甚大。皇太子早良《さわら》親王を廃する。皇太子は淡路に流される途中で死亡。僧最澄が比叡山に草庵を建てた。

陸奥へ向かう東海道、東山道の二本の道に政府が軍備を配置し、蝦夷《エミシ》攻撃の準備を整えた。東海道には蝦夷《エミシ》出身の佐伯葛城《かずらぎ》が、東山道には紀楫長《きのさやなが》がそれぞれ派遣され、軍士の簡閲や兵具の点検をしている。各地で頻発する正倉の火事を防ぐ対策として、天皇は「正倉が火災を起こすのは必ずしも神によるものばかりとはかぎらない。郡司になる資格を持つ者たちが、同輩をわざとおとしめようとして互いに火をつけたり、正倉を管轄している官司が虚偽の納穀をごまかすために放火しているからである。今後は、神による火災か人の放火であるかを問わず、その時の国司・郡司に損失を補てんさせることにして、職を解任することは中止する」と勅した。ほー、ふむ、神による火事というものがあったようだ。

渤海使、出羽に漂着。大使以下六十五人を乗せた船が漂着して蝦夷《エミシ》に襲われ、死者十三人、捕虜になった者十二人、命からがら助かった者四十一人とか。

唐の長安で、景教僧の景浄（アダムス）が、これも長安にいたインドの仏僧の般若三蔵（プラジーナ）とともに「六波羅蜜経」を漢訳した。これがのちに日本において真言密教の中心経典となる「理趣経」のことである。般若三蔵（プラジーナ）は、十九年後に空海の梵語（サンスクリット語）の師となる人物だった。

政府が越後国に命じて、渤海使に船を与えて帰国させた。佐伯葛城《かずらぎ》が陸奥《みちのく》介に任命され、鎮守副将軍と兼任することになり、池田真枚《まひら》も鎮守副将軍に任命された。陸奥の鎮守将軍である百済《くだら》

788

王俊哲《こにきし》がある事件——おそらくは蝦夷《エミシ》との密貿易——に連座して、日向に左遷された。王臣家や国司らに、蝦夷《エミシ》との交易を禁ずるお触れが出され、陸奥按察使《あぜち》が取り締まりにあたることになった。「王臣及び国司ら争って狄馬及び俘奴婢を買う」と『類聚三代格《るいじゅうさんだいきゃく》』は書く。蝦夷《エミシ》が育てたウマは、この時代にはあこがれの財産であり、また捕らえた蝦夷《エミシ》を奴隷として使うことが都では大流行していた。だから政府軍の兵たちは、戦いよりも馬や人を掠め奪って、馬買いや奴隷の人買いに渡して儲けることばかりを考えていたらしい。現地ではみんなまったくの蝦夷《エミシ》の服装となり、軍用の鎧甲は鋳潰されて、蝦夷《エミシ》向けの農耕具に作り変えられていたという正しくフロンティア状態。禁制を犯してまで王臣らが蝦夷《エミシ》から手に入れたがったものは、馬、鷹、鷹の羽根、皮革、奴婢、砂金、琥珀などであり、それらと交換で蝦夷《エミシ》が求めたものは、綿や布、農具、工具、武器などの鉄製品だった。天皇が交野《かたの》にあった藤原継縄《つぐただ》の別荘にでかけて鷹狩りをし、夜は継縄が百済王一族を率いてさまざまな音楽を演奏させた。

陸奥按察使《あぜち》で陸奥守の多治比宇美《うみ》が鎮守将軍も兼務とされ、軍監だった阿倍墨縄《すみただ》が副将軍に位をあげられて、征討軍の態勢が整った。兵糧三万五千余石、糒《ほしい》二万三千余石と塩とを、東海道、東山道、北陸道の諸国に、夏までには多賀城に搬入するよう命令が下った。東海道、東山道、坂東諸国より歩兵と騎兵五万二千八百あまりからなる大軍が動員され、翌年三月までに暫時フロンティアと接していた胆沢《いさわ》〈岩手県南部〉地区の多賀城に派遣された。兵士たちが選ばれた基準は、

789

前回従軍して戦を経験し、勲功を受けた者と、常陸国が所有する鹿島神社の奴隷たちは残らず全員が、そののちに弓射や乗馬の堪能な者が選ばれて、「しっかりと働かない奴らは斬りすてるぞ」と一喝された。

大隅国の曽於《そお》郡曽乃峯《そのみね》（霧島山）の山頂近くで火炎が吹きあがり、雷の鳴るような音が聞こえた。火炎の光がやがておさまると、黒煙があがり、峰の麓一円に黒い砂や石が降り積もった。畿内に日照り続く。伊勢神宮や七道の名神――全国二百八十五座の大社――に雨乞いが命じられた。

長岡京出発直前に別れの挨拶に来た征夷大将軍の紀古佐美《きこさみ》に、天皇は刀を与え檄を飛ばして「坂東の安危、この一挙にあり。将軍よろしくこれを勉むべし」と。つまり、東国（関東）の命運はこの戦いにかかっているのだからしっかり働けよ」と厳しく言いつけたわけ。僧最澄、比叡山に寺を造る。十五歳になった空海が勉強のために上洛した。


三月、政府軍は多賀城に集結。その後政府軍は部隊を二つに割ってそれぞれに異なる道を進み、現在の仙台平野を北に上がって、半月後の三月下旬、衣川に着いた。チーフ・アテルイとサブ・チーフのモレらは政府軍の動きをことごとくつかんでいたものの、自分たちから戦を仕掛けるようなまねはしなかった。政府は「蝦夷征伐《エミシ》」を告げるために都より使者を伊勢神宮に遣わして幣帛《みてぐら》を奉納させせた。伊勢の鈴鹿や美濃の不破《ふわ》などの関では、慣例として、緊急を要する事件の際に発せられる使いの手紙の函を関司が必ず開けてみることになっていたが、辺境との連絡は急を要するために、その慣例も廃止された。春の辺境では一見平和そうなにらみあいが二か月ほど続いた。

讃岐国揖保郡《いほ》の大興寺で寺奴にされていた小庭《こにわ》ら十五名が、自分たちは賤民でなく良民であるとしきりに訴え続け、それが認められて賤身分を免じられて良民身分につけられた。小庭らの話を総合すると、この年から八十五年前、彼らの祖母であり、讃岐国多度郡藤原郷に暮らしていた「若女《わかめ》」という女性が、同じ讃岐国揖保郡の百姓で――おそらくは俘囚《ふしゅう》から身を起こしたと想像される――佐伯君麻呂に騙されて大興寺に婢として売却され、寺に所属する賤民とされていた。

良民と賤民の間に子ができた場合、これまではいずれにせよ賤民扱いされていたが、今後は良民として扱われるようになった。これは「美女を求めて婢を犯したり、淫らな心を抱いて奴と姦通する」（『続日本紀』太政官報告）者たちが増えたためだし、理由のもうひとつは、税制の面から良民の人口増加を狙ったものと思われる。つまりそれだけ賤民が増えていたわけ。

五月中旬に都のビッグ・チーフ天皇から政府軍に至急便が届いた。曰く「なぜこれほど長逗留をするのか。『兵は拙速を尊ぶ』とは聞いたことがあるが『攻遅』とは聞いたことがない。六、七月になれば酷暑季となり、行動の機を失ってしまう。その結果後悔しても無意味であるぞ。将軍らは機に応じて進退すべきである。にもかかわらず久しく一処にとどまり、何日も兵糧を空費していることを、朕は理解できない。駅馬によって急きょ状況を奏上せよ」と。

五月下旬、将軍の紀古佐美《きこさみ》が兵を進めた。六千の精鋭を三軍に振り分け、中と後の二軍四千はそのまま北上川を渡り、東岸を北進して、別の地点から渡河する前軍と合流し、一気にアテルイのキャンプを落とす作戦だった。しかし、前軍はアテルイらに行く手を遮られて川を渡ることができなかった。中軍、後軍の兵四千は、頼みの綱の本隊が来ないので浮き足立った。そこをアテルイの指揮を受けた四百の戦士たちが一気に奇襲した。

やがて平城京に将軍から、政府軍の大敗を知らせる報がはいる。政府軍の戦死者二十五人、矢に当たって負傷した者二百四十五人、川で溺れ死んだ者一千三十六人、鎧を脱ぎ捨て裸で逃げ帰った者一千二百五十七人。幹部将校では丈部善理《はせかべよしまさ》、高田道成、会津壮麻呂、安宿戸吉足《あすかべのよしたり》、大伴五百継《いおつぐ》らを巣伏《すぶせ》村の戦いで失っていた。『続日本紀』（延暦八年六月三日）には政府文書としてこのときの「衣川の戦い」がこう描かれている。

「賊師阿弖流為（アテルイ）の居に至るころおい、賊徒三百人許《ばか》りあり、迎え逢いて相戦う。官軍勢強く、賊衆引き遁《のが》る。且つ戦い且つ焼き、巣伏村に至りて前軍と合流せんとす。しかるに前軍賊の為に拒《こば》まれて進み渡るを得ず。ここにおいて賊徒八百人許り、更に来たりて拒《ふせ》ぎ戦う。其の力太《はなは》だ強く、官軍退くとき、賊徒直に衝《つ》く。更に賊四百人許りありて、東山より出でて官軍の後を絶つ」

このときチーフ・アテルイらは三千の戦士たちを率いて、あわてて逃げまどう政府軍をとことん追いかけて駿河国清見関《きよみがせき》〈静岡県清水市興津清見寺付近か〉まで、追撃した主張する『元亨釈書《げんこうしゃくしょ》』（延鎮伝）のような書物もあるぐらいだ。しかしチーフ・アテルイは、この戦をまったく無傷で勝利したわけではなかった。胆沢《いさわ》一帯の十四の村ののべ八百戸の家が焼き払われたのだ。日高見国の戦士の死者は八十九人だった。総勢で四万にも及ぶ軍隊を動かして勝つことのできなか

790

った及び腰の将軍・紀古佐美が、命からがら陸奥より帰還後、敗戦と虚偽の報告をしたことの責をとって処罰された。将軍の紀古佐美、司令官の池田真枚《まひら》や阿倍墨縄《すみただ》らが勝ってもいない戦争を勝ちそうだなどと至急便で伝えていたことにたいし、都の最高権力者は「このただ飯ぐらいめ。おまえたち、恥ずかしいとはおもわんのか！」とどなりつけた。司令官らは解任された。この年、関東の平定もだいぶ進み、鈴鹿と不破《ふわ》と愛発《あらち》の三つの関が廃止されて、関東とさらに道の奥、陸奥国との境界に、白川関（山道）〈福島県白河市〉と勿来関《なこそ》（海道）〈福島県いわき市〉――旧名は菊多関――の二つの関が新設された。「勿来関」の「勿来」には「敵よ来るなかれ」との願い――誰の？――が込められていた。

日向に左遷されていた百済王俊哲《くだらこにきし》が罪を許されて入京した。多治比浜成《はまなり》が陸奥国の按察使《あぜち》に任命され、陸奥守も兼務することになった。坂上苅田麻呂の息子の田村麻呂が越後守に任命された。対蝦夷《エミシ》戦争に備えて、東海道では駿河以東の国々に、東山道では信濃国より東の諸国に、政府が数を割り振り、甲《よろい》二千領などの武具を三年以内にという条件で作らせた。東海道は相模国以東の諸国に、東山道では上野国以東の諸国に、政府は同様に兵糧の糒《ほしい》十四万石を準備させている。皇后が病気で死んだ。

陸奥国遠田《とおだ》郡の帰順した蝦夷《エミシ》が「わたしは蝦夷《エミシ》の濁った風習を洗い落として、そのうえ天皇の清らかな教化を敬い慕っております。志は内地の民と同じで、習わしは立派なこの国を手本と仰いでいます。ですのにいまだ田夷《にぎえみし》の姓を免除されず、このままでは子孫に恥を残すことになりますから、どうか公民として夷の姓を改めてください」などと歯の浮くような台詞で決まり文句を申し出て、「遠田君」という氏姓をもらって大喜びした。蝦夷《エミシ》の征討に功績のあったとされる四千八百四十余人に功労の軽重に応じて勲位が授けられ、位階が進められた。太政官が「国家の規律を犯している蝦夷《エミシ》たちは、久しく天皇の誅罰《ちゅうばつ》を免れています。大軍で攻撃はしましたが、残党はまだ残っています。坂東の国々は長年の戦役で疲れています。頑強な者は体力を軍に捧げ、貧弱な者も兵糧輸送の任で兵役におもむきましたが、しかし裕福な者は不公平にもこの苦労を免れて、過去二回の大がかりな対蝦夷《エミシ》戦争にも苦労を経験しておりません。坂東以外の諸国に暮らす人民も、この苦労を知りません。こんな不公平が許されていいのでしょうか。おなじ皇民というからには、国事をおこなうときに、どうして苦労を共にしなくてよいのでしょうか。そこで左右京・畿内五か国・七道の諸国の国司らに、土着の人・浮浪の人・王臣家の佃使《たつかい》（王臣家が遠隔地にある田畑を耕作させるために派遣した人間のこと）を問わず、甲《よろい》を作ることのできる経済力のある者を調べて記録し、その財産の種類・数量と郷里名・姓名をそえて年内に報告させるようにしたいと思います」と天皇に報告した。

韓国連源《からくにのむらじみなもと》が、自分たちの一族はもともと物部の末裔であり、祖先が使者として遣わされた国の名によってわざと「物部連」を「韓国連」と変えたもので、われわれは日本の古くからの人民であるのだから、三韓から新たに渡来した人民のような——名乗るたびに人の耳を驚かす——名前をここで改めたいと申し出て、居住地にちなんで「高原《たかはら》」と姓を変更するのを認められた。陸奥国黒川郡の石神山精社《いわかみのすだま》を官社とした。都の周辺のみならず各地で天然痘が流行。改めてまた飲酒禁止令が出された。

791

復権した百済王《くだらこにきし》俊哲と、坂上田村麻呂が、東海東山両道の兵士や武具を視察検閲した。陸奥介に任命された文室大原《ぶんやのおおはら》が鎮守副将軍も兼任することになった。越前国の雨夜神《あまよがみ》と大虫神《おおむしがみ》に位が授けられた。大虫神の位をさらに一段あげ、同国の足羽神《あすわがみ》には冠位が授けられた。大伴弟麻呂《おとまろ》が征夷大使に、百済王俊哲と多治比浜成《はまなり》と坂上田村麻呂と巨勢野足《こせののたり》が、それぞれ征夷副使に任命された。鷹飼戸《たかかいべ》が廃止された。伊勢大神宮に夜間に盗賊が入って火を放った。正殿一棟、財殿《たからどの》二棟、御門《みかど》三棟、瑞垣《みずがき》一重が焼失した。平城京の諸門が長岡京に移築された。伊勢国などの百姓が牛を殺して漢神を祀っていたのを禁止させられた。東海道と東山道の諸国に戦争で用いる矢を三万四千五百余具を作らせている。また坂東の諸国には、兵糧の糒《ほしい》十二万石を準備させている。

この年、空海が京都で仏教大学に入り、ある僧侶から虚空蔵求聞持法《こくうぞうぐもんじほう》なる修行と秘法を重んずる雑密《ぞうみつ》系の経典について教えられている。それ以後この修行にはまってしまった空海は、阿波国大滝山や土佐国室戸崎などで、得度など受けることのない私度僧として自己を学び続けた。

792

陸奥国斯波《しわ》の蝦夷《エミシ》である胆沢公《いさわのきみ》アヌシコらが投降し帰順を申し出た。陸奥、出羽、太宰府管内などを除いて、軍団の私物化を防ぐためか、全国の兵士を廃し、健児《こんでい》を置く。陸奥の蝦夷《エミシ》の夷俘である爾散南公《にさなのきみ》——爾薩体《にさて》〈岩手県二戸市仁佐体〉の——アワソ、宇漢米公《うかんめのきみ》オガ、俘囚《ふしゅう》の吉弥候《きみこ》部《べの》アラシマらが帰順した。アワソとオガは朝堂院で饗応され爵位を与えられた。アラシマには文化の低い辺境の民をなつかせることに功があったとして冠位が与えられた。出羽国の平鹿《ひらか》、最上、置賜《おいたむ》三郡の狄《えみし》の田租が免除された。新制弾令が施行されて、俘囚の子孫を逃亡捕縛方の刑吏に任命してもよいことにされた。逃亡捕縛方の刑吏はこののち「長吏」「弾上」「弾佐衛門」などと呼ばれるようになっていく。

793

藤原小黒麻呂ら、遷都のために山背国葛野郡宇太村を視察。「征東使」を「征夷使」に改めた。「征東」の場合は「敵国の東国を平定する」ということで土地に照準があわされていたが、「征夷」になると対象は明確に「蝦夷《エミシ》」にしぼられている。実質上、この「征夷使」が「征夷大将軍」の起源となるものだった。平安京の建設が盛大にはじまる。

794

扶余《ふよ》・百済・アラカヤ系のホープとして王位に就いていた天皇が、征夷大将軍大伴弟麻呂《おとまろ》に刀を授けて陸奥に送り出した。政府軍十万が大動員され、坂上田村麻呂の指揮のもとで戦いがおこ

795

なわれたが、政府が思っていたほどの戦果（奴隷獲得）は上げられなかった。遷都と征夷のために諸国の神々に奉幣。頭でっかちの理論仏教ではなく、より効果の大きい呪術的密教系仏教を鎮護国家の根幹にすえた都造りのために、百済系南朝のための新しい京に都が移された。陸奥国へ派遣されていた征夷大将軍大伴弟麻呂が、とりあえず戦勝を報じた。

征夷大将軍の大伴弟麻呂《おとまろ》が新しい都で凱旋パレード。俘囚《ふしゅう》のアテラとその妻子親族六十六人を、同じ俘囚のママロ父子二人を殺害した罪で日向に強制移住させた。近江国逢坂関が廃止された。東国からの防人《さきもり》を廃し、九州の兵——すでに俘囚として配置されていたたくさんの者たち——がこれにあてられることになった。出羽国が、渤海使の呂定琳《ろていりん》ら六十八人の漂着を報告した。渤海からの使者はこのころから毛皮などの貿易による経済的利益を優先するようになり、日本国の朝廷の機嫌を損なわないように、国書の文言などにも気を配るようになっていく。諸国の逃亡兵士三百四十人が死罪を許されて陸奥国に送り込まれ終身柵戸《きのへ》とされた。ヤマト政府が「諸司の使部《しぶ》はいたずらにその数を満たしているだけでなんら役に立つところがない」ので、思い切った人員整理をするように通達を出した。

796

百済人の子孫である坂上田村麻呂が陸奥出羽按察《あぜち》使兼陸奥守に任命された。渤海使が貢ぎ物を献上した。遣渤海使派遣。坂上田村麻呂、鎮守府将軍を兼任することに。坂東、北陸道の住民九千人が陸奥の伊治城に移住させられた。浮浪人問題がかなり深刻化していた。浮浪民たちは群れをなして親王および王臣に属する庄に流入して、その主の権勢によって庸や調などの税金を免れていた。

797

坂上田村麻呂が征夷大将軍に任命された。空海が『三教指帰《さんごうしいき》』を著し、その中で「儒教や道教よりも仏教が優れている」と指摘した。そして彼は呪術的雑密《ぞうみつ》をベースにしつつ日本各地の神々を仏教に帰依させてまわったらしい。政府が「浮浪人帳」なる名簿を作り、それをもとに税を徴収しはじめた。古くから天皇陵の造営管理のボスとして朝廷の土木工事に携わって世襲されてきたヤマトの名門とされる土師《はじ》氏改め菅原氏が、時代が変わって喪葬に関わる人間たちが賤視されはじめていたことから、自ら任が解かれることを強く希望して認められたために、所司か大舎人《おおとねり》か雑色《ぞうしき》などから人を選んでその役にあてられることになった。

798

『日本後紀』に収録されている官符に、九州島に強制移住させられた俘囚《ふしゅう》について「いつまでも昔の風俗習慣を捨てず、いまだ野心をあらためることもない。狩漁をなりわいとなし、養蚕を知らず、それればかりか、ひとつの場所に腰を落ち着けて暮らすこともしない。ふわふわ浮いているようで、さながら雲のごとくである」と書いてある。「いまだ野心をあらためることもなく」の「野心」は、「謀反の下心」というよりは「野性の心」「ネイティブ・マインド」をあらわすものだろう。『類聚国史』には「相模、武蔵、常陸、上野、下野、出雲等の国に帰降した夷俘は、いますこしかわいがってやって、くれぐれも連中に国に帰りたいなどと思わせないように」とある。

京畿内での夜祭りや、童謡《わざうた》や、田楽などの歌舞が、禁止された。ということはつまりそれらが流行していたということだが、ここで禁止された童謡とは、新聞なんてなかった時代に唯一庶民に残されていた情報伝達の手段みたいなものだったのだ。政府はそれを禁止したのである。

799

出羽国の山夷《やまえびす》・田夷《たえびす》を問わず、功のあった者に禄が支給された。陸奥国新田郡の百姓弓削部虎《ゆげべのとら》麻呂《まろ》とその妻の丈部小広刀自女《はせつかべのおひろとじめ》が久しく賊地に暮らしてよく夷語を習い、虚言をもって夷俘《いふ》の心をさわがしたかどで、日向国に流された。また陸奥国の俘囚《ふしゅう》クロタとその妻のタカリメ、そしてもう一組別の俘囚のツホロとその妻のルシメが、「野心をあらためず」に蝦夷《エミシ》地と往来したという理由で、身柄を拘束されてこれも土佐国に流罪となった。

富士山が噴火した。足柄路が火山灰で埋まってしまった。昼は噴煙であたりは真っ暗となり、夜は火炎が天を照らし、雷のような音がした。麓の川の水はみな真っ赤になったという。活発な噴火は断続的に一年あまり続いた。激しい噴火がおさまったあとも、長期にわたり富士山は静かに噴煙をあげ続けた。おそらくこののち百年ほどは、富士山は小康状態を保ちつつ白煙をたなびかせ続けたようだ。

出雲国介の石川清主が、新たに移配されてきた俘囚《ふしゅう》六十人あまりに絹布を与え、人ごとに乗田一町を給し富民をしてこれを耕さしめるなどの優遇をしたために政府から叱られた。移配された俘囚のその後についての甲斐国からの報告。「夷俘《いふ》ら狼性を未だ改めず。野心馴れ難し。或いは百姓を凌突し、婦女を奸略する。或いは牛馬を掠め取り、意に任せて乗用する。朝憲にあらざれば、暴を懲らすことあたわず」と。それにたいし「夷狄を招きて中州に入れるは、野俗を変え、以て風化に靡《なび》かしめんがためなり。連中のやりたいようにやらせて、良民を傷つけてはならぬ。よくよく国司は連中を教え諭すべし。それでも態度を改めないときには、法に則って処分せよ」と天皇。つまり「北や東の野蛮人どもを律令国家の中に入れてやるのは、野蛮の風習を教育して文明化するためであるぞよ」ということですね。

陸奥国の帰降夷俘の糧として佃三十町をあてた。畿外の人間を、京畿の戸籍につけることが禁じられた。それまで長いこと、租・庸・調などの令制による租税の負担をいっさい免除されていた隼人にたいする特例がこの年をもって廃止された。大隅、薩摩の二国で隼人たちを対象に、ようやく班田がおこなわれた。

坂上田村麻呂が諸国の夷俘を監督した。「夷俘」および「俘囚」とは、この時代のキーワードなのでくりかえしておくと、投降したり捕虜になって恭順した日高見国の蝦夷《エミシ》のことで、素行が悪いとされた者は各地の居留地に強制移住させられていた。捕虜になってもあくまでも恭順しなかった筋金入りの蝦夷《エミシ》たちは奴隷とされて差別構造の最下部に組み込まれ歴史の表面から姿を消した。

801

再び富士山が噴火を起こして新年早々の空にあられのごとき砂礫を降らせた。あわてた使者が朝廷に報告すると、天皇は陰陽師《おんみょうじ》に神意をうかがわせ、その占いの結果、駿河国と相模国にたいして鎮謝の読経を命じている。しかし読経の効果はかんばしくなく、しばらくして砕石があまりにも多く降ったために東海道の足柄路が閉鎖されることになった。政府は緊急のために箱根路をひらいてこれにあてたが、さすが「天下の険」だけあって、あまりにも路が険しすぎたために、まもなくもとの道に復した。

征夷大将軍坂上田村麻呂、天皇より刀をもらい受け、四万の軍勢を引き連れて陸奥へ向かう。チーフ・アテルイの最後の戦いが迫った。坂上田村麻呂、蝦夷《エミシ》征討を奏上。強制移住させた一部の俘囚《ふしゅう》や夷俘《いふ》に口分田を分け与えるものの、彼らが水田を作ることになれていないため田租を免除した。このころの陸奥国が支配した人口は十六万人から十七万人だといわれている。このときまでの三十年間ほどに陸奥国に送り込まれた開拓者・移住民の数は、正史に残っているだけでも

802

ほぼ四万人にのぼる。人口の四分の一が移民で占められていた計算になるが、実際はもっと多かっただろう。

坂上田村麻呂によって胆沢《いさわ》城〈岩手県水沢市〉が完成した。鎮守府が多賀城からその胆沢城に移される。駿河、甲斐、相模、武蔵、上総、下総、常陸、信濃、上野、下野などの国の浮浪人四千人を胆沢城に、新しい占領地の支配のために強制的に移住させた。

富士山の東側五合目あたりから噴火、足柄道が一時通行不能となって、御山は十日ほど雲に包まれていたが、雲が晴れるとそこに小さな山ができていた。「小富士」と呼ばれている山の出現だった。

およそ十年以上も政府軍の侵略に抗して戦い続けた偉大なチーフのアテルイが、投降の呼びかけに応じ、一切の処罰はないという口約束を信じて、同族の者たち五百人ほどを率いて、坂上田村麻呂の軍に降伏した。部族連合国家であった日高見国がここに事実上解体した。

越後国の米一万六千石、佐渡国の塩百二十石が出羽国雄勝城に運び入れられた。蝦夷《エミシ》との私交易が禁じられた。田村麻呂の配慮によって身体的には拘引されることなく平安京に連行されたグレートチーフ・アテルイとサブ・チーフのモレには、それぞれアテルイには「大萬公」、モレには「磐貝公」という「夷姓」が与えられた。二人は蝦夷《エミシ》が帰順するための屈辱的な儀礼に参加させられている。田村麻呂はこの儀式のあと二人を陸奥に帰す予定だったといわれている。しかし

「そういう者を生かしておけばわざわいのもとになる」という公家たちの声が高まり、政府は約束を反古《ほご》にして、最終的には天皇の命令で、この年の八月十三日、百済人のコロニーのあった河内の国杜山（椙山？　植山？）で処刑されてしまう。のちに著された『諏訪大明神縁起絵詞』ではチーフ・アテルイは「阿倍高丸」という日本風の名前になっている。

803

坂上田村麻呂が胆沢《いさわ》城の前線基地として斯波《しわ》城〈岩手県盛岡市〉を築いた。斯波城は「志波城」とも記され、古代を通じてさいはての辺城となったが、斯波城はのちに水害のために南の紫波郡矢巾《やはば》町〈岩手県〉に移されて「徳丹《とくたん》城」となる。

804

坂上田村麻呂、再び征夷大将軍に任命される。鎮守府が多賀城から胆沢《いさわ》城へ北進する。百済王《くだらこにきし》教雲が征夷副将軍に任命された。第四次征夷計画固まる。蝦夷《エミシ》征討に備えて、陸奥、坂東諸国の糒《ほしい》一万四千三百石、米九千六百石あまりを陸奥国中山柵《なかやまのき》へ運び込む。

出羽国秋田城の維持が困難になって廃止され、もとの出羽柵《でわのき》（河辺府）の位置に戻され、八郎潟付近の秋田城は秋田郡府となった。能登国に渤海使のための客院（迎賓館）が作られた。学問僧の最澄や空海が、学生の橘逸勢《はやなり》や菅原清公《きよきみ》（菅原道真の祖父になる）らと遣唐使の一員として、四隻の船に分乗して唐帝国に向かった。天皇の命を受けて短期留学する最澄は三十五歳、それまでの経歴も定かでなく唐に二十年も滞在を予定していた空海は三十一歳だった。途中で暴風雨に遭い、空海の乗り込んだ第一の船は南に流されて福州に漂着、最澄の乗った第二の船は無事に目的地の明州に到着。第三の船は九州に戻り、第四の船はそのまま行方不明となって海の藻くずと消えた。ヤマトの政府は大伴峰麻呂を新羅に派遣して消えた遣唐使を捜索させている。

新羅国側の記録では「日本国が使者を派遣して黄金三百両を進上した」とある。いったい何のための黄金三百両なのだろうか？　百済王敬福《くだらこにきしきょうふく》が大仏建造に提供した黄金が七百両で、国費の半分以上だったというから、三百両は国家予算の四分の一以上にあたる。百済系のヤマト政府が唐との外交問題を考えて「日本」という国号を使うことを認めてもらったとする意見もある。新羅は百済系の王朝を「倭国」の復活と理解していたらしい。

坂上田村麻呂将軍については伝説もたくさんあるが、その中のひとつを書きとめておこう。ある書に曰く「頑強な蝦夷《エミシ》に悩まされ続けた将軍は、あるとき奇抜なことを考えた。彼は軍兵とともに仮面をかぶり、太鼓を打ち鳴らし、異様な化粧をして踊りまわった。蝦夷《エミシ》たちは何事ならんとあわてて武器も持たずに駆け出してきた。そして武装した仮面の兵たちに徹底的に負かされた。この田村麻呂の仮想舞踏行列はネブタという祭礼にその面影をとどめている」と。

牛の屠殺禁止令が出された。「牛は重いものを遠くにはこんでくれるありがたい存在なのに、それを殺して皮を取っている無頼の輩どもが、まだら模様入の子牛の皮で鞍や敷物を作るのが流行しているけれど、これははなはだたちの悪いおこないであるから、すぐにでも止めさせよ」と天皇が通達したのだった。この結果、革を作る方法が、自然死した牛馬を入手してその皮を剥い

805

でなめすだけの方法に一本化された。当然だけど、牛肉食も禁じられた。

藤原緒嗣《おつぐ》という公卿のひとりが御前会議でよい政治とは何かを論じる中で「蝦夷《エミシ》征伐と平安京作りで天下の人々が苦しんでいるし、伝染病がはやっていて、兵隊たちの戦意も低下しています。凶賊（蝦夷《エミシ》のこと）はいたって健康で強さも勇気も衰えることを知りません。戦う前から逃げ出す鎮兵たちも多く、せっかく送り込んで住まわせた庶民たちも逃げはじめている状況です。ここは蝦夷《エミシ》征討と平安京建設の二つの事業を一時止めるのが良策です」と申し出て、国家財政逼迫の折からその進言が受け入れられた。

遣唐使、大急ぎで大量のあまり役にたちそうもない仏典を国費で買い込んだ最澄を連れて帰国。坂上田村麻呂が京都に清水寺を建立した。また清水坂の付近には戦争捕虜で官賤民とされた蝦夷《エミシ》たちの居留地も作られたようだ。野心を改めないとして播磨国の俘囚《ふしゅう》だったカネマロら十人が種子島に流された。大伴家持の剥奪されていた姓名と冠位が元に復された。ヤマト政府のリストラで、雑色《ぞうしき》に準ずる身分とされていた「隼人司」に勤務させられていた隼人八十人が、男子二十人、女子二十人に半減させられた。

最澄が天台宗を開いた。百済人とのハーフで、それまでの史書をことごとく焼き捨てて『日本書紀』を書き直させたといわれ、多数の百済移民に土地を与えるために、百済の武士団を利用して蝦夷《エミシ》地における蝦夷《エミシ》侵略を強引ともいえるやり方で押し進め続けてきた謎の多い天皇が、この年死んだ。皇太子が天皇になる。新しい天皇の女御《にょうご》は百済王俊哲《くだらこにきし》の娘だった。

梵語をインド人の般若三蔵（プラジーナ）について学んだ空海が、密教の中心人物であった青龍寺の恵果から最新の密教を伝授されて、密教経典やそしておそらくは景教教典とともに、唐から帰国した。近江国の夷俘《いふ》六百四十人を太宰府に移して防人《さきもり》とし、前年に置いた防人四百十一人を解放した。「日本人にさせてくれと言っている夷俘の徒を重要な拠点に配備して、まさかのときに備えよう」と新しい天皇が言った。まさかのときというのは朝鮮半島からの攻撃だったり海賊だったりするのだろう。もう一度飲酒禁止令発布。京都、山崎、大坂などの酒造業者の酒倉を封印した。干ばつによる米の凶作が直接の原因か。

陸奥・出羽両国の辺境郡司には、定員以外にも「才能があって処理能力に優れた勇ましい人」であればこれを郡司としてとりあえず認め、防守警備にあてることが定められた。東北辺境開拓の最高責任者であるあの征夷大将軍坂上田村麻呂の提案だった。また田村麻呂の蝦夷《エミシ》征討作戦を精神面で支援したのが仏教、とりわけ僧の最澄であり、彼の興した天台宗の寺社だった。だからこの時期、田村麻呂の行く先々に天台宗の寺社が数多く建立されていく。

807

陸奥国司がみだりに夷俘《いふ》に位階を与え、村長に取り立てたりすることが禁じられた。斎部広成が『古語拾遺』を書きあげた。

808

陸奥国鎮守府官人を国司に準じ六年交替とする。陸奥国の浮浪人の庸と調は土人（ネイティブ・ピープル）に準じて狭布を納めさせる。坂東諸国の税として納められた官稲を陸奥国の公廨《くがい》にあて、陸奥国の公廨稲《くがいとう》を鎮兵の粮料（給料）とする。公廨稲とは政府が出挙《すいこ》用に供した稲のことで、その利息が諸国の役所や役人の費用にあてられていた。

この当時の医書はほとんどが遣隋使や遣唐使が運んできた隋や唐のものばかりだったので、古来より伝わる独自の薬方や医方が失われることがないように、国造《くにのみやつこ》（知事）、県主《あがたぬし》（課税徴収係）、稲置、別首、諸国の大小神社ないしは民間の名族、旧家に命じて、伝来の薬方を申し出させ、それを編集し『大同類聚方《だいどうるいじゅうほう》』百巻にまとめあげる作業がおこなわれた。

809

佐伯耳麻呂が陸奥鎮守将軍に任命された。陸奥出羽国の按察使《あぜち》として藤原緒嗣《おつぐ》が赴任した。天皇が弟と代わることになった。兄のもと天皇は、奈良に都を戻すという勅令を——天皇でもないのに勝手に——出して平城京に向かった。最澄が空海に手紙を書いて密教について教えを乞うた。

810

京都とその近辺で違法者を探索し取り締まる役職として、そして奴隷として奥州から強制連行されて賤民（非人）とされたまつろわぬ蝦夷《エミシ》たちの子孫を統括する役職で警察事務などをとりおこなう「検非違使《けびいし》」がはじめて設けられた。これ以前には律令制のもと弾上台に追捕《ついぶ》の権限が与えられていた。

文室《ぶんや》綿麻呂が陸奥と出羽の按察使《あぜち》に任命され、藤原緒嗣《おつぐ》は解任された。藤原一族によるクーデターが未遂のまま発覚し、皇太子の位が廃されて、別の親王が皇太子になった。廃位された皇太子はその後、剃髪して空海の門下となって仏門の修行を続けることになる。

年末、当時日本では「渡嶋《わたりのしま》」と呼ばれていたアイヌモシリ（北海道島）の住民二百人ほどが陸奥の気仙沼にやってきた。彼らは「日本国の管轄外」だったので帰らせようとしたが、季節が寒すぎて海路が越えられないので、衣服と食料が供給され、来春までの短期滞在が認められた。このころ出羽国の鳥海山が噴火した。鳥海山は蝦夷《エミシ》たちの信仰する山であり、この山が火を吹くと蝦夷《エミシ》たちの叛乱が起きるとされていた。

811

陸奥国に和我《わか》（和賀）、薭縫《ひえぬい》（稗貫）、斯波《しわ》（紫波）の三郡が置かれた。政府は諸国に俘囚《ふしゅう》計帳を作らせ、強制移住をさせた蝦夷《エミシ》にたいする食糧の支給は子の代までとし、孫には及ぼさないと定めた。そして移住させた俘囚と夷俘《いふ》からも庸調（税）を徴収するという原則も定めた。

出羽国の邑良志閉《おらしべ》村の俘囚のツルキという者が好戦派の役人に気に入られようと「自分たちは

津軽の爾薩体《にさて》村のイカコという者と長年にわたって争ってきました。今、イカコは戦士たちに召集をかけ、われわれを攻撃しようとしています。できるならば、兵糧を送ってください」と告げた。

陸奥出羽按察使《あぜち》の文室綿麻呂《ぶんや》が、二万の兵と奥羽の俘囚兵三千を動員して日高見国北部（陸奥の最奥）の抗戦派の村だった爾薩体《にさて》〈岩手県二戸市仁佐体〉と幣伊《へい》を攻撃したいと政府に伝えた。坂上田村麻呂が五十三歳で百済系武人としての生涯を終えて伝説となり、彼にかわって文室綿麻呂が征夷大将軍に任命された。天皇が檄を飛ばした。「国の安危はこの戦いにかかっているぞ」と。

文室綿麻呂の指揮のもと政府軍が二つの村に侵攻し無差別の焼き討ち焦土作戦を展開した。チーフ・イカコらのうち、かろうじて生き残った者は北に――アイヌモシリ（北海道島）に――逃れたと想像されるが、実際はほとんど皆殺し《ジェノサイド》に近かったともいわれる。なぜなら戦いのあとの天皇の言葉に「巣穴を破り覆《くつがえ》して、ついにその種族《たち》を絶て、また十二の遺もなくなった」とあるから。七〇九年から百年以上も断続的に続けられた蝦夷《エミシ》征伐――日高見国征服戦争――が、この焦土作戦においてひとまず終了した。

征夷大将軍の文室綿麻呂が、蝦夷《エミシ》征討を報告するために入京して「捕虜にした蝦夷《エミシ》は多いのですが、帰降して俘囚となる者は少なからず」と報告した。これを受けて天皇は「蝦夷《エミシ》たちはことごとく中国に移配すべし。ただし俘囚は自分たちの土地に置いておいた方が便利だから、徹底的に教え諭して、二度と騒ぎを起こさせないようにせよ。また新たに捕虜とした夷たちは、将軍たちに言いつけて、できるだけ早く奴隷としてこちらに進上せよ。ただし彼らの数が非常に多く、道中は困難であるだろう。強壮な者は歩かせ、体の弱い者には馬をあてがえ」と言った。

政府は陸奥国に派遣していた政府軍兵士を四団四千人から二団二千人に、鎮兵を三千八百人から三千人に削減した。陸奥・出羽両国の墾田は特例として土地所有の権利書がなくても私有が認められることになった。やけくその飲酒禁止令。朝廷の造兵司にオオカミが侵入して殺された。京都の高雄山神護寺で、空海が最澄に灌頂《かんじょう》をほどこした。

全国に強制移住させられた俘囚《ふしゅう》や夷俘《いふ》らに、ヤマト政府のやり方に従わないで、法律を犯す者が増加したので、俘囚や夷俘の中から、それぞれの土地で「同類のうち心性の事にさとく、衆の推服するところの者一人をえらびおき、これが長となし、その他を従えしむ」(『日本後紀』)と。つまり、言うことを聞かない奴らに言うことを聞かせる役目を言うことを聞かない奴らの中から選んで、諸国に夷俘の長を置いたわけ。この措置によって、俘囚や夷俘の社会にすでに存在していた首長の権威が公認されるようになった。そうした首長の中には「俘囚長」「俘囚主」「夷長」「夷俘長」などと称されるものがあった。言い換えると、ネイティブ・ピープルは一族のチーフによる——もちろんまったく公的なものではないのだが——ある程度の自主的な裁量が政治生活上許容されることになったということだろう。ネイティブの人間たちを直接支配することによって派生する可能性のある行政上の煩雑さとか困難や、むろん政治的な責任の回避をもくろむために、例によって「夷をもって夷を制する」作戦から、蝦夷《エミシ》の有力者を行政上の首長とし、この首長を通して間接支配することにしたわけだ。

恭順しておとなしく水田稲作をしていた蝦夷《エミシ》にはその名前の中に、出自をあきらかにさせておくためにわざとらしく「田夷《たえびす》某」とつけられるのが普通だったが、陸奥国の遠田《とおだ》、小田郡の田夷たちは、素行が善いということで名前から「田夷」の姓を除かれて公民の姓を与えられている。志波《しわ》城をやめて徳丹《とくたん》城を造営した。陸奥国の鎮兵を千人に削減した。

813

肥前国小値賀《おぢか》島に新羅人百十人が来着して島民との間で争いが起きた。夷族専当国司が諸国に置かれた。つまりほとんどの国の中に「先住民限定居留地」ができていたということである。出雲国で俘囚《ふしゅう》が大叛乱を起こし、その乱の平定のために近江や播磨から俘囚軍が送り込まれて討伐にあてられた。蝦夷《エミシ》のチーフ・トカスとチーフ・カムタチがわずかに残された日高見国で蜂起した。上野国緑野《みどの》郡の俘囚居留地では出羽国飽海《あくみ》郡から連れてこられた田夷《たえびす》十五人に「上毛野緑野《かみつけのみどの》直《あたい》」という姓が与えられた。

814

出雲国に渤海使が到着し、当時の宮廷文人たちを巻き込んで翌年の正月にかけて華やかなサロン外交が繰り広げられた。このとき渤海から訪れた大使は王考廉《おうこうれん》という文化人で、かつて渤海の

815

遣唐留学生として唐の長安に学び、その際に、日本からの遣唐使の中にいた空海とも意気投合していた。空海はこのころの宮廷文人サロンの中でもひときわ異彩を放つ存在だったが、空海が京ではなく高野山にいたために、二人は結局手紙を交わしただけで相まみえることはなかった。

帰国の途についた渤海使一行の船が洋上で逆風に遭遇して漂流し、楫《かじ》が裂け折れて越前国の浜に漂着するという事故が起きた。一行はそのまま新しい船ができるのを待って、この年の秋と冬とを越前で過ごすことになる。

俘囚《ふしゅう》からの成り上がりを父に持ち屈折した心をプライドで隠した空海の、蝦夷《エミシ》にたいする差別――同族にたいする嫌悪――はひどいもので、彼はこの年に「野陸州に贈る歌」という漢詩を書き「非人」という言葉を蝦夷《エミシ》にたいして使っている。特定の人間を指す非人という言葉を文書の中で使ったのは空海が最初かもしれない。「野」とは小野岑守《みねもり》という名前の空海の友人のことで、「陸州」は陸奥守のこと。つまりこの年の正月に小野岑守が陸奥守に任命された際に贈った詩である。それはこういうものだった。

「麗しき日本の国土三百の州の中で、特別に陸奥が服従させにくい。ミカドが怒って幾度か剣をとり、文官も武官も陣営では謀をめぐらせた。これまでのミカドも戦ったし、今のミカドも頭を悩ませている。その時々の国の守では殺しつくすことができず、昔から多くの将軍たちがため息をついている。毛人や羽人が国境近くに跋扈《ばっこ》し、虎や狼のように所々に群れ集まっている。連中のあの年老いた鴉《カラス》のごとき目、猪や鹿の革で作った衣服、もとどりの中には骨で作った矢に毒を塗ったものをさしはさみ、手にはいつも刀と矛を持っている。田を作ることもせず、織物もしないで、オオジカを追いかけ、夜であろうが、昼であろうがおかまいなしに山谷で遊んでいる。連中は羅刹《らせつ》の類で、非人である（人間ではない）。思いついたように良民の村に姿をあらわし、千万の人や牛を殺して食べてしまう。馬を走らせること、刀を巧みに扱うことは、まるで電光石火のごとく迅速である。弓をひきしぼり、矢を放ってくるので、誰も捕らえることもできない。辺境に暮らす人たちは、毒矢の被害に一年中心休まることもない」（『遍照発揮性霊集』）

権力者や富豪たちが、辺境に往来して、陸奥や出羽の良馬を買い漁り、現地の役人を煩わしたり、蝦夷《エミシ》を強要して無理やり買い上げたりしていることが、馬の価格を高騰させ、軍馬の調達を困難にし、ひいては国内不安の大きな原因であるとして、駄馬を除き、強壮馬で軍用に堪える馬の陸奥や出羽の国から運び出しが、政府によって禁じられた。

出雲国の俘囚が叛乱を起こし、胆沢《いさわ》出身の蝦夷《エミシ》の俘囚のモシが政府に雇われて、その叛乱した俘囚たちを討った。陸奥、出羽両国の国司、史生、弩師《どし》（最新ハイテク兵器の弩《いしゆみ》を扱う技術者）の任期を四年にした。陸奥国の城塞への分番勤務と鎮兵の停止が定められた。摂津、美濃、丹波、播磨等の夷俘が、身に五品を帯びて、天皇の参加する饗宴を見たいと願い出て、特に許可を与えられた。

ヤマト政府が各氏族の登記台帳として『新撰姓氏録』を編纂した。もちろん庶民などはここには含まれていないが、この『新撰姓氏録』には畿内の王族、名家といわれる百七十七氏の家系が

816

出自に応じて——皇別、神別、蕃別、未定雑姓に分けられて——分類収録されていた。皇別とは「天孫の後孫のうち神武以降の天皇家から分かれた三百三十五氏」で、神別はさらに「天孫、天神、国神」の三つに分けられ、天孫とは「天孫の後孫のうち神武以前に分れた百二十八氏」を、天神とは「天孫に随行してきた諸神の後孫二百四十六氏」を、国神とは「天孫降臨以前から土着していた諸神の後孫三十氏」を意味した。蕃別は「ある時期以降の朝鮮または中国から帰化した三百二十六氏」で、「中国系の方が朝鮮系よりも数が多くて家格も高い」とされた。最後の未定雑姓は「家系が判定できない百十七氏」が含まれていた。これらの中にはネイティブ・ピープルの氏族はまったく含まれておらず、天孫系を含めほとんどが植民地の渡来人支配者たちだった。

越前で足どめを喰って新しい船の完成するのを待っていた渤海からの使節団一行の間で天然痘が流行し、大使の王考廉らが次々と病気にたおれて死亡した。

かろうじて生き残った渤海からの使節団がさみしく帰国した。天皇からの通達。「夷俘《いふ》の性は平民と同じではない。皇化に従うといえども野心がなくなってしまったわけではない。今後も諸国の役人は教え諭すことをやめてはならない。今回、因幡《いなば》と伯耆《ほうき》両国の俘囚《ふしゅう》たちが、かっとした勢いで京までやってきて、どうでもよいことで手続きを踏まずに訴訟を起こした。このことはつまり、それぞれの国の役人たちが俘囚たちをうまく手なずけることもなく、正しい判断ができなくなっているということを意味する。これからはさらによく訓導を加えて、今回のようなことがあったときは、国の担当の役人が適切に処理すべし」と。

陸奥国、出羽国の国司や史生や弩師《どし》の任期をまた五年に戻した。最澄に密教経典の一つ『理趣釈経』の貸し出しを頼まれた空海が、その申し出を拒絶し、二人の交際はここで終わった。空海が真言修行の寺を建てるために高野山を国からもらい受けた。強制移住させた俘囚や夷俘に免除されていた口分田の納税を六年とかぎり、それ以上を経た者たちからは田租を徴収することに改められた。

817

陸奥国が俘囚《ふしゅう》の帰降を報告した。常陸国が「前年の通達どおり夷俘《いふ》たちの口分田より田租を徴収しようとしたが、あまりに貧乏なのでもうすこし税金を免じて夷狄たちを優遇したい」と申し出て認められている。

空海が狩場明神の使いとされる二匹の犬たちに導かれて高野山を開山させたという。「狩場明神」は別名を「丹生明神」「皮張明神」などとも呼ばれる土着の神で、高野山のあるあたり一帯の山中に居住し、獣皮をはいでなめす仕事に関わっていた先住民系の人たちだったと思われる。

818

関東地方内陸を震源とする大地震。房総半島をのぞく相模、武蔵、下総、常陸、上野、下野などの関東全域の諸国が被災し、山が崩れ、谷が埋まり、多数の圧死者が出た。天皇が「地震は自分の不徳にたいする天の警告だ」として詔が出された。

819
空海が高野山金剛峯寺を完成させた。

820
諸国の介以上の者に夷俘《いふ》のことを専当させることが決められた。因幡国の俘囚《ふしゅう》のケナへら六人が、百姓の牛馬を盗んだ罪で土佐国に移された。遠江と駿河に移住した新羅人七百人が叛乱を起こし、人々を殺して屋舎を焼いた。新羅への敵視が強まりつつあり、それにつれて日本列島にあった新羅人コロニーにも不穏な空気が漂いはじめた。九州島豊前国の宇佐八幡に神託によって大《おお》帯姫《たらしひめ》が示現した。このころから朝廷内部において仏教と儒教の影響を受けて「ケガレ」を避けるために物忌みという方法が採用されるようになって、ケガレの対象も「人の死」「その産」「六畜——馬、牛、羊、犬、猪、鶏——の死」「それらの産」「それらの肉の食」「弔喪《ちょうそう》」「問疾（病気見舞い）」などというふうに、成文化されて特定されるようになってきた。

822
渤海使が正月の宴席で騎馬民族から伝えられた打毬（ポロ競技）を披露した。常陸国に居住する俘囚《ふしゅう》のオツキマロが「朝廷の子どもになって二十年以上が経ちました。皇風にもようやく馴染み、生活も成り立つようになりましたので、ここに伏して願いますのは、普通の編戸の民となって、永く課役に従いたいと思います」と申し出たことにたいし、そのけなげさに免じて、公戸になして、しかも課役もすべて免除された。空海が東大寺に灌頂《かんじょう》道場を建立した。

823

九州島豊前国の宇佐八幡に示現した大帯姫《おおたらしひめ》のために第三殿が造営された。越前国から「加賀国」が分置された。空海に東寺が与えられた。天皇が異母弟と代わり、新しい天皇がお気に入りだった空海のために、東寺を真言専修の護国寺とした。仏教が王権鎮護を題目とし、そのことによって王権から守られる時代がはじまりつつあった。年末、加賀国に渤海使が到着したが、大雪のために加賀国との往還が不通となり、新しい天皇の取り巻き連中にうとまれたために、渤海使一行は加賀国で足どめを喰らうことになった。

824

「不作が続き、百姓が疲れていて、悪い病気が流行中だから」という理由で、渤海使一行の入京は許可されず、そのまま現地から送り返されることが決められたが、天皇へのプレゼントとして彼らが連れてきた契丹大犬（蒙古犬）二匹とその子犬二匹だけは特別に京都に運ばれた。陸奥国に新羅人五十四人が移住した。渤海使が「これからの来日は十二年に一度にすること」という太政官符を押しつけられてむなしく帰国。常陸国の俘囚《ふしゅう》のヤシロマロら二十一人が課役に従いたいと願い出て許された。

種子島が大隅国と併合された。日本の分国が六十六国二島とこのときに定められて、この枠組みは以後千年近く変わることはなかった。この千年間、本州島東北部は、奥羽中央山脈の東の太平洋側が「陸奥」で、西の日本海側が「出羽」とされ、この東北二国制度がずっと維持されていく。

825

政府はこれまで先着民や先住民の信念体系を解体させ精神的にも朝廷に服従させるための方策として、それ以前の信仰を棄てさせ、自分たちの奉戴する神々を祀らせてきたが、天の神々による支配にも限界が見えはじめており、仏教の力の増大を背景として、このころから国衙《こくが》の雑色《ぞうしき》や郡家《ぐんけ》の雑色が、神官の禰宜《ねぎ》や祝《はふり》として、もともと持っていたスピリチュアリティがゆえに重用されるようになる。

826

富士山が噴火した。白いオオカミが朝廷の庭に入り込んだ。朝廷ではこれを瑞兆として大喜びした。

豊前国の俘囚《ふしゅう》のイラユが百姓三百六十人に食事と酒を振舞った。豊後国の俘囚のロサエが稲九百六十四束を供出し百姓三百二十七人の命を救った。イラユとロサエの二人には位が与えられた。備前国で白丁《はくちょう》をしているもと俘囚のオクヤという者が、平民と同じように公役につき、政府の命令にも従い、過ちをおかすこともなく、野心をきれいに忘れ去り、よく文明化したとして善行を表彰して位を与えられた。一説ではこのころから僧侶の間で漢字で書かれた仏教経典の読み方のふりがな（振仮名）として、漢字の一部を使って「カタカナ（片仮名）」が使われるようになっていたという。

大伴国道が鎮東按察使《あぜち》となって陸奥国に行くことになったとき、再び空海が国道に漢詩を贈っている。タイトルは「伴按察平章事《ばんあんさつへいしょうじ》が陸府《りくふ》に赴くに贈る詩」というものだ。その序文に、空海はまた例によって蝦夷《エミシ》の悪口を書いている。「ちっぽけな毛夷たちが東北の果てに迫ってきているぞ。あの狼の心、蜂の性格が、何代にもわたって人々を苦しめてきた。その昔、景行皇帝が諸国平定のおり、東夷は服従しなかった。日本武尊《ヤマトタケル》が左右の将軍である武彦命と武日命らを率いて征し、毛人を降伏させたではないか。その武日は君の祖先だ。連中は延暦の時代にも叛乱を起こして、桓武皇帝が大将軍伴弟満らをして征伐させている。武日が連中を平らげてからも、連中はときおり叛乱を繰り返したので、朝廷は諸々の氏を遣わして武将とし、その罪を罰してきた。しかしそれでもなお、あの者たちは人の顔をしていても、獣の心を持っていて、がんとして朝貢することを拒否し続ける」

830
出羽国北部で大地震。「雷のような大音響とともに地震が起こり、秋田城の城郭や官舎、四天王寺の丈六仏像や四王堂舎等がみなことごとく転倒し、城内の家屋も倒れ、圧死した百姓が十五人、骨折した者百人あまり、地割れも多く、長いもので二、三十条もあった。雄物川の底が裂けて水の涸れた溝のような細い流れになり、旭川と覇別川の両岸が崩れて川を塞ぎ、その水が氾濫した」と『類聚国史《るいじゅうこくし》』は記す。出羽国の出挙稲《すいことう》が増加した。出羽国の役人の数が増やされた。

831
安芸国の俘囚《ふしゅう》長のサツコと俘囚の軍麻呂がよく中国風に慣れたとして位をもらった。

833
筑後国の夷《えびす》のアヒトが自分の稲を提供して困っていた農民を助けたとして位をもらった。

834
遣唐使を乗せた船が筑紫沖で遭難。四月二十五日の官符で「飛騨の民は、言語・容貌、既に他国人に異なる。姓名を変えずと雖《いえど》も、理《ことわり》、疑うべきなし」と『類聚三代格《るいじゅうさんだいきゃく》』は書く。再び遣唐使を乗せた船が遭難して、この年の遣唐使は中止された。検非違使《けびいし》はこれまで衛門府の官人が兼務していたが、この年に正式な役所として検非違使庁が作られた。

835

僧空海が入滅した。壱岐島に兵士三百三十人を置き、警護にあたらせた。陸奥の南界をなす白川関と菊多関の二つの関は、本州島南西端の長門関に準じて国界を出入りする者にたいして検察を加えることとされた。

836

遣唐使が難波から出発した。例年の倍の砂金を採取し遣唐資金を助けた陸奥国白河郡八溝黄金神に封戸が贈られた。遣唐使船が遭難して肥前や対馬などに漂着した。対蝦夷《エミシ》戦争と帝都造営のふたつの国家プロジェクトを停止させた左大臣の藤原緒嗣《おつぐ》が「職田《しきでん》、職分資人《しきぶんしじん》、雑色《ぞうしき》、考人、衛《え》士《じ》を返上して」国家財政を少しでも救けたいと申し出たが、そんなものではなんのたしにもならないとして許可されなかった。

837

「それ弓馬の戦闘は、これ夷狄の長ずるところ、平民十人にてもその一騎に適せず。されど弩を用いんか、万人の荒賊も、その一箭《せん》には敵し得ず」と『日本後紀』にある。これは「蝦夷《エミシ》たちは弓の扱いも、馬の扱いも、ひとりで十人の働きをする。だから中国から輸入した弩弓（大型の機械弓）を使うのだ。機械弓を使えば、何万の蝦夷《エミシ》でも一発で撃ち勝つことができる」と。最新のハイテク大型兵器である弩弓の使用がはじまった。

そしてこのころを境に「蝦夷《エミシ》」という言葉はもうほとんど使用されなくなる。「エミシ」は本

838

州島東北部の一部を除いて「俘囚《ふしゅう》・夷俘《いふ》」として中央集権的ヤマト国家体制の中に組み込まれてしまった。日本国の正史に名前を残している多くの蝦夷《エミシ》のチーフたち、「俘囚・夷俘」の族長たちは、その多くが律令国家による先住民対策であった「夷をもって夷を制する」ために利用されたのだった。

陸奥国玉造塞の温泉石《ゆのいし》で湯口の大石が鳴動し、その後大量の湯が噴出して荒雄川に流入するという異変をきっかけに、栗原・賀美郡の入植者たちが「俘囚たちが叛乱を起こす前触れではないか」と動揺して、たくさんの人たちが逃亡しはじめ、先住民の子孫である俘囚たちがこれに追い討ちをかけるかたちで騒乱が起きたが、政府は軍事力で騒乱を鎮圧した。再度出発した遣唐使船がまたもや遭難して今度は壱岐嶋、値賀嶋に漂着した。この年の暮れ、二人の女盗賊が清涼殿に侵入して天皇を脅した。

瀬戸内海や紀伊水道周辺で海賊たちの活動が活発化していたようだ。山陽道と南海道諸国の国司に海賊を捕まえるよう命令が下された。出羽国の鳥海山にある大物忌《おおものいみ》神社の神に正五位が与えられた。四隻の遣唐使船が博多から蘇州に直接向かう南回りで唐に向かった。この際、遭難する恐怖から乗船を拒否した遣唐使の小野某が隠岐へ配流となった。伊豆の神津島で噴火。

夷俘《いふ》が近衛の兵とともに伊賀国に派遣され、名張郡山中をアジトにしていた偽金造りの一味総勢十七人を捜索し逮捕した。陸奥国において凶作の不安から百姓や俘囚《ふしゅう》が動揺しているとして兵が派遣された。陸奥国の百姓三万八百五十八人の田租が三年間免じられた。陸奥国上空に災星が出現し、地震が頻発した。百姓が逃亡するために、胆沢《いさわ》と多賀城間に特別警戒体制がしかれた。

この秋、出羽国田川地方（庄内平野の南半分）では、しばらく降りつづいた長雨がやんだのち、西浜の海岸に赤や、白や、黒や、青など、さまざまな色の、槍先や、矢じりのような形をした「隕石」がたくさん落ちているのが見つかった。西浜の海岸とは、現在の鶴岡市七窪近辺の砂丘地帯だろうといわれている。このような本州島東北部日本海岸の砂丘ではこのころからたくさんの石の矢じりなどの石器が発見されていた。砂地で発見されるそうした石器の類を、この当時の人たちは「天上の神々の軍勢の射た矢」と信じていた。このたくさんの「隕石」の知らせを受けた出羽国司は、京の中央政府（朝廷）に事実を上申し、どうしたものかを相談した。京の陰陽寮では、それを「異変の起こる前兆」と考えて、鳥海山の大物忌《おおものいみ》はじめ出羽の諸神を祀り、辺境の地の警護にすこしもおこたりのないよう指示を出している。本州島北西部日本海岸の、越と出羽の二国にまたがる鳥海山というネイティブたちに信仰された聖なる山は、古くから日本海を航海する人たちの目印とされてきた形のひときわ美しい山だが、この山の山頂に、現在は山形県飽海《あくみ》郡吹浦《ふくら》に鎮座する大物忌神社があったとされる。遣唐使たちは新羅船九隻を雇って朝鮮半島の西岸沿いの北回りの帰路をとり、第二船が南海に漂着後、乗員は小舟で帰国したほかは無事に帰りついた。

840

陸奥国奥地の民が庚申《こうしん》を称して騒いだ。陸奥守からの報告では、二千人の援兵を送ってもらったのにも関わらず、奥州の者たちは口々に「庚申待ち」とわめきあって騒然として始末におえないとある。この年は六十年に一度訪れる「庚申の年」であって、ちょうど六十年前の庚申の年には伊治のチーフ・アザマロが反旗をひるがえして一族を指揮し、数万の戦士たちによる解放戦線を組織した。このときの武力衝突はのちにアテルイの戦いへと発展した。さらにその前の庚申の年には按察使《あぜち》の上野毛広人《かみつけのひろひと》が蝦夷《エミシ》たちの叛乱軍に取り囲まれて官兵もろとも皆殺しになった。蝦夷《エミシ》たちは六十年に一度やってくる庚申の年こそ蜂起する年だと待ち望んでいたふしがある。この年、天皇は詔勅を出して鳥海山の神の神階をあげ、神戸《かむべ》（神社の奴隷）を与えた。新羅の海賊商人とされ、全羅道の莞島《かんとう》を拠点に沿海の海民や舟人を従えて自分の王国を築いていた張弓福《ちょうきゅうふく》の使いが北九州に来て交易を求めた。

841

張弓福《ちょうきゅうふく》の使いが再び太宰府に来て、政府も民間での交易を一応認めたものの、しかし弓福の王国は、この年に本人が殺されてあえなく崩壊する。飢饉により出羽国の百姓二万六百六十八人が田租を一年間免除された。関東と中部でフォッサマグナが動いたことによる大地震。それに続いて伊豆半島でも大きな地震が起きて、家や建物の倒壊が多く死者多数。新羅で王位継承をめぐって争いが起こり、張宝高《ほうこう》という有力な交易商人がこの叛乱に介入して殺されるという事件が起きた。張は、九州島と唐の新羅人コロニーに拠点を構え、新羅との間に三角貿易をおこなって富を蓄えていた。前の筑前守の文室《ぶんや》宮田麻呂から頼まれて唐のものをいろいろ買い付けていたのも彼だった。

842

京都の島田および賀茂川の河原などに打ち捨てられたままになっていた髑髏《どくろ》五千五百頭ほどが、河原者たち悲田院の者の手ですべて焼かれた。

843

陸奥国の兵士が八千人に増員され、交替期も延長された。陸奥と出羽の開拓者住民が課役を逃れて他国に浮浪することを禁じ、もし発見されたら本郷に送還との措置がとられた。つまり、それだけたくさんの人たちが逃げ出したってことなのだ。飢饉のため陸奥で食料が配給された。文室《ぶんや》宮田麻呂が謀反の罪に問われて伊豆国へ流された。実際は筑前守時代につちかわれた新羅勢力との私的な結び付きが原因だったとされる。

844

陸奥国の国司や鎮官の公廨稲《くがいとう》六十五万束あまりに利稲二十二万束を加えて辺吏に与えた。公廨稲とは官庁で出挙《すいこ》の用に供した稲のことで、その利息が役所および役人の費用にあてられた。

845

大伴氏の母と、菅原是善《これよし》を父にして、のちの菅原道真《みちざね》が平安京で誕生した。道真は幼名を「阿呼《あこ》」といった。菅原一族は平城京からの遷都のときに一族で平安京に移り住んでいた。父親は官僚でそれなりの地位につき、それとともに、古来の土師《はじ》以来の喪葬に関与していた家職も、ゆっくりと大陸文化の摂取を中心とする学問の家筋へと移行しつつあって、道真はその家風のクライマックスに位置していた。

848

上総国の俘囚《ふしゅう》である丸子廻毛《まりこのつむじ》らが叛乱を起こした。政府は相模、上総、下総など東国五国に命じて鎮圧軍を送り「叛乱俘囚五十七人」が斬られたり逮捕されたりした。日向国の俘囚禄料稲一万七千六百束が減省された。俘囚がほぼ全員死んでしまい、生存者がわずかになったという理由だった。

849

奈良の興福寺の大法師が奉った長歌の中に「日の本の　野馬台の国を　賀美侶伎の　宿那毗古那が――」とあって、これが日本で最初に「邪馬台国」の文字が登場するものだとか。つまり政府はこの時代まで「邪馬台国」の存在そのものを黙殺し続けたわけ。なぜだろう？

850 出羽国で地震発生。

851 天皇の即位を祝して全国――といっても「全国」に入らない所もまだかなり多かった――の神社に一斉に正六位以上の神階が贈られた。八月の暴風雨の夜、豊受宮の神主の家にオオカミが侵入し、十三歳になる童子を食べるというむごたらしい事件が起きたが、その夜は誰もそのことに気がつかず、翌朝見ると、童子の頭の骨と左右の足だけがかまどの前に残されていたという。

853 朝廷が富士山に名神従三位の位を贈った。

854 前年来の凶作で陸奥国の百姓が困窮状態に陥っていた。陸奥国の兵士たちに逃亡など逆乱の兆しが見え隠れしたために、政府は新たに兵千人を徴発して投入し、これに備えた。陸奥国の穀一万石を夷俘《いふ》に配給した。

855

陸奥国、俘囚《ふしゅう》の警備のために援軍を要請。政府は兵二千人を派遣した。このころより政府は、征討以後に没落した旧来の蝦夷《エミシ》の豪族に代わって、新興の俘囚豪族を登用して新たな支配体制を作りはじめる。戸籍未登録者の京畿内での登録が禁じられた。奈良東大寺の大仏の首が地震のひび割れがこうじて落ちた。人を害したオオカミが翌朝になって射殺されるという事件があった。落ちた大仏の首を接着修理をする工事がおこなわれた。出羽国の百姓一万九千人あまりが課役一年を免除された。

857

対馬の郡司の卜部川知麻呂《うらべがわちまろ》らが農民三百人を率いて島守（国府）を襲撃した。

858

九州島を大型台風が直撃。京都でも大洪水が起こった。夷俘《いふ》が老少の別なくやりたいほうだいわがままをして暴力を振るうので、夷俘たちの中から「夷長」を置いて統率させたいと近江国が申請して認められた。

859

武内宿禰《たけのうちのすくね》の末裔で南都大安寺の僧となっていた行教《ぎょうきょう》が、九州島の宇佐の八幡宮に参籠中に八幡神のヴィジョンを見た。八幡神は「われが都のそばの石清水《いわしみず》男山の峯に鎮座して国家を鎮護しよう」と彼に語ったらしい。ま、いずれにせよそのように彼は朝廷に報告したのだ。風水害により陸奥国に食料を配給した。富士山の位が正三位とあげられた。

860

薩摩国の開聞岳が噴火し、大地を震わせて火山灰を雨のように降らせた。政府が開聞神の位を引き上げた。宇佐八幡宮三所の分霊が三基の御輿に乗せられ、神官と真言宗の僧に伴われて、豊後水道を渡り、四国島の八幡浜に上陸し、四国島の瀬戸内海沿岸を練り歩いたのち、大阪湾を経て、山城国男山鳩峰〈京都府八幡市高坊〉に入った。これが京都鎮護の神とされる石清水《いわしみず》八幡宮の起源である。宇佐八幡もそうだったが、八幡というのはもともとが仏教と神道の合作だったと考えてよい。国家祈願寺である摂津国の四天王寺の毘沙門天像が、手に持っていた——王城鎮護のための——刀と塔形などを壇の下に投げ捨ててあるのが発見された。朝廷政府はこの怪異にあわてて使者を派遣して護摩修法におよんだ。

861

陸奥国・出羽国から国外に馬を出すことが再度禁じられた。このころ東国では浮浪人の数が増える一方で、彼らは生きる糧を求めて盗賊化しつつあり、フロンティアにはアナーキーな空気が蔓延していた。『日本三代実録』にはこの年の武蔵国のことが「兇猾《きょうかつ》党をなし、群盗山に満つ」と、さながら悪人たちの巣窟のごとく書かれている。そのために中央政府は武蔵国の各郡に検非《けび》違使《いし》（警察権力）を配置した。「みなもと」を自称して馬をたくみに操り、白衣を着たり白旗をたてる新羅系の——新羅花郎のような——集団が、関東地方から中部太平洋沿岸地帯に群居し、支配体制の華風になじまず、韓神を租神とする反体制の側で抗争をくりかえしていたらしい。

862

瀬戸内海周辺で海賊に襲撃される事件が頻発した。『三代実録』は「往還の諸人を殺害し、公私の雑物を掠奪す」と記す。備前国では官米八十石を積んだ船が襲われ、乗組員ら十一人が殺された。ヤマト政府は、播磨、備前、備中、備後、安芸、周防、長門、紀伊、淡路、阿波、讃岐、伊予、土佐などの国に通達を送り、人夫を徴発して海賊を捕まえるために追跡させた。空海の門下となって長年修行を積み上人となっていたヤマトの天皇家の皇太子が、八十歳近くでありながら、精神世界の旅をするために唐の明州〈寧波《ニンポー》〉に上陸した。

863

平安京周辺で疫病（インフルエンザ）が大流行し百姓が多く病没した。越後から越中にかけての日本海岸で大地震発生。天災や疫病などを、怨みを持って死んでいった人たちの霊のなせるわざと信じた人々が、そうした霊をなだめるのを目的として反権力的・反王権的な御霊会《ごりょうえ》と称する集会を各地で開きはじめた。これに危機感を抱いた朝廷も、禁苑の神泉苑において一般にも解放された——天皇以外の王侯貴族が総出で参加する前代未聞の——大規模な御霊会を自ら主催して、人々の間で高まりつつあった不穏なガスを抜き、反逆心を愛国心に転化させようとしたが、うまくいかなかった。

864

富士山が大噴火した。噴火は十日以上も続き、北麓に大量の溶岩が流れ出して「せの海」を埋めた。『三代実録』の駿河国サイドの記録によれば「富士郡の浅間大神山が噴火し、その勢いはなはださかんで、一、二里四方の山が焼けた。光る炎は高さ二十丈ばかり、雷が起き地震が三度あった。十日たっても火が消えることなく、熱い岩が峰を崩し、砂が雨のように降ってきて、噴煙が立ち込めて人は近づくことができない。大山の北西に本栖湖がある。焼けた石が湖に流れ込み、湖面を埋めた。長さ三十里ほど、幅三、四里ほど、高さ二、三丈ほどであった。火災はついに甲斐国との国境に達した」となる。甲斐国サイドの記録ではこれが「駿河国の大山が突然火を吹き上げ、小丘を焼き壊し、草木を焦がして、熱い土砂が流れ出した。甲斐国八代郡本栖、ならびにせの海の『両水道』がそのために埋められた。水は湯のように熱くなり、魚や亀はみな死んだ。人々の住居は湖とともに埋まり、一家全員が死んだ家もあったが、被害はまだ数えることができない」とある。この溶岩流で、現在の富士五湖のうちの西湖と精進湖が形作られた。甲斐国は、山梨と八代両郡に浅間神社を建てて山霊の機嫌をとった。九州島の阿蘇山でも神霊池が煮えたぎりはじめた。出羽国の月山神社の神に従三位下が与えられ、鳥海山の大物忌《おおものいみ》神社の神は正四位上に格上げされた。

865

上総国市原郷の俘囚《ふしゅう》三十人あまりが暴動を起こして官物を盗みとり、一般人を殺害する事件が起きた。郡兵一千人が出動して追討したが、暴徒はみな山中に逃げ込んで捕らえることができなかったという。京畿七道諸国を対象に民間が主催する御霊会《ごりょうえ》が、あるいは御霊会と称してたくさんの人を集めることが、禁じられた。不平分子が多く、人々がたくさん集まると何が起こるかわからないと、政府（王権）は考えたのだった。再び山陽道と南海道の諸国に海賊追捕の命令が下された。老骨にむち打って精神世界の旅に出たもとヤマトの天皇家の皇太子が唐の都長安に到着した。

866

過度の飲酒や宴会が禁止された。蝦夷《エミシ》征服の武神で軍神として中国系藤原一族に崇められていた常陸国の鹿島大神が、伊具《いく》、亘理《わたり》、宮城、黒川、色麻《しかま》、志太《した》、小田、牡鹿などそれぞれの郡にある苗裔神《びょうえいしん》（子孫の神）に幣帛《みてぐら》を奉納した。ヤマト国家の支配が北進するにつれて鹿島の苗裔神が陸奥国に多数祀られるようになっていた。出羽国の位禄の物価を陸奥斛《こく》に準じた。播磨国から夷《い》俘《ふ》長五人が勝手に出境して近江国に来ているとして国司を叱責し「今後は境から出してはならない」とする命令書が下された。各地にあった俘囚《ふしゅう》のための限定居留地に生活することを余儀なくされた俘囚たちに自由などなかったことがここからもわかる。

肥前国の郡司ら地方の権力者が共謀して新羅に渡り、新羅人に兵弩《ど》などの武器を製造する技術を教えて、対馬を奪い取ろうとした事件が発覚した。山陰道諸国と太宰府に新羅からの来襲に備えさせた。海賊の追捕をおこたっている国司が罰せられることになった。唐の長安にいた仏教徒で、もとヤマトの天皇家の皇太子が、精神世界の旅のためにインドに向けて船で出発したものの、マラッカ海峡を越えたあたりで行方不明となり消息を絶った。

867

海賊にほとほと手を焼いていたのか、各地の国司に、国司同士がもっと連絡を取り合って対処するよう命令が下され、海賊や盗賊の鎮圧に俘囚《ふしゅう》を動員することが決められた。

868

播磨国で大地震。神官の禰宜《ねぎ》につけるのが女性に限定された。これによってそれまでその呪術性によって禰宜の職についていた祝《はふり》の民らは、呪術的仏教（密教）に取り込まれ、その結果先住民や先着民の原初的な信仰はことごとく解体されて、神社の要職などが密教サイドに独占されてしまうことになる。職を奪われた祝の民は、神社の雑役に従事することになった。

869

陸奥国に大地震が発生。この地震による津波が多賀城の城下を急襲し建物などが倒壊する大きな被害が出た。死者千人を越えた。新羅からの海賊が太宰府の近くの博多津を襲い、豊前国の朝貢船から年貢絹や綿を略奪した。警備の者たちを選んで事に当たらせようとしたが、兵たちはみな軟弱で海賊を恐れて迎え撃つ気概もなかった。太宰府はあきれて俘囚《ふしゅう》を徴用したいと申し出た。この年の末に、移住させた俘囚や夷俘《いふ》を九州島・筑紫国の太宰府に再配置したところ、一をもって千にあたる勇敢さであったという。太宰府、対馬、山陰道に新羅来襲に備えさせた。

870

上総国の夷俘《いふ》が民家を焼いたり、人や財物を盗んだりするので、朝廷政府の教化に従う者は手厚く哀れみをかけ、従わない者は「奥地に追い入れ」るように、上総国に命令が出された。『三代実録』は「夷種を征伐し捕虜にして中国に散居させたのは、まんがいち盗賊などが出た場合、その者たちに防御させるためだ」との天皇の言葉を記す。新羅人二十人が陸奥国に移住させられた。太宰府の官僚だった藤原元万侶《もととしまろ》が新羅国王と通謀して叛乱を計画したことが、新羅からの通報で発覚し、逮捕された。子どものころから秀才だった菅原道真が二十六歳で役人に登用された。

871

出羽国の鳥海山が噴火して周辺に大きな被害を与えた。山上から火を吹き上げ、土石を焼き、雷のような音がした。山に源を発する川は泥であふれ、泥水の色は青黒く、臭気が充満した。魚がたくさん死んで浮かび上がり、流れをせき止めた。大きな蛇が二匹、無数の小さな蛇たちを従えて海に流れていった。京の郊外の人の住めないような河原に人々が流れ込んで暮らしはじめた。河原を住み処とする最底辺の人々はこの後年々増加の一途をたどり、やがては一大集落を形成するようになる。渤海使一行が加賀国に来日し、存問渤海客使《ぞんもんぼっかいきゃくし》に、若干二十七歳の菅原道真が任命されて到着地におもむくはずだったが、たまたま母の死にあってその役を辞任した。

872

渤海使が入京し、彼らに官銭四十万が与えられ、市井人が呼び集められて珍しい文物のバザールが開かれるわ、また彼らが持ち帰ろうとした物の取引が熱をおびるやら、市中が賑わいを見せる。しかし渤海使がやってきたときにあわせたように都でへんな咳が出る病気が蔓延して死者が多数出た。渤海使が運んできた「異土の空気」が流行病の原因とされ、朝廷の建礼門の前で大祓《おおはらえ》がおこなわれた。「異土の空気」がケガレとされたのだった。このころから蝦夷《エミシ》や南島の人たちも――大八州の境界の外はケガレた空間とするパラノイアックな見方が広まりつつあり――同様にケガレた存在と見なされるようになっていく。

873

陸奥国に植民した開拓者たちは周囲の蝦夷《エミシ》をことのほか恐れていたらしい。この年、陸奥国の役人が中央政府に次のように申し出ている。「俘夷《ふい》が境にたくさんいて、ややもすれば反乱を起こすような状態で、役人も住民も恐れおののき、まるでトラやオオカミを見るような目で夷俘たちをながめております。願わくば、武蔵の国の例にならい、五大菩薩像を造って、国分寺に安置し、蛮夷の野心をただし、役人や住民の恐怖を取り除いていただきたい」

874

国司や郡司が百姓の子女と結婚するのが禁じられた。

875

京の冷泉院から出火。翌日まで延焼は続き図書や財宝が焼失した。下総国では俘囚《ふしゅう》が再度暴動を起こして、官寺を焼いたり、良民を殺略したりした。武蔵、上総、下総、下野などの国からそれぞれ三百人の兵が徴発されて鎮圧にあてられた。下野国でも叛乱を起こした捕虜八十九人が斬殺され、ひと月後には賊徒二十七人、帰降俘囚四人が殺されている。渡嶋《わたりのしま》の荒狄《あらえびす》が水軍八十隻で出羽国飽海郡を襲い、農民を殺略した。渡嶋の蝦夷《エミシ》が蜂起したという報告が出羽国からもたらされたので、さっそく出羽国に征討の命が下された。渡島の狄《えびす》が出羽国秋田郡へ来襲した。

876

夷俘《いふ》たちが常に鹿などを殺して食べるために、正月と五月の節には、鎮守府自体が主催して夷俘たちを饗応するための盛大な狩猟をおこなった。

877

菅原道真が朝廷お抱えの文章《もんじょう》博士に就任した。三十二歳だった。作物が実らず、百姓は疲弊した。

宮城の紫宸殿《ししんでん》に、夜間、盗賊が侵入した。前年の大凶作が引き金を引いたものか、出羽国の第二国府の所在地である秋田城〈秋田市寺内〉の城下に住まう夷俘《いふ》たちが、出羽月山と鳥海山の神の力を借り受けて一斉に蜂起し、秋田城や郡衙《ぐんが》などの政府施設や城辺の民家などを襲って焼き落とした。

出羽国の官兵六百人が俘囚《ふしゅう》兵を前面に立てて緊急出動したものの、夷俘の叛乱は――日増しにその数を増やして――空前の大乱に拡大し、一千名あまりの叛乱軍にふくれあがって、たちまち五百人ほどが殺害され、城下は焼け野原になった。叛乱を起こしたのは敵対関係にある狄《えびす》ではなく、すでに秋田城よりの支配を受け入れてその城下に移住していた狄《えびす》で、すでに納税や朝貢の関係に入っていた先住民たちだったが、その徴税があまりに酷なことに耐えかねて起こしたものとされる。またこのころ官位の高い権力者の子弟が大勢、特産のよい馬やよい鷹を求めて都からこの地にやってきて、善良なフロンティアのネイティブ・ピープルたちをだまし、安い値段でそうした特産物をこぞって手にいれることが流行していたので、そうしたことも叛乱の原因のひとつになったかもしれない。

政府軍全滅の報に、陸奥、上野、下野国より出羽国に計四千名の援軍派遣が命じられた。京都から藤原保則《やすのり》が出羽権守に、清原令望《よしもち》が出羽権 掾《ごんのじょう》として派遣されることになった。政府軍は秋田河（雄物川）左岸に砦を築き、そこを拠点として俘囚たちと戦ったが苦戦を強いられていた。蝦夷《エミシ》三人が秋田旧城下にやってきて政府の役人に「秋田河から北をわれわれの国として認めよ」と、日高見国の独立を改めて宣言した。

秋田旧城には政府軍五千が集められていたが、こちらも叛乱俘囚軍に不意をつかれ、城を包囲されて大敗を喫し、あげくのはてに甲冑三百領、備蓄米七百石、馬千五百頭などを奪われる始末だった。小野春風が鎮守府将軍に任命され、急きょ出羽国秋田城救援に向かったものの、当然ながら救援軍の到着を待ちきれずに叛乱俘囚軍に砦を包囲された政府軍二千人が秋田河左岸の砦から逃亡した。

ヤマトの天皇は次に阿闍梨《あじゃり》の寵寿《ちょうじゅ》を出羽国に派遣して降伏の法を修させることにして都を送り出した。出羽国に到着した藤原保則《やすのり》が常陸と武蔵両国の軍二千を派遣してくれるよう要請している。小野春風らの率いた軍が陸奥路経由で出羽に到着した。この春風は若いころ辺境を旅して回ったので夷語に堪能で、彼は武器や鎧をかなぐり捨てて単身夷虜のなかに飛び込んで対話をくりかえし終戦を実現させるのに功があった。叛乱の鎮圧にあたった国守の藤原保則、将軍の小野春風らは全面的に非を認めて、停戦と現状復帰を要請した。要求が全面的に受け入れられたために、夷俘の三百人ほどが投降するなど和議帰順を希望する夷俘が続出した。朝廷が出羽鳥海山の大物《おおもの》忌《いみ》神社と月山神社の神の位階をさらに引き上げた。

このころの出羽国の狄《えびす》の政治地理が秋田城からの距離によって「政府与力エビス村（秋田河南向化俘地——添河《そえがわ》、覇別《はべつ》、助川——三村）」「叛乱エビス村（秋田河北賊地——鹿角《かづの》、比内《ひない》、椙淵、野代、河北、脇本、方口《かたぐち》、大河、堤、姉刀《あねたち》、方上《かたがみ》、焼岡《たけおか》——十二村）」「去就不明遠エビス族（津軽、渡嶋《わたりのしま》）」の三地区に分類されている。渡嶋の俘囚のチーフたち百三人が三千名の部下を率いて秋田城に来て、叛乱に加わらなかった津軽の俘囚百人あまりとともに帰順した。秋田城ではこの俘囚たちの労をねぎらって饗応がなされた。
関東諸国で大地震。武蔵、相模の二国に被害が集中した。出羽国の俘囚の叛乱が平定されたのち、清原令望はそのまま秋田城司として秋田にとどまり、土着して、出羽清原氏の祖となった。

879

出羽権掾《ごんのじょう》の藤原保則が叛乱した夷俘《いふ》を征討したことを報告した。諸国の軍士は陣を解き職を免ぜられ、それぞれの甲冑をすべて出羽に保管し、兵一千六百五十七人、烈士（志願兵）八百八十人を秋田・雄勝の両城と出羽国政府軍の三つに分けて配置して、叛乱鎮圧作戦は終了した。

880

出羽権掾《ごんのじょう》の藤原保則が奥地に部下を派遣して、二年前に叛乱俘囚によって略奪された甲《よろい》六十六領を取り返したあと、京へ帰還した。出雲国で大きな地震が起きた。

881

陸奥国蝦夷訳語《エミシおさ》外従八位下物部斯波連永野《もののべのしわのむらじながの》が外従五位下をもらった。斯波《しわ》村の物部永野は、俘《ふ》囚《しゅう》あがりの蝦夷《エミシ》語通訳だったと思われる。「外従五位下」は俘囚がもらう位では事実上最高位だった。オオカミが朝廷の太政官曹司丁で遠ぼえをしてみなを驚かせた。山陽道と南海道諸国にたいして海賊の鎮圧が命じられ、追捕のために左右衛門府の官人が山城、摂津、播磨などに遣わされた。

882

三十八歳、男盛りの菅原道真が、その文才を見込まれて「臨時の次部大輔《じぶだゆう》」に任命され、文人の渤海大使と詩文による応対を命じられた。

883

上総国市原郡の俘囚《ふしゅう》三十人あまりがまたしても叛乱の狼煙《のろし》をあげ、官物を盗み、人民を殺したという記録がある。この年『続日本後記』によると「荒野なので道は難渋だし、旅人に飢えや病で倒れる者が多い」という理由で、多摩と入間の武蔵境に悲田処が五戸建てられた。悲田処はしかし福祉施設などではなく、賤民や先住民の収容所もしくはゲットーであった。

884

出羽国飽海郡西浜と神宮司付近〈ともに山形県遊佐町〉に、雷雨とともに石の矢じりが降った。激しい雷雨のあと、地面の中から石の矢じりがたくさん出てきたのだろう。国司の悪政に腹を立てた石見《いわみ》国の二人の郡司が百姓二百七十人とともに国府を襲撃して国司を殺害した。

885 出羽国の秋田城周辺〈秋田市児桜〉に、雷雨とともにまたしても石の矢じりが降ったとの報告。

886 出羽国の最上郡が二郡に分割された。畿内の加茂神社のあたりにオオカミが出没し、これに出遭ったものが切り殺している。伊豆の新島が噴火した。

887 出羽国府移建が許可された。五畿内七道諸国で地震。失神したり即死したりした人が多かったと『日本三代実録』は告げる。大阪湾で津波が発生した。淡路島でも津波で海岸部が消失。南海大地震だった可能性が大きい。

888 天皇の妃が霊狐に悩まされたので、修験僧が加持し、呪文を唱え、解縛《げばく》したと『扶桑略記』は書く。

889 物部氏永《うじなが》らが関東で叛乱の狼煙《のろし》をあげた。氏永は「東国賊首」「東国強盗首」などと政府から呼ばれ、この後十年ほど散発的にゲリラ活動を展開したとされる。百済系天皇の曽孫である高望《たかもち》王らに「平」姓が与えられた。いわゆる「平氏」の姓がはじめて生まれた。平高望は上総介《かずさのすけ》に任ぜられて上総国に赴任した。平氏とは新羅系の浮浪の民を規制するための、言うならば百済系国家権力に雇われた海人族系の傭兵集団のようなものだったと考えることもできる。高望王の子には男子が七人あるが、長男の国香《くにか》は常陸大掾《ひたちのだいじょう》・鎮守府将軍となり、東国に平家の地盤を固めることになる。そしてこの国香の甥、高望王の孫にあたるのが相馬小二郎こと平将門《まさかど》であるし、七代後の孫が平家で最高権力者となる平清盛である。

890
隠岐国に新羅人三十五人が難民として漂着した。

891
朝鮮半島の新羅北部で農民が蜂起し、大乱となった。このときの農民蜂起を母体としてのちに高麗が生まれる。

892
唐勢力の藤原一族を牽制するために、頭脳の明晰さを買われて、旧陵戸《りょうこ》の家系ながら大抜擢され、登用されていた出雲（伽耶）系知識人の菅原道真が『類聚国史《るいじゅうこくし》』という歴史百科を編纂した。このなかでヤマト国に朝貢してくる集団は「殊俗部」と「風俗部」の二つに分類されている。

「殊俗部」には朝鮮諸国などの外国が収められ、「風俗部」には隼人・多禰（種子島）・掖玖（屋久島）・吉野の国巣《くず》・蝦夷《エミシ》・俘囚《ふしゅう》など内国の被征服民が、ヤマト国の中に組み入れるべき存在として扱われていた。このころにはすでに先住民を国外の異民族扱いすることがなくなっていることに着目しておきたい。

朝鮮半島の新羅国の西南部で、後百済が建国されるきっかけともなる農民の蜂起が起きた。

893

長門国に漂着した新羅の僧三人が帰国させられた。唐の商人が唐帝国の凋落ぶりを日本政府に伝えた。新羅の海賊が肥前国松浦郡に襲来したり、また肥後国の飽田《あきた》郡を襲って人家に火を放つなど、日本列島各地で侵略を企てた。新羅ではこのころ内乱が起きるなどして貧窮がはなはだしくて、唐などに移住する者も多く、日本列島に渡ってくる者も多かったと見える。出羽にいた渡島《わたりのしま》の蝦夷《エミシ》と奥地の俘囚《ふしゅう》の間で戦闘が勃発した。渡島蝦夷《エミシ》に備えて出羽国の城塞の警備を固めた。逃亡した陸奥と出羽の住民が本郷に強制送還された。この年をもって「渡島蝦夷《エミシ》」という名前が史料からいっさい姿を消す。

894

新羅の海賊の活動が活発化し、対馬国が占領された。非常体制をとった政府は、北陸道、山陰道、山陽道の各国に武具を与え、警固につとめるよう下知するとともに、東山道、東海道からもえり抜きの武人を動員して征討作戦を遂行し、半年をかけてようやく新羅の海賊二百人を討って撃退し秩序を取り戻した。非常体制が解除されて、賊船退去の報が政府にもたらされた。遣唐使に任命された菅原道真により遣唐使が廃止された。諸国の百姓の中に王臣家人と称してやりたいほうだいの騒ぎを起こす者が少なくなかったらしく、政府がそれを禁止した。渤海使が伯耆《ほうき》国に到着した。

895

新羅の海賊によって壱岐島の官舎が焼き落とされた。移住させた俘囚《ふしゅう》や夷俘《いふ》を九州島・筑紫国の太宰府に配置した。

899

出雲（伽耶）系の血を受け継ぐ知識人の菅原道真が、よく切れる頭で右大臣の地位までのぼりつめた。大陸系藤原一族の腰ぎんちゃくだった文章《もんじょう》博士の三善清行は道真の昇進をねたみ、「葬式屋の家系のくせに右大臣を受けるなど厚かましいにもほどがある」と辞任を迫った。

かつて律令体制のもとでは、税金として納める物品を地方から中央に運ぶのに、百姓が自分で運んでいったものだったが、このころになると請負人がそれを代わっておこなうようになっていた。この年、穀物や、布などの税物を馬で運ぶ専門の輸送業者たちが関東地方で武器を取り、政府にいわせると「凶賊」と化してしきりと各地で叛乱を起こした。群盗対策として関東は上野国

900

の碓氷《うすい》と相模国の足柄に関が置かれ、正式な通行証がない者は通れなくなった。

ヤマト国ではしつこいようだけれど、飲酒禁止令。

朝鮮半島では後百済国が建国されて、新羅が分裂した。

このころ北米大陸ではメキシコ高原におけるマヤ文明が「テオテワカン」の名前で知られる巨大なピラミッドを残して終焉を迎えた。

901

『三代実録』という「清和、陽成、光考」の三代の天皇にわたる三十年間の歴史を記述した歴史書の編集委員の一人で、その仕事を終えたばかりの菅原道真が、道真の昇進を憎む学者仲間の反感を買って中傷され、事実上の最高権力者で唐系勢力の藤原時平によって、右大臣の官を止められ、九州島の太宰府浄妙院（榎寺）に太宰権帥《だざいのごんのそち》として左遷された。まあ「左遷」とは名ばかりで、実際は「配流」だったようだ。四人の息子たちも諸国に流された。ある意味では彼は当時東アジアでも同時に進行中だった唐勢力と高麗（契丹）勢力の勢力争いの犠牲にされたのかもしれない。これ以後朝廷内部は唐勢力の藤原氏一辺倒となり、日本列島では各地で高麗（契丹）系によると思われる抵抗運動が起こりはじめる。

東国で群盗が蜂起し、追捕使が派遣されたがおさまらず、神頼み作戦に出た朝廷が各地の神社

903

に奉幣をした。朝廷づきの文章博士《もんじょう》で菅原道真を妬んでいた三善清行が、唐の暦法にもとづいて「今年は革命の年だから、天下の変を避けるために、年号を改めるべきだ」と政府に進言した。新羅国の東北部に後高句麗が建国された。年号が変えられた。出羽国の俘囚《ふしゅう》が叛乱を起こした。東国の群盗が駿河国の富士郡官舎を焼き払った。

菅原道真が朝廷への怨みを最大に膨らませたまま——脚気と消化不良で、日々の食事も喉を通らないまま骨と皮までやせ細り——太宰府で絶命した。五十一歳だった。配所のわら葺き家は雨露凌ぐ屋根も壊れ、雨の日には着るものも、書物も、ただ濡れるにまかせ、夜の灯油すらほとんど手に入らない悲惨な状態だったという。道真の遺骸は彼の門下生だった味酒《みさけ》安行によって葬られた。

905

『古今集』という勅撰和歌集が完成し、編集者の紀貫之らによって、正式な文字として「ひらがな（平仮名）」が導入された。さまざまな民族がとけあうことで日本列島において生まれつつあった「日本人」が、自分たちの文字を公式に獲得したでき事とされる。富士山から噴煙が立たなくなった。陸奥と出羽の両国では役人が俘囚《ふしゅう》に位階を授けることが日常的におこなわれていたが、それが政府によって禁止された。味酒《みさけ》安行によって九州島の太宰府の地に菅原道真を祀る小さな祠堂が建てられた。これがのちの太宰府天満宮である。

906 新羅の海賊船が隠岐島の近くで難破した。陸奥国の安積《あさか》郡から安達郡が分離された。鈴鹿山脈を根城にしていた不平分子たちが追捕された。契丹が長安を陥落させた。唐は多くの小国に分裂した。唐から冊封《さくほう》されていた渤海の勢いも衰えはじめた。

907 富士山の位が従二位にあげられた。大唐国がついに滅亡した。

908 菅原道真を筑紫に流罪にした首謀者の藤原菅根《すがね》が五十四歳で死んだ。都人たちは、道真の怨霊のなせるわざと噂しあった。

909 下総国騒乱する。病床についていた菅原道真配流の張本人藤原時平は、インドから取り寄せた薬や陰陽師《おんみょうじ》たちの祈祷も効き目がなかったので、例の文章《もんじょう》博士の三善清行の息子で有名な修験僧に加持を依頼した。清行が時平の屋敷に見舞いに行くと、時平の左右の耳から二匹の青竜があらわれた。その竜は、菅原道真の霊で「無実の罪で配流とされ、太宰府で死んだわれは、天帝の許可を得て、怨敵に復讐することにした。おまえ様の息子は、時平を加持しているが、無駄なことなので、やめさせよ」とつたえたという。左大臣の藤原時平が死に、弟の忠平に権力が移行された。

910
藤原兼三が陸奥守に、藤原茂永が鎮守府将軍になった。

911
藤原経邦が出羽守になった。

912
新羅系貴族の六孫王経基《ろくそんおうつねもと》と武蔵守藤原敏有の娘（一説には高麗系の橘繁古の娘とも）の間に多田（摂津）源氏の祖となる源満仲が誕生した。

914
藤原利平が鎮守府将軍に任命された。三善清行が政府にたいする意見書の中で「陸奥出羽両国では、ややもすれば蝦夷《エミシ》の乱があるので、弩《いしゆみ》（大弓）の射撃を教える教師を配置せよ」と記した。

915 渤海の白頭山〈北朝鮮と中国国境にまたがるペクト山〉が大噴火した。出羽国や陸奥国十和田地方などにもその火山灰が降り、異常気象となって、農作物に多大な被害をおよぼした。この噴火が原因となって渤海国がさらに衰えた。

916 耶律阿保機《やりつあぼき》が、漢人の助力をえて、契丹八氏族を統一し、周辺のツングースや蒙古人の部族を取り込んで満州東北部に国を建て、契丹の大祖と称した（契丹、のちの遼の建国）。国威が低下した渤海が契丹のいい餌食となった。

917 対馬に海賊船が襲来しようとしたと、太宰府が中央政府に伝えてきた。

918 後百済と争っていた後高句麗が崩壊した。高麗国が建国された。朝鮮半島の新羅の支配する領域に、新羅、後百済、高麗の三つの王朝が並立した。新羅の事実上の解体だった。

919
藤原真興が陸奥守に就任。渤海使（第三十四回目）がやってきた。これが渤海からの最後の通交となった。渤海国内で内紛が激化し、大官・豪族が数千人も高麗国や日本列島に亡命した。

920
富士山が再び白い煙をあげはじめたらしい。

921
安倍晴明《あべのせいめい》が生まれた。

922
藤原真興が陸奥守に再任した。渤海人亡命者たちが越前国に着いた。

923
源公忠《きんただ》という貴族が臨死体験をし、三日目に蘇生したが、その間に冥府で菅原道真と会って、彼の口から藤原時平の讒言で罪もないのに島流しにされたことについての恨み辛みを聞かされた。その話を聞かされた朝廷は、恨みつつ死んだ菅原道真の祟りと怨霊の復讐を恐れ、今は亡き道真にわざわざ詫びを入れて、本職に復すとともに、位を一階級あげて、島流しの命令書を焼却し、彼に「火雷天神」の号を授けた。諸国に島流しにされていた道真の息子たちも呼び戻された。

藤原一族の意向を受け、宮中の作法や諸国の恒例を二十年あまりの年月をかけて書きとめた書であり、律令国家の基本法典でもある『延喜式』（五十巻）が「ようやく」というか「やっとのことで」というか、ともかく成立した。ここへきて律令体制そのものはそのたがゆるゆるに緩みはじめていたが、この『延喜式』の完成によって、藤原一族が仕掛けた律令制度は最終的に固定されたと見ていい。

その巻二十二民部上条には当時に考えられていたフロンティア（辺要・辺境）として「陸奥国・出羽国・佐渡国・隠岐国・壱岐嶋・対馬嶋」の四国二嶋をあげているし、また同じ巻の「国郡部」の陸奥国と出羽国の個所を見ると、それまでの征夷と開拓経営の成果がわかるようになっている。それによれば陸奥国は「白河《しらかわ》・磐瀬《いわせ》・会津《あいづ》・耶麻《やま》・安積《あさか》・安達《あだち》・信夫《しのぶ》・菊多《きくた》・磐城《いわき》・標葉《しねは》・行方《なめかた》・宇多《うだ》〈以上十二郡は現在の福島県〉、刈田《かつた》・柴田《しばた》・伊具《いぐ》・亘理《わたり》・名取《なとり》・宮城《みやき》・黒川《くろかわ》・賀美《かみ》・色麻《しかま》・玉造《たまつくり》・志太《しだ》・長岡《ながおか》・新田《にいた》・栗原《くりはら》・小田《おだ》・遠田《とおだ》・登米《とめ》・桃生《ものう》・牡鹿《おしか》〈以上十九郡は現在の宮城県〉、磐井《いわい》・胆沢《いさわ》・江刺《えさし》・気仙《けせん》〈以上四郡は現在の岩手県〉」の三十五の郡で構成され、出羽国は「最上《もがみ》・置賜《おきたま》・村山《むらやま》・飽海《あくみ》・田川《たがわ》・出羽《いでは》〈以上六郡は現在の山形県〉、雄勝《おがち》・平鹿《ひらか》・山本《やまもと》・河辺《かわべ》・秋田《あきた》〈以上五郡は現在の秋田県〉」の十一郡で構成されていた。岩手県気仙郡以北の陸中海岸全域、岩手県の現在の二戸郡以北から青森県にわたる北奥全域、秋田県の北半分から青森県津軽にかけての地は、いわゆる「白地図」となっていて「もうひとつの国」「独立した蝦夷《エミシ》の国」であったことを明瞭に物語っている。この時代も、本州島の一部にはまだ別の国が存在しつづけたのだ。

927

一方すっかり体制内に取り込まれてしまっていた九州島の隼人の扱いを『延喜式』で見てみると、巻二十八兵部省の「隼人司」の条に「元日、即位及び蕃客入朝らの儀には、官人三人、史生二人、大衣《おおきぬ》二人、番上《ばんじょう》隼人二十人、今来《いまき》隼人と白丁《はくちょう》の百三十二人を率て、分れて応天門外の左右に陣せよ。群官はじめて入るのとき、胡床《こしょう》より起て。今来隼人、吠声《はいせい》を発すること三節なり。蕃客入朝は吠ゆる限りにあらず。それ官人、当初の横刀《たち》を著けよ。大衣及び番上隼人は当初の横刀、白赤の木綿《ゆう》、耳形の鬘《かつら》を著けよ。自余の隼人、皆、大横布の衫《ひとえきぬ》、布袴《ふこ》、緋帛《ひはく》の肩巾《ひれ》横刀、白赤の木綿、耳形の鬘を著けよ、楯、槍を執りて並びに胡床に坐せ」とあって、犬の吠える鳴きまねを義務づけられるなど、ほとんど奴隷と化していることがわかる。

契丹（遼）の耶律阿保機《やりつあぼき》が渤海国（大震国）を滅亡させ、渤海の故地に「東丹国」を置き、息子をその国王にすえた。耶律阿保機《やりつあぼき》が陣中に没して契丹内部の権力抗争が激化した。

928

後百済が新羅を攻撃した。

高麗の王がわずかの兵を引き連れて新羅の王都に入った。もとの渤海人による武力抗争が起こり、契丹は東丹国を遼陽に遷して、扶余府と遼東を除く渤海旧領を放棄した。

929

藤原元善が陸奥守に就任。東丹国が渤海の旧臣を遣日使として派遣してきた。到着地である丹後国に派遣された存問使に遣日使が身の不運を訴えたという報告を受けて、ヤマト朝廷は「夷狄の軍門に降って二君に仕え、そのうえでなお現在の主君の悪口を言うとはなにごとか」と非難し、このような使節を送ってきた東丹国は非礼であるとして、現地から追い返している。これがのべ二百八十年にもわたった兄弟の国である渤海との国交の、あまりにもあっけない幕切れとなった。

930

このころ、京都の内外に群れをなす盗賊たちが頻繁に出没した。皇居清涼殿に菅原道真の霊が雷鳴とともに雷を落としたとされる。ちょうどその場に詰めていた大納言の藤原清貫は胸を焼かれて死亡し、他にも紫宸殿《ししんでん》にいた者など数名が重傷を負ったし、話を聞いた天皇もにわかに重い病気になって寝込んでしまった。

時の最高権力者だった藤原忠平の京都の家に私設のガードマンとしてつとめたり、天皇の身辺警護にあたる「滝口の武士」をつとめる東国の武士の中に、ただの「小二郎」、あるいは出身地の名前を取って「相馬小太郎」とか、滝口の武士だから「滝口小二郎」と呼ばれた若者がひとりいた。のちの平将門《まさかど》その人である。

932

富士山北西斜面から噴火。溶岩礫が飛び散り、大宮浅間神社が焼失。富士は以後しばらく噴煙をあげ続ける。瀬戸内海に面した備前〈岡山県東南部〉の海岸に海賊が姿をあらわして、官の物資を奪い去った。海賊はその後も瀬戸内海周辺の各地に出没した。

933

朝廷は海賊対策として南海道諸国――紀伊国、淡路国、阿波国、讃岐国、伊予国、土佐国――に警固使を配置して防備に当たらせた。

934

陸奥国分寺七重塔が落雷によって焼け落ちた。後百済と高麗が武力衝突して高麗が勢力を拡大した。海賊行為が頻発したために、朝廷は諸家の兵士を動員して海賊追捕《ついぶ》のために瀬戸内海方面に派遣し、さらに広域の警察権を持つ追捕海賊使という役職を設置し、海賊取り締まりに乗り出したものの、それをあざ笑うかのように、この年の暮れ、伊予国喜多郡の官倉を海賊たちが襲撃し、非常用の米を奪い去るという事件が起きた。

935

後百済でクーデター。新羅、高麗に降服し、政権を譲り渡して滅亡。高麗が仏教を国教として統一政権を樹立。新羅花郎（武士）ら多くが日本へ――関東の親戚を頼って――亡命し、日本列

936

島で再び旧百済と旧新羅の抗争が激化する。

桓武《かんむ》平氏の祖となる高望《たかもち》王の孫であり、鎮守府将軍の平良持の子で、下総国猿島郡〈茨城県西部と千葉県東葛地域〉を所領としていた相馬小二郎こと平将門は、都から帰郷して以来、常陸に地盤を持つ叔父の国香、良兼、いとこの貞盛らの一族と私闘をくりかえしていたが、渤海を滅ぼした契丹の耶律阿保機《やりつあぼき》の活躍を耳にし、やがて耕作農民たちをまとめて私兵として組織し、その先頭に立って、中央政府に派遣された国司らに抗し、公然と王権に反旗をひるがえして独立解放運動を開始した。

瀬戸内海を荒らし回っていた海賊が、九州島と四国島の間にある日振《ひぶり》島を本拠に、一千隻近くの船を抱えた大集団であることが発覚した。海賊は瀬戸内海を航行する官船や私船を襲撃し、財宝や積み荷を奪う行為をほしいままにくりかえした。しかし彼らはほんとうは人間を幸福にしない差別に立脚した荘園制度などのシステムそのものを敵としたに違いない。瀬戸内海の制海権を握られることは、同じように瀬戸内海の制海権を握ることから建国をはじめているヤマト朝廷にとっては、きわめて重要かつ深刻な問題だった。それに海賊は契丹（高麗）からの援助を受けていたふしもある。朝廷内部の唐勢力である藤原一族には、母国を滅ぼした契丹にたいする憎しみが積もりに積もっていた。朝廷としてもこうした海賊行為を見過ごすわけにはいかなくなった。海賊追捕《ついぶ》の命令を受けて伊予国警固使として現地入りした伊予掾《いよのじょう》の藤原純友《すみとも》は、伊予守兼追捕南海道使の紀淑人《きのよしひと》とともにまずは懐柔策をもって海賊たちと向かい合い、衣服を与えたり、田畑を耕すときのための種子を与えて海賊衆の農民化を画策した。多くの海賊はこのときいったん帰順したとされる。海賊たち二千五百人が投降して、瀬戸内海に束の間の平和が取り戻されたが、このとき警固使の藤原純友はいずこかへと姿を消していた。高麗が分裂していた新羅を滅ぼして朝鮮半島を統一した。

937

富士山が噴火した。「神の火が大海を埋めた」と甲斐国司の報告。

938

平将門が武蔵国足立郡司武蔵武芝《たけしば》や常陸国の新興領主藤原玄明《はるあき》らとともに武蔵国府を攻撃したり、常陸国府を占拠して焼き払うという事件を起こした。

939

高麗国からの使いが来たが、太宰府が追い返した。出羽国の鹿角《かづの》、比内《ひない》、能代《のしろ》地方の蝦夷《エミシ》が——「異類を率いて」——秋田城下に攻め入り、稲を奪い、百姓の財産を焼き打ちにする事件が起きた。「異類」とは津軽や渡嶋《わたりのしま》の蝦夷《エミシ》だろう。摂政藤原忠平はその日記『貞信公記《ていしんこうき》』に「賊徒秋田郡に到来し、官舎を開き、官稲を掠めとり、百姓の財物を焼亡す、また異類を率いてきたるべし」

と記す。これとおなじ事件のことを『日本紀略』はただ「出羽俘囚《ふしゅう》の叛乱」とのみ小さく書く。朝廷は出羽国にたいして鳥海山の大物忌神《おおものいみのかみ》の噴火を鎮めるための祭りをおこなえと指示を与えた。平維扶《これふち》が陸奥守に就任した。

警固使だった藤原純友《すみとも》が瀬戸内海海賊のチーフとして、公然とヤマト朝廷に反旗をひるがえした。といっても、数年前から瀬戸内海で暴れ回っていた海賊集団のほんとうの首領が、実はこの藤原純友という地方官だったことが、ここにいたってようやくはっきりしただけにすぎない。姿を消していたあの純友が何処からか帰ってきたのである。西国の海賊の藤原純友が、東国の平将門の叛乱に呼応して再び蜂起し、京都の東西から人をして火を放たさせた。京都の町が騒然となった。

『将門記』というノンフィクションノベルによれば、武蔵権守の興世王《おきよのおおきみ》が常陸国を乗っ取った将門に密かにこう語りかけた。「過去の例からすると、わずか一国を討ったにすぎなくても、公からの責めは軽くはない。どうせ同じことなら、坂東全体を奪い取って、しばらく様子を見てみてはどうだ」と。で、その気になった将門が下野国と上野国などの国府を襲撃し国司を追い払って、伊豆、武蔵、相模、上野、下野、下総、上総、常陸など関東諸国の国印と正倉の鍵を奪取し、臨時革命政府を樹立した。このとき武蔵守として未練がましく行動したのが、清和源氏の祖である源経基《つねもと》である。将門が上野国府に進駐すると八幡大菩薩の使いと名乗る傀儡《くぐつ》（大陸系漂泊民）の巫女があらわれて、霊界の菅原道真より与えられた位を将門に授けた。国府の四方を固めた数千の人々は喚声をあげてひれ伏した。将門は自らの称号を「新皇」と定めた。かくして将門は関東の大半を勢力下に入れると、弟たち一族を関東諸国の守に任命して、石井《いわい》の付近に王城を築いた。のちのちへの影響を思えば、東国の武士団を構成する人々の多くが——新羅系の源氏であれ、天の王朝（古代海人族）系平氏であれ、伽耶・高句麗系武士団であれ、俘囚《ふしゅう》系蝦夷《エミシ》武士団の末裔であれ——将門を武士の時代を開く者として救世主のように思ったことは間違いない。ヤマト中央政府は参議で唐系の藤原忠文を将門討伐のために征夷大将軍に任命した。

一説によれば、このとき将門を陰で支えた諏訪八ヶ岳山塊に暮らす山人修験者——おそらくは帰るところを失った伽耶系の産鉄漂流民——の「隠れ里」集団から、のちの忍びの集団でサンカ集団でもある「風魔一族」があらわれる。

西国であの藤原純友が再び海賊活動を開始した。先年伊予守の切り崩しにあって朝廷側に帰順したローカルな海賊たちも、ここにいたってもう一度純友の周りに集まってきた。瀬戸内海における襲撃や略奪行為が急増した。そんな中、備前介藤原子高《さねたか》という役人が、純友一党の活動状況を朝廷に報告するために上京しようとしたが、その途中、摂津で純友の手の者と思われる海賊たちに捕らえられ、彼は耳と鼻を削がれ、妻は略奪されるという事件が起こった。朝廷のもとには「純友一党が淀川をさかのぼり、京へ攻めのぼってくる」という報告も届いて、京都は大混乱に陥った。京周辺の要所には検問所が設置され、市中を武装した兵が巡視してまわるという戒厳令状態となった。朝廷はパラノイアの傾向をいっそう強めて「純友と将門の二人は、東西で共謀して叛乱を起こしたのではないか」と恐れおののいた。

朝廷はとりあえず藤原純友を懐柔せんものと「従五位」の位階をちらつかせたのだが、純友はそんなものには鼻もひっかけずに淡路島の役所を襲撃して兵器をごっそりと奪い去っている。

こなた征東大将軍となった藤原忠文が、将門追討軍とともに東国に向かったものの、この軍勢が到着する前に、下野の豪族の藤原秀郷と平貞盛らが、平将門を下総国辛島で討った。このときに射殺《いころ》された者の数百九十七人といわれる。陸奥国では将門の弟を名乗る者が叛乱を起こした。残党狩りは熾烈を極めた。将門の事件は武士の時代の到来を広く予感させる出来事として人々の記憶の底に焼きついた。

風魔一族はこの乱後、相模国の足柄山塊に移り住んだ。また同じ諏訪八ヶ岳の山人「隠れ里」集団から、政府軍側に肩入れして軍功のあった望月三郎兼家ら別の忍び集団もいて、こちらは乱後、甲賀郡司となり鈴鹿山系の甲賀地方に移り住んだとされる。漂流民たちの末裔は自分たちの暮らしを守り維持していくために、独自の兵法や、武技、調略などに長じていたのだ。

将門の首が確認のために京都に届けられた。藤原滋望《しげもち》が陸奥守に任じられた。朝廷は純友の追討令を発し、小野好古《よしふる》が追捕《ついぶ》山陽・南海両道凶賊使に任命され、好古の次官に源経基が任命された。ところが藤原純友らは四百隻の船団で伊予、讃岐二国を制圧し、さらに備前、備後でも兵船百隻ほどを焼き払うなどゲリラ戦を展開した。九州島豊後国では契丹系の桑原生行《くわばらなりゆき》が叛乱を起こした。純友はさらに筑前を攻撃し、太宰府追捕使の軍勢を撃破するなど、瀬戸内海から北九州にかけての制海権をわがものとして、神出鬼没の活動を見せた。

941

鎮守府将軍の平貞盛の使いが狄に殺害された。海賊とされた軍事クーデターの首謀者の藤原純《すみ》友《とも》、筑紫国の太宰府を一時占拠するも、追討使の小野好古《よしふる》、源経基らに率いられた追討軍の総攻撃に守りを破られて海路敗走し、一か月後に伊予で伊予国警固使に首を討ち取られた。朝廷側に捕獲された純友たちの船は八百隻にものぼった。源経基が海賊の桑原生行《くわばらなりゆき》を逮捕して源氏の名前を知らしめて面目を保った。この他にも瀬戸内各地の革命分子が海賊として逮捕斬殺された。かくして日本列島における唐勢力による契丹系の粛正も終わりを告げた。が、このときの西国の海賊衆（新海人族）の生き残りが、のちに平家として歴史の表舞台に登場してくるのである。

945

正体不明の志多羅神《したらのかみ》を奉ずる人々が、福徳を祈って狂騒状態で乱舞しながら京都へと進入した。

946

日の出の勢いの契丹が、後晋を滅ぼし、国名を「遼《りょう》」と改めた。

947

陸奥国では鎮守府傘下で蝦夷《エミシ》の坂丸《さかまる》という者が、鎮守府将軍からの使者を殺したあと、一族を率いて叛乱を起こしたので、平貞盛の征討軍によって十三人が殺害された。この事件を最後に蝦夷《エミシ》による争乱は約百年ほど減少する。平貞盛が鎮守府将軍に、平斉章が出羽城介に任じられた。

949

この年の二月、地球など太陽系の九惑星が太陽から見て九十五度の角度内におさまる「惑星直列」が起きた。

950

藤原令問が出羽守になった。貴族の権威とやらが崩れつつあったこのころ、平将門、藤原純友《すみとも》につづいて、貴族社会をまたしても震撼させた叛乱が伊賀国で起きた。伊賀の高尾山を拠点として反朝廷の戦いに立ち上がったのは藤原千方という伊賀か、あるいは伊勢地方の土豪だった。名前の「千方」は「ちかた」「ちかど」「ちよろず」と三つの呼び方で呼ばれていて、ほんとうのところはわからない。また、ほんとうのところわからないことは他にもあって、それは彼が四人の鬼を使ったとされているところだ。朝廷の征討軍を前に千方は妖術をもって四鬼を使い、官軍をたびたび苦境におとしめている。その四鬼とは「風鬼」「火鬼」「土鬼」「陰形鬼」で、彼はこの四鬼を自在に操って、少数の兵力で数十倍の政府軍を手玉にとった。敗軍の将は二度三度と京都へ帰り、朝廷に千方の妖術の報告をしている。そしてそのたびに征討軍の数も増強された。結局、叛乱が起きてから半年目の第四次征討軍によって、さすがの千方も刀折れ矢も尽きたようで、叛乱軍を解いて伊勢路に亡命したが、やがて逮捕されて、伊賀国種生《たなお》庄の柳ノ下で処刑されて死んだという。いずれにせよ千方とともに戦い、鬼とされたのは、一書によれば「山法師」であるとされるが、おそらく先住民系の山人か修験者だったろう。

954 藤原倫寧《ともやす》が陸奥守に就任。

959 藤原国紀《くにのり》が陸奥守に、源仲舒が鎮守府将軍に、それぞれ就任した。

960 京で平将門の息男が入京したという噂が立ち、政府は勅命を出して検非違使《けびいし》や武士たちを出動させて探索にあたらせている。平将門と藤原純友《すみとも》の二人の影響力を朝廷がことのほか恐れたことは想像にかたくない。言い伝えによれば、二人が東と西でまるで呼応しあったかのように乱を起こして敗北したのち、両者の家来たちは京都にのぼって盗賊になったとされるが、このころ都で「南無阿弥陀仏」を唱え鳴物入りで布教をしていた空也上人によって改悛させられたとする。

961 源信明が陸奥守に就任。

965 源信孝が鎮守府将軍に就任。

967

この年に『延喜式』の改訂版が配布され、その中にケガレの基準なるものが見える。人間の死は三十日、お産は七日、六畜――馬、牛、羊、犬、猪、鶏――の死は五日、その産――鶏は除く――は三日、その肉を食べたときには三日間ケガレるのだという。この期間は自宅にこもって慎まなくてはならず、むやみに出歩いてそのケガレを人にうつしてはならないと決められていた。

968

高麗系の橘敏延や前相模権介の藤原千晴らとともに、親王の一人を奉じて東国で挙兵を企てていた、新羅花郎の血脈を受け継ぐ源満仲の第三子として、頼信が誕生した。藤原千晴が、平家一門の武蔵介平義守に暴行されるという事件が起きた。

969

藤原致忠が陸奥守に就任した。源満仲が橘敏延と相撲を取って負け、「は、は、は、源氏の名折れ」と嘲笑されたために、頭に血がのぼった満仲が敏延を失脚させようと、おそれながらと東国挙兵の陰謀を密告した。藤原千晴らが流罪となり、親王が宮廷に出入り禁止とされた。

970

源満仲が、半島や大陸からの渡来者によって開拓された摂津国河辺郡池田領の、その中の俘囚《ふしゅう》の限定居留地だった火打村に隣接する多田庄〈兵庫県川西市〉に館《たて》を構え、数百人もの武装した従者とともに暮らしはじめた。いわゆる多田源氏のおこりである。満仲とその一党がこの地にしばしば「軍旅を調えるために」集結し、館を構えるにいたった理由は、俘囚たちの火打村がきわめて重要な軍需用品製造の村だったからにほかならない。武具や防具の材料である金属、布類、そして革類が、そこでは作られていた。源氏御用達の皮革製造業者がここからはじまっている。

ケガレを極端に恐れるパラノイアな人たちが上流階級として君臨していたため、そうしたケガレを清めるのが仕事の、「清目《きよめ》」と呼ばれる河原者たちが跋扈《ばっこ》する京都にあって、このころの源氏の一門たちは、主に治安維持を受け持ち、中には検非違使《けびいし》になる者もいた。検非違使とは、まあ、警察と裁判所を兼ねたような、処刑執行と賤民統治がメインの仕事で――時にはケガレかどうかの判定までしたというから――かなり強大な権限というか権力を有し、天皇の御所の中の衛門府に検非違使庁本部が置かれていた。処刑執行の場合、武士だから自分でするかと思えばそうではなくて、「放免《ほうめん》」といって犯罪者で、罪を免ぜられた代わりに検非違使庁で働く人間に処刑をおこなわせるのが常だった。

971

橋時舒が出羽守に就任。

高麗国からの使いが対馬に着いた。空也上人が没した。彼は浄土教の始祖とされる人物で、生地、出自ともに不詳。若いときから仏道に入って阿弥陀念仏を唱えながら諸国を巡歴し、茶を施して多くの病気を治療したり、各地で橋をかけたり、井戸を掘るなどした。その後京都に帰り、市中の至るところで人々を集め、鉦や太鼓を叩かせて「南無阿弥陀仏」をとなえさせながら、レイブ・パーティさながらに踊らせた。みんながリズムにあわせて我を忘れて踊っていると「それで極楽往生疑いなし」と教えた。なにひとつ厳しい戒律を要求せず、踊りながら念仏するだけで極楽に行けると言った最初の人。貧しい人、賤民たちには「鉦」を買う金もなかったので、かわりに「鉢」を叩くように教えた。俗に「鉢屋」というのはここから出たという。

鉢屋衆というのは、藤原純友《すみとも》の家来ともいわれる先住系の山人たちで、西国を拠点としていた。『本朝鉢屋由来記』には空也によって改心させられて「鉢屋」とされた人たちのことが「夜は洛中洛外より近畿まで忍びでて、押し込み、辻斬り、追いはぎ、夜討ちをなし、富裕の者の財をかすめ奪う。忍びになれていて、ここと思えばあちらと、さながら飛ぶ鳥のごとし」とある。また「守護や国司もその始末に困り、逆に鉢屋の者を領内に招き、乱放盗賊の防ぎとなせしに、元来、したたかものなれば山賊や海賊までが、その配下となって郷郡を分配しあい、鉢屋支配とする」とも。

ここでいう「山賊」「海賊」「鉢屋」は「大陸渡来系藤原一族支配体制」に対抗したために「賊」とされた人たちで、「山賊」は山稼ぎ、山人の「サンカ」だし、「海賊」は海稼ぎ、海人の「瀬戸内水軍」であり、体制に受け入れられなかっただけで、盗人などではなかったかもしれない。

「鉢屋衆」と呼ばれた人たちも同様で、みな先住民系（古代蝦夷《エミシ》の末裔たち）だったと思われる。空也上人に教化されたのちは逆に盗賊追捕に協力するガーディアン・エンジェルみたいな集団として名をはせた。

このころになると、片方で王化に従うための水田稲作に基づく村落共同体のようなものが生まれ、個人の力ではいかんともしがたい灌漑や田植えや入会地利用などが組織化されるようになっていて、このような農村を維持発展させるためにも、農民は農業に専念せざるを得なくなり、それにともなって狩猟や漁労や皮革や細工や商売など他の生業を、それを専業とする者たちに任せざるを得ず、結果としてそうした非農業民たちも、職人として独自の身分集団を形作りはじめることになった。

974

蝦夷《エミシ》が乱れたため、丹波守だった平貞盛が急きょ再び陸奥守に就任し鎮守府将軍も兼任した。

976

陸奥国の不動倉が神火により焼失。京都や近江国に大きな地震があった。八省堂、豊楽院、東寺、近江国庁などが傾いたり倒壊したりした。

978

西国の海賊が蜂起した。備前介が海賊に命を奪われた。陰陽師《おんみょうじ》として名を轟かせていた安倍晴明が法皇に命じられて那智山の天狗を封じた。七月、雷の落ちたような響きがあり、陰陽博士出雲晴明（安倍晴明）の家が破損した。

980

源致遠が出羽守に、平兼忠が出羽城介に任命された。

982

西国で海賊が蜂起して、瀬戸内海を往還する調庸の運搬船を襲撃するという内部情報を得て、政府が伊予国司に追捕《ついぶ》を命じ、海賊のチーフだった能原兼信《よしはらかねのぶ》らが征討された。

984

高麗人が筑前国にやってきた。東大寺の僧が中国の宋に渡り、皇帝太宗の「国の風土」についての質問に答えて「国の東境は海島に接す、夷人の居す所、身面皆毛有り」と応えたと『宋史』にある。「日本は東の国境を海島と接しています。そこは夷《えびす》の住むところです。夷は全身がこれ毛だらけです」と。ここには北海道島の住民を日本人ではないとする当時の中央の見方がはっきり投影されている。北海道島ではこの時期を境に直線的な刻線模様のある擦文土器が姿を消し、鉄鍋などが使われはじめた。

985

藤原為長が陸奥守に、平群利方《へぐりとしかた》が出羽城介に任命された。

988

藤原文篠が鎮守府将軍となった。かつての鎮守府将軍で、源氏の棟梁でもある源頼信の嫡男として、王代丸が誕生した。母親は宮廷の女房だった。王代丸は幼少のころより武芸に、とくに弓技に長じていた。王代丸は成長してのちに頼義《よりよし》となる。

992

阿波国の前国司が海賊に拉致されるという事件が起きた。源忠良《みなもとただよし》が政府により追討使に任命され、首尾よく阿波国の海賊を制圧して、たくさんの首とたくさんの捕虜を連行して帰京した。

993

朝廷を恨んで死んだあの菅原道真に太政大臣の地位が贈られた。天然痘（疱瘡）が全国的に流行した。大祓《おおはらえ》がおこなわれた。関白藤原道隆《みちたか》がこのとき十日十晩にわたり十方の諸神に平癒の祈願をしたところ、満願の夜になって夢うつつの中に「汝、乱行を破して身を修め、一身を捨てて忠勤せよ」というお告げを感得したという。道隆は、恐れおののいて「自分は、下賤の女に子を産ませたので、そのことを神が怒っている」と思い込み、当時すでに八歳になっていた隠し子の道宗を家来に命じて丹波の山奥に捨てさせた。

道宗は八歳ながら神童で、大勢の家来たちが彼を慕って山に分け入り、親しく仕えた。衣食住の三つを得るために木の皮や草などで衣類を作ることを知り、食うためには猟をし、キャンプ生活のいろはをマスターし、サンカの祖となった。丹波の山の中でサンカ生活をするうちに、伽耶系出雲流民の山人社会と密接な関係を持ち、出雲族のチーフに家来たちが竹細工や箕《み》作りを習い、それぞれに一芸一能に秀でた者が次々とあらわれて、道宗はそうした職能集団の長を継承するようになった。それがためにサンカの最高位者はのちのちまでも乱裁道宗《アヤタチミチムネ》と呼ばれるようになったという言い伝えがサンカの中に残された。

994 平維叙《これよし》が陸奥守に就任した。

995 かの清少納言と恋愛関係にあったとされる藤原実方《さねかた》が陸奥守に、源信親《のぶちか》が出羽城介に任じられた。

997 奄美島人が壱岐や対馬に襲来して逮捕された。源満仲が八十五歳の天命を全うし、自分の亡骸を満願寺の廟に葬るよう命じて死に、源氏武門の祖と位置づけられた。この年、良人を売買して奴婢とすることが禁じられている。

998

「京都松尾社の祭礼で山崎の津人が田楽を演じた」と『日本紀略』は書きとめている。四月の松尾祭りに、石清水八幡の神人の活動拠点である山崎津から人がやってきて、田楽をしたというものだ。文献上の「田楽」というもののはじまりは、このころらしい。田楽は読んで字のごとく大陸渡来の農耕儀礼からはじまったが、人々を熱狂させる芸能として独立し、農業から離れて、祟りのないように怨霊や疫病神をまつる御霊会《ごりょうえ》という祭りのショーアップした鳴り物入りの出し物に田楽は組み込まれていた。太鼓やササラ（竹の先を細かく割った楽器）を用いた音楽（リズムとビートとメロディ）と、いつ果てるとも知れない踊りをともなったエンタテイメントの最初にあたるものだった。

999

富士山が噴火した。たいそうな噴火だったらしく、戦乱や悪疫の流行する兆しではないかと都人は驚愕し、畏れおののいた。

1,000

千年紀。だがまだ日本列島では誰も千年紀を意識していた人たちはいなかった。このころを前後する五百年間ほど、陸奥国の最深部、ヤマト中央政府の手がまったく届いていなかった現在の青森県浪岡町付近に、この時代としてはおそらく最大級の環濠集落があったことが発掘でわかっている。それは、南北約九十メートル、東西約六十メートル、広さはおよそ三千四百平方メートルある臨戦型の砦であり、周囲を幅平均六メートル、深さ四メートルほどの濠が取り囲み、その外壁にはさらに高さ一メートルほどの土塁が築かれている。濠の内側の集落には百六十軒ほどの縦穴住居が建ちならび、なかには集会場のような大型のロングハウスもあったし、精錬所と見られる鍛冶工房もあった。おそらく蝦夷《エミシ》たちが守りとおそうとした最後の日高見国の遺跡ではないかと想像される。この年、源満政が陸奥守に就任した。

1,001

出羽守藤原義理（義雅）が出羽城介の源信親を殺害する事件が発生した。出羽守が、在任中頻繁に、地元で産出する馬や絹を京都に送っていたことを出羽城介に咎められたことによるものか。平季信《すえのぶ》を急きょ出羽守に任命した。

1,004

橘道貞が陸奥守に任じられ、平季信も出羽守に再任した。

1,005

朝廷の内裏が焼け落ちた。三種の神器のひとつである神鏡も黒こげになった。安倍晴明が死んだ。

晴明が宮中に参内したときの話として、以下のようなものが残されている。まるで幻覚性植物によるトリップのような話だが、その日は、いわゆる「庚辰の夜（この夜眠ると人身にいる三尸《さんし》という虫が人の眠りに乗じてその罪を天帝に告げるとされていた）」なので、若い殿上人がたくさん集まって、夜を明かすためにいろいろな遊びをしたそうだ。晴明もその席に呼ばれていた。帝《みかど》が「なにかおもしろいことをしてみせよ」と言ったので、晴明は「それでは算術で今夜の興を盛り上げ、人々を笑わせ申し上げましょう。たとえそうなっても決しておくやみなさりませんように」と応えたという。すると帝が「算術で人を笑わすなどということは、どう逆立ちしてもできまい。もし仕損じた場合にはふるまい物を出せ」といい、晴明は「かしこまりました」と応え、おもむろに算木を取り出して、それを一同の前にさらさらと置き並べた。すると目に入るものは何もないのだが、なんとなく座中のみんなはおかしくなって、盛んに笑いはじめた。笑いをとめようとするけれどもとめることができない。わけもなく笑いがこみあげてきて、あごのはずれるほどの大声で笑い、腹をかかえて、最後にはことばも出ないほどで、腹筋がよじれて切れるかと思われるほどになって笑いころげたが、それでもどんどんおかしくなってしまった。一同は涙を流してもうたくさんだと手を合わせて晴明に頼みこんだ。「それではもう笑うのに飽きられたでしょうから、すぐにおとめいたしましょう」といって、算木を取り除いたところ、今までのおかしさが一瞬にしてさめて、何事もなかったかのように元通りになったので、みなはこれにはびっくりして感嘆したという。

1,009

藤原済家が陸奥守に就任。高麗で軍事クーデターが起きた。

1,010

契丹が高麗に攻め入った。

1,012

藤原兼光が鎮守府将軍に、源親平が出羽守に就任した。契丹が高麗に攻め入った。最高実力者の左大臣藤原道長が、比叡山延暦寺に受戒にでかけた。普通なら歩かなくてはならない山道を馬に乗ったまま登ると、突然いずこからともなく石が投げつけられ、しかも夕だちにも遭ってずぶ濡れとなり、さんざんな目にあった。それから数日後、比叡山の「山王」の祟りで、悩気《のうき》が重くなり、さらに三日後には邪気憑《じゃきつき》となり、山王の地主神が憑いた。同じころべつの女人と僧に山王が取り憑き、その託宣によって祟りであることがわかったという。諸国の寺社において、読経、修法、陰陽師《おんみょうじ》祈祷、絹五十疋《ひき》の解縛文厭術、加持、呪詛、参詣などありとあらゆるものがおこなわれ、ひと月後にやっと回復した。

1,014

朝廷の内裏が焼け落ちた。平維良《これよし》が鎮守府将軍に就任した。

1,015

春から夏にかけて疫病が都に蔓延した。山背国の出雲郷――出雲（伽耶）系先住民の居留地――で疫神を鎮めるために政府主催の御霊会《ごりょうえ》が催され、この御霊会の最中に賤民たちが乱闘事件を起こした。前年に焼亡した内裏が完成し、そのふた月後にまた火が出て焼け落ちた。

1,016

藤原貞仲が陸奥守になり、平維良《これよし》が鎮守府将軍に再任された。

1,017

大中臣宣茂《おおなかとみしげもち》が出羽守に就任した。左大臣の藤原道長の屋敷に盗賊が入り、黄金二千両（およそ一億五千万円相当の砂金）が盗まれるという事件が起きた。富士山、北方の三か所が噴火した。参拝者が行かなくなった。火山活動は活発で、常に白煙をのぼらせ、夜間には遠目でも火が見えた。噴火は数年続いたらしい。藤原道長が関白になった。

1,018

契丹軍十万と高麗軍二十万八千三百の兵が激突した。おなじころ本州島東北部では陸奥守の藤原貞仲と鎮守府将軍の平維良《これよし》が、雑事をめぐって合戦になっていた。平永盛が鎮守府将軍の座に就いた。

1,019

契丹軍十万をほぼ全滅させ、高麗が息を吹き返した。契丹は高麗侵攻を一旦あきらめ、高麗は旧高句麗の領土を四百年ぶりに奪還し、両国は平和修好条約を結んだ。

この年の春先、アムール川の下流域から沿海州一帯で勢力をつけつつあったツングース系の女真族が、五十隻あまりの船を連ねて対馬、壱岐、筑前に来襲した。対馬では銀鉱山が焼き打ちに遭い、壱岐では国守をはじめとする二百三十九人が拉致されて、島に残ったのはわずかに三十五人という惨状だった。この海賊たちはその後、筑前の志摩郡を襲って百十二人を殺害し、四百三十五人を拉致し、牛馬七十四頭を被害に遭わせたものの、やっとのことで追い払われて、仕方なく博多湾に浮かぶ能古島《のこしま》を占領して襲撃の準備を整えた。そして博多に上陸しようとしたので、太宰権帥《だざいのごんのそち》藤原隆家らが警固所の兵を率いて防戦し、激しい戦いののちにこれを撃退した。海賊たちの風体は異様で、牛や馬を殺して食べた。拉致した住民のうちの老人や子どもや病人は手当たり次第に海へ投げ捨てたりして殺戮した。のべ十六日間にわたる被害は、死者三百七十人、捕虜千二百八十人、牛馬三百九十頭にのぼった。結局このときの海賊たちは、次には高麗に向かい、その沿海の島陰に隠れながらそこでも侵略を続けたために、高麗の水軍によって滅ぼされた。

1,020 崩壊しつつあった契丹からの難民や移民が季節風にのって大幅に増加した。源頼信が石見守に任命された。橘則光が陸奥守になった。藤原道長は出家した。

南西諸島民が薩摩に来襲した。大江時棟が出羽守に任命された。

1,021 『更科日記』のこの年の記述の中に「山のいただきのすこし平ぎたるより烟は立ちのぼる。夕暮は火の燃たつも見ゆ」とある。富士山は小さな噴火を続けていた。

1,023 平孝義が陸奥守になった。

1,024 藤原頼行が鎮守府将軍になった。

1,026

本州島西部の日本海で大きな地震が発生したと見られ、島根県西部の海岸に大津波が押し寄せて、柿本人麻呂を祀ってあった高津川河口の鴨島という小さな島が、神社もろとも海上から姿を消した。ご神体はのちに近くの浜辺の松の枝にかかっているところが発見され、人麻呂神社も再建された。

1,027

藤原頼行が鎮守府将軍に再任され、多米国隆が出羽守になった。

1,028

前の上総介であり、武蔵国押領使を歴任した平忠常が、房総半島（下総国）を拠点として叛乱を起こした。平忠常は武蔵国大里郡村岡〈埼玉県大里村村岡〉で新羅からの移民の孫（三世）として生まれた。父祖の代から武蔵国が本拠だった。やがて力を集め、武蔵国、常陸国、上総国、下総国など房総一帯に勢力を拡大し、百年前の将門同様、先住民系を集めて国家権力と対峙するようになる。房総半島は王朝国家から切り離された。ところが独立国家を作ろうとする試みは、ことごとくすべて国家によって叛乱とされる運命にあるようだ。報告によれば、忠常の兵は上総の国衙《こくが》に乱入して国司や役人たちを縛り上げて占拠したらしい。役所はまったく機能しなくなり、農民は逃散し、畑も水田も荒れ果てた。検非違使《けびいし》の平直方《なおかた》と中原成道が追討使に任命された。石見守だった源頼信が甲斐守に抜擢された。陸奥守には平孝義が再任された。新羅花郎の流れをくむ源氏は、このころ本拠が摂津、大和、河内などの畿内にあって、実質的な権力者である唐系の藤原氏の傭兵として働いていた。坂東から東にかけては、百済系天皇家によって各地で専任された南西渡来の海人族系武士団の平氏が、虎の威をかる狐ではないが、東国各地に集団居住していた先住系の俘囚《ふしゅう》の末裔たちを抑え込んで、まだかろうじて支配層階級としての力を持っていた。

1,029

日高見国の東の蝦夷《エミシ》の偉大なチーフに、安倍忠良《あべのただよし》という人物がいて、その子が、陸奥国奥六郡（胆沢《いさわ》、和賀、江刺《えさし》、稗貫《ひえぬい》、志波《しわ》、岩手の各郡）の俘囚《ふしゅう》長の安倍頼良《あべのよりよし》であり、さらにその頼良の子として、この年に貞任《さだとう》が誕生している。実際は次男だったが、長男の良宗《よしむね》が盲目であったため、貞任が嫡男の役を果たすことになったのだった。

平忠常追討の報告をしなかったとして、検非違使《けびいし》の中原成道が罷免された。

1,030

安房守の藤原光業が、平忠常の乱に驚きあわてて仕事をほうり出して京都に戻ってしまった。政府は、甲斐守の源頼信と坂東諸国の国司たちに平忠常の追討を命じた。検非違使《けびいし》の平直方はぐずぐずして出発が四十日も遅れたため召還された。平直方の娘は源頼信の「室」の一人だった。「室」とは「奥方」のこと。一夫多妻があたりまえとされた時代だった。

1,031

陸奥国、貢上の砂金一両につき絹一疋《ひき》を代納させられた。源頼信が甲斐国に到着した。そのすごい軍容に恐れをなして平忠常はわざわざ二人の子と三人の郎党を連れて甲斐国にまで出向き、源頼信に降服した。頼信が平忠常を連行して京都に向かう途中、美濃国に入ったところで、忠常は病死。五十六歳だった。平忠常の独立国家の夢は泡と消えた。頼信はやむを得ず忠常の首だけを携えて上洛した。平忠常の乱の頼信によるこのときの平定は、もともと先住蝦夷《エミシ》系の俘囚《ふしゅう》の末裔や新羅系移民や高句麗系移民の子孫の多かった東国への源氏の進出の足場を築くことにもなった。

京都で不審火が多発した。その高さ約九十六メートルと当時の日本の大きな建造物のナンバー・ワンを誇った出雲の大神殿が、風もない日に神殿が突然振動して、北西の隅の柱一本だけを残して倒壊する事件が起きた。

1,032

平忠常追討の功績で、源頼信が美濃守に任命された。神託だと偽って出雲の杵築社造営を企てた出雲守の橘俊孝が佐渡国に配流とされた。陸奥国の貢上砂金が免除されないことになった。出羽守に藤原為通が就任した。富士山が噴火した。

1,034

高麗人が大隅に漂着した。平忠常の乱の影響が少なくないため、上総国の四か年の官物が免除された。陸奥守に藤原兼貞が就任した。

1,036

藤原頼宣が陸奥守に任命された。

1,037

契丹と高麗が戦争をして、高麗が負けた。高麗で差別されていた白丁《はくちょう》が自分たちのことを倭人と名乗って契丹に協力した。契丹人は自分たちを高句麗の継承者として領土の占有権を主張。この前後に高麗からの難民が多く日本列島に流入した。

1,039

源頼義に、息子・義家が誕生した。頼義は、石清水八幡宮に立派な男子を授かるように祈願していた。義家は幼名を「源太丸」もしくは「不動丸」といった。源太丸は源氏の棟梁であった源頼信の孫にあたっていた。

1,040

源頼清が陸奥守になった。朝廷の内裏が焼失し、神鏡がまた黒こげに。京都の町で放火が頻発したために検非違使《けびいし》に毎夜の巡視が命じられた。

1,045

源氏の棟梁の孫・義家がこの春、京都の石清水八幡の神前で、七歳にして元服した。そのために源義家はのちに「八幡太郎」と名乗ることになる。

1,048

太宰府が新羅暦と宋暦を献上した。鎮守府将軍の源頼信が八十一歳で死に、息子の頼義が家督を相続して源氏の棟梁となった。頼義はこのころに相模守をつとめており、その折、相模一宮寒川神社〈神奈川県寒川町〉に八幡大菩薩が源氏の氏神として導入された。殺傷を仕事とする武家集団の源氏が八幡神を精神的な支柱に据えた理由は、実際の殺傷にともなうヘビーな感覚を「放生会《ほうじょうえ》」を営むことでいささかでも和らげることが可能だと信じたからだし、ケガレや殺傷を肯定する論理を、神仏習合という精神世界の潮流が与えたからだった。

1,049

平重成《しげなり》が出羽城介に任命された。

1,050

藤原登任《なりとう》が陸奥守に、源兼長が出羽守に、平重成はかねてより空席であった秋田城介も兼任することとなった。

陸奥国の「奥地」に住む蝦夷《エミシ》が蜂起した。この「奥地」とは本州島東北部にとどまらないようだ。北海道島、サハリン島、沿海州も、この「奥地」に含まれるらしい。陸奥国を代表する俘囚の一族であり、都人からは熊の子孫たちと恐れられた、偉大な長に率いられる安倍一族は、いわゆる日高見国を構成していた先住民の一族のひとつであると同時に、こうした北方のネイティブたちの動きとも無関係ではなかった。陸奥の蝦夷《エミシ》の偉大なチーフの息子であり、俘囚《ふしゅう》王でもあった安倍頼良が、新任の陸奥守の藤原登任や秋田城介平重成と戦って勝利をおさめた。

1,051

再び安倍頼良が叛乱を起こして、北上川中流域のいわゆる「奥六郡」(胆沢《いさわ》、和賀、江刺《えさし》、稗《ひえ》貫《ぬい》、志和《しわ》、岩手の各郡)を制圧した。南は衣川が軍事境界であり、東は気仙郡の金氏一族と対立し、北にはもうひとつの安倍勢力が存在した。このもう一つの安倍勢力は、チーフを安倍富忠といい、鉋屋部《かんなやべ》、仁土呂志部《にとろしべ》、宇曽利部《うそりべ》の三地域の俘囚《ふしゅう》を支配していた。同じころ、和賀郡、胆沢郡の西の端にそびえる山々の向こう側の横手盆地一帯では、この地域一帯の俘囚の主である清原氏が、山本郡、平鹿《ひらか》郡、雄勝《おがち》郡の山北三郡を中心に支配をおこなっていた。そしてこの年、安倍頼良が奥六郡の南の境界である衣川から出て、その支配域を拡大する動きに出たわけだ。

陸奥守だった藤原登任《なりとう》は、出羽城介の平重成らを先鋒として数千の兵で安倍頼良を攻撃したも

1,052

のの、玉造郡鬼切部〈宮城県鳴子町〉における戦で、再び大敗を喫した。世に名高き「前九年の役」、別名を「奥州十二年戦争」という戦いの、これがはじまりとされる。

藤原登任の家来として陸奥国に下向して暮らしていた坂東武士の藤原経清《つねきよ》は、すっかり陸奥の風土が気に入って、安倍一族のチーフ頼良の娘を娶ってすでに子をもうけていたために、鬼切部の戦いでも安倍一族の人間として参戦した。

京都の朝廷はあわてて新羅系軍事貴族（花郎）の源頼義を陸奥守に任命した。摂津国多田にいた源頼義は息子の義家を連れて陸奥に下向する。若大将の義家は弱冠十二歳だった。

この年はシャカムニ・ブッダが入滅してから二千年目にあたるとされ、像法の終わりの年と都の貴族階級は認識していた。仏教徒の歴史観では正法が千年、像法が千年続いたのちに末法の世に入って「仏の教えは消滅する」と信じられていたのだった。

「今年末法に入る」と『扶桑略記』は記す。なにを思ったか関白藤原頼通が宇治の自分の別荘である平等院に阿弥陀堂を造りはじめた。俘囚《ふしゅう》王の安倍頼良はこの年、北海の地に一時逃亡していたという逸話が残されている。『今昔物語』「陸奥国の安倍頼時が胡国に行って空しく返ってきた物語」として、のちに息子の宗任が語ったとされる話が残されているのだ。「安倍頼時」とは安倍頼良ののちの名前であり、「胡国」とは「北方騎馬民族の国」であるらしい。それはこういうものだった。

陸奥国安倍頼時行胡国空返語《みちのおくのくにのあべのよりときここくにゆきてむなしくかえること》

今は昔、陸奥国に安倍頼時という強者《つわもの》がいた。陸奥国のさらに奥には夷《えびす》という者がいて、公《おおやけ》に従わず、徹底抗戦を叫んでいた。陸奥守の源頼義は、安倍頼時が、その夷と同じ心を持っていると聞いて、頼時を責めようとした。すると頼時は「昔から今に至るまで、公にたてをついて責めをこうむる者がたくさんあったけれど、いまだ公に勝った者など一人もいない。そんなことは百も承知だ。自分としてもそのような過ちは、できればおかしたくないと思っていたのだが、やむにやまれずこういうことになってしまった。もはや逃げ道はないかのように見える。しかるに、われわれの土地の奥の、その海の北に、うっすらと見渡せる大地があるだろう。ここにいてみすみす命を失うよりは、まずあそこへ渡って様子を見て、そこがなかなかよいところならば、共に暮らしたい者たちを引き連れて、みんなで海を渡って暮らそうと思う」と言って、とりあえず大きな船を一艘用意させて、息子の貞任、宗任、そのほかの子ども、また親しく仕えていた一族郎党二十人ばかりとともに船に乗り込んだ。料理人や身の回りの世話をする者たち五十人ほどと、当座の食料にする白米、酒、菓子、魚、鳥などもたっぷりと積み込んで、いざ船を出してしばらく進むと、あのうっすらと見えていた土地に着いた。

しかしそこは高い岩の自然の岸壁で、海からいきなり高い山がきりたっていて、とても上までは登れそうもなかった。途中まで登り、そこにしがみついてあたりを見回してみると、はるか遠くに葦原が広がっていて、どうやらそこは大きな川の河口であるらしかった。船をその河口の中に進めながら、「人影はないか?」と探したけれど、人の姿はまったく見えない。仕方がない、高いところにでもまた登って遠くを見てみようとしたのだが、登れるようなものもなにひとつなく、どこまでもひたすらに葦原が続いているだけだった。誰かが踏み締めたような道もまるでない。川はかなり深くて、流れもおだやかで、まるで底無しの沼のようだ。「どこかに人の気配のするところはないか?」と探しながら上流に向かって船を進めたけれど、丸一日進んでも、人っ子一人見あたらない。そうやって誰の姿も見ないまま、一日が過ぎ、二日が過ぎ、何日も何日も過ぎた。七日目には「何か変だな」とは思ったものの「ええい、果てなく続いてる川などあるものか」とさらに上流を目指して、気がつけば二十日ほどが過ぎていた。それでも人の気配はなく、さらに日が経ち、そうこうするうちに三十日目をむかえた。

そのときのことだった。地の響くような怪しい物音が聞こえた。船に乗っていた者たちは一斉に「いったいどんな人間がいるのだろうか?」と恐ろしくなり、葦原の葦がひときわ高く生えそろっているところに船を隠して、地面の響くような音のする方を葦の透き間からうかがっていると、いわゆる胡国の人間を絵に描いたような姿をし、赤いもので髪を結った人間が、馬に乗ってあらわれたではないか。船の連中はその姿を見て「あれは何者ぞ」とぽかんとしているうちに、同じ胡の人が次から次へと続々とあらわれて、川端にみんなで勢ぞろいしてこちらの方を見ながら、今まで聞いたこともないような言葉で話し合いをはじめた。「まさかこの船を見つけて何か言っているのではあるまいな」と思ったが、言葉がちんぷんかんぷんで理解できない。恐ろしくなって、隠れたまま様子をうかがっていると、その胡の人たちはしばらくさえずりあったあと、いきなり馬に乗ったまま川にザザザッと入って渡っていった。その数、騎兵が約千騎ばかり。歩きの者たちは馬に乗った者たちの傍らに張りついたようにして粛々と川を歩いて渡っていく。なるほど、あの地面を震わせるような音は、この馬と人の大群の足音だったのか。

そうやって全員が渡り終えて、胡人たちはいずこかへと姿を消した。船の連中が「三十日ほど上流に向かってきたが、これまではどこにも渡瀬のようなところはなかった。しかしここは歩いても渡れるぐらいの浅瀬なのだ。きっと渡瀬だな」と思って、おそるおそる船を出してその浅瀬と思われるところに進み、深さを測ってみたが、これが浅瀬ではなく、他と同じように深い川ではないか。「おかしいな浅瀬ではないぞ」と首をかしげながらはたと思いついた。あれは「馬筏」という馬の乗り方だった。馬を泳がせて深い川を渡るやり方だ。どうりで歩兵たちが馬に張り付いて渡っていくように見えたわけだ。てっきり歩いて渡っていると思ったのに。

そこで船に乗った者たちはみなで顔を見合わせた。頼時が口を開いた。「行けども行けども果てのないところがほんとうにあるものだな。こういうところではなにが起こっても不思議ではない。食い物がなくならないうちに、そろそろ戻ろうではないか」ということで、そこから船を反転してまた大河を下り、海を渡って本国にたどり着いた。頼時が死んだのは、それからしばらくしてのことだった。

胡国は唐よりもはるか北にあるという話を聞いたことがあるけれど、きっとそこは「陸奥国の奥にある夷《えびす》の地と向かい合っているのかもしれないな」と、頼時の子どもである宗任法師という

人物は語ったという話が伝わっている。（巻三十一）

この年、朝廷政府は末法元年を考慮したものか、御堂関白藤原道長の長女の病悩平癒祈願を理由に、いきなり特別な「大赦」をおこない、すべての刑罰の執行を赦免した。そのおかげで罪を許された安倍頼良が帰順して、名前を「頼時」と改めている。

1,053

陸奥守の源頼義が鎮守府将軍も兼任することになった。安倍一族は頼義の前ではひたすらに頭を低く保ち低姿勢で奉仕した。

1,056

奥州においても源氏の棟梁としての地位を確保しておきたい源頼義が、鎮守府将軍としての公務の一環として、部下の一党を従えて胆沢《いさわ》城に赴いて府内の巡視をした。数十日胆沢城に滞在し、頼義は鎮守府を代表して俘囚《ふしゅう》である頼時らの饗応儀礼をつとめた。北の棟梁である安倍頼時も、大いに頼義一行を歓待した。

公務を終えた頼義が多賀国府に帰る途中、阿久利河の川辺で頼義の息子・義家の野営する幕舎が襲撃されるという――きわめてきな臭い――事件が起こる。すべて頼義らが仕組んだでっちあげの挑発事件だという説や、頼義に去られては困る国司らの仕掛けた事件だという説もあるわけだが、犯人は安倍頼時の嫡男である安倍貞任《さだとう》だという噂が流された。これも真偽の程は定かでないが、原因は女性問題だという。その場で直ちに貞任の身柄引き渡し命令が出された。貞任はすでに二十代半ば、背が高く、がっしりとした体躯で、「容貌魁偉」（『陸奥話記』）にして、色白だった。

しかしこれを聞いたビッグ・チーフの頼時は、当然ながら貞任を差し出すことを拒んだばかりか、一族の者たちと衣川の関を閉鎖してしまう。頼義は歩兵と騎兵数万を率いて衣川に迫った。もともと陸奥守の従者として下向していた平永衡《ながひら》と藤原経清《つねきよ》の二人だが、婚姻関係を結ぶなど二人はすっかり安倍一族の人間と化していたために、平永衡はその異様な言動が疑われて頼義に処刑されてしまう。安倍頼時の娘婿となってすでにこの年一粒種の清衡《きよひら》をもうけていた藤原経清の方は、頼時が国府を襲撃するという噂を流して、内側から頼義の軍の陣内を動揺させ、そのすきをぬって私兵八百人とともに安倍側に走った。

朝廷からの安倍頼時追討命令が下る。しかしこの戦いを制したのは安倍一族だった。追討軍はじりじりと後退した。そのうち源頼義の陸奥守の任務が任期満了となった。京都の朝廷は藤原良綱を新しい陸奥守に任命したが、良綱は戦いに利あらずと聞いて役職を辞退して赴任しなかった。しかたなく朝廷は、藤原良綱を兵部大輔とし、陸奥守には源頼義が再び任じられた。この年戦乱のために陸奥国は飢饉となり、政府軍は兵糧に苦しんだ。

1,057

陸奥守の源頼義が、気仙の郡司だった金為時《こんのためゆき》や土豪の下毛野興重《しもつけぬのおきしげ》らを遣わして、奥地の俘囚《ふしゅう》を言葉たくみに操って、奥六郡の北を支配していた安倍富忠を首領にまつりあげて、鉋屋部《かんなやべ》、仁土呂志部《にとろしべ》、宇曽利部《うそりべ》の三部の夷たちをまとめさせた。安倍頼時も手勢の二千の戦士たちを引き連れて富忠のもとへ説得に赴いたが、そこでいきなり戦がはじまり、二日にわたる戦いの中で頼時は矢傷を負い、そのまま胆沢《いさわ》郡の鳥海《とりうみ》の柵《さく》〈金ヶ崎町西根〉にもどり、そこで死んだ。「俘囚安倍頼時が去る七月二十六日の合戦において矢に当りて死去」との一報が京都に届く。政府は東海道、東山道の諸国から兵糧を陸奥に運ばせた。陸奥国からも官符により正式に安倍頼時の殺戮が報じられた。

偉大なるチーフを失ったあと、安倍一族は、息子たちの貞任《さだとう》（厨川《くりやがわ》二郎）と宗任《むねとう》（鳥海三郎）の二人を中心にした集団指導体制に移行した。新たに鎮守府将軍にも任命された源頼義が、安倍貞任らを平定するために諸国の兵と糧米の徴発と運輸を要請した。中央政府が兵糧の徴集と軍兵の派遣を命じた。このとき朝廷内部では安倍頼時の追討で源頼義を表彰するかしないかで意見が分かれた。貞任の精鋭騎馬隊と、源氏の将軍に率いられた千八百あまりの騎兵隊が黄海《きのみ》〈岩手県藤沢町〉で激突し、その結果、政府軍は完膚なきまでに敗退し、死者数千にのぼった。

将軍頼義は安倍一族の包囲網の中に落ち込み、数日間消息を絶つも、ようやく将軍他六騎で危地を脱して帰還した。頼義は政府への報告で「兵糧や軍兵がいまだ届かないこと」兵士たちが逃亡したのを出羽守の源兼長が見て見ぬふりをして協力してくれないこと、などの窮状を訴えた。しかし源兼長が更迭されて、新たに源斉頼《ただより》が出羽守に任じられ、貞任追討に協力を命じられた。

斉頼はまったく戦いというものに関心をみせず、任に赴くことはなかった。頼義が出羽山北の俘囚主清原光頼とその弟武則らに、盛大な贈り物で官軍に対する協力を要請をしはじめる。このころ末法思想や浄土思想が盛んになっていた。

1,058

諸国からの兵糧も、軍兵も、年が明けたのに、陸奥には届かなかった。将軍頼義はまったく動きが取れずにやきもきしていた。安倍一族に身を転じた藤原経清《つねきよ》が、数百の手勢とともに衣川の関を出て、移送中の官物を奪い去る事件が起きた。

1,059

前陸奥守の藤原登任《なりとう》が出家した。近畿地方に大雨が降り、京都大洪水。

1,061

出雲大神殿が再び倒壊した。源頼義の任期満了で、高階経重《たかしなつねしげ》が陸奥守に任命された。

1,062

源頼義が西の山を越えて出羽国山北におもむき、その地の俘囚《ふしゅう》長であった清原光頼と弟の武則の兄弟を再度説得して、政府軍への参加を要請した。何らかの裏取引があった可能性が大。清原光頼ら、即答は避けたものの、珍しきものなどを贈ったりした。将軍頼義の重ねての懇願に、二人は最終的に要請を受諾した。

新しい陸奥守となった高階経重《たかしなつねしげ》がのんびりと任地に赴任したが、陸奥国の住民は前任者の源頼義に従ったまま誰も命を聞いてくれず、なすこともなく都に帰ってしまった。政府内部は高階経重の処分をめぐって紛糾する。

将軍頼義、清原光頼らに幾度となく出兵を求める。清原兄弟の弟の武則が一万名ほどの兵を連れて日本海側から山を越えて陸奥国に入った。将軍は増援軍が来たとの報を聞いて、三千あまりの政府軍とともに国庁《こくちょう》を出陣。頼義の軍と、武則の軍は、かつて伊治城があり蝦夷《エミシ》攻略のための最重要軍事拠点のひとつ――七六七年の蝦夷《エミシ》の乱を起こしたチーフ・アザマロの本拠地の近く――だった栗原郡の営崗《たむろのおか》〈宮城県栗原郡栗駒町岩ヶ崎〉という丘陵地で合流した。

政府軍はここで七陣に編成された。坂東から参陣した「坂東猛士」「坂東精兵」らは頼義直属の部隊に組み込まれていたが、誰が見てもこの軍団の主力は清原一族であり、鎮守府将軍である頼義が一応は総司令官ではあったものの、実際に全軍の指揮をとったのは清原武則だった。

安倍一族と、政府軍の仮面をかぶった清原一族との戦争は、頼義らの軍が栗原郡の萩の馬場において、安倍宗任《むねとう》の叔父である安倍良昭の小松の柵《さく》を攻撃することで火ぶたが切られた。しかし連日降り続いた長雨で、政府軍はなかなか陣を動けずにいた。やがて食事も事欠く状態となり、兵たちを各地に派遣して兵糧を求めさせたりした。

地の利のある、というよりは奥六郡の申し子たる宗任たちは、そうした状況をあざ笑うかのように策をめぐらせて、忍び寄っては軍需品を奪い去ったりした。政府軍の兵力が低下していることを悟った貞任《さだとう》らは、精鋭八千あまりの戦士たちを繰り出して逆襲を試みた。が、長期戦になることを避けたかった将軍頼義が、それを迎え撃ちに出て、戦はきわめて激しいものとなった。

安倍一族がひるんだところを見て、政府軍は追撃に移り、貞任らを磐井川に追い詰めた。一方貞任らは官道をつたって高梨宿、石坂の柵《さく》を経由して衣川関まで退却した。頼義が貞任らを追って高梨宿に到着し、衣川関を三方から一気に攻撃することになった。清原武則は、貞任らの逃げ道を絶つべく貞任の腹心の守る柵にひそかに兵をもぐり込ませてこれに火をつけて焼き払った。衣川関での戦いで、貞任らは破れて、鳥海《とりうみ》の柵《さく》にまで落ち延びた。

勢いづいた政府軍はさらに二つの柵を落とし、胆沢《いさわ》郡の白鳥村に入った。捕虜の自供で安倍一族の損傷がことのほか大きいことを知った政府軍は、数日の休養後、満を持して鳥海の柵の攻撃に出た。しかし貞任らは政府軍の攻撃を察知し、いち早くその柵を捨て、一族は厨川《くりやがわ》の柵と嫗戸《うばと》の柵に結集した。

頼義が鳥海の柵に入ったときには、そこはもぬけの殻だった。頼義はかの安倍頼義が命を落としたその柵を自分の目で見たのはその時がはじめてだったという。頼義の軍が鳥海の柵で小休止をしている間、政府軍の別動隊が、安倍正任《まさとう》のたてこもる志和《しわ》郡の黒沢尻の柵を攻略し、さらに鶴脛《つるはぎ》、比与鳥《ひよどり》の二つの柵も落とした。最後に残された柵は厨川、嫗戸の二柵のみになっていた。

柵は自然地形の侵食谷を利用した堀に囲まれ、その上に楼櫓《やぐら》を構えてそこにより抜きの戦士らを配置する要害だった。二つの柵を取り囲んだ政府軍による柵への一斉攻撃は夜明けとともに開始された。矢や石弾の飛び交う激しい戦いは、その日一日続いたといわれている。

翌日の午後、戦線の膠着を破るために、政府軍は火攻めの戦法に出た。兵たちが建物を壊して堀を埋め、萱草《かやくさ》を積んだところに、将軍が自分で火をつかんで「これ神の火なり」と言ってその火を放った。風にあおられた火の手はたちまちにして柵をおおい、内部は灼熱地獄と化した。安倍一族は決死隊を組織し「今日は死ぬには良い日だ！」と数百人の戦士たちが、おびき出すために開けられた道を政府軍に向かって突進してきたが、当然のごとくことごとく討たれた。城の中は混乱していたが、煙が消えると勇猛果敢に戦った安倍一族は崩壊していた。

鉾《ほこ》で重傷を負わされた安倍貞任四十四歳は、藤原経清《つねきよ》とともに捕らえられて首を斬られた。貞任の弟の重任《しげとう》も、十三歳になる息子の千世童子も、この戦において戦死した。貞任の妻は三歳の子を抱いたまま川に身を投げて死んだ。安倍宗任は泥まみれになって柵を脱出した。貞任の伯父であった安倍為元とその弟の家任《いえとう》は投降した。藤原経清の妻（安倍頼時の娘）は、七歳の息子を連れて清原武則の長男の武貞《たけさだ》に再嫁させられた。この連れ子となった安倍一族の外孫である藤原経清の忘れ形見こそ、のちに平泉文化を開く藤原清衡《きよひら》その人である。（一説では、安倍貞任の次男高星が乳母とともに津軽藤崎に逃げ落ちて、のちの津軽安藤氏の基を築いたといわれているが）。かくして前九年の役が終わった。将軍源頼義は、この戦争で斬り殺した俘囚一万五千人の耳を切り取り土産とした。

1,063

源頼義が俘囚《ふしゅう》の安倍貞任《さだとう》、重任《しげとう》、藤原経清《つねきよ》の首を使いの者に持たせて政府に献上した。検非違《けびい》使《し》らが東河で三つの首を受け取り、西獄門にさらしものにした。一書は記す。「見物雲の如し」と。狄地《てきち》（アイヌモシリ／北海道島）逃亡中の安倍宗任《むねとう》と僧の良昭らが源頼義に降参した。源頼義は伊予守に、義家は出羽守に、清原武則は鎮守府将軍に任命された。前九年の合戦後、それまで日本海側の北方対策の拠点だった出羽国秋田城の機能が陸奥国鎮守府に統合され、機能強化がはかられた。陸奥鎮守府は征夷の拠点であり、北方に向かう守りの、そして攻めの拠点でもあった。清原一族は、この鎮守府の実権を一手に握るとともに、出羽の山北に加えてさらに安倍一族の旧領「奥六郡」をも支配する地位についた。頼義は伊予守に任ぜられてもそのまま――翌年の春まで――陸奥に居すわり続けた。義家も、出羽に赴任した様子はまったく見られない。

1,064

源頼義が都に――摂津国多田村の館に――帰る途中、相模国由比郷に八幡宮を建立した。のちの鎌倉鶴岡八幡の前身となる神社である。そしておそらくこの地には、さほど大規模ではなかったかもしれないが、摂津国より連れてこられた源氏御用達の武具馬具製造調製修理業者と皮革製造業者の村がすでにあったと想像される。関東における源氏の軍需村と言ったところか。

伊予守となった源頼義が、投降した安倍宗任《むねとう》、正任《まさとう》、家任《いえとう》、則任《のりとう》らを率いて、一万五千人分の耳とともに京都に戻ったが、宗任の身柄は京都には入れず、そのまま政府内部の協議で、頼義の任地である四国島の伊予国に送られた。僧の良昭が筑紫国太宰府に移された。義家が出羽守を辞任して越中国守に転任させてほしいと願い出たが、認められなかった。義家は、二歳年下で新進気鋭の学者で詩人の大江匡房《まさふさ》に弟子入りして、学問と兵法を学んでいた。
安倍宗任はその後、頼義の息子である源氏の若大将八幡太郎義家に心酔し、義家も宗任に心を許していたらしく、一緒に狐狩りに出かけたりし、弓の巧者である義家が狐に射かけた矢を宗任に取りに行かせて、自らのうつぼに差させたりした。郎党たちは危ぶんだが、二人の仲はかなりよかったようだ。

1,065

伊予守を退任した源頼義が近江綿織に八幡宮を建立した。

1,066

東北アジアの大国になっていた契丹が、大遼国と改称した。

1,067

頼義と親戚関係にあたる源頼俊《よりとし》が陸奥守に任ぜられ、反逆者の追捕《ついぶ》や、荒夷《あらえびす》の追討にあたるが、優柔不断な性格と権勢欲が災いして清原一族と対立し敗北する。おそらくこのころ安倍一族討伐の功績から鎮守府将軍に任じられた俘囚《ふしゅう》の清原武則が死去した。
安倍宗任《むねとう》らが逃亡を企てたので、伊予国から太宰府に移管された。宗任は、その太宰府で『今昔物語』の編集者にインタビューされて偉大な父親の話を語り残している。彼がいつ亡くなったのかは、これ以上日本国の歴史には出てこない。ただ古典の『平家物語』（剣の巻）などには、肥前の松浦党《まつらとう》を太宰府に流された宗任の末裔とする記述があって、現在の福岡県宗像郡大島町には宗任の墓とされるものがあるという。

1,068

三十五歳の新しい天皇が立った。天皇は政治の大改革をやる気だった。二十八歳の大江匡房《まさふさ》が蔵人《くろうど》（天皇直轄の秘書官）に抜擢された。出羽守に高橋明頼が任じられた。追剥や物取りが横行していたため、京に夜間外出禁止令が出された。

1,069

天皇が国務に妨げとなる荘園の停止と整理を試みたが、関白家（藤原頼通・教通《のりみち》）が所有する最大の荘園には、結局手をつけられなかった。

1,069 TO 1,070

天皇が石清水社に東夷征討を祈願した。陸奥守兼鎮守府将軍に任じられた源頼俊と清原真衡《さねひら》が、天皇の命令で「衣曽別《えぞのわけ》島荒 夷《あらえびす》ならびに閉伊《へい》七村山徒」など「三方の大敵」討伐の軍事行動をおこなった。軍事行動とはいっても「探査行」に毛が生えた程度のものであったようだ。「衣曽別島」は「エゾノワケ島」と読ませ、下北半島北部から北海道島を指すのだが、ここではじめて「エゾ」という言葉が使われた。奥六郡をテリトリーにして都人に「熊の子孫」と恐れられた安倍一族の動きの背後に、オホーツク、サハリンなどのアルタイ・ツングース系北方諸民族の活動があったことはおそらく間違いなく、日本国政府はその事実関係を調査するべく、北方遠征を敢行した。日本国天皇の名の元における政府軍のアイヌモシリ（北海道島）進駐としては、これが端緒である。

1,070

若き源氏の棟梁である八幡太郎源義家が下野守となった。

1,071

清原武貞の息子の真衡《さねひら》が、鎮守府将軍に補任された。先妻の子の真衡には、異母弟の藤原清衡《きよひら》（武貞の後妻の連れ子）と清原家衡《いえひら》（武貞と後妻の間に生まれた弟）の二人がいた。柵ぼた式に奥六郡を支配することになった清原一族の内紛と、三人の兄弟の確執が原因の騒動に、東北支配に色気を見せ続けた源氏の棟梁が絡んで「後三年の役」と呼ばれることになる壮絶な戦いがのちに起こる。その後三年の役に源氏の若棟梁として介入する源義家に従って武名をあげることになる鎌倉権五郎景正が、このころ誕生した。

1,072

先の太政大臣の藤原頼通が出家した。源（藤原）経俊が陸奥守に、清原貞衡《さだひら》が鎮守府将軍に任じられた。ひそかに鷹狩りをおこなうことが朝廷により禁止された。度量衡が定められた。摂関家の抵抗に疲れ果てた天皇が病気を理由に譲位し、新しい天皇が立った。

1,075

伊予入道の源頼義が世を去り、下野守を辞して帰京していた源義家が源氏の棟梁となった。橘行房《ゆきふさ》が出羽守になった。

1,076

橘為仲《ためなか》が陸奥守になった。

1,078

源義家が下野守の名前で大納言に馬を献上した。

1,079

藤原親範《ちかのり》が出羽守になった。

1,080

橘為仲《ためなか》が陸奥守に再任された。検非違使庁《けびいし》の公文書によれば、この年、京都伏見の醍醐寺に、検非違使庁から餌取《えとり》が二名寄付されている。この餌取はのちに「清目《きよめ》」と呼ばれるようになるのだが、精神的にではなく物理的に社会のケガレを清める——掃除・死体処理・皮革生産・死牛馬処理・処刑などの——仕事を与えられていた国家所有で律令体制の外側にいた奴隷のことである。この人たちはおそらく、ヤマト政府軍の侵略に対して徹底抗戦をして帰順しなかった蝦夷《エミシ》たちの子孫であったろうと想像される。

1,081

源義家が父親の建立した相模国由比郷の八幡宮を修理させた。京都で興福寺や三井寺《みい》や比叡山の僧兵たち数千が暴れたので、源氏系の検非違使《けびいし》および源義家らがこれを取り締まった。義家はこのころ弟の義綱とともに京都で天皇のボディガードをつとめていた。

1,083

八幡太郎こと源義家が武蔵国練馬の白山神社で戦勝を祈願し、ケヤキの木を植えてから陸奥守として奥州に赴任した。義家は清原真衡《さねひら》の領地である奥六郡を分割して藤原清衡《きよひら》と清原家衡《いえひら》に三郡ずつ与えた。これがきっかけとなって、北の棟梁と、東の棟梁の争いとも言うべき後三年の役が起きることになる。

家衡は、父の清原武貞の領地は、当然血のつながっている自分が統治するものと思い込んでいたので、二分割は納得できるものではなく、頭に来たあげく兄清衡の館に火を放つと、手勢を率いて出羽国の要所である沼の柵《さく》〈平鹿《ひらか》郡雄物《おもの》川町沼館《ぬまだて》〉に移ってしまった。

この年、富士山が七か所より噴火した。この噴火は断続的に続き、四十年ほどはときおり噴煙をあげる御山の姿が見られた。

1,085

陸奥国において、藤原清衡《きよひら》と清原家衡《いえひら》という異父兄弟の争いが激しくなり、源氏の棟梁である源義家は清衡側についてこれを支援した。

1,086

源義家が自ら数千騎の武士団を率いて藤原清衡《きよひら》とともに清原家衡《いえひら》を攻撃したが大雪のために敗退。家衡が義家の軍を退けたことを知った家衡の叔父の清原武衡《たけひら》は、家衡を讃えて自らもこれを支援することにした。武衡と家衡は、義家たちが再び攻めてくることを予想して、より堅固な要害の地である金沢の柵に拠点を移した。

天皇が八歳の皇太子に位を譲り、自分は法皇として院政をはじめ権力を掌握し続けることになった。法皇の権力は朝廷や摂関家をも凌いだ。彼は、強大化しつつあった源氏勢力に恐怖を覚え、のちに東北から帰還する百済皇族のボディガードでもあった南西海人族である平家の武士団を自らの親衛隊として採用し、皇居の北面を守護させることになる。法皇はまた傀儡《くぐつ》や白拍子《しらびょうし》といった漂泊民の最大のスポンサーにもなった。

兄義家を助けるために、新羅三郎こと源義光がすけだちに参じた。義家はそれに勢いを得て家衡《いえひら》らを数万の軍で出羽国の金沢の柵に攻めた。一人勝手に陸奥国に下向した源義光が政府から官を解かれた。源義家が、清原家衡と武衡《たけひら》二人を出羽国金沢の柵で討ち、後三年合戦が終結した。義家は勝利の一報を京都に送ったが、中央政府は義家の戦いを「私闘」として恩賞を与えることを拒否した。義家は私財を投げ出して一緒に闘った東国の新羅系、高句麗系、俘囚《ふしゅう》系武士団の労をねぎらった。源氏の勢力が東国において根強いものとなるのはこれ以後のことであった。

義家とともに戦って剛勇でならした東国武士の中に若干十六歳の鎌倉権五郎景正もいた（義家の愛童——男色の相手——だともいわれている）。彼は、合戦が終わると相模国鎌倉の佐助谷にある隠れ里にすみついて、稲荷谷、御霊社、金山十二所一帯の古くからの産鉄民たちを配下におさめた。信州八ヶ岳山麓の山岳行者集団も、おそらく同族の景正をたよって鎌倉の山中に移り住み、杣人《そまびと》や木地師、ろくろ師、仏師などの傀儡《くぐつ》として隠れ里を構成した。この「鎌倉党」と呼ばれることになる山人たちは、同じ相模国の足柄山に拠点を移していた山岳兵法集団の風魔一族と緊密な連携を保っていた。風魔は、駿河国、伊豆国、相模国、甲斐国など富士・箱根・丹沢・大山などに居着いていた新羅系、高句麗系、俘囚系、天の王朝（古代海人族）系の土豪武士団とつながりを持っており、そのなかに天の王朝（古代海人族）系の北条氏もいた。

1,088

源義家が任期満了を待たずして陸奥守の職を解任された。藤原基家《もといえ》が新たに後任として陸奥守に就任した。

1,089

あの安倍貞任《さだとう》の甥である藤原清衡《きよひら》が、陸奥押領使となり、奥六郡を領地として、豊田館《たて》に住んだ。源信明が出羽守になった。ヤマト朝廷の内部で源義家のことが問題にされた。

1,091

藤原清衡《きよひら》が関白の藤原師実《もろざね》に馬二頭を献上した。陸奥国は名馬の産地として西国に名を轟かせていた。軍用の馬のほとんどが奥州から調達されていたと言っていい。陸奥の名馬を贈り物にするのは地位昇進運動としては慣例化していた。源義家の三男として普賢丸が誕生した。のちの源義国である。

1,092

陸奥守の藤原基家が、藤原清衡《きよひら》挙兵の企てを中央政府に報告した。辺境における安倍一族とそれに続く清原一族の在地政権を確保し充実させるために現地の一部反抗分子にたいして武力行使をしようとしたものであったとされる。源義家の荘園の立荘が政府（朝廷）によって停止された。

1,093

陸奥守の藤原基家が任地において死亡した。陸奥守の後任に源義家の弟の義綱が着任した。義綱と義家は兄弟ながらこのころはもうすっかり仲が悪かった。出羽国で叛乱が起こり、陸奥国の国司である源義綱に追討の命令が出た。

1,094

陸奥守の源義綱が、出羽国で叛乱を起こした平師妙《もろたえ》と師季《もろすえ》の二人を討ち、その首を携えて入京した。少納言藤原家俊《いえとし》が、地方から仕官して上京していた地方出身の武士たち十人ほどを引き連れて田楽をなしながら京都の町の中を練り歩くという事件が起こった。彼らはなにかものに憑かれたかのように行動して、途中、関白の藤原師通《もろみち》の邸宅の北面にあたる家に瓦礫を投げ込み、怪我人まで出して逃亡した。のちにこの田楽団の中心者たちが朝廷に仕える官人の楽人であることが判明した。源義綱がこの年の暮れに美濃守に転任した。

1,095

このころ八幡太郎こと源義家の孫、源義親の子として、源氏の棟梁を引き継ぐ源為義が生まれた。

1,096

地震が起きて東大寺では鐘が落ち、薬師寺の回廊が倒れ、三重県の阿之津海岸に大津波が来襲した。東海大地震。陸奥国府で館《たて》が焼失した。このころ各地で田楽が大流行しており、この狂乱がこの年には京都もおおった。民衆から、武家、公家にいたるまでがいくつもの集団に分かれて、毎日毎日、腰鼓、笛、銅拍子《どびょうし》(真鍮製の小さな鐘で、二個で一対として、打ち合わせて鳴らす。シンバル)、ササラなどを伴奏にして、道路をうめつくしたまま昼夜連続で歌いつづけ、踊りつづけるという熱狂的な狂乱であり、陰陽道的な秩序で守られた世界を混乱させるものだった。田楽は大陸から持ち込まれた「田植えのときに歌い舞ったもの」をはしりとし、田遊びともいわれたが、このころにはすっかり農耕儀礼とは関係なくなっており、それはいうならば一般の人々の中に積もり積もった性エネルギーの噴出をともなう民衆運動としてとらえるべきものとなっていた。前陸奥守の源義家の貢金未納で宮廷のカネが底をついて、朝廷は督促を送りつけた。

1,097

再度朝廷が源義家に合戦の間の貢金未納を督促。

1,098

前陸奥守の源義家が貢金の未納分を完納した。公家のひとりが義家を「天下第一武勇の士」と評した。

1.099

激しい地震が畿内を襲い、興福寺の大門と回廊が倒壊した。土佐国ではかなりの水田が海に沈んだ。南海大地震。藤原清衡《きよひら》が居館を磐井郡平泉に移した。

1,100

「蝦夷」の呼び名としてこのころから「エゾ」が「エミシ」にかわってあらわれはじめる。沖縄本島で金属器の使用がはじまる。藤原基衡《もとひら》が生まれた。

1,101

京都洛陽の大路に狐使いがあらわれ、狐を祀り、馬糞や牛骨の供膳をおこない、人々から金品宝物を巻きあげた。源義家の次男の義親《よしちか》が鎮西（九州島）で乱暴狼藉をはたらき、太宰大弐の大江匡房《まさふさ》に告発されたことをうけて、朝廷は追討の宣旨を下して、義家に息子義親召還の命令を出した。

1,102

源義親《よしちか》が隠岐に配流となる。

1,103

藤原基頼が陸奥守兼鎮守府将軍となった。

1,104

藤原清衡《きよひら》が京都の藤原忠実に馬をプレゼントした。

1,105

祇園御霊会《ごりょうえ》の日、田楽を演じていた祇園社の神人《じにん》と馬長童《うまおさわらわ》との間にいさかいが起こり、下人の乱暴を取り締まりに出張っていた検非違使《けびいし》の中原範政の郎党が、これを鎮めようとしたところ、刀を抜いた祇園神人たち五十人ほどが郎党の兵仗を切り、範政にまで襲いかかった。範政は間一髪で虎口を脱したが、その夜になって神人ら二百人が大内裏の陽明門に押しかけて、中原範政の厳重処罰を強訴した。藤原清衡《きよひら》が、中尊寺の造営に着手した。中尊寺は完成までに二十一年を要した。源義家が摂津多田院に別当導師を置いた。

1,106

祇園御霊会《ごりょうえ》が近づくにつれて京の町で天下貴賤を巻き込んで再び田楽が流行した。さながらリオのカーニバル状態の熱狂が町を包み込んだ。腰鼓、振鼓、笛、銅拍子《どびょうし》、編木《びんささら》など鳴物入りの群舞だけでなく、高足一足に乗り、品玉を使い、短剣投げのきわどい曲芸を演ずる者もいた。その装束は百鬼夜行を思わせる異様さで、甲冑を着用する者もあれば、礼服姿もあり、ど派手な服を身にまとう者などさまざまで、いわゆる傀儡《くぐつ》などが大挙してこれに参加していたとされる。

源義家の三男の義国が、叔父の新羅三郎義光と常陸で合戦。源義家に実子義国を突き出せとの命令が下された。八幡太郎こと源義家が六十八歳で病没した。偉大な棟梁が消えたために、源氏一門の内部で陰惨な跡目争いが勃発する。同じ日、源義国の舅で源（新田）義重の祖父にあたる藤原敦基も死す。蛇や狐を祀ると家が繁盛するという信仰がブームになっていたらしく、そのことによって家宝や銭貨を不当に巻きあげていたとして詐巫が逮捕された。

1,107

源義家の子で、いつのまにか対馬守となっていたあの義親《よしちか》がまた乱暴をはたらいて、出雲国目代を殺害したために、因幡守だった平正盛が追討軍として派遣された。あれほど源義家をもちあげて褒めたたえていた公家が、今度は手のひらを返したかのように「年来武者の長者として多く無罪の人を殺した」などと言いはじめた。

1,108

平正盛が源義親《よしちか》を攻め滅ぼし、首を持って帰京し、但馬守に栄転した。伊勢を地盤とする南西渡来海人族の平家が権力を奪取していく直接のきっかけとなった事件だった。信濃国の浅間山噴火。下野国西部と上野国中央部が火山灰でおおわれ、田畑に壊滅的な被害。源義家の四男、義忠が殺された。義家の弟である義綱が、義忠殺害という無実の罪を受けて逮捕され、佐渡へ島流しにされた。

1,109

出雲の大神殿がまた倒壊した。源義親《よしちか》の子で、殺された義忠の養子になって「陸奥四郎」を名乗っていた十四歳の為義に、上皇は義綱追討を命じた。為義は叔父の義綱を佐渡で殺し源氏の嫡流を受け継いだ。かつて安倍宗任《むねとう》に仕えていた松本七郎秀則が、九州島松浦の流刑地で死んだ宗任の夢のお告げで、鳥海《とりうみ》の柵《さく》の旧跡から宗任愛用の甲冑を探し出し、長男の松本八郎秀元ら旧臣二十四名とともに、その甲冑を飯櫃の中に入れて奥州を発し、下野国松岡郷に祠を建てて宗任の霊を祀った。その後、黒窠《くろす》郷〈茨城県結城郡千代川村本宗道《そうどう》〉に移されてそこに神社を建てたという。神社は「宗任神社」と呼ばれて現在もそこにある。

1,111

藤原清衡《きよひら》が再び京都の藤原忠実と忠通に陸奥国の馬を贈呈した。学者で詩人で文人でもあり、社会外でうごめく非農耕民的——先住民的——な怪異（日本版のXファイル）に関心の高かった大江匡房《まさふさ》が亡くなった。生前に彼の書きとめた『傀儡子記《くぐつのき》』は『群書類従《ぐんしょるいじゅう》』（文章部第百三十五）に収録されているが、そこに次のような報告がある。

「傀儡子という者たちは定まった住居も持たず家もなく、ただテントのフェルトの帳の仮小屋で寝起きし、水草を追って移動していて、北狄《ほくてき》（ツングース）の風俗にとてもよく似ている。男たちはみな弓と矢と馬をよく用い狩をなすが、中には両刃の剣を七、九本も同時にもてあそんだり、また木製の人形を舞わせて手品のまねごとなどして、これをさながら生きた人間のように見せたりもする。その様子たるや、ほとんど本物の魚や、龍や、亀や、蛇がうごめいたりする術があったり、砂や石を黄金や銭貨に変えてみせたり、草や木を鳥獣に変化させたりして、見る者を驚かせたりする。一人前の女性となると、うれい顔で泣くまねなどして、腰を妙にくねらせて歩き、化粧をして、歯を見せて笑ったりし、唇や頬に朱をほどこして、白粉をぬり、艶かしく歌ったり、淫靡なる音楽を演奏したり、しかもそうやりながら、妖しい媚態で誘惑したりするのに、父も母も、それを知ってながらこれを咎めることもしない。しばしば行きずりの客との間で一夜の契りを結んだりするのも嫌がらない。しかも好きになった男のためには金繍服《きんのぬいとりふく》、銀衣、金のかんざし、鈿匣《らでんのはこ》といったものを大金を払って身につけ関心を買おうとする。一段の田畑をも耕さず、一本の桑をつんで蚕を飼うこともせず、だから県の役人に隷属せず、誰も土民とはならずに自らすすんで浪人となり、上に王公がいることも知らず、かたわらに地頭がいてもおそれず、課役や税金がかからないので、一生を楽しんで生きる。夜になると白神を祀って、太鼓を叩き、舞い、大騒ぎをして福の助けを祈る。東国の美濃、三河、遠江などの一党には豪勢な集団がいるし、山陽、播州、山陰、但馬などの一党にはそれに次ぐ者たちがいて、西海の一党を下とする。傀儡子の中には小三日、百三千載、万歳、小君、孫君などと呼ばれる者があり、韓娥《もろこしのめいぎ》の塵を動かし、その余音は梁周を凌ぎ、聞く者はうっとりとしてじっとしてはいられない。今様《いまよう》、古川様《こせんよう》、足柄《あしがら》、片下《かたしした》、催馬楽《さいばら》、黒鳥子《くろとりこ》、田歌《たうた》、神歌《かみうた》、棹歌《さおうた》、辻歌《つじうた》、満固《まご》、風俗、呪師、別法士などの演目があって数えきれず、まさしく天下の一物であり、誰か哀憐しない者があるだろうか」

1,113

出雲の大神殿が高さを半分の約四十八メートルにして再造営された。奈良の興福寺の法師一万人ほどが比叡山を攻めようとして出撃したが、途中で十八歳になっていた源氏の棟梁・源為義らに追い返された。醍醐山に住んでいた僧の仁寛らが、国家を危ぶめんとした——天皇暗殺を企てた——として、検非違使《けびいし》によって逮捕され配流にされた。この罪は実はでっちあげだったと言われる。仁寛は伊豆国大仁《おおひと》に送られた。島流しにされたとき彼は大日如来像一体を持っていった。仁寛は伊豆で名前を蓮念と改めた。そして彼の地で武蔵国立川より来た陰陽師《おんみょうじ》と出合い、京都で直伝された三宝院流の奥義——「仏も母の体内から生まれたのである。男女の交合こそ即身成仏の道であり、これ以外の道はない」という教え——を口伝する。

1,114

仁寛改め蓮念より奥義を伝授され、名前の一文字「蓮」をもらい受けた陰陽師《おんみょうじ》は定見房兼《じょうけんほうけん》(見蓮《れん》)といった。仁寛は全部で三人の弟子に教えを伝えたのち、伊豆大仁《おおひと》の山の頂から下の岸壁に向かって投身自殺をして果てた。その自殺は激烈な抗議手段だったと推測される。定見房兼(見蓮)らは男女のセックスのときの境地を教えの根本に据えた真言密教立川流をのちに広めた。京の賀茂川の河原で検非違使《けびいし》によって濫僧供《ろうそうく》がおこなわれた。これは濫僧《ろうそう》に施行を、つまり供養することで、濫僧とは別に僧ではなくて官有の奴隷で、平民のように髪を伸ばしてもとどりを結うことを許されず、蓬髪《ほうはつ》で粗末な衣服を身に着け、一見すると身分の低い僧のような格好だったからしい。濫僧《ろうそう》はまた「らんそう」とも呼ばれ、この時代の代表的な随筆である『枕草子』にも「名おそろしきもの」として「らんそう、おほかたおそろし」という表現がある。

1,122 藤原基衡《もとひら》を父に、安倍一族の宗任《むねとう》の娘を母に、藤原秀衡《ひでひら》が生まれた。

1,123 源氏の棟梁の源為義の長男として、源義朝が京都に誕生した。義朝は幼年期に源氏の基盤である東国に送られ、鎌倉の亀ヶ谷の居宅を根拠地に東国の武士たちをまとめ上げた。

1,124 平泉に金色堂が建立された。大遼国（契丹）の国王がキルギスをへて西へ逃げた。

1,125 金国がかつての契丹である大遼国を滅ぼした。この年の冬、天皇が諸国に殺生禁断を命じた。

1,126

中尊寺の落慶供養。日高見国を構成する先住民蝦夷《エミシ》の一族であった安倍氏と大陸系藤原氏の両方の血脈を受け継いだ藤原清衡《きよひら》が、平泉内皇帝御願寺に供養願文を捧げ、その中で自らを「東夷の遠酋」とか「俘囚の上頭」と名乗ったうえで「粛慎《ミシハセ》や挹婁《ユーロー》のごとき海蛮まで陽に向かうヒマワリのように自分になびいている」と述べた。「粛慎《ミシハセ》」はサハリン島から北海道島北部に居住していたオホーツク沿岸文化人のことで、挹婁《ユーロー》は沿海州にいた部族で、「海蛮」とは「海人族の野人」の意味だ。清衡はまた、旅人の目標に白川関から外が浜へ卒塔婆を定間隔で建てた。前年の殺生禁断の令を受けて、御所の門前で魚網が焼かれ、諸国でも魚網約五千帖が捨てさせられた。金国が今度は北宋国も滅ぼした。

1,128

藤原清衡《きよひら》が——おそらくは脳いっ血で——死んだ。七十三歳で、死後彼はミイラにされた。

1,129

京都で大火事が起きた。源義親を対馬で討った平正盛の子、忠盛が、備前守として瀬戸内海の海賊を制圧して、内海の制海権を平氏が握るきっかけを作った。この瀬戸内海の海賊というのが、実は多くが忠盛の家人だったとされるから、なれ合いのパフォーマンスだったかもしれない。奥州王の藤原清衡《きよひら》の二子であり、あの安倍宗任《むねとう》の娘を妻にした基衡《もとひら》が舎兄の惟常《これつね》と後継をめぐって争い勝利を手にした。二人が合戦をしているので公務がつとまらないと陸奥国が報告した。院政を仕切っていた法皇が死んだので、前の天皇が法皇となり、院政の二代目を引き継いだ。彼は平家一門（新海人族）を自らのガードマンとして採用した。

このころには「蝦夷」にたいし「エゾ」と読むのがほぼ定着したらしい。例えば、左京太夫の藤原顕輔《あきすけ》という人のこの年の歌に、

浅ましや　千嶋のえぞの　つくるなる
とくきのやこそ　ひまはもるなれ

というものがある。一読しただけではなにを言っているのかわからないが、「千嶋」とは「北海道島」のことだし、「とくきのや」は「鳥の羽の茎に附子《ぶし》という毒を塗ったもの」のことで、全体は「千嶋のエゾは毒のついた矢を鎧《よろい》の隙間めがけて射込んでくるが、自分ときたら、情けなくも、思う人の心を、ちょっとしたすきに、他の男に奪われてしまった」と、振られた男が嘆いている歌だそうだ。ラブ・ソングの類にまで、「エゾ」という言葉が使われるようになっていたわけである。われわれも、これからしばらくは「エミシ」と「エゾ」を並立して使うことにしよう。

1,135

備前守の平忠盛が、瀬戸内海の海賊を再び征討して、平氏の武名を都に轟かせた。これも平家一流のパフォーマンスだった可能性が高い。忠盛は海人族らしく瀬戸内海の制海権をこうやって握ると、太宰府の干渉を排除して対宋貿易の実権も手中に収め、巨万の富を得て経済的繁栄の基礎を固めた。

1,137

源為義は、祖父の伊予入道頼義や父の八幡太郎義家と同じように陸奥守になるために執念を燃やし続けたが、「もし為義を陸奥守にしたら平泉の藤原基衡《もとひら》を攻め滅ぼすに違いない」という朝廷の考えで、最後まで陸奥守になる許可が下りなかった。源氏の大将為義は、陸奥守になれないのなら他の国の国守になっても意味はないとして、下級官人の検非違使《けびいし》で生涯をとおした頑固者。その源為義の八男として源為朝がこのころ誕生している。母親は摂津国江口〈淀川河口〉を仕事場としていた遊女――漂泊民の限定職業――の一人だった。為朝は子どものころから乱暴者で、もて扱いに困った父為義により九州島太宰府（鎮西）に追放された。

1,138

伊豆国田方《たがた》郡韮山村字北条付近を根城にする天の王朝系（古海人族）で、かの将門と同じ桓武平氏高望《たかもち》王の流れにあって産鉄民の流れをくむ土豪の一族に、のちの北条時政が誕生した。北条一族は、時政の祖父の代まで熱海の和田に住み、祖父は和田四郎太夫を名乗っていた。この祖父が、田方郡の北条庄に移り、土豪の娘と結ばれて鉄長者となり、子をもうけ、その子が成長して伊豆権守伴為房の娘と結婚して生まれたのが、この時政だった。

1,141

出雲の大神殿が倒壊した。四回目。天皇が上皇の意向で位を三歳の弟に譲ることになった。備中国吉備津宮〈岡山市〉でのちに禅を提唱して臨済宗の開祖となる栄西が生まれている。懐妊八か月の未熟児だった。

1,142

平泉の藤原基衡《もとひら》が陸奥守としてやってきた藤原師綱《もろつな》の検注に抵抗して争った。国司として師綱が陸奥国中の公田の調査をしようとしたところ、信夫《しのぶ》郡は基衡の私領になっていたために、基衡は家来で信夫郡の地頭だった大庄司《だいしょうじ》季治《すえはる》に命じて検注を拒否させたために、両者入り乱れての戦闘になり、国守師綱サイドに多くの負傷者が出た。基衡が「国にそむいたのだから、このままではただではすまない」とうろたえて季治と相談したところ、季治は「すべて自分のせいにしてこの首を斬り落として国守のもとに送ってくだされ」と答えた。基衡は季治の首を斬れず、自分は何も知らなかったことにして、その身柄を国守側に引き渡した。基衡は季治の命を救うために砂金一万両をはじめさまざまな贈り物を陸奥守の師綱に差し出したが、師綱は季治を許さず、ついにはその首を斬ったとされる。

1,143

陸奥守になったばかりの藤原基成《もとなり》が、鎮守府将軍にもなった。二十四歳の内大臣藤原頼長が、四十八歳の源為義を家来にした。

1,146

源為義が検非違使《けびいし》に任じられた。平清盛が安芸守になった。京都で大火事が起きた。東国十五か国に及ぶ一大勢力圏を作り上げた源氏の嫡男・源義朝がこのころ中央官界でも一旗揚げようと相模国鎌倉から上洛した。義朝二十三歳のときであった。政府が威風を示すために開催する節会《せちえ》に、近江国の俘囚《ふしゅう》が出席を拒んだ。

1,147

源義朝の三男として幼名「鬼武者《おにむしゃ》」が京都で生まれた。母親が正室であったために嫡男として扱われた。母親は熱田大宮司である藤原季範《すえのり》の娘だった。これがのちに源氏の棟梁となる運命の星の元に生まれた源頼朝その人である。

1,149

藤原頼長が陸奥国の大曽禰《おおそね》、屋代、遊佐《ゆざ》荘の年貢増進を求めた。富士上人末代という仏教僧が富士山に登り山頂に大日寺を建てた。

1,150

源為朝が豊後国に移り住んだ。尾張守藤原親隆《ちかたか》のこの年の和歌に「えそかすむつかろの野辺の荻盛り　こやにしききのたてるなる覧」というものがある。「エゾが住む津軽」という書き出しで、「津軽にはエゾが住む」という認識が当時の文化人の頭の中にはあったことがわかる。そしてこのころからエゾを題材にした歌がたくさん詠まれるようになっていく。

1,152

陸奥守で鎮守府将軍だった藤原摂関家の基成の任務が終わり、藤原親隆が陸奥守として着任した。藤原基成はその後もしばらく陸奥に留まり藤原秀衡《ひでひら》とともに新しい鎮守府の形を模索し続けた。京中で殺傷事件が多発し検非違使《けびいし》が警戒体制を取った。

1,153

上皇の傭兵としておいしい生活をして巨万の富をえていた平忠盛が五十八歳で死に、その権利を子として清盛が相続した。清盛は実は先の上皇と傀儡《くぐつ》出身の白拍子《しらびょうし》の間にできた落胤《らくいん》といわれ、出世は異常なまでにはやかった。

出雲の大神殿が前回より低めで造営された。藤原頼長が奥州から納められた砂金百六十五両を法皇に献上した。源義朝が下野守になった。源為朝は九州全域を服従させ、朝廷とは無関係に総追捕《ついぶ》使の鎮西八朗為朝と号して気ままに振舞った。一説には、為朝は海人族隼人の末裔たる阿多忠景《あたのただかげ》の娘を妻にしていたともいわれる。

関白藤原忠通邸の御堂の承仕法師《しょうじ》（雑役をつとめる僧）が死去し、運び棄てられた。関白の屋敷が死によって穢《けが》されたとされ、それが三十日間の「穢《え》」にあたるということで、平野祭りをはじめ諸社の祭礼がことごとく延期になった。しかも、関白がそのことをなにも知らずに承仕が死んだ翌日も参内していたので、禁中にも「穢」が及んでいるとしてパニックになった。法師の妻と、死体を運び出す役目を請け負った「清目《きよめ》」の二人が検非違使《けびいし》庁で尋問を受けた。承仕の妻が「自分の家ではない寄宿舎をもし穢《けが》すようなことになってはいけないと思いましたので、まだ死ぬ前に、清目に申しつけて、郭外に運び出させたわけでございます」と言うと、お祓い人の清目は「わたしに言わせれば、まだ死んでいない者を郭外に棄て置くのはいかがなものでしょうかと申し上げたのですが、奥様が、もし寄宿舎を穢《けが》すようなことになってはいけない、すぐ死ななくとも、郭外に小屋を作って、とにかく早く郭外に移さねばならないとおっしゃいますので、仰せにしたがって郭外に運び出しました。その後、まもなく息絶えてしまいましたので、死体を運び棄てましたしだいです」と応じた。これは冗談でも、笑い話でもなんでもなく、「死から一切の尊厳を奪う」システムがパラノイアックな形で社会的に完成していたことを意味する。すべての死を「ケガレ」としてタブー視し、そのケガレを清めるお祓いを賤民などの奴隷階級にゆだねることで、観念的にも死と向かい合わなくてもいいアンリアルな体制を、すでに支配者たちは作り上げていた。

源為義の次男で、上野の秩父氏の養子となり、上野国や武蔵国で勢力を高めつつあった源義賢《よしたか》に次男が生まれ、「駒王丸」と名づけられた。彼は成長して「木曽義仲」こと「源義仲」となる。

この年、神あそびと称して太鼓・笛・すり鉦《がね》で囃し、「やすらいはなや」となんどもくりかえして歌をうたい、踊り狂いながら市中の人々を巻き込み、神前をまわって歩く集団があらわれた。首から赤い布を垂れ、舞楽の貴徳《きとく》の面をつけて悪気の鬼とし、花飾りをつけた傘をたてて神社をめぐり歩いた。夜須礼《やすらい》ムーブメントである。この歌舞集団の中心にいたのは、楽人である多氏《おおし》一族だったといわれている。多氏はおそらくは天の王朝系の先住民の末裔であり、この当時政治の実権を握っていた中国系の藤原氏（頼長）を悪気・鬼に見立ててそれを追い払うデモンストレーションを歌と踊りで表現したようだ。「やすらいはなや」のリフレインはもともとが宮廷の新嘗祭などでうたわれていた朝廷の田歌だった。

1,155

太宰府に源為朝に味方するものを武力で抑え込むよう命令が下った。王権内部で分裂が目立つようになった。上野国の源氏、頼朝の叔父である義賢《よしかた》が、相模国を拠点としていた源氏の源義朝の長男の義平に、勢力争いの果てに殺害された。父親を失った駒王丸は、信濃国木曽谷の豪族である中原兼遠にあずけられた。駒王丸、のちの木曽義仲にとっては、源頼朝は、父親のかたきの弟となるのだ。義仲と頼朝を、源氏の宗主権をめぐって争うようにしむける勢力が、源氏一族の中にも、朝廷の中にも存在して時をうかがうようになる。日光山を造営し下野守となっていた源義朝が上皇に命じられて実の弟の頼賢《よりかた》を討つ。十四歳になった栄西が出家した。藤原基成の娘と藤原秀衡《ひでひら》の間に、奥州に安倍一族の血と藤原摂関家の二つの血を受け継ぐ藤原泰衡《やすひら》が誕生した。

王権をめぐり京都でクーデター勃発。皇室と藤原摂関家内部の権力闘争が発端だったが、双方ともが台頭しつつあった武士の力に頼らざるを得なかったことで、律令体制に幕を引いた事件とされている。藤原頼長が源為義、平忠正らと結託して上皇側につき、源為義の子の源義朝と、平忠正の甥で長いこと安芸守の地位についていた平清盛らが天皇側について争った。九州にいた源為朝は、その腕力を買われて父為義に呼ばれ上皇側についた。源氏も平氏も、公家とほぼ対等の権力を有するまでにはなっていたが、まだ一族でまとまってはおらず、肉親血族同士の対抗も辞さない状況だった。のちの世の人が「保元の乱」と呼ぶこのクーデターが失敗して、上皇は讃岐に流罪。藤原頼長、源為義は首を斬られた。陸奥守になることを生涯の望みとした源氏の棟梁為義は、その夢をかなえることもなく、実の子の義朝に殺された。最後の瞬間、命乞いまでしたが、許されなかったという。

身の丈七尺を超える大男で希代の弓の使い手として、将門《まさかど》・純友《すみとも》・貞任《さだとう》・宗任《むねとう》ら剛勇の持ち主以上の力量を歌われていた為朝の働きもすさまじいものがあったらしいが、彼は都で重病にかかり近江国の湯屋で湯治をしているところを逮捕されてしまう。しかし、その弓の腕は、当時の武士《もののふ》たちから敬意を集めており、いつか味方になるときもあろうと死罪だけは免れて、伊豆国大島に流された。どちらが勝っても負けても、親兄弟の誰かが生き残り血筋だけは残せるという――内部分裂をたくみに利用する――王権の苦肉の策が使われるようになったのはこのときからだった。

1,157

北条時政の長女として政子が誕生した。このとき時政は十九歳だった。奥州の藤原基衡《もとひら》が五十七歳で死んだ。基衡は死後ミイラとされた。

1,158

三十六歳の藤原泰衡《やすひら》が、父基衡《もとひら》の業績を継いで、出羽・陸奥の押領使となり奥六郡を管領し、かつての安倍一族の立場を継承した。

1,159

再び京都でクーデターが起こり、坂東武者の代表として成り上がった源義朝が天皇を擁して権力奪取をねらったが、攻撃に失敗して子ども二人と従者で東国に逃亡をはかった。ところが三男の頼朝を雪の中で見失い、次男の朝長を敵の手に掛けるよりはとわが手で殺すはめになった。

1,160

源義朝が東国に向かう途中で殺された。義朝は三十八歳だった。長男の義平も捕らえられて斬られた。三男の頼朝は美濃で雪と風に迷って親や兄と生き別れとなったが、捕らえられて京都に送られた。平清盛は京都の六波羅で十四歳だった頼朝に死罪を申し渡したが、清盛の継母のたっての願いで彼は一命を取り留め、伊豆国の蛭ヶ小島へ流罪となった。そして義朝が斬殺されたこの年、義朝の九男にあたる幼名「牛若・遮那王《しゃな》」、のちの源義経が誕生している。義経の母は皇室の雑仕女《ぞうしめ》だった。雑仕女とは、親王、諸王、公卿殿上人の家に宮仕えしている下級の侍婢《まかたち》で、さまざまな理由から「出遊《いであそび》」と称して売春をしていたとされるもの。

ここに平清盛が天皇のもとで一本の勢力を樹立する道が開かれ、南西渡来海人族系傭兵武士団の平氏が、実質的にすべての権力を握ることになった。この年清盛は、海人族らしく安芸宮島の厳島神社に参詣している。

太平洋の向こうでは亀の島の中部高原でアステカ一族が南下をはじめた。

1,162

平清盛が大輪田泊《おおわだのとまり》（兵庫港）の修理と築造をおこなった。

1,164

平清盛によって讃岐に流された上皇が四十六歳で血を吐いて死んだ。以後、平家一門はさまざまな形でこの上皇の怨霊の祟りに苦しめられる。平清盛が伊予の知行国主となった。平家一門が法華経を書写し安芸の厳島神社に奉納した。

1,165

この年、源為朝は伊豆大島から三宅島を経て八丈島に移ったという説がある。さらにそこで隼人の末裔である阿多一族の力を借りて伊豆諸島を脱出して南の琉球に入ったという言い伝えもある。

1,166

琉球で暮らしていた源為朝と大里按司《あじ》の妹との間に子どもが誕生したとされる言い伝えがある。その子は「尊敦《そんとん》」と名づけられたという。「按司」とはあるグループの支配者的存在で、もともとは貴族のことで「諸侯」を意味していたが、このころには力をつけた豪族の在地領主もそう呼ばれた。別の伝説では為朝は妻子を残して日本に帰ったとされている。

1,167

平清盛が太政大臣という国家最高の官職に就任したが、体調が不安で三か月後に辞任した。のちの九郎義経こと牛若丸が京都の鞍馬寺に預けられた。牛若丸はそこで陰陽師《おんみょうじ》で山人族の鬼一法眼について『六韜三略《りくとうさんりゃく》』の兵法および剣術を授けられ、「義経流」の軍法ならびに「鞍馬流」とも称される刀術をひらいたと伝えられている。牛若丸のスポンサーには奥州の覇者である藤原秀衡《ひでひら》がいた。

1,168

京都で大火。平清盛が重い病にかかって出家し「浄海」と名を改めた。海人族であるらしく名前に「海」の字が入っているのに注目したい。天皇が退位して、清盛の義理の妹が天皇の寵愛を

1,170

受けて産んだ皇太子が新しい天皇になった。というより無理やり天皇にさせられたようなものか。平清盛は天皇の義理の伯父となったわけ。「平家一門にあらざる者は、人にして人にあらず」と清盛の妻の兄である平時忠は豪語した。このころから平家一門は、院政をひく法皇や、かつての実力者たる藤原一族からねたみと反感を買うようになっていく。清盛が福原の地に別荘を構えてそこに移り住んだ。栄西が宋に渡り、四明山、天台山などに短期留学して帰国した。栄西は身の丈が低い自分を恥じて「求聞持《ぐもんじ》」の法を百日間続け、百日後には身長が四寸（十二センチ）も伸びていたという説話がある。

1,169

伊勢、伊賀、美濃、尾張、三河の諸国に伊勢神宮造営の命令が出された。

『保元物語』によれば、源為朝が伊豆国大島で狩野茂光の率いる五百の軍兵に攻められた（為朝の首級を挙げた人物はわからない。つまり殺されたという証拠はない。また自殺したとする説もあるが、例によってこれも定かではない）。この狩野氏の軍の中には中伊豆の北条時政も含まれていた。土地の言い伝えでは、為朝はこのとき舟で新島に逃れ、翌年には八丈島に渡ったことになっている。

藤原秀衡《ひでひら》が平家一族の推挙を受けて鎮守府将軍になった。当時の若き貴族の九条兼実《かねざね》は、その

た。清盛が福原の別荘に法皇を招待し、兵庫の港に入港した宋商とひきあわせた。

日記『玉葉《ぎょくよう》』に「奥州の夷狄秀平、鎮守府将軍に任ず、乱世の基なり」とにがにがしく書きつけ

1,171

七月上旬、伊豆国の奥島の浜に一隻の船があらわれた。『古今著聞集』の記録によれば、沖にとまっていた船から八人の「鬼」が飛びおり、海中を泳いで岸に上がってきたという。島民が粟酒を与えたところ、馬のようにがぶがぶ飲みつくしてしまった。鬼の身長は二メートル以上あり、言葉はまったく通じなかった。髪の毛は林のようで、身の色は赤黒く、目は丸くて猿のようであり、しかもみな裸のままで、腰のあたりに蒲《がま》を編んで巻きつけていた。手には一・五メートルほどの長さの杖を持っていたが、弓もなく、刀もなかった。ところが弓と矢を持っていた島民を見つけたとたんに、その杖を振り上げて、打ち殺してしまった。そうやって九人を殺し、四人に重傷を負わせた。島民たちが神の弓矢を持ち出して戦ったので、鬼たちはついに船もろとも逃げ去っていった。おそらくポリネシア人の漂流者だったのではないだろうか?

京都に羊病と称される奇病が流行した。平清盛が自分の娘を天皇の第二夫人にした。清盛は自分の娘に皇子を産んでもらい、その皇子を即位させて天皇とすることで、天皇の外祖父としてさらなる権力をほしいままにすることを望んだようだ。

1,172

出雲の大神殿が五度目の倒壊事件。伊東祐親《すけちか》の娘八重姫と源頼朝が、その昔には国巣《くず》とか国栖と呼ばれた天の王朝系の先住民たちがいたとされる、伊豆国伊東の玖須美《くすみ》庄の音無神社の尻摘祭《しりつみまつり》で出会い、肉体関係をともなった恋愛関係に陥った。八重姫の父親である伊東祐親は、大番役で京都に出仕していて留守だった。宋の勅使の手紙の書き方が不遜だとして、平清盛は、宋と日本の国交を断絶した。

1,173

源為朝が八丈小島で自殺したといわれる（証拠はない）。

1,174

源義経が都を離れて東に向かった。

1,175

伊東祐親《すけちか》の娘八重姫が独身のまま頼朝の子を出産した。生まれた子は男子で幼名を「千鶴丸」といった。

1.176

伊豆国伊東の伊東祐親《すけちか》が、京都より大番役をすませて三年ぶりに帰郷して娘の出産を知らされた。大番役とは地方武士に課せられた賦役のようなもので、朝廷や上皇の院の警護や労役に従事するもの。祐親は八重姫を軟禁し、頼朝を討ち取るために兵を送り出した。頼朝は伊東から山道で熱海の伊豆山権現のある走湯山に逃走した。八重姫の子は惨殺を偽装して密かに伊豆を出されて、相模国曽我庄の曽我太郎祐信《すけのぶ》に託された。八重姫のその後の消息は分からない。

伊豆の豪族の工藤祐経《すけつね》が、工藤氏の総領家の伊東祐親との「一所懸命」の土地争いに敗れた。工藤祐経は、遺恨をはらそうとして遠矢を射たところ、その矢が伊東祐親にはあたらずに、息子の河津三郎こと伊東祐泰に命中して、祐泰は絶命した。のちに河津三郎祐泰の妻は、四歳と二歳の二人の男の子を連れて相模国曽我庄の曽我太郎祐信と再婚することになる。

どさくさにまぎれて頼朝が蛭ヶ小島に舞い戻った。奥州の藤原秀衡《ひでひら》が鎮守府将軍の職を解かれた。

1,177

疱瘡が大流行した。京都で大火が起こった。大内裏、大極殿などを含む家屋二万あまりが焼失した。このころ政権内部において平氏一門打倒の陰謀も着々と進行していた。平清盛の手で法皇の近臣らが陰謀の首謀者として処刑されたり南島の鬼界ヶ島に島流しにされたりした。中伊豆北条の里の主で天の王朝（古代海人族）系産鉄地方土豪の北条時政の長女政子と、蛭ヶ小島に軟禁中の源頼朝が、肉体関係のともなう恋愛関係に陥った。京都の町では強盗が横行していた。

再び京都で大火事が起こった。二年続けての大火で、京都市街の主要部は大半が焼失した。平清盛の娘が難産の末に皇子を産んだ。皇子は生まれるとすぐ皇太子となった。六十一歳の平清盛に孫として目に入れても痛くないほどかわいがられたこの皇太子（東宮）こそ、のちの安徳天皇である。

『源平盛衰記』によると、この春、法皇が住吉大神の幻覚を見たとされている。清涼殿で寝ていた法皇の耳にまず妙なる笛の音が聞こえ、それに続いて琵琶の音が聞こえた。この音楽はしばらくするとやんだ。法皇はむくっと起き上がり「今の琵琶を鳴らしたのは誰か?」とたずねた。すると「宿直の番衆で開発《かいほつ》源太夫住吉」という答えが返ってきた。さても妙なる笛の音、玄妙な琵琶の曲は神の奏でた音楽だったのかと法皇は眠たい頭で思い、住吉明神であったかと推察したそうな。その直後、トリップがはじまり、夢とも現実ともわからない問答が交わされた。法皇がいろいろなことを聞き、それに住吉神が答える。神はまず天下動乱の兆しについて注意し、このようなことは「天魔」の仕業であるとした。「天魔とは人か、動物か、それとも修羅道の眷属か?」と法皇が聞くと、神は答えた。「いささか通力を得た畜類でござる。もろもろの智者学匠の、無道心驕慢のはなはだしい者が、死んで天魔という鬼になります。その首から上は天狗、身体は人身にて翼が生えていて、前後百年のことを予知する通力を有し、空を飛ぶこと隼《ハヤブサ》のごとくして、僧侶なれば地獄には堕ちず、無道心のために往生もできず、魔界の天狗道に堕ちた者でありまます。無道心の僧、高慢の学匠はみんな天魔となり、天狗と呼ばれるのです」「日本国中に、天狗となった名僧学匠はどのくらいいるのか?」「良き法師はみんな天狗になっておりますから、その数はわかりません。大智の僧は大天狗、小智の僧は小天狗、中頃わが朝に柿本の紀僧正と聞こえしは弘法大師の秘法相伝の弟子、智徳第一にて、験徳無双の聖《ひじり》でありましたが、大法慢を起こして日本第一の天狗になりました。これを愛宕山の太郎坊と申します。天狗は総じて高慢の者が多うござれば、ずいぶん多くの天狗となって、六十余州の山々峯々に、あるいは三十人、あるいは五十、百、二百人と、天狗の住まぬ山はござらんよ」

摂津源氏の源頼政が源氏一門としてははじめて「従三位」という位にのぼった。北条時政が、三年間の大番役をすませ、後妻を連れて、伊豆国中伊豆に意気揚々と帰国した。この後妻と、時政の長女でいまだ独身だった政子は、同じ二十一歳だった。

1,179

平清盛が数千の軍勢を連れて京都に入り、関白ら政府の要人や法皇の近臣を流罪にして、宮廷を平家一門郎党で固めた。事実上の軍事クーデターによる平家独裁政権樹立。法皇による院政が停止され、天皇は幽閉された。平家はこのころより、安芸の宮島、九州島の太宰府、宇佐八幡を戦略上の重要拠点と見なすようになっていく。おそらく、孫を天皇にしてともに九州に下向し、そこに平家の千年王国でも築こうとしていたのではなかろうか。

源頼朝と北条政子の間に女子が誕生して「大姫」と名づけられた。

天皇が譲位し、いや譲位させせられ、清盛の孫であった二歳の皇太子が即位して安徳天皇となった。平家の意向を受け、慣例を破って上皇が安芸の宮島の厳島神社を参詣させせられたことで、都では平家にたいする憎しみは決定的なものになった。

上皇の兄により諸国の源氏に平家追討の命令が下った。この平家追討の命令は、源頼朝の叔父である新宮十郎行家によって伊豆の蛭ヶ小島に幽閉中の源頼朝にも伝えられた。上皇の兄と、彼をたきつけた摂津に基盤を持つ源頼政らが宇治で平家に殺された。

平家追討の令旨《りょうじ》を発した上皇の兄は、母親が摂関家の藤原氏の出自でないという理由で親王の称号をもらえずに、一段下の「王」の称号にとどめられた人物だが、実は宇治で戦死などしていなくて、わずかな側近とともに地下に潜り、南会津の山奥に逃れ、その地の山人に木地職の技術を伝えたという伝説が残された。

軍事クーデターで全権を掌握していた平清盛が、孫の天皇を連れて自宅のあった福原にこもった。こもったというよりも、海人族としては兵庫の港をとりあえず押さえておく必要があったわけ。福原遷都といわれるものだが、これにたいする貴族や、僧兵を抱える寺院勢力らの反発は大きく、半年後には還都することになる。たまたま福原を訪れた鴨長明という作家は「古い都はすでに荒れて、新都はいまだ成らず。あるかぎりのひとが浮雲のようにおちつかない様子だった」と、にわか造りの新しい都の見聞録を残した。

四十二歳になっていたがまったく無官だった中伊豆の北条時政が、箱根、大山、丹沢など駿河、伊豆、相模の山間部をテリトリーにする山人であり修験の風魔一族と連携しつつ、頼朝挙兵の準備を秘密裏に進めた。三十四歳の源頼朝が、北条一族の傀儡《かいらい》として伊豆で挙兵し、緒戦は夜討ちで監視役の伊豆目代の山木兼隆を滅ぼして勝利したものの、次の相模の石橋山の戦に敗れて、海路千葉の安房平北郡に逃亡潜伏し、その地で先住系の俘囚《ふしゅう》系武士団や新羅系、高句麗系の武士団などを改めて組織しなおした。

このとき、源氏と戦った関東の平家方の武将の中に江戸重長という人物が登場する。江戸重長は秩父平氏の一派である江戸一族であり、江戸という名前はその一族の拠点とする土地の名前からつけられたものだと想像される。「江戸」という名前が、このときはじめて歴史に登場した。

源義仲が信濃で挙兵。甲斐源氏の武田信義も挙兵。頼朝が安房・下総・上総の房総三国から数十万の軍勢を引き連れて鎌倉に入った。義朝の第六子であり、遠江国池田宿の遊女で「傀儡《くぐつ》」とつながる女性を母に持つ範頼も、頼朝のもとに馳せ参じた。ここに源氏の再興が成る。伊豆山神社で生き別れとなった北条政子と源頼朝が鎌倉で再会した。政子は二十四歳になっていた。

相模国鎌倉郷は古くは「かまくらのくに」と呼ばれ先住民系の海人の村があったところで、砂鉄の産地としても有名であり、新羅と唐が政治の実権を握ってヤマト国の国家体制を固めたおりに俘囚郷として相模国の一部になった。百十七年前に頼朝の大祖父の源頼義が石清水八幡宮を由比の浜近くに勧請して以来、源氏の坂東進出の拠点（武器供給地）とされた土地でもあるが、陸奥の開拓が進んだころは平家を名乗る土豪たちも役人として暮らしていた。

鎌倉党と呼ばれる産鉄民集団と強いコネクションを持つ梶原景時も、もともとは坂東八平氏の一つの流れをくみ、四代前の祖父に鎌倉権五郎景正がいて、その景正は源氏の棟梁、八幡太郎義家とともに後三年の役に参加していた。梶原景時も、頼朝挙兵のときは平家に属して頼朝追討軍に加わったものの、山の中で隠れていた頼朝をわざと見逃して命を救い、恩を売っておいてから戦後頼朝の配下に入っている。頼朝は鎌倉に入ると直ちに、小林郷北山の麓《ふもと》に社殿を構えて、ここに由比の浜から八幡宮を遷座させた。これが鶴岡八幡宮の基となった。

おそらくこのころ、源氏が京都で検非違使《けびいし》をしていたときから関係のあった摂津国火打村の河原者の頭領とその一党が、鎌倉に呼ばれたものと想像される。当然ながら彼らは多田源氏の源満仲の時代から源氏御用達の武具馬具用皮革製造者の集団でもあった。この摂津国からの一行は海岸沿いの鎌倉の入り口、江の島、腰越、七里ヶ浜、稲村ヶ崎近くに土地を与えられた。

武士の時代が終わるまで浅草のエタ頭《がしら》弾左衛門が大切に持っていた「頼朝御判」という文書（『弾左衛門由緒書』）が、この年に発行されたとされる。偽物とされているが、それだけ長いこと頼朝の名前で影響力を持ち続けたことは間違いなく、職業選択の自由などはじめからなかったころの先住民系の人たちの限定職業の権利を認めた「保護法」のようなお墨付文書で、そもそも鎌倉の長吏矢野弾左衛門頼兼が直接頼朝から命じられたというものであり、そこに書き込まれている職業（座）を順に列記すれば、

「一、長吏《ちょうり》（非人の頭目。世襲で人頭税を取り、養子縁組みその他すべてを支配した）」

「二、座頭《ざとう》（琵琶法師、歌舞音曲）」

「三、舞々《まいまい》（白拍子、身ぶり手ぶりの芸人、相撲の力士も含まれる）」

「四、猿楽《さるがく》（歌舞伎役者も含まれる）」

「五、陰陽師《おんみょうじ》（手相、人相、亀卜、うらない）」

「六、壁塗《かべぬり》（左官）」

「七、土鍋《どなべ》（土をこねて火で焼いてなべをつくる）」

「八、鋳物師《いもじ》（刀工や鍛冶屋、鋳掛屋も含まれる）」

「九、辻目暮《つじめくれ》（マッサージ、針、灸、医者も含まれる）」

「十、非人（寺人別帳からはずされて長吏の奴になったもの）」

「十一、猿引《さるひき》（猿回し。馬借と呼ばれる馬方や博労、馬医者も、この分類に含まれる）」

「十二、鉢叩《はちたたき》（「はちや」ともいわれる。ヒョウタンや鉢を叩いて念仏を唱え物乞いしてまわる唱問師）」

「十三、弦指《つるさし》（「つるそめ」ともいい、弓の弦をつくる人で、神社に所属の雑人。かつては犬神《いぬじ》人《にん》と呼ばれた）」

「十四、石切《いしきり》（山の石を切り出す。寺奴隷で、墓石づくり）」

「十五、土師《はにし》（土器・食器製作）」

「十六、放下《ほうか》（辻曲芸や虚無僧や南京玉すだれ）」

「十七、笠縫《かさぬい》（すげがさ製作）」

「十八、渡守《わたしもり》（川の渡し番や漁師や海女も含まれる）」

「十九、山守《やまもり》（木地師、刀の木鞘作りも含まれる）」

「二〇、青屋《あおや》（「青也」とも書く。藍染）」

「二一、坪立《つぼたて》（造園業）」
「二二、筆結《ふでゆい》（文房具の商い）」
「二三、墨師（山の石から墨をつくる）」
「二四、関守（傀儡《くぐつ》、ササラ、人形操り、召し捕り方）」
「二五、鐘打《かねうち》（がえん、消防、半鐘打ち、埋葬）」
「二六、獅子舞《ししまい》（子どもを使う大道芸人）」
「二七、箕作《みつくり》（雨具のミノづくり、山中でのウルシ搾り）」
「二八、傾城屋《けいせいや》（源氏系の遊女だから源氏名を持つ）」

となる。つまり「山とか川とか自然にある物を扱う仕事はこれらの自由に移動する人たちの勢力範囲にある」と定めたものであって、こうした限定職業制度がこのころ作られたから、俘囚《ふしゅう》系蝦夷《エミシ》、古代海人族系、伽耶諸国などの天の王朝系、高（句）麗系、契丹系、新羅系などの、百済系の天皇家や唐系の藤原氏から長い間先住民として区別されて差別されてきた人たちも、全滅にされずに生き残れて最低生活だけはかろうじて保障され、子作りにはげめたとする説もある。

平清盛は孫の維盛を総大将にして源氏征伐のために五万の軍勢を東国へ向かわせた。頼朝は甲斐源氏の武田一族と連携し二十万騎の兵を動員した。このとき怖じけづいた平氏に梃入れすべく、伊東から海路兵を乗せた船を駿河に向かわせようとしたのが、伊豆一の大富豪で伊豆における頼朝の最初のガールフレンド八重姫の父親である伊東祐親《すけちか》だった。しかし風を避けて南伊豆の弓が浜で兵を休ませていたところを襲われて伊東祐親は捕らえられ、身柄を三浦義澄《よしずみ》に預けられた。

1,181

頼朝は富士川の戦いで平氏軍を打ち破ったが、敗走する平氏一門を追わずに鎌倉に引き上げた。この富士川の戦いで頼朝は奥州から駆けつけた異母弟の義経とはじめて対面した。美濃、尾張、近江の源氏が一斉に蜂起した。平清盛にとっては東国の源頼朝を背後から牽制する必要から、藤原秀衡《ひでひら》が陸奥守に任命され、名実ともに「奥六郡の王」「北方の王者」として奥州に君臨することになった。

貴族の九条兼実《かねざね》は、その日記『玉葉《ぎょくよう》』に「天下の恥、何事かこれに如かんや、悲しむべし、悲しむべし」とため息を漏らした。平清盛がその藤原秀衡に、頼朝討伐の命令を発した。再び九条兼実は、その日記に「聞けり、奥州の戎狄秀平、禅門の命により、頼朝を伐ち奉るべきの由、請文《うけぶみ》を進じおわんぬ」と書きつけた。鎌倉に頼朝の新居が完成した。この日、鎌倉の侍所に出仕した「御家人」は総勢三百十一人。御家人とは、東国各地の俘囚系、新羅系、百済系武士団の長であった。

奈良の東大寺や興福寺の僧兵たちを弾圧するために、平清盛は自らの息子の重衡《しげひら》を差し向け、総国分寺として建立された東大寺と、藤原一族の菩提寺であった興福寺の二大寺院を焼き払い、あの奈良の大仏の首も焼けて落ちた。東大寺の八幡宮も焼かれた。

正月に上皇が死んだ。二月には平清盛が「頼朝の首を！」と言いつつ高熱にもだえ苦しみながら死んだ。六十四歳だった。都の人たちは「仏罰だ」と語り合った。「奥州の秀衡《ひでひら》が頼朝追討のために二万余騎を白河関の外に出したので武蔵や相模の武士たちが頼朝にそむき、頼朝は安房国に逃げ帰った」とか、反対に「奥州の夷狄秀衡がすでに死んでいて、源頼朝はその秀衡の娘をめとり、相互に盟約を交わした」とかいう噂がいくつも都を駆けめぐった。

再度源頼朝追討のための平家の軍隊が東国に向かった。源義仲追討のための平家軍が北陸道をくだった。頼朝の軍を背後から討たせようと画策する平宗盛《むねもり》によって藤原秀衡に「陸奥守」という餌が与えられて、秀衡の一族に諸国の源氏追討の命令が下された。奥州平泉に柳之御所が完成した。

僧の重源を総裁にして奈良の大仏の仏頭修復事業がスタートし、九州島から宋人の鋳物師大工の陳和卿《ちんなけい》ら工人たちが奈良に呼び集められた。源義仲に味方する越前・加賀の地侍たちが越前において平家の軍を撃退した。しかし最後まで藤原秀衡は中立を保ったまま動くことはなかった。源頼朝による京都懐柔工作が進展していたし、このときすでに陰では頼朝を孤立化させて実権を手に入れようとする北条一族のたくらみも進んでいた。頼朝が鶴岡八幡宮造営にあたり武蔵国浅草から新羅系移民の大工を鎌倉に招いた。平家は、東大寺や興福寺の階級の高い僧たちを解任して、寺領の荘園を没収した。西国で凶作。琉球では尊敦《そんとん》が十五歳で浦添の按司《あじ》になった。

台頭しつつあった東国の頼朝、北陸の義仲の二つの源氏勢力が、京都の平家とにらみ合ったまま年が明けた。この年大飢饉が列島を襲って餓死者数万人に及んだ。西国の凶作で兵糧米の確保を第一の目的として平家は北陸道という年貢米ロードを制圧するため、雪解けとともに再び源義仲追討のための平家の軍を翌年に派遣することにした。鎌倉の三浦屋敷に軟禁されていた伊東祐親《すけちか》がいきなり「自殺」した。源頼朝が、奥州鎮守府将軍の藤原秀衡《ひでひら》をのろい殺すために建立された榎嶋（江の島）の弁財天に、新しく建てられた鳥居を見に出かけた。頼朝と北条政子の間に長男の頼家が誕生した。

1,183

源義仲、平維盛《これもり》を総師とする十万の平家軍を、加賀と越中の国境の砺波山《となみやま》の倶利伽羅《くりから》峠においで撃破。平家十万騎のうち無事京都に帰れたのは二万騎という惨敗で、この戦いにおいて平家の壊滅は決定的となった。奈良大仏の修復作業がはじまる。

海人族である平氏一門が、六波羅の屋敷に火を放ち、清盛の孫にあたる安徳天皇と、皇位の証とされる三種の神器とともに、船団を組んで瀬戸内海を西に向かった。

破竹の進撃を続ける源義仲の五万の軍勢が比叡山に亡命していた法皇を奉じて京都に入り、都の警備についた。義仲は自らを「朝日将軍」と称した。平家一門の手から逃れた法皇が平氏追討の命令を源義仲に与えた。と同時に法皇は頼朝に使者を送り上京をせかせたが、頼朝は奥州の藤原秀衡の脅威を理由に動こうとはしなかった。法皇の命令でわずか四歳の幼児が、三種の神器もないまま、天皇として即位させられた。奈良の大仏の仏頭修復工事が完成したが、その仏相のことで評価が二つに分かれ、議論百出した。

1,184

東海道・東山道・北陸道の荘園と公領を返還する代わりに朝命に従わない者を処分する「御沙汰権」を源頼朝が法皇に要求して、要求が——義仲のテリトリーだった北陸道を除いて——叶えられた。源義仲が平氏追討のために兵を引き連れて西国に向かったが、頼朝に北陸道を支配させるかもという法皇側の情報が伝わって、あわてて京に戻った。義仲追討のために、頼朝は、義理の弟の範頼《のりより》に大軍の兵をつけて京都に派遣し、伊勢にとどまって義仲の様子をうかがっていた義経をこの征討軍に参加させた。

正月、源義仲が軍事クーデターを起こし、御所を襲撃して法皇を捕らえて人質として、院の近臣たちを解任したり殺したりしたうえに、平家から取り上げた所領の管理権のすべてを奪取し、頼朝追討の命令を出すように法皇に強要して、東夷と見なした頼朝を征伐するために自分から征夷大将軍となった。ところが義仲の軍は、東国から派遣された範頼と義経の率いる大軍に瀬田、宇治で相次いで敗れ、朝日将軍義仲は近江国の粟津で流れ矢に当たって三十一歳で一生を終えた。

源頼朝に改めて平氏追討の命令が下る。平家の没官領が源頼朝に与えられることになった。頼朝を征夷大将軍に任命するか否かで朝廷政府内部で意見が分かれて、結局、鎌倉に居住するままの人間にこの軍職を許すわけにはいかないという理由で見送りになった。上総介広常が「源氏一族の木曽義仲を討つべきではない」と北条時政に進言したことで謀反人とされ誅殺された。暗殺を仕組んだのは、時政から下知を受けた梶原景時であり、実行したのは鎌倉の人々が「風」と呼んだ産鉄民の流れをくむ隠れ里の忍び集団風魔一党だった。同じ風魔の手で、表向きは頼朝の長女・大姫の許婚者《いいなずけ》だった木曽義高（義仲の子）も、武蔵国入間川あたりで斬り殺された。奥州藤原秀衡が陸奥守の職をはずされた。

1,185

平氏追討のために西国に向かった源義経が、熊野や伊予の水軍衆を味方につけて屋島に続いて長門檀ノ浦においても平氏軍を打ち破った。平氏一門が滅んで西の海の彼方へと姿を消し、平清盛の孫の安徳天皇は八歳で三種の神器とともに海の藻くずと消えた（死んだのは替え玉であるという説もある）。朝廷が最も関心を抱いていたのが海底に沈んだ三種の神器だが、これらついては、鏡と勾玉は発見されて回収されたものの、剣は結局見つからなかったといわれている。平家滅亡の際、その落ち武者が痕跡をとどめている南の島々には、竹島、硫黄島、黒島、口之永良部《くちのえらぶ》島、沖之島、臥蛇《がじゃ》島、平島、宝島、大島、石垣島、西表《いりおもて》島、与那国島などがある。

源義経が捕虜——平家一門の総帥であった平宗盛父子——を連れて鎌倉にやってきたが、「天下支配をもくろんでいる」という風聞が——おそらくは梶原景時の口をとおして——頼朝の耳に入り、江の島の近くの腰越というところに留め置かれ、鎌倉に一歩も入れず、そのまま捕虜ともども京都に追い返された。義経は法皇を頼って京都に帰る間際「関東に怨みのある者はついてこい」と吐き捨てるように言ったと『吾妻鏡』には書いてある。義経に与えられていた平家没官領二十四か所が没収された。

出雲の大神殿が造営されたが、高さは約二十四メートルの規模にまで縮小された。出雲の大神殿の倒壊事件は約百四十年の間に五回も起きているが、結局事件は解明されずXファイルに収められたままとなった。もっとも、想像をたくましくすれば、それは、最初に出雲の地に入植してコロニーを作り、のちにヤマト政権によってそこを追われる身となった伽耶系の出雲流民たちの怨念の成せるわざと言えなくもない。

近江国篠原で源義経が宗盛父子を斬首させた。北条時政の命令で平家の残党の処分がおこなわれ、平家に血縁のある者の男子は、将来における平家子孫の報復を恐れて、しらみつぶしに殺されるか、捕らえられて奴隷（奴婢）にされた。九州に王国を作るという望みも絶たれて新海人族の平家が滅亡した。現在の滋賀県から京都にかけて大地震発生。京都の南大門などが倒壊した。東大寺大仏の開眼供養が催された。

天の王朝（古代海人族）系の北条一族が新羅系の源頼朝を動かして諸国に守護と地頭を置かせ、兵糧米の徴収を認めさせた。朝廷がそのことを認めたときをもって、律令体制が事実上崩壊した。反仏派の北条一族が影の権力を掌握し、源氏つぶしの陰謀もこのときからスタート。事実上の鎌倉幕府の成立はこの時点だった。源氏系の地頭が関東から派遣されるときには、武具や馬具を製造する革職人、遊行芸能者、加持祈祷の陰陽師《おんみょうじ》などを率いて下向するのがあたりまえだったとされる。さらにこの守護と地頭の設置の際、鎌倉幕府は、将軍の命令として当該地域の神社に長吏――鎌倉鶴岡八幡宮の雑色《ぞうしき》――を派遣した。長吏の役目はその地域の雑色を監督することと、神社に源氏の氏神である八幡神を祀らせることだった。このことによって八幡神は日本各地に広まることになった。

京都六条堀川の館で源義経暗殺未遂事件が起きた。身の危険を察知した義経は、都を立ち退いて九州に赴こうと船を出したが、強い西風にあって目的を果たせず、しばらく吉野の山に隠れたのち、東国経由で奥州平泉を目指すことになった。

1,186

僧の重源が伊勢神宮に参詣して、大仏殿建立の誓いを立てた。奥州の藤原秀衡《ひでひら》が源頼朝に屈伏し、今後は政府に貢納する馬と金を鎌倉に送ることになった。源義経の愛妾の「静女《しずか》」が吉野山〈奈良県〉で拘留され身重の体のまま鎌倉に送られた。静は傀儡《くぐつ》とかかわりがあるもと白拍子《しらびょうし》で、今様の名手と歌われていた。白拍子とは、男装して歌ったり踊ったりする遊女のことで、もともと源氏系の女性たちであり、彼女は頼朝と政子の前で、たってと望まれて踊りを踊らされた。鎌倉に留め置かれていた静御前が男児を出生した。その子は、「男の子である以上将来どうなるかわからない」という理由で、頼朝の命令で鎌倉由比ヶ浜の海につけられて殺された。頼朝が全国六十六国に散在する二千数百の別所——先住民限定居留地——の長吏に、逮捕と処罰の警察権を持たせた。

朝廷から厳島神社の宮司に関門海峡の底より宝剣を捜索回収せよとの命令が下った。源義経が武蔵坊弁慶という従者とともに、奥州の採鉱冶金をしていた金売り吉次とされる——奥州平泉から派遣された忍びの者——の援助を受けつつ、鎮守府将軍の藤原秀衡《ひでひら》を頼って陸奥国に逃亡した。秀衡が義経をかくまっていることが鎌倉に報告された。源義経が平泉にいることを知った源氏の棟梁の源頼朝は、朝廷に圧力をかけて宣旨を出させ、藤原秀衡にたいし、義経を逮捕して帰京させることと、奈良の東大寺の大仏修復費用として金三万両を供出することを求めた。秀衡の答えは「ノー」だった。「そのような者はいないし、金も出せない」と、奥州の王らしくきっぱりとはねつけた。

ところがその藤原秀衡が「義経を平泉の大将軍に、国衡《くにひら》と泰衡《やすひら》は義経を補佐して鎌倉に当たれ」という遺言を残して病気で死んでしまう。この秀衡の死を一番喜んだのは源頼朝だった。義経の義父がなに者かに殺害された。鎌倉と京都の六波羅探題の間が早馬でつながれた。鎌倉京都間の情報移動が三日に短縮された。

沖縄はこれまで長く天の王朝（海人族）によって統治されていたが、「天孫氏二十五代目」にして——世萎え政廃れて諸按司《あじ》に叛く者多くなり——ついに利勇《りゆう》という逆臣が叛乱を起こして天孫氏を亡ぼし、浦添按司尊敦《うらそえあじそんとん》が武士団の長として立って利勇を討った。そこで諸按司が尊敦を推して「世の主（長）」とし天孫氏のあとを継がしめた。尊敦は王位に就いて中山王《ちゅうざんおう》「舜天《しゅんてん》」を名乗った。

おわかりのように琉球王初代の舜天は幼名を「尊敦《そんとん》」といった。源為朝と大里按司《おおさとあじ》の妹の間に

1,188

生まれたとされるあの「尊敦」である。為朝の子の尊敦が浦添按司となり王となったというのである。利勇を討つ際、尊敦は源氏の鎧甲をつけて首里城に攻め寄せ「われこそは鎮西八郎為朝の子なり」と大声で叫んだという記録もあるのだが、もちろん源為朝の子が舜天であるとする説は——琉球と日本の祖は同じとする「日琉同祖」の理論を強調するための——根拠のない伝説ではあるのだろう。その言い伝えは、武士の時代が終わったあと、大日本帝国の軍隊による沖縄侵略の理由づけにも使われることになるのだ。

栄西が再び宋に渡った。栄西は陸路でインド・ネパールを目指したものの、モンゴル帝国が道を塞いでいたので諸国巡礼の旅を断念し、かわりに赤城《せきじょう》の天台山万年寺で虚菴懐敞《こあんえじょう》禅師に師事し禅の根本をきわめることになる。

源氏の棟梁である源頼朝は宣旨を下し、藤原基成・泰衡《やすひら》兄弟に源義経を逮捕するように要請した。再び「義経などいない」という返事がもたらされた。八か月後、頼朝が義経追捕《ついぶ》の宣旨を下した。つまり「おまえらが殺さないなら、おれが行って殺すぞ」と脅しをかけたということ。関東一帯に「殺生禁断令」が出された。

北条時政が伊勢神宮に使いを送り、神馬八頭、砂金二十両、剣二腰を奉じて、義経追捕《ついぶ》を祈願。頼朝を操ることに成功していた北条氏は、義経をことのほか恐れたようだ。泰衡《やすひら》が、平泉の衣川館に義経を討ったとされる。義経、享年三十一歳。もちろん泰衡がそっと義経を逃がしたという話もないわけではない。義経の首は、酒漬けにされて一か月半ほどかかって送り届けられたのだが、焼けただれていて誰のものか判別できなかったという。源氏の棟梁、源頼朝が、義経隠匿の罪をかぶせて十七万騎の兵を率いる泰衡追討のために、総勢二十八万四千騎の征夷軍を率いて鎌倉を出発した。

このときに、わざわざ大軍を率いて奥州へ頼朝が——朝廷から征夷大将軍に任命されないまま——出向いたほんとうの理由は、源氏の棟梁としては奥州を制覇しなくてはならない——天皇家もできなかった蝦夷《エミシ》の国までも征服する——という使命感があったことと、たくさんの良い馬を必要としていたことと、奥州藤原氏の鍛刀を専門にしていた舞草《まいくさ》の刀工団（蝦夷《エミシ》鍛冶）を鎌倉の鍛冶として根こそぎ収奪する目的があったようだ。当時、時代を制していた刀工団は「大和の当麻《たいま》」「薩摩の古波平」そして「みちのくの舞草」の三つしかなかった。鎌倉にはどうしても優秀な刀工団が必要だった。そして一か月後、頼朝が平泉に入る。

泰衡は降服を願ったが、頼朝はこれを拒絶。泰衡はまず陸奥阿津賀志山に長塁を築いて抗戦。のちに夷狄嶋〈北海道島〉へ逃亡を企てて数千の兵を率いて津軽の糠部《ぬかのぶ》郡から十三湊《とさみなと》を目指したが、比内郡贄《にえ》の柵《さく》〈大館市二井田〉で、郎従の河田次郎に殺害された。河田次郎が泰衡の首を頼朝に献上したが、頼朝は「主君を殺す重犯罪は見せしめのために」と河田次郎の首もはねてしまった。このとき、糠部や津軽から多くの人々が「北国（夷嶋）」を目指して逃げ去ったといわれる。彼らの末裔たちがのちに「渡党《わたりとう》」として「蝦夷島」の歴史に登場してくることになる。

かくして奥羽全域を支配し続けた奥州藤原氏とその一族の築いた平泉黄金王国が、新羅系花郎を祖とする武士団の棟梁であった源頼朝に滅ぼされた。このとき安藤次や三沢安藤四郎ら、俘囚《ふしゅう》系で安倍一族のゆかりの者たちは頼朝の軍に参加していた。同じく旧安倍一族からは津軽安藤氏の祖であり安藤太郎季任《すえとう》を父とする安藤小太郎季俊《すえとし》も頼朝の軍に参加し、その子の安藤次季信《すえのぶ》は津軽守護人になって岩木川河口の十三湊を拠点とした。いわゆる「奥州征伐」「奥州合戦」といわれるものがこれである。

これからたくさん登場することになるので、誤解のないように書いておくと、この津軽安藤氏と、のちに米代川下流域を領地として活躍する安東氏は、発音が同じだけで、どちらもあの俘囚長安倍氏を祖先としている以外は両者につながりはないとも言われるし、また年代によって「安藤」「安東」が使い分けられているともされるが、はっきりしたことはわからない。わかっているのは、どちらもエゾとされた人たちと深い関わりがあり、北東日本列島の歴史を語るときに無視できない人たちであるという点だけである。

かくしてヤマト王権による蝦夷《エミシ》征服戦争は、のべ千年近くの年月を費やしたのち、事実上このときをもって終結した。またこの合戦で戦功のあった甲斐源氏の南部光行が糠部郡をもらいうけ、光行は長く蝦夷《エミシ》の名馬の産地として名を轟かせた知行地を、組織的に馬を育成する牧場ごとに編成しなおして「一戸《いちのへ》」から「九戸《くのへ》」までの「戸《へ》」の名前を与えている。それぞれの「戸」は、たとえば「陸奥国七戸立ち《しちのへだ》の馬」という具合に、名馬のブランド名として使われた。

余談だが、源義経はこの後、蝦夷《エゾ》ネットワークの連携によって無事に北海道島に渡り、さらにそこからサハリン島から沿海州に渡って、ユーラシア大陸に姿を消したという希望的伝説が残されている。この言い伝えは江戸時代になってから蝦夷地侵略の理由づけに作られたものらしいが、そののちには大日本帝国による東アジア（満州・蒙古）侵略の口実のひとつにもされた。さらに北海道島各地のアイヌの口承にも、義経のことと思われる伝説が——よいことも、悪いことも——語り残されているのだが、おそらくこれも江戸時代からのものだろう。

このころまだ本州島北端の津軽半島や下北半島周辺から、北海道島の道北北部とオホーツク海沿岸部を除く北海道島の大部分の地域には、別の伝統文化圏——アイヌモシリ——が存在していた。その国の文化は、日本列島を支配して本州島東北部にまで及んでいた朝鮮式の土師器《はじき》の文化の影響をかなり色濃く受けて、もはや縄目の文様のついた土器は使わなくなっていたが、鉄製の鍋など便利なものの金属製品の流入が目立つようになり、織物の技術も発達していた。コメは生産されず交易によって持ち込まれていたものの、必要なものだけを大地の恵みとしていただく狩猟漁労採集と、大地から極端に収奪しない初期の畑作農耕が連綿とおこなわれていて、オオムギ、コムギ、アワ、ヒエ、ソバ、モロコシなどの栽培を主におこなっていた。縦穴住居も円形ではなく、本州島東北地方の一般民衆と同じ住居様式であるカマドのついた隅丸方形の縦穴住居だった。この文化が日本列島東北部の北奥羽社会の影響を強く受けていたこととは正反対に、北海道島の道北部やオホーツク海沿岸部には、さらに別の、大陸のアムール川流域を中心とする東北アジア地域の文化の影響を強く受けたギリヤークの国というか文化圏もあった。かねてより二つの性格を異にするこれらの文化は、平和的な関係を持ちつつも、生産や交易のテリトリーをめぐって長い間抗争を続けるような関係だったが、このころからアイヌと呼ばれることになる人たちは北海道島からギリヤークの人たちをサハリン方面に追い返す動きを見せはじめていた。

源頼朝が鎌倉に帰り着き、義経と泰衡の冥福のために、永福寺を建立した。

SAMURAI TIME

1,190 - 1,868

JUST FOLLOWING ORDERS

武士《つわもの》の時代

1,190

前年の暮れから津軽の十三湊《とさみなと》で、自らを「源義経」と称した豪族の大河兼任《おおかわかねとう》が、主人である藤原泰衡《やすひら》の弔い合戦だとして大きな乱を起こし、鎌倉幕府軍がようやくこれを鎮圧した。この乱ののち、北条義時が津軽一帯の郡地頭職に補任された。

伊豆の源頼朝を討とうと挙兵したあと自決した伊東祐親《すけちか》の孫で、同じ伊豆の豪族伊東祐泰《すけやす》（河津三郎）を父とし、その父が殺されたために母の再嫁に従って相模国曽我庄の曽我太郎祐信《すけのぶ》の義理の息子となっていた曽我十郎祐成《すけなり》が、豪雨の中、弟の筥王《はこおう》（「箱王」とも書く）を連れて鎌倉の北条時政の館を訪れた。このとき時政が烏帽子親《えぼしおや》となって筥王を元服させ、曽我五郎時致《ときむね》と名乗らせ、元服の祝いに駿馬を与えている。

秋の終わり、源氏の棟梁・源頼朝が、奥州から連れ帰った名馬中の名馬二十頭を土産代わりにして京都に入り、法皇と会談して、あわただしく右大将などの冠位をもらい、蝦夷沙汰《えぞさった》の認可を受けている。これにて奥羽は公式にも鎌倉幕府の支配下に入ることになった。このころから「蝦夷」を「エミシ」ではなく「エゾ」と読む傾向が強まる。頼朝は年の明ける直前に鎌倉に戻っていた。

1,191

鎌倉に大火が発生し、鶴岡八幡宮が全焼した。源頼朝が直ちに鶴岡八幡宮本殿再建の命令を出した。京都の強盗ら十人が、奥州の俘囚《ふしゅう》である安藤氏の手で、蝦夷島《えぞがしま》へ流刑にされた。北海道島がこのときから国家権力によって流刑地に定められたのである。奥州夷《えびす》安藤氏が蝦夷沙汰《えぞさった》代官に抜擢された。甲斐の南部光行《なんぶみつゆき》がこの年、津軽糠部《ぬかのぶ》に移住したという伝承がある。

僧栄西が、留学先の宋から四年ぶりに帰国し、京都で禅宗をはじめて提唱した。

この年の暮れ、新たに後ろの山腹を開いて新築された鎌倉鶴岡八幡宮本殿に、京都の石清水《いわしみず》八幡宮から分霊を運んで鎮座祭がとりおこなわれた。

1,192

四十年にわたってのべ五代の天皇を院で背後から操っていた上皇が没した。そのおかげで源氏の棟梁である源頼朝もようやく征夷大将軍となれた。その頼朝が、「大施浴」といって、百日間ぶっ通しでのべ一万人もの人間を入浴させている。このころの関東や東海地方には、伊勢神宮の荘園である御厨《みくりや》や御園《みその》の過半数が存在していた。この年の伊勢神宮の所領を報告した文書では、伊勢神宮の荘園は全国に百二十七か所あり、そのうちの六十六か所が関東や東海地方に分布、残りの大半が伊勢・伊賀の四十五か所で、所領の大部分がフロンティアの東国にあったことがわかる。

1,193

源頼朝の主催で練武と示威を兼ねて武士たちが動員され巻狩が三度開催された。一度目は四月に武蔵国入間野から下野の那須野で、五月には富士の裾野で、七月には信濃の霧が峰で。頼朝に供奉《くぶ》してきた武者三万四千八百騎、諸国から参じた者六万四千六百騎と記録にあるほど盛大な巻

1,195

狩だった。曽我十郎と五郎の兄弟がその二回目の富士の裾野の大巻狩の場で工藤祐経《すけつね》を殺し、親の仇討ちを果たした。幕営一帯が混乱する中、曽我十郎は仁田四郎忠常に惨殺されたが、五郎は仇討ち後、頼朝の命まで狙って寝所に侵入した。

この「頼朝あわや」事件が、どこをどうしたものか「頼朝死す」の急報となって翌朝鎌倉中に広まり、この噂は政子の耳にも届いた。曽我五郎の首が斬り落とされたころ、悲嘆にくれた政子に、頼朝の義理の弟である三河守範頼が馳せ参じて「兄上に万が一のことがあれば、この三河守がお守りします」と伝えていた。この一言が原因で、巻狩に参加していなかった三河守範頼は謀反人とのあらぬ嫌疑を頼朝にかぶせられて、伊豆国修善寺に流され、幽閉されて、梶原一族によってじきに殺されたとされるが、ほんとうのところはわからない。義経もそうだったが、この範頼も、生母の素性によって頼朝に蔑まれていたことは間違いないが、また同時に闇の世界と通じる遊民であった母親方の血縁によって、その死そのものが隠されてしまっていることが興味深い。

淡路国の国分寺付近に「九本足の馬」が出現したので、幕府はこの化け物を津軽の外が浜に追放したと『吾妻鏡』には書かれている。

平家一族に焼き打ちにあった東大寺の修復に全面的な協力を惜しまなかった源頼朝が上洛し、わざわざ奈良まで出向いて東大寺再建供養会に出席した。そしてあまりにも大きな大仏に目を奪われて、自分もこの大仏に負けないような大仏を鎌倉の地に作りたいものだと考えたらしい。北条時政の二女で、政子の妹が病気で死んだ。政子の妹は、武蔵国の稲毛三郎重成の妻で、夫の重成は妻との死別を悲しみそのまま出家した。

1,197

源頼朝が十六歳になる息子の頼家を連れて上洛した。曽我祐信《すけのぶ》のもとで養育されていた頼朝の子の千鶴丸——母親は伊東祐親《すけちか》の娘八重姫——が、信濃国善光寺に詣でた頼朝と対面している。頼朝は千鶴丸を奥州和賀郡岩崎の豪族である多田義治の養子とし、多田忠頼と名乗らせた。鎌倉幕府は八万四千基の宝塔を建て、保元の乱以来の諸国叛亡《はんぼう》死者の冥福を祈った。

1,198

奥州和賀郡岩崎の豪族である多田義治の養子になったばかりの忠頼——千鶴丸——が、奥州に向かう途中、刈田宮〈宮城県白石市郊外〉で疱瘡のため急死した。二十三歳だった。

稲毛重成が亡妻の冥福を祈って相模川の河口近くに橋を造ったので、その完成供養がおこなわれた。橋の開通式に参加した頼朝が、そこからの帰途、死んだ義経らの怨霊と出会い、また稲村ヶ崎では幼くして海で死んだ安徳天皇の亡霊が出現して、いきなり激しいめまいに襲われて落馬するという奇妙な事件が起きた。

1,199

前年の落馬事故が原因となり、さまざまな祈祷や治療のかいもなく、正月十四日に源頼朝が死亡した。北条政子は、御台所《みだいどころ》平政子《たいらのまさこ》としてこのとき髪を下ろして尼となった。彼女が尼将軍といわれる由縁であるが、実は「尼将軍」の「尼」は「天」だという説もある。源氏の棟梁の妻でありながら天の王朝系平氏（古代海人族）として「平《たいら》」を名乗るのだから、いやはやすごい女性ではある。

十八歳の頼家が左中将に任ぜられた。「前征夷将軍源朝臣の偉跡を継ぎ、よろしく彼の家人・郎党らをして、旧のごとく、諸国守護を奉公せしむべし」との天皇からのメッセージ。鎌倉の産鉄民系の隠れ里を支配し、北条時政の腹心で、風魔一族とコネクションもあり、時政のやってきたことを知りすぎていた源氏系新羅武士団の梶原景時が、天の王朝系北条家に裏切られる形で、このとき鎌倉を追放され、相模国の一宮に引き下がった。景時の鎌倉の家は没収され取り壊されて永福寺の僧坊に寄付された。風魔一族は北条氏の直接支配に入った。

1,200

梶原景時父子とその郎党が京都に向かう途中の駿河国の清見が関で襲撃され、同じ日の夜に狐崎で全員が討ち果たされた。『北条九代記』は、彼が「九州にくだって平氏の残党を語らって天下を転覆しようと企てたことは明白」と断言する。二代将軍頼家が、なにを考えたか「誰であれ、念仏する僧や法師を有無をいわせず捕らえて袈裟をはぎとり、火に投げ入れて焼き捨てよ」という「念仏禁止令」を出したが、わらいものにされてじきに中止された。

1,202

二代将軍の源頼家が征夷大将軍に任ぜられた。その頼家の子である一幡《いちまん》が鎌倉鶴岡八幡宮に神楽を奉納中、突然神懸かりをした巫女に八幡大菩薩の託宣を告げられた。それは「今年中に関東に事が起きる。若君が将軍家を継ぐことはないだろう。大樹はすでに根が枯れている。人々はまだこれを知らず、春の緑を待つように、若君の成長を心待ちにしているけれど」という奇怪な予言だった。

この年、京都から鎌倉にやってきた白拍子《しらびょうし》（傀儡《くぐつ》の流れをくむ歌い踊る遊女）に微妙《みみょう》という名前の舞の名手がいた。年の頃二十ほどでみめうるわしかった。鎌倉で話題となり、将軍頼家の前に召し出されて一曲舞った。頼家が微妙に身の上を聞いたところ、彼女は「数年前に武士だった父親が思いもかけぬ讒訴《ざんそ》によって役人に捕らえられ、投獄されました。一か月ほどたって御上は西の獄舎の囚人らを奥州の夷《えびす》（蝦夷《えぞ》）に与えられ、これを夷の下部とされました。父もその中に入っていて、奥州に追放されることになって、将軍の下役人が追い立てて奥州にくだりました」というようないきさつを語って聞かせた。

1,203

夏、伊豆と富士に狩りに出かけた将軍頼家が、伊豆半島の伊東崎の洞穴を和田平太に、富士山麓の人穴《ひとあな》を仁田《にった》四郎に探検させた。

和田平太は洞穴の中で三十メートルほどもある大蛇と遭遇し、これを斬り殺したものの、そこから先へは「大蛇に塞がれて進むことができませんでした」と報告。将軍は「もっと奥を見極めなくては洞穴に入ったかいがない」と不機嫌だった。

二日後、駿河国富士の狩り場に移動した将軍頼家は、仁田四郎に刀を授け、世間の人たちが「富士の人穴」と呼んでいる洞穴の奥を見極めさせようと探索させた。仁田四郎をリーダーとして六人が探検隊として穴の中に入った。一日と一夜が経ち、翌日の昼前に仁田四郎一人だけが帰還して将軍に報告した。

富士山人穴探検隊隊長の仁田四郎による報告

「この洞穴はとても狭くて、あともどりができません。人間が一人やっと通れるぐらいの幅しかなく、思うように進めないのです。内部は真っ暗で、われわれは手に手に松明《たいまつ》をともし、互いに声を掛け合っていきました。地面には足がかぶるぐらいの水が流れ、松明の明かりの中で、数えきれないほどのコウモリが驚いて飛び交い、われわれの行方をうめつくしていました。よくみる黒いコウモリだけでなく、白いコウモリもかなりの数いました。川の流れに沿って進んでいくと、小さな蛇が足にあたってひっきりなしにまとわりついてきました。これを切り流し、切り流しして前進すると、血なまぐさいにおいが鼻をつき吐き気をもよおしたくなることもあったり、また芳しい香りが漂ってきて気分がすっきりさせられることもあったりしました。奥へ奥へと行きますと、やがてだんだん広くなってきて、天井には色が透き通って青い氷柱のようなものがびっしりと見えます。部下の中に知識のある者がいまして、これが『これは鍾乳というもので、石でできた薬剤です。仙人がこれを取って不老長寿の薬を精製すると伝え聞いています』と説明してくれました。さらに歩いて奥に行くと、足の下で急に雷の轟く音がして、千人ほどが『ウォーッ』と一斉に鬨の声をあげたかと思われました。あれはおそらく阿修羅《あしゅら》の住む隠れ家の音なのでしょう。ぞっとしました。さらに進む先はますます暗くて、松明をともし続けて行きますと、すこし広いところに出ました。四方は暗闇で奥が深く、あちらこちらでときおり人間の泣く声が聞こえました。心細いの、心細くないのと言ったら、まるで冥途の旅路をたどるような気がしました。そうやって前進を続けるうちに、あるとき大きな川にさしかかりました。ごーごーと落ちる水の音は、深さも、淵か瀬かも、まったくはっきりしないぐらいのすさまじさで、さか巻く流れに足を踏み入れたところ、流れの速さは矢のように速く、冷たさは極寒の時節の氷よりも冷たく感じました。あまりの寒さに、肌が裂けて血が流れ、地獄の氷とはかくやと思えました。川の向こう岸までは百五十メートルほどもあって、向こう側には松明ぐらいの光が見えましたが、その光は松明の火が燃えているのとは違いました。光の中をよく見ると、なんとも不思議な御姿の方があたりを払って厳としてお立ちになっていました。部下の者四人はそのまま気絶して死んでしまいました。わたしがその御霊を礼拝しますと、かすかな声の導きがあったので、そこで頂戴した剣を川に投げ入れましたところ、忽然とその姿もいずこかへ消え、おかげでわたしもこうして帰ってくることができました」

仁田四郎の探検談を聞いて頼家は「今度はもっと探検隊の隊員の数を増やして、もう一つの世界を探らせるべきだな」と言ったそうな。この話を聞いて、土地の古老は「そんなことをして罰があたらなければよいが」と囁いたとか。

頼朝の義弟であり、義経の実の兄で幼名を「今若丸」といった阿野全成《あのぜんじょう》――出家して法名を「法橋」――が下野国で殺された。ひと月後、全成の子の頼全も京都東山で殺された。その四日後、二代将軍の源頼家が、にわかに苦しみだし、危篤状態に陥った。さまざまな祈祷がされたが効験があがらない。頼家が病床で意識をもうろうとさせていた間に、その頼家とともに北条氏打倒を計画したとして比企能員《よしかず》が、北条時政と政子の腹心の、あの富士の人穴に入った仁田四郎忠常にだまし討ちにあって絶命し、比企の館も北条一族の手の者によって襲撃されて、皆殺しにされた。

同じころ、頼家が死んだという報告が京都にもたらされたが、実際には頼家は死んでなどいなかった。昏睡状態から奇跡的に蘇った頼家は、比企一族が北条氏に皆殺しにされたことを知ると、和田義盛と仁田四郎忠常の二人に、時政殺害を命じた。和田義盛は時政を恐れて兵を動かさず、頼家からの使者を斬りすてた。時政は、仁田四郎忠常から頼家に真相が漏れてしまわないように、忠常を謀反人に仕立てて誅殺した。そして頼家が病気ということを理由に、実質的な最高権力者だった尼将軍政子により、頼家の弟でわずか十二歳の実朝《さねとも》がまず征夷大将軍の地位につけられて三代将軍となり、北条時政は将軍後見の執権の地位について、鎌倉幕府の実権を掌握した。常に差別されてきた天の王朝（古代海人族）系の――日本列島先住民の流れをくむ――人間が、地方ではなく国家そのものの権力を掌握するのは、日本の建国以来このときをもって端緒とする。源氏の棟梁である頼家が伊豆の修善寺に送られた。

1,204

伊豆国修善寺の筥《はこ》の湯で湯浴みをしていた頼家が一群の刺客たちに襲われ、熊手で引き倒されたうえに、睾丸を握りつぶされて悶死した。頼家、享年二十三歳。頼家を急襲したのは風魔一族の者で、これを迎え撃ったのが鎌倉党隠れ里の連中とされ、両者の死闘は壮絶をきわめ、事件が終わったときには、北条時政が企んだかのように、双方ともほとんど壊滅していたという。

1,205

北条時政が引退して故郷の中伊豆に引きこもり、息子の義時が執権となって、暗殺によって物事の解決を図る手法をひきついだ。あの源義家を曽祖父とし、頼朝に従軍して屈指の関東御家人に数えられた足利義康《よしやす》を父とする足利義兼と遊女の間に生まれた長男の足利義純が、畠山重忠未亡人を妻として畠山氏の領地と名跡を継承し、「畠山義純」となって足利氏の有力御家人になった。当時足利氏には源義家の置文として「七代後に転生して天下を制する」という言い伝えがあった。「足利義兼」は「三代目」だった。

これまで公家とつながることで旧仏教を守ってきた奈良興福寺の僧が、法然の開いた浄土宗の信徒のおこないがよろしくないと上皇に訴えでた。また興福寺の管轄する奈良坂と、京都清水坂のそれぞれの非人（キヨメ）同士の抗争がこのころより活発になった。非人抗争の背後には、京

1,206

都の清水寺をめぐる奈良興福寺と京都比叡山延暦寺の主導権争いがあったらしい。

奈良東大寺の大仏の首を鋳造修復した宋人の鋳物師大工の陳和卿《ちんなけい》だが、東大寺の大柱を切り倒して唐船を建造するなどしたらしく、またその後の評判も、素行も善くないとして、彼に与えられていた荘園が没収された。チンギス・ハーン即位し、モンゴル（蒙古）帝国成る。

1,207

幕府が北条義時の弟、時房に命じて、武蔵国の荒野の開墾をはじめた。朝廷から念仏停止の令が施行され、法然は土佐国へ、法然の弟子の親鸞は越後国に配流になった。近畿地方を暴風雨が襲った。鎌倉に疫病が流行した。源実朝は京都から陰陽師《おんみょうじ》の安倍維範《ただのり》を呼び寄せ、疫病封じの呪術をおこなわせた。

1,212

近江国玉桂寺阿弥陀像胎内経に、「あんどう」「あへ」「いぬ」「くま」「まつ」「とち」「むさし」「たんば」「ひたち」「こし」「かつさ」「やくし」「かなわう」「ふくわう」ら非人とされていた――おそらくは近江国に移配されていた――蝦夷《えぞ》（旧日高見国からの戦争捕虜）の男女三百七十人が浄財を喜捨して交名《ぎょうみょう》を結縁された。法然が八十歳で死んだ。「南無阿弥陀仏」「南無阿弥陀仏」

「南無阿弥陀仏」

1,213

北条義時が和田一族を攻め滅ぼした。

1,214

大型台風が本州を縦断し、京都では大風と雨の、鎌倉では洪水の被害甚大。陳和卿《ちんなけい》が鎌倉にやってきて、『金槐和歌集』の編集作業に入っていた源実朝と面会して、なにごとかを吹き込んだ。

1,215

風をあやつったとされる北条時政が七十五歳で死んだ。源実朝が病気になった。旅の途中で鎌倉に来ていた僧栄西が彼に緑茶を一杯すすめた。それが縁で栄西はこの年『喫茶養生記』という医書をあらわして、それからまもなく死んだ。享年不明。

1,216

京都東寺の凶賊や強盗、海賊など五十人ほどが「夷島《えぞがしま》」に流された。三代将軍・源実朝が、北条一族による暗殺陰謀から逃れようと宋への亡命を企てた。あの陳和卿《ちんなけい》が、渡宋船の建造を実朝から命じられた。

1,217

陳和卿《ちんなけい》が渡宋船を完成させたが、その船は由比ヶ浜での進水式で無残にもそのまま横倒しとなり、あるいはあらかじめ横転するように仕組まれていたために、実朝の亡命の夢も泡と消えた。実朝の亡命を阻止する見えざる手がこの事件を仕組んだともいえる。北条義時が陸奥守に就任し、義時は自分の所領が多かった津軽を治める代官として安藤氏を津軽に配置し、奥羽や渡嶋《おしま》〈北海道島〉の蝦夷《えぞ》にたいする備えと支配をおこなわせた。天の王朝（古代海人族）系土豪の北条氏は、海上交易の利に着目して、先住新羅俘囚《ふしゅう》系の津軽安藤氏を家来に組み込もうとし、安藤氏も進んで家来になることが一族の発展上有利と考えたようだ。「夷をもって夷を制する」の習わしどおり、安藤氏は蝦夷《えぞ》管領を名乗るが、これは当初は私的な機関だったものが、鎌倉幕府で北条氏が独裁的な地位を占めるにしたがって、公的機関の性格を持っていったらしい。北条政子の命令で源頼家の子で実朝の甥にあたる公暁《くぎょう》が鶴岡別当となった。

1,218

北条政子が上洛し、上皇とも会い、上皇の皇子を鎌倉に迎えたいのだがと話を持ちかけた。上皇は「日本を二つにする」としてこの申し出を拒絶。安達景盛が出羽城介に任命され秋田城氏と名前を変えた。失意の源実朝が右大臣になった。

1,219

正月、雪深い鶴岡八幡宮の社頭で、右大臣就任の拝賀に訪れた将軍の源実朝が、頼家の遺児で、実の甥の公暁《くぎょう》に「親の仇」として討たれ首を落とされた。享年二十八歳。公暁もまたその夜のうちに斬殺されている。

1,221

上皇が北条義時追討の命令を下した。幕府軍が東国御家人を動員して京都軍を各地で撃破して京都に進攻した。北条義時の息子の泰時らが京都六波羅に常駐して朝廷の監視体制を強化した。これが六波羅探題のはじまりだった。そこで起こったことは軍事クーデター以外のなにものでもない。

鎌倉幕府が、京都軍に参加した公卿、武士らの諸領を没収し、進攻軍の恩賞にあてた。北条政子の命令で、天皇が改められ、二代前の上皇は隠岐に、現上皇は佐渡に島流しにされた。佐渡に流された前の天皇の記録『順徳天皇記』に「玉体をよせらるべき小屋とても見当たらず、むくつける男どもきたりしが何を言うやわからず鬼なりと悩まる」とある。親鸞が『教行信証』の執筆を開始した。一代前の上皇が幕府によって土佐に流された。

モンゴル（蒙古）帝国がインドに侵入した。

1,222

安房国長狭郡東条郷小湊〈千葉県安房郡天津小湊町〉の流人の子として日蓮が誕生した。幼名は善日麿といった。「日蓮は日本国・東夷・東条・安房の国・海辺のセンダラが子なり」と本人がのちに書いている。「センダラ」とはカーストの最下層の、さらにその下に組み込まれた不可触賤民《アンタッチャブル》のことで、インドでは「チャンダーラ」と発音し「屠殺者」という意味である。鎌倉を大地震が襲った。とてつもなく大きな彗星が出現した。

1,224

長く執権として鎌倉幕府を操り続けた北条義時が六十二歳で死んだ。義時の息子の泰時が執権の地位についた。奈良の奈良坂の非人と京の清水坂の非人は、奈良興福寺と比叡山延暦寺による清水寺の主導権争いもあって、長いこといざこざをくりかえしていたが、この年についに武力抗争にまで発展し、清水坂の長吏が殺された。

1,225

日本最初の女性政治家として最高権力者までのぼりつめた尼将軍こと平（北条）政子が没した。鎌倉幕府は供養として長期間の施浴を実施した。奈良の奈良坂の濫僧《ろうそう》の長吏法師が、言葉巧みに一般人の家の婦女子をかどわかして誘拐し、被害者が三人になったところで事件が発覚して、住所焼き払いの追捕《ついぶ》を受けて首を斬られ、斬り落とされた首が見せ物として路傍にさらされた。

モンゴル（蒙古）帝国の王チンギス・ハーンが高麗に使いを送り朝貢を求めた。文化的先進国だった高麗はしぶしぶ要求をのんでモンゴル（蒙古）帝国の使者に貢ぎ物を渡したが、その使者が帰る途中の国境周辺で何者かに殺害されるという事件が起きた。

1,226

鎌倉幕府が博奕を禁止した。九州島の松浦党《まつらとう》の者たちが、数十隻の舟に乗り込んで高麗国に渡り、全羅州の民家に押し込んで略奪を働いたために、高麗兵たちと戦闘になり、松浦党の者たちの半数ほどが殺され、残りの者たちが略奪した銀や銀器を持ち帰った。高麗国が軍勢を率いて押し寄せてくるのを恐れた幕府では、松浦党の者たち九十人ほどを捕らえ、高麗使の見守る中この者たちの首をはねるというパフォーマンスをおこなった。

1,227

京都比叡山延暦寺が清水坂の犬神人《いぬじにん》（キヨメ、坂の者、濫僧《ろうそう》——つまりは戦争捕虜とされた蝦夷《エミシ》とその末裔）を使って浄土宗の開祖である法然の墓所を打ち壊した。道元が宋から帰国して曹洞宗を伝えた。

モンゴル（蒙古）帝国の皇帝チンギス・ハーンが世を去り、その子オゴタイがあとを継いだ。

1,228

年末に鎌倉で大火事が発生した。

1,229

鎌倉幕府によって荘園の新設が厳しく禁じられた。このころから在地の領主による荘園領主権の侵害が強まった。つまり各地の土豪たちが、預けられて管理していた寺や神社や貴族の荘園を自分のものにしはじめたということ。このころから乾田化による水田の二毛作や、牛や馬の畜力の利用、肥灰、厩肥（馬糞）、人糞尿、刈り敷き（山野の小柴、下草などを田植え前に刈り取って田の中に踏みこむこと）が一般化した。再び年末に鎌倉で大火事が発生した。

1,231

モンゴル（蒙古）帝国が海づたいに高麗に来襲。高麗の水軍がこれを迎え撃った。道元禅師が『正法眼蔵《しょうぼうげんぞう》』を書きはじめた。全国的に大飢饉で、餓死者が続出したために、鎌倉幕府が人身売買の自由を認めた。

1,232

モンゴル（蒙古）帝国が高麗に再度来襲。鎌倉幕府が「関東御成敗式目《ごせいばいしきもく》」を制定した。「関東御成敗式目」は「風俗や習慣に関する北条一族の合議のうえに成立した決まりごと」で「貞永式目」ともいわれるものだが、その「奴婢雑人事の條」には「奴婢の夫婦に子供が出来、その男女が引き離される場合、男子の場合は父親に付し、女子の場合は母親に付す」「奴婢の子供が十歳未満の場合は主人に付せずして、父母に付せられる」と書いてある。

　律令体制下の「奴婢」と鎌倉幕府の決めた「奴婢」の違いは「官私の区別がなくなったこと」と「寺社と神社に属するという名目がないこと」の二点だが、しかし「奴婢」という言葉の使われ方はけっこうアバウトで、いわゆる卑賤の者のことだったり、良民以外の者のことだったり、平家の残党で狩り出されて技芸があるために武士の最下層に組み込まれた者のことだったり、下人として領主の下で長いこと労役をしてきた者、百姓の下人として領主のために農事に使役される者、飢饉の際に食べていけなくなった者、税金が重くて逃げ出した者、税金のかたに売り飛ばされた百姓の妻子だったり、だまされて他国に売り飛ばされた者、借金のかたに売られた者、女子を質に入れて銭を借りた親が債務を果たさないまま死んでしまったことでそうなった者、戦のときの捕虜となった男女で売られた者、のちには元寇のときに元軍とともに攻めてきた高麗の兵で捕虜にされた者だったりもした。

　奴婢だけでもこれだけの種類を数えたわけだが、奴隷的な身分とされた人たちは「奴婢」の他にも「乞食（定住せずに徘徊して技芸を演じてコメ銭をもらって露命をつなぐ者。鉢叩き、琵琶法師、辻相撲、曲舞々、放下など）」「穢多《えた》（長吏、革多《かわた》、革作、河原者）」「遊女」「田楽」「猿楽」「妾」「雑色《ぞうしき》」「小者（厩の番人、牛飼い）」「中間（良民と賤民の中間にいる人々。槍持ち、馬取り、草履取りなど）」「足軽（歩兵のことで、敵陣の斥候や探偵などを仕事にした）」「若党（郎頭、郎等、郎従などともいわれ武士階級の発生とともに成立した）」があった。そして平家の残党で

1,233

狩り出されて技芸があるために武士の最下層に組み込まれた奴婢を例外として、そうした奴隷階級に属する者たちはすべて姓を持つことが許されなかったし、身分も固定された。こうした人たちはひとまとめにして「非人」と呼ばれることがあるが、彼らは基本的には「自分の専有する土地、屋敷を持たない人間」のことで、手工業者、町や市場や寺社の内外で遊芸で身を立てる者もみんなそこに含まれていたらしく、基本的な職種でも数十種類、総体では百七十種という限定職業に分化されていた。そしてこの時代はそうした人たちが大量にまだ残されていた時代でもあった。京都の鴨川、四条河原から山科にかけての地域が限定地であり、関東では鎌倉から武蔵国府に抜ける街道の要衝である宿河原《しゅくがわら》〈川崎市多摩区〉が限定地とされていた。

九州島肥前国の鏡《かがみ》社〈唐津市〉の神人《じにん》（神社に付属する兵たち。寺でいう「僧兵」にあたるもの）が高麗国へ舟で乗りつけて民家に押し入り銀や銀器を掠め取ってきた。肥前国の守護と鏡社預所がその略奪品の取り合いで騒動となり、六波羅探題の北条重時が守護の肩を持つ判決を下した。

善日麿が安房国清澄《きよすみ》寺に入山し虚空蔵菩薩に願を掛けた。信州水内《みのち》郡荻野城主伊藤兵部太夫忠《ただ》縄《なわ》という人が、信州の飯綱山の山頂に登り、一切の穀物を口にせず、木の実や草の根を食べながら修行し、神通力を得たとされる。飯綱神法といわれる呪術で、忠縄の子の次郎太夫盛縄《もりなわ》もまた千日間の荒行で極意を究めて「千日太夫」と呼ばれたし、その子孫も戦国末期にいたるまで代々千日太夫を称して人々に崇め恐れられたという。この飯綱の呪法は、戦国期から江戸末期まで山岳修験者や忍者やその忍者を使う武将たちに、熱心に信仰された。

1,234

この年の二月、奈良に天狗が出現したと鎌倉幕府の公認記録である『吾妻鏡』が記している。「二月上旬、奈良に天狗があらわれて、一夜のうちに民家一千戸に『未来不』という三文字を書き残して去った。どういう気持ちか、奇怪な話である」と。「未来不」とはなんと読むのだろうか？　「未来はない」ということだろうか？

1,235

京都周辺で夜盗強盗の首犯として罪を逃れることのできない者は断罪、その手下や罪の軽い者は関東に一度集めたのち、「夷島《えぞがしま》」へ追い払うと決められた。蝦夷島《えぞがしま》流刑を軸にして検非違使《けびいし》庁と六波羅探題との権限関係が結ばれたのだった。それにしても悪い奴らを送り込まれる方の身になったら、たまらないことではある。そして鎌倉幕府（軍事政府）は自分たちの三つの大きな政務を掲げ、六波羅（京都周辺）、鎮西（九州太宰府）とともに「東夷成敗のこと。関東においてその沙汰をする。東夷とは蝦子《えぞ》のことである」と定めて、蝦夷地の支配を強調した。執権北条泰時が、巷に広まりつつあった新興の反体制的仏教である念仏宗に統制と弾圧を加え、返す刀で奈良興福寺や、比叡山延暦寺などの公家とつながることで権勢をほしいままにしてきた旧仏教の僧兵たちの武装を禁止するなど押さえ込みにも乗りだした。

1,235 TO 1,239

モンゴル（蒙古）帝国が高麗にまたもや来襲した（第三次）。

1,236

大勢の武士たちが洛中の寺院の境内で鹿の肉を食べて公卿たちに白い目で見られたと『百錬抄』が書いている。

1,237

安房国清澄《きよすみ》寺で善日麿が得度し「是生房蓮長」と名乗る。鎌倉で洪水。

1,238

琉球史上最初の中山《ちゅうざん》王（中山は沖縄中部エリア）とされる浦添按司《あじ》の舜天が七十二歳にして世を去り、その子の舜馬順熙《しゅんばじゅんき》があとを継いだ。

鎌倉幕府が再び博奕を禁止した。相模国深沢里に木造の大仏がほぼ完成し、大仏堂の建設もはじまった。

1,239

蓮長が安房から鎌倉に遊びに来て念仏や禅の勉強をした。鎌倉幕府が人身売買を禁止した。加賀の白山が噴火した。

1,241

一年に二度も鎌倉を大地震が襲った。奈良坂と清水坂の血で血を洗う非人同士の抗争が訴訟沙汰となり、鎌倉幕府の出先である六波羅で裁判がひらかれた。

モンゴル（蒙古）軍がポーランドとハンガリーに侵攻した。

1,242

北条泰時が六十歳で没し、経時があとを継いだ。二十一歳になった蓮長は「日本一の智者」となることを目標に、鎌倉の地を離れて京畿地方に遊学におもむいた。

1,244

道元が永平寺を建立した。

1,246

北条経時が病気により執権の職を二十歳の弟時頼に譲って死んだ。三十三歳だった。

モンゴル（蒙古）帝国の王位をグユグがひきついだ。ローマ教皇から派遣されたフランシスコ

1,247

修道会の修道士カルビーニがそのグユグに謁見した。

津軽の海辺に死人のような大魚が流れ着いたと『吾妻鏡』にある。その影響で奥州全域の海の波が血に染まったように赤くなり、鎌倉の由比ヶ浜の海水までが真っ赤になったと。五代目執権北条時頼が、三浦一族を滅ぼし、さらに千葉一族も上総で滅ぼした。時頼が陸奥国糠部《ぬかのぶ》郡地頭職も兼任した。

1,248

このころ北条時頼が雲水の格好をして東北を旅してまわったという言い伝えが残されている。奥州松島寺の山王七社大権現の祭礼で奇声をあげたために僧たちに殺されそうになり、かろうじて死をまぬがれた時頼が山王七社から少し離れた岩洞に身を寄せていたところ、法身という禅僧がやってきて二人は意気投合して話し合ううち、法身が「ここには天台ばかりで、なぜ禅がないのだろう」と嘆いたという。時頼は鎌倉に帰るとすぐ三浦小次郎義成なる武士を松島に派遣して、松島寺を焼き払わせた。

1,249
琉球中山王《ちゅうざん》の舜馬順熙《しゅんばじゅんき》が死に、舜天の孫の義本《ぎほん》が王に即位した。

1,250
沖縄で大飢饉があった。鎌倉幕府が諸民の帯刀を禁止した。

1,251
沖縄で疫病が流行して島民の半分ぐらいが死んだ。おまけに雨の降らない日が六か月も続いた。蓮長が安房国東条郷の清澄寺《きよすみ》において天台の根本道場である延暦寺が伝えてきた『法華経』の中にこそ真理があるとして、法華宗をはじめた。
モンゴル（蒙古）帝国の王位をモシケが継ぎ、大ハーンとなった。

1,252
幕府が鎌倉市中のみならず諸国の売り酒を禁止した。この年「相模国深沢の里に金銅八丈釈迦像を鋳始め奉る」と『吾妻鏡』にある。

1,253
モンゴル（蒙古）帝国が高麗にまたまた来襲（第四次）。モンゴル（蒙古）はまたイランにも遠征を開始する。

1,254 TO 1,255

鎌倉を大地震が襲った。蓮長が安房清澄寺《きよすみ》で立教開示し、父母を授戒し名前を「日蓮」と改めた。再び鎌倉に大地震が発生。日蓮が安房を追われ震災直後の鎌倉へ来て「南無妙法蓮華経」「南無妙法蓮華経」「南無妙法蓮華経」と法華経の唱題を開始した。道元禅師が世を去った。

1,256

モンゴル（蒙古）帝国が高麗に来襲（第五次）。

北条時頼が十年間にわたる執権の職を辞し、幕閣の外に身を置くことになった。執権職は北条長時に引き継がれた。時頼は執権退任の翌日に、鎌倉最明寺にて出家して仏門に入った。法名を「覚了房道崇《かくちょうぼうどうすう》」といった。執権職を辞したのちも、しかし時頼は幕政の後見人として大きな権力を持ち続けた。

1,257

モンゴル（蒙古）帝国が高麗に来襲（第六次）。鎌倉未曽有の大地震が毎月のように発生した。神社仏閣が倒壊し、山崩れが起き、地割れがしてそこから水が吹き出し、火災も起こった。この地震の数年前から大火事や洪水が鎌倉を襲っていた。日蓮が『立正安国論』の構想を練っていた。

1,258

夏、大型台風が日本列島を直撃して飢饉となった。モンゴル（蒙古）帝国がベトナムに侵攻するも失敗。だが高麗はこのときモンゴル（蒙古）軍の手に落ちていた。

1,259

北条時頼が禅僧の法身和尚を住職に松島延福寺を新たに建立した。またこの年にも、三十三歳の時頼が人目を忍んで東北を一人で旅行したとされている。前年からの大飢饉に続いて疫病が大流行し、幕府は疫病退治の祈祷をおこなわせているが、餓死した者たちが各所で山積みにされて道路を塞いだ。律宗の忍性が大和から鎌倉にやってきて稲村ヶ崎の近くで社会事業を開始した。施薬院、悲田院、療病院、薬湯院、癩宿などが備わった壮大な極楽寺を造り、近くに居住する長吏を看護人とした。

琉球中山《ちゅうざん》王の義本《ぎほん》が、浦襲伊祖《うらおそいいそ》の豪族で摂政をつとめていた英祖《えいそ》に王位を譲って姿を消した。舜天の孫の義本は、災いが続く沖縄の国民が神意をなだめるために火炙《ひあぶ》りにされそうになったと口碑は伝えている。英祖は海人系天孫族の後裔で、母親が太陽を懐に入れた夢を見て懐妊したために、幼名を「テダコ（太陽子）」といった。

1,260

日蓮が『立正安国論』をまとめあげ、最高権力者だった相模入道北条時頼に献上し「法華経」の採用を迫った。鎌倉で大火。琉球で三十二歳の英祖《えいそ》が正式に中山《ちゅうざん》王の位に就いた。フビライがモンゴル（蒙古）の皇帝に即位し大ハーンとなった。フビライは景教徒（ネストリウス派信者）だった母の影響を受けてヨーロッパのキリスト教世界に関心を抱いていた。この年、イタリアのヴェニスで商人をしていたニコロとその弟マフェオのポーロ兄弟の二人が商品を携えてコンスタンチノープルに到着した。ニコロはのちにマルコ・ポーロの父になる人物だ。

1,261

日蓮が伊豆国伊東に島流しにされた。古代海人族の天の王朝系で秩父平氏を名乗った江戸一族により、江戸郷前島村が同じ天の王朝系古代海人族の北条氏に寄進された。

1,263

日蓮が流罪を許された。この年冷夏。覚丁房道崇《かくちょうぼうどうすう》こと相模入道北条時頼が病気になり、三か月後、鎌倉最明寺の北亭で坐禅したまま、いささかも動揺する様子もなくこの世を去ったという。享年三十七歳。

1,264

モンゴル（蒙古）帝国に服属するサハリン島（樺太）の「吉里迷《ギレミ》」が、「骨嵬《クイ》」（「こつがい」と読まれることもある）と「亦里干《イリウ》」という東の二つの部族に毎年襲われているとモンゴル（蒙古）に救援を要請していたために、フビライ・ハーンは軍をサハリン島に派遣し骨嵬《クイ》を征討した

1,265

と、のちの中国の歴史書『元史』にある。モンゴル（蒙古）帝国の軍隊が海を渡ってサハリン島（樺太）に攻め込んだのはこのときが最初だった。

ここに出てくる吉里迷《ギレミ》は「ニヴフ族」（ギリヤーク）であり、骨嵬《クイ》はニヴフ族がアイヌを指していう言葉に由来するので「東方アイヌ族」、亦里干《イリウ》は「ウィルタ族」である。モンゴル（蒙古）帝国が征東元帥府を設け、モンゴル（蒙古）と骨嵬《クイ》との戦争は、こののち四十年あまりも続くことになる。

久米、慶良間、伊平屋の諸島が琉球中山《ちゅうざん》王に入貢した。

長いこと白煙をたなびかせ続けた富士山の噴煙が止まった。鎌倉に局地的な大雨で山津波が発生し人馬数多く死亡。モンゴル（蒙古）帝国の皇帝フビライ・ハーンがギリヤーク（女真）族に食料の官粟と武器の弓甲を与えた。モンゴル（蒙古）帝国に服属していたギリヤーク族の戦士を骨嵬《クイ》（サハリン島の東方アイヌ族）が殺しに来ているというのが理由だった。マルコ・ポーロの父ニコロとその弟マフェオの二人がラテン人としてはじめて皇帝フビライと面会した。二人はフビライの命を受けてローマ法王への使者の役を引き受けた。

1,266
奄美大島が琉球中山《ちゅうざん》王に朝貢し臣従した。このころ琉球中山王の英祖《えいそ》が、那覇にやってきた中国人の僧禅鑑に帰依し、居城である浦添城の西に、彼のために補陀羅山極楽寺を創建した。沖縄における最初の仏教寺院とされる。モンゴル（蒙古）帝国の皇帝フビライ・ハーンが高麗の使者に託して日本国王あてのメッセージを伝えようとしたが、使者を乗せた高麗の船は、対馬が見えるところまで来て、海路の危険を口実に引き返してしまった。

1,267
奄美大島などの沖縄の東北の諸島が琉球王朝に入貢した。

1,268
モンゴル（蒙古）帝国皇帝のフビライ・ハーンが通交を求める日本国王にあてた手紙を高麗の使者に託して九州島の太宰府に送ってきた。幕府は朝廷にその国書を奏上した。朝廷は紛糾したものの結論は出ず、第八代の執権になったばかりでわずかに十八歳だった北条時宗は、この手紙を無視することにし、九州島の海岸地帯に防御線を築かせた。津軽で蝦夷《えぞ》の叛乱が起きた。

1,269
日蓮が四十八歳で富士山に登り、経ヶ獄に法華経を埋めた。律宗を中興させた叡尊《えいぞん》という僧が、奈良の般若寺の西南の地に二千人の非人――願文によれば「盲聾《もうろう》」の人々、「疥癩《かいらい》病」の人々、

「乞食」――を集めて施行をした。このとき救済の対象にされた「乞食」の大部分が、日高見国から連れてこられた戦争捕虜の蝦夷《エミシ》の末裔だったと想像される。

モンゴル（蒙古）帝国からローマ法王への使者となったマルコ・ポーロの父ニコロとその弟マフェオの二人が、陸路でイタリアに帰りついた。ニコロは自分の妻が亡くなっており、息子のマルコが十五歳になっていることを発見した。法皇もちょうど没した直後で空位だった。

1,270

九州島で阿蘇山が噴火鳴動。高麗の国内がモンゴル（蒙古）帝国との徹底抗戦派と和睦派に分裂し、抗戦派が蜂起した。

1,271

モンゴル（蒙古）帝国は高麗の和睦派とともに抗戦派を攻撃し、抗戦派は朝鮮半島南端の済州島に拠点を移した。モンゴル（蒙古）が帝国の号を「元」と改めた。このころから九州島や本州島中国の沿海部には、蒙古との戦いをにらみつつ領内の悪党を鎮圧するために、東国からの派遣軍が大量に集められはじめていた。日蓮が鎌倉で逮捕拘禁され、佐渡に島流しにされた。この冬、太陽がふたつ見える現象が起こった。

マルコ・ポーロが、ヴェニスの商人でモンゴル（蒙古）皇帝の使節になっていた父親と叔父に連れられて、足かけ二十六年に及ぶ長い旅に出た。途中で新しい法皇としてグレゴリー十世が選ばれ、三人は一度法皇に呼び戻されて伝道団から選ばれた二人の僧とともに再びモンゴル（元）帝国を目指すことになった。

1,273

元（モンゴル）の征東招討使アラリがフビライ皇帝に「先にウィルタ族、ギリヤーク族、骨嵬《クイ》（サハリン島の東方アイヌ族）を征討しようと思ったが海が荒れてできませんでした。しかしオホーツク海が氷結してからなら、上陸は可能です。まずウィルタ族、ギリヤーク族を討てば骨嵬《クイ》のところには行けます」と言上した。高麗と元の連合軍によって、自主独立を唱えて済州島に立てこもっていた徹底抗戦派の高麗軍が全滅させられた。元は、日本侵攻に際して、高麗水軍の協力を要請したが、高麗は造船の作業をわざと遅らせるなどしてこれに抵抗した。

1,274

日蓮の流罪が赦免された。この年日蓮は身延山に入った。戦争の危機が高まるのを利用するかのように、幕府は、豊前、筑前、肥前、壱岐、対馬などの沿海域の守護や御家人にたいして、この非常時に領内に悪党を隠していたりしたら所領を没収するぞと脅しをかけた。異国との戦争に参加しない悪党どもは「国土の怨敵《おんてき》」として徹底的に弾圧された。

しびれをきらした皇帝フビライは、日本征服のために元（モンゴル）と高麗の連合軍を九百隻の軍船で送り、壱岐と対馬両国を武力で占領したあと、筑前に上陸した。トリカブトの毒をしこんだ矢、炸裂弾など見慣れぬ兵器と、統制の取れた集団戦法を駆使する元軍の前に、御家人ら武士たちは攻めあぐみ太宰府は陥落の一歩手前までいった。だが、この夜、海上に引き上げた元軍は、夜半からの台風で一万人を超す死者と捕虜という多大なる被害をこうむり高麗へ退散した。高麗の抵抗派が出撃を意図的に台風シーズンまで遅らせてくれたおかげだった。京都の朝廷が「異国降伏」の祈祷をおこなった。「蒙古軍敗退」の一報が京都に届いた。この当時の人々は、戦争には、地上でおこなわれる人間同士のいくさと、天上世界でおこなわれるいくさがあり、勝敗を最後に決するのは後者の「神戦」であると考えていた。だから異国降伏・異国征伐の調伏呪詛の祈祷は、神々を戦場におもむかせて参戦させるという戦闘行為そのものと考えられていたのだった。

1,275

九州の諸国に異国警固番役を命じ、元（モンゴル）のさらなる侵攻に備えて――東国の腕っぷしの強い武闘派の武士を送り込むなど――警固を強化させているちょうどそのところに、元の使者が長門室津にやってきたので、鎌倉幕府は彼ら一行を鎌倉に呼びよせて竜の口で処刑した。それからおもむろに伊勢神宮、宇佐八幡宮、諸国一宮、国分寺以下諸大寺社にたいして幕府は「異国降伏《いこくこうぶく》」の祈祷を指令した。

北条義時によって蝦夷《えぞ》管領に任じられていた安藤五郎が蝦夷に首を取られるという事件が起きた。安藤五郎は鎌倉の武者で、公命を受けて代官として「夷島《えぞがしま》」――アイヌモシリ――に出向し、

「夷敵」を征して貢ぎ物を供えさせることに成功して、「日之本の将軍」と呼ばれた人物だ。アイヌの人たちが毎年貢ぎ物を持って津軽海峡を渡ってくるようになり、その年貢を鎌倉まで届けるのが、この安藤五郎の役目だった。

コロボックルを捕まえよとアイヌに命令した代官

物語として伝えられたところによると、安藤五郎は信仰に厚い人間で、小さな地蔵をたてて毎日拝んでいたという。そこに年貢の上納にやってきたアイヌの人たちが小さな地蔵を見て「こういう姿の人ならわが国にもいる。頭に毛のない小天道で、ちょこちょこ走り回っては悪戯をする」と話した。この小天道とはアイヌモシリの先住民とされ、アイヌの人たちの伝説にしばしば登場して「コロボックル」とか「コルポックン」と呼ばれる入れ墨をした小人のことだろう。安藤五郎は「地蔵がいる！」とはなから思い込み、その一点に興味をそそられて、ぜひとも捕まえてくるようにと命令した。はたせるかな翌年、五郎の館にたくさんのアイヌの人たちが小天道を捕まえてやってきた。大きな昆布と篠小竹というものでぐるぐるとす巻きにされていて、中を開けてみるとなにもなく、ただ、お地蔵さんの持っている錫杖《しゃくじょう》という小さな杖だけが残されていた。安藤五郎は、不思議に感じ、姿は見えないけれどそれが地蔵に違いないと確信して、歓喜の涙を流した。そしてアイヌの人たちに茜染めの布三端を褒美として与え、年貢を三年間免除して帰国させている。そのころ鎌倉の建長寺の本尊の地蔵尊が持っていた錫杖がなに者かに盗まれて探していたところ、安藤五郎が持参した小天道の錫杖が、その盗まれて探していた錫杖だったという。アイヌの人たちの言い伝えでは、コロボックルは捕まえてその姿を見ると罰が当たるとされているらしいから、小天道を捕まえてこいと命令されたときは考え込んだのだろうねえ。（余談だが、アイヌの人たちが入れ墨をするのはコロボックルから教わったものだという）

「ゑぞ（蝦夷）は死生不知のもの、安藤五郎は因果の道理を弁えて堂塔多く造りし善人也。いかにとして頸をばゑぞにとられぬるぞ」（日蓮遺文『種種御振舞御書』より）。「なんであんな善人が蝦夷に殺されなくてはならないのか」と日蓮は嘆いているが、片方の世界から見ていてはその人が善人かどうかはわからない。アイヌの人たちにとっては、安藤五郎は征服者の代表にすぎないのだから。日蓮はまた「蝦夷というのはどこで生まれるか、どこで死ぬか、誰にも知られないものだ」とも断言している。

奥州藤原氏滅亡以後フロンティアとの関わりの中で興隆した安藤（安東）氏はこのころから最盛期を迎え、その本拠地であった津軽半島は、日本海沿岸に沿って京都へ向かう路と、太平洋沿岸に沿って鎌倉に向かう路、北海道島から千島列島、カムチャッカ半島を経由して現在のアラスカに抜ける路、北海道島から樺太（サハリン島）へ抜ける路、日本海を直接横断して直接大陸に向かう路の五つの交易路のジャンクションにあたっていた。京都や鎌倉からの物資も来るし、西日本経由で朝鮮や中国の製品も来る、北回りの路からは毛皮、鷲鷹の羽根、昆布などの海産物、鹿の角、セイウチの牙など北方の産物が集まってきた。安藤（安東）氏はそれらの物資を扱う交

1,276

易商として莫大な利益を上げており、その資金が蝦夷地支配の基盤となっていた。このころ安東氏は、津軽の藤崎城〈青森県南津軽郡藤崎町〉を拠点とする上国家《かみのくに》と、十三湊《とさみなと》〈青森県津軽郡市浦町〉の下国家《しものくに》に分かれていた。

鎌倉幕府が異国征伐のために高麗出兵を決意した。

マルコを連れたポーロ家の兄弟が夏も冬も歩き続けてようやくこの年にフビライ・ハーンの待つ開平府（上都）に到着した。フビライはニコロとマフェオが帰ってくると聞いて、四十日行程もさきへ人をやって出迎えさせた。マルコ・ポーロがはじめてフビライ・ハーンと対面し、その聡明さによって気に入られて、以後十七年間も大ハーンに仕え、使節となって元帝国各地を歩きまわることになる。

元（モンゴル）軍により南宋の朝廷が滅亡させられた。鎌倉幕府の要人たちは、宋に渡ってむなしく帰国した商船から宋朝滅亡の事実を知っていた。幕府主導で高麗出兵計画が立案された。九州島の海岸に石塁がつくられた。高麗征討のために多くの武士が博多に集められた。

亀の島で大旱ばつが起きた。これ以後二十三年間にわたって北アメリカ大陸では降雨量が減少し続ける。泉は涸れ、穀物は干上がり、獲物は減少し、大きな集落から見捨てられるようになって、人々が新しい居住地を求めて移動の旅を続けてさまようことになった。

1,278 真言立川流の中興の祖となる文観弘真が誕生した。

1,279 遊行上人こと一遍が踊念仏をはじめた。

1,280 このころに成立した辞書というか言葉の解説書に『塵袋《ちりぶくろ》』があるが、そこに「キヨメヲエタト云ウハイカナル詞《ことば》ゾ」という条項があって、「ほんとうなら餌取というべきか。餌とは肉、鷹などの餌となる肉をいうのだろう。エトリという言葉を早口で言い、言いゆがめてエタという。エトリのリのところを省略したエトのトがタに代わってエトをエタというものなり。子細を知らない者は、ロウソウ（濫僧）ともいう。僧の格好をしている乞食などを濫僧《ろうそう》といって、その供養をすることを濫僧供というのである。非人、カタイ、エタなどが一般人と交わらないで、同じような様子をしているため、非人の名前である濫僧という名をエタにつけている。濫僧はランソウというべきが、ロウソウなどというからよけいわかりにくい。天竺でセンダーラと呼ばれるのは屠者のこと。生き物を殺して売るエタのような悪人である」と書いてある。

1,281

南宋の海軍力を確保したフビライは、再度日本征服のために、元（モンゴル）、高麗、中国の兵十四万を四千四百隻の軍船で博多に送りだした。壱岐国、対馬国は再び占領された。一部の部隊は長門に向かい、主力は筑紫で幕府軍の抵抗にあって上陸を断念して壱岐に撤退したものの、一部が伊万里湾の鷹島を占領した。しかし再び大型台風の接近——神戦において神々の化身が戦場に出現したこと——により、海上の元軍は壊滅的な打撃を受けて高麗に敗走した。鎌倉幕府は敗戦で混乱する朝鮮半島に追撃を下さんものをと、またしてもこりずに高麗出兵を計画し、鶴岡八幡宮に蝦夷降伏《えぞこうぶく》の祈祷を命じた。山城や大和の散所の頭である悪党や、武闘派の僧兵である悪僧を徴発して遠征軍に参加させる計画も進められた。蒙古襲来における「神戦の恩賞」をめぐっていざこざが続き、石清水八幡宮との荘園の境界線問題で切れかかっていた奈良興福寺の衆徒が蜂起して、春日大社の神木を奉じ六波羅探題の非常線を突破して京都に押し入り、強訴を続けたために、朝廷の儀式がすべて中止か延期となった。

1,282

山城国の興福寺領大隅荘——大和朝廷に隷属させられていた隼人が暮らしていたために大隅という名前がつけられていた——と境界を接する石清水八幡宮領薪《たきぎ》荘のふたつの寺社領が、ふたつがくっついているのがそもそも間違いとして鎌倉幕府を本所とする直轄領にして、幕府はその代替地を用意し、争いのない平和を回復すべしと、執権北条時宗の意を受けて天皇が断を下した。「西国における領土紛争」に東国の幕府が介入したのはこれが最初だった。日蓮が身延山を下山し、武蔵国池上の池上宗仲邸に入り、ひと月後に世を去った。享年六十一歳。

1,283

比叡山延暦寺の衆徒が、日枝三社神輿と祇園神輿など各神社の五つの神輿《みこし》をわっせわっせとふるって警備のいない宮中に乱入し、紫宸殿《ししんでん》の上にひとつ、縫殿陣内《ぬいどのじんない》にふたつ、左衛門陣外にひとつ、軒廊《こんろう》にひとつというぐあいに、五基の神輿が殿上に捨て置かれた。宮仕法師《みやづかえほっし》、駕輿丁《かよちょう》以下雑人が千人ほど四足門《しそくもん》を壊して乱入し天皇の衣服や身の回りのものを散らかして、あちこちの妻戸や障子を破り、南殿の御簾《みす》を引き落とすなどの破壊や略奪などの狼藉をほしいままにした。天皇は命からがら別殿に逃げ出した。

1,284

鎌倉最明寺の別業で、鎌倉幕府八代執権の北条時宗が、あわただしく出家し、道杲《どうこう》という法名を得て、三十四歳で死去した。朝廷では北条義時・尼将軍政子以来の先例にしたがって、三十日間にわたってすべての祭礼を延期あるいは中止した。また四か月にわたって洛中五畿七道を仏教に基づいて殺生禁断とし、伊勢神宮や賀茂社など供祭物《くさいもつ》を除く漁労を禁止した。四か月もの長期にわたたって漁業や狩猟を禁じられることはしかし、山人や海人にとっては生きるか死ぬかの大変な問題であり、このような人たちは特権を持っている寺院や神社に隷属して神人《じにん》（奴隷）となり、商品を供祭物として商う道を選ばざるを得なかった。北条貞時が九代執権になった。

1,285

新生鎌倉幕府が、最初の仕事として全国一宮と国分寺の格付け認定のやり直しを指令し、その由緒と管理者や所領などを一斉に調査するよう各国ごとの守護に命じた。蒙古襲来のときの「神戦」において功のあった神社の格上げがおこなわれた。

フビライの元（モンゴル）軍が骨嵬《クイ》（サハリン島の東方アイヌ族）攻略の軍事行動に出る。季節は冬で、骨嵬《クイ》も氷結したタタール海峡を越えてアムール川下流まで打って出ることもあったという。想像を絶した激しい攻防戦が展開され、決着はつかず、戦いは長期化へ。

事実上大和国の守護人だった興福寺が、大和国内の信者住民にたいして「寺の周りや国の中で悪党とされている者たちを名指しせよ」というお触れを出した。人々が宗教やタブーにがんじがらめに縛られていた時代の中で、仏や神の権威を恐れないで社会規範を無視した行動をとり、タブーを平気で犯すような問題のある奴がいたら、名前を通報しろということなのである。このころには「悪党」は「犯罪人」というよりはむしろ「異類異形《いるいいぎょう》の魔物」的な意味合いの方が強く、公共の敵と権力側に認定されていたようだ。

元（モンゴル）が軍一万をもって骨嵬《クイ》攻略を試みるも失敗。

1,286

再び元（モンゴル）が軍一万をもって骨嵬《クイ》攻略を試みるがまたしても失敗。

1,289

一遍が五十一歳で世を去った。元軍が三度目の日本攻撃のための準備を高麗国王に命じたという情報が流された。上皇が各寺社に異国降伏《いこくこうぶく》の祈願をさせた。執権北条貞時も、周防長門の守護に命じ、その主な寺社に外夷祈伏の修法をさせ、全国の国分寺や一宮や著名な寺社に対しても、祈願を励行させた。

1,290

甲斐源氏の浅原為頼が禁中に乱入して天皇の殺害を図り、果たさず自殺した。人身売買と酒の販売が禁止された。

1,291

元（モンゴル）が六千の軍をもって琉球の征服を試みたがこれも失敗。

1,292

元（モンゴル）がジャワを征服した。高麗からの使節が元の国書――服属を要請するもの――を太宰府に持ってやってきた。鎌倉幕府が高麗出兵を計画する。マルコ・ポーロらが元帝国の泉州を出帆してようやく帰途に就いた。

1,293

鎌倉大地震が発生した。地震発生とともに海が湧きあがって陸地を襲い、山が崩れて谷を埋めた。神社仏閣だけでなく、御所や館や一般の民家もみなことごとく倒壊。『北条九代記』は「天は鳴動し、地は揺れ動き、泣き叫ぶ人の声がいりまじり、物の区別もつかぬほどである」と書く。死者一万を越えた。元が朝鮮西岸に十一の水駅を設置し、江華島を要塞化した。

1,294

元（モンゴル）の皇帝フビライ・ハーン――チンギス・ハーンの孫――が世を去った。

1,295

播磨国のある百姓が年貢を東大寺に納入するために運搬中のところを、河内楠入道らのために強奪されるという事件が起きた。河内国でこの手の事件が起きるのはこれがはじめてではなく、東大寺は「なんとかして寺家の力でこの無法者を抑えるよう」求められた。この楠入道が楠木正成の父か、祖父なのかよくわからない。河内に楠氏を名乗る悪党がいたことは間違いない。河内・和泉はかつて俘囚《ふしゅう》の限定居留地があったところであり、このころは「散所《さんじょ》」と呼ばれるようになっていた。

1,296

マルコ・ポーロが二十六年の長旅を終えてヴェニスに帰りついた。親戚の者は誰一人として彼を識別できず、韃靼人《タタール》のような衣装と物腰で、ヴェニスの言葉もすっかり忘れていたとある。ヨーロッパ人は蒙古人のことを韃靼人《タタール》と認識していたようだ。

元（モンゴル）軍が琉球の沖縄本島を急襲し、抵抗が激しかったために仕方なく島民百三十人を生け捕りにして帰った。

1,297

骨嵬《クイ》（サハリン島の東方アイヌ族）のチーフ・ウアインとチーフ・ワンブレンクらがニヴフの造った板船に乗って、サハリン島西岸よりデカストリー湾を横断してキジ湖に出てアムール川（黒龍江）本流に入り、流れをさかのぼって吉林より三千六百五十里の地にある払里《フィリ》河を攻撃した。

1,298

ジェノアとヴェニスの都市の戦いで、ヴェニスが負けたためにジェノアの獄舎につながれていたマルコ・ポーロが、たまたま同じように捕虜生活を送っていた物語作家のルスティケロと出会い、『東方見聞録』とか『東方紀行』とか『マルコ・ポーロ旅行記』の原形となるものができあがった。

1,299

琉球王の英祖が在位四十年のこの年七十一歳で死んだ。第二子の大成《たいせい》があとを継いだ。マルコ・ポーロの『東方見聞録』が出版された。

「チパングは東海にある大きな島で、大陸から二千四百キロの距離にある。住民は色が白く、文化的で、物資にめぐまれている。偶像を崇拝し、どこにも属せず、独立している。黄金は無尽蔵にあるが、国王は輸出を禁じている。しかも大陸から非常に遠いので、商人もこの国をあまりおとずれず、そのため黄金が想像できぬほど豊富なのだ」

――マルコ・ポーロ『東方見聞録』（青木富太郎訳）より

1,300

倭人（和人）が北海道の渡島《おしま》半島に侵略をはじめた。

中米メキシコ高原でマヤ文明が崩壊して四百年後のこのころ、中央メキシコ高原にマヤ文明とよく似たアステカ（アズテク）帝国の文明が花ひらきはじめていた。

1,301 異国兵船二百隻あまりが薩摩沖に出現し、一時甑島《こしきじま》を占領した。

1,304 京の蓮台野《れんだいの》、安居院《あぐいん》悲田院、東悲田院、獄舎（検非違使《けびいし》庁管轄の牢屋）、大籠《たいろう》（「籠」は「牢」で、鎌倉幕府の六波羅探題管轄の牢屋）、清水坂、散在、散所《さんじょ》で、計二千二十七人の非人への施行がおこなわれた。囚人、放免や悲田院の病弱者や孤児なども非人と呼ばれてはいたが、このころの非人の多くは奴隷とされた蝦夷《エミシ》とその子孫で、「キヨメ」「河原者」「濫僧《ろうそう》」「屠者」「エタ」「宿（夙《しゅく》）の者」「坂の者」「犬神人《いぬじにん》」「散所《さんじょ》（者）」「声聞師《しょうもんじ》」「乞食」「カワタ」などがこれには含まれていた。京都の清水寺は、もともとあの幻の日高見国を武力で事実上壊滅させた坂上田村麻呂が建てた私寺だったので、天皇から彼あてに贈られた蝦夷《エミシ》の奴隷たちのゲットーがこの寺の周辺にあったようだ。このときに清水坂で施行を受けた非人も千人を数えた。

1,305 骨嵬《クイ》（サハリン島の東方アイヌ族）がニヴフ族の土地を襲撃した。陸奥の俘囚《ふしゅう》系安藤（安東）氏が十三湊《とさみなと》に福島城（十三新城）を築いたとされる。

1,307

日本の商船が元（モンゴル）の慶元明州城を焼き討ちした。

1,308

骨嵬《クイ》側のチーフ・ウアインらが元（モンゴル）の軍隊に降伏し、毎年毛皮などの貢ぎ物を納めることを約束させられた。骨嵬《クイ》と元との戦争がようやく終結した。
琉球王の大成《たいせい》が六十二歳で死んだ。大成は人となりおとなしく、つつましやかで、常に仁義をもって事にあたり、礼譲をもって物に接したので、国が豊かになって、民衆も安らかに暮らしたという。在位は九年だった。

1,309

琉球王に四十二歳の英慈《えいじ》がついた。英慈は国を治めることにつとめたが補佐する臣がいなかった。
元から帰国した商人が、元（モンゴル）の襲来計画を鎌倉幕府に報告した。

1,313

琉球中山王の英慈《えいじ》が、平和を守ったものの、たいした治績を上げることもなく死んだので、英慈の第四子の玉城《たまぐすく》が十九歳で王位を継いだ。が、新しい王は酒色にふけり、狩猟を好み、政務をさぼってばかりいた。諸按司《あじ》も次第に遠ざかっていき、百姓もみんな王を恨むようになって、その領地も、那覇《なは》、三平等《みひら》、浦添《うらそえ》、中城《なかぐすく》、読谷山《よみたんざ》など十二の「間切《まぎり》」と呼ばれる村落集団に激減した。

1,314

安藤貞季《さだすえ》が十三湊《とさみなと》近くに新しく福島城を築いた。

沖縄本島の南部と北部に、中部の中山《ちゅうざん》の「中山王」玉城《たまぐすく》の勢力が低下するのと相まって、それぞれ別の国と呼んでもよい——南山《なんざん》（または山南）、北山《ほくざん》（または山北）の小国が台頭し——三つの勢力が独自に存在しはじめた。南山では喜屋武《きやん》、摩文仁《まぶに》、具志頭《ぐしちゃん》、知念《ちねん》など十一の間切《まぎり》をたばねる大里按司《おおさとあじ》が「南山王」を名乗り、北山では羽地《はねじ》、国頭《くにがみ》、金武《きん》などの間切を支配する今帰仁按司《なきじんあじ》が「北山王」を名乗りはじめていた。のちに「三山時代」とされる時代であるが、それぞれの勢力は、それぞれが各地の土豪（按司）たちの部族連合的な共同体であった。

元（モンゴル）軍襲来、北九州の神々、神戦によりこれを退けるという。

1,317

「密牙古《みやこ》人」が六十人ほどシンガポールにおもむき、交易のあと帰る途中で船が難破して、そのうちの十二人だけが泉州に漂着したと『元史』は記している。

1,318

十四代執権の北条高時が称名寺に「祈祷のおかげで蝦夷《えぞ》が静になった。まことに喜ばしいことだ」と感謝の手紙を送っている。

1,320

仏教による本地垂迹《ほんちすいじゃく》の神仏関係を神道の側から再整理し、そこに老荘思想のタオイズムをトッピングして、伊勢外宮の祠官だった度会家行《わたらいいえゆき》が『類聚神祇本源《るいじゅうしんぎほんげん》』を発表し、伊勢神道といわれるものを完成させた。

1,320 TO 1,322

出羽の蝦夷《えぞ》が、北条高時の代官をつとめる津軽の俘囚《ふしゅう》系安藤（安東）氏の内紛に連動して、安藤氏側につく者とそうでない者に分かれて、このころしばしば暴動を繰り返した。津軽大乱と呼ばれるもので、鎌倉からたびたび追討の軍が派遣されたが成果は芳しくなく多くの戦死者が出た。またこのころ安藤氏の内部でも世継をめぐって総領である安藤季長《すえなが》と従兄の季久《すえひさ》の間の確執が深まった。両人が鎌倉に上り、理非を争ったが、北条家の実力者で内管領の長崎高資《たかすえ》は、双方から賄賂を受け取っていたために結論が下せない。そうこうするうちにも、津軽では両者がそれぞれに蝦夷《えぞ》を味方につけて合戦が激化の一途をたどって、そう簡単に収拾がつきそうもない状態に陥ってしまった。鎌倉幕府は、安藤氏も含めて、津軽の住人をことごとく「蝦夷《えぞ》」と見ていたようだ。実際そうだったのかもしれない。

1,324

北条高時の屋敷で蝦夷降伏《えぞこうぶく》の祈祷がおこなわれ、十七日にわたって護摩を焚き続けた。

1,325

琵琶湖付近で大地震発生。琵琶湖北端より敦賀にいたる間で山崩れ多発。竹生島も崩れて半分が水没した。いよいよせっぱつまったのか蝦夷降伏《えぞこうぶく》のための祈祷が鎌倉鶴岡八幡宮の社頭でもおこなわれた。蝦夷《えぞ》蜂起の責任を取らされて安東季長《すえなが》から安東季久《すえひさ》に蝦夷《えぞ》管領の職が換えられた。安東季久はこれをよい機会と名前を「安東宗季《むねすえ》」と変えた。さあこれでおさまらないのが季長で、自分に従う一族の者や蝦夷《えぞ》を引き連れて、岩木川をはさんで宗季に抵抗した。

メキシコ中部高原のテノチティトランにアステカ一族が帝国を築きはじめる。マルコ・ポーロがヴェニスで世を去った。

1,326

「蝦夷《えぞ》征伐」として、幕府は工藤祐貞《すけさだ》を派遣し、祐貞は安東季長《すえなが》を捕らえて鎌倉に戻った。

1,327

安東季長《すえなが》の残党が蜂起した。幕府は宇都宮高貞と小田高地を蝦夷《えぞ》征討使として奥州へ派遣した。

1,328

奥州の蝦夷《えぞ》蜂起が和談により沈静化した。結局このときの津軽における蝦夷《えぞ》の蜂起とその処理の仕方は、反鎌倉幕府である南朝方の勢力に幕府の無力を強く印象づける結果となり、鎌倉幕府崩壊の序章ともなった。

1,331

最高権力者の地位にあり「相模入道」と呼ばれた執権の北条高時は、このころ田楽舞にうつつを抜かし、上方から田楽師の家元を鎌倉に呼び寄せて教習を受け、在府の大名たちにも田楽法師をひとりずつ預けてこれを習わせ、日夜宴舞に日を暮らすという凝り方だった。その夜も酔いしれて、一人で舞台に立って踊っていると、どこからともなく十人あまりの田楽法師があらわれて、一緒に舞いはじめた。聞いていると「天王寺のや、妖霊星《ようれいぼし》を見ばや」と一度にどっと囃したてる。侍女がそっとのぞくと、田楽法師ではなくて、みな嘴《くちばし》が尖り、羽根の生えた山伏姿の鴉《カラス》天狗の一群だった。高時はそれと知らず、もとどりをとって引き回されたり、宙につり上げられたり、さんざんになぶりものにされているのをなおもうれしがって、一緒に踊っているつもりで笑い声をたてていたと『太平記』は書いている。「天王寺のや、妖霊星を見ばや」という歌は、大阪四天王寺に残されている聖徳太子の『未来紀』という予言の書に、北条一族の滅亡する時期を知らせる予言があるのを、天狗法師が「その時が来た」と告げる不吉な歌詞だとされる。高時はまた庭先に犬が集まって噛み合っているのにひどく興味を覚えたらしく、諸国にお触れを出して守護や国司に犬を集めさせたりもしている。そうした犬を飼うのに魚や鳥をエサとし、金銀を散りばめた派手な綱でつないだりと、お犬さまを珍重すること尋常ではなく、肉を食べるのに飽きて錦を身にまとった犬たち五千匹ほどが鎌倉に満ちていたという。

富士山地方で大きな地震があり、頂上付近で数キロにわたって崩落があった。

鎌倉幕府打倒のためのクーデター計画が京都六波羅探題によって事前に察知され失敗に終わった。計画を立案したのは（南朝の）天皇で、彼は神器を持って笠置山の山城にたてこもった。楠木正成が赤城城で挙兵。鎌倉幕府は別の（北朝の）天皇を立てて、笠置山を落城させ、クーデターを画策した南朝の天皇を逮捕した。そして真言密教立川流の大成者とされる文観が、南朝の天皇の腹臣として楠木正成との間を取り持ち、倒幕計画に深く関わっただけでなく、関東降伏《こうぶく》の呪術をしたとして捕らえられて、鬼界ヶ島に流された。南朝の天皇が、北朝の天皇に神器を渡した。楠木正成らは地下に潜り、伊賀の忍びたちと連携を取りつつゲリラとして反幕武装戦線を組織した。正成が臨川寺領和泉国若松荘に乱入して籠城用の兵糧として年貢三百石を奪い去った。『天竜寺文書』にはこのときの楠木正成のことが「悪党楠兵衛尉」と書かれている。

俗にいう「南北朝時代」の幕開けであるが、南北朝は皇統を争う戦いであると同時に、日本の歴史の底を流れている百済（南朝）と新羅（北朝）の争いと理解した方がわかりやすくなる。

楠木正成は河内地方の一豪族だが、その一族は散所《さんじょ》（賤民）のチーフとして古くからこの地方の一勢力だった。散所は、賤民を特殊な労役や職業にあてるために貢税を免じてひとつの地域に集めて生活させたのがおこりで、その賤民の集団がやがて膨張して集落となったもので、河内、摂津、和泉、伊賀、伊勢など大和を中心とする畿内周辺に主に形成されてきた。そこにいた人たちは、かつて俘囚《ふしゅう》として東北から強制移住させられた蝦夷《エミシ》の人たち、伽耶出雲系流民、天の王朝古代海人族、契丹系、高句麗系などの先住民や渡来人たちであったろう。

1,332

クーデターを画策し、漂泊系の傀儡《くぐつ》たちや陰陽師《おんみょうじ》や山人や海賊を陰で操っていた南朝の天皇が、隠岐に流された。南朝の天皇が隠岐に幽閉されている間、南朝方は皇子の大塔宮《だいとうのみや》こと護良《もりなが》親王が楠木正成を筆頭とする、賤民、木地師、山師、採鉱師、修験者、声聞師《しょうもんし》などと連携してゲリラ作戦を展開した。楠木正成が天王寺に参詣して、そこで長老の寺僧から、その昔に聖徳太子が『先代旧事本紀《くじほんぎ》』の他に書き残したとされる一巻の秘書である『未来記』を見せられた。そこには「皇朝九十五代目のときに天下はひとたび乱れて帝は安泰ではなくなる。このとき東海の魚が来たってすべての海をわがものにしてしまう。日が西天に沈むこと三百七十余日にして、やがて西国の鳥が飛来して東海の魚を食べてしまう。そののち天下の統一されること三年、さらに猿のごとき者が天下をかすめ取って三十年余、そののちこの大凶事は一変して国は本来の治世にもどる」という一節があったとか。比叡山延暦寺から火が出て焼失した。

1,333

楠木正成が天王寺で六波羅の兵と一戦を交えた。近畿を舞台に反幕府軍の反攻が開始されたのだ。鎌倉から大軍が投入された。千早城に立てこもった楠木正成は幕府軍に煮立った糞尿を浴びせかけるという想像を絶する「やけくそな」戦法で大いに戦果をあげた。隠岐に流されていた南朝系の天皇が隠岐を脱出した。

源氏系の新田義貞がかつての一大俘囚《ふしゅう》郷であった上野国新田庄で北条討伐の旗を挙げた。事があまりに急だったため、新田一族の根城である西上野から越後一円の味方の兵が間に合わず、わずか百五十騎足らずの兵で躊躇していると、そこへ上野、越後からの援軍が続々と集まってきた。誰が知らせたのか聞くと、一週間ほど前の夜陰に、新田の伝令と名乗る天狗山伏がただ一人でやってきて、越後中の味方の館を一日で触れまわって旗揚げを知らせたのだという。

先祖代々北条一族と姻戚関係を結ぶことによって鎌倉幕府の重臣となっていた足利氏の九代目で、源家嫡流である足利高氏が、北条氏の命を受けて京都に上がった際、丹波篠村で八幡に願文を捧げると南朝側に寝返った。高氏の祖父家時は、祖先源義家の「七代目に天下を制する」との呪縛に捕らえられていて、まだその時ではないことを自ら悟ると「自分の生命を縮めますから、あと三代のうちに天下を取らせてください」と八幡大菩薩に祈念して腹を切って自殺したとされている。高氏は「家時」から数えて三代目で、源氏再興を心に誓っていた。

朝廷の内蔵寮の倉庫が火事で焼けて、天皇家歴代の重宝が焼失した。京都の六波羅がまず落とされ、南朝の天皇が北朝の天皇の叙任を無効とし、つぎに上野国出身でこれも源氏の流れをくむ新田義貞が幕府のあった鎌倉を攻め落として、北条高時以下の一門が鎌倉の東勝寺で自殺した。北条高時は三十一歳だった。天の王朝系北条一門がここに崩壊して、鎌倉幕府が滅亡した。

このときに戦場となった鎌倉の由比ヶ浜の海岸で戦死か、もしくは戦争に巻き込まれて命を落とした犠牲者の遺体、五百五十体が、六百二十年後に発掘され調査されている。調査からわかったことは、死んだ者の頭骨の形が、アイヌを含む日本列島の先住民にきわめてよく似ていて、というよりほとんどそのまま、あるいはそれ以上に先住民的と言ってもいい特徴を示していたところにあるという。ここで死んだ人たちは関東の武士とされる人たちで、新田義貞が彼の地元である北関東から引き連れてきたとすれば、そこはいわゆる「俘囚」の一大居留地であったわけで、その系統は元蝦夷《エミシ》だった可能性が高い。

大和の山田〈奈良県桜井市山田〉多武峰山麓の先住民居留地で、のちの観阿弥が誕生した。観阿弥の父は伊賀杉の内の服部信清の三男で長谷の猿楽師のもとへあずけられ、能役者・能作者として服部元就を名乗り、そこで河内国玉櫛荘の楠入道正遠の娘と知り合い、観阿弥が誕生するのである。観阿弥は、春日神社や、興福寺などで神事猿楽を演じるグループの一員の家の子として生まれたわけ。先住系だったがのちに仏教に転向し、識別のために名前に「阿弥」がつけられたらしい。観阿弥の母親は、楠木正成の姉かもしくは妹なので、観阿弥自身は楠木正成の甥にあたる。北条一族の残党が津軽で叛乱を起こした。

南朝の天皇が京都に戻り、年号がもとの年号に戻され、皇子（大塔宮《だいとうのみや》）護良《もりなが》親王を征夷大将軍に、北畠顕家《あきいえ》を陸奥守に、葉室光顕《はむろみつあき》を出羽守兼秋田城介に任命した。天皇の皇子を征夷大将軍にすることで、武家将軍の幕府の再興を未然に防ごうとしたといわれている。文観上人が鬼界ヶ島から呼び戻されて東寺長者となった。また足利高氏は――ほんとうはなりたかった征夷大将軍にはなれずに――京都奪還に功績があったとして天皇の名前から「尊」一字をもらって「尊氏」と改称し、さらに鎮守府将軍とされて、津軽の外が浜・糠部郡《ぬかのぶ》にあった北条泰家の領地を与えられ、北奥の掌握に乗り出した。源氏の棟梁として幕府再興を画策する足利尊氏と、傀儡《くぐつ》や山の民や木地師や産鉄漂流民や修験者や悪党や海賊たちとの太いパイプを持つ護良親王の間の確執が深まる。

1,334

新政府によって五畿七道にたいし向こう二年間「諸国荘園の検注を停止する」という通達。陸奥守の北畠顕家が、安藤高季《たかすえ》や家季《いえすえ》らを動員して、津軽持寄城に集結していた北条一族の残党を平定した。国司と国庫の収入が減ったために、地頭以下の者たちに増税が決められた。護良《もりなが》親王が皇位簒奪の野望これありとして身柄を拘禁され、翌月には足利尊氏の弟直義《ただよし》のいる鎌倉に移送されて、東光寺に幽閉された。

1,335

信濃国で北条高時の子の北条時行が兵を挙げた。時行が武蔵に侵攻した。鎌倉を守る足利直義《ただよし》が兵を派遣して防ごうとしたが敗れ、直義自らが出陣したがまた敗れ、鎌倉から脱出せざるを得なくなり、その際に直義の刺客が鎌倉東光寺で大塔宮護良《だいとうのみやもりなが》親王を殺害した。征夷大将軍の護良親王は二十八歳の生涯を終えた。足利直義は幼少の成良《しげなが》親王を奉じて三河まで逃げ、親王をそこから京都へ帰した。南朝の天皇はわずか五歳にすぎなかった成良親王を征夷大将軍に任命した。このときにも喉から手が出るくらい征夷大将軍になりたかった尊氏は、征東将軍に任じられて、北条時行追討に出兵し、相模川でこれを打ち破った。

尊氏が南朝から北朝側に寝返った。このため尊氏は鎮守府将軍を解任され、陸奥守の北畠顕家《あきいえ》が鎮守府将軍も兼務することになる。新田義貞らの官軍が足利直義と箱根で戦ったが敗れて西に逃げた。各地で官軍と足利軍との戦いが勃発した。鎮守府将軍の北畠顕家が足利一族追討のために陸奥から西を目指した。南部氏が陸奥国司になって津軽に大きな勢力を持ち、このことに安藤

1,336

氏は反発していた。

足利尊氏が京都に入り皇居を焼いた。南朝の天皇は神器を奉じて近江（淡海）国の東坂本に逃げ落ちた。北畠顕家の軍や東山道の官軍が尊氏軍を破り、戦闘続く畿内から尊氏は丹波に逃げた。南朝の天皇が、神器と一緒に再度京都に戻った。摂津で尊氏軍と新田義貞軍が戦って尊氏軍が敗れ、尊氏は兵庫から船で西国九州に逃げ落ちた。南朝の天皇が神器とともに京都に戻った。足利尊氏が北朝の天皇に「新田義貞追討」の院宣を出させ、太宰府において軍勢をととのえるなど南朝と戦うための準備をはじめた。

高麗水軍による後方支援を受けて——雲のようにわきあがり——九州から東進してきた総勢八十万騎（『太平記』）に近い足利軍に、三万五千の新田義貞軍、三千五十あまりの楠木正成軍がひとたまりもなく撃破された。新田義貞は京都に敗走し、楠兵衛こと散所者《さんじょもの》の楠木正成も湊川の戦いの中で死んだとされる。もちろん死んだのは影武者だったという説もあるのだが、真相はわからない。南朝の天皇は再度神器を奉じて東坂本に退却した。尊氏軍の先遣隊が京都に入った。

足利尊氏が北朝の天皇の即位を要請した。北朝の天皇が立った。南朝の天皇が北朝の天皇に偽物の神器を渡した。南北朝再び分裂。南朝の天皇は楠木一族に守られひそかにほんものの神器を奉じて吉野に潜った。彼はそこで真言立川流の奥義に没頭しつつ、幕府倒壊のための呪術に明け暮れた。そのときをもって日本は五十七年間続く南北朝分裂の内乱時代に突入する。

1,337

足利尊氏が京都を占領し、「建武式目」を定めて、暫定的な室町幕府を成立させた。陸奥下国《しものくに》の安藤一族はこのとき北朝側についた。安藤家季《いえすえ》が、南朝側の津軽合戦奉行人として藤崎城に入城していた糠部《ぬかのぶ》を拠点とする南部師行《もろゆき》らを攻撃して、ここに津軽の南北朝内乱もはじまった。

琉球中山《ちゅうざん》王の玉城《たまぐすく》が四十一歳で寂しく死んで、その子の西威《せいい》がわずか十歳で中山の王位に就くことになり、王母が実質的な権力を握った。

南朝側の北畠顕家《あきいえ》が陸奥霊山城にたてこもり、そこを陸奥鎮守府とした。奥州平泉の中尊寺が、放火によって金色堂・経蔵をのぞく伽藍の大部分を焼失。北畠顕家が南朝からの勅命で陸奥を出て、関東北部の北朝軍と戦いながら西を目指し、利根川原、武蔵安保原に敵を破り、この年の暮れ鎌倉に入った。

1,338

北畠顕家《あきいえ》が義良《よしなが》親王を奉じて鎌倉から西に向かった。遠江、美濃の戦いに顕家の軍は敗れ、伊賀を抜けて奈良に入り、そこでもまた北朝軍に敗れ、親王は吉野の南朝方に逃れた。顕家は摂津に進出し、天王寺、渡部、阿倍野などで戦い、最終的に力尽きて和泉国石津で戦死した。新田義貞も越前で戦死した。北畠顕家の弟の北畠顕信《あきのぶ》が南朝の天皇から陸奥介兼鎮守府将軍に任命され、父の北畠親房《ちかふさ》とともに義良親王を奉じて陸奥に派遣された。南部師行《もろゆき》の子の政長《まさなが》が糠部《ぬかのぶ》の国代と

1,339

なった。義良親王が皇太子とされた。北朝側は足利尊氏を征夷大将軍に任命した。うまく行かないときはなにをやってもうまく行かないもので、伊勢大湊から船で陸奥に向かった北畠顕信の軍は台風に遭遇して、義良親王と顕信はかろうじて伊勢に戻りつき、宗良《むねなが》親王は遠江に、親房は常陸に漂着するというなんともだらしない結果になった。

義良《よしなが》親王と北畠顕信《あきのぶ》のふたりが吉野の山に戻りついた。四か月後、南朝の天皇が皇位を十二歳の義良親王に譲って死んだ。その遺言は「玉骨はたとえ南山（吉野山）の苔に埋もるとも、魂魄《こんぱく》はつねに北闕《ほっけつ》（北方の京都つまり皇居）の天を望みたいと思う」であり、左手に『法華経』第五巻を、右手には剣を持ったまま息絶えたとか。この南朝の天皇の怨念たっぷりの死去は、北朝方にも大きな恐怖と衝撃を与えた。北朝について征夷大将軍となり室町幕府を開いた足利尊氏は、怨霊を恐れて臨済宗の禅僧である夢窓疎石《むそうそせき》のすすめで天竜寺の造営に取りかかり、地鎮祭が終わって、工事がはじまると、足利尊氏ら一門自らが土塊を担いで運んだといわれている。北畠親房《ちかふさ》が南朝の正統を訴えるために『神皇正統記《じんのうしょうとうき》』を書いたが、そこには「日本人と三韓人が同族であるとする書籍は、桓武天皇の時代にことごとく焼き捨てられた」と書かれていた。北朝側の奥州総大将石塔義房《いしどうよしふさ》が安藤師季《もろすえ》（高季）を津軽合戦奉行に抜擢した。

1,340

大地震の直後、大津波が何度も津軽一円を襲い、かつてはフロンティアのキャピタルとして蝦夷《エミシ》の首都でもあり、日本海随一の巨港として北の都の賑わいを極めていた十三湊《とさみなと》は壊滅状態に陥った。一説によれば被害は人命十二万あまり、牛馬五千頭、船舶二百七十隻、黄金三十万貫、米六万俵、水田六百町歩、家屋三千二百十七戸、神社仏閣二百七十棟におよんだという。

1,342

今は亡き南朝の天皇のもう一人の皇子、懐良《かねなが》親王が西国の山人衆や海賊衆の支援を受けて海路瀬戸内海経由薩摩に入り、谷山《たにやま》に征西将軍宮となる御所を設置した。

1,343

常陸国における南朝勢力が壊滅した。北畠親房《ちかふさ》が、東国の南朝勢力をひとつにまとめあげるという目的を果たせぬまま常陸を脱出し、海路、伊勢を経由して吉野へ戻りついた。

1,345

京都比叡山延暦寺が清水坂の犬神人《いぬじにん》に天竜寺を打ち壊させようとした。足利尊氏が、後醍醐天皇の菩提をとむらうために、天竜寺で供養をしようとしたためだった。

1,347

懐良《かねなが》親王を奉じる薩摩の南軍が、熊野、四国、九州の山人、海賊たちの支援を得て九州島一円に勢力を拡大した。

1,348

戦記物語の『太平記』によればこの年、京都仁和寺六本杉で天狗評定がもたれたとされる。話は次のようなものである。

げに恐ろしきは天狗の陰謀なるかな

嵯峨から京の町へ帰る途中のある禅僧が、夕だちを避けて仁和寺の六本杉の木陰で時間を待つうちに夜になった。おりから雨の上がったあとの月明かりに、比叡、愛宕の嶺あたりから、簾《すだれ》を垂らした輿《こし》が三々五々と空を飛んで六本杉の梢に集まり、輿を出て梢の上に集まる人々の姿が、虚空にひきまわした幔幕のなか、それぞれに座を占めた。

上座には黒ずんだ黄袈裟で、眼は金色に光り、鳶のように嘴が尖り、水晶の数珠を爪ぐりながら悠然としているのは亡き後醍醐天皇の外戚にあたる峯の僧正春雅、その左右に南都の智教上人、浄土寺の忠円僧正、その他居並ぶ人たちも、在世中は権勢並びなかった人たちだが、いずれも眼の光金色に、両脇には翼が生えていた。

ふと見上げるとまた、ひときわ立派な輿に乗って空中から飛び来たったのは、大塔宮護良親王《だいとうのみやもりなが》で、先着の天狗たちの拝礼を受けながら、一段高い上座に座ったが、そのすがたはどう見てもあさましき天狗だった。

一座は、寺侍の運んできた銀の銚子と金の盃をまわして酒盛りをはじめたが、誰も一言も発する者がなく、陰々滅々たる酒のやり取りがしばらく続いた。あるとき突然、下座の方から、わっという悲鳴があがったかと思うと、一同いっせいに手と足を縮めて悶え苦しみだした。頭の上からは黒煙が燃えたち、七転八倒して叫喚すること一時間ほど、みんな火に焼かれて、一塊の黒焦げになってしまった。

その光景を杉の樹の下から垣間見ていた僧は、驚いたのなんのって、魂も身体から出ていきそうで、おそろしや、天狗道におちいると日に三度、熱鉄の玉をのまされるというが、これがそうなのかと、震えながらなお様子をうかがっていた。

やがて四時間ほどが過ぎると、一同ケロリと蘇生して、何事もなかったかのように威儀を正して、峯の僧正から「せっかく北条を亡ぼして、王政に復したのも束の間、いままた尊氏の叛逆によって武家に権力を奪われ、足利一族の悪政により、天下は怨嗟の声に満ちている。この期を外さず、足利家に内紛を起こさせるよき策略はないものかと、大塔宮のご意志で、一同の方々の参集を願った」と集会の趣旨が説明された。

すると忠円僧正が進み出て「いと易きことでござるよ」と言う。

そのはかりごととは「まず尊氏の弟直義《ただよし》の妻の腹を借りて、大塔宮が男子として出生する。つぎは尊氏の帰依篤い禅僧夢窓国師の弟子に妙吉侍者という野心家がいて、戒行ともに不足だが、

1,349

慢心の強い自信家であるところを付け目として、峯の僧正が彼の心に入り交わり、邪法を吹き込み、政道に嘴をはさませる。また智教上人は、うわべは良いが心の悪い上杉重能《しげよし》、畠山直宗《なおむね》の邪心に取り憑き、高師直《こうのもろなお》、師泰《もろやす》兄弟を滅亡させる。さすれば尊氏兄弟の不和は目のあたり、各地反乱軍に兵を差し向ける余裕もなくなるだろう」というものだった。

大塔宮をはじめ、一座の大天狗、小天狗共がまたなき謀略と賛成して、煙のように消え去ったのは、すでに夜明け間近の刻限。禅僧が顔面蒼白のまま六本杉の下を去ったのは、明るくなってからのことだった。夜が明けてこの禅僧は京へ戻り、施薬院使の和気仲成《わけのなかなり》にことの次第を打ち明けている。

そしてそれから四、五日後のこと、足利直義の四十歳を過ぎていた妻が懐妊し、そして月満ちて男子を出産した。

都では凶星が幾度となく出現した。貴族階級に田楽能が流行し、各地で演能の催しが開かれた。京都四条河原でも盛大な田楽興行がおこなわれた。家元の新座、本座の総出演というので、五摂家の公卿連中をはじめ、比叡山座主ほか諸大寺の大徳、武家方は将軍の足利尊氏を筆頭に一族一門、与力の武将たちが、めいめい着飾りに着飾って参集し、周囲八十三間、二重三重に組み上げた桟敷の上座を占め、貴賤の群集はその周囲、床下までぎっしりとうめつくし、さながらウッドストック状態で、河原は立錐の余地もない人人人の人の山だった。

1,350

この熱狂を見ていた一人の天狗山伏が「まるで狂気の沙汰だ。ひとつ肝を冷やしてくれよう」と、床下にまわって、桟敷の親柱へ抱きつきえいやえいやと揺するうちに、二百余間の桟敷が山の崩れるようにいっせいに横倒しになった。桟敷の客は投げ出され、床下の者は押し潰され、周囲の群集は悲鳴を上げ雪崩を打って逃げ出した。それを廓外の連中が押し返して、川へはみ出して溺れる者あり、逃げまどう人の波、もみ合う人の渦、阿鼻叫喚の地獄図絵のどさくさには、野盗の群れが略奪をほしいままにし、河原には見る見るうちに死人や怪我人の山が築かれ、目を覆う状態になってしまったが、夜半から降り出した豪雨が翌日一日中降りやまず、水かさを増した賀茂川の流れが、屍をみな洗い流したという。京の町の人は「天狗の所行にちがいない」と噂しあった。

足利直義《ただよし》と高師直《こうのもろなお》が仲たがいして京都でまた一騒動。足利尊氏の次男である基氏が、兄の義詮《よしあきら》にかわって鎌倉に入り、関東公方《くぼう》として関東の抑えにあたった。

琉球国中山《ちゅうざん》王の西威《せいい》が二十二歳の若さで病気で死んで、残された息子が五歳の幼児であったために、浦添按司《あじ》の察度《さっと》が国人に推されるかたちで中山の王位に就いた。察度の父親は浦添間切《まぎり》謝那《じゃな》村の百姓で、名前を奥間大親《おくまおおや》といったが、母親は「天女」だとまことしやかに囁かれた。

足利直義《ただよし》が吉野山に駆け込み南朝側に投降し、南朝より鎮守府将軍に任命された。

高麗沿岸の固城、竹林、巨済《きょさい》、合浦《がっぽ》を総勢で二千名を超える倭寇《わこう》の集団が襲撃する事件が起きた。高麗軍が応戦し、三百人の倭寇を斬り倒した。この事件を皮切りに、この年には六回もの倭寇が高麗を襲撃した。このころより「倭寇」と呼ばれる海の集団が海賊化し、朝鮮半島沿岸で略奪を繰り返すようになった。倭寇とされる集団の中には、同じ海を共有するさまざまな国の人間がいたと想像される。

1,351

足利尊氏と義詮《よしあきら》が播磨国へ逃げた。尊氏が政権の返還を約束して南朝に降服した。南朝の天皇が京都に戻り、北朝側から神器を回収して「偽器だった」と宣言してみせた。北朝の天皇・皇太子・年号を廃止した。尊氏は関東を目指した。

1,352

足利尊氏が鎌倉に入った。延暦寺の衆徒が祇園社の犬神人《いぬじにん》を使って日蓮宗や浄土真宗など新興宗教を弾圧した。南朝が京都と鎌倉を同時に占拠する作戦に出た。新田義貞の子、義宗、義興が上野国で挙兵して、征夷大将軍となった宗良《むねなが》親王を奉じて鎌倉へ入り、尊氏を追い出したし、京都には北畠顕能《あきよし》らが攻め込んで占拠し、北畠親房《ちかふさ》も入京したが、一か月後には尊氏が鎌倉を、義詮《よしあきら》が京都を奪還している。

1,356

諏訪神社の神主小坂円忠がそれまで紛失していた同神社の祭絵を再興した。諏訪大明神絵詞《えことば》にはこう書かれていた。

「蝦夷《えぞ》が千島といえるは我国の東北に当て大海の中央にあり。日のもと、唐子《からこ》、渡党《わたりとう》、この三類各三百三十三の島に群居せりと。一島は渡党に混す。そのうちに宇曽利鶴子、万堂満伊犬と云小島どもあり。この種類は多く奥州津軽の外の浜に往来交易す。夷一把と云は六千人也。相聚る時は百千把に及べり。日の本、唐子の二類はその外国に連て形体夜叉《やしゃ》の如く変化無窮《むきゅう》なり。人倫《じんりん》獣魚肉を食として五穀の農耕を知らず。九駅を重ぬとも語話を通じ堅し。渡党は和国の人に相類せり。但鬚髪《ひげかみ》多して遍身に毛を生ぜり。言語俚野《りや》也と云とも大半は相通ず。このなかに公超霧をふす術を伝え、公遠隠形の道を得たる類もあり。戦場に臨む時は丈夫は甲冑弓矢を帯して前陣に進み婦人は後塵に随いて木を削りて幣帛《へいはく》の如くにして天に向て誦呪の体あり。男子共に山壑《やまたに》を経過すと言とも乗馬を用ず。その身の軽き事飛鳥走獣に同じ。彼等か用る所の箭《や》は遺骨を鏃《やじり》として毒薬をぬり纔《わずか》に皮膚に触れにその人斃せずと言事なし」

1,357

安藤孫五郎（兼季《かねすえ》）が出羽国小鹿島を本領として押領したが、安東師季《もろすえ》と曽我時助とが幕府方両使としてこれを制止した。真言密教立川流を大成させた文観が八十歳であの世に旅立ち、関係の書物の一切が北朝勢力によって焚書されてしまうが、彼が大成したとてつもなく純粋な信仰は、その後も闇の世界の地下水脈として抑圧された人々に影響を与え続けた。播磨一円のサンカの長と呼ばれた野堀重蔵が、湊川の戦いで死んだ楠木正成の片腕とされる小吹《こぶき》右兵衛の子浄蔵をチーフにして播州素破《スッパ》を組織し「楠木流忍術」を称した。小吹右兵衛こそが楠木正成その人だったとする説もある。なぜなら小吹右兵衛の子浄蔵は、楠氏を名乗っていたし、旗印は「左曲水」で、楠木正成の旗印である「菊水」と、半菊花の下の曲水が右に流れているか左に流れているかの違いだけで、旗印そのものは同一であった。

1,358

足利尊氏が五十四歳で没した。息子の義詮《よしあきら》が二十八歳であとを継いだ。義詮に息子が誕生して「春王」と名づけられた。のちの義満である。

1,360

倭寇《わこう》が高麗の江華島を襲撃して三百人あまりを殺害した。

1,361

南海大地震発生。「山は崩れて谷を埋め、海は傾いて陸地になった。神社仏閣倒れ破れ、牛馬人民の死傷すること幾千万という数を知れず」と『太平記』は記す。薬師寺や唐招提寺の回廊が倒壊した。徳島県の由岐海岸に大津波来襲。この年を前後して、富士山からまた白煙がのぼるようになった。

1,362 蒙古襲来の噂が立つ。

1,363 このころ、古代秦《はた》氏の流れをくむ大和猿楽結崎座の猿楽師観阿弥の子として、藤若が生まれた。藤若はのちに二代目観世太夫を継ぎ、中年を過ぎてから世阿弥を名乗ることになる。

1,364 祇園会《ぎおんえ》のとき田楽舞と犬神人《いぬじにん》の間で喧嘩があったという。公卿の中原師守《なかはらもろもり》の日記である『師守記《もろもりき》』という本に「田楽舞が、馬に乗って犬神人の間に割り込んできたために、犬神人がその田楽舞を馬から引きずり降ろして喧嘩となり、田楽舞は殺されて、坂者《さかのもの》は怪我をした」という記述がある。この田楽舞は「幸夜叉《こうやしゃ》」という名前だった。犬神人が「坂者」とされているように、彼らは「坂や丘陵地帯に一般社会から隔離した形で居住していた人々」だった。犬神人は、あるときは「犬法師」などとも呼ばれ、もともと京都の清水坂周辺に居住させられていた官賤民で、かつて戦争捕虜とされた古代蝦夷《エミシ》の末裔であった。

1,367 足利義詮《よしあきら》が三十八歳で没した。当時十歳だった義満が足利家を継いだ。

1,368

大都〈北京〉が陥落し、明が建国される。漢民族による中華帝国の再建が開始された。蒙古族の元は漢民族の明との争いに敗れて北に敗退し、北元となった。元によるサハリン島（樺太）の支配も破綻した。明の大祖洪武帝は、安南、チャンパ、ジャワ、高麗、日本、琉球の六つの国に朝貢を求める知らせを持たせて使者を派遣した。この年元が滅亡したのだが、よほど怖い思いをしたのか、日本ではまた「蒙古《ムクリ》・高句麗《コクリ》襲来の噂」があちこちで囁かれていた。

足利義満が室町（京都）幕府の第三代将軍になった。京都の比叡山延暦寺が同じ京都の南禅寺と抗争になり、またしても清水坂の犬神人《いぬじにん》に南禅寺の破却を命じた。このようにすっかり比叡山延暦寺の手先として使われていた清水坂の非人たちだが、もともと蝦夷《エミシ》で戦争捕虜かその子孫だったから、キヨメと呼ばれて、中央政府の検非違使《けびいし》庁の統轄下にあり、祇園会《ぎおんえ》の神輿の先導——神輿の進行に先んじて不浄の物を清掃する仕事——もさせられていた。

1,369

太宰府にいた南朝の懐良《かねなが》親王のもとに明国から倭寇《わこう》禁圧を求める国書が届いた。「このまま倭寇が続くようなら、日本国王を討伐するぞ」と手紙は脅しをかけるもので、親王は無礼な申し入れに腹を立てて受け取りを拒絶した。親王の軍事力の背後には海賊衆がおり、その集団こそが倭寇だったからにほかならない。その後も明は何回か使節を送ってきたし、同じ件で高麗からも使者が訪れたが、親王は申し入れを拒否し続けた。日本列島を縦断した大型の台風で鎌倉の大仏殿が倒壊した。

1,371

京都の知恵光院という寺に居住していた土佐国の武士である佐川某の家来四名が、管領細川頼之らの捜査を受けて切腹した。知恵光院は河原者に遺体を取り棄てさせて、その衣装を河原者に持ち帰らせた。ところがしばらくすると数十名の犬神人《いぬじにん》が知恵光院にやってきて、「管領」にまつわることは自分たちの領分だと言って、河原者に持ち帰らせた衣装を取り返して自分たちに渡すように強要し、そうしなければ放火すると脅かして、その場に居すわってしまった。やがてそこへ多数の「河原奴原《かわらやつばら》」が、知恵光院を援助すると言って甲冑を帯びて集まってきたので、犬神人たちは恐れをなして退散した。のちに侍所で両者が問答したが、河原者に理があると判断されて犬神人もこれを承伏した。九州島太宰府に陣取っていた懐良《かねなが》親王が明国に使いを送り、「日本国王」として冊封《さくほう》を受けた。

1,372

明国が「瑠求」という文字を「琉球」と改めて、沖縄に朝貢を求める使者を送ってきた。南山、北山の勢力を押さえ、ヤマトからの圧力を跳ね返すためにも明国の盟邦となるのがよいだろうと、重臣たちと合議のすえ判断した琉球中山《ちゅうざん》王の察度《さっと》が、弟の泰期《たいき》を遣わして明に朝貢し、馬、刀、瑪瑙《めのう》、象牙、牛皮、檀香《たんこう》、硫黄《いおう》など、南方諸島との交易で入手した珍しい貢ぎ物を献上した。琉球と明のつながりはこれ以後親密となった。

1,374

高麗の王がクーデターで殺された。クーデターを目論んだ者たちは処刑された。明国の皇帝から送られた日本遣使の趙佚《ちょういつ》が、北海蝦夷の日本国隷属の実態を認識した。

1,375

高麗に新しい王が立った。このころ観阿弥が十二歳の息子（のちの世阿弥）を加えて京都の今熊野で猿楽能を催し、三代将軍足利義満がこれを見物した。義満は観阿弥の息子が一目で気に入ったらしく、この息子をことのほか寵愛し、以後観阿弥親子の後援者となる。観阿弥らは猿楽師として諸国を自由に通行できる特権を利用して諸大名の動静をチェックしたり、将軍からのメッセージを秘かに彼らに伝えたりしていたらしい。

1,376

明国から琉球中山《ちゅうざん》に馬と硫黄《いおう》を買い求める使いが来た。明国は代償として最高級の絹織物を持ってきたが、琉球側が絹織物よりも陶器や鉄釜のような物を望んでいることがわかり、次回からはその類の実用品を持ってくることで手を打った。

1,378

足利義満が観阿弥の息子を祇園祭の鉾見物の桟敷に同席させたことで「猿楽は乞食の所行なり」として非難された。義満は少年時代の世阿弥を異常なほど寵愛したことで知られている。

1,380

琉球南山王の承察度《うふさと》が明に入貢した。懐良親王《かねながしんのう》と足利義満の使者が別々に明に朝貢に訪れ、ともに追い返された。

1,381

明国の洪武帝が、日本の国王（懐良親王《かねながしんのう》）と征夷将軍（足利義満）に手紙を送り、その無礼をしかりつけた。

1,382

琉球中山王《ちゅうざんおう》の察度《さっと》の弟泰期《たいき》が再び明国に入貢した。明国は泰期の帰るのと一緒に使者を琉球に派遣した。沖縄における三山抗争の様子が、その使者によって明国にもたらされた。

1,383

懐良親王《かねながしんのう》が没した。琉球中山王《ちゅうざんおう》の察度《さっと》が使者を派遣し明国に入貢した。琉球南山王の承察度《うふさと》が再び明に入貢した。琉球北山王の怕尼芝《はにじ》も明に入貢した。明帝が琉球中山王に争いをやめて民を休ませるよう警告した。

1,384

能の基礎を確立した役者・作家としての顔と、将軍足利義満の間者としての情報担当相の顔の、二つの顔を使い分けた観阿弥清次が没した。

1,385

明国が琉球の覇権を競いあっていた三山にたいして大型外洋船をそれぞれに一隻ずつ贈呈した。冊封《さくほう》関係においては、進貢のための船は、朝貢される側が支給するのが慣例だった。

1,386

琉球中山《ちゅうざん》王が、馬百二十頭、硫黄《いおう》一万二千斤を大型船に積んで明国に朝貢した。

1,387

琉球とシャム〈タイ〉の通交がこのころはじまった。琉球からは中国製の陶器が運ばれ、シャムからは胡椒や蘇木《そぼく》が輸入された。この南方特産品は、琉球王朝によって、中国への進貢品とされたり、日本や朝鮮へ転売された。

1,389

倭寇《わこう》の襲撃に腹を立てていた高麗の軍隊が、百隻の軍船で倭寇の根拠地のひとつだった対馬を攻撃した。高麗軍は三百隻の倭船を焼き、高麗の捕虜百人を救出した。

1,390

琉球中山《ちゅうざん》王の察度《さっと》が高麗王に使者を遣わした。倭寇《わこう》によって略奪されて売られていた高麗人を送り返すとともに、硫黄《いおう》三百斤、蘇木《そぼく》六百斤、胡椒三百斤、甲《よろい》二十部を献上した。また察度は、明国に乞うて子弟を留学させようとしたが、願いは叶えられなかった。

宮古と八重山がはじめて琉球中山《ちゅうざん》に入貢した。琉球中山王察度《さっと》の息子である武寧《ぶねい》が「中山王子」の名で貢物――馬五頭、硫黄《いおう》二千斤、南方渡来の胡椒二百斤、蘇木《そぼく》三百斤――とともに明国に使いを送った。

1,391

北元が滅んだ。

1,392

南朝の天皇が京都へ帰り、神器を北朝の天皇に渡した。南朝と北朝がとりあえずひとつになり、足利体制のもと新羅系の王朝が成立した。陸奥と出羽の両国が、鎌倉府の支配下に入った。奥州管領制が廃止された。

高麗の恭譲王を倒した李成桂が、明国の冊封《さくほう》を受けて国号を朝鮮とした。いわゆる李氏朝鮮の建国である。高麗が滅んで李氏朝鮮が興っても、しかし倭寇による朝鮮半島東岸や西岸の襲撃が止むことはなかった。朝鮮や明は武力で倭寇《わこう》を禁圧するのは難しいと考えて、貿易を許可したりするなどの懐柔策を取ったために、一時倭寇も沈静化した。

琉球中山《ちゅうざん》から三人の中国系三世が、琉球南山からも三人が、明国順天府〈北京〉と応天府〈南京〉の国子監（大学）に許されて留学した。明に派遣された留学生は衣食その他を支給されて優遇された。

1,393

このころ越前にあった天皇家の荘園の織田荘の荘官か、もしくは織田荘の中にあった剣神社の神官に、のちに土豪となり、織田信長の祖先となる人物がいたとされている。だが織田信長の出自については、別に、俘囚《ふしゅう》の限定居留地のひとつである「近江八田別所織田庄」から出て、のちに尾張に移住した新羅系とする説もある。このころ奥州糠部《ぬかのぶ》で南部政光《まさみつ》が八戸氏を称するようになった。

1,394

この年にはじめて明国から足利氏が王者の称号をもって国王に任命されたとされる。足利義満が形式的に将軍職を八歳の次男義持に譲り隠居した。そして北朝の朝廷を脅かして――「もし望みがかなわないなら、自分が日本の国王となり、天皇となるぞ」と恐喝して――半ば強引に太政大臣の地位に収まった。李成桂が都を漢陽（漢城）〈ソウル〉に移した。

1,395

足利義満が安東盛季《もりすえ》らに命じて北海夷狄を平定し、盛季の次男の鹿季には秋田湊家を新たに創設させて秋田湊城主にした。津軽下国《しものくに》安藤氏と秋田湊上国《かみのくに》安藤氏がここに生まれた。そしてこのころから下国安藤氏を「日の本将軍」とする呼び方も登場した。「下国」は「太陽の昇るところ」「東の果て」を意味し、古代の「日高見」の流れを受け継いだ呼称であった。足利義満が太政大臣の地位を投げ出して出家し「天山道義」と号し、自ら法皇になろうとした。

琉球中山《ちゅうざん》王の察度《さっと》が七十五歳で世を去った。すでに四十一歳になっていたその子の武寧《ぶねい》があとを継いだが、武寧はいわゆる「遊び人」だったといわれている。武寧は王位に就いてもすぐには父の死を明国には伝えずに、三年間も父親の名前で入貢し、その間に自ら王子として出かけていったこともある。武寧は「酒色にふけり、良い人を登用せず、いさめる者を罰し、おもねる者を喜び、父親の残した典刑を守らず、国人の評判も芳しくなかった」と記録に残されている。

1,398

琉球国南山王の温沙道《うふさと》が中山《ちゅうざん》王に追われて朝鮮に逃げた。

1,400

室町幕府の管領家で越前の守護であった斯波《しば》義教（義重）が尾張の守護を兼ねることになり、織田伊勢入道常松が尾張守護代に抜擢された。斯波氏は幕府の重職にあり、常松も京都にいることの方が多く、常松の兄弟とされる常竹が又守護代となった。このことがのちに織田氏の分裂をもたらす要因ともなった。織田伊勢入道の家臣の土豪や地侍層の中に織田弾正家があり、信長の先祖とかかわりあいを持つのがこの弾正家である。

二代目観世太夫が最初の能楽論書である『風姿花伝《ふうしかでん》』第三までを書きあげ、自らを世阿弥と称するようになった。「踊ることは、自らが形代《かたしろ》となって土地の霊などを鎮める呪術的所作である」と世阿弥は信じた。

1,402

足利義満が「日本国王にして（明国王の）臣源道義」と名乗り、日本列島中から集めた金や銀を送って、粗悪な銅銭と引き換えに、甘んじて明の建文帝の冊封《さくほう》を受けることになった。冊封は、冊封とも書き（さっぷうとも読まれる）、貢ぎ物を持ってきた礼にこたえて、明国皇帝がその相手国の国王にたいし「属国の国王であることを認める」との勅書をあたえることだ。

1,403

明国が役人を奴兒干《ヌルカン》に派遣して、アムール川下流域の北方少数民族の各部族を招いた。琉球中《ちゅう》山《ざん》王の武寧《ぶねい》がその明国に使いを派遣して、初めて父察度の死を伝えるとともに、冊封《さくほう》を乞うた。

1,404

アムール川下流域の各部族のチーフたちが奴兒干《ヌルカン》に集合した。明国はこのときに来朝した韃靼《だったん》人や女真《じょしん》人の各部族のチーフたちを明国奴兒干《ヌルカン》出張所兼砦の役人に任じた。その明国から冊封《さくほう》のための使者が日本と琉球に渡来して、日本の足利義満を「日本国王」に、琉球の武寧《ぶねい》を「琉球国中山《ちゅうざん》王」にそれぞれ封じた。この段階で日本も沖縄も明国の属国になった――というより明国の植民地になった――と中国側では判断する。実際そうだったのかもしれない。

このころ明国経由でインド伝来のカースト制度が日本にもたらされたとする説あり。義満は明国経由の新しい仏教を復権させ、事実上の国教とするとともに、散所《さんじょ》奉行をもうけて限定居留地の取り締まりを強化させた。かつて藤原一族が先住民俘囚《ふしゅう》系や天の王朝系古代海人族や伽耶系などを押し込んだ「別所」へ、次なる源氏一門が高句麗系や契丹系や新海人族の平家残党を押し込み、さらに天の王朝系古代海人族の北条氏が源氏新羅系を押し込んだ限定居留地に、今度は源氏系の足利一族（室町幕府）が前体制北条一族の子孫や南朝の残党を押し込んで、そこを「散所」「山所」「産所」「開《かい》（皆）戸《と》」「界外《かいと》」「垣内《かいと》」「院（因）内」などと呼ぶようになる。そうした居留地出身でありながら、武力を放棄して仏教に転向することで、幕府に登用された者たちが「同朋衆」と呼ばれ「阿弥」を名乗ったとされる。

1,405

明国からの使者が入京し、日本国王の足利義満と会談した。

1,406

琉球中山王《ちゅうざん》の武寧《ぶねい》が新年の挨拶のために明国に使いを派遣して方物《くにつもの》を献じ、そのとき「去勢された男」数名を進上した。明帝は「去勢された男たち」を武寧に返すように命じ、「返さないで受け取ればあいつは朕に媚びようとして必ずやまた続けて送ってくるだろう」と受け付けなかった。

やっぱりというか沖縄でクーデターが起こった。武寧が降ろされて、佐敷按司《さしきあじ》の尚巴志《しょうはっし》が中山を乗っ取ったのである。各地の按司たちは巴志の父親の尚思紹《しょうししょう》を世之主（王）に推した。尚思紹が琉球中山王となった。武寧のその後の消息は不明。

1,407

琉球中山王《ちゅうざん》の尚思紹《しょうししょう》が使いを明国に派遣して武寧《ぶねい》の死を報じ、自らを察度《さっと》の孫、武寧の子として冊封《さくほう》を受けた。思紹は武寧より年上だった。朝鮮より対馬の宗氏に「焼酎」が贈られた。

1,408

若狭の小浜湊《おばまみなと》に突然南蛮船が姿をあらわした。この船には象一頭、黒山馬一頭、孔雀二番《つがい》、鸚鵡《おうむ》二番など珍しい動物たちが積まれていた。スマトラ島パレンバン地方の古い港に住む華僑の首領から交易を求めての日本国王（義満）への進物だった。日本を中国（明）の属国としてまでも日本国王となり、清和天皇の末裔として自分を天皇にし、自分の一族を皇族化することに並ならぬ熱を入れてきた足利義満が、五十歳でこの世を去った。彼は望みどおり「足利天皇」として死んだようだ。なぜならその位牌には「鹿苑院太上天皇」と銘記されているから。足利義持が、あわてて義満の死を明国に知らせ、明国の成祖によって「日本国王」に封じられた。

1,409

明国が東北アジアのアムール川最下流域のチルという場所に「奴兒干都司《ヌルカンとし》」という役所を正式に設け、現在の中国東北部からロシア領の沿海地方、サハリン、シベリア東部などの、いわゆる極東地方にいたる広大な地域を支配するための拠点とした。

1,410

下野国の那須山が噴火した。

明国がサハリン島東岸のヌイ湾にそそぐツミイ川流域に出張所を設置し、その地方の先住民であるオロッコ族（ツングース系）のチーフを役人にして朝貢貿易がおこなわれるようにした。

1,411

出羽国山北で最後の俘囚《ふしゅう》長である安東一族と糠部《ぬかのぶ》の南部氏が合戦した。

明国が宦官であり女真《じょしん》族のイシハという者を司令官とし、軍船二十五隻、官軍一千人ほどを奴兒干《ヌルカン》に派遣して、奴兒干都司《ヌルカンとし》の軍事機能を強化すると同時に海外苦夷《クイ》（東方アイヌ族・かつては「骨嵬《クイ》」と書かれた）諸民にもさまざまな物を与えた。

1,412
明国がサハリン島西岸北部、アムール川河口の対岸のリャングルに出張所を設置、その地方の先住民であるギリヤーク（ニヴフ）族のチーフを役人にした。また役人を直接サハリン島に派遣して苦夷《クイ》（東方アイヌ族）に明朝への服従を強要した。

1,413
明国が中国東北地方を支配する機関だった奴児干《ヌルカン》都司《とし》に永寧寺という寺が併設された。この年の『勅修《ちょくしゅう》奴児干《ヌルカン》永寧寺記《えいねいじき》』には「海西より奴児干《ヌルカン》にいたり、海の外の苦夷《クイ》（東方アイヌ族）の諸民に及ぶまで、男婦に賜うに衣服・器用をもってし、あたえるに穀米をもってし、もてなすに酒饌をもってし」たとある。サハリン島（樺太）はこのころ本格的にアイヌの居住圏となっていたようで、彼らは明朝への服従朝貢を強要された。この永寧寺はのちにニヴフ族らによって破壊される。

1,414
津軽で安藤盛季《もりすえ》が死んで、陸奥守の地位を息子の康季《やすすえ》が引き継いだ。

1,416
正月に京都に落雷があって北山の七重の大塔が焼失し、天狗の仕業だという風聞が流された。琉球中山《ちゅうざん》王に実の父親である尚思紹《しょうししょう》を配して実権を握った尚巴志《しょうはっし》の軍が、北山王の攀安知《はんあんち》のたてこもる今帰仁城《なきじんすく》を滅ぼした。北山は中山に併合された。この直後には、与論島、沖永良部島、徳之島も中山王に制圧された。中山の水軍は、さらに奄美大島本島、喜界島の支配ももくろんだが、すぐには成功しなかった。

1,419

このころ倭寇《わこう》が再び活発化してきており、朝鮮も事態を重視し、この年夏のはじめ、一万七千人の大軍で玄海灘を越えて、倭寇への報復として対馬を襲撃した。対馬では二千戸ほどの家が焼かれ、百四十人が斬首された。

1,420

高名な医師の高天《たかま》が四代将軍足利義持《よしもち》に狐を憑依させるという事件が起きた。義持の病名は「違例・疫病、瘧《しき》、狐をつけられた」とされ、当初医師の高天は「瘧《しき》」と見立てて薬など進上し、別の医師土仏三位房は「疫病」と判定して治療を加えていたが、やがて「義持の御所から狐が走り出た」ことにより、三か月後に狐使いによる狐憑きと判定されたもの。

この三か月間、医師による薬、療治、祈祷、社寺参詣、五壇法、加持《かじ》、参籠《さんろう》、奉幣《ほうへい》、修法、神楽と神馬《しんめ》、立願《りつがん》、七仏薬師法などありとあらゆるものが試された。管領らがやがて高天ら十名あまりを召し捕らえて獄に入れ、侍所において拷問などを加えてついに白状させた。医師高天は狐を将軍に憑けた首謀者とされ、宿所は破却され、讃岐に流される途中で、首を斬られた。高天について医道を学んでいた陰陽助定棟と権太夫俊経の二人も讃岐に配流となり、俊経は出家し、その妻は詐巫一族という汚名を受けて離婚した。また従犯として高天の弟子や、薬師寺、宗福寺、清水堂の坊主や験僧たちも逮捕されて獄に入れられるなどの処分をされた。「疫病」と判定して治療を加えた土仏三位房はなぜか多くの恩賞にあずかった。

1,422

琉球中山《ちゅうざん》王の尚思紹《しょうししょう》が在位十六年で世を去った。三山統一を夢見る息子の尚巴志《しょうはっし》が、満を持して位に就いた。

1,423

足利義量《よしかず》の将軍職就任を祝って安藤（安東）陸奥守が馬二十頭、鳥五千羽、ラッコの皮三十枚、昆布五百把、鵞眼銭《ががんせん》二万匹など北方の産物を幕府に献上した。

1,425

正月中旬、毎晩のように天狗がはやしものをして狂い歩く姿が目撃されたという。それからじきに将軍の足利義量《よしかず》が十八歳の若さで死んだ。

1,427

五月に大雨で京都が大洪水に。古くから宮中の庭作りなどに使役されていた河原者（エタ）が「不浄の者」として宮中に入ることを禁止された。秋、大型台風が列島を縦断し、畿内、関東、出羽、陸奥などで被害甚大。明国で中国東北地方を支配する機関だった奴児干都司《ヌルカンとし》の駐屯兵が三千人に達した。

1,428

近江国で土一揆が蜂起し、これに呼応するかのように近畿各国の土民も蜂起して狼煙《のろし》をあげた。室町幕府が土一揆の狼藉を禁止した。宮中の庭作りなどに、去年までの河原者にかわって散所者《さんじょもの》（声聞師《しょうもんし》）が使役されることになった。このころまでに明国から琉球に泡盛の醸造法が伝えられた。その明国がサハリン島（樺太）のタライカ湾にそそぐポロナイ川流域に出張所を設置し、その地方の先住民（おそらくはオロッコ族、もしかしたら東方アイヌ族）のチーフを役人にした。

1,429

猿楽能の質を高めた世阿弥が六十歳になったこの年、京都の東寺柳原散所《さんじょ》の小犬《こいぬ》という、能の名手とされたひとりの声聞師《しょうもんし》が、上皇の宮殿に招かれて猿楽能を演じた。

琉球中山王《ちゅうざん》になった尚巴志《しょうはっし》が南山を併合し、念願の三山統一を成し遂げた。ここに沖縄で最初の統一王朝である琉球王国が誕生した。尚巴志《しょうはっし》は交易——シャム、マラッカ、スマトラ、パレンバン、ジャワにまで船を派遣——と農業に国家経営の基本を置いた。そして北山の残党対策とし

1,432　　1,430

て、今帰仁城《なきじんぐすく》に次男の尚忠《しょうちゅう》を入れ、南山の地にたいしては、海に突き出した与勝《よかつ》半島の根元にある勝連城《かつれんぐすく》に、三男の金福《きんぷく》を置いて水軍の指揮をとらせた。

世阿弥の子、元雅《もとまさ》が父親の芸談を『申楽《さるがく》談義』としてまとめあげて出家遁世した。

このころ富士山の噴煙が消えた。日本国の東の境界をテリトリーにしていたおそらくは最後の俘囚《ふしゅう》長であった下国《しものくに》安藤（安東）氏が、糠部《ぬかのぶ》の南部（八戸）政光からの攻撃を受けて十三湊《とさみなと》から「夷島《えぞがしま》」——アイヌモシリ（人間の大地）の松前へ逃れた。逃れるためには、当然そこに何らかの根拠地があったと推測される。夷島に落ち延びた後、安藤（安東）氏はおそらくそこから幕府にたいし、南部氏との調停を依頼しているが、南部（八戸）氏はこの調停を拒絶した。

安藤（安東）氏は、自ら主張するところでは「俘囚長安倍氏一族」と名乗り、直接に「安倍貞任《さだとう》」の名前は出さずに、「長髄彦《ながすねひこ》の兄の安日《あび》」を祖としていた。「長髄彦」は「神武天皇の侵略と戦った蝦夷《エミシ》のチーフ」だし、「安日」は鎌倉幕府の時代に書かれた『曽我物語』ではその長髄彦の兄で、「神武天皇によって津軽の外が浜に追放された」とされている人物だ。「俘囚長安倍氏」にしろ「長髄彦の兄の安日」にしろ、安藤（安東）氏が、かつての安倍一族同様に、日本列島のネイティブ蝦夷《エミシ》の血脈上にあることは間違いないのかもしれない。

備中国荏原《えばら》の高越山城で、室町幕府の要臣だった伊勢備中守盛貞に息子が誕生した。のちの伊勢新九郎長氏（北条早雲）である。世阿弥の子、元雅《もとまさ》が伊勢で客死し、観世本流は後継を失うことになった。

1,433

八月に彗星が出現し、ひと月後に関東で大地震が起こった。明国が奴兒干都司《ヌルカンとし》の永寧寺を再建した。

1,434

世阿弥が佐渡へ島流しにされた。七十三歳だったといわれる。能楽を大成させた彼が、その後どうなったのかはわかっていないし、彼の能を超える能があらわれることもなかった。

1,435

明国がアムール川最下流に作った役所の奴兒干都司《ヌルカンとし》がこのころから順調に機能しなくなってきたらしい。明によるアムール川流域やサハリン島（樺太）の統治も、ネイティブ・ピープルからの自主的な朝貢を待つという形に変わっていく。

1,436

「奥州十三湊《とさみなと》日之本将軍」の安倍（安東？ 安藤？）康季《やすすえ》が朝廷の命令を受けて焼失した羽賀寺（若狭国）の再建を開始した。完成までに十一年かかった。

1,438

足利六代将軍義教《よしのり》の弟で、京都嵯峨大覚寺の大僧正だった足利義昭が、将軍継嗣の問題で頭に血がのぼり、兄義教を倒そうとしてその企てが発覚して、姿をくらましお尋ね者になった。

1,439

初代統一琉球王の尚巴志《しょうはっし》が六十八歳で世を去った。在位は十八年。次男で三十七歳になる今帰《なき》仁《じん》王子尚忠《しょうちゅう》があとを継いだ。

1,440

足利義昭が日向国の永徳寺に匿《かくま》われていることが幕府の知るところとなり、薩摩の島津忠国に謀反人の「身柄確保（生死を問わず）」の厳命が下った。島津忠国としては、義昭を捕らえて京都に差し出すことを悩んだという。

1,441

奄美大島本島が尚忠《しょうちゅう》に屈伏させられた。薩摩の島津忠国がやむをえず謀反人足利義昭の逮捕のために五人の将に兵をつけて永徳寺にさしむけたが、義昭らは切腹自害した。忠国は義昭の首を塩漬けにして将軍足利義教に送った。将軍は首が到着したことを大いに喜んで、島津忠国に琉球一国を与えたという。将軍義教《よしのり》が赤松満祐《みつすけ》の屋敷で能を見ているときに暗殺された。赤松満祐は播磨に逃亡した。津軽の十三湊《とさみなと》に戻っていた安藤（安東）一族の安藤康季《やすすえ》が「十三湊日下将軍《とさみなとひのもとしょうぐん》」を名乗る。

紀伊国熊野社に津軽下国《しものくに》安藤氏系図が奉納された。のちの江戸浅草新町に白山神社が建立された。

1,442

伊豆大島の三原山が噴火した。津軽下国《しものくに》安藤氏が糠部《ぬかのぶ》の南部氏にまたしても戦で敗れた。

1,443

南朝の残党が宮中に侵入し、神璽《しんじ》と宝剣を奪ったが、その後延暦寺の僧兵と戦って敗死。津軽下国《しものくに》安藤（安東）盛季《もりすえ》が蝦夷島《えぞがしま》に敗走した。津軽安藤氏はそこで直系が絶えてしまう。

1,444

彗星が出現した。琉球国の二代目国王尚忠《しょうちゅう》が在位五年で死んだ。その子の尚思達《しょうしたつ》が位に就いた。

1,445

播磨に逃亡していた赤松満祐《みつすけ》が、山名持豊らに攻められて自殺。このころから畿内などでは便所が屋内に設けられるようになり、人糞尿も肥料として盛大に利用されはじめる。

1,447

陸奥国の馬之助という者が、松前の白符《しらふ》村においてニシン漁を開始した。

1,449

琉球国の三代目国王尚思達《しょうしたつ》が、父親同様在位五年で没した。尚思達には子どもがなかったので、叔父の尚金福《しょうきんぷく》にあとを譲った。

1,450

能の名手で、宮中でも能を演じたことのある京都の東寺柳原散所《さんじょ》の小犬《こいぬ》という声聞師《しょうもんし》が、京都の六道珍皇寺で勧進能《かんじんのう》を上演しようとしたところ、直前に侍所の役人に追い払われた。権力者御用達の大和四座の中の金春、観世が、洛中で勧進能を演じられては困ると幕府に訴えたためらしい。

1,451

琉球国王に、尚思達《しょうしたつ》の叔父の尚金福《しょうきんぷく》が即位したこの年、京都瑞竜山南禅寺の僧芥隠《かいいん》が、布教を志して沖縄にやってきた。

尾張の織田氏で守護代の地位をめぐり主導権争いの内紛がおきて、織田氏はふたつに分裂した。

1,452

琉球国王の尚金福《しょうきんぷく》が、明国からの冊封使《さくほう》の来琉にあわせて那覇と首里をつなぐ「長虹堤《ちょうこうてい》」として知られる長い堤を完成させた。

バチカンの教皇ニコラス五世によって「キリスト教徒が非キリスト教徒の土地を発見したときには、キリスト教徒の土地だと宣言してもよろしい」という勝手極まる宣言が出された。

1,453

吐火羅《とから》列島の臥蛇《がじゃ》島に朝鮮の人四名が漂着した。うち二名は薩摩人の奴隷とされたが、残りの二名は島民により笠利に連れてこられて、琉球王家の手に渡り、朝鮮王に送り返された。

琉球王国で王位継承をめぐって内乱が勃発。琉球国の四代目国王の尚金福《しょうきんぷく》が、在位四年で死んだ。王家内紛のあとを受けて、越来《ごえく》出身の尚泰久《しょうたいきゅう》が首里の王に推挙された。

津軽安藤（安東）氏の安藤義季《よしすえ》が南部勢と戦って討死し、ここに安藤（安東）氏の本家が断絶することになった。

1,454

琉球国五代目の王として尚泰久《しょうたいきゅう》が即位した。尚泰久は京都からやってきた僧の芥隠《かいいん》を大いに礼遇して仏法のためにと三つの寺をたてた。沖縄に臨済宗の伝わった最初であった。津軽下北から安藤家の傍系である安東師季《もろすえ》（政季）が北海道島の渡嶋《おしま》の松前に渡り、津軽安東氏を継いだ。

1,456

彗星が出現した。アイヌモシリに和人の侵略が本格的にはじまる。アイヌの人たちにとっては「目の前に見える隣の国から『ちがう耳をもった』人々が続々とやってきて、勝手に山に狩り、川を荒らしはじめた」という状態になった。和人たちは、北海道島渡嶋《おしま》半島南部のシノリ〈志苔〉からアツサブ〈厚沢部〉にかけての海岸段丘上や沢にはさまれた台地の上などに、堀や柵をもうけた砦を作り、これを「館《たて》」と呼んで、交易と侵略の拠点とした。すでにこのころには志濃里《シノリ》館〈函館市志苔町〉、箱館〈函館山山麓〉、茂別《モベツ》館〈上磯町茂辺地〉、中野館〈木古内町中野〉、脇本館〈知内町通元〉、穏内《オンナイ》館〈福島町吉岡〉、覃部《オヨベ》館〈松前町東山〉、大館〈松前町西館〉、禰保田《ネボタ》館〈松前町館浜〉、原口館〈松前町原口〉、比石《ヒイシ》館〈上ノ国町石崎〉、花沢館〈上ノ国町字上ノ国〉の有力十二の和人館があったとされる。蝦夷管領安藤氏こと、安東氏宗家の安東師季《もろすえ》（政季）が同族で秋田城介の安東尭季《たかすえ》の命を受けて、配下の渡党《わたりとう》の十二の館を、松前〈松前半島先端部〉、下ノ国〈津軽海境沿い〉、上ノ国〈日本海岸沿い〉に三分してそれぞれに守護を配した。下ノ国守護は「日の本エゾ（東の人一族）」、上ノ国守護は「唐子エゾ（西の人一族）」への備えだった。

志濃里《シノリ》館近くの鍛冶屋村で、アイヌの青年がマキリと呼ばれる「少刀」をめぐって和人の鍛冶屋に殺されるという事件が起こった。アイヌの青年が鍛冶屋にマキリを打たせたところ、マキリの出来の善し悪しや、価格をめぐって口論になり、鍛冶屋がそのマキリを奪い取って青年をつき殺したというもの。

沖縄の西方の久米島に朝鮮の人が漂着した。彼は「梁成」という名前で、母国に戻されて「琉球王家は喜界島を毎年のように攻撃しているが、なお従おうとしない。（奄美）大島は十五年ほど前に従った」と報告した（『李朝実録』）。「喜界島」は奄美大島の東にあり、「鬼界島」とも書かれた。

1,457

安東師季《もろすえ》（政季）が「北海武士団の棟梁」として秋田城介の安東尭季《たかすえ》から出羽小鹿島に迎えられ、河北郡をテリトリーにして、安東家再興を画策しはじめた。秋田で彼らは桧山《ひやま》安東氏を名乗り、やがて十三湊《とさみなと》安東氏も併合して「夷島《えぞがしま》」を支配する。安東氏配下の豪族が次々と津軽海峡を越えて北海道島になだれ込み、津軽に向かいあう北海道島南部は、さながら群雄割拠というか百鬼夜行状態になった。下北の蛎崎蔵人も南部政経との戦いに敗れて松前に逃亡した。

北海道島では、東の人一族のチーフ・コシャマインが蜂起して、サブ・チーフの息子とともに、

1,458

和人経営の館《たて》に徹底した攻撃を仕掛け、道南にあったといわれる十二か所の和人館のうちの二つ——安東一族のもの（茂別《モベツ》館）と、蛎崎《かきざき》一族のもの（花沢館）——を残してすべてを陥落させたが、のちに蛎崎氏の客将・武田信広のだまし討ちにあって、チーフ・コシャマイン親子は弓で射殺され、二館による応戦の結果、武装抗争も鎮められた。たくさんのアイヌがこのとき斬殺されている。この騒乱の結果、館主らの盟主となった武田信広は、安東家から蛎崎家への養女を妻とし、養子という形で蛎崎家を引き継いで上之国の実権を握り、和人館を再建させた。かくして武田信広改め蛎崎信広が、蝦夷島における和人社会の唯一の現地支配者になるきっかけを手に入れることになった。

伊勢新九郎長氏が在地の子弟三十人あまりを従えて故郷の備中国を離れ、京の都に上った。彼はそれからの三十年間を浪々の身として京都で遊学して過ごす。太田道灌が江戸城を築城した。江戸の地は、江戸湾に流れ込む大きな河の河畔にあり、古代には先住民蝦夷《エミシ》と大和朝廷の間の軍事境界線であって、このころもなお東国支配の軍事・経済・交通の要所であり続けた。古利根川（江戸川）をさかのぼれば北関東に通じ、海に出れば三浦、房総はすぐそこだった。

琉球王国で東海岸の交易権を独占しつつあった実力を持った豪族の護佐丸《ごさまる》と阿麻和利《あまわり》らによる叛乱が起きた。琉球王は政権安定のために護佐丸の娘を娶り、自分の娘（妹という説もある）を阿麻和利の妻として婚姻関係を結ばざるを得なかった。

琉球王国の王城（首里城）の正殿にかけられる鐘がこの年に鋳造された。鐘には銘文として「琉球国は南海の勝地にして、三韓（朝鮮諸国）の秀をあつめ、大明（中国の明）をもって輔車《ほしゃ》（車の添え木と車輪）となし、日域（日本）をもって唇歯《しんし》となす。この二の中間に在りて、湧出する蓬莱嶋《ほうらいのしま》なり。舟楫《しゅうしゅう》をもって万国の津梁《しんりょう》となし、異産至宝は十万刹に充満せり」と刻まれていた。

1,460

琉球王の尚泰久《しょうたいきゅう》が死に、その三男の尚徳《しょうとく》が王となった。尚徳は頭は悪くなかったが自信家で、人から忠告されることが大嫌いで、自分の非を言葉巧みに言い繕う能力にたけ、最悪なことには「ほしいままに良民を殺害した」とされるが、これは次の王になった人の関係者の言葉だから、あまりあてにはならない。いずれにせよわがままで粗暴なふるまいが多かったようだが、反面、暦をはじめて作ったり、貨幣（琉球通宝）を発行したり、マラッカや南方諸島との交易を進めたりと、業績はかなりのものがあった。

1,463

琉球王が使いをマラッカ（満剌加）に派遣した。かつてはマレー半島南部の寒村にすぎなかったマラッカは、このころには東西交易の要地として繁栄をきたしていた。

琉球王の尚徳《しょうとく》が自ら総大将として五十隻の船で二千人あまりの兵とともに鬼界島（喜界島）に遠征した。島民の抵抗が強く島に上陸するのに五日ほどかかった。鬼界島のチーフである「鬼界大王」がやがて力尽きて琉球王に屈伏したことで、奄美一円が沖縄の勢力圏に組み込まれた。尚徳の暴君ぶりに拍車がかかりはじめる。カッとした勢いで罪もない従臣を切り殺したり、神聖な久高《くだか》島のノロの女性の美貌に溺れて城を留守にしたりしたそうだ。僧の芥隠《かいいん》ら琉球からの使者が京都の寝殿前庭で将軍義政に拝謁し、退出の際、総門の外で鉄砲を派手に二発撃ってみせ、人々を驚愕せしめた。観世や金春の能楽を保護する幕府ににらまれていた声聞師《しょうもんし》で能の名手の小犬《こいぬ》が、近江で勧進能を興行し、能面を着用した罪で逮捕された。

このころから戦国大名が各地で力をつけはじめて、荘園制が崩壊しはじめる。関白一条兼良《かねら》の三男尋尊《ひろたか》は、貴賤が逆転する時代潮流である「下剋上」にたいして「下極上」という文字をあてはめた。江戸時代までは漢字は全部当て字の時代だったからこれでもいいのだが、「下の者が上を極める」という意味の「下極上」の方がふさわしいかも。彼は「近ごろは、土民侍らめの筋目もわきまえぬ時代となったものである。なにしろ非人ばらめが増長して、守護や国司にまで成り上がろうとするのを、こちらでは咎めもできず左右する訳にもまいらぬは嘆かわしい極みなり」と書いた。氏も素性もなく、おとしめられていたはずのかつての先住民系の人々の中から、身を立てて出世する者たちがあらわれてきているのが、よほど腹に据えかねたのだろう。

京都を戦場にして東と西の大名がそれぞれに北朝と南朝の天子を奉じて争った応仁の乱が起こるなど、時代は激しく変わりつつあった。そしてこの応仁の乱のとき足利義視《よしみ》（義政の弟）に仕える侍の中に伊勢新九郎長氏もいた。義視が京都から伊勢へ逃げたときも新九郎長氏は行動を共にしたが、義視が再び京都に戻るときには、なぜかそのまま伊勢にとどまっている。応仁の乱は結局北朝側（東軍）が勝利するのだが、南朝側（西軍）に奉じられた天皇はその後、かつての南朝方の北畠氏の武将で奥州標葉《しねば》郡の標葉氏を頼って落ち延び消息を絶ったとされる。

1,468

大型台風が日本列島を縦断した。彗星が出現した。安藤（安東）一族の安藤師季《もろすえ》が紀伊国熊野郡那智大社に参詣し、津軽の回復を祈願した。

1,469

アイヌ蜂起。琉球王国で異変勃発。伊勢新九郎長氏が、実の妹の夫となった今川義忠から駿河に招かれた。新九郎はこの年、三十八歳。

1,470

安東政季《まさすえ》が津軽の藤崎館《だて》を攻撃した。
独裁者を目指していた琉球王尚徳《しょうとく》が二十九歳で（病気が原因だともいわれるが、ほんとうは殺されて）死に、琉球王国に新しい王朝が成立した。新しい王の尚円《しょうえん》は、もと海外貿易品を保管する御物城《おものぐすく》の長官で、仕事柄世界を広く見る目を持ち、財政と外交問題を専門にしていた賢くて抜け目のない人物だった。この新王朝の成立は御物城の長官らによって仕組まれたクーデターだろう。尚徳の世継はわずかに七、八歳で、母后や乳母などが抱きかかえて玉城《たまぐすく》に逃げ隠れたが、追っ手が追いついて刺して殺して捨ててしまったという。

1,471

足利幕府が島津にたいし、堺から出帆する琉球への渡海船のうち、島津氏の許可を持たない者の取り締まりを命じた。

1,473

アイヌ蜂起。

1,476

琉球王国の王として本格的な王国作りを開始したばかりの尚円《しょうえん》が六十二歳で世を去った。世継の幼名マカトタルガネこと尚真《しょうしん》がわずかに十二歳と若かったこともあり、尚円の弟の尚宣威《しょうせんい》が位に就いたが、聞得大君《きこえおおきみ》（国王を守護する生御魂《いくみたま》とされ最高女神官で神からの言葉が聞こえる女性。別名を「をなり神」ともいう）による神託で「神の意に沿わない」とされて、在位六か月で尚真に位を譲り、領地に戻って半年後に四十八歳で死んだ。

駿河の今川義忠が一揆平定に出て遠江で殺され、家督を争って今川氏が分裂した。幼子竜王丸の叔父である伊勢新九郎長氏は、このとき調停者となって、竜王丸が成人するまでは対立派の今川範満が後見することで、話をまとめあげた。

1,477

琉球王国の新しい王の尚真《しょうしん》が即位し、王妃の奥間氏が聞得大君《きこえおおきみ》になった。この尚真は即位当時はまだあまりにも若かったが、成長したのちに沖縄の歴史上の黄金時代を築くことになる。内政外交ともに卓越した才能を発揮し、位階制に基づく政治組織と、琉球の最高の神職である聞得大君と結びつくことで宗教組織を整え、人々の上に君臨したうえで、交易を振興し、国力を増大させることになるのだから。

この年の早春、朝鮮済州島の船が風に遭って方向を失い、二週間ほど潮に流されて、沖縄最西端の与那国島近くで、島民に救助された。すでに船は大破していて乗組員多数が溺死し、わずかに三人が板切れにすがって漂流しているところを漁船に発見されたのだった。当時与那国は男勝りの女性の按司《あじ》が島を支配していた。漂流民たちは島民の手厚い救護を受けて約半年をこの島で過ごし、それから西表《いりおもて》に送られて滞留五か月ののち、波照間《はてるま》、新城、黒島と転送され、さらに多良間、伊良部、宮古島と順送りに送られ、それぞれの島に一か月ぐらいずつ留まり、さらに宮古島から那覇へと送られた。

1,478

那覇へ送られた朝鮮の漂流民三人は、那覇で三か月ほどを過ごし、来琉していた博多の商船に託して朝鮮に送られることになり、夏に那覇を出発した。

1,479

朝鮮の漂流民三人が、博多の商船で、三年ぶりに故国に帰りついた。彼らのこのときの体験の見聞録が朝鮮の記録に残されている。当時の琉球の各島を想像することができるばかりでなく、日本列島の先住民である天の王朝（古代海人族）のライフスタイルを考えるときも参考になりうる資料である。彼らの記述は、まず、与那国島からはじまる——。

済州島からの漂流民が当時の与那国島で目撃した生活風習

「この島の住人は長大で髭が美しくて坐ると膝のあたりまでその髭が来る。女性は髪が長くて、髪は地面に届いた。言語も、衣服も、日本とは異なる。漢字を書いてみせたが、理解できない。衣服は苧《からむし》を織った布でつくり、袖は広く仕立ててあり、藍青に染めてある。気候が暖かいから、男女とも冬は単衣二枚を重ね着、夏は一枚を着る。男女とも裸足で履物ははかない」

「老人の他男女とも耳を穿って青小珠を通して三寸ばかり垂れ、また貫珠をうなじに三、四回まいて一尺ばかり垂れて飾りとする」

「もっぱら稲米を食べ粟はあるが植えることをしない。飯を炊くに釜鍋はなく、土で鼎《かなえ》を作り陽にさらして乾かし、藁火でいぶしたものを使う。五、六日使うとこわれてしまう。皿や椀などの陶器はない。飯は竹筒に盛って拳大に丸め、小さい膳を各々の前におき、木の葉を掌上において飯塊をのせて食べる。塩醤の類はなく海水を菜に加えてあつものを作る。酒は米を噛んで木桶に入れて醸し、麹《こうじ》は使わない。濁酒でたくさん飲んでやっと微酔する」

「家はふつう一室で、前面高く後方はのきが地に垂れるようになっていて、茅で葺き瓦葺はない。垣はなく、寝るには木床に寝て、褥《しとね》はなく蒲薦《がまむしろ》を敷く。家の前には穀物を収蔵する倉が建ててある」

「人が死ぬと棺に納め崖下に置く、土に埋めることはしない。崖の広いところでは五、六棺が一緒に置かれている。家に蝋燭なく夜は竹を束ねて炬《かがり》として明かりをとる。地を掘って小井を作り、水を汲むに瓢《ひさご》を用いる。船には柁棹があり櫓はない。風にしたがって帆を懸ける。盗賊が居ない。道に遺《お》ちた物は拾わない。互いに罵ったり、喧嘩したりしない。小児を愛撫し、泣きわめいても手で打つようなことはしない」

与那国島はおおよそこんな感じだった。漂流民はそれぞれの島で見たり聞いたりしたことを詳しく語っているが、言語・飲食・居室・土風については「たいがい与那国島に同じ」と付け加えている。島ごとの違いは、西表《いりおもて》では「婦人は鼻の両旁に穴を穿ちて小黒木をさしている」「足の脛に小青珠を数寸の広さにまいている」などと記録した。

1,480

足利幕府が島津に書簡を送り、琉球使船の来航の復活を依頼した。沖縄の勢力にたいして薩摩の守護大名の――日本列島を統一した政権の一員となった――島津氏が、このころから影響を及ぼしはじめる。沖縄船の来航は九州に限定され、坊津《ぼうのつ》と博多が中心になっていく。

1,482

南閻浮州《なんえんぶ》東海路の「夷千島王《えぞがちしま》」である遐叉《かしゃ》が、日本国王（足利義政）と並んで朝鮮に使節を派遣して国書を提出し、昆布などの献上品を贈って大蔵経を求めた。この「夷千島王」遐叉は、安東政季のことだといわれている。足利義政が息子の義尚《よしひさ》に政務を任せた。

1,485

出雲守護代の尼子清定が独立を企てたために主家の京極氏によって追放されることになり、居城の富田月山城を奪われた。出雲の尼子氏は、鉢を叩きながら空也念仏を唱えてまわるあの鉢屋衆の、素破《スッパ》としての忍者的能力を高く評価しており、これに扶持を与えていた。鉢屋衆は、表面的にはまじないや遊芸で身すぎ世すぎをする漂泊民として西国諸国を渡り歩いていたが、実際は尼子氏のために働いていた。尼子清定の息子の尼子経久が鉢屋衆と謀って、富田月山城奪回に動きはじめた。

1,486

正月一日、まだ夜も明けやらぬころから、何くわぬ顔で七十名ほどの鉢屋衆が富田月山城へ毎年恒例となっていた「千秋万歳《せんず》」の祝儀にうかがい、笛や鼓や四つ竹を打ち鳴らし、千秋万歳と囃したて舞い踊り、城の人間たちを見物にひきつけておき、ころあいを見て城内で一斉に火を放った。火の手が上がると、城外に待機していた尼子経久ら尼子勢が一斉に攻め込んで富田月山城を取り戻した。

1,487

将軍足利義尚《よしひさ》が近江国の守護職だった六角高頼《ろっかくたかより》を討つために兵をおこしたが、六角高頼は甲賀山中に逃げ込み、甲賀忍者集団（望月、山中、和田などの一族）に助けを求め、その力を借りて将軍の軍を敗走させた。伊勢新九郎長氏が、かつての反竜王丸派の今川範満を攻撃して自殺させ、竜王丸改め今川氏親《うじちか》を名実ともに今川家の家督とすることに成功した。

1,488

一向宗（浄土真宗）の門徒たちが山人を多く組織内に包み込み、彼らを外人部隊として各地で一揆を起こし、加賀の富樫氏を倒して加賀一国を支配したとされるが、純粋に門徒による蜂起ではなく、被差別先住系蝦夷《エミシ》の末裔でエタと呼ばれた人たちの解放闘争だったと理解しなくてはならない。

インド産の香料で巨利を得ることを目的とするポルトガルの船によって、喜望峰回りのインド航路が発見された。

1,489

将軍足利義熙《よしひろ》が甲賀を攻めたが反対に甲賀忍者によって夜討ちの混乱中に槍で刺され、この傷が悪化してひと月後に死去した。義熙は「義尚《よしひさ》」から名前を変えて八か月目で、二十五歳だった。

伊勢新九郎長氏が、駿河国守護職の今川家客分の城将として愛鷹山《あしたかやま》山麓にある興国寺城主となった。新九郎は五十七歳だった。

1,490

琉球がパタニ（仏太泥）との通商をはじめた。パタニはシャム湾の西南辺の地方である。

1,491

伊勢新九郎長氏が公方足利家の内紛に乗じて伊豆一国の奪取に成功し、海賊衆を組織しなおすと、伊豆国韮山の北条〈静岡県田方郡韮山町〉に移って、そこを根拠地とした。

1,492

前年に伊豆を制圧し韮山城主となった伊勢新九郎長氏が修善寺で入道して髪を落とし、早雲庵宗端《そうたん》と称した。伊勢新九郎長氏は六十歳。以後彼の名前を「伊勢宗端（北条早雲）」と書く。沖縄島の首里城の北ハンタン山の入口に、京都からやってきた芥隠《かいいん》禅師によって、鎌倉の円覚寺を模して天徳山円覚寺が開山された。

神聖ローマ帝国で地球儀が作られた。この時代にヨーロッパで製作された世界地図を見ると、ユーラシア大陸の東をインディアスと呼ばれる広大な地域が占めており、ヒンドスタンとされる現在のインドはその西のほんの一部にすぎなかったことがわかる。北アメリカ大陸の先住民のタイノ族が、現在のバハマ諸島のワトリング島——コロンブスがサン・サルバドルと名づけた島——で、インディアスにある黄金の国チパングへ行く途中で道に迷っていたクリストファー・コロンブスを発見した。当時北アメリカ大陸の新旧のモンゴロイド系ネイティブ・ピープルは、自分たちの暮らす大地を「亀の島」と認識し、数千年続いていた美しくもバランスのとれた石器時代の生活を続けていたのだった。

1,494

甲斐国川田《かわた》（「皮田」「皮多」とも書く。もともとは源氏系の武士のために武具や馬具を作っていた皮革職人の限定居住地）〈山梨県甲府市〉の武田信縄《のぶつな》という源氏系国人領主の家に長男が生まれた。のちの武田信虎である。

クリストファー・コロンブスが二回目の航海で出会ったアメリカ大陸の先住民五百人以上を捕まえてスペインに連れ去り、ヨーロッパ人に珍しい奴隷として売り飛ばした。

1,495

伊勢宗端《そうたん》（北条早雲）が相模国を奪う最初の一歩としてまず小田原城を襲いこれを攻め落とし、小田原の長吏太郎左衛門を配下におさめた。小田原の太郎左衛門は北条氏の支配に組み込まれた最初の長吏で、その後、伊勢（北条）氏によって支配下におさめられる長吏集団はすべてがこの太郎左衛門の手下として位置づけられることになる。伊勢宗端（北条早雲）は、しかし本拠地を小田原には移さず伊豆韮山に留まった。

東北では安東忠季が出羽国河北郡桧山城〈能代市郊外〉を居城とした。

1,496

伊勢宗端《そうたん》（北条早雲）が吉田口登山道から富士山に登った。秋田安東氏の当主安東忠季《ただすえ》が蝦夷《えぞが》島《しま》からの注進を受けて松前城主下国恒季《しものくにつねすえ》を討ったという。

1,498

東海大地震。震源地は東海沖で、マグニチュード八を越える巨大地震だった。伊勢、三河、駿河、伊豆の東海一帯が大津波に襲われて死者数万とも。その余波を受けて内陸湖であった浜名湖が海とつながって塩水湖になった。またこのときの津波で鎌倉の大仏殿も破壊された。富士山が断続的に噴煙を上げはじめていた。

1,500

宮古島を平定した豪族の仲宗根豊見親《なかそねとよみや》が、尚真《しょうしん》王による中央集権と国土統一が進みつつあった琉球王国の首里の王府軍と連合することで、宮古列島と八重山列島を制覇した。宮古の勢力が八重山に進出する状況の中で、八重山の土豪の一人だったチーフのオヤケ・アカハチ（赤蜂）が蜂起したが、尚真王の征討軍に鎮圧された。仲宗根豊見親の一族がこの乱のあとで八重山を支配し、以後百年にわたって首里の王府から八重山の統治にあたることを任ぜられることになる。

北アメリカ大陸の先住民の部族で、スー族（ラコタ／ダコタ／ナコタ）として知られている人たちは、白人の文字に記された記録によれば、このころまでは「亀の島」と彼らが認識していた大地の東海岸〈現在のノースカロライナ〉にある森林地帯で農耕をしながら暮らす森の人々だったが、ヨーロッパ大陸からの入植者が増大するにつれて、こののち、ミシシッピ河、ミズーリ河をさかのぼって北西部の大草原にテリトリーを移動させ、バッファローの狩猟を中心とする狩猟と採集の非定住生活に変化していく。

1,501

琉球国王尚真《しょうしん》が首里城外の寒水川《すんがあ》のほとりの陵門《あやじょう》大道に玉陵《たまうどん》を作らせた。自然の岸壁にあけた横穴の石室で、一族の遺骨を納める場所で、霊御殿《みたまごてん》と呼ばれた。

ポルトガル人の探検家のギャスパール・コルテレアルにより、現在のカナダの東端にあってニューファウンドランドとかラブラドールと呼ばれている大西洋沿岸地帯のネイティブ・ピープルが、二隻の帆船にぎっしりと積み込まれて、奴隷としてポルトガルに売り飛ばされた。

1,502 TO 1,503

中米ホンジュラスとかパナマとして現在知られている地域に暮らしていた先住民の国や部族の人たちが、四回目で最後の航海の途中だったクリストファー・コロンブスと遭遇した。

1,507

甲斐国の武田信縄《のぶつな》が没し、その子信虎が十四歳で家督を相続した。武田一族の中で内紛が勃発した。

1,508

薩摩藩主島津忠治が琉球王に「島津氏の印判を持たずに往来する商人」の取り締まりの強化を求めた。今川氏親《うじちか》に命じられて伊勢宗端《そうたん》（北条早雲）は三河を攻めたものの、このころから宗端（早雲）の今川家離れがはじまり、関東へ進出することによる自立への道を模索しつつあった。亀の島と呼ばれていた北アメリカ大陸の東岸にイギリスの探検家たちが植民地となる土地を求めて到来しはじめた。

1,510

本州島中央部の摂津・河内付近で大地震。天王寺の石の鳥居が崩壊、藤井寺もかなりの部分が崩れ落ちた。

1,511

富士山の鎌岩から噴煙。マレー半島南部にあり、貿易港として栄えていたマラッカがポルトガル人によって占領された。ポルトガルによる東洋進出の足場が築かれた。琉球船によるマラッカとの通商は下火となり、シャム王国やパタニとの通商が増加した。

1,512

アイヌが蜂起。東の人一族の若きチーフ・ショヤコウシと弟のカノイチ兄弟らが武器を手に立ちあがり、宇須岸《ウスケシ》(箱館)、志濃里《シノリ》、與倉前《ヨクラマエ》の三館を攻め落とした。

ユカタン半島の沿岸沿いに暮らしていたネイティブ・ピープルがスペインの難破船を発見した。難破船の中には生存者が二人いた。そのスペイン人のアグィラーとゲレロの二人がマヤ族に捕らえられて奴隷にされた。

1,513

蝦夷《えぞ》松前の大館《おおだて》が攻撃を受け、館主が自害する事態となった。ゲリラ戦のふりをしながら、蛎崎《かきざき》信広の息子の光広が、その子義広や帰降アイヌらとともに、これを攻撃したものらしい。実際、このころからアイヌによる和人の城館攻撃も相次いではいたのだ。スペイン人のバルボアがヨーロッパ人としてはじめて太平洋を発見した。

1,514

蛎崎《かきざき》光広が一族を引き連れて上ノ国から松前の大館《おおだて》に移り、そこを本拠とするとともに、ちゃっかりと領主の桧山《ひやま》安東氏から松前守護職（蝦夷《えぞ》が島代官）としての地位と、蝦夷地に来る諸国の商人から税を徴収する権利を与えられて、事実上の現地支配者におさまった。この結果、事実上、松前がそっくり蛎崎一族に乗っ取られたのである。

1,515

北海道島、東の人一族のチーフ・ショヤコウシとカノイチ兄弟の他、かなりの数のアイヌたちが、和平を装った蛎崎《かきざき》光広の罠にはめられて、徳山館《だて》において酒を飲まされたあげく、酔ったところをだまし討ちにあってことごとく殺害された。このときアイヌたちを皆殺しにした刀は、以後長く蛎崎家の家宝とされた。

1,516

伊勢宗端《そうたん》（北条早雲）が鎌倉以来の名家で三浦半島に勢力を張っていた三浦一族を滅ぼして相模国全域をほぼ平定した。宗端（早雲）は水軍でもあった三浦氏が領有していた南方洋上の八丈島にいたる伊豆諸島にも伊豆の海賊衆からなる水軍を派遣してこれを占領した。

アメリカ大陸では、西インド諸島に向かって突き出したユカタン半島一円で天然痘が猛威をふるい、マヤの人たち数千人が死んだ。

1,519

伊勢宗端《そうたん》こと北条早雲が八十八歳で世を去り、その子氏綱三十三歳があとを継いだ。甲斐の武田信虎が国内の国人領主をほぼ制圧して、居館を川田（皮田・皮多）から躑躅《つつじ》ヶ崎〈山梨県甲府市〉に移した。のちの甲斐府中（甲府）の基礎となる場所で、甲斐源氏の武田氏はこの地を以後七十年近く本拠地とすることになる。

この年、アメリカ大陸ではスペイン人たちが、現在のメキシコ東部ベラクルス海岸に上陸した。エルナン・コルテスとその部下からなるスペイン軍は、この年の暮れにアステカ族がつくりあげた古代メキシコの中心地ティノチティトランに入ると、たった数か月で十二万人ほどの先住民（主にアステカの人びと）を殺戮した。

1,520

伊勢（北条）氏綱が相模国西部及び鎌倉を検地した。

1,521

駿河の今川氏親《うじちか》の手の軍勢が甲斐国に攻め込み、甲斐の武田信虎がこれに応戦し、信虎が駿河勢を打ち破ろうかというとき、信虎に長男が誕生して、縁起がよいということから、幼名を「勝千代」と名づけられた。のちの武田晴信（信玄）である。

マゼランの艦隊がのちにフィリピンと名づけられる諸島に到達した。中央メキシコ高原にあったアステカ帝国の首都テノチティトランがコルテスらに包囲されて陥落した。

1,522

宮古の仲宗根豊見親《なかそねとよみや》は、この年、宝剣の治金丸《ちがねまる》と宝玉の夜光の珠を琉球国王に献上してから、琉球国王の王化に従わない与那国のチーフ鬼虎を征討した。

武田信虎が甲斐一国を完全に制圧し、長男が生まれた記念に富士山に登拝した。そのころ、伊勢（北条）氏綱が相模一宮の寒川神社を再建し、その棟札に「相州大守北条新九郎氏綱」と署名していた。このころから一族は関東進出をやりやすくするために「伊勢」からあの鎌倉の北条氏を受けて「北条」へと姓を改めたようだ。おなじ関東の領有を争うことになる関東管領の上杉氏は、北条氏を一貫して「伊勢氏」と呼んで北条氏とは呼ばず、最後まで「北条氏」たることを否定し続けた。

1,523

鎌倉の極楽寺にいた長吏の末裔は、小田原北条氏が勢力を拡大するにつれて北条氏御用達の長吏太郎左衛門によって圧迫され、極楽寺の由比一族と鎌倉山ノ内（北鎌倉）、藤沢の三家に分裂していた。

1,524

北条氏綱が関東の要衝であった江戸城を攻め落とした。関東管領の上杉憲房《のりふさ》が江戸城奪還のための軍事行動を起こすべく動き、甲斐の武田信虎もこの動きに乗じて関東平野を目指して出陣したが、得るものはなかった。北条氏は三浦一族を滅ぼして三浦半島を手中におさめて以来、江戸湾をはさんで房総の里見氏と対峙しており、江戸城の攻略は里見氏を牽制して関東を制圧するために避けて通れないほど重要なことだった。氏綱は江戸湾の制海権を確保するために伊豆の海賊衆で、北条水軍の重鎮となっていた西伊豆の富永政直に江戸城を任せた。

亀の島で最大の帝国を築き上げていたアステカ族の最後の王、クアウテモクがコルテスの命令で処刑され、ここにアステカ族が亡んだ。

1,525

北海道の西と東でアイヌの一斉蜂起。入植していた渡党《わたりとう》の和人が多数殺された。生き残った和人たちは松前・天ノ川《アマノカワ》に寄り集まって暮らすようになった。

1,526

琉球王の尚真《しょうしん》が、中山《ちゅうざん》王国の基礎を固め、在位五十年、六十二歳で世を去った。そして第二夫人の子、尚清《しょうせい》があとを継ぐことになった。駿河の今川氏親《うじちか》が駿河府中のかわた彦八に屋敷地を与えて「かわた」の村をつくらせ、毎年の「皮の役」を命じた。相模国鎌倉の鶴岡八幡宮の社殿が里見実尭《さねたか》の軍に焼かれた。

1,527

甲斐の武田信虎が信濃国に軍を進めたが素振りだけで引き返した。公家の近衛家と京都の御霊神社の声聞師《しょうもんし》村との間で耕作田のことで争いが起こり、押しかけた近衛家の手先にたいして数千人の声聞師の仲間が集まって抵抗した。
尚清《しょうせい》が三十一歳で琉球王に即位した。

1,528

北海道島でアイヌの蜂起。彼らは夜陰に乗じて松前の徳山館《だて》を攻撃した。駿河の今川氏親《うじちか》が駿河府中のかわた彦八に領国内の皮の調達を命じた。武田信虎が信濃国に侵攻した。

1,529

北海道島の渡島《おしま》半島で西の人一族アイヌのチーフ・タナサカシの戦いが起きた。チーフは上ノ国の和喜館《だて》を攻め落とす寸前までいくが、セタナイ〈瀬棚《せたな》〉において和睦を装って近づいてきた和人に矢で射殺された。

1,530

関東管領家の上杉氏が北条氏綱を討とうと武蔵の府中に向けて軍を進めた。甲斐の武田信虎は上杉氏に救援軍を派遣したが、どちらも北条軍に討ち負かされた。越後守護代の長尾為景の子として虎千代が誕生した。虎千代はのちに元服して「景虎」を名乗ることになる。このころから一向一揆が全国的に多発するようになるが、それらは先住蝦夷《エミシ》系の末裔でエタとされた人たちの解放闘争だったと考えることができるかもしれない。

1,531

アイヌの一団が、雨に乗じて渡嶋《おしま》松前の大館《おおだて》を夜襲したが、事前に悟られて攻撃は失敗した。

1,532

大和守の織田達勝が斯波《しば》氏を奉じて尾張の清洲城に本拠をすえて尾張下四郡に勢力を持ち、伊勢守の織田信安は岩倉城に本拠をすえて上四郡を勢力圏とした。琉球国で沖縄各地の古謡を集めた『おもろさうし』第一巻が編集された。北条氏綱による鶴岡八幡宮社殿の再建事業が開始された。この仮殿の造営にはじまる氏綱の生涯をかけた大事業に狩り出されたのは、伊豆・相模・武蔵の北条家家臣と、このエリアに暮らす農民と、そして古来より各種の——番匠《ばんしょう》（建築師）、鍛冶、白壁師、朱塗師、檜皮《ひわだ》師、瓦《かわら》師、石切、銀細工師などの——限定職業についていた職人たちだった。

南アメリカ大陸においてインカ文明が、その勃興からほぼ三千年を経てこのころ絶頂期を迎えたが、直後急激な滅亡へ向かう。

1,533

尾張の津島〈愛知県津島市〉に住んでいた織田信定が勝旗《しょうばた》〈愛知県海部郡佐織町〉に城を築いたとされるが、天の王朝（古代海人族）系俘囚《ふしゅう》の限定居住地であった「近江八田別所織田庄」から出て、のちに尾張の津島に移住していた新羅系の旧姓八田信定が、織田弾正家に仕えて勝旗城の城番となり、「織田」の姓をもらい受けたとする説もある。信長がのちに近江にこだわった理由も、案外そんなところにあったのかもしれない。

南アメリカ大陸でスペインがインカ帝国を崩壊させた。

1,534

尾張勝旗《しょうばた》城主織田信定の息子織田信秀が、今川氏の尾張経営の拠点であった那古野《なごや》城〈愛知県名古屋市中区〉を武力で奪い取り、この尾張那古野城で信秀に次男が誕生した。誕生したその子は幼名を「吉法師」とつけられた。

フランスでバスク人たちによってイエズス会が結成された。ローマ法王公認の団体で、厳格な軍隊的統制のもとに組織され、長上への絶対服従と、異邦への伝道、東方に逃げた魔女の捜査を目的としていた。

1,535

武田信虎と今川氏輝の関係が険悪となって甲斐と駿河の間の緊張が高まり、両国は戦争状態に突入した。今川氏輝の父氏親《うじちか》と北条氏綱は従兄弟であったので、氏輝は北条氏に救援を求めた。

北条軍が籠坂峠《かごさか》を越えて山中湖、富士吉田と攻め込み焼き払った。関東管領家が小田原を狙う素振りを見せたので、北条氏はそこから慌てて帰城した。備中国小田郡真鍋島で「追放の百姓は、たとえ親類であっても、家に入れてはならない。また出家、杣人《そまびと》、山伏、行人、こも僧、鐘たつき、穢多《えた》、乞食、非人など怪しき人は、一夜の宿も貸してはならない」という禁令が出された。

1,536

中年のこの年の元日に尾張国愛知郡中村の百姓とされる弥右衛門の家に男の子が生まれ「日吉丸」と名づけられた。弥右衛門は、実は因幡や丹波で修行したサンカ――傀儡《くぐつ》の流れをくむ漂泊山人族――の居付きで、箕作り、ササラ削り、茶筅《ちゃせん》作り、マムシ捕りばかりでなく、出雲系山岳修業者と同じように高度な忍びの技術も持っていたという。漂泊生活を送るサンカが、気候にあわせてどのように移動していたかというと、秋から翌年の春にかけては太平洋岸の岸沿いの東海道を、房総から武蔵、相模、伊豆半島から駿河、遠江、三河から尾張にかけ、紀州から摂津、さらに備前、備中、備後、安芸など、畿内から山陽道に渡って漂うのが常であったとされる。同じ年、のちに徳川家の参謀となる南光坊天海が岩代国〈福島県〉北会津高田で誕生したとなっているが、天海はもともと謎の多い人物で、ほんとうのところはまったくわからない。

今川氏輝が没して駿河国が内戦状態に陥り、今川義元が、北条氏の支持を受けて国内を制圧した。甲斐の武田信虎も義元を支持したので、武田氏と今川氏の関係は好転し同盟を結ぶまでになった。北条氏綱はこの同盟に激怒して東駿河に攻め込み、信虎は義元を救援する軍を富士山須走《すばしり》

1,537

口まで進めて北条氏と戦った。武田軍は相模の青根の郷〈神奈川県津久井郡津久井町〉に攻め込んで「足弱」を百人ほど奴隷として連れ帰った。
アイヌ一斉蜂起。かつての西の人一族のチーフ・タナサカシの女婿のチーフ・タリコナは、かねてより復讐を狙っていたものの、またしてもここでも和睦に見せかけられ、酒に酔わされたあげく、蛎崎《かきざき》光広の子の義広によって、例の刀で斬殺された。この事件以後、東も西もアイヌの反撃はなりをひそめる。

今川義元が甲斐の武田一族から嫁をもらい北条氏と絶交した。毛利元就《もとなり》が尼子経久と戦争を開始した。南方奄美大島の笠利で与湾大親《よわんおおや》五郎が反乱を起こしそうだという噂を耳にして、思いつきで行動するパラノイア・タイプの中山王《ちゅうざん》尚清《しょうせい》が五十隻もの軍船を派遣してこれを討った。加賀の一向一揆勢と激しく対立していた白山本宮、白山比咩《ひめ》神社〈石川県鶴来町〉の衆徒の家がことごとく放火にあって焼け落ち、衆徒は流浪の徒となり、白山長吏の弟も越前国に亡命した。このとき製薬と医学の技術を持ち伝えていた白山衆徒は、てんでんばらばら加賀の山中に逃げ込んだあと、飛騨、信濃、上野、武蔵、常陸などに山づたいに流れついて賤民となったといわれる。

1,538

北条氏綱が江戸川東岸で里見氏を打ち破り下総国を制圧して関東南部を手中に収めた。敗れた里見一族は下総から撤退して上総以南に封じ込められた。氏綱が軍事力増強のために伊豆国の「かわた」支配を強化した。具体的には伊豆長岡を中心にして伊豆半島各地の二十一人の「かわた」が皮革業者の集団の村として組織させられ、他国の領主の家来となることや、移住することを禁じられた。大量の銀の海外流出がはじまった。

1,540

このころでは「倭寇《わこう》」と呼ばれた海賊たちも、人物や密貿易のスケールがはるかに大きくなっていた。それに倭寇だからといって全部が日本人とはかぎらなかった。倭寇の中には、日本人を首領とする中国人集団があったり、中国人だけの日本の離島を根城にする密貿易集団があったりと、かなりインターナショナルな組織で、マカオでポルトガル人と戦ったこともあるように、目的を同じにする多国籍人種によって構成されていた。明国人に率いられた倭寇の数も、かなりの数にのぼった。そうしたインターナショナルな倭寇の頭目のひとりに「王直《おうちょく》」という明国人もいた。もともとは塩商人だったが、商売に失敗して密貿易にのりだした。この王直がこの年広東《カントン》で大きな船を建造し、火薬の材料となる硝石や硫黄《いおう》などを扱って、日本や東南アジア諸国と密貿易をおこない莫大な利益を上げていた。

北条氏綱が鎌倉鶴岡八幡宮社殿の再造営事業を完了させ、関東一円に北条氏の名前を知らしめた。

1,541

ローマ法王パウロ三世がイエズス会を戦闘教団として許可し、イエズス会はポルトガル国王ジョアン三世をスポンサーとして「東方に逃げた魔女を追捕《ついぶ》する」というその任務に就いた。ポルトガルの植民地だったインドのゴアにバスク人のフランシスコ・ザビエルが到着した。ザビエルは当時三十五歳だった。彼は以後ゴアを拠点に東南アジア各地を魔女を探して東奔西走した。

この年はアメリカの先住民で、平原インディアンのスー族（ダコタ／ラコタ／ナコタ）に、煙草と聖なるパイプをもたらし、馬が到来することを教えた「ホワイト・バッファロー・ウーマン（白いバッファローの女）」と呼ばれている女神が降臨したとされる年である。不思議なことに、この年、スペインからの征服者であるコロナドがはじめてアメリカ大陸の大平原を馬で横断させた。アメリカ先住民は「馬」のことを「魔法の犬」と呼んだ。

信濃の戦に勝利して意気揚々と甲斐に帰った武田信虎が、その場で息子の武田晴信によって駿河に追放された。あまりにも身勝手な父親に愛想がつきたらしい。「国中の男女がみな喜んだ」という記録まである。反信虎派の勢力に晴信は後押しされていたらしい。晴信は父親が帰れないように路を遮断し、勝手に家督を相続した。信虎は今川義元のところに嫁いだ娘を頼って駿河国に落ちた。

北条氏綱が五十五歳で世を去り、その子の氏康が跡目を相続した。氏康の最初の仕事は、地侍や農民の掌握と税収入を増やすことを目的に、伊豆国、相模国中部、多摩川西南の武蔵国久良岐

しを――細かく調べるためのもの。

領主が農民から年貢を取り上げるために田畑など耕地の様子を――面積、取れ高、田畑の良し悪

などの「検地」を、計画的かつ大がかりに、数年をかけておこなうことだった。検地というのは、

郡〈横浜市南部〉、武蔵国多摩郡小山田庄〈東京都町田市〉、武蔵国中部河越〈埼玉県川越市〉

1,542

ポルトガル人の冒険家、メンデス・ピントによってトウガラシがもたらされた。彼は、日本列島の岸辺に上陸した最初の西洋人だった。帰国して見てきたことを話したところ「途方もないことを言う人間」という別名がつけられた。

今川義元の庇護を受けていた三河城主の松平広忠に嫡男が誕生したとされる。松平家の九代目にあたる長男は幼名を「竹千代」と名づけられた。竹千代の母親は、於大《おだい》といい、同じく今川義元の庇護下にあった三河刈屋城主の水野信元の妹だったという。この竹千代は、のちの徳川家康とされているが、家康の出自については異論もある。

もう一人の家康の生まれは、上野国新田郡世良田庄、得河郷〈群馬県尾島町世良田〉の限定居留地で、天の王朝（古代海人族）系の俘囚の子だったとする説だ。そして三歳ぐらいのころに、このもう一人の徳川家康は、駿府〈静岡市〉の先住民居留地――七変化部落などと呼ばれ、住民が揃って「猿回し、鉢叩き、鋳物師、易占、ささら（竹細工）、唱問師」などになって出稼ぎに出る漂流民の村――の願人坊主に奴隷として売り飛ばされ、お札と護符を売って諸国を歩きなが

ら、駿府を基地に少年時代を過ごしたという。少年はそこで世良田二郎三郎元信と名乗り、寺僧や猿廻しや陰陽師《おんみょうじ》や説教者などをして生計を立てていた天の王朝系、俘囚《ふしゅう》系、新羅系、伽耶出雲系、契丹系など、賤民とされていたさまざまな先住民の力を集め、野武士の一団として旗揚げする。

武田晴信が信濃へ侵攻した。以後十三年間も続けられた、彼の信濃攻略――略奪と奴隷狩り――のこれが最初だった。

1,543

大内義隆と毛利元就《もとなり》の連合軍が出雲富田城に尼子晴久を攻めた。尼子経久の孫である晴久は鉢屋衆を軽んじたといわれ、彼らの協力を得られずに亡びる運命にあった。

種子島に一隻の船が漂着した。この船に乗っていた三人のポルトガルの商人が鉄砲と一緒に煙草を持ち込んだとされる。領主の種子島時尭《ときたか》は鉄砲――火縄銃――の威力に腰を抜かしてこれを二挺買い取った。この漂流船には五峰《ごほう》なる明国人も乗船していて、筆談でコミュニケーションが取れたとされるが、この「五峰」というのが、東南アジアを股にかけて暗躍していたあの密貿易商の王直の号なのであるから、おもしろい。おそらく「漂流」を装って商売にやってきたものと推測される（ポルトガル政庁側の記録では日本への鉄砲伝来はこの天文十二年ではなく、前年の天文十一年の夏となっていて一年の開きがある）。

1,544

三河刈屋城主の水野信元が織田信秀に従ったために、今川義元の疑いを恐れた松平広忠は信元の妹である妻の於大《おだい》を離別した。種子島で火縄銃の国産化に成功した。

1,546

北条氏康が川越城で足利氏や上杉氏を破り、とりあえず武蔵国を平定した。織田信秀の次男の吉法師が、父親の築城した古渡城〈愛知県名古屋市中区〉を与えられ、宿老の平手政秀らとそこに移り、元服して織田三郎信長を名乗ることになった。

1,547

武田晴信が関東管領の上杉憲政を信濃で撃ち破った。佐久の志賀城を陥落させたとき、晴信の軍勢はそこにいた男女をことごとく生け捕りにして甲州に連行し、親類縁者のある者は金銭で請け戻され、その他の者は奴隷として使役されたり、さらに高い金額で売り飛ばされたりした。

織田信長が十四歳ではじめて戦に出た。このころ三河は今川氏と織田氏の草狩場と化しており、また松平一族の内部抗争も激しさを加えつつあった。今川義元が六歳の松平竹千代を人質として駿府へ送るよう命じたが、移送の途中で、織田方に通じる戸田康光《やすみつ》に身柄を押さえられて、そのまま織田信秀の人質となってしまった。

ジェズイット教団（イエズス会）の創始者から日本への伝道をまかされたバスク人のフランシスコ・ザビエルが、インドのマラッカで、薩摩人の「ヤジロー」または「アンジロー」と出会う。

ザビエルはその日本人によほど感激したらしく、彼をインドのゴアに送り、そこで教義や言葉を修得させたうえで、一緒に日本に渡航することを決意した。その巨大な体躯で頭に三寸ほどの角(肉腫)がある薩摩人は、洗礼名を「ポーロ・デ・サンタフェ」通称「ポーロ・ヤジロー」といい、徳川幕藩体制下において、わが国の歴史からいっさい消されてしまう。ヤジローは、一説では「橋口弥次郎左衛門兼清」といい、日本で殺人事件を起こして追っ手を逃れるため前年にポルトガル船でマラッカ方面に逃亡していたとされる。

1,548

織田信秀が美濃の斉藤道三と和睦したことにより、十五歳の信長が、道三の娘の濃姫と結婚させられることになった。絵に描いたような政略結婚で、濃姫は、たったの九歳だった。十八歳の長尾景虎が家督を相続して越後春日山城主となった。

この年にイエズス会に入会して修練師となったルイス・フロイスがインドのゴアに赴任した。

1,549

この年、松平竹千代の父である広忠が近臣の者に殺害され、竹千代は事実上孤児となった。戦闘教団イエズス会の宣教師のあのバスク人のフランシスコ・ザビエルが、薩摩人のヤジローに案内されて、タバコを持って布教と魔女探しのために中国人阿王《アワン》の船で種子島に到着した。

今川義元の軍師大原雪斎が率いる大軍が織田信広の居城である安祥城を攻撃して、城主である織田信広を捕らえた。大原雪斎は織田信広の父親である織田信秀に、息子と松平竹千代の人質交換を要求した。竹千代が岡崎に戻り、数日後そのまま駿府に連れていかれて、今川義元の人質となり、彼の地で十二年間も過ごすことになる。今川義元が皮革の商について五ヶ条の掟を定め、その中で、皮革業者が皮革業以外の商売に従事することを禁じた。

これまでも武士集団の棟梁は、地方の寺社勢力を追い詰め、そこに属していた農業以外のさまざまな職人の集団に特権を与えることで、その支配力を強化させ自らの軍事力を高めてきた。城や砦を築く大工や石工、刀や鉄砲を作る鍛冶、そして鎧や武具など重要な軍事物資を製造する皮革職人は「皮作」(かわつくり)「かわた」などと呼ばれた。この「皮作」の利用に秀でていたのが、駿河の今川氏や、伊豆の北条氏だった。

1,550

北条氏康が領国の農民の疲弊を理由に税制と支配体系を改革し、郡代・代官などの中間管理人の不正を農民が直訴できるようにした。戦国大名島津氏の九州島平定作戦がはじまった。島津氏は、室町幕府から航海の安全の確保という下命を得ていたことから、奄美諸島や沖縄を勝手に自分たちの領国と考えていたふしがあった。皇族の伏見宮家が二千名の兵たちを動員して京都の声聞師村《しょうもんし》を攻撃した。

フランシスコ・ザビエルが魔女を探して京都に入ったが、将軍にも、天皇にも、魔女にも会うことができず、しかたなく九州に戻った。畿内において鉄砲が実戦に使用されるようになってき

1,551

た。しかし決定的にたりないのが火薬であり、その原料となる硝石だった。豊後国の国守で、ポルトガル人の持ってくる兵器や火薬の原料欲しさも手伝って、すっかり天竺宗（キリスト教）に洗脳されていた大友宗麟《そうりん》が、「国中の神仏を薪にせよ」という命令を発して寺社を打ち壊させると同時に、府内に救済院を建てさせ、ポルトガル人のルイ・アルメイダを治療主任とした。

北海道島南部の支配者とされ本拠を桧山《ひやま》〈能代市郊外〉に置いていた秋田安東氏の当主の舜季《きよすえ》が、北海道島に出向き、そこに居着いて地盤を築いていた和人たち「渡党《わたりとう》」の統一者である蛎崎《かきざき》季広《すえひろ》（義広の息子）と、先住のアイヌたちの間に和平会談を開かせ、「夷狄の商船往還の法度《はっと》」（一種の通商協定）が結ばれることになった。セタナイ〈瀬棚《せたな》〉のチーフ・ハシタインを西夷（北海道島西海岸の唐子エゾ）の「尹《いん》」、シリウチ〈知内〉を本拠とするチーフ・チコモタインを東夷（太平洋岸の日の本エゾ）の「尹《いん》」とし、蛎崎が領主として商船から徴収する税の取り分の一部をこの両者に「夷分《えぞぶん》」「夷役《えぞやく》」として分け与え、それを条件に松前半島の西部を「渡党《わたりとう》」の居住地として認めるという内容だった。「尹《いん》」とは、言うならば「警察の長官」「部族会議議長」みたいなものだ。つまり協定は、「おまえたちの存在を認めて分けまえをやるから、おれたちの存在も認めよ」という、あとからやってきた者たちに都合のいい内容で、この協定が取り交わされたのは前年だったという記録もある。なおこの協定によって、アイヌと和人の間に住みわけが確定し、松前を中心にした「和人地」（租界）の形成に向かいはじめる。

尾張の末盛城〈愛知県名古屋市千種区〉を本拠にしていた織田信秀が四十二歳の働き盛りで急死し、その子信長が十八歳で家督を相続して、父親のやり残した尾張統一事業を継続していくことになった。信長は遺産も家系も継承を拒否し、父親の本拠であった末盛城を家臣もろとも弟の信行に与えて、なにも持たないところから、尾張統一へ動きはじめた。伊勢湾から琵琶湖にかけての伊勢、尾張は、かつて百済系の入植者たちによって近江（淡海）を迫害追放された天の王朝系の古代海人族系の人たちが多く移り住んだところで、この人たちが天の王朝復活のために力になることを信長は確信していたふしがある。

フランシスコ・ザビエルがポルトガル船で豊後日出《ひじ》港を出航してインドのゴアに帰った。

1,553

武田晴信に攻められて困っていた北信濃の豪族たちが、越後の長尾景虎に助けを求めた。長尾景虎は自分の根拠地であった春日山一帯〈新潟県上越市〉とその領国が危機にさらされないうちに手を打とうと信濃へ出陣した。

北条氏康が川越城を足場にし、さらに上野国の平井城にたてこもっていた上杉家の山内憲政を越後に敗走させた。氏康が平井城のあった平井村の長吏九郎左衛門を頭に率いられた長吏集団を相模国小田原の長吏太郎左衛門の手下に組み入れたところ、九郎左衛門がそれを不服として訴訟に及んだ。

東シナ海や黄海周辺を荒らし回って「倭寇《わこう》」と呼ばれた海賊が、このころ急激に増えた。そうした海賊の襲撃に備えて沖縄本島の那覇港口に屋良座森城《やらざもり》が築かれた。

武田晴信と長尾景虎が川中島で第一ラウンドを戦う。全面衝突ではなく、戦況は武田軍に不利であったものの、互いに放火しあって終わったようなものだった。この戦いののち、越後の長尾景虎はかねてより念願だった上洛を果たし、天皇から盃と剣をもらい、越後および隣国の敵を平定せよとの命令を受けた。

1,554

北条氏康の娘が今川氏真《うじまさ》に嫁ぎ、武田晴信の娘が北条氏政に嫁いで、武田・今川・北条の婚姻関係による同盟が成立した。背後から攻め込まれる心配のなくなった武田晴信が再び信濃に侵攻した。

1,555

駿府で人質暮らしを送っていた松平竹千代が十四歳で元服し、今川義元の「元」の字をもらって「松平元信」と名乗り、三河の先住系エタ勢力とたもとを分かつと、じきに「松平元康」と改名した。

武田晴信の指揮のもと武田勢が信濃国をほぼ制圧した。越後の長尾景虎が川中島に出陣した。両者にらみあったまま戦局は膠着状態となり、駿河の今川義元の調停で、講和が成立して両軍は兵を引いた。第二ラウンドは、両者疲労困憊しての水入りということになった。長尾景虎の軍は

1,556

越後に帰国する際に信濃善光寺本尊の阿弥陀如来像と仏具を春日山城近郊の善光寺浜〈上越市〉に移した。善光寺浜には信濃からの移住者が多く住み着いた。

敵から攻撃されたときに備えて守りを固めることに心血を注いだ琉球王の尚清《しょうせい》が五十九歳で死んで、その正室の子、尚元《しょうげん》が、すったもんだのあげくあとを継ぐことになった。

密貿易商の王直《おうちょく》は、このころ五島列島を根拠地として、平戸に豪邸を構え、かの安倍宗任《むねとう》の末裔とされる松浦水軍ともナアナアの間柄におさまって、相変わらず数百隻の船団と二千人近くの部下を率い、大陸や朝鮮半島沿岸を荒らし回って「大倭寇《わこう》」などと呼ばれていたが、特別にこの年は明や朝鮮の被害が大きく、問題も深刻化していた。

北条氏康が川越地方の統一検地を実施した。

長尾景虎が突然引退を表明したが息子の慰留により引退を取り消した。越後が混乱していると見た武田晴信が、川中島での第三ラウンドに向けての道を確保するなど準備を整えた。

平井村の長吏九郎左衛門とその一党が、北条氏康により上野国から追放された。北条氏が江戸湾を挟んでにらみ合っていた里見氏と洋上で激突した。三浦三崎の海戦といわれる戦いで、このときの北条側水軍には、伊豆の海賊衆だけでなく、太平洋岸海人族黒潮ネットワークを通じて紀伊半島熊野の海賊衆たちも招かれて援軍として参戦していた。

尚元《しょうげん》が二十九歳で即位して琉球王になった。倭寇《わこう》が那覇に攻め込んだが、琉球の兵たちがこれを迎え討って撃退した。

雪が深いうちは長尾景虎も兵を動かせまいと武田晴信が北信濃に侵攻し、飯縄、戸隠を落として、善光寺も勢力下に入れた。長尾景虎が越後から信濃に入り武田勢を牽制した。晴信は善光寺本尊の阿弥陀如来像などを今度は甲府に移すことにし、善光寺の関係者らも甲府に移住させることにした。

十六歳になった松平元康が、今川一族の関口親永《ちかなが》の娘である瀬名姫と政略結婚させられた。織田信長が弟の信行を殺した。

明国の浙江総督がマフィアのボスであった王直《おうちょく》を捕らえようと使者を五島に派遣して「交易を許す」という条件で帰国を勧告した。使者が王直の母や妻の手紙も持っていったので、王直もこの年、千人ほどの部下を連れて帰国したものの、その場で逮捕拘禁された。

琉球が奴隷として売られてきた中国人を朝貢の船に便乗させて福建に送り返した。武田晴信が富士浅間大菩薩に、北条氏政の妻となった自分の娘の安産を祈願した。

松平元康と瀬名姫の間に長男が誕生した。元康は長男に「竹千代」という幼名をつけた。のちの「信康」である。このときすっかり今川一門になりきっていた松平元康の警護役の中に、伊賀者の忍者の服部半蔵正成がいた。

尾張サンカの子、幼名日吉丸の木下藤吉郎が、織田信長のもとに仕えた。信濃の善光寺の本尊の如来さまが甲府に到着して、甲斐国中の人々が大喜びし、翌月には甲府善光寺の建設も開始された。

バスク人のフランシスコ・ザビエルが中国にならも魔女がいるだろうと、今度は明〈中国〉へ潜入を企てたが、船中で肺炎に罹って倒れ、ポルトガル船のサンタ・クルス号から山東省に移されたがそのまま世を去った。五十三歳だった。遺体はそのまま山東省の生石灰の中に埋められたが、二か月後に掘り出されてマラヤに送られた。しかし法王庁も、ポルトガルの総督も、ザビエルの遺体はインドのゴアに埋葬するように命じたので、さらに数年後その遺体はゴアに送られることになる。

各地で凶作や飢饉から離村する農民が増加しつつあった。そうした耕すことをやめた農民たちは各地に生まれつつあった城下町に浮浪の民となって流入した。権威が弱くなりつつあった室町幕府の、その将軍の足利義輝が長尾景虎と武田晴信の和議をはかったが、晴信ははなから取り合わなかった。

この年の奥書のある諏訪社下社の『名社物忌記《ものいみき》』に「人のくいきりたるものは当日のけがれ」「馬うしのたおれたるを取てすてたるものは当日のけがれ、かわをはぎたるものは五日のけがれたるべし」というタブーについての約束事が記されている。

織田信長が上洛し、将軍足利義輝に面会した。密貿易商人の王直《おうちょく》が明国で斬首刑となった。北条氏康による江戸の支配が確立した。北条氏の支配下に相模国小田原の太郎左衛門という長吏がすでにおり、それが理由で武蔵国の江戸沼田庄〈東京都足立区〉の長吏の弾左衛門が北条氏によって役を解かれたため、それを不服として訴訟を起こした。しかし弾左衛門の抗議は受け入れられず、彼は江戸を追放された。江戸の長吏として小田原の太郎左衛門の息のかかった長吏が任命された。

江戸の弾左衛門という名前が歴史に登場してくるのはこれが最初であるが、その祖先は源頼朝が鎌倉釜利谷別所の長吏の娘の「菜つみ御前」に産ませ、政子の目を恐れて、六浦の白山堂の修験者に江戸平川へ連れていかせた弾左衛門頼兼であるとされる。また相模国小田原の長吏太郎左衛門は、この当時、西上州砥沢《とざわ》村〈群馬県南牧村〉から産出される砥石の売買する権利も独占的に握っていた。砥石は刀を研ぐための必需品で、皮革と同様に貴重な軍事物資で、この砥沢村は、当時関東で唯一の砥石の産地として知られていた。

北条氏康が四十五歳で「北条領国」を完成させてリタイアし、息子の氏政が二十二歳で家を継いだ。長尾景虎が兵五千を率いて上洛し、上杉家の養子となって関東管領職を継ぐことを将軍足利義輝から内々に許可された。武田晴信が出家して「信玄」と号し、長尾景虎が留守の間に北信濃をほぼ手中に収めたあと、越後侵攻を考えはじめる。

1,560

富士山噴火。相模・武蔵・伊豆で気候不順による凶作。松平元康の長男「竹千代」が世良田二郎三郎元信の組織する集団に誘拐されたという。今川義元が大軍を率いて上洛を企てたあげく、尾張の桶狭間で織田信長に敗死した。「竹千代」の父親の松平元康は、十九歳で今川義元の軍に加わっていたが、今川方が敗れるとそこから離脱して三河に戻り松平の当主となった。越後の長尾景虎が正式に関東管領となるために上杉憲政を奉じて関東に出陣した。武田晴信（信玄）は川中島を拠点にし、夫人の妹が石山本願寺顕如の妻である関係を利用して、本願寺と連絡を取り、加賀・越中の一向宗門徒に、長尾景虎が不在の越後をねらわせて、混乱を引き起こそうとした。

1,561

三河岡崎の領主である松平元康が、織田信長を攻めるために一万の兵を率いて守山城に陣をしいたものの、家臣の安部弥七に殺されてしまったようだ。実は、このとき松平元康を殺害した弥七は、野武士と忍びの集団を率いる世良田二郎三郎元信の手の者だったともいわれるが、いずれにせよここで、世良田二郎三郎元信が、人質の「竹千代」をもって当主に立てる条件を突きつけ、自ら松平元康になり代わって、松平家を乗っ取ったのだとするという言い伝えが残されている。服部半蔵正成《まさなり》がのちに家康となる松平元康（を演じる世良田二郎三郎元信）と太い絆で結ばれたのもこのころだ。そして、生まれ変わった松平元康が織田信長と和睦する。

越後の長尾景虎が大遠征をして相模国に侵入し、放火・殺傷・略奪の限りをつくして北条氏康を小田原城に包囲。氏康が籠城作戦を取ったので、そのまま鎌倉に引き返すと、今度は相模侵攻の本来の目的であった鶴岡八幡宮で上杉家を継ぎ、上杉憲政の「政」を名前にもらうとともに、関東管領就職拝賀の式をあげて正式に「上杉政虎謙信」となり、すっかり満足して帰国した。その後、大軍を率いて信濃に入った上杉政虎（謙信）は、武田晴信（信玄）と川中島で第四ラウンドを戦った。武田晴信（信玄）の弟の信繁がこの戦いで戦死したが、実質的な勝利は晴信（信玄）にあった。しかしそれでも上杉政虎（謙信）も負けたとは思ってはいないような、くんずほぐれつの戦いだった。この年の暮れ、上杉政虎（謙信）は、将軍義輝の思い付きから「上杉輝虎」と改名した。

この時代の戦闘は一面では情報戦の占める割合もことのほか大きく、有力な戦国大名はみな歴史の表に出ることのない忍者集団を使っていた。小田原北条氏が扶持する集団は足柄山に拠点をおいて鎌倉の歴史を背後で操ったあの相州乱波《ラッパ》の風魔党で、頭目を風魔小太郎といい、配下が常時二百人ほどいて、彼らは飯綱明神を信奉する修験山伏たちでもあり、山賊・海賊・夜討・強盗でもあった。相模国〈神奈川県〉は山間部に全国で最も飯縄（綱）神社の多いところだが、それは風魔の修験が祀ったものとされる。また甲斐の武田晴信（信玄）はといえば「三ツ者」と称する一団を抱えていた。「三ツ者」とは「相見・見方・目付」の三つの職分をいい、それぞれ「諜報・謀略・監視」とされた。とりわけ「監視」は、自軍にたいするものだったらしい。部下たちの動向の監視である。また、晴信（信玄）は「素破《スッパ》」と呼ばれる、富士山や、駒ヶ岳や、戸隠山や、飯縄山や、御嶽山などの修験者や山伏や御師たちも、その行動力から活用した。上杉謙信のところにも「軒猿《のきざる》」と呼ばれる集団がいたし、もともと謙信自身が密教信者だったために、出羽三山や、弥彦山、黒姫山などの修験山伏たちも間者として利用された。

1,562

織田信長と松平元康が清洲城で同盟を結んだ。松平元康が伊賀忍者の服部半三保長とその子の服部半蔵正成を介して、一説には二百人ともいわれる甲賀者を雇い入れた。琉球から堺へ三絃（蛇皮線）が持ち込まれた。

1,563

松平元康が今川氏真《うじざね》と絶交して「家康」と名前を改め「二百人の忍者と駿府勢」を引き連れて三河に乗り込んだ。秋になると、三河で一揆が起きて、三河の国侍である家康の諸将や、今川氏占領時代に布教された浄土真宗の門徒たちまでもが一致団結してこれに加わった。もし故郷に帰ってきた「家康」がほんものの「松平元康」だったなら、こんな事は起きなかったかもしれない。またこの一揆は、エタと呼ばれた旧蝦夷《エミシ》系先住民の末裔による武装蜂起の一面もあった。

イエズス会のルイス・フロイスが西彼杵《にしそのぎ》半島の横瀬浦に日本の第一歩を印した。フロイスはこのとき三十一歳だった。

1,564

上総でくすぶっていた里見義弘が失地回復を目指して下総に反攻をかけ、北条軍と激戦になった。はじめは里見氏の方が勢いがあったが、やがて北条氏が盛り返して、最後は北条氏の大勝となった。北条軍は敗走する里見軍を追撃して上総に攻め込み太平洋岸の勝浦城を落とした。

松平家康が武力で三河の一揆を鎮圧し、三河において一向宗を禁止した。織田信長が犬山城を攻略して尾張一国の統一をほぼ完了した。

長尾景虎改め上杉政虎改め上杉輝虎こと上杉謙信が、越後の弥彦神社宝前や、信濃更科郡の八幡社に願文をささげた。それらの願文の中で「実の親である武田信虎を国から追い出して牢道・乞食におよばせ」だとか「鳥獣すら父子の礼というものがある。いわんや人の道においてをやだ。実の父親を追放した恥知らずの武田晴信は仏法の敵なり」などと書いた。この年、川中島の戦いファイナル・ラウンド。両者はにらみあったまま二か月ほどを過ごしたが、全面的な激突にいたることなく、両者は矛を収めた。これ以後二人が激しく戦うことはなかった。

1,565

この年の春、ルイス・フロイスが京都にやってきて布教を開始した。三好義継がスペイン人宣教師のフロイスらを京都から追放。

1,566

毛利元就《もとなり》が月山富田城を陥落させ尼子一族を滅ぼした。三河を統一した二十四歳の松平家康が、松平は新田氏の支族である徳川氏の子孫なので、本姓に戻したいと奏請し、勅許を得て改姓し「徳川家康」となった。どういうことかというと、家康の先祖は、上野国新田郡世良田庄、得河郷生まれで、南北朝の戦乱が終わるころに乱を避けて出奔し、時宗の僧となり「徳阿弥」と称して諸国を遊行の途中、三河国賀茂郡松平郷〈愛知県豊田市松平町〉の富豪の松平太郎左衛門の家で、人物を見込まれて入り婿となり、還俗して家督を継いだ人物だったというのである。ご存じのように上野国新田郡世良田庄得河郷は、侍の時代がはじまったころには一大俘囚《ふしゅう》郷だった。

1,567

岡崎三郎信康（あの世良田二郎三郎元信にさらわれた竹千代）が、家康の長男として織田徳川同盟のために信長の娘五徳と結婚させられた。織田信長が、斉藤龍興を稲葉山城から追い出し、「稲葉山」を「岐阜」と改めて、そこに入った。そして「天下布武」の理想を明確に指し示した。明智光秀が足利義秋（義昭）の臣下となった（明智光秀についてはこれ以前の歴史はよくわからない。生地、生年月日、両親の名前、確かなものがなにひとつない。とにかく不思議な人物なのである）。『高野山宝寿院文書』にこの年の奥書のある「三家者《さんかもの》の位牌の書き方」を示したものがあり、その中に「三家者」とは、藁履《ぞうり》作り、坪立て、弦差《つるさし》などのことで、もともとは「坂の者」といったとある。

この「坂の者」とは、漂泊民、傀儡《くぐつ》、浮浪民などのことで、定住生活をせずに各地を渡り歩き、村や町の河原などの空き地にテント・ハウスのようなものを立ててそこをとりあえずの住居となし、その村や町の住民のために警備警察の事務をおこなったり、あるいは便利屋として労力を提供したり、遊芸など他の雑職によって生活していた人々のこと。彼らはどこで生活しているかによって、河原者とか、坂の者、野の者、山の者、谷の者、原の者などと呼ばれた。この中の「坂の者」が、上方の訛りで「サカンモノ」となり、さらに反転する格好で「サンカモノ」「サンカ」となったのかもしれない。サンカは、「ミツクリ」「ミナオシ」「オゲ」「ポン」などとも称し、山奥や河原のセブリという川べりの仮小屋に暮らし、ヤマメ、マス、コイなどの川魚やドジョウ、ウナギ、サンショウウオを巧みに捕らえて食したり売ったり、亀、スッポン、蛇、マムシ、カエル、ガマ、イモリも捕まえた。箕《み》、簑《みの》、篭《かご》、ツヅラなどの竹細工、修繕、下駄表、箒《ほうき》、ササラ売り、風車《かざぐるま》売り、猿回し、鋳《い》かけ、物もらいなどを生業としていた。「オゲ」というのは川魚漁具の名前だというし、「ポン」は「スッポン」からとられたという。

1,568

織田信長が明智光秀の口利きで足利義昭と知り合い、義昭を奉じて京都に入って、摂津・和泉などに矢銭を賦課し、諸国の関所を撤廃した。信長の支援を受けて義昭が第十五代足利将軍となった。ポルトガルの宣教師を引見したあと、信長は南蛮寺を京都に建てさせ、近江国の伊吹山に薬園を開いて、ヨーロッパの薬草を移植させた。甲斐の武田晴信が駿府に侵入し、今川氏真《うじざね》は遠江の掛川に逃げた。北条氏が駿河に出兵した。

1,569

北条氏の援助を得て今川氏真《うじざね》は駿河に戻り、北条氏政の子の国王丸を養子にして駿河を譲り、遠江掛川城を徳川家康に譲って、ここに実質的に今川氏は滅びた。北条氏は、武田晴信（信玄）と対抗するために「敵の敵は味方」という法則にならって、上杉輝虎謙信に和睦と同盟を求め、氏政の弟を輝虎謙信の養子とすることで双方合意した。

これに頭に来た武田晴信（信玄）は、碓氷峠を越えて上野国に入り、そのまま南下して北条氏邦の守る武蔵鉢形城〈埼玉県大里郡寄居町〉を囲み、さらに北条氏照の武蔵滝山城〈東京都八王子市〉を攻撃、なかなか落ちなかったのでそのまま兵を進め相模国を南下して北条一族の拠点である小田原城に迫ったが、籠城作戦にあって数日してそこを撤退、今度は相模を縦断して津久井郡から山間部にわけ入って甲斐に帰ろうとした。北条軍はそれを追って三増《みませ》峠〈神奈川県愛川町〉に迫ったがここで大敗を喫し大打撃をこうむった。翌月には晴信（信玄）は再度駿河に侵攻して駿河国の主要部分を手に入れて、甲府に戻った。宣教師のルイス・フロイスが二条城に織田信長を訪問して金平糖をプレゼントしてとりいり、京都居住を改めて許可される。金平糖以外の手土産としては「武器」「弾薬（硝石）」などがあり「商船艦隊の提供」も持ちかけたという。

1,570

織田信長と足利義昭の関係が悪くなる。明智光秀は義昭を見限り信長に仕えた。武田晴信（信玄）が富士浅間大菩薩に北条氏康と氏政の滅亡を祈願した。この年、駿河東部や伊豆国といった富士山のよく見えるところで晴信（信玄）は北条一族にたいして国取りの激しい攻撃を仕掛けた。

1,571

伊豆の黄瀬川で北条と武田が対陣したとき、風魔一党と武田側の素破《スッパ》は、水面下でかなり熾烈な争いをしたとされる。おそらくこのころが風魔小太郎が北条氏を裏で支えるために最もよく働いた時期であるだろう。『北条五代記』によれば、風魔小太郎は「身の丈七尺に余ること二寸、手足の筋肉あらあらしくコブ立ち、眼は逆さまに裂け、口は大きく、黒髪におおわれ、牙が四本、外むきに出ていた。頭は福禄寿に似て長くそばだち、鼻が高い。大声を発すれば、五十町も先に届き、ひそめれば不気味にこごもった」とある。そうとうな異形の持ち主だったらしい。風魔党は「山賊」「海賊」「強盗」「竊盗《ほそりぬすっと》」の四つの集団に分かれて行動したとある。織田信長と「石山本願寺の一向宗門徒」こと「石姫山《いわひめ》に樹立されていたエタの臨時革命政府」とが全面戦争に突入した。信長は、この石山本願寺一向一揆攻めの途中、難波の神崎川・中津川の湿地帯で、朝もやの中、援軍を装って近づいてきた雑賀孫市《さいがまごいち》の鉄砲集団に狙われて肝を冷やしている。

武田晴信（信玄）は深沢城〈静岡県御殿場市〉を攻め落としたあと、なにを考えたのか進む方向を転換して遠江、三河に攻め込んだ。晴信（信玄）は織田信長や上杉輝虎謙信を牽制したり動きを封じるために、一向一揆を陰で操り、大坂本願寺との連携を密にした。たてまえとほんねの違いがあまりにも大きすぎるとして仏教の僧侶をことのほか嫌った織田信長が、比叡山延暦寺を焼き払った。隠居の身の上だった北条氏康が死ぬと、あれよあれよというまに北条氏と武田氏との間で和睦交渉が進んで年末には和議が成立し、そうなると「昨日の友は今日の敵」で、北条氏と上杉氏との同盟も破棄され、北条氏政と上杉輝虎謙信は絶交状態に。明智光秀が信長より近江滋賀郡の所領を与えられ坂本を居城にした。

奄美大島で与湾大親《よわんおおや》らが再び反乱を起こし、琉球王の尚元《しょうげん》がこれを制圧した。

1,572

琉球王の尚元《しょうげん》が四十五歳で死んで、その子、尚永《しょうえい》があとを継いだ。足利幕府の将軍義昭が甲斐の武田晴信（信玄）に「軍事行動を起こして天下を静めるために尽力せよ」と命令した。武田晴信（信玄）が南信濃から遠江へ侵攻し、浜松城を出て迎え撃とうとした徳川家康と対戦してこれを撃破した。命からがら浜松城に逃げ帰った家康を討つべく、晴信（信玄）は天竜川を渡って秋葉街道から三方原《みかたがはら》に入った。織田信長の援軍が家康側に加わってそこで合戦となったが、ここでも晴信の軍は圧倒的な勝利をおさめた。武田軍は三方原で年を越した。

1,573

武田晴信（信玄）の軍が三河の野田城を陥落させた。織田信長によって将軍の足利義昭が京都から追放されて足利幕府が滅亡した。武田晴信（信玄）が伊奈の駒場〈下伊那郡阿智村〉の陣中において急死した。五十三歳だった。暗殺という話もある。殺したのは信州の山人集団の忍びだとまことしやかに伝えられているが、真相は闇の中。武田晴信は死後戒名で「武田信玄」を名乗るのだが、死後影武者が立てられて、三年間も死んだことが隠された。木下藤吉郎が、織田信長の重臣である丹羽長秀の「羽」の字と、同じく重臣である柴田勝家の「柴」の字をとり、ふたつを合成して「羽柴」という苗字を作りだし、「羽柴藤吉郎」を名乗りはじめる。織田信長が近江国椋《むく》の木峠で狙撃された。鉄砲を放ったのは甲賀一の鉄砲の名人といわれた忍者の杉谷善住坊で、暗殺を命じたのは佐々木（六角）承禎《しょうてい》といわれる。善住坊は信長軍に捕らえられ、肩まで土中に埋められて、竹鋸で首を挽かれ、七日目に絶命した。

1,575

琉球の使節が薩摩への朝貢の土産に焼酎を持ってきた。武田信玄の息子の武田勝頼が三河国に攻め込んだが、長篠の戦いで織田信長と徳川家康の連合軍に敗退し、ほぼ致命的ともいえる打撃をこうむった。織田信長が越前国の一向一揆を武力で鎮圧。本願寺の顕如が信長と和睦した。

1,576

織田信長が安土城を構えた。ポルトガル船がトウモロコシを長崎に持ってきた。

1,577

中日本布教長になっていたルイス・フロイスが、その職をイタリア人のオルガンティーノに譲って豊後に退き、大友氏の領内で布教事業にあたった。北条氏政の妹が武田勝頼に嫁した。織田信長が紀伊国に出兵し、土豪、国人衆、一向宗の門徒である農民たちが引き起こした雑賀《さいが》一揆を、徹底的に攻め滅ぼして安土に帰還。安土城の城下が信長によって楽市とされた。信長は右大臣に任命された。

1,578

上杉輝虎謙信が病気のため四十九歳でこの世を去った。上杉家の二人の養子である景勝と景虎（北条氏政の弟）が相続をめぐって激しく争った。織田信長が天皇のために禁裏で相撲を興行した。陸奥の大浦為信が北畠氏の浪岡城を攻略した。遠州三河で地震が起きた。

1,579

上杉景虎が上杉家の相続争いに敗れて自殺した。安土城に天守閣が完成した。オルガンティーノ神父が、硝石（日本では産出しない火薬の原料で、この時代はキリスト教関係者が持ち込んでいた）の密売《ブッシング》と引き換えで安土にイエズス会の教会を建てた。北条氏直が安宅船《あたけぶね》と呼ばれる大型の軍艦――五十人が櫓で漕いで、五十人が弓や鉄砲を撃つ百人乗りで、船首には大砲が取りつけられ、船上には椋《むく》の厚板でおおわれた箱形の矢倉があり、敵弾を通さぬよう防御されている――を十隻を建造し、水軍の大型化を目指した。徳川家康の長男の岡崎信康が、信長に対する謀反の疑いがあるとして、岡崎城で切腹させられた。信康の最期をみとったのは服部半蔵正成だけだった。この報を聞いて三河国では夜になるとみんなが手拍子で踊りを踊る「踊り」が流行したという。むろん、そのとき半蔵が信康を密かに逃がしたという話もまことしやかに伝えられている。

1,580

イエズス会の日本巡察師としてヴァリヤーノが来日した。ルイス・フロイスが通訳を務めた。

織田信長に推薦され蝦夷島《えぞがしま》の下国愛季《しものくにちかすえ》（安東一族）が従五位上・侍従となった。明智光秀が信長から丹波一国を与えられた。長崎領主の大村純忠《すみただ》が、硝石が欲しくてキリスト教徒となったついでに長崎浦をイエズス会に寄進した。大坂石山本願寺の一向一揆がイエズス会に武器を提供された信長により武力で殲滅された。これはそれまでの五十年間にわたって石姫山《いわひめ》に樹立されていた先住民系蝦夷《エミシ》によるエタ臨時革命政府の崩壊を意味する。イエズス会はのべ三万人ともいわれる日本の婦女子を硝石と引き換えにマニラ経由でポルトガルに送ったと噂されている。信長が自分から右大臣をやめた。武田勝頼が甲斐から駿河に侵攻し、伊豆を目指して北条氏直軍と対戦した。北条氏直は外戚にあたる徳川家康と手を結んで関八州の兵を動員しこれを迎撃。黄瀬川（狩野川）をはさんで両軍はにらみあった。このときも再び風魔乱波《ラッパ》二百人が夜陰に乗じてすさまじいゲリラ戦を展開しその名を高めた。また北条水軍は大型軍船などを動員して沼津千本松原でも大勝した。

1,581

織田信長が四万六千の兵で、ほとんど独立した国となっていた伊賀を攻めた。信長はこの戦いに際して武将たちに伊賀侍の徹底的な殲滅と焦土作戦の敢行を指示していた。迎え撃つ伊賀侍の数は四千に満たなかった。そのころの伊賀の総人口ですら九万ほどだったから、投入された四万六千三百人の兵がいかに多かったかがわかる。戦いは七日間続き、ほとんどのエリアで織田軍が勝利した。地侍たちが最後まで抵抗を続けた柏原城も、ひと月後には落城した。甲賀の者たちは伊賀の救援をしなかったばかりか、信長の軍隊をわざわざ道を開けて領内を通過させている。徳川家康が、甲賀者を信長に服従させることを条件に、信長に甲賀を攻めるのを思いとどまらせたからだという。徳川家の甲賀支配はこの時期にその準備を終えていたのである。信長による伊賀攻めが終わったとき、伊賀全土は焦土と化していた。神社仏閣など奈良の昔からあったもののほとんどすべてが焼失した。新たに領主となった脇坂甚内安治は、信長の意を受けて残党や忍者の狩りだしを徹底的におこない、捕らえたものを斬首した。このとき多くの伊賀忍者が諸国に流民となって流出した。有名な石川五右衛門も、このときに伊賀を去った者の一人だった。織田信長が天皇から左大臣の官を提示されたが、信長は逆に天皇に攘夷を要請し、天皇に拒否されている。おそらくこのとき、信長の運命も決められてしまったのだろう。信長はヴァリヤーノ神父にキリスト教の学校を作ることを許可した。

甲斐の武田勝頼が織田信長と徳川家康に攻められて甲斐田野で自ら命を絶った。三十七歳だった。信長は家康に武田旧領のうち駿河一国を与えた。織田信長が上洛し、鯨肉を天皇に食べさせた。信長が自軍の武器庫であり火薬庫であった本能寺で――おそらくは伊賀の忍者集団によって

――爆殺された。織田信長享年四十九歳。遺体はどこにも見つからなかったという。信長を本能寺に攻めた明智光秀は信長の亡骸を徹底的に探すよう命じたが、髪の毛一本見つからなかったとされる。

羽柴秀吉が京都山崎の天王山で光秀軍と戦った。堺にいた徳川家康は信長暗殺のニュースを聞くと、京都へ向かうと見せかけて、大あわてで伊賀を越えて三河に帰りついた。明智光秀が安土城から小栗栖《おぐるす》へ逃げたところで農民に槍で刺し殺された。翌日になって小栗栖の別の農民が光秀のものとされる首を見つけて秀吉の本陣に届けた。だがこの光秀についてはさまざまな噂がある。小栗栖で殺されたのは彼の影武者で、ほんものの光秀は生まれ故郷の美濃国美山中洞《みやまなかぼら》に逃れて、そこで名前を変えて七十五歳まで生きたという噂。また、信長殺しの仕掛人は堺にいた「徳川家康」であり、小栗栖で殺されたのはやはり光秀の影武者で、光秀本人は伊賀の忍び集団に守られて落ち延び、のちに家康のブレーンのひとりである「南光坊天海」になったとするもうひとつの噂もある。

家康がなにくわぬ顔で軍勢を率いて駿河から京都に向かったが、途中で秀吉からの使者が光秀討伐を報じるや、矛先を一変して駿河から甲斐に侵攻した。北条氏は、信長の重臣で上野厩橋《くりやばし》〈前橋市〉に駐在していた滝川一益を追撃して上野国から信濃国に進出し、そこからさらに甲斐国へ兵を進めていた。そこで北条氏は徳川家康と正面からぶつかりあい、交戦は数十日に及んだが、やがて講和し、同盟関係を持つことになる。羽柴秀吉が山城を検地した。これが「太閤検地」のはじまりだった。大名に知行地を与え、土地と農民を支配させるためのもの、それが検地である。これによって各大名は土地の耕作権を本百姓に与えるのと引き換えに、年貢を徴収する権利を握ることになった。秀吉が京都の大徳寺で信長の葬儀を主催した。徳川家康が、まるで織田信長が死ぬのを待っていたかのように、三河における一向宗禁止を解除して、門徒の罪を許し、寺院の復活を許可した。

ヨーロッパでキリスト教徒によってグレゴリオ暦(太陽暦)が制定された。

1,583

天下統一に向かってしゃにむに突っ走っていた羽柴秀吉が北陸方面の平定を終えて大坂城に入った。そして「東は氏政(北条)、北は景勝(上杉)まではわしが平らげる」と啖呵を切った。秀吉は山城に続いて近江を検地した。その主たる目的は、雑色《ぞうしき》と農民を区別し、雑色を新田開発や荒れ地に封じ込め、本村に従属する支村、枝村として、集団的共同体的に位置づけることだった。琉球王朝が入貢し、名産の泡盛と焼酎が献上された。北条氏直が徳川家康の二女督姫と結婚し、北条・徳川同盟がここに成立した。高句麗系先住民の血を受け継ぐ真田昌幸が、山人たち——サンカ、木地師ら——の協力を得て信濃国真田郷の先住民居留地近くに上田城を築きはじめた。

1,584

徳川家康が、羽柴秀吉の兵と尾張長久手で戦い、これを破る。紀州や和泉の一向宗門徒たちが叛乱を起こした。秀吉が比叡山の再興を許可した。家康が秀吉と和睦し、次男秀康を秀吉の養子

1,585

としてあずけた。北条氏勝によって相模国鎌倉極楽寺の「ちょうり」（長吏）に任じられた源左衛門が、その役として毎年「板目皮《いためがわ》」十五枚を上納し、鹿、犬、牛、馬の毛皮の精製をする任を与えられた。「板目皮」は、革を火であぶったり膠《にかわ》を溶かした水に漬けたのちに木槌で叩いて固めた板革のことで、鎧《よろい》や刀剣の鍔《つば》などに用いられた。

羽柴秀吉が十万の大軍を和泉と紀伊に送り、雑賀《さいが》衆などの一向宗門徒や根来《ねごろ》衆の反乱——先住民系の反乱——を武力で徹底的に制圧した。指導者たちは処刑されてさらし首になり、生き残った者は卑しめられた。秀吉が京都の総見寺で千利休、津田宗及らと茶会を催した。どうしても征夷大将軍になりたかった秀吉が、織田信長に追放され出家して毛利氏に寄寓していた、前将軍の足利義昭改め源義昭こと昌山入道義昭に泣きついて、「源」の姓が欲しいので養子にしてくれるよう頼んだが、入道義昭に「氏も姓もなき卑賤の奴隷には譲れないものがある」として、ぴしゃりとはねつけられている。尾張サンカ出身の羽柴藤吉郎秀吉が関白になり、姓を「藤原」に変えた。津軽の大名の大浦為信が外が浜を武力で支配下に置いた。近畿東海地方にかけて大地震が起こり、沿岸を津波が襲った。京都の三十三間堂の仏像六百体がことごとく転倒した。

1,586

藤原秀吉がイエズス会の宣教師に明国を攻撃すると公言した。というより武器商人のキリシタンの口車にまんまと乗せられて、天下人を自認した彼がその気になったもの。強気の秀吉はまた息子の秀頼とともに京都東山の方広寺に大仏を建てはじめた。北条氏への抗議からか、武蔵国品川の農民たちが村から逃げ出した。京都や大坂の町に「千人斬り」が出没。徳川家康が秀吉の妹朝日姫を嫁にした。大坂城で茶会が催された。秀吉が自分の生母を家康の人質として三河岡崎城に送った。家康が大坂へ出向き従臣として謁見を受けた。家康が北条氏政への手紙で「秀吉に無条件に従う」ことを求めたが、東国の独立を画策する北条側は何だかんだといって家来となって傘下に入ることを拒み続けた。尾張サンカ出身の藤原秀吉が今度は太政大臣になり、朝廷から「豊臣」の姓をもらい受けた。

1,587

乱世にあって最強を誇った薩摩国の島津氏が、戦国大名としての自立性を消滅して豊臣政権の傘下に入った。豊臣秀吉が対馬の宗氏に朝鮮国王の来日を要求させた。キリスト教入信の強制、国外への日本人奴隷の売買を禁止し、ついでに牛と馬の肉を食べることも禁止した。キリスト教宣教師の国外退去命令が出された。肥後国で検地に反対する国人八百人、農民一万五千人が一揆を起こし、佐々《さっさ》氏の城を取り囲んだ。この抗議運動はたちまちにして肥後国全域に波及した。秀吉は九州、四国、中国地方の大名から援軍を集めてこれを平定した。検地に失敗したとして佐々成政《さっさなりまさ》は切腹させられた。聚楽第がほぼ完成したので、秀吉が大坂から引っ越した。千利休、津田宗及《そうきゅう》らを茶頭として、北野で大茶会が開かれた。

1,588

琉球王の尚永《しょうえい》が死んだ。豊臣秀吉が長崎浦を直轄地としてポルトガルの教会から取り戻し、佐賀の鍋島直茂を代官に任じて、長崎の管理に当たらせた。諸国に刀狩令と海賊禁止令を発布した。

1,589

琉球王尚永《しょうえい》のあとを尚寧《しょうねい》が継いだ。豊臣秀吉が琉球に参礼をもとめ、琉使が島津義久に伴われて上洛した。秀吉は駿河以西のすべてを制したことになる。そして北条氏にたいし秀吉が徳川家康を介して宣戦を布告。ただちに兵糧奉行以下小奉行十七人を任命し、米二十万石を来春早々に駿河江尻・清水へ海上輸送のうえ蔵をたてて貯蔵しておき進攻軍へ渡すこと、黄金十万枚で伊勢・尾張・三河・駿河で米を買い付け、小田原付近の港へ運ぶこと、馬二万頭分の飼料を用意して分配することなどを指令した。聚楽第の壁に落書きがあることが発見されて番衆が磔刑《はりつけ》にされた。京都東山の方広寺に三年前から建築中だった大仏が完成した。大仏は木造だった。この大仏を納める大仏殿の工事もはじまっていた。

1,590

十六万とも二十二万ともいわれるように、とにかくものすごい数の将兵を率いた豊臣秀吉が東征して、秘かに東国独立の可能性をも探っていた北条一族のたてこもる小田原を総攻撃した。徳川家康が陣中で南光坊天海とはじめて顔を合わせ、二人は昔からの知り合いのごとく意気投合して、天海は家康の一番信頼の厚い側近として仕えることになった。圧倒的な軍事力の差で北条氏直が降服した。北条氏政と氏照は自殺し、後北条氏がここに滅亡した。

秀吉が小田原城に入る。伊達政宗は参陣に遅れたという理由で所領が八十万石から五十万石に減らされた。津軽の大名だった大浦為信が南部信直よりも数日早く秀吉のもとへ駆けつけ、津軽の領主権を主張して津軽十郡のうちの三郡の朱印状を受け南部家から独立を果たして、姓を「津軽」に改めた。南部信直は、数日遅れたために南部七郡だけの領有となった。安東実季《さねすえ》に連れられて、安東氏の大名である――渡党《わたりとう》の――五代目の蛎崎慶広《かきざきよしひろ》が上洛し、「狄の島王《えぞ》」として認められたというが、実際は「狄の嶋」の様子を報告しただけかも。慶広はアイヌを同行させていて、ポルトガル人の神父イグナシオ・モレイラがこのアイヌと面接し、のちに「日本人が蝦夷《えぞ》といい、土着のものがアイノモソリと称している」と『蝦夷人の島』という本に書き残した。

秀吉は北条氏の領地だった関東六か国――伊豆・相模・武蔵・上野・上総・下総――を徳川家康に与えた。

小田原の城が落ちた際に、北条から扶持を得ていた者たちの多くが職を失って江戸の町に流れ込んだことは間違いない。北条を裏で支えた相州サンカの集団風魔党も、小田原を捨てて江戸に拠点を移した。

源氏に憧れ、頼朝をヒーローとしていた家康が関東に入った日、武蔵国府中で古くより源氏御用達の弾左衛門が家康を出迎え、その場で長吏支配と役儀を命じられたという記録がある。しかし家康が江戸に入るときに府中を通っていないために、この記述を疑問視する声もないわけではない。だがこのころ、弾左衛門が江戸の長吏の職をめぐって小田原の長吏太郎左衛門と家康の前で争ったことは間違いないだろう。太郎左衛門は北条氏直から与えられた証文を提出したが、家康はもともと北条家の息のかかった者を一掃するつもりだったから、証文の価値を認めずに太郎左衛門を排除して、弾左衛門に長吏頭の職を命じた。相模国小田原の太郎左衛門は弾左衛門の支配下に組み込まれ、長吏小頭とされた。

家康は江戸入国の際、摂津国西成郡〈大阪市西淀川区〉の佃島の漁民を呼び寄せて隅田川河口の島に居住させ、紀伊の醤油醸造職人を下総野田に連れてきたし、伊賀の服部半蔵正成《まさなり》の配下にあった与力三十騎、同心二百人の伊賀組も、このときから江戸城の警備にあたることになった。伊賀組は麹町に住居が与えられ、半蔵は江戸城西門の前に屋敷を構えた。

秀吉が「奥州ひのもと仕置き」を断行した。「小田原の事は、関東・日の本までの置目にて候まま、干殺しに申しつくべく候」(五月一日付の豊臣秀吉の書状)。「日の本」は陸奥最深部及び北海道島の一部を指すと思われる。「干殺し」は兵糧攻めである。安東氏が秋田郡のうち五万二千余石の安堵を秀吉から得、秋田城之介を名乗った。家康が江戸城に入った。秀吉は意気揚々と京都に帰った。この年に秀吉が検地奉行に与えた命令は次のようなものだ。「もし検地に反対する者がいたら、それが城主なら城へ追い込んで斬り殺せ。百姓なら村のひとつやふたつなくなっ

1,591

てもかまわないから斬り殺せ」。秀吉が蝦夷島の蛎崎氏に出仕を要請した。北海道島の渡島《おしま》半島南端の松前地域を支配する蛎崎慶広が、「狄の島主」として京都聚楽第で秀吉に謁見した。朝鮮の通信使も聚楽第にやってきた。大坂の町に風呂屋が出現した。

ロシア人のコサックの一隊がシベリアに侵攻した。

豊臣秀吉が、前年に通信使のもたらした朝鮮国王の手紙が無礼だとして朝鮮出兵を決め、海に面した諸国に侵攻のための兵船を造らせた。また「琉球は日本の領土」として国王の尚寧《しょうねい》にも、薩摩の島津義久を通じて朝鮮出兵への協力を命じ、書面で、言うことを聞かなければ「全人民を焼き殺すぞ」と脅かした。秀吉は、日本列島における覇権を確立する目的で、朝鮮侵攻を踏み台として「唐入り」として明国の侵攻をもくろんでいた節がある。琉球王は明国との友好関係を重要視していた。尚寧は悩んだすえにさしあたって送れるだけの食糧を、前線基地のある肥前名護屋に送り届けた。

千利休が自殺した。七十一歳だった。京都東山の方広寺で奈良の大仏殿よりも大きな大仏殿の棟上げがおこなわれた。秀吉が身分令を出して、武士が新しく農民や町民になったり、百姓が田畑を捨てて商人や職人になったりすることを、村や町の連帯責任として厳しく禁じた。津軽国で九戸政実《くのへまさざね》が乱を起こし、蛎崎慶広《かきざきよしひろ》が、毒矢で武装したアイヌ三百人を引き連れて、征討軍に参加した。江戸の町に銭湯ができた。

1,592

小西行長の軍が朝鮮を侵攻し、一時は京城を陥落させた。しかし朝鮮の人たちのゲリラ活動も活発化し、さらには宗主国明の軍隊も出動し、制海権を失うなど戦況は行き詰まりを見せはじめた。秀吉の命令で朝鮮から三百人あまりの陶工が連れてこられ、彼らによって日本の焼き物を作る技術が大いに進歩したのだ。

1,593

朝鮮に攻め込んでいた小西行長が兵糧不足で闘えなくなり休戦。蛎崎慶広《かきざきよしひろ》が朝鮮出兵の前線基地である肥前名護屋で豊臣秀吉に謁見し大鷹を献上した。北海道が島ではなくて北方で大陸とつながっているという地理的な認識を持っていた秀吉が、朝鮮を背後から突くときのことを考えて蛎崎慶広を相手に朱印状を公布している。桧山《ひやま》（能代）安東氏の代官の地位に満足できなくなっていた渡党《わたりとう》のボス蛎崎氏が、安東氏からの独立を狙ったもので、この朱印状を与えられて以後、蛎崎氏はもはや安東氏の代官ではなく、独立の大名として「えぞが島」の支配者の地位を名実ともに手に入れた。

帰国した蛎崎慶広はこの夏、東の人一族と西の人一族のアイヌたちを呼び集め、「夷《えぞ》」が命令に背いたり、諸国往来のシャモ（和人）に猛悪なことをしたならば「関白秀吉が数十万の軍勢で追伐する」とアイヌ語に翻訳して読み聞かせた。松前藩の初代藩主におさまった蛎崎慶広が、肥前名護屋で徳川家康に謁見した際、「奥狄が唐渡の島から持ち来たった唐衣」を道服として着用していき、これを珍しがった家康の所望により、その場でただちに脱いでその蝦夷錦《えぞにしき》を献上したとされる。松前藩ではこの後も藩の存在を印象づけるために、アイヌたちから巻きあげる蝦夷錦を幕府に献上したり、各地の大名への贈り物に使った。

蝦夷錦とは、本来は中国江南地方で作られた独特の絹織物で、これが交易ルートにのって北のアムール川下流域から沿海州のツングース系の今でいうウリチ族やナーナイ族やオロチ族のもとへと運ばれ、さらにそこからニヴフ（ギリヤーク）族や、樺太アイヌ、蝦夷地のアイヌの手を経て和人のもとに届けられた。蝦夷から渡ってきた絹織物だから日本では「蝦夷錦」と特別に呼ばれたのだ。ニヴフ（ギリヤーク）族が隣のウルチ族を自分たちの言葉で「チャンタ」「ジャンタ」と呼んでいたことから、あるいはまたアイヌたちが彼らを「サンダ」とか「サンダウィンクル」と呼んでいたことから、和人の交易者たちがのちにそのアムール川下流域に暮らす人たちを「サンタン人」「山丹人」と呼称するようになるわけだが、この当時はまだ蝦夷《えぞ》地の向こう側にあるのは韃靼《だったん》という国で、そこには別の種類の蝦夷《えぞ》が棲んでいる程度に漠然と思われていたらしい。

秀吉が台湾の高山国に入貢を求めた。

1,594

朝鮮王が加藤清正に講和を求めた。明の商人によって甘薯の種芋が呂宋《るそん》〈フィリピンのルソン島〉から中国の福建省に伝えられた。ルソン島では島民がこれを長いこと国外に持ち出すのを禁じていた。

この年の八月二十四日の『山科言継卿日記』に「天晴れ。盗人・スリ十人。また一人は釜にて煎らる。同類十九人、八付《はっつけ》に懸かる。三条橋間の河原にて成敗なり」とある。この「釜で煎られた盗人」こそ石川五右衛門その人だった。実際は煎られたのではなく、「油で煮られた」のだという。

豊臣秀吉が、薩摩の島津義弘が朝鮮巨済島《コジュ》に出兵している留守に、薩摩、大隅、日向を検地した。

薩摩の検地が終わったので島津義弘が帰国させられた。

薩摩国指宿《いぶすき》でタバコの栽培がはじまる。近畿地方で大地震が起き、京都方広寺でも木造の大仏が倒れた。余震は翌年までおさまらなかった。イスパニアの船のサン・フェリペ号が、朝鮮出兵中の日本国内を撹乱するためか、嵐による漂着を装って土佐に来航した。その知らせに接すると秀吉はただちに乗組員救助の名目で同船とその満載の積荷――ノヴァ・イスパニア〈メキシコ〉に運ぶ明国の商品――を没収してしまった。あわてたサン・フェリペ号のスペイン人乗組員らは、京都にいたフランシスコ会の聖職者たちに相談を持ちかけた。その修道会員らは、事態を好転させようと、積荷のほとんどがマニラで生活している修道士たちのものであると秀吉に伝えた。秀吉はすでに自分のものと思っているものの返還要求に激怒し、「清貧を主張する修道僧のくせに、今になってあの船の積荷が自分たちのものだなどと主張するは片腹痛い。その者たちは悪党であり偽善者だ。余が禁じている恥知らずな宗教をあえて広め、大勢の者たちを改宗させた。彼らは余の側近にいながら、ことごとく余の意思に反して行動した。余の命令にそむいたゆえに、彼らの宗教を受け入れた者たちともども、長崎において投獄して磔刑に処せられることを望み、かつそれを命ずる」と言ったという。明国から送られた和平を求める手紙の文章が無礼だとして、明の使いが追い返された。秀吉が朝鮮への再度出兵を決めた。津軽（大浦）為信による津軽統一が完成された。伊賀組の統率者であった服部半蔵正成《まさなり》が五十五歳で死んで、その子正就（父と同じく「まさなり」と呼ぶ）が跡目を引き継いだ。スパイ活動をしていたキリシタン二十六人が逮捕され長崎で処刑にされた。

1,597

ルソン島〈フィリピン〉より琉球国に、のちに「サツマイモ」と呼ばれることになる甘藷が伝来した。豊臣秀吉の命により日本軍が再び朝鮮へ侵攻した。秀吉はまた、前年の地震で大仏が倒れてしまった京都の方広寺に、権力をかさに着てあの信濃国善光寺の本尊阿弥陀如来像を移させている。朝鮮の水軍によって日本水軍が大敗を喫した。ルイス・フロイスが、長崎のイエズス会修道院で世を去った。六十五歳だった。一年ほど前から片足が腫れて激痛に襲われ、手がしびれ舌がもつれるなどしていた。イタリア人商人のカルレッティ親子が、ノヴァ・イスパニア〈メキシコ〉、フィリピンを経由して世界周遊旅行のついでに長崎にやってきた。

1,598

「多くの人びとは、国主や領主が命じる自害すら行う。婦人たちも主人が命じたならば自殺もする。彼らの主君に仕える恭順さは、誰も皆、地位が高いというだけのことで、問答無用で家臣を殺すことができるまでに進んでいる。位がより上の者は、家来に対して、そして親方は下僕や奴隷に対して絶対的な権力を有している」

——フランチェスコ・カルレッティ『世界周遊談』の「日本」についての一節

「われらにおいては、人殺しは肝をつぶすことだが、牛や牝鶏や犬を殺してもどうということはない。日本人は、動物を殺すのを見ると肝をつぶすが、人殺しはありふれたことである」

——ルイス・フロイス『日本覚書』（異風で特殊ないくつかのことについて）の一節

イタリア人商人のカルレッティ親子が、十か月滞在した日本を離れてマカオに向かった。オランダ人がジャガタラ港から長崎に「ジャガタラ芋」と呼ばれることになるイモ、ジャガイモをもたらした。ポルトガル人は甘薯を持ってきた。豊臣秀吉が、善光寺から奪うように持ってこさせた如来像を信濃に返したのち、六十二歳で死んだ。朝鮮出兵が中止され、徳川家康らによって在朝鮮の諸将に撤兵の命が下された。諸将は戦争で殺した朝鮮の人たちの鼻を切り取って持ち帰った。持ち帰った鼻の数は二万を数えた。加藤清正が朝鮮から『医方類聚《いほうるいじゅう》』二百六十三巻を略奪してきた。

信濃国海津藩《かいづ》（松代藩）が「かわや惣頭孫六」なる人物に、毎年箒《ほうき》百本、鉄砲胴乱《どうらん》（鉄砲の玉を入れる革袋）十、鼻皮五間（馬の絆綱《はづな》五頭分）を上納するとともに、城を毎日掃除するよう申しつけ、さらに、領内の「惣革屋」へ「牢の番をするように」伝えるよう命じた。

1,599

北海道島の渡島《おしま》半島南部に松前藩が設置され、北海道侵略の拠点ができあがった。天下の大勢が徳川家康に傾いたと判断し、大坂城で家康に謁見した蛎崎慶広《かきざきよしひろ》が、その姓を正式に「松前」に改めた。慶広が大坂城西の丸で家康に「狄《えぞ》の島の絵図」をプレゼントしている。それによれば、松前と蝦夷《えぞ》は同一の「狄の島」の中にあり、さらにその向こうに蝦夷の住む大陸があることになっていた。家康も秀吉同様に朝鮮の北に蝦夷の国があると信じていたようだ。

1,600

鬼の棲む山といわれた津軽の岩木山が噴火した。オランダ船リーフデ号が豊後国に漂着し、イギリス人航海士ウィリアム・アダムスとオランダ人のヤン・ヨーステンが大坂に連行され、徳川家康に会わされた。日蓮宗不受不施派の開祖が対馬に島流しにされた。会津国の上杉景勝を討伐するために家康が諸将を率いて出陣。石田三成が、豊臣家を奉じて家康打倒のために兵を挙げ、天下分け目の関ヶ原の戦いとなる。津軽為信は東軍に参加した。このころの日本の人口はおよそ一千五百万から一千八百万人だった。薩摩国が琉球国からサトウキビを手に入れて試験的に栽培をはじめた。

1,601

徳川家康直属の関東総奉行が「弾左衛門」の名前を前面に押し出して、関東一円の皮革業者に皮を持ってくるように命令を出した。蛎崎《かきざき》改め松前慶広《よしひろ》が息子の盛広を上方に送り、ほんとうに家康が関ヶ原の戦いに勝利したのかを確認させた。

1,602

オランダがバタビア〈インドネシアのジャカルタ〉にオランダ連合東インド会社を設立して、そこをアジアの拠点とした。

1,603

徳川家康が「新田《にった》の流れをくむ——東国の——源氏の大将」として征夷大将軍に任ぜられて、江戸に幕府を開いた。目ざとい松前（蛎崎《かきざき》）慶広《よしひろ》がさっそく参勤して将軍の機嫌をうかがった。津軽では津軽為信が高岡（のちの弘前）の町づくりに着手した。江戸では浅草弾左衛門が仕切って日本橋を掛ける工事がおこなわれた。このころ江戸の町から見える富士山は山頂からしきりと白煙をたなびかせていたようだ。家康が入府するとじきに江戸も町作りが急テンポで進み、諸国から人々が次々と流入しはじめていた。

北条氏が滅亡したあと、相州サンカで乱波《ラッパ》の集団風魔党のチーフだった風魔小太郎らは、残党を率いてブームタウンの江戸に働き場所を求めた。働き場所といっても、風魔一党は盗むことが仕事だったから、江戸市中を荒らし回り、商家といわず、武家といわず、彼らはあたるを幸いと強奪し殺傷しまくり、押し入った家人を素裸にして褌までも取り上げたといわれる。江戸幕府は風魔小太郎に懸賞金を掛けて密告を奨励した。当時、ブームタウンでアナーキーな雰囲気の充満する開発最中の江戸市中を荒らし回ったのはむろん風魔党だけでなく、武田信玄に使われていた甲州素破《スッパ》の残党たちも、風魔と競うように盗賊を働いていた。風魔の頭目が風魔小太郎なら、甲州素破の頭目は高坂（幸坂・勾坂）甚内、あるいは下総の向崎に本拠を置いていたので向崎甚内ともいった。ともかくこの甚内が、風魔小太郎を、慶長大判十枚の懸賞金で売り飛ばしたのだ。風魔小太郎は江戸で逮捕され単なる盗賊として処刑された。出雲大社の巫女と称する阿国《おくに》が京都の町で歌舞伎踊りを演じてみせた。

1,604

奥州の港に琉球船が漂着した。徳川家康はその漂着船を琉球本国に送り返すとともに、琉球国国王に返礼の使者を江戸幕府に派遣するように命令した。しかし琉球側はその命令を無視した。そしてこれがのちに薩摩藩による琉球征服の口実となる。

松前（蛎崎）慶広《よしひろ》がまんまと徳川家康の黒印状を得て、蝦夷《えぞ》地のアイヌとの交易権を独占した。もっともその黒印状には「アイヌの人たちの行動は自由で、松前氏はそれに対していっさい口出しできない」と記されていたのだが、そのことがアイヌに伝えられたことはなかった。

松前藩の採用した政策の仕組みは、まず蝦夷島《えぞがしま》を「和人地」と「蝦夷地」に分け、その境に「番所」を置いて往来を厳しく取り締まることと、上級家臣に一定地域（商場《あきないば》）でアイヌと交易する権利を知行として分け与えることと、蝦夷地交易船の出入りを松前一港と限定して取り締まりを徹底して諸役を徴集することだった。のちに限定港は松前一港から江差と箱館を加えた三港体制へと拡大する。交易品は蝦夷側がまずなによりも砂金、それから鷹、鷲、鶴、熊の皮と肝《きも》、昆布、鮭、貝、ナマコ、干し鱈《たら》、鹿皮、椎茸《しいたけ》、ラッコ皮、アザラシ皮、蝦夷錦《えぞにしき》など。和人側は、まず鍋、針、包丁など鉄製品、米、酒、糀《こうじ》、糸、煙草、きせる、木綿など。

黒印状は以下のとおり。

定

一、諸国より松前へ出入の者共、（松前）志摩守へ相断らずして、夷人と直商売仕り候儀は曲事たるべき事

一、志摩守に断無くして渡海せしめ売買仕り候者、急度言上致すべき事

一、夷人に対し非分申しかける者堅く停止の事

右条々もし違背之輩においては、厳科に処すべきもの也。仍て件の如し

慶長九年正月二十日　御黒印

松前志摩とのへ

1,605

房総で大地震。大津波が安房、上総、下総の沿岸部や伊豆七島を襲う。このころから煙草ぷかぷかが大流行しはじめた。伏見城に吉田神道の神道家だった梵舜が招かれて徳川家康から「吉田神道の服忌（ケガレとタブー）」のことを質問されている。家康が征夷大将軍を辞し、徳川秀忠がこれに任命されて二代将軍となった。二代将軍が煙草を禁止した。伊賀同心二百人組の二百人が団結して、頭領服部半蔵正就《まさなり》の罷免と待遇改善を奉行所に要求して、四谷大木戸の笹寺にたてこもるという事件が起きた。どうも二代目の服部半蔵は親に似ず尻の穴の小さな人物だったらしい。配下の伊賀者を自分の家の普請に動員したり、文句を言う者は給米を減らすなどしたために評判がよくなかったのだ。この前代未聞の忍者たちのストライキは、正就の罷免と給与の改善を勝ち取って要求は実現したものの、首謀者として十名が捕らえられて死罪となった。逃亡した者のうち、二名は最後まで捕まらなかった。この二名がほんとうのストライキの首謀者だったとの説もある。この事件ののち、幕府は伊賀の忍者たちの団結に恐怖を覚えたのか、二百人組を五組に分割し、それぞれに組頭をおいて分断統治するシステムに切り替えている。組屋敷も麹町から四谷に移された。服部半蔵正就はその後仏門に入ったという。

琉球那覇の中国租界管理者の野国《のぐに》総官が、福健から甘薯苗を持ち帰り、儀間親方に贈り、栽培がはじまった。甘薯栽培は以後琉球の食糧問題の解決に大きく貢献した。野国総官は没後甘薯を持ってきた功績をたたえられて「芋大主《いもうふしゅう》」とたたえられた。

1,606

薩摩の島津義弘が琉球を仲介にして対明貿易に動いた。幕藩体制の一員となった島津家久が、徳川家康から「征琉」を許可された。松前（蛎崎《かきざき》）慶広《よしひろ》が「えぞが島の守」の権威を示すために福山館《だて》〈松前町〉を築いた。アイヌにたいしては「福山城」と呼ばせ、幕府には「館」と称したという。

このころ家康が「豊臣氏を倒したのは朝鮮の恨みを晴らしたことにもなる」と李氏朝鮮にたいして幾度となく国交の回復を要請し、そのたびに断られた。しかしあまりくりかえし要請されたので、最後には李氏朝鮮側も折れて「探賊使」という使節を派遣することになった。李氏朝鮮側は、秀吉の朝鮮侵犯に対する謝罪、王陵を盗掘した犯人の受け渡し、拉致された朝鮮人の送還の三点を要求し、徳川幕府はそれを受け入れた。

1,607

徳川家康が駿府へ引っ込んだ。津軽為信が京都で客死し、津軽家（旧大浦家）を子の信枚《のぶひら》が継いだ。ルソン島（フィリピン）在住の日本人がイスパニア人との喧嘩がきっかけで暴動を起こした。李氏朝鮮が日本から送られた国書に対する「回答使」を派遣してきて、豊臣秀吉の武力侵攻以来途絶えていた国交が回復された。朝鮮からの使節団は四百人を超えていた。使節には「捕虜送還の任務」も与えられていた。出雲の阿国《おぐに》が江戸に下る。

1,608

戦国の動乱で土地を荒らされ、家を焼かれ、生活の場を失った農民たちが、大坂や江戸に出ればなんとか生活できるかもしれないと、このころ大量に都市に流入し、空き地などでたむろして仕事を求めて放浪していた。こうしたホームレス状態の都市流民の「貧人」や「無宿者」たちを管理するために、三河国渥美村生まれで浅草大川端に居住する口入れ家業の車善七という男が、江戸町奉行から呼び出され、そうした貧人たちを監督せよと命令され、その仕事の見返りとして浅草鳥越に五百坪の土地を与えられた。この「貧人頭」はのちに「非人頭」と文字で記されるようになる。車善七は貧人の頭となり、数多くの流民を配下におさめ、手下となった窮民たちに「不浄物とり片づけ」と呼ばれる清掃事業を日常的な職務とした。徳川家康が駿府から女歌舞伎と遊女を追放した。

かねてより琉球の全面支配をたくらんでいた薩摩の島津家久が、伏見城で家康と会談を持ち、手土産の琉球産泡盛をあおりながら、琉球近年の無礼を理由に征討の許可をまんまともらいうけた。

1,609

薩摩の島津軍総兵四万一千六百余（うち鉄砲兵七百）による沖縄征服戦争が開始された。薩摩藩の兵船百隻あまりが奄美諸島を急襲した。奄美大島の北部にあった笠利に上陸し、政治上の中心地だった大笠利がまず陥落し、琉球王家の役人であった笠利大親の佐文が島津氏への服従を誓った。つぎに薩摩軍は南部の大和浜に再上陸し、西古見も陥落した。徳之島も、激しい抵抗戦の末に落ちた。鬼界島は戦わずして降服、沖永良部島も降服した。そしてつぎに沖縄が餌食になった。琉球王の近衛師団である久米武士団は、島津軍を感心させるほど勇猛果敢に戦ったものの、最終的に首里城は陥落し、白旗を掲げて降伏した琉球国国王の尚寧《しょうねい》は薩摩に抑留された。宮古と八重山に過酷な人頭税制がしかれた。このころ奄美大島でサトウキビ栽培が、翌年には黒砂糖作りがはじまったといわれている。

駿府〈静岡市〉の徳川家康の御殿の庭に、四肢に指のない人があらわれた。弊衣を着て、髪はばらばらに乱れており、青蛙を食べたという。どこからあらわれたのかまったくわからず、居所を問うと、ただ手で天を指すのみ。この「天から来た怪しい人」を警護の者たちが殺そうとしたところ、家康がこれを止め、城外に放ったが、その後の行方は誰も知らないという。

オランダが家康の許可を得て長崎の平戸に商館を開設した。家康が亡き豊臣秀吉の一人息子である秀頼に、地震で倒壊した京都方広寺の大仏と大仏殿の修復を勧めて、再建に着手させた。新しい大仏は銅でつくられることになった。

1,610

琉球国国王の尚寧《しょうねい》が薩摩藩の島津家久に引き連れられて、琉球の音楽部隊とともに鳴りものいりで、まずは駿河の駿府に出向いて、そこで徳川家康と会わされ、次に江戸に入り、江戸城の千畳敷きの間で家康の息子の徳川二代将軍秀忠に面会させられた。徳川家康の命令でオシャマンベ〈長万部〉付近のアイヌが松前藩をとおして幕府にはじめてオットセイの毛皮を献上した。

琉球王が日本に連行されている間に、薩摩藩による琉球全土の検地が終了した。琉球の総石高――悪鬼納《おきな》（沖縄）、伊江島、久米島、伊勢那島、計羅摩《けらま》島、宮古・八重山など諸島をあわせたもの――が八万九千八十六石と算定され、うち五万石が琉球国王の蔵入り地とし、残りを家臣の知行地として給付することになった。つまり、琉球が薩摩藩の島津氏によって征服され、監督下に置かれたのだ。それまでは沖縄諸島と奄美諸島を併せた広大な海域に散在する島々が琉球国であったのだが、与論島以北の奄美諸島（与論、沖永良部《おきのえらぶ》、徳之島、鬼界、奄美の島々）が薩摩に割譲させせられてしまった。

琉球王の尚寧《しょうねい》が薩摩から――琉球国中山《ちゅうざん》王として中国皇帝の冊封《さくほう》を受けて交易を継続するためだけの理由で――帰国を許された。琉球王国はこうして武力で江戸幕府による幕藩体制の枠内に組み込まれ、薩摩の付庸《ふよう》国（他国に従属しその保護と支配を受ける国のことで、いうならば属国）となって、貢物の義務を負わされ、徳川将軍の代替わりには慶賀使を、また天皇即位に際しては謝恩使を江戸に派遣することなどが定められた。

島津氏は奄美を直轄地として、はじめは奉行を、のちには代官を置いた。征服戦争の際に島津氏に抵抗した徳之島には、ひとつの島のために特別に奉行が設けられた。奄美や沖縄の島民に税を取り立てるための水田開墾が強要された。甘薯の栽培を沖縄で最初にはじめたあの儀間親方が、薩摩から木綿の種子を手に入れて、自分の屋敷内で試験的に栽培した。沖縄の人たちにとって、このときから、これまでの漠然とした大和が、大大和《おおやまと》（日本）と大和（島津）とに、はっきりと判別されるようになった。

ノヴァ・イスパニア〈メキシコ〉からセバスチャン・ビスカイノ隊長とソテロというスペイン人の宣教師が、貿易を求めて伊達仙台藩の領地を訪れてキリスト教を広めた。津軽信枚《のぶひら》が高岡〈弘前市〉に城を完成させた。石狩地方のアイヌが津軽海峡を渡って津軽藩の城下町となった高岡を訪れてニシン、干鮭、鷲羽などの交易をはじめた。この交易は十五年近く続けられた。

1,612

煙草の喫煙がまた禁止された。ルソン島〈フィリピン〉から甘薯が鹿児島坊津港に伝来し、「蕃薯」と呼ばれた。相模国小田原出身の、おそらくは風魔党の乱波《ラッパ》の生き残りと想像され、鈴が森八幡宮の前で茶見世をしつらえ遊女を抱えていた庄司甚内という男が、江戸の諸処に散在している遊女屋を一箇所にまとめ、犯罪防止と治安維持をかねる対策として、公認の遊廓設置を幕府に願い出た。天海が武州〈埼玉県〉川越の喜多院を再興した。

1,613

琉球国で沖縄各地の古謡を集めた『おもろさうし』第二巻が編集された。古い時代からこの時代まで数百年間の沖縄各地の古謡を集めたもので、その地域は北の奄美大島とその周辺の島々から、南は沖縄本島とその周辺の島々に及んでいる。うたわれているのは、古い伝説、天と地、星空、英雄、領主、戦争、酒宴、航海など、自然や生活の多方面にわたる。

伊達政宗の命令で遣欧使節の支倉《はせくら》常長が、宣教師のソテロらとともに陸奥月浦を八月に密かに出帆した。江戸幕府がキリスト教を禁止した。南光坊天海が徳川家康から日光山の支配権を与えられた。

風魔小太郎を売ったとされる元甲州素破で盗賊稼業の高坂(勾坂)甚内が捕らえられ、浅草鳥越の刑場で弾左衛門の配下によって処刑された。逮捕されたとき彼はオコリを罹っていた。オコリというのは「マラリア」のことだとされる。刑場へ引かれる途中、近くの橋のうえで馬を止めさせて、甚内は見物の衆に「オコリに罹っていなければ捕まらなかったものを、仇はオコリだ。おれが死んだら祀るがよい。オコリに苦しむ者たちを癒してやるぞ」と言い残したために、以後その橋は「甚内橋」と呼ばれ、彼の霊はオコリの神として祀られ、長く江戸の町民の信仰を集めたという(現在の浅草三丁目あたりにオコリ社はあったとされている)。

支倉常長を団長とする使節がアカプルコに到着した。このときの日本人使節の様子は、インディオ出身の記録官チパルパインの手で、スペイン語のアルファベットを使ったアステカ族の言語で報告書にしたためられた。

1,614

遣欧使節の支倉《はせくら》常長が火薬の原料となる硝石を欲しくてノヴァ・イスパニア〈メキシコ〉に入ったものの、しかしそこでは交渉ができずに、とりあえず太平洋を渡った船は陸奥に返して、一行は陸路アカプルコからメキシコシティを経て、さらに大西洋に足を伸ばし、今度はイスパニアの船で本国イスパニア(スペイン帝国)に向かい、バルセロナに上陸、イスパニアの新都マドリッドでは国王フェリッペ二世と直接談判したがこれもだめで、やむをえず再び船で地中海を越えてイタリアのチアタベッキアに上陸、ローマからバチカンへ入り、法王庁でローマ教皇パウロ五世に謁見し、そこで伊達政宗からの親書を渡して、ローマ市民権証書を受けて、まったく逆のコースをたどって帰国の途についた。

紀州九度山《くどやま》に幽閉中の真田昌幸、幸村親子のもとへ豊臣秀頼の使者で熱烈なキリスト教徒の明石全登《あかしてるずみ》が密かに訪ねてきて大坂城への入城をうながした。

この年の春、徳川家康は駿府の城で、私設の諮問機関である天海、金地院崇伝《こんちいんすうでん》、藤原惺窩《せいか》、林羅山《らざん》、神竜院梵舜らと連日作戦会議をしていた。その日、比叡山の僧侶たちがごきげんうかがいに来たあとで、天海が「比叡山学林院の下僕の二郎が天狗にさらわれて行方知れずになるという珍しい事件が起きた。十日ほどしてひょっこり帰ってきて言うには、この間、叡山次郎坊という天狗が、愛宕山太郎坊、鞍馬山魔王大僧正、彦山豊前坊、大山伯耆坊《ほうき》、上野妙義坊などに叡山へ参集するように触れてまわったので、各山の大天狗が集まるという話をした。山の大衆《だいしゅ》たちが不思議に思って、二郎と一緒に八王子三宮に行ってみたところ、晴天だったのがにわかにかき曇り、天も風も激しくなって、大粒のあられが降り頻るなかで、二郎がいきなり狂いだし、三宮の社殿の棟に飛び上がったかと思うと、いきなり軒端に転がり落ちたが、すぐまた爪先だって起き上がった。そのあやかしは、なみいる山の大衆たちにも乗り移り、社殿でさまざまな狂態を演じ、踊ったり、唄ったりするのを、遠巻きに見た者も多かった。そのうちに三十人ぐらいいなければとうてい持ち上がらない社殿の大扉が目に見えない手で、一丁も先に投げつけられたのが、あとで見ると扉には少しの損傷もなかった。また、空から拳《こぶし》ほどもある小石が雨のように降ってきて、一か所が丘のように高くなった」と報告したと『駿府記』にある。

京都や大坂のキリスト教徒――「邪宗門乞食」などと呼ばれた人たち――七十一名が津軽に配流になった。京都方広寺の大仏と大仏殿が完成した。この寺の梵鐘に「国家安康」の文字があることをみつけて頭に来た家康の命令で、大仏開眼供養が延期された。大坂冬の陣が起こる。下北半島田名部《たなぶ》に暮らしていたアイヌたちが南部氏の軍勢に加えられて参戦させられた。二か月後の年末には両軍が講和して大坂冬の陣が終わった。

1,615

真田昌幸・幸村親子が九度山《くどやま》を脱出して紀の川を下って大坂城に入った。大坂が再び兵を挙げた。しかし五月には大坂城が落城し、豊臣秀頼以下ことごとく自害し果てて、豊臣一族は滅亡し、夏の陣も終わったとされる。が、大坂城落城後、京都や大坂では「真田一族が秀頼を連れて鹿児島に逃げた」という風の噂が流れた。二十三歳だった豊臣秀頼は、かつて南朝の懐良《かねなが》親王が潜伏した谷山に暮らし六十八歳で死んだといわれているし、真田幸村は薩摩半島の端の浄門ヶ嶽の麓で修験者になったともいう。

まあ、それはそれとして、ひとまず長く続いた戦乱の時代は終わって、武家諸法度と禁中並公家諸法度が発布されて、天下太平が実現して、かつてなかったほどの封建政府が完成し、身分制度に基づく差別がかつてなかったほどに固定化されて、以後、急速に臨戦体制の解除が進んだ。

1,616

そのために軍事物資としての皮革の需要が急激に低下しはじめる。幕府の当面の関心事が徐々に戦争から町の治安対策に移っていく。その結果、かつて長吏集団が寺社に所属していたときに関わっていたもうひとつの仕事である「清掃人」「ガードマン」「仕置人」といった仕事に注目が集まるようになった。幕府が再び煙草の喫煙、売買、栽培を禁止した。陸奥（津軽と南部）で大凶作が起きた。

九州島平戸のオランダ商館が琉球より甘薯苗を取り寄せて菜園で栽培をはじめた。

この年、松前藩の松前（蛎崎）慶広《よしひろ》が大坂の陣に参戦するために出張中、松前の港にメナシ（東の人一族）のアイヌのチーフ・ニシラケらを乗せた小船が十隻ほどやってきた。チーフたちが持ってきたのはラッコの毛皮数十枚だった。その中の一枚に、普通のラッコのものとくらべると大きさといい毛の長さといいくらべものにならないぐらいに立派なもの——長さ七尺ほどの熊皮のように大きなもの——があり、チーフも「こんなものははじめて見た」と言ったという。このラッコの毛皮は、のちに息子の公広から慶広に渡され、慶広が再び徳川家康と駿河で会うときの土産とされ、家康をたいそう喜ばせた。

江戸幕府が煙草の栽培と人身売買を禁止した。つまり煙草栽培も人身売買も大いに広まっていたわけ。徳川家康が竹千代（家光）の元服の儀をおこなうよう江戸に使いを送ってから、駿河田中に鷹狩りにでかけ、田中城でゴマ油で揚げた鯛のてんぷらを食べて発病し、駿府城に戻ってそこで死んだ。七十五歳だった。その晩のうちに、遺体は駿府城から運び出され降り頻る雨の中を久能山に葬られ、家康の神道の師だった梵舜がその葬儀を吉田神道の仕法によりとりおこなった。南光坊天海が天台宗大僧正に選ばれた。ヨーロッパ人との貿易は長崎と平戸だけでおこなうことと決められた。

中国大陸の長白山東方、女真《じょしん》族のチーフ・ヌルハチが満州族を統一してさらに勢力を拡大し、自ら大祖皇帝と称した。

1,617

松前藩城下の東、楚湖《ソッコ》、大沢を皮切りに砂金の採掘がはじまった。ゴールド・ラッシュがはじまったのだ。ゴールド・ラッシュはシリウチ〈知内〉川、その水源の大千軒岳へと拡大していく。和人たちが目の色を変えて北海道島に渡るようになった。以後砂金掘りの数だけでも数万人を数えたといわれる。沖縄では琉球王の尚寧《しょうねい》が「日本化を禁ずる」という通達を出した。

前年没した徳川家康が東照大権現の神号を授かった。家康の遺骸が久能山から日光へ遷葬された。途中、霊柩は武州川越の喜多院に三日間留められて、南光坊天海が法要を営んだ。日光山への埋葬においても、天海の意見で、吉田神道の仕法ではなく、祀り方が山王一実《さんのういちじつ》神道に変更された。大坂平定を祝うことと、朝鮮人捕虜の送還のために、第二回目の朝鮮使節団がやってきた。ブームタウンであり、隊商の町キャラバンサライでもあった人と金と物と情報の集まる江戸では、あの庄司甚内に遊廓設置の許可が下され、江戸に日本橋葭原《よしわら》、いわゆる元吉原遊廓ができて、甚内が日本橋葭原遊廓の総元締めにまんまとおさまっていた。

出稼ぎに諸国の城下町に出てきたのはよいけれど、武家の奴僕に雇われるのを嫌って定職も持たず、故郷に帰るつもりもなく、その日暮らしを送る浮浪の徒が、山伏や修験となること、また山伏や修験のまねをして生活費を稼ぐことが幕府の命令で禁止された。

イエズス会の神父でシチリア人のジェロニモ・デ・アンジェリスが松前を経由して布教のために蝦夷《えぞ》地に入った。彼は「アイヌが大陸のタタール（韃靼《だったん》）の住民や中国人とまったく異なった風俗、習慣や社会生活をおこなっていて、両者には文化的交流がない」と蝦夷報告書に書いている。幕府による禁制令があるにもかかわらず、アンジェリスは松前（蛎崎）慶広《よしひろ》の子の公広にたいへん優遇された。松前公広はアンジェリスと会見したとき「パードレ（神父）が松前へ見えることはダイジモナイ、何故なら天下がパードレを日本から追放したけれども、松前は日本ではない」と話したと同じ報告書にある。アンジェリスは蝦夷の西端であるテシオ〈天塩〉の向こうが高麗ないしオランカイの地にあたって韃靼、中国とつながり、一方蝦夷の東端メナシがノヴァ・イスパニア、つまりアメリカ大陸と連続していると信じこんでいた。このころのアイヌは大きな川の流域の聖地に城というか砦というか、彼らが「チャシ」と呼ぶものを持ち、それを中心にしていくつもの共同体を作り上げて、ヨーロッパと同じような馬を所有し、活発に交易をしていた。亀の島と呼ばれていたアメリカ大陸の、東海岸にある現在のニューイングランドにあたる地方の先住民の国や部族で、麻疹、天然痘、コレラ、結核などが猛威をふるい、多くのネイティブ・ピープルの命が失われた。

1,619

明がのちに清の初代皇帝となるヌルハチに大敗を喫して、万里の長城以北の領土を事実上失った。

1,620

将軍の娘が天皇に嫁いだ。琉球中山《ちゅうざん》王の尚寧《しょうねい》が屈辱のうちに世を去った。享年五十七歳。彼は、自らを琉球王朝の恥さらしとし、遺体を歴代の王の墓所である「玉陵《たまうどん》」に納めないよう遺言した。
再び太平洋を横断した出迎えの船に乗って遣欧使節の支倉《はせくら》常長が、硝石の確保もできないままメキシコ経由でヨーロッパから帰国した。支倉常長らのこの欧州旅行はキリスト教が日本で禁止されたこともあって、一切が伊達家だけの秘密とされ封印されてしまった。戦闘教団イエズス会の神父、ディオゴ・カルヴァーリョが松前から蝦夷《えぞ》地に入った。このカルヴァーリョがのちに書いた『旅行記』によると、前年には五万人の砂金掘人夫が本州から松前に渡り、この年には三万人の砂金掘人夫が津軽海峡を越えたとある。イエズス会の神父たちはそうやって続々と押し寄せる砂金掘人夫たちを布教のターゲットにしていたのだ。また彼は、カムチャッカのアリュート族と想像される人たちが、このころ松前にまで交易にやってきていた可能性を指摘する文章も残して

1,621

いる。

「北東方から松前へ来る別の蝦夷人は、六十三日間航海し、彼らもこの地方の海岸にある各地の港に寄港します。この蝦夷人は、礼として、松前殿に猟虎《ラッコ》という島でとれる猟虎皮という柔らかい毛皮を持ってきます。また生きた鷹や鶴、日本人が矢につけて飾る鷲の羽をもたらします。北方で、蝦夷《えぞ》と接続する彼らの国には、石造りの家や、立派な服装の色の白い人々（亀の島の西海岸に進出をはじめていたスペイン人のことだろうか?）が住んでいるけれども、彼らはそれと交わりがない」

――「ディオゴ・カルヴァーリョの旅行記」の一節

江戸浅草の弾左衛門が、各地の皮革業者に自ら直接命令を下して皮革の納入を求めた。徳川幕府への皮革納入に際して弾左衛門が重要な役割を果たすようになり、それとひきかえに弾左衛門家は「エタ頭」と、その下に組み込まれた限定職業に従事する先住民系の人たちは「エタ」という「醜名」で、江戸時代を通して体制側から呼ばれることになった。幕府はそれ以前の下剋上ムーブメントを反面教師として、縦割りの身分制秩序の形成に儒教の江戸バージョンであり――身分制度を肯定する――朱子学を採用し、さらに政治権力によってその身分を不動のものとして固定させることで、一切の競争原理が働かないようなシステムを、手を変え品を変えて綿密に作り上げていく。

1,622

この夏、全国で伊勢踊りがブレイクした。

琉球中山《ちゅうざん》王尚寧《しょうねい》の摂政をつとめた従兄の尚豊《しょうほう》が琉球中山王に即位したが、このときから王の就任には島津の許可を求めるのが慣例とされ、中国皇帝の場合はさておくとしても、島津にたいしては「中山王」といわず「国司」と称するよう命令された。つまり琉球の王は、明国にたいしては国王の顔を装わせつつ、日本向けには島津に支配される小さな大名とされたのだった。

キリスト教の宣教師、神父、信者五十五人が長崎において公開で処刑された。みせしめのためにできるだけ長く苦しむようにとの配慮から、火あぶり、首切りなどで、このうえなく残酷な殺し方が選ばれた。

八重山列島にヨーロッパ人が漂着し、その乗組員たちを家に招いてもてなした宮良《みやら》兄弟が、「南蛮人と親しくし切支丹に通じた」として、薩摩藩の機嫌を損ねることを恐れた琉球当局者によって極刑に処された。宮良《みやら》兄弟は乗組員の一人だった宣教師からキリスト教の洗礼を受けていた。

1,623

山崎立朴《りゅうぼく》という文人が津軽国の亀ヶ岡を訪れ、その日の日記（『永禄日記』元和九年正月二日）に「ここは奇代の瀬戸物が掘り出される場所である。その形がどれもかめ（瓶）の形で、大きいのも、小さいのもあり、どれも水を入れるかめ（瓶）である。昔から多く掘り出されるもので、その昔ここは河であったために今も土の中に埋まっているのではなかろうか。かめが多くでる岡だから、その名を取って『かめ（亀）が岡』というなり」と書き記した。

琉球国で沖縄各地の古謡を集めた『おもろさうし』第三巻から第二十一巻までの十九冊が編集された。また甘薯の栽培をいち早くはじめた儀間親方が村人を福建に遣って砂糖の作り方を勉強させ、砂糖の自家精製を試みた。

1,624

幕府が伊勢踊りを禁止した。北海道島で商場知行制《あきないばちぎょう》が整った。「蝦夷地《えぞ》」の各地に「商場」が設けられて、松前藩主とその家臣たちのために特別に設定されたエリア（知行地）における「知行主」とアイヌたちとの交易の場と、その経済的な収奪のシステムがとりあえず完成したのだ。

江戸幕府がイスパニア船の来航を禁止した。新しい将軍を祝うために第三回目の朝鮮使節団がやってきた。南光坊天海が二代将軍徳川秀忠の依頼を受けて、京都の比叡山に対抗する東叡山《とうえいざん》寛永寺を江戸に創建し開山した。志摩国磯部にある古い神社の伊雑宮《いざわのみや》の神人《じにん》たちが、江戸日本橋通三丁目に伊雑宮を建てて、江戸の住民だけでなく、幕府にもその存在を認めさせようと権利回復運動を開始した。伊雑宮は古くから天照大神の別宮とされていて、伊勢神宮と同様に式年遷宮のしきたりを持っていたが、太閤秀吉の時代に大名九鬼氏の水軍による支配を受けるようになって、その遷宮もできなくなり、特別な扱いをされることもなくなっていた。

1,625

救荒作物として甘薯が琉球から薩摩に移植されサツマイモになった。志摩国磯部の伊雑宮《いざわのみや》の神《じ》人《にん》ら五十人ほどが神島に流されるという処分を受けた。勅使として江戸に下向した烏丸《からすま》大納言光広卿が神田須田町で竹垣をめぐらせた古い社に眼をとめて、神主にその縁起を尋ねたところ、神主はそれが平将門の霊を祀るものであって、朝敵であるがために七百年以上も開帳もしておらず、祭祀もじゅうぶんでない旨を伝えたとされる。それを聞いた大納言が帰洛後奏上したために、しばらくして勅免が認められて、以後は主神として祀られることになった。

1,626

三代将軍徳川家光が上洛の折、甲賀忍者の代表と会談して、江戸への移住を催促したという。

アメリカ大陸の東部にあったオランダの植民地ニューアムステルダムの知事ピーター・ミヌイットが、先住民からだますようにしてマンハッタン島を六十ギルダー（二十四ドル・二千四百円ほど）で買い取った。ニューアムステルダムは現在のニューヨーク。

1,628

北海道島のゴールド・ラッシュが西蝦夷地のシマコマキ〈島牧〉、続いて東蝦夷地のサル〈沙流〉のケノマイ（慶能舞）〈清畠《きよはた》〉、シブチャリ〈静内〉、トカチ〈十勝〉、サマニ〈様似〉のウンベツ〈運別〉に広まった。津軽藩の城下町だった高岡が弘前と改称された。

沖縄の首里城内に、明国からの柵封使を接待する北殿（にしのおどん）とは別に、薩摩から駐在してくる在番奉行を歓待するためのヤマト風建築物である南殿（はえのおどん）が完成した。在番奉行は任期が三年で、琉球政府の内政を監督し、琉球による明国への進貢と貿易を――明国に琉球が薩摩の支配下にあることをすこしも知られることなく――おこたりなくさせるのが主な役目だった。薩摩藩はまた那覇の仮屋と呼ばれる官舎に「大和横目《やまとよこめ》」という一種の「スパイ兼公安警察」を常駐させて、琉球人と同じ服装をさせて琉球王朝を常に監視していた。「大和横目《やまとよこめ》」は現地妻を持つことも珍しくはなかったという。

1,629

北海道島のゴールド・ラッシュがクブヌイ〈国縫《くんぬい》〉を中心に、北はハボロ〈羽幌〉にまでに拡大した。女歌舞伎が禁止され、若衆歌舞伎全盛の時代へ。

1,630

幕府がキリスト教徒――邪宗門乞食――数十人をフィリピン諸島に追放した。キリスト教関係の書物の輸入が禁止された。このころ良民がいったんキリスト教徒になると五世の孫まで賤民とされた。

1,632

カボチャ、スイカ、ラッカセイ、トウガラシ、トウモロコシなどの新顔の作物がこのころに渡来した。『武江年表』に「今年より奥羽仙台の米穀、始めて江戸に回る。今、江戸三分の二は奥州米の由なり」という記述がある。当時人口百万という世界一の大都会だった江戸、その江戸の市民の過半数が仙台産のコメを食べていたらしい。仙台米は、江戸では「本穀米」と呼ばれていた。東照大権現として家康を祀る日光山の斎戒が、天海僧正の山王一実《さんのういちじつ》神道にもとづく服忌令（ケガレとタブーについての考え方）から、神祇道（吉田神道）のそれに変更された。

1,633

南関東で大地震が起き、小田原城が大破した。伊豆半島の東岸が津波に襲われた。

1,634

徳川家光が日光社参詣の折、志摩国磯部の伊雑宮《いざわのみや》の神人《じにん》らが神領復活を求めて将軍への直訴を敢行したが、幕府はこれを無視した。また将軍が京都に出向き二条城に滞在中、琉球からの慶賀の使節と対面した。使節は薩摩から瀬戸内海を通って大坂から京都に入っている。このときを最初として、琉球からの使節が毎回江戸まで将軍に会いに出向くことになった。将軍は江戸への帰途、再度甲賀忍者の代表に会い、江戸移住を求めている。江戸城とその城下町がほぼ整備されたこの年、伊賀の忍者から五十年ほど遅れて、甲賀の忍者たち――甲賀百人組――が江戸の青山に移り住んだ。以後甲賀百人組は江戸城本丸と大手三門の警備を担当することになる。

江戸では城下町の建設が着々と進められていた。江戸町奉行から弾左衛門が「御仕置役」を命じられ、その見返りに「内記《ないき》」というオフィシャルでない名前を与えられた。「御仕置役」とは刑場の――処刑場の――管理運営人だ。このころはまだ戦国時代の名残があり、「串刺」「牛ざき」「釜ゆで」「さかさ磔《はりつけ》」「耳そぎ」「鼻そぎ」などの残虐な刑罰が仕置としてそのままおこなわれていたという。弾左衛門はこのときから江戸町奉行の配下に組み込まれた。

こうしたことはなにも江戸だけの話ではない。石山本願寺に隣接した皮革職人の町である大坂の渡辺村は、大坂城の城下町が整備されつつあった十六世紀末には「断罪御用」の仕置役を命じられていたし、「髪結い職人」が牢番役として使われたり、京都では「青屋」と呼ばれる「染め物職人」が、加賀藩や東北では、流浪の芸能民たちが治安対策に狩り出されたりした。権力はつねに自分の手を汚したくないときには、そうやって古来から先住民系の限定職業に従事する人たちを利用してきたのである。またこのころより弾左衛門は江戸城での燈心細工を独占的に任されていたらしい。

江戸の町は急激に拡大を続け、流入する窮民も増加し、非人頭の車善七の配下におさまりきれない地域の貧人も多く出てきた。江戸城から南の芝や品川がまだ江戸市中ではなかったころ、そのあたりに小屋を建てて住んでいた三河国生まれの長九郎で「三河長九郎」と呼ばれた男が自然に頭となっていた。

松前藩が佐藤嘉茂左衛門と蛎崎蔵人《かきざきくらうど》の二人をサハリン島（樺太）に調査のために派遣した。

1,636

三代将軍の徳川家光が鎖国政策を完成させるためにポルトガル人の定住と結婚を禁止し、ポルトガル人やその混血児を海外に追放するという政策を打ち出した。米沢に移封された上杉景勝がエタをはじめとした賤民を全部一か所に集めて「穢多町《えた》」と「乞食町」を作った。天下太平を祝して第四回目の朝鮮使節団がやってきた。このときから朝鮮側は将軍の呼称をそれ以前の「日本国王」から「大君《たいくん》」と改めた。藤堂藩に伊賀忍者二十人が藩士としてとりたてられた。

中国北東部で勢力を拡大しつつあったチーフ・ヌルハチの子の太宗が、満州の次に、蒙古も朝鮮も従えて国を興し「清」と号した。

1,637

岡部美濃守が、伊賀忍者四人、甲賀忍者四十六人を雇い入れた。長崎の島原と天草でキリスト教徒の農民たち三万五千人が武器を持って蜂起した。益田四郎（天草四郎）時貞を大将にして、幕府軍十二万四千人を相手に一歩もひるむことなく、十字や天帝ゼウスの旗をひるがえして、食料と矢玉が尽きるまでの四か月間にわたって戦い、そして全滅した。幕府軍には甲賀忍者十人が参加していた。

宗門改めが強行され、すべての「日本人」を、仏教寺院各宗派との、檀家としてのつながりをたしかめることで、隠れキリシタンを発見して厳罰に処すとともに、仏教勢力を政治的に利用することで、キリスト教の影響を根こそぎ一掃する政策がとられた。かねてよりキリスト教徒が公然と肉食するのを苦々しく思っていた仏教サイドは、ここにいたって改めて殺生肉食禁断戒律の

1,638

復活を画策し、これに背く者にたいしては遠島そのほかの極刑で臨むことになっていく。仏教寺院は宗教に名を借りたビッグ・ブラザー御用達の監視機関として機能しはじめた。

伊賀上野藤堂藩の藤堂高次が、他の藩に伊賀の士兵が雇われることを禁止した。藤堂藩では、伊賀の土豪の懐柔策として、中世以来の一族の誇りを満足させるために、所管の農兵たちに俸禄のない武士としての資格を与えて彼らに苗字帯刀を許し、武芸や忍術を継承させて藩の武力に組み込んで利用するシステムをとっていた。この農兵たちは「無足人」あるいは「郷士」と呼ばれた。

沖縄本島にあった首里の琉球王朝が、自分たちの負担する薩摩藩からの過酷な重税を少しでも軽減するために、立場の弱かった宮古島、石垣島、与那国島などの先島諸島に暮らす人たちに薩摩の収奪の矛先を転嫁すべく、八重山攻略をおこない、島民たちに過酷な人頭税を課した。与那国は三つの村からなるが、そのひとつ久部良《くぶら》では、頭割りの人頭税から逃れるために、久部良割《くぶらばり》という、港の北の高台にある幅三メートル、深さ七メートルほどの岩の裂け目を妊婦に飛び越えさせ、半強制的な人減らしを実行したという。

この年の正月に火事で類焼した武州川越の喜多院（川越大師）が徳川家光と乳母で明智光秀の姪の春日局により復興された。北海道島から松前公広が江戸に呼び出されて、三代将軍徳川家光から一喝され、キリシタンの取り締まりを厳しくせよと命令された。

1,639

将軍の徳川家光が鎖国政策を完成させるために、今度はオランダ人との混血児とその母を海外に追放する法令を出した。この時点で鎖国がとりあえず完成した。隠れキリシタンの探索が以後厳しさを増す。松前公広が金山で働いていた全部で百六人のキリシタンを処刑した。

ロシアのコサック兵がオホーツク海に到達した。毛皮を目的としたロシアによるシベリア侵略が開始された。

1,640

琉球王尚豊《しょうほう》が五十一歳で世を去り、尚賢《しょうけん》が王位に就いた。幕府により天領に宗門改め役をもうけて、キリスト教の禁止とともに、人々の信仰にたいしても厳しい監視をおこなうようになった。北海道島の渡島《おしま》半島の駒ヶ岳が大噴火を起こし、陸奥津軽地方でも大地震が発生した。

1,643

田畑永代売買が禁止された。領主の土地であれ、農民の土地であれ、売買を永遠に禁止したもの。徳川三代の側近をつとめた重鎮の――明智光秀という噂のある――南光坊天海が死んだ。そのとき天海は百八歳だったとも、百二十五歳だったともいわれている。明智光秀の姪であり、三代将軍徳川家光の乳母をつとめた春日局も、この年六十五歳で没した。将軍の息子の誕生を祝うためと日光山の祭りに参列するため、第五回目の朝鮮使節団がやってきた。

渡島《おしま》半島西部のアイヌたちが、松前藩の交易独占に抗議してチーフ・ヘナウケのもと一斉に蜂起したが、松前側の武力によって鎮圧された。ヨイチ〈余市〉のアイヌの長老だったチーフ・チクラケも、やらずぶったくりの商場《あきないば》の横暴に耐えかねて松前藩に訴え出たところ、ご法度に違反したとして半殺しにされて追い返されている。

バタビア〈インドネシアのジャカルタ〉にあったオランダ総督府の命令を受け、オランダ東インド会社がド・フリースなる航海者を派遣して、西欧人としてははじめて、南千島のウルップ島とクナシリ島の存在を確認した。彼はウルップ島はアメリカ大陸の一部が、そこのすぐ近くにあると信じ込んでいた。

1,644

伊賀の上忍《じょうにん》の一族藤堂家の城のあった伊賀上野で、伊賀の柘植《つげ》郷出身の無足人である松尾与左衛門（「儀左衛門」ともいわれる）と、伊賀喰代《ほおじろ》の百地《ももち》氏——忍者百地三太夫で有名な一族——の出身のおよし（「いよ」ともいわれる）との間に、子どもが誕生し、金作と名づけられた。のちの松尾芭蕉である。無足人とは、苗字帯刀を許されるなど一応は武士の待遇を受けている農民のことで、平時は農業をしているが、いざ戦争が起きるとただちに動員がかけられ、槍を担いで出かけていく郷士、あるいは地侍のこと。

内浦からアイヌの船五隻が田名部《たなぶ》〈青森県むつ市〉を訪れてニシン、干鮭をもたらし、二か月後にはメナシ（目梨）——東の人一族（メナシウンクル）——のアイヌ五人が同じ田名部浦に渡海してきて、生きた鶴を南部藩の藩主に献上し、来年も渡海したい旨申し出た。南部藩田名部の代官がメナシのアイヌからラッコの毛皮二枚を購入した。アイヌはことのほか商業と交易に熱心な民族だったことがわかる。北の海をものともせずに船で長い距離を移動し、和人や山丹《サンタン》人や中国人、遠くカムチャッカ半島人とまで交易をしていたことがわかっている。

明帝国が亡んだ。ツングース系満州民族（女真族）である清の太宗の子・世祖——愛親覚羅《あいしんかくら》氏——が中国全土を統一して帝位に就いた。清王朝は貿易拡大政策をとったので、日本とも長崎を通じての交流は鎖国政策にもかかわらず盛んとなった。そしてその裏では薩摩藩が、琉球と密貿易をくりかえして暴利を貪っていた。

アムール川下流域にロシア人の一団があらわれて、住民から黒貂《てん》の毛皮を奪い取りながら、そのアムール川河口で越冬した。

1,645

江戸の弾左衛門が、それまで住んでいた鳥越村が御用地として召しあげられることになって、浅草山谷村に住居を移した。鳥越にあった弾左衛門の仕事場でもあった刑場も、浅草の山谷村に移された。それがのちに千住に移されて小塚原仕置場となる。

1,647

琉球で、砂糖と、染料や薬となる植物のウコンの専売制度が敷かれた。

1,648

アイヌは生活のかなりの部分を森と川に依存する人たちであり、このころには金に目のくらんだ砂金掘りの和人たちに荒らされるアイヌモシリの漁猟場《イウォル》をめぐるアイヌの部族間抗争も続いていた。北海道島日高のシブチャリ〈静内〉川東岸にいた東の人一族（メナシウンクル）のサブチーフだったシャクシャインと、サル〈沙流〉のハエ〈門別《もんべつ》〉地方にいた西の人一族（シュムウンクル）のチーフのオニビシとが和議を結ぼうと酒宴を開いていたとき、チーフ・シャクシャインがチーフ・オニビシの部下をあやまって殺すという事故が起こり、それがきっかけでアイヌの東西間が内戦状態になった。「東の人一族」と「西の人一族」の、アイヌ同士の襲撃と殺しあいがこののち、長いこと——二十年以上も——続き、やがて和人をも巻き込むようになっていく。

琉球王の尚豊《しょうほう》が在位七年で病気で死に、尚賢《しょうけん》が若干十七歳で王位を継承したが、尚賢も病弱だったためにさらに弟の尚質《しょうしつ》が王の位に就いた。

1,649

「粗飯を食べよ」「米を多く食わないように麦、粟、稗、大根、その他なんでもいいから雑穀を作ってそれを食え」など、農民の衣食住にまつわる心得が幕府から公布された。

1,650

琉球王朝最初の正史である『中山世鑑《ちゅうざんせいかん》』全五巻が向象賢《しょうしょうけん》によって執筆された。この本のユニークなところは「琉球国をつくったのは天孫氏という天神の子孫である」と主張しているところにある。そして日本の建国も、沖縄の建国も、古代の海人族天の王朝によるものとする点だった。ロシアの英雄とされているハバロフの一団がアムール川下流域にあらわれて、掠奪、暴行をくりかえし、子どもを火あぶりにするなどして毛皮を集めまくった。

それ以前にも「エタ」という呼称はあったのだが、このころから幕府が先住蝦夷《エミシ》系の末裔で「かわた」とか「ちょうり」と呼ばれていた中世からの被差別民を「エタ」という呼称で呼ぶようになった。伊勢神宮へのおかげ参りが流行した。

1,651

クーデター未遂事件が発覚した。江戸の町で丸橋忠弥と江戸城三の丸の煙硝奉行河原十郎兵衛親子が各地で火を放ち、これに呼応して駿河由比の紺屋の伜に生まれた軍学者で革命家の由井正雪が、駿河の駿府城を乗っ取って、久能山に隠されているはずの金銀を奪取し、京都でも同志が一斉に蜂起するという手の込んだ計画だった。しかし計画は事前に密告者によって発覚し、首謀者の由井正雪は駿河で自殺。封建体制のもとで長く続いた圧迫に耐えかねて、先住系賤民の末裔の正雪が世直しを企てたものだといわれる。この正雪が楠木正成と同じ楠一族の末裔だったという興味深い言い伝えが残されている。由井正雪は自ら菊水の紋を掲げて、「由比橋民部正雪」と名乗っていたのだ。「橋」は楠木正成が散所者《さんじょもの》の自分の氏素性にハクをつけるために楠木一族の祖先を「橘」と称したもの。そして「橘」は「源平藤橘」の素性を示す四つの大きな苗字のひとつで、先祖が「契丹（高句麗）」渡来系先住民であることを示してもいる。

1,652

仏教の戒律なんぞ屁とも思わない輩はいるもので、このころキリシタンが持ち込む牛肉を、仏教のお膝下である京都の京都衆などは「わか」と呼んでもてはやして食べていたという。「わか」とはポルトガル語の「Uach」で「牛の肉」を意味する。

清軍がニンクタから出兵し、ロシアのハバロフらと争ったが敗北した。

1,653

沢田源内という名前の偽系図づくりを生業とする奇才がこの年京都から江戸に下向した。官僚化しつつあった武士に、武芸よりも必要とされた身元を証明する系図をでっちあげることを仕事とした人物で、彼のこの仕事は大繁盛する。この沢田源内がこのころ『金史別本』なる歴史書を書き、その中に「源義経が蝦夷経由で金国（蒙古）に渡り、義経の孫である源義鎮《よしかね》が金国の騎馬軍団を統帥する大将軍になった」というまことしやかな話を載せた。『金史別本』は偽書のらく印を押されたが好事家によって伝えられ、明治時代の「義経＝ジンギスカン説」につながっていく。

北海道島のサル〈沙流〉のハエ〈門別《もんべつ》〉地方のチーフ・オニビシの部下がシブチャリ〈静内〉川の漁猟圏をめぐって争いとなり、シブチャリ〈静内〉地方の東の人一族のチーフであるカモクタインを殺した。西の人一族と、東の人一族の間の緊張が一層高まった。

1,654

諸関所通交規則が出されて無籍者の諸国往来がきびしく取り締まられた。沖縄では離農する者が増加していたらしく、農村居住者が、首里、那覇、久米村の都会地に移住することが禁じられた。

松花江でロシア軍と清軍が交戦状態になり、清軍が大勝した。

アイルランドのアッシャー大主教が「世界が創造された年」を「紀元前四千四年十月二十六日午前九時ちょうど」と定めた。

1,655

松前藩の調停でチーフ・シャクシャインとチーフ・オニビシの二人が福山砦で会談を持ち、今後は争いあわないことを誓いあった。両者の闘いは一応休戦状態に。このころから近江国に本店をおく近江商人たちが松前城下に進出しはじめる。彼らは本州から諸物資を仕入れ、松前で海産物や毛皮や山丹交易品などと交換し、それを日本海ルートで若狭湾の敦賀や小浜に陸揚げして、そこから琵琶湖を経由して京都や大坂に商品を輸送した。輸送には加賀や越前など北陸地方の「荷所船」という船を共同でレンタルして使った。

新将軍就任を祝うためと、日光山における祭りに参列するために、第六回目の朝鮮使節団がやってきた。ロシアのアムール地方進出が本格化した。

1,657

正月十八日午後二時ごろ、江戸本郷丸山の本妙寺から出火。火はおりからの強風にあおられて瞬く間に江戸市中に広まった。火事は翌日になってもおさまらず、江戸城にまで飛び火して、天守閣が焼け落ち、周囲の大名屋敷や旗本屋敷も大部分が焼失した。丸二日にわたって江戸を焼きつくした大火事の被害は死者十万人、焼失した大名屋敷百六十、旗本屋敷七百七十、寺社三百五十。幕府は緊急対策として鎮火の翌日から江戸市内各所で粥《かゆ》の施行を開始した。町奉行から市中の焼死体の片づけと施行の人足を命令された弾左衛門が、非人頭として常時五千人ほどの労働力を有する車善七にヘルパーの派遣を要請した。このころから弾左衛門は車善七の巨大な動員力に目を付けて、事あるごとに契約で人足の派遣を要請するようになっていく。新吉原が盛大にオープン。排仏論や神儒一致を唱える林道春こと林羅山《らざん》が、仏教色を極力廃した「服忌令」を幕府および封建領主階級のために考案した。

1,658

陸奥国の多賀城碑がこのころ発見されたが、長いこと偽作だと思われ続けた。ロシア軍と清軍が松花江の河口付近で銃撃戦をし、再び清がロシアの軍隊を撃破した。そして以後長いことアムール川下流域にロシア人が姿を見せることはなくなった。江戸に酒造半減令が出され、新規の酒造が禁止された。江戸市中に行商が激増したために、取り締まりのために幕府が鑑札を発行した。志摩の伊雑宮《いざわのみや》が神社の再建を求めて幕府に提出した『伊雑宮旧記』『五十宮伝来秘記見聞集』といった伝来の由来書の中に偽作があると伊勢内宮が抗議。伊勢の内宮が火事で焼け落ちる事件が発生した。伊雑宮は、「太陽神」を奉戴しているのは内宮でも外宮でもなく、伊雑宮だと主張したのだ。

1,659

出羽国の鳥海山が噴火した。江戸の町の行商は五十歳以上、十五歳以下、または身体障害者にかぎるとする布令が出された。

1,661

正月十九日の夜、光り物が南から北に向かって飛んだ。その光り物が飛んでいった間、あたりは昼のように明るくなった。このころ松前藩が、北海道島石狩地方の偉大なチーフ・ハウカセにたいして、交易停止をちらつかせて脅迫した。チーフ・ハウカセはアイヌの一族としての自立性を守るために公然と松前藩にたいして反旗をひるがえし、「松前殿は松前の殿、われらは石狩の大将、したがってわれらが松前殿と事を構えるつもりがないのと同様に、松前殿もこちらに事を構えることは許されない。商船がこちらへ来られようと来られまいと本来は問題ない。しかし総じて昔から蝦夷は魚をとり、鹿の皮を身につけるばかりでいる者だから、商船が来られることもご無用と思う。そのうえでなお、来られるというのであれば、一人も帰さないことになる」ときっぱりと回答していた。松前藩は、チーフ・ハウカセを何度か謀殺しようとしているが、いずれも目的を達することはできずに終わっている。松前氏が幕府にたいしてもいろいろな悪事が明るみに出ることを恐れて、極端な秘密主義を貫きながらアイヌの人たちから収奪をはかるようになっていくのは、このころからのことだった。

志摩国磯部の伊雑宮《いざわのみや》に所属する磯部神人《じにん》たちが、伊雑宮こそが伊勢内宮の本宮であると、公然と主張しはじめ、伊勢の内宮や外宮の祀官たちと対立を激化させはじめた。

1,662

江戸城から南の芝や品川がまだ江戸市中ではなかったころ、自然にそのあたりの貧人から頭《かしら》とされたあの「三河長九郎」の息子の品川松右衛門が、江戸の市街地拡張にともなって正式に江戸町奉行から非人頭に任命された。

近畿地方で大地震が起き、あの方広寺の大仏がまた崩壊した。幕府が伊勢内宮の別宮として伊雑宮《いざわのみや》の再建を許可した。

琉球の武当親方が清の康煕《こうき》帝の即位式の使節の一員として清国に渡り、そこで製糖の技術および白砂糖・氷砂糖の製法を密かに修得して帰国した。

北海道島では川筋に沿って展開している魚労場・狩猟場——「イウォル」と呼ばれる——の権利をめぐりアイヌの東西内紛が再び活発化し、和人の砂金掘り人の小屋にいたハエ〈門別《もんべつ》〉地方の西の人一族のチーフ・オニビシを、東の人一族のサブチーフ・シャクシャインの配下の者たちが急襲して殺害する事件が起こった。オニビシの一族は「松前殿御ひいきの狄」といわれていた。『津軽一統志』によると、この時代のアイヌの人たちの交易品は、西の人一族では「から鮭、ニシン、数の子、串貝、真羽、ねつふ、こつひ、あさらし、熊皮、鹿皮、塩引、石焼くちら、鶴、魚油、ゑふりこ」で、東の人一族は「から鮭、干鱈、熊皮、鹿皮、真羽、らっこ皮、鶴、鯨、塩引、鮭、赤昆布、魚油、鱒」とある。

雲南にまで追い詰められてゲリラ化していた明の残党が滅ぼされて、明国が完全に消滅した。

1,663

有珠山《ウス》が大噴火し、大地震が北海道島中部を襲って、アイヌの人たちに死者が多数出た。

琉球の首里王宮北殿では清国からの冊封使によって尚質王《しょうしつ》の戴冠の儀式がとりおこなわれた。尚質が王の位に就いてなんと十五年目のことだった。

ところで本州島の要《かなめ》の山である富士山はというと、このころにはすっかり煙も出なくなって、鳴りを潜めていた。十九歳になっていた伊賀上野の松尾金作（芭蕉）が藤堂藩の侍大将の藤堂良精《よしきよ》の嗣子、良忠に子小姓として仕え、主君良忠とともに俳諧を学びはじめる。俳諧はもちろん文学であると同時に、なにごとかを秘密裏に伝える暗号の技と認識されていたようだ。幕府が偽書を提出したとして伊雑宮《いざわのみや》の磯部神人《じにん》四十七人を追放した。しかしそんなことでくじけるような伊雑宮ではなかった。

1,664

琉球王国からもたらされる砂糖の利潤に目を付けた薩摩藩は、年貢を米の代わりに砂糖で納めることを命じた。以後琉球産の砂糖の一切が薩摩に取り上げられるようになる。清国の冊封《さくほう》にたいする謝恩の貢ぎ物を載せた船が、梅花港付近で嵐に遭遇して難破寸前に港に入るという騒動が起きた。このどさくさに紛れて船の乗組員が貨物を奪って逃げ、貢ぎ物のほとんどが消えてしまうという事件が発生し、謝恩使だった三司官の北谷親方《ちゃたんうぇーかた》らが薩摩藩の機嫌を損ない、責任を問われて首を斬られ、摂政だった琉球の王子も辞職させられた。

1,665

加持祈祷などをして生計を立てるいいかげんな修験者の数が多くなっていたらしく、江戸市中において「山伏・行人の看板、梵天《ぼんてん》などの目印を目に付くところに出しておいてはならない」というお触れが出された。梵天というのは修験者が祈祷に用いる幣束（ぬさ）のこと。南部藩領の陸奥国下北半島に居住地を持つ本州アイヌの一族と南部藩の間で「御目見得《おめみえ》（ウイマム）」という交易にともなう儀礼行為がおこなわれたと、南部藩の家老が[illegible]記に書いている。アイヌ側から熊皮や海産物が献上され、藩からは稗、木綿が支給された。

1,666

幕府が「諸国山川掟」を施行し、畿内や近国諸代官に、水源や川筋の保護を命じた。草木の乱伐や、川筋開田、焼き畑の禁止を名目にして、各地の川べりをテリトリーにしている漂泊山人族の行動に、はっきりと制限を加えようとするものだった。

琉球国では『中山世鑑《ちゅうざんせいかん》』を著した向象賢《しょうしょうけん》が尚質《しょうしつ》の摂政になり、政治改革に着手した。彼は摂政としてまず、琉球の精神世界の頂点に君臨していた聞得大君《きこえおおきみ》の地位を王妃の下におくように格下げを断行した。

1,667

江戸浅草鳥越に住む非人頭の車善七が、武蔵国豊島郡千束村に引っ越しをした。江戸で金剛太夫の勧進能が催された際、弾左衛門の特権である桟敷・囲いの敷設を金剛太夫が無断でおこなったという理由で、弾左衛門一派が舞台に乱入し、騒動を引き起こして能を中止させ、勧進能を興行した金剛太夫を弾左衛門がとがめて勝訴した。また座頭支配をめぐる訴訟でも弾左衛門が岩船検校《けんぎょう》に勝訴した。朝鮮に武具を密かに輸出した男が処刑され、その妻と子どもの身分が「奴（奴隷）」に落とされた。

1,668

幕府の通達で男女の百姓が乗り物に乗ることが一切禁止された。芝居や相撲、そのほかの遊芸見物も禁止され、どんなに姿形がよくても物見遊山に興ずる女房がいたらこれを離別すべしとか、百姓には五穀の値段を知らしてはならないなどというこまごましたところまで権力が介入しはじめた。

1,669

北海道島では、チーフ・オニビシ側は、チーフの姉が残党を率いて抗戦し、オニビシの姉婿のウタフを使者として松前藩に送って援助を要請したが、松前藩はアイヌ同士の抗争に武器や食料の援助をしたという前例はないとしてこれを拒否した。オニビシの姉が戦死。松前藩からの帰途、姉婿のウタフも「疱瘡」にかかって急死してしまう。アイヌたちの間でこの死が毒殺であるという噂が流れた。オニビシの一族を相手に戦っていたチーフ・シャクシャインは、ウタフの死の原因が毒殺であると信じ、松前藩は交易品の食べ物の中に毒を入れてアイヌを皆殺しにしようとしていると考えた。

琉球王の尚質《しょうしつ》がみまかり、二十代の尚貞《しょうてい》が王位を継承した。

交易品の値下げや蝦夷地への押し込め政策などで、アイヌの人たちの間に侵略者松前藩にたいする怒りが募っていたことは間違いない。あこぎなやりかたで蝦夷島《えぞがしま》で確固たる独占的地位を確立して松前藩に昇格していた松前氏は、二百年ほど前のチーフ・コシャマインが戦った宿敵の、あの蛎崎《かきざき》氏の直系でもあった。

日高のシブチャリ〈静内〉川東岸でチーフ・シャクシャインが立ち上がり、アイヌに侵略者との戦いを――「松前を倒すために立ち上がれ!」と――呼びかけた。六月には、全土にわたって二千名近くのアイヌが大蜂起し、ツノウシ、マクワ、チメンバ、ウエンズカシといったチーフたちのもとで、一時期和人を圧倒するほどの勢いを見せた。この当時の北海道島の人口はアイヌが推定で二万人ほど、和人が一万四、五千人だった。東蝦夷においては二十隻の和人の舟が襲われ、百二十人の和人が殺害され、一方の西蝦夷では百五十三人の和人が殺害された。

松前藩が急きょ江戸の徳川幕府に支援を要請し、幕府は将軍徳川家綱の命により「蝦夷征伐」を発令した。津軽・南部・秋田藩からの応援部隊の派遣を受け、幕府・松前側は大量の火縄銃を使用するなどして攻勢に転じ、オニビシ側の西の人一族がまず投降した。松前藩は西の人一族を人質として、シャクシャイン側に和睦を受け入れるよう求めた。チーフ・シャクシャインはピポク〈新冠《にいかっぷ》〉で、和議を装った幕府軍に降伏した。宴会の席にシャクシャインをはじめチメンバ、フミアン、マカノスケら、チーフやサブチーフが呼び出され、例によって浴びるほどの酒を飲まされて、泥酔させられた上で、その命を奪われた。またアツマ〈厚真〉、サル〈沙流〉でも同様の謀殺があり、幕府への報告では全部で五十五人のアイヌが殺害されるか捕縛されたことになっている。

シャクシャインが殺された翌日、シブチャリ〈静内〉のマウタ〈真歌〉の丘の上のシャクシャインの砦《チャシ》は焼き払われ、アイヌ側について松前藩の打倒を説いた越後の鷹侍の庄太夫は見せしめとして火あぶりにされ、庄内の作右衛門、尾張の市左衛門、最上の助之進ら四名もアイヌの味方をしたとして首を斬られている。この抗争の結果として、アイヌモシリの全域が「蝦夷島」として和人の勢力下に収められて、松前藩によるアイヌ支配も強化される結果になった。

この事件で津軽藩は七百名あまりを出兵させたが、松前派兵に際しては藩の「通辞」として津軽アイヌも動員した。当時、日本海側の津軽半島や陸奥湾南部の夏泊《なつどまり》半島など数か所に「狄村《えぞむら》」

と呼ばれるアイヌの居留地があって、そこに暮らすアイヌのチーフたちと津軽藩主との間では「御目見得《おめみえ》（ウイマム）」と呼ばれる――藩主に忠誠を誓わされる――儀礼行為がおこなわれており、アイヌ側から毛皮や鮫の油や海産物が献上されて、藩主からは「犾米《えぞまい》」などが支給されたりした。津軽のアイヌは松前との間の「飛脚回送役」も担っていた。藩内におけるアイヌの身分は賤民とされていたが、津軽アイヌの各部族は、それでも仕掛け弓やトリカブトを使った毒矢、独自の踊りなどの伝統文化を、まだかろうじて保つことができたらしい。

伊豆の漁民を乗せた舟が暴風にあって伊豆七島のはるか南に連なる無人島に漂着した。伊豆の漁民による小笠原諸島の発見だった。伏見の稲荷神社の神職の家に、のちに国学の父といわれる荷田東丸《かだのあずままろ》が誕生した。荷田東丸は「春満」と記されることもあるし、そちらの方が有名だが、「東丸」が本名。（没後彼は、伏見稲荷の中に東丸神社として祀られている）

1,670

前年に伊豆七島のはるか南にある無人島に漂着した漂流民が、その事実を伊豆下田の代官所に届け出た。京都の小栗栖《おぐるす》〈京都市伏見区〉の喜兵衛という六十歳ほどの老人が、そのあたりを荒らし回っていたオオカミの中の、特別に大きな白いオオカミを、独りで鎌で仕留めたとして話題となった。「源義経が衣河の役で死なずに、蝦夷島に逃れその遺種が存在する」という義経蝦夷渡りの噂が、『続本朝通鑑《つがん》』という、この年に成立した書物にはじめて書きとめられた。

1,670 TO 1,672

「蝦夷大王《えぞ》」を名乗るようになっていた松前藩主のもと、松前藩は、江戸の徳川幕府の命令で、蝦夷地への出兵を毎年のようにおこない、東西蝦夷地のアイヌに「牛王《ごおう》」（神社の発行した護符）を飲ませ、神に誓わせて以下のような七条からなる降伏の「起請文（誓約書）」を提出させ、絶対服従を強制した。

一、殿様にどんなことを命じられても逆心しない
一、意見をきかない逆心者は藩に注進し、また仲間出入の仲裁は藩が取り扱う
一、殿様御用のシャモの蝦夷地通行を如在《じょさい》（疎略）にせず、またシャモ自分用の場合も馳走する
一、鷹待《たかまち》、金掘を如在にしない
一、商船に我儘をせず、「余所の国」から荷物を買ったり、「我国」で調えた荷物を「脇の国」で売ることはしない
一、米一俵につき皮五枚または干魚五束とする
一、殿様用の状使、鷹送り、伝馬、宿送りを昼夜に限らず如在にしない、また鷹飼犬（鷹の餌となる犬）を提供する

幕府から全国の諸代官に「宗門人別改帳」を作るよう命令が出された。すでに誰もが家ごとにどこかの寺の檀家となることが決められており、その寺の「宗旨人別帳」に登録されることで、それが戸籍や身分証明として使われる仕組みを徹底させ、寺制度を通して身分や居住を縛りつけ、人々から自由を奪うシステムとして機能した。伊賀の無足人制度が藤堂藩の他の領域である伊勢、大和、山城の一部にまで拡大された。富農や豪商として成長してきた一部の農民が、無足人株を買い取ったり、寄付金を出して新たに無足人としての資格を獲得するようにもなる。無足人が土豪としてのプライドを喪失してしだいに特権を持つようになったために、一般農民との間で確執が起きはじめる。そしてやがて、封建支配制度に取り込まれ、あるいは進んでその中に入り込むことで、土から切り離され、農民との溝を深めながら、権力機構による農民支配の道具としての性格を強め、一部には藩の警察や密偵のような仕事までするようになっていく。

『会津旧事雑考』という書物が編纂され、そこに次のように記されていた。「崇神というミカドの時代、蝦夷が強大となり叛乱を起こした。ミカドはオオビコ（大毘古命）の息子のアベカワワケ（安倍河別命）を将軍としてこれを征伐させることにしたが、戦況はアベカワワケに不利で苦戦の連続だった。そのとき安東という者が進み出て、自分はウマシマジ命の臣下だった安日（アビ）の末裔である。先祖の安日は当時のミカドに背いたために東の辺境にちっ居したが、今にいたるまでも赦免がない。ここで先祖の犯した罪を許してもらえるなら、わたしが先鋒としてゲリラたちを撃ち破りましょう、と言った。アベカワワケはそこで安東を先鋒として戦って、大いなる功績をあげた。そして安東に安倍の姓を与え、将軍を名のることを許可し、東北の夷狄の警固にあたらせた。これが奥州安倍氏の祖先である。その安倍氏がのちに安東氏と称するようになったのは、始祖である安東の名に因んだためだ。応神というミカドの時代、蝦夷が騒乱を起こした際、安東の末裔が東征してこれを鎮圧した。ミカドは大そう喜び奥州日下将軍の号を授けた」と。

1,673 琉球王二代にわたる摂政として七年間も辣腕を奮った向象賢《しょうしょうけん》が肉体の衰えを理由に職を辞した。

1,675 「伊豆七島のはるか南にある無人島」である小笠原諸島〈東京都〉の最初の探検調査を、幕府の命令を受けた伊豆の代官がおこなった。琉球で向象賢《しょうしょうけん》が五十九歳の生涯を終えた。

1,676 それまでの忍術を集大成した書物である『萬川集海《ばんせんしゅうかい》』が編纂された。

1,677

この年の暑い夏、江戸の町人たちに「踊り」が大流行した。あの伊勢踊りの復活だった。江戸の町の木戸も閉まった夜中に、突然何本もの高提灯に灯をつけて、熱にうかされたかのように、町ごとに踊ったという。踊りは秋になってもおさまる気配もなく、次第に衣装などで町ごとに贅を競いあった。幕府は三度この踊りを禁止した。

亀の島の東部大西洋沿岸にあった先住民――俗に「イースタン・インディアン」と呼ばれた人々――の国々が、マサチューセッツにできていたイギリスの植民地《コロニー》と平和条約を結ばされた。

1,679

厩戸皇子と蘇我馬子が編集したとされる『先代旧事本紀《せんだいくじほんぎ》大成経』の正部四十巻が江戸室町三丁目戸嶋屋惣兵衛によって刊行された。戸嶋屋惣兵衛は江戸の出版界のドンとされた人物で、全七十二巻を完結するまでに四年かかった。『神代皇代大成経』という総題がつけられたこの『先代旧事本紀大成経』は、神道と儒学と仏教をひとつにまとめあげるための教えを説いた書物で、そこには志摩国磯部の伊雑宮《いざわのみや》こそが天照大神を祀る神社なりと書かれていたから、伊勢神宮の内宮や外宮の祀官たちはまたもや仰天して、このベストセラーとなっていた書物を伊雑宮の謀による偽書として朝廷と幕府の両者に処断を訴えた。武家の子ながら若くして出家し三十九歳で大坂今里の妙法寺の住職となった契沖が、水戸家の徳川光圀《みつくに》の依頼を受けて『万葉代匠記《まんようだいしょうき》』という『万葉集』の註釈を書き上げた。

1,680

北海道島のクブヌイ〈国縫《くんぬい》〉でアイヌの宝物を盗んだ和人の盗賊二人がさらし首にされた。六十年に一度の庚申の年に、丙戌《ひのえいぬ》に生まれた徳川綱吉が将軍になった。大きな彗星があらわれ、江戸の町に大風が吹き、黄色い蝶が数十万も群らがって飛んだ。また江戸城の天井裏に人の足跡が発見されて話題となった。

亀の島の南西部でズニ族が布教に来ていたカトリックの修道士を殺し、教会に火をつけて焼き落とした。ズニ族はこれ以後スペインを相手にした十二年戦争に突入する。この動きに呼応して、同じ南西部の定住先住民《プエブロ》の国々が団結して大規模な叛乱を起こした。ニューメキシコと現在呼ばれているあたりに植民をしていたスペイン人のうち四百人以上が殺害され、殺されるのを免れた三千人ほどがメキシコに送還された。プエブロの人々は、スペイン人がその地に建設していたキリスト教を中心にした文化をことごとく破壊し、以後十年以上にもわたってスペインの侵入を断固阻止し続けた。

1,681

風も吹かず、地震もなかったのに、山王権現の石の鳥居が倒れ、そこから血がおびただしく流れ出したという噂が江戸の町に広まった。伊勢の神宮祠官が「偽書先代旧事本紀大成経新刊の版木を破却せんことを」と朝廷に奏上した。幕府から神祇伯吉田家を通じて、諸国の神社仏閣の持っている大成経を回収するように命令が出された。幕府はついに『大成経』を偽作であると断じたのである。この結果『先代旧事本紀《せんだいくじほんぎ》大成経』の版本は回収され、版元（出版主）の戸嶋屋惣兵衛は拘禁された。

1,682

彗星があらわれた。一昨年の庚申の年の彗星と比べると光も薄く尾も短くて「今年の彗星はできそこないだ」と江戸の町の人たちは語り合った。新将軍を祝うために第七回目の朝鮮使節団がやってきた。伊勢神宮の内宮と外宮が前年の『先代旧事本紀大成経《せんだいくじほんぎ》』版本回収はてぬるいとして、現存する『大成経』の焼却と版木の破却を幕府に強く訴えた。琉球王府が陶業の振興をはかるために、知花《ちばな》、宝口《たからぐち》、湧田《わくた》などにばらばらに分かれていた窯場を壺屋にまとめた。

1,683

正月に江戸城の門松が倒れるという凶事が起きた。上野国日光山で大きな地震が二日続いて起きた。江戸で再び「踊り」が流行した。「伊勢はおぼろに駿河は曇る、花のお江戸は闇となる、日光の事にてがってんか、おほさがってん」と歌いながら、人々は何かに憑かれたかのように踊ったという。「酒造半減令」が解除された。

完結したばかりの『先代旧事本紀《せんだいくじほんぎ》大成経』の版行の書と版木の焼却が幕府によって命ぜられ、志摩国磯部の伊雑宮《いざわのみや》の祠官で物部神道の信奉者だった永野采女《ながのうねめ》と、禅宗黄檗派の僧で上野国館林広済寺の住職の潮音道海《ちょうおんどうかい》のふたりが偽作を出版した罪で捕らえられ、ふたりとも流刑に処せられるところ、潮音は将軍綱吉の生母が帰依していた僧だったこともあって、将軍の生母のたのみで

1,684

流刑を免じられて、謹慎五十日のうえ、上野国館林黒滝山不動寺〈群馬県北甘楽郡磐戸村〉へ転住を命じられた。この書物を販売した書林の豊島屋豊八は版木を焼き捨てられたうえ江戸を追放の刑に処された。僧潮音はしかし隠遁後も『先代旧事本紀大成経』が偽書ではないことを主張し続けている。

清国に最後まで抵抗していた台湾の鄭氏が清朝に滅ぼされて東アジアの秩序が回復された。

この年が易でいう「上元の甲子」にあたるのを期して、一千八十年間使われた漢暦から貞享暦に切り替えられることになった。儒者林鳳岡《はやしほうこう》や同じく儒者の木下順庵、神道家の吉川惟足らがかねてから検討していたケガレとタブーを細かく規定する「服忌令《ふっきれい》」の大幅改訂版が一般に公布された。

この「服忌令《ふっきれい》」によれば、父や母の死んだときには五十日、夫が死んだ場合は三十日、妻が死んだときは十四日、兄弟姉妹の誰かが死ぬと二十日、他にも、産穢《え》として母親が三十五日、父親は七日間けがれるし、流産の場合は母親が七日、父親が三日けがれる。また牛馬を食べると百五十日、豚・犬・羊・鹿・猿・猪を食べると七十日の自宅謹慎を命じられたりした。こうしたことがこと細かに決められていて、町々の名主にいちいち写し取らせ、家持《いえもち》はもちろん、借家《しゃくや》・店借《たながり》・地借人《じがり》にまで触れ聞かせ、きっと守らせることとされた。全国の村々でも庄屋が幕府の「新・服忌令」を伝える役目をはたした。おそらくこのことによって、これ以前は地域的な多様

1,685

性のあったタブーやケガレについての風習や考え方が国家規模で統一再編され、官製の「ケガレ意識」や「不浄感」が広められることになったのだろう。

タブーやケガレがあまり詳しくこまごまと規定されているので、普通の人はまず覚えていられないものだった。そこに目を付けたのが江戸大伝馬町二丁目の板行屋惣兵衛なる人物で、彼はこれを町奉行の許可を得ることなく、しかも一部を自分で書き加えるなどして印刷出版した。幕府は出版統制の触れを出し、惣兵衛は捕らえられて牢屋に入れられた。出家、山伏、行人、願人の江戸徘徊が禁止された。

1,686

町中での踊りを禁ずる触れが出された。

庶民のケガレとタブーを規定した「服忌令」が、四月に改訂増加された。さらに一か月後には「邸宅の中死人あるときは一日の穢たるべし」という「触穢《しょくえ》制」が公布される。要するに、家の中で死人が出たときには、その家にいる者は一日けがれるというもの。ただし「そのことを知らなければけがれないし、忌中の家や、殺傷事件の被害者、自殺者、病死した者の家に行かなければならないときには沐浴してから出かけ、その日一日は誰とも接することのないように注意し、翌日からは普段の生活に戻ってよい」とされた。

1,687

五代将軍徳川綱吉によって、犬や馬など、鳥獣だけでなく、捨子や、捨病人などの人間も「生類」に加えられていたとされるあの「生類憐みの令」が出されて、当然ながら皮革業は大打撃をこうむった。ちなみに五代将軍は戌《いぬ》年生まれだったという。再び「踊り禁止令」。かねてより松前と蝦夷地の情報収集を進めていた水戸藩の藩主徳川光圀《みつくに》が、快風丸という船を蝦夷地に派遣した。

1,688

北海道島北端のソーヤ〈宗谷〉に松前藩が「宗谷場所」と呼ばれるトレーディング・ポスト（交易所）を設置し、サハリン島（樺太）のネイティブ・ピープルたちと直接に交易を開始した。北海道島に渡った水戸藩の所有の快風丸が日本海で「韃靼《だったん》」近海まで流された。帰国後、水戸藩の蝦夷《えぞ》地探検隊が「源義経蝦夷渡り」を蝦夷地情報のひとつとして、「蝦夷島の沙流《サル》というところに義経が渡ってそこの大将蝦夷の婿になり、沙流のちかくの波恵《ハエ》〈門別〉に館を構えて住み、その後大将の宝を盗んで日本に帰った」と大きく取り上げた。江戸幕府が再び「酒造半減令」を出した。

沖縄で、最低気温が高いほど質の良い糖分を得られるサトウキビ栽培の試みが、島津藩の手で開始された。

1,689

「肉食禁断の令」が施行された。「男娼厳禁の令」が出された。またしても「踊り禁止令」が出された。幕府の隠密とも、水戸藩を通じて伊達藩の不穏な動きの探索を命じられたともウワサされる松尾芭蕉が、弟子の河合曽良と三月の江戸を発ち、白河関を越えた。「生類憐れみの令」に、イノシシ、シカ、オオカミは、荒れているときにかぎり、注意して追い払っても荒れることが止まないときにかぎって、鳥銃で撃ってもよいと追加された。松尾芭蕉が奥州を周り、北陸路を経て、九月に美濃大垣に帰り着いた。

1,690

よほどいろいろなところで熱狂的に踊っていたのだろう、この年もまた「踊り禁止令」発令。

1,692

江戸の武士方辻番人だった市右衛門という人物が、エタ長左衛門の娘のせんという十七歳になったばかりの女性を辻番所に監禁し、遊女として客を取らせていたとして「死罪」にされた。

亀の島の南西部からメキシコにかけてをスペインが征服して領土にした。スペイン人はインディアンのある者が「サボテンの根」を食べているのを発見した。ペヨーテと呼ばれるサボテンは意識の変革と幻覚を起こさせるものだった。

1,693

「生類憐れみの令」が改訂され、イノシシ、シカ、オオカミが荒れたときは、まず「空砲」を撃って追い払い、それでもなお荒れるのが止まないときには弾を込めた鳥銃で撃ちしずめることとされた。家督を養嗣子の綱条《つなえだ》にゆずって隠居の身の上となり「黄門」と号していた水戸光圀《みつくに》が、将軍綱吉への抗議として、よく肥えた大きな犬二十匹を殺させてその皮を箱詰めにしたものを、水戸から江戸の——綱吉の側用人だった——柳沢保明《やすあきら》の屋敷へ書状とともに献上品として送りつけた。『万葉集』を研究し日本の古典を調べてきた僧の契沖が、歴史的仮名づかいの法則を発見し『和字正濫鈔《わじしょうらんしょう》』を作った。松前藩の家臣たちが自分に与えられた知行地のアイヌを「奴僕」化することを禁じられた。

1,694

津軽で岩木山が噴火して大地震が起きた。松尾芭蕉が「俳人」として死んだ。芭蕉は木曽義仲こと源義仲の人柄を愛し、何度となく義仲が葬られた義仲寺〈滋賀県大津市馬場〉を訪れ、自分も同じ所に葬ってほしいと遺言していたという。まったく効き目がないようだが、またまた「踊り禁止令」。伊予国今治《いまばり》藩で本庄村のエタの次郎右衛門と猟師町の惣兵衛の娘よしが「私通」したという理由で、次郎右衛門とよしの鼻が切られ、よし女がエタの身分に落とされ、よし女の両親と世話人作兵衛もエタ身分に落とされた。

1,695

「生類憐れみの令」がまたしても改訂され、クマ、イノシシ、オオカミのたぐいが、たとえ人を傷つけなくても、人家に飼っているウシ、ウマ、イヌ、ネコ、ニワトリなどを傷つける危険があった場合は、なるべく傷つけないように追い払ってよいが、追い払うときに棒にあたって死んだとしても、これはしかたがないこととされた。奥州で凶作。幕府領だった河内国丹北郡《たんほくぐん》更池村《さらいけむら》内の河田村の村民たちが、村の周囲を竹垣で囲むこと、正月元日に太夫《たゆう》として門付《かどづけ》に出ないこと、郷社の神事にあたっては、しめ縄の外から拝見すること、という以上三カ条を守る旨を誓約した文を領主からとられた。僧潮音がこの年、京都鹿ケ谷のある寺にあった、ともに『旧事本紀大成経《くじほんぎ》』の偽作者とされる永野采女《ながのうねめ》の墓に詣で、その後美濃国臨川で死んだ。

1,696

『元禄の国絵図』が作成され、この中の「琉球国」の三枚の絵図のうちのひとつに「琉球国沖縄島」という記述がある。

カトリック教会がインドのゴアに安置されているフランシスコ・ザビエルの遺体を検査した。遺体はどこも腐っておらず、頬は赤みがかって、髭もそのままで、まるで眠っているように見えたと報告された。

1,697

カムチャッカの先住民が、トナカイ橇《そり》に乗って南下するロシアのコサックの探検隊に遭遇した。ロシア、カムチャッカ半島を征服し、千島列島を南下。遠江浜松の郊外で賀茂真淵《かものまぶち》が生まれた。

1,698

琉球王が甘薯を種子島の領主である種子島久基にプレゼントした。

1,700

富士山噴火。江戸に無宿人や、放免囚、病囚などを収容する浅草溜《あさくさだめ》が設置された。「生類憐れみの令」が改訂され、ウナギもドジョウも生類として売買が禁止された。アイヌの東の人一族のチーフで、幕府によって謀殺された、かのシャクシャインを「源義経の後胤《こういん》」とする噂が、江戸の町でまことしやかに囁かれた。

1,701

沖縄の歴史書で『中山世鑑《ちゅうざんせいかん》』の漢文版であり増補版でもある『中山世譜《ちゅうざんせふ》』が、明人の子孫で五十八歳になる蔡鐸《さいたく》の手によって成立した。その中の天孫氏（海を渡ってやってきた海人族）の項に「当時の民は農耕を知らず、禽獣を捕らえて食とし、果実を拾って飯とした。年を経ること久しく、麦粟黍《ムギアワキビ》が自然に久高《くだか》島に生じ、稲苗が知念《ちねん》、玉城《たまぐすく》に生じて、天孫氏はじめて民に耕種を教え農業が興った。これによって社会の制度が決まり、むかし皮革で体をおおっていたのが着物をつけ、穴や巣に入っていたのが家に住み、海水で塩を作り、木汁で酢を作り、米麹で酒を作るようになり、民俗が急に進歩してまったく昔の面影はなく、国風これですっかり変わった」とある。このころ琉球は王朝文化が花ひらいた時期ではあるのだが、一方で薩摩藩は甘藷《かんしょ》の植えつけ数や収穫に目を光らせる「黍横目《きびよこめ》」や、黒砂糖の輸出や密売を見張る「津口横目《つぐちよこめ》」といった監視人《ビッグ・ブラザー》たちを次々に琉球に送り込み、その収奪体制を一層強化しつつあった。

『万葉集』の研究家だった阿闍梨の契沖が没した。六十二歳だった。

1,703

関東で大震災。俗に「元禄関東地震」と呼ばれる。房総半島先端の館山で最大四メートル以上も陸地が上昇した。江戸市中の被害甚大。相州小田原城が再び大破し、天守閣などが倒壊した。出羽国久保田（秋田）城下に安藤昌益が誕生した。江戸では座頭が弾左衛門の支配から脱却しようと町奉行に訴え、岩松検校《けんぎょう》が申し立てのため奉行所に出坐して法廷闘争がはじまった。

1,704

信州の浅間山が三か月にわたって噴火した。諸国に大雨が降り各地で洪水、利根川の堰が決壊して大水となった。薩摩から長崎に甘薯が伝えられた。

1,705

伊勢おかげ参りが大流行した。

1,707

本州島南岸の広い地域、東海から南海地域で巨大地震——マグニチュード八・四——が起き、津波が発生した。地震から四十九日後、富士山が噴火して宝永山ができ、現在の形になる。「夜に入り、煙は火炎となり、空に立ちのぼりそのうち鞠《まり》のごとき白きものと、火玉天を突くごとくにして、上がることおびただしくして昼のごとく輝く」と当時の記録にある。この噴火で風に乗って東に運ばれて積もった火山灰は、御殿場で一メートル、小田原で九十センチ、秦野で六十センチ、藤沢で二十五センチ、江戸で十五センチと伝えられている。そしてこの噴火が終わったあとは、もう噴煙は一切たなびくこともなくなったのだった。富士山は「木花之佐久夜毘売《コノハナサクヤヒメ》」を祀る山とされ「咲耶姫《さくやひめ》宝の山を一つ産み」という川柳がこのとき詠まれた。踊りが頻発したために禁止令が出された。

1,708

京都の四条を拠点とするあやつり師や浄瑠璃太夫が、安房国であやつり人形の芝居を無断で興行したとして、エタ頭の弾左衛門とその配下の者たちがその芝居を打ち壊す事件が発生した。あやつり師らは江戸に引き上げて奉行所に訴え出て、弾左衛門側と法廷闘争となり、弾左衛門に統率されている古代蝦夷《エミシ》系の官賤民の力の増大を恐れる幕府は、あやつり師側に軍配をあげた。

1,709

沖縄の歴史書『中山世譜《ちゅうざんせふ》』を著した蔡鐸《さいたく》の息子の蔡温《さいおん》が、このころ清国に留学した。

犬公方と呼ばれた将軍が死んだ。六代目の将軍が立って「生類憐れみ令」が廃止され、それによって赦免されたり解放された者が六千人を越えた。連年凶作続きの沖縄を台風がいくつも直撃したために、食料が不足して、餓死した者が三千百九十人にのぼった。沖縄の人口は当時約二十万人。その沖縄で琉球王の尚貞《しょうてい》が六十五歳で死んだ。実の息子が三年前に死んでいたために、三十三歳の孫の尚益《しょうえき》が王位を引き継いだ。

江戸では五代目弾左衛門の孫がわずか十二歳で六代目を継いでいる。牢番や仕置役を命じられた摂津十三か村、京都・山城の「青屋」が、断固その仕事を拒否し続けた。踊りの中に見え隠れする人々の世直し願望に危機感を抱いた幕府によって、またまたまた「踊り禁止令」が発令された。

1,711

ロシアのコサック兵がカムチャッカ半島の南端に到達し、さらにそこから小舟で海峡を渡って千島列島の最北端にも到達して、シュムシュ（占守）島を占領した。クリル（千島）列島に暮らしていたアイヌの人たちがコサック兵に遭遇した。コサックの隊長は名前をコジレフスキーといった。彼らはそこで留まらずパラムシル（幌筵）島、オンネコタン（温祢古丹）島も征服、さら

1,712

に千島中部のシムシリ（新知）島、ウルップ（得撫）島まで足を伸ばすようになった。イギリスがカナダを領土とした。

新将軍を祝うために第八回目の朝鮮使節団が博多、瀬戸内海、大坂、京都、東海道を経て江戸にやってきた。

清国に留学して福州の琉球仮屋に滞在していた沖縄の蔡温《さいおん》が帰国して琉球の王子だった尚敬《しょうけい》の教育係に登用された。

1,713

琉球王の尚益《しょうえき》が、王の位に就いて三年目で病死した。

都市開発が終わった江戸の本所・深川地域が江戸町奉行の支配地に組み込まれ、それにともなって深川三十三間堂に居住する深川善三郎なる男が、江戸で三番目の非人頭に任命された。農村や都市から没落してホームレスや乞食になるものが増加していた。彼らは古代蝦夷《エミシ》系の官賤民であるエタと区別するために「野非人」と呼ばれた。

島津藩は砂糖のディーリングをおいしい商売と考え、このころから沖縄各地におけるサトウキビ栽培の拡大を図りはじめる。沖縄の歴史書である『琉球国由来記』が成立。そこには「上古アマの人（海人族）が東方の常世国から稲の種子を持ってきた。玉城間切百名村《たまぐすまぎりひゃくなむら》の人が、そのつくり方を教わり、苗代をこしらえ種子を蒔いて、百日して苗を取り田に植えた。これが稲の植えはじめである」とある。前年に病死した尚益《しょうえき》の長男の尚敬《しょうけい》が十四歳で琉球王になった。

コサックの隊長のコジレフスキーの千島探検情報によると、このころ、南千島のアイヌたちが、シュムシュ（占守）島など北千島、あるいはカムチャッカにまで訪れ、クナシリ（国後）島で入手した木綿、絹布、鍋、刀、漆器をもたらし、ラッコ皮、キツネ皮、鷲羽に換えていた。

1,715

六代目弾左衛門が最初の「由緒書」を町奉行に提出した。「摂津国池田から相模国鎌倉に下った先祖が頼朝公に命じられて、長吏以下の支配をつとめてきた。その時もらった証文は、鶴岡八幡宮に奉納したというがはっきりしません」という不確かなものだった。対馬国の原田三郎左衛門が薩摩国に潜入して密かに甘藷の苗を持ち帰り、栽培をはじめた。

1,716

京都の島利兵衛が琉球国から甘藷苗を持ち帰り、それを栽培した。新将軍が紀州から連れてきた根来《ねごろ》忍者十七人によっていわゆる「秘密警察組織」である「お庭番」が創設された。お庭番として将軍のために働く忍者たちは、すでに「権力の犬」であり、それぞれが小領主として自由に活躍した戦国までの忍者とは異なって、プライドを喪失した存在だった。

1,719

歴史家の新井白石が『南島志』という本を著し、その中で、『慶長検地帳』に「悪鬼納《おきな》」とあるのを気に入らなくて、これに「沖縄」の文字をあてた。「山の手」と呼ばれる江戸の北西部が江戸市中に組み込まれ、代々木に居住する代々木久兵衛なる男が、町奉行から江戸で四人目の非人頭に任命された。六代目弾左衛門が二回目の「由緒書」を町奉行に提出した。非人頭車善七と、長吏頭弾左衛門の間の、江戸に急速に増えつつあった乞食（野非人）の支配権をめぐる対立が表面化した。車善七が弾左衛門を訴えた。新将軍を祝うために第九回目の朝鮮使節団が江戸にやってきた。清国の冊封使一行が尚敬《しょうけい》琉球王の戴冠のために沖縄を訪れ盛大な歓迎を受けた。

1,720

車善七が弾左衛門役所への年始を拒否した。弾左衛門によって車善七が訴えられた。水戸の徳川家が、それまでに編集の終わった『大日本史』を幕府に献じた。『大日本史』は南朝を正統とする立場に立っていたために、幕府内に波紋が広がった。幕府が「えた年貢金納令」を出し「エタとされる人たちの年貢」をケガレているという理由から「コメ」ではなく「金」で納めるように命じた。このころの日本列島の人口はおよそ三千万人だった。

松前藩がこれまで藩主や家臣がおこなっていたアイヌの人たちとの交易を、商売に長け資本力もある商人に委託し、運上金を納めさせる制度を導入しはじめた。アイヌモシリへの和人の商人たちの進出に拍車が掛かり、それと同時にすさまじい搾取もはじまることになった。商人たちは交易のみならず自分たちで漁業を経営する漁業権を松前藩から与えられて、海産物の生産にも直接乗り出し、アイヌの人たちを漁場の安価な労働力と位置づけるようになっていく。

新井白石が今度は文明中心主義の中華意識の立場から『蝦夷志《えぞし》』という本を著したが、もとよりそれは異文化を理解するためのものではなかった。

1,721

車善七が弾左衛門役所への年始をこの年も拒否した。『大日本史』の件では南北朝併立の立場を譲りたくない幕府は、困ったあげく、朝廷と幕府のパイプ役たる伝奏《てんそう》の公家を通じて、南朝正統論に立つ『大日本史』の刊行についての伺いを朝廷にたてた。だが朝廷内部でも、慎重派と肯定派に意見が分かれて、いつまでもまとまらなかった。信州浅間山が噴火した。

車善七が病死した。組頭七人が裁判を引き継いだ。弾左衛門と車善七の支配権をめぐる争いに評定所の判決が出て、弾左衛門側が全面勝利し、結果として四人の非人頭とその手下五千三百七十三人が弾左衛門の支配に組み込まれることになった。幕府は、コメは受け取らないが金なら受け取るというのではやはりおかしいと考えたものか、エタとされる人たちの納める年貢金に関して「包みを別にして、その包みの上書きに『えた納め』と書いて提出すること」になった。農民が納める年貢金と区別をして提出せよといっているわけ。包みをほどけば同じ金なのに、ねえ。

この年幕府は全国の諸領にたいして布達を発し、領内の人口を報告させている。日本全国の人口がはじめて調査され、蝦夷《えぞ》と呼ばれた北海道島には日本人が一万八千人など、沖縄を除く日本全国の人口はおよそ三千百万人だった。その沖縄では王の信頼の厚かった蔡温《さいおん》が三司官座敷（見習い）になった。三司官とは琉球王府のすべての役人の頂点にあたる役職だった。

1,722

善七の子で十四歳になった菊三朗が弾左衛門役所に年始の挨拶をおこなった。以後、関東地方においては一貫して官賤民だった古代蝦夷《エミシ》の末裔であるエタが、乞食、浮浪者、近親相姦者、心中の生き残り者、ハンセン病患者などの非蝦夷《エミシ》系の非人を支配するようになった。善七の組頭への判決を受けて、七人のうち三人が死罪となった。幕府が「えた年貢金納令」を撤回して、「えた、おんぼうの納める年貢」は金納でもコメ納でもどちらでもよいとされた。江戸町奉行の大岡忠相《ただすけ》によって、非人の髪型が「もとどり（髪を束ねてある部分）」を切ったざんぎり頭にすることが推進された。百姓や町人などの平人と非人が混じらないようにするためにとられた処置だった。出版統制令が発せられ、儒学、仏教、神道、医学、歌道、書道などに関する書物以外の出版が禁じられた。すべての好色本が絶版とされた。

1,723

菊三朗が新しい車善七を襲名した。斬髪令と「非人」手下《てか》の令が施行された。斬髪令は「非人はまげを結ってはならない」とし、髪形を「ざんぎり頭」することを規定した法律で、「非人」手下《てか》の令は「犯罪人の一部を非人身分に押し込むことで差別を強め、農民がむやみに都市へ逃げ込んで非人になることをおさえようとした」ものだった。また心中に失敗した両人を「三日さらし」ののちに非人とすることも決められた。

1,724

弾左衛門の長吏支配が関東八州に拡大。「溜《たまり》」と呼ばれる囚人病院の管理をしていた非人頭も弾左衛門の支配に組み込まれた。

1,725

六代目弾左衛門が三度目の正直で、今度こそはと最後になる決定版の「弾左衛門由緒書」を町奉行に提出した。摂津国池田から相模国鎌倉に下った先祖が（先住民系住民の保護のために）源頼朝に命じられて長吏以下二十八の限定職業の支配をつとめてきたことを証明する――鎌倉鶴岡八幡宮の宝物殿に保管されていたという――いわゆる「頼朝御判」なる文書が――小田原の太郎左衛門が持っていたものをとりあげたとして――六代目の弾左衛門の手からこのときはじめて、表の世界に出現する。いっさい歴史の舞台にはあらわれることもなく日本列島で暮らしていた、先住民系の住民の限定職業を保護するための「頼朝御判」という文書は、六代目弾左衛門によって創作された古文書だとする意見もないわけではない。またこのとき同時に、六代目弾左衛門によって弾左衛門の職務についての確認がとられた。御仕置役、伝馬役（囚人を刑場に移送する）、御仕置に必要な物の調達と御仕置の準備、お尋ね者の御用、牢屋敷が焼けて囚人を他の場所へ移さなくてはならないときの昼夜の番人、必要があれば警備員などが、その職務とされていた。

1,727

沖縄ではコメの代わりに黒砂糖を貢租として納めることができるように改められた。農民にはコメ作も畑作もまだ認められており、製造した砂糖の売買にもある程度自由が認められていた。

将軍吉宗が琉球国から甘薯苗を取り寄せて、江戸城の吹上御苑にて栽培をはじめた。越後平野の中の大きな沼というか低湿地帯で幕府領で新発田藩のあずかり地だった紫雲寺潟の干拓工事がはじめられた。

ロシア政府が清国と通商貿易のための条約を締結した。

1,728

ロシア海軍に勤務していたデンマーク人のベーリング提督が指揮をとる帆船の聖ガブリエル号がカムチャッカ川の河口を北東に向けて帆をあげ、一か月の航海ののちにセント・ローレンス島を発見した。これがいわゆる「ベーリング海峡の発見」とされる出来事である。

豊前小倉藩では、雨天の日に城下に出かけるエタは「竹の皮笠」をかぶること、平日においては手拭いや頭巾などの一切のかぶりものは許されず、非人小屋は、家作りは許されず、小屋掛け(仮小屋)にすること、また非人は藁などでちゃせん髪(ひもで束ねただけの茶筅《ちゃせん》に似た髪形)に結うべきものとされた。

沖縄ではあの明人の子孫の蔡鐸《さいたく》の息子、蔡温《さいおん》が、四十六歳で三司官に就任した。

1,729

南部藩の阿部友之進が幕府の命令で蝦夷《えぞ》地に渡り、先住民のアイヌたちが矢毒として使っている鳥頭《スルク》――附子《ブシ》ともいわれるトリカブト――という植物を採集し、江戸に持ち帰り、吹上御苑や田安御用屋敷で栽培した。

1,730

貧窮者や病人や孤児のための施設だった悲田院も、このころになると河原者とされる浮浪民の居住施設となっていて、年寄とか長吏がこれを支配し、行き倒れや粥施行場を管轄するとともに、居住者たちは警固や行刑の下役を担わされていた。この年の記録では、京都悲田院支配下の非人は八千七百九十六人だった。

1,731

伝奏《てんそう》の公家から幕府へ、十年前の『大日本史』の刊行についての回答が寄せられた。回答の中身は「南朝正統説を取る史書は、現皇室に支障があるので、刊行してはならない」というものだった。クナシリ（国後）、エトロフ（択捉）のアイヌが松前藩主にはじめて謁見した。

1,732

水戸徳川家が、江戸に下向してきた前の権大納言に依頼して『大日本史』を朝廷に献上した。この『大日本史』を朝廷が受け取るのはそれから八十年後のことになる。近畿以西の各地は長雨とイナゴの大群の襲来によって大飢饉となった。

1,733

米価が急騰して、江戸の町では貧民たちが米商人の家を襲う事件が起きた。餓死者が九十六万九千九百人に達した。西国方面で突如「犬病《いぬわずらい》」というイヌの狂う病がはじまり、次第に東方に移っていく気配を見せた。

1,734

奄美大島で代官排斥運動が持ち上がった。薩摩藩の監督官の宿舎の壁に政治を批判する落書きをしたために、平敷屋朝敏《へしきやちょうびん》と友寄安乗《ともよせあんじょう》というふたりの琉球の学者が叛逆容疑で逮捕され処刑された。賀茂真淵《まぶち》が浜松から京都へのぼり、荷田東丸《かだのあずままろ》の門人となって国学者を志した。

1,735

幕府が青木昆陽に命じて小石川薬草園で甘薯の栽培を開始した。

1,736

蘭学の先駆者である野呂元丈が『狂犬咬傷治方』を著し、その中に「狂犬が人をかむようなことは、わが国では昔からなかったことだが、近年、異国からこの病が伝わって、西国にはじまり、

1,737

中国、上方へ移り、近ごろでは東国でも発病した」と。国学という新しい学問を儒学や仏教から独立させることに生涯をささげた荷田東丸《かだのあずままろ》が六十八年の生涯を閉じた。

夏、東海道で狂犬病が流行した。オオカミ、キツネ、タヌキなどが犬にかまれて発病して多く死んだ。人、ウシ、ウマもかみつかれて、高熱を発したあげく長期にわたって苦しみ、食事も喉を通らず、犬のように狂って這いまわって死んだらしい。長州藩が「エタ」と「平人」を区別するために、エタの者の男は「ちゃせん髪（ひもで束ねただけの茶筅《ちゃせん》に似た髪形）」、女は「折わげ（後ろにまとめた毛を高くあげて結う髪形）」にするようにと命令を出した。青木昆陽が甘薯の栽培に成功し、『甘薯記』という本を添えて甘薯の苗を諸国に分けた。このころから関東における甘薯の栽培が普及しはじめた。

1,738

松前藩がキリタップ〈霧多布〉への交易船の派遣を断念した。東の人一族のアイヌたちが反旗を翻し「松前の令」をないがしろにしたため、和人は奥蝦夷《おくえぞ》のアッケシ〈厚岸〉、キリタップ〈霧多布〉、クスリ〈釧路〉などに近寄れなくなっていた。

異国船二隻が、陸奥伊達藩領内の金華山沖にあらわれ、伊達藩では上を下への大騒ぎとなった。一隻はそのまま太平洋岸を南下して、安房国長狭郡天津村の房総沖まで来航しそこに寄泊した。乗組員たちはボートで上陸すると、近くの井戸で飲料水を樽に補給し、井戸際にあった太郎兵衛の家の上がり口に腰掛けて、そこにあった煙草盆を引き寄せてキセルを取り煙草を吹かしたのち、家続きの市右衛門の家の戸口においてあった大根四、五本をとると、銀のようなものをひとつおいて、そのうちにまた全員でボートを漕いで沖の船に帰っていった。

このとき彼らが置いていった「銀のようなもの」は、天津の代官から幕府の手を経て長崎のオランダ商館長に見せられて、その結果それがロシア通貨であることがわかり、異国船がロシアの船であることもわかった。で、ロシア側の資料によれば、それらは日本列島の存在を確認し、日本への交通路を開いて、日本沿岸探検のために派遣されたあの大航海者ベーリングの第二回北太平洋探検航海における一支隊であり、ロシア海軍で働く、これもデンマーク人のシパンベルグ海軍大尉を司令官とする二本マストの帆船ミヒャエル号と、副司令のワルトン海軍中尉の乗る一本マストの帆船ナデジダ号であった。

本隊のベーリングらはこの年、アリューシャン方面で遭難し、コンマンドル群島で無念の客死、探検隊の生き残りの船員が島で捕まえたラッコの毛皮を持ち帰ったことから、ロシア人の間でラッコの毛皮の一大ブームとなり、これがきっかけとなって北部太平洋沿岸地域でラッコ・ラッシュが起こる。

日本側の文献資料に「蝦夷《えぞ》」にたいして、ようやくこのころから「アイノ」の文字があらわれ

1,741

はじめる。

四十二歳の賀茂真淵《まぶち》が江戸に出て、日本橋の浜町に居を構え、国学、とりわけ『万葉集』の研究をすすめると同時に、多くの門人たちに教えた。

アリューシャン列島に暮らすアリュート族が西洋人とはじめて出会った。ロシア皇帝によって派遣された第二次ベーリング探検隊の連中で、彼らの手でロシアに持ち帰られたオットセイの毛皮がこれまた大評判となり、シベリアから商人がおそろしい勢いでアリュート族のテリトリーになだれ込み、無法地帯と化すことになる。このころのアリュート族の人口は一万五千人から二万人とされる。

1,742

いうならば江戸の刑法とされる『御定書百箇条』で、刑罰がはじめて成文化された。死刑だけでもメニューが六種類あり、軽い方から「下手人」「死罪」「火罪《かざい》（ひあぶり）」「斬首の上、獄門」「磔《はりつけ》」「のこぎり挽きの上、磔」となっていた。「下手人」と「死罪」は「首を斬る」ことにおいてかわりはないが、「下手人」はただの「打ち首」で、「死罪」は「打ち首と家財没収」だったり「新しい刀の試し切りによる打ち首」だったりする。「斬首の上、獄門」は「斬り落とした首を獄門台にさらす」ことで、「のこぎり挽きの上、磔」は、ま、読んで字のごとしだとすごいことになるわけだが、これは「市中引き回しの上、生きたまま日本橋南づめに二日間さらしものとされ、その後に磔《はりつけ》」の刑だ。さらしの間横に竹ののこぎりが置かれているのでそう呼ばれた。戦国時代までは実際にのこぎりで斬ったそうだが。「火罪《かざい》（ひあぶり）」以上になると仕置は公開が原則で、普通の斬首は役人が非公開でおこなうが、公開の処刑執行ではつねに弾左衛門とその手下が前面に出されることになっていた。そうやって弾左衛門は、奉行所によって、あらかじめワルの象徴として憎しみや怒りを吸収する身であることを演出されたのだった。

狂犬病が東北方面にも広まった。犬にかまれてから数日の潜伏期を経たのちに発病し、酒田（山形県）や山本河内（秋田県）などで毎日数人がこの病で死んだ。

1,744 TO 1,748

このころ蘭学者の山村才助が、それまで長いこと「北ツ海」や「越《こし》の海」以外に呼び名のなかった海に「日本海」という名前をつけた（『訂正増訳采覧異言』）。また彼は太平洋のことは「東日本海」と名づけた。

1,745

奄美全島で黒砂糖貢納の義務制度成立。これより水田のサトウキビ畑化が進みはじめた。

1,747

ロシア人の修道司祭イエロモハナ・ヨアサフが布教のためクリル（千島）列島に派遣された。この年から二年間で、シュムシュ（占守）島、パラムシル（幌筵）島でアイヌ二百八人がロシア正教の信者になった。シュムシュ島には礼拝堂が建設され、そこではロシア語を話すようにしむけられていた。

江戸の六代目弾左衛門が病気を理由に町奉行に引退を願い出た。

1,748

六代目弾左衛門の息子の織右衛門が七代目弾左衛門を襲名した。新将軍を祝うために第十回目の朝鮮使節団が江戸にやってきた。

1,749

クリル（千島）列島ではわずか二年足らずで二百八人のアイヌがギリシャ正教に改宗していた。

1,750

出羽国西田川郡温海《あつみ》のあたりに狂犬病にかかったと推測される危険なオオカミが二頭出没し、湯温海（温泉場）で男女十九人、ウマ六頭、ウシ一頭、さらに一霞《ひとかすみ》村でも男女五人が被害にあい、三十日後に発病してみな死んでしまった。これ以後日本各地で狂犬病にかかったオオカミが「鬼」などとされ、人を噛み殺す存在として恐れられるようになってゆく。

イスパニア〈スペイン〉がカリフォルニアに最初の修道院を建設し、その土地のネイティブ・ピープルを奴隷化したばかりか、その社会に結核、コレラ、天然痘、梅毒、麻疹《はしか》といった伝染病とアルコール中毒を蔓延させた。

1,752

沖縄では琉球王の尚敬《しょうけい》が没して息子の尚穆《しょうぼく》が王位に就いた。尚穆はわずか十四歳だった。琉球使節が将軍に謁見した。

1,754

医師の山脇東洋が、はじめて刑死した死体を解剖して図解し、『臓志』という書物にまとめた。これ以前には彼はカワウソを解剖して練習をしていたという。松前藩の交易船がクナシリ（国後）島へはじめて派遣された。

1,756

津軽藩が津軽領国内に住む津軽アイヌたちに「風俗改め」と称する同化政策を強制的に押しつけた。アイヌのアイデンティティを根こそぎ奪おうとする日本人化（和人化）の動きに、松崎、六条ノ間、藤島、釜ノ沢、上烏鉄《うてつ》（宇鉄）、下烏鉄の五十人ほどのアイヌが抵抗して山中に逃亡した。和人化したアイヌはほかの和人と同じように人別帳で扱われ、村民及び他村民との婚姻も認められた。清国から琉球に向かう冊封使ら一行を乗せた船が、沖縄本島から西に百キロほどのところにある久米島沖に停泊中、暴風雨にあって難破し、久米島の島民たちに救助された。

このころの日本の全人口はおよそ二千六百万人で、エタ、非人、奴女（罪によって終身獄舎において使役させられた婦女子）、水替人足（鉱山で終身坑内の水を組み上げる労働に使役された者）、宿場人足、角兵衛獅子、軽芸児、遊女、歌舞伎役者、陰間《かげま》、町芸者、家抱《けほう》（家抱百姓）、織婦、中間《ちゅうげん》、下女、妾、若党、足軽といった「奴隷」とされる人たちはおよその一割の二百六十万人いたとする研究がある。

薩摩藩が琉球に対して「やまとめき候風俗これなきよう相たしなむべく候」という布達を出し、琉球人が和風の服装をすることを禁じた。薩摩藩は監視役として武士団を駐屯させていたが、琉球の宗主国を自認する中国からの使者が来ると薩摩の武士たちはいずこかへと姿を隠し、表面上はそうやって清王朝への刺激を避けていた。

1,757 1,757 TO 1,763

奄美の徳之島で農民が田畑を捨てて逃げ出す「逃散《ちょうさん》」が相次いだ。

前年久米島で遭難した際に島民に救助された冊封副使の周煌《しゅうこう》が、無事に琉球で使命を果たして清国に帰国し、イラストマップ入りの琉球ガイドブックでもある報告書『琉球国史略』を書いた。

1,758

先代の六代目弾左衛門が五十一歳で世を去った。キリタップ〈霧多布〉場所、ネモロ〈根室〉、ノシャップ〈納沙布《のさっぷ》〉のアイヌのチーフ・シフクとその子のカスンテらが、同朋三千人余を率いてソーヤ〈宗谷〉地方のアイヌを攻撃し、六十余名を殺害し、二百名を越える負傷者が出た。

1,759

松前藩がロシア人がすぐ近くにいることをはじめて知った。松前藩士湊覚之進《みなとかくのしん》がアッケシ〈厚岸〉でエトロフ（択捉）島のアイヌのカッコロから「外国人」がクリル（千島）列島に住んでいることを聞きつけて報告したもの。このころになると近江商人は一部をのぞいて姿を消し、そのかわりに阿部屋、飛騨屋、栖原《すはら》屋などという本州島《メインランド》を本拠にした金にものを言わせる大資本の商人たちが、松前に姿をあらわすようになっていた。どれもみな豪商で、近江商人の開拓したルートを使わず、独自に大型の北前船や弁財船を所有して、松前から下関をまわり瀬戸内海を経由して大坂への航路をピストンで往復した。西日本において菜種や綿や藍などを大量に生産する商業的農業が盛んになりつつあり、魚肥としてのニシンの〆粕《しめかす》の需要が年を追って高まりつつあった。

1,760

イギリスで産業革命が起こり、先住民族が「母なる地球の骨とか血」と呼ぶ、化石燃料の使用がはじまった。

1,761

琉球王府づき官僚のトップとして沖縄の実質的な権力者だった蔡温《さいおん》が八十歳でこの世を去った。

1,762

北奥羽の津軽において先住アイヌの生活に触れ、その生き方の中に「自然世〈万人が自然の法則にうまく適合して直耕する農本社会〉」の実現が可能と見て、農業を基本に据えた新しい世界のあり方を模索し続けた、無政府主義的な平和主義者だった安藤昌益が、郷里の二井田〈秋田県大館市〉で五十九歳で世を去った。昌益は、アイヌの世界には、金銀などの通用――貨幣経済――がなく、そのためにもっと金をためようとか考えることもなく、上下の支配もなく、戦ったり争ったりして奪い奪われるような乱世というものがない、というようなことを書いている。

1,763

たまたま伊勢へ旅行して松坂の宿屋に宿泊していた賀茂真淵《まぶち》のもとを本居宣長が訪ねて一夜の教えを乞うた。真淵六十七歳、宣長三十四歳。この一晩の教え以後、二度と二人は顔を合わせることはなかったが、宣長は真淵を生涯の師として国学、とくに『古事記』の研究に専念する決心をした。

1,764

新将軍を祝うために第十一回目の朝鮮使節団が江戸にやってきた。

1,766

津軽で大地震が発生し、弘前城の天守閣や寺社が崩壊するなど大きな被害が出た。

1,768

コサック百人長の地位にあったロシア人チョールヌイの一行がクリル（千島）列島のウルップ島（得撫島・ラッコ島）にいたり、そこのアイヌから毛皮税を徴収し、さらにそこで越冬してラッコ猟をおこない、六百頭ものラッコや熊、キツネの毛皮を持ち帰った。

1,769

いわゆる諸大名の姓名、本国、家系、紋所、知行高、居城、家来の姓名などを記したカタログである『武鑑』になぞらえて、歌舞伎の中村座、市村座、森田座の、いわゆる三座の役者たち、さらに狂言、作者、囃子方、茶屋などを記し『伎鑑』として発売された全歌舞伎関係者カタログが、「河原乞食を天下鎮撫の武家に擬せしは不届き至極なり」として発売が禁止され、編集者が島流しになった。幕府は触書を出して、関八州と伊豆国、甲斐国をあわせた十か国においてエタと非人を警察権力の末端に位置づけ、浮浪者を捕らえたら勘定奉行に通報することとした。エタや非人たちは、警察権力の前面に立たされることにより、社会的な怨みや憎しみの吸収装置《ショックアブソーバー》とさせられたのだった。この年、長吏頭の弾左衛門が、配下の部落に白山神社を祀るように指令したといわれている。三十年以上江戸に暮らして日本橋浜町の自宅を「縣居《あがたい》」と言ったために「縣居の翁」と呼ばれた国学研究家の賀茂真淵が七十三歳で世を去った。

1,770

ロシアのヤクーツク商人プロトジャーコノフ商会の船で、航海士サポージニコフらがクリル（千島）列島のウルップ島（得撫島・ラッコ島）に来て、出猟中のエトロフアイヌをラッコ猟から締め出し、食糧や道具を奪い、さらにはアイヌ数名を射殺した。

1,771

伊勢おかげ参りが再びブームとなる。江戸千住小塚原（骨ヶ原）の刑場で刑死した老婦の腑分け（解剖）がおこなわれ、外科医の杉田玄白と蘭学者の前野良沢らがこれを「見学」した。玄白と良沢らは直接解剖はおこなっていない。杉田玄白の『蘭学事始』によると、このとき腑分けをおこなうのは「エタの虎松」の予定だったが、虎松が急病となり「その祖父なりという老屠、齢九十歳なりといへる者」が執刀し、二人はその老人が次々と指し示した臓器を「見た」だけだった。そしてこの腑分けを観察しての帰路、玄白と良沢は中国の医学書よりもオランダの医学書の方が信用できると確信し、自分たちで蘭書の解剖図譜の翻訳に取りかかることに決めた。

陸奥国南部藩領の下北半島の易国間《いこくま》で、津軽海峡のアイヌたちを統率していたアイヌのチーフ・アシタカと、陸奥湾に面した脇野沢で陸奥湾一帯のアイヌたちを率いていたアイヌのチーフ・ハッピラのふたりの一族に、長いこと続けられていた南部藩による毎春の「御救稗」の配給と、毎秋の「蝦夷《えぞ》稗」の徴収が廃止された。南部藩における蝦夷の政治的消滅がこのときだろうとされる。これ以後、松前地、津軽、下北で蝦夷と認識されたアイヌは、同化を強制されながら和人の中に埋没させられた。

大津波が宮古島、石垣島など八重山全域を襲って、人口の半数にあたる九千三百十三人が波にのまれて行方不明となった。

阿波国の海岸にロシアの船が突然あらわれた。阿波藩ではこれに水と薪炭を与えて早々に去らしめた。このロシア船は次に奄美大島にあらわれて停泊した。この船に乗船していたアウスという名前のポーランド人が、そこから長崎のオランダ商館にあててわざわざ手紙をしたためた。手紙は阿波藩の厚意に謝するとともに、北方においてロシア国が日本への侵略を企てているという警報を鳴らすものだった。アウスはかつてロシアに捕らえられてシベリアに流されていたが、たまたまその船が南洋に行くのを知り、頼みこんで乗せてもらっていた。彼はロシアがコサック騎兵を使って南下を続け、太平洋の盟主になろうとする野望を抱いていることを実際に目撃していた。オランダ商館からこの手紙を届けられた幕府は、しかしまともにそれを受け止めようとはしなかったようだ。わずかに蝦夷《えぞ》地支配の松前藩に「辺地は変わりないか?」と問うたが、松前藩はいつものように「変わりなし」とまぬけな回答をよこしただけだった。クリル(千島)列島のウルップ島(得撫島・ラッコ島)では、前年のロシア人によるエトロフアイヌ射殺事件に腹を立

1,772

てたエトロフアイヌが、復讐としてラッコ猟のロシア人を襲撃して二十一名を殺害した。ラッコ猟をめぐってアイヌとロシア人が対立しあい、殺傷事件まで起きていたのだが、幕府も、松前藩も、これらの事件にはまったく関知しなかった。

東北地方で大地震発生。エタや非人を警察権力の末端に位置づけることが全国的に拡大した。このころより少しずつサハリン島（樺太）南端のシラヌシ（白主）に来航する山丹人《サンタン》たちが増えはじめる。冬の間に海峡を犬ぞりで横断し、前年に用意しておいた舟で海岸を南下して、二か月から四か月ほどかかって五月から六月にシラヌシ（白主）に来航した。海岸に仮小屋を建て、近くの山で猟をしながら、訪れるウィルタ族やアイヌ族を待って交易をしたという。彼らは秋にはサケ・マス漁の最盛期を迎えるので、それまでには郷里に帰った。田沼意次政権下で「蝦夷《えぞ》地百万町歩開発計画」が立案された。結局政権崩壊で実現することはなかったが、これはエタ頭弾左衛門の手下の者三万三千人あまりのうちから七千人ほど、これでは足りないので諸国の長吏・非人二十三万人のうちから六万三千人ほど、あわせて七万人もの人々を弾左衛門の指揮のもとに農業開発に従事させるプランだった。沖縄本島で疫病が流行して四千五百人ほどが死んだ。

1,773

松前藩は莫大な借金を抱えていた。そこにひとりの欲に目のくらんだ悪徳商人が登場する。もともと材木商で、松前藩から蝦夷松伐採の独占権を得て一山当てた飛騨国出身の久兵衛なる人物で、この飛騨屋久兵衛が、借金と引き換えに松前藩から奥蝦夷《おくえぞ》のエトモ〈絵鞆〉、アッケシ〈厚岸〉、キリタップ〈霧多布〉、クナシリ（国後）の四場所における漁獲を二十年の約束で請け負った。飛騨屋久兵衛は奥蝦夷地の無尽蔵に見えたサケ・マスの資源に着目し、その〆粕《しめかす》生産を企業化して利潤を最大限追求しようとしたのだった。

1,774

クナシリ（国後）のチーフ・ツキノエが場所開設のために乗り込んできた飛騨屋の大型交易船から品物を奪取するなどの抵抗をして騒ぎになったために、松前藩は蝦夷《えぞ》本島のアイヌたちにツキノエとの交易を一切禁止するという措置に出た。本島との交易から完全に締め出されたチーフ・ツキノエは、インターナショナルな感覚からロシア人との交易に生存をかけるようになる。

飛騨高山の百姓一揆で処刑された者が一万人を越した。杉田玄白、前野良沢らがオランダの医学解剖書である『ターヘル・アナトミア』の翻訳『解体新書』四巻を著した。

1,775

江戸の七代目弾左衛門が引退し、息子の要人が八代目を襲名した。このころ徳川幕藩体制の動揺がはじまり、身分的な境界がゆるんだその反動として身分制度の締めつけなど、差別政策がさまざまに強化されつつあった。常陸国筑波郡上平柳村〈茨城県筑波郡伊那村〉の農家に間宮林蔵が生まれた。

先住民が「亀の島」と呼んでいた大陸の東側で、ヨーロッパ人たちが独立のための戦争をはじめ、「植民地連合」から「合衆国」にその名を改めた。

1,776

加賀藩の郡奉行が、エタの者を平人と交際させてもよいかと内々に尋ねられて、元来その身分の者は「人外の者」で、「皮商売」のほかは平人と交わったりできるような者ではなく、人がたくさん集まるような場所へは出ないよう命じろと答えた。

先住民が「亀の島」と呼んでいた大陸の東の端に、ヨーロッパからの渡来人や、アフリカから強制連行された奴隷とその子孫によって、アメリカ合衆国が建国され、独立が宣言された。

1,777

沖縄で、製造された砂糖の一切を薩庫に収納する制度が実施された。「惣買入」制度といい、これによって貢租は砂糖のみに限定され、貢租以外の砂糖もすべてが代官の管理下に置かれた。

幕府が江戸の無宿者六十人を佐渡金山送りに。伊豆大島の三原山が大噴火し、火山活動は丸二年間続いた。

イギリスの海洋探検家のジェームス・クックがベーリング海に回航してラッコを捕まえてその

毛皮に注目した。ラッコ・ブームがイギリスで起こり、イギリス船が北洋に殺到した。スペイン、アメリカもこのブームに続いた。結局北洋におけるラッコの乱獲でラッコの数が極端に減少したことが、アリュート族を使役するロシア人の北千島からの南下を引き起こすことになった。「亀の島」の東にあったイロコイ連合国という先住民の国が、イギリス支持派とアメリカ支持派の二つに分裂した。

1,778

伊豆大島の三原山で溶岩流出をともなう噴火が起こった。「風俗取り締まり令」が施行され、さまざまな名前で呼ばれる先住民系限定居留地に暮らす人たちの服装、髪形、履物、交際の仕方などが細かく制限された。識別するための目印までつけたりした。「（エタ・ひにん・ちゃせんの類で）百姓・町人体に紛らし候ものは、きびしく御仕置申しつけ候段」とある。

あのチーフ・ツキノエがロシアの商人イワン・オチェレデンを案内して北海道島の根室半島のノッカマップに三隻の船で来航し、ロシア人たちは威嚇のために数発の鉄砲を放ったのちに上陸して、松前藩に交易を求めて拒絶されている。松前家の家臣だった工藤清左衛門が交易荷物を検査する仕事でソーヤ〈宗谷〉に派遣され、そこでちょうどサハリン島（樺太）ナヨロから交易に来ていた「楊忠貞《ようちゅうてい》」という中国名を持つアイヌと出会った。楊忠貞は樺太ナヨロのアイヌのチーフ・ヤエンコロの父親で、山丹《サンタン》国とソーヤ〈宗谷〉に渡海して交易を商売としており、先年山丹――アムール川（黒龍江）中流――に行った際に、「三爪《そう》の龍」を織った官服を着た官人から

「ヤウチュウテイ（楊忠貞）」なる名前をもらったのだと語った。

アメリカ合衆国政府がデラウエア・インディアンとの間に平和条約を締結した。のちにいくつも締結されてことごとく反古《ほご》にされる平和条約のこれが最初だった。イギリス軍が南部からアメリカに侵攻した。

1,779

九州島の鹿児島桜島が大噴火を起こし、鹿児島湾内の海底噴火を併発させて、新島が生まれた。津波も起きた。このときの火山灰は遠く本州島は遠州横須賀にも降ったと記録されているほど。

北海道島では再びチーフ・ツキノエを案内人にしてネモロ〈根室〉の西のアッケシ〈厚岸〉にイルクーツクの商人シェバーリンら四十五名が七隻の船に分乗してやってきたが、このときにも交易は拒絶され、チーフ・ツキノエも「お前のような密貿易者は二度と本島に足を入れるな」と言い渡された。石狩地方で天然痘が大流行し、七百人近いアイヌの人たちが死亡した。

キャプテン・クックが三回目の太平洋探検航海でヨーロッパ人としてはじめてハワイ諸島を発見して上陸し、それらの島々を「サンドウィッチ諸島」と命名した。もちろん当時のハワイ諸島は無人島などではなく、最初のポリネシア人の数百人の一団が、ヒョウタンをコンパスにして数千キロの荒波を越えてマルキーズ諸島からそこに移り住んでからすでに一千年近くがたっていたし、タヒチ島から大規模な植民がおこなわれてからでも、五百年近くがたっていた。ちょうど新年の祭りの最中で、ハワイの先住民たちはキャプテン・クックを伝説の神の化身として歓待したが、彼がいったん出航して嵐に遭遇して船の修理に戻ると、食物をみんなで分けあわなかったことなど、なにもかもが習慣に反するとして殺してしまった。

1,780

蝦夷島《えぞがしま》のエサシ〈江差〉というところに村上八十兵衛《やそべえ》という商人がいた。蝦夷地の産物を集めて江戸などへ売り込むのが商売だったが、ただの商人ではなくて、知的好奇心も旺盛で、石器などに興味を持っていた。彼は商用で江戸に出てくるたびに科学者の平賀源内や考古家の木内石亭といった知識人と会って学問の話をしていたが、その彼の蝦夷地における観察によれば、このころのアイヌは「石をかき割って矢じりをつくり、この矢にブスという毒薬をぬって鳥やけものを射ていた」という。八十兵衛は、そのころのアイヌの人たちが実際に使っていた石の矢じり(石鏃《せきぞく》)と、蝦夷地のいろいろな遺跡で発見される矢じりをよく見くらべて、「どちらも、天から降ったようなものではなく、人間が作ったもの」と確信していた。

土佐藩の触書に曰く「村々えたどもこの節風儀《ふうぎ》宜《よろ》しからず、百姓・間人《もうと》に紛れ候由、はなはだ不埒《ふらち》のいたりに候」と。

アメリカが太平洋における捕鯨業を開始した。

1,782

相模国小田原で大きな地震。小田原城の天守閣が大きく傾いだ。ロシア人と接触を持ったりしていたチーフ・ツキノエが飛騨屋久兵衛の圧力に屈してクナシリ（国後）での交易が再開された。当然、飛騨屋の収奪も過酷なものとなった。

西蝦夷《えぞ》地に最も近い和人地であるクマイシ〈熊石〉と、東蝦夷地に最も近い和人地である亀田の二か所に関所が設けられていて、理由なく蝦夷地に入ろうとする者は追い返された。蝦夷地から松前へ行こうとするアイヌも通さなくなったし、和人も通行手形がなければ蝦夷地へ入れなくなった。本州から松前の和人地、和人地から蝦夷地に入るにはそれぞれ旅人役などの通行税を徴収された。そうやって蝦夷地への門はしっかりと閉められてしまったのだ。

イギリス議会がアメリカの植民地の独立を認めた。

1,783

伊勢国白子村から廻送米輸送のために出帆した大黒屋光太夫の持ち船神昌丸が暴風雨で難破し、アリューシャン列島の中の小島のひとつアムチトカ島に漂着した。十五人の乗組員のうち光太夫をふくめて八人が、たまたま島に毛皮を集めに来ていたロシイスコ・アメリカンスカヤ・コンパニア（魯米会社）のロシア人社員に救助され、カムチャッカに連れていかれた。

伊豆諸島最南の青ヶ島で火山活動が活発化し、島民十四人が焼死した。本州島信濃の浅間山が大噴火し活動を活発化させた。北の斜面に大量の溶岩を噴出して、鬼押し出しが形作られ、二万人が亡くなった。関東地方の不作から、全国的な飢饉となって死者多数。東北地方では餓死や病死者の数、数十万人とも。米価が暴騰して、上州・信州・江戸・大坂・京都などで打ち壊しや暴動が起きた。北海道島では北のソーヤ〈宗谷〉および東のメナシ（目梨）で八百人から九百人が餓死し、サハリン島（樺太）でも百八十人が餓死した。

紀伊藩医の子だった工藤平助が『赤蝦夷《えぞ》風説考』三巻を著した。念のため「赤蝦夷」とは「ロシア人」のことである。この本は、ロシアの南下への防備を改めて訴えたものだった。

アメリカ独立戦争が終結し、亀の島の住人のことをまったく無視したままパリで条約が締結された。メイン州、ニューハンプシャー州、バーモント州、マサチューセッツ州、コネチカット州、オンタリオ湖の東側のニューヨーク州、ペンシルバニア州の南半分、ニュージャージー州、デラウエア州、メリーランド州、ウエストバージニア州、ケンタッキー州、バージニア州、ノースカロライナ州、サウスカロライナ州、テネシー州の一部、ジョージア州に暮らしてきた先住民の土地が、このときいきなり、先住民たちにはなんの相談もなく、新たに造られたアメリカ合衆国の領土とされた。

1,784

九州島にあった福岡藩の領内の博多湾に浮かぶ志賀島で、農民の甚兵衛が湾に面した叶の崎にある自分の田の溝の修理をして、溝の岸を切り落としていると、ぞろぞろと小石が出て、次に二人がかりで持つほどの大石が出てきた。そこで金梃子《かなてこ》を使って掘りのけたところ、ピカリと光るものが見えた。拾い上げて水で洗ってみたら、金でできた印判のようだった。「漢委奴国王」金印の発見の瞬間であった。

本州島の北部、東北部、北海道島で大雪が降り、山野の植物が厚い雪におおわれて、食物に窮したたくさんのシカが餓死した。そしてシカに冬の食料を頼っていたアイヌも食べるものがなくなって、三、四百人が餓死したといわれる。アイヌの人たちは「大雪が降るのは天上の神さまが怒って、アイヌにシカを与えなくするためだ」と考えた。

1,785 TO 1,786

江戸幕府の命令で最上徳内《もがみとくない》ら一行が蝦夷島《えぞがしま》と千島を探検してまわった。蝦夷地検分という。彼らはアッケシ〈厚岸〉からエトロフ（択捉）島のアイヌの案内でクナシリ（国後）島に渡り、そこからエトロフ・ウルップ（得撫）島に入った。エトロフ島で彼は、ロシア人イジュヨらと遭遇し、ロシア人がすでにその地でキリスト教を布教し、十字架を立て、アイヌたちがそれを信仰している光景を目の当たりにして衝撃を受けた。

1,786

蝦夷《えぞ》地検分に参加した江戸幕府の役人の佐藤玄六郎が『蝦夷拾遺』という検分録を著し、その中で「山丹《サンタン》は朝鮮と韃靼《だったん》の間にある。昔、高麗に夷丹という種族がいた。その土地が開けたために夷丹が退いて山に隠れ住んだ。山に住んでいる夷丹だから山丹という」とわかったようなことを書いた。また彼は「今夷人は皆自らカイと称す」とも書いている。「アイヌは自分たちのことをカイと呼んでいる」というのだ。天変地異が相次いだ。本州島東北部で大洪水。諸国で大凶作。

1,787

「天明の大飢饉」で、東北地方では餓死者の数が少なめに見て二十万人といわれる。特に南部藩の領内〈岩手県と青森県の東半分〉だけでも餓死者四万、疫病で死んだ者三万を数えた。沖縄における砂糖の「惣買入」制度が廃止された。松平定信が老中主座となって、いわゆる寛政の改革を断行したとき、銭剃・石工・紺屋職などが弾左衛門の支配から離脱し、ここにいたってついに弾左衛門はエタ頭としてエタ・非人および猿飼を支配するにすぎなくなってしまった。アメリカが北部太平洋でマッコウクジラの捕鯨を開始した。

1,788

京都で大火、二条城も、方広寺の大仏も焼失した。二条城はその後再建されたが、方広寺の大仏と大仏殿は二度と造られることがなかった。

悪徳商人で借金のかたに松前藩から奥蝦夷《えぞ》の漁獲を請け負っていた飛騨屋が、この年からいきなりクナシリ（国後）島と対岸のメナシ（目梨）のアイヌたちを、春から秋までほとんど報酬などなしで強制的に使役して、鮭の〆粕《しめかす》を作らせはじめた。〆粕は大きな釜で魚を煮て油を搾り取った残り粕で、大坂や京都に藍や棉花などの栽培用有機肥料として送られ、高い値で取引されていた。飛騨屋の支配人や番人は非道の限りをつくし、殴る、蹴る、相手が女性なら強姦するなど

1,789

やりたいほうだい。都合の悪いアイヌたちを毒を盛って殺すこともあったという。アイヌたちは皆殺しにされると恐れ、嘆き、憤激した。

民俗学者の古川古松軒《こしょうけん》が幕府の巡見使に随行して蝦夷地に渡った。松前藩を訪れた古松軒は松前三湊といわれた「松前」「江差」「箱館」の賑わいに驚嘆して、「江戸を出立して北行してきたなかで、家居、人物、言語とも揃ってよい所はこの地において他にはない」と『東遊雑記』に書き記した。

先代の弾左衛門が六十六歳で永眠した。

大黒屋光太夫らがロシア人にともなわれてカムチャッカを出発し、海路オホーツクに渡り、そこからヤクーツクを経て東シベリア総督府のあるイルクーツクに到着した。光太夫らは日本に帰ることを念願し、何度もロシア政府にたいして帰国を認めてくれるよう嘆願書を提出したが、その許可はなかなかおりなかった。

松前藩の場所請負人である飛驒屋久兵衛のアイヌの酷使や、和人出稼ぎ者による虐待や婦女強姦などにたまりかねて、クナシリ（国後）島と対岸のメナシ（目梨）でアイヌが武器を持って立ちあがった。クナシリのチーフで長老のツキノエや、アッケシ〈厚岸〉の長老イコトイ、その母でツキノエのガールフレンドでもあったオツキネらがエトロフの方へこぞって出稼ぎに出かけて留守のあいだに、フルカマップ〈古釜布〉のチーフ・マメキリや、チーフ・ツチノエの息子のセツパヤフ、イヌクマ、サケチレらをリーダーとする若手アイヌが武装して蜂起し、まずトマリ〈泊〉の運上屋を襲撃し、松前藩の役人、飛騨屋の支配人、通詞、番人を殺した。このあと、近くの番屋を次々と襲って全部で二十二人の和人を殺害。それから対岸のメナシに渡って、この動きと呼応したアイヌたち百三十人ほどで停泊中の商船などを急襲して四十九人の計七十一人の和人を殺した。反乱軍はメナシを制圧するとそれぞれのコタンに帰り、山に壕を掘って松前との戦いに備えた。出稼ぎから帰ったチーフで長老のツキノエとイコトイらは若手の蜂起ということの重大さに驚愕し、武器を捨てて戦うのをやめるように説得した。

結局、腰砕けとなったこの暴動は、松前藩の編成した二百六十人ほどの鎮圧隊によって制圧されて、首謀者八人と和人を殺害した二十九人のあわせて三十七人が、ノッカマップの浜辺で、アイヌの同胞たちの見守る中、ひとりひとり処刑された。そして処刑の最中に牢内で殺戮に抗議するペタウンゲ——危害を加える敵を霊的に攻撃するために「ウオホホホホホホホーイ」「ウオホホホホホホホホーイ」「ウオホホホホホホホーイ」と何度も叫び声を上げること——の地鳴りのような声が響き渡ったという。この騒ぎを収めようと鉄砲隊が呼ばれ、その場にいたほとんどのアイヌが皆殺しにされ、首を斬り落とされ、胴体はムシロに包んで浜に埋められ、塩詰めにされた首が松前まで運ばれてさらし首にされている。クナシリ島とメナシのアイヌのほとんどがこのときに虐殺されたという説もある。松前藩は飛騨屋からすべての請負場所を取り上げ、当時西蝦夷地の全域を請け負っていた松前の商人村山（阿部屋）伝兵衛に渡しているが、だからといって状況に変化があったわけではなく、アイヌにとってクナシリは「入った

1,790

ら二度と生きて出てこれない奴隷の島」となっていく。幕府は最上徳内《もがみとくない》を案内役としてこの事件の調査団をクナシリとシレトコ〈知床〉に派遣した。土地の人の生活や民族や慣習などをあるがままに足で記録し続けた先駆的民俗学者の菅江真澄が、西蝦夷地のクドウ〈久遠〉の太田山（太田権現）参詣を目的としてはじめて蝦夷地へ足を踏み入れた。

大黒屋光太夫が、イルクーツクで知り合いになった著名な科学者キリル・ラックスマン教授の好意にすがり、たまたまロシアの首都ペテルブルグに出向く機会を狙って同行した。ラックスマン教授が手を尽くしてくれたおかげで、光太夫は宮廷で女帝のエカテリーナ二世と会い、なんの因果か寵愛を受けることになる。

江戸市中に焼芋屋が出没するようになった。甲賀忍者の末裔である大原数馬、上野八左衛門、隠岐守一郎の三名が一族の命を受けて江戸に下り、寺社奉行を通じて窮状を述べ、忍術の保護と救済を求めた。そのおり三人は清書された『萬川集海』を幕府に献上している。幕府は出府した三名に銀五枚を与えた。

江戸の石川島に「人足寄せ場」が新設された。浮浪者や人別のない者を収容した更正施設のように思われるかもしれないが、先住系蝦夷《エミシ》の末裔たるエタのためのものではなく、非人とされて人別帳からはずされた渡来系先住民の末裔たちのための施設。八代目弾左衛門の弟が「溜《たまり》」と呼ばれる囚人病院の薬代・米代を業務上横領したとして逮捕された。弟は獄門に処され、兄の八代目は監督不行き届きとして解任され百日のちっ居を命じられたが、二か月後に死亡した。江戸浅草の弾左衛門は以後三年間の間空位となる。没落百姓の都市への流入を阻止するために帰農令が出された。

本州島東北部の日本海海岸の砂丘地でしばしば発見される石鏃《せきぞく》（石の矢じり）などの石器を「天上の神々の射た矢」とする考え方はこのころになると変化を見せはじめる。この年に発表された『白石手簡』の中で新井白石は「石鏃は粛慎国《ミシハセ》のもの」としているし、京の知識人だった松岡玄達は「蝦夷は石の矢じりで雁を射る。そのうち損じた雁が石の矢じりをつけたまま日本海岸の砂丘地に飛んできて落としたのだ」と詩のようなことを言っている。

松前藩がサハリン島（樺太）の南端のシラヌシ（白主）に独立した交易場を設けた。当時サハリン島（樺太）での交易を松前藩から請け負ったのは、ソーヤ〈宗谷〉場所を差配する、そしてクナシリ（国後）とメナシ（目梨）の場所も預けられた同じ松前の商人村山伝兵衛だった。

琉球国の使節一行が薩摩藩の指示を受けて中国風衣装を身にまとって江戸にやってきた。言葉も琉球の言葉を使うように求められていた。庶民の間に時ならぬ琉球ブームが起きた。

大黒屋光太夫はペテルブルグの上流階級の間で人気ものになっていた。彼は結局その地に九か月も留め置かれ、やっと女帝も一行を日本に送還する許可を与えてくれた。もちろん漂流民の送還を理由に、女帝は日本との通交を開くことを目的としていた。光太夫らは再びラックスマン教授に連れられてシベリアの荒野を越えてイルクーツクに帰り着いた。そして翌年には、キリル・ラックスマン教授の息子であるアダム・ラックスマン中尉一行が搭乗するエカテリーナ号に同乗することになる。

亀の島ではアメリカ合衆国とクリーク族の国が平和条約を締結した。この条約を皮切りに、以後四、五年のうちにチェロキー国、ショウニー国、オネイダ国、タスカローラ国など先住民の国々がいくつも合衆国と友好平和条約を締結するようになる。が、そうした条約はすべて一方的に合衆国によって反古《ほご》にされる。

1,791

民俗学者の菅江真澄が再び蝦夷《えぞ》地に足を踏み入れた。今回は東蝦夷地の旅で、彼は有珠《ウス》山に登り、アイヌの家屋に宿泊し、その生活文化を直にインタビューするなど大きな収穫をあげた。このときの体験は『蝦夷迺天布利《えぞのてぶり》』という文章にまとめられている。彼は蝦夷を「アヰノ」と読ませるように記しているし、アイヌの住居についても「外見はむさくるしくみえるが、中に入ってみれば、内の間は広く、厨下（台所）はあら砂の上に葭簾《よしず》を敷物にして清らかであり、窓から夕風が吹き込んで涼しく、あるいは床が高く蚤が跳び上らず、シャモの家屋よりたいそう住みやすそうだ」と正直な感想を述べている。

1,792

ロシア使節のアダム・ラックスマン中尉が、漂流民だった伊勢の大黒屋光太夫、磯吉らを連れて東シベリア総督の書簡を持ち、クナシリ島を経由して北海道島のネモロ〈根室〉にエカテリーナ号で来航し、通商を求めた。幕府は松前藩に福山での応接を命じる一方で、陸奥の南部と津軽の両藩に出兵を命じた。

幕府の役人の最上徳内《もがみとくない》がサハリン島（樺太）を調査した。その際、情報提供者のカリヤシンというアイヌから「松前藩が満州の官吏に書簡を送った」という話を聞き出して、不審に思っている。どうやら松前藩は独自に清朝に接触を試みたようだ。

そういえば、このとき最上徳内がサハリン島（樺太）の検分に、ソーヤ〈宗谷〉に住むひとりのアイヌのチーフを同行した。これはそのチーフが留守の間の出来事だが、ソーヤ〈宗谷〉のアイヌの女性たち二十二人が付近の山にウバユリの根を掘りに出かけ、その中の二人が行方不明になるという事件が起きている。

イフミヌ――アイヌの「それの・音を・聞く」秘術

行方不明になった女性の一人はくだんのチーフの妻で、みなが心配して一族の中から捜索隊が出されたが、ようとして行方が知れなかった。宗谷の会所で働いていたあるアイヌの母親で、イフミヌ――「それの・音を・聞く」――という占いをよくすると評判の老メディスンウーマンがいて、その老婆に占ってもらったところ、「行方不明の女たちは山上を歩いているが生命に別条はない。今のところ、捜索隊は山の麓のあたりを捜し歩いていて、女たちとはだいぶ離れているが、いずれ探し当てて無事に連れ帰る」ということだった。そのメディスンウーマンの占いの方法とは、真夜中に心気をこらしているうちに、自分が山になってしまうのである。すると背中のあたり、ガサゴソと行方不明の女たちのものらしい足音がして、それがだんだん頭の方へ上がっていき、頭を越えて目の方へ下ってきている。一方、それとは反対に膝の方から、捜索隊のものとおぼしい足音が上の方へ登っていく。それら両方の足音の進行速度をくらべて、たぶん自分の体の目のあたり、山でいえば八合目のあたりで行きあうに違いないと判断したという。それから三日目に捜索隊が帰ってきた。話を聞いてみると、老婆の言ったことに寸分狂いはなかった。このメディスンウーマンはおなじ「それの・音を・聞く」方法を使って、ほかにも沖に弁財船が来ることや、ニシンの群れがやってくるのも、あらかじめぴたりと言い当てたといわれている。以上の話は、この年に御救交易のために宗谷へ出張した串原正峯という役人が記録に留めたものだ。

九州島の島原半島〈長崎県〉の雲仙岳のうちの普賢岳が噴火活動を開始して、溶岩の流出をはじめた。火山活動の中心は東に動いて、島原城下町の背後の眉山が大崩壊を起こし、有明海に大量の土砂が突進して大津波を誘発した。対岸の熊本における溺死者もあわせると一万五千人以上の人が亡くなった。

ロシア使節一行はそのままネモロ〈根室〉で越冬をすることになった。

1,793

ロシア使節一行を乗せたエカテリーナ号がネモロ〈根室〉から箱館に回航し、アダム・ラックスマン中尉らが上陸し、陸路で松前に入った。松前に派遣された幕府の代表は、鎖国政策が国是であるとして東シベリア総督からの手紙の受け取りを拒否、交渉は長崎でしかおこなえないとして、長崎入港許可証を与えた。ラックスマン中尉らは喜び勇んで長崎にエカテリーナ号を回航した。幕府はしかし漂流民の大黒屋光太夫らを引き取っただけで、あくまでも交易を拒絶した。ラックスマン中尉一行は夏に長崎を去った。光太夫は江戸表に呼び出され、江戸城の吹上御殿で、将軍を前にして漂流生活やロシアの社会内情についてのインタビューを受けた。幕府が改めて松前藩に対して「辺地では異状ないか?」と問い合わせると、松前藩からは十年一日のごとくまた「異状なし」の答えが返ってきた。

三年間空位だった江戸浅草弾左衛門として、先代の息子の浅之助が十五歳で九代目を襲名した。そしてこの九代目のときに、弾左衛門は「象徴としての存在」とされ、弾左衛門役所は手代たちの集団指導体制に移行し運営されるようになった。

会津国の学者であった田邨三省《たむらさんせい》はこの年に著した『会津石譜』という本の中で「鉄器に先だって石器が存在したこと、あるいは遺跡や集落地が岡高き乾燥地に認められること、そして石器の出土するところにはかならず土器も出土すること」を指摘し、「土器と石器の結びついた文化がかつてこの地に存在した」と推測した。

1,794

琉球王尚穆《しょうぼく》が病没した。王位継承者はまだ十二歳の尚温《しょうおん》だった。

1,795

アッケシ〈厚岸〉のアイヌのイコトイが、ラッコ猟のために妻妾や手下の者三、四十人を引き連れて無断でウルップ島（得撫島・ラッコ島）に渡った。ハワイ島のカメハメハ大王（一世）がオアフ島に侵攻した。カメハメハの「メハメハ」とは「孤独」という意味だった。

1,796

イコトイがこの年にはエトロフ（択捉）島に入り、住民からラッコや鷲羽といった交易品を掠奪し、それらをウルップ（得撫）島在住のロシア人に売っているという噂が、アッケシ〈厚岸〉・クナシリ（国後）・エトロフ（択捉）一円でささやかれた。ブロートンが率いる英国船が北海道島のアプタ〈虻田《あぷた》〉に上陸して測量をした。国学者で紀行家でもあった菅江真澄が津軽の三内を訪れて発掘された土器を観察した。幕府が破戒僧七十名あまりを逮捕した。伊勢で農民一揆が起き、伊賀上野藤堂藩が伊賀者五人を含む十名の忍者を派遣し情報収集にあたらせた。江戸四谷の伊賀衆の組屋敷生まれでエリート教育を受けた平山行蔵が普請役となったが、役所勤めが性に合わず病気と称して辞職した。幕府が「エタの身分をわきまえながら、素人の交わりいたさせ候段不届きに候」という理由で、エタの娘を「売女」などにした者を厳しく処罰するという通達を出した。つまり、それだけ「売春婦」にされてしまう「エタの娘」がたくさんいたということだ。

1,797

ブロートンが率いる英国船が再び北海道島のエトモ〈絵鞆〉に来航した。北アメリカのロシアの植民地会社で、アラスカや北米太平洋岸のカリフォルニアなどにすでに植民地を持ち先住民と毛皮などの交易をしていたロシイスコ・アメリカンスカヤ・コンパニヤ（魯米会社）が、クリル（千島）列島、サハリン島（樺太）などに探検隊や毛皮商人とそのガードとしてのコサック兵を送り込むようになっていた。関東郡代手付出役の近藤重蔵が「松前・蝦夷《えぞ》地および辺境警備に関する意見書」を幕府に提出した。

1,798

北蝦夷《えぞ》（樺太・サハリン島）と千島だけでなく、蝦夷地（北海道島）全体の保有に手が回らず不安を感じつつあった松前藩が、幕府に領地返還を申し出た。日本人の最上徳内《もがみとくない》、近藤重蔵たちが、江戸幕府の命令で探査隊（蝦夷地御用取扱）としてまずクナシリ（国後）島へ渡り「寛政十年戊年六月、久奈志利遠見山、近藤重蔵建立」の標柱を建て、次にエトロフ（択捉）島に渡り、ロシア人の立てた十字架を倒して、代わりに「大日本恵登呂府、寛政十年戊年七月、近藤重蔵」の標柱を建てた。最上徳内はクリル（千島）列島で現地のロシア人からジャガイモを入手した。幕府は近藤重蔵ら一行の報告をもとに蝦夷地経営の具体策なるものを立案した。書院番頭の松平

1,799

信濃守以下八十名あまりをもって蝦夷地掛を選任し、東蝦夷の浦河から知床岬までと、千島列島を幕府御用地にすることに決めた。伊予国大洲《おおず》藩で、七歳以上のエタ身分の者たちは、男も女も、体の前へ五寸四方の毛皮を目立つようにさげて出歩くようにという命令が出された。この命令には「以前の通り」とあることから、この発令以前からそれがおこなわれており、最近はそれをしない者が増えていたという実態が見える。さらに、そこでは住宅の戸口にも毛皮を下げて、その家がエタ身分の者の家であることがわかるようにせよとされた。

修験道の開祖である役行者小角《えんのぎょうじゃしょうかく》にたいして、天皇が「神変大菩薩」の称号を贈った。江戸幕府がシリウチ〈知内〉川より東の和人地と東蝦夷《えぞ》地を幕府の直轄にし、アイヌの和人化——日本語の使用、仮名文字の使用、風俗の和風化——を進める計画を動かしはじめた。近藤重蔵が徳川幕府の勘定吟味役の蝦夷地御用掛という役人として蝦夷地に入り、サル〈沙流〉を通りかかったとき、地元のアイヌのチーフが刀剣甲冑を隠し持ち、そればかりか産土神《うぶすなしん》を崇敬する様子を見て、アイヌに「汝等が崇敬する所の者は源義経公であろう。今度来るときには必ず義経公の神像をもってきてやる」と約束した。彼は江戸に帰ると、神田の仏工、法橋善啓に命じて義経の甲冑を被る木像を自分をモデルに彫らせ、それを持って次回に蝦夷地に渡航してアイヌたちにその像を与え祀らしめた。これがピラトリ〈平取《びらとり》〉にある義経神社のはじまりとされるが、もとはといえばこれもアイヌ懐柔策、同化政策のひとつだった。それにしても自分をモデルに神像を作らせるとはいい度胸ではないか。二十四歳の間宮林蔵が、幕府派遣の蝦夷探検隊の測量方として――隠密として――蝦夷地に向かって江戸を出発した。尾張国大須〈名古屋市〉の真福寺宝生院に所蔵されていた――ちょうど七百年前に書かれたとされる――『将門記』という古書が、木版本として出版された。このころの神道家・儒家であった谷秦山《たにしんざん》が「穢多《えた》は諸国に分処された蝦夷民の子孫だ」と指摘した。

北海道島東部で天然痘が流行した。サハリン島（樺太）南端のシラヌシ（白主）にある交易場が松前藩の直営となり、大坂の商人柴屋長太夫が交易を請け負った。伊能忠敬《いのうただたか》が蝦夷地の測量に出かけた。蝦夷地残留を命じられた間宮林蔵が伊能忠敬と知り合い意気投合し、忠敬を師として測量技術を学んだ。有史以来はじめて、女性にたいしても富士禅定（登山）が認められたのだが、このあとも七十年近く、実質的には女性の入山は拒否され続けた。

この年の「弾左衛門書状」によれば、弾左衛門構内に二百三十二軒、外猿飼がそのうち十五軒、御府内各所の小屋（浅草・品川・深川・代々木村・木下川村など）七百三十四軒、関八州甲駿豆奥（奥州・関東・甲斐・駿河・伊豆）十二か国分六千五百六十二軒、外猿飼がそのうち四十六軒、合計七千五百二十八軒が、弾左衛門配下のエタの戸数である。弾左衛門の配下は男女子どもまで含めておよそ五十万人と推定され、この他にも「道《どう》の者」とされる墨屋、筆屋、獅子舞、鳥追いといった行商や遊芸で旅から旅へと渡り歩く弾左衛門鑑札の者が二十万人ほどいたとされる。

沖縄で十八歳の琉球王尚温《しょうおん》と十七歳の王妃の間に王子が誕生し、尚温王の戴冠式のために清国から冊封使一行が訪れ、世継の誕生祝もかねて大宴会と大綱引きがおこなわれた。

亀の島にあるネイティブの国々や部族を構成するネイティブ・ピープルの総人口が、非ネイティブ・ピープルとの戦争、伝染病、古き良き生き方の破壊などを主たる原因にして、コロンブス以前のおよそ三千万人から、六十万人にまで激減していた。アリューシャン列島のアリュート族も、病気、戦闘、強制移住、飢餓などで、この五十年ほどで人口が十分の一の二千人の絶滅寸前に追い込まれた。

1,801

富山元十郎らがウルップ（得撫）島にいたり「天長地久大日本属島」の標柱を建てた。山丹《サンタン》人が十隻ほどの船団でサハリン島（樺太）のシラヌシ（白主）に来航し交易をおこなった。一隻の舟には七、八人が乗っていた。間宮林蔵が幕府の隠密として蝦夷島《えぞがしま》全域の海岸沿いを調査した。出羽国の鳥海山が大噴火を起こした。国学の大成者とされる本居宣長が七十二歳で世を去った。

1,802

幕府が蝦夷《えぞ》奉行を置いた。江戸でインフルエンザが大流行した。蝦夷奉行が箱館奉行と改称された。『東海道中膝栗毛』という滑稽本が大流行し、「四つ」と呼ばれる白旗騎馬源氏系（キタさん）と、「八つ」と呼ばれる赤旗海人平家系（ヤジさん）の被差別先住民同士が互いにいがみ合う時代を終わらせようと、庶民に世直しのための意識革命を働きかけたとされる。「赤勝て」「白勝て」は、先住民支配の象徴だったわけ。「四つ」に「八つ」を監視させ、「八つ」に「四つ」を監視させる相互監視体制が江戸時代には完成していた。

アラスカに建設されていたロシアの砦を北太平洋沿岸地域のネイティブ・ピープルであるティリンギット族が占拠し、入植者を人質にしてたてこもり、以後二年間にわたってアレクサンドル・アンドレイビッチ・バラノフ率いるコサック兵を相手に戦闘を続けた。亀の島の中央部にまで麻疹《はしか》や結核やコレラなどが広まった。

間宮林蔵が身体を壊して一時休職して江戸に戻った。琉球王の尚温《しょうおん》が十九歳で病死した。

1,803

飢餓に陥ったシャリ〈斜里〉・ソーヤ〈宗谷〉場所のアイヌ二百十八人がネモロ〈根室〉場所に助命を願って越境してきた。間宮林蔵が健康を回復したとして復職した。幕府が南千島アイヌがロシア人と交易をしたり、エトロフ（択捉）島よりも北の島々へラッコ猟などで出稼ぎに行くことを全面的に禁止した。ラッコ猟やクリル（千島）との交易から切り離されたクナシリやエトロフのアイヌたちは、これ以後、和人の漁場での労働力にとりこまれていく。沖縄ではわずか四歳になったばかりの尚成《しょうせい》が琉球王の位に就かされたが、在位一年にも満たないうちに病死した。

アメリカの大統領ジェファーソンが、フランス皇帝ナポレオンからルイジアナ領を買収した。

1,804

江戸浅草の九代目弾左衛門が、二十五歳の若さで、しかも息子を残さず、世を去った。このときをもって弾左衛門家は直系が絶えたのだった。十代目を継ぐのは、九代目の甥の金太郎とされたが、町奉行所への願書は手代七人の連名で出された。エトロフ（択捉）島に会所を設けた幕府の役人で小身旗本の近藤重蔵が、和人の年間の魚運上金として十万両を納めさせた功により、江戸に呼び戻され、御書物奉行に大抜擢された。天台宗、浄土宗、禅宗の寺院が蝦夷《えぞ》地に建立された。出羽国で大地震が起こり、象潟が陸地になってしまった。沖縄では尚温《しょうおん》の弟で十八歳だった尚灝《しょうこう》が十七代目の琉球王の地位についた。

ロシア使節のニコライ・レザノフが漂流民を護送して九州島の長崎に来航し、通商を求めた。ロシア提督で探検家のクールゼンシュテルンがロシア皇帝の命令を受けて世界を回る旅の途中にあり、レザノフはその旗艦ナデジダ号に同乗していたのだ。レザノフはロシイスコ・アメリカンスカヤ・コンパニヤ（魯米会社）の創設者の娘婿だった。近藤重蔵が『辺要分界図考（最新フロンティア図解）』を著し、山丹《サンタン》について「その部落はカラフトの向こう側にあるマンゴと呼ばれる大河の海口よりギチとイチョボットの辺りまでにいる」と記した。「マンゴ」は「マングー」のことで、ウリチ族の言葉でアムール川をあらわす。

1,805

隠密でもあった間宮林蔵が幕府の天文地理御用掛として北海道島日高海岸の測量をおこなった。北千島のラショワ（羅処和）島のアイヌが交易を求めてエトロフ（択捉）島に渡来したが、幕府はラショワ人を「ロシア付属のアイヌ」と判断し、交易を認めなかった。

幕府はロシア使節にたいして通商を拒絶した。ロシア提督で探検家のクールゼンシュテルンがウラジオストックへ帰国後『世界就航記』を執筆し、その中で「日本海」という名前をはじめて使用した。また『日本紀行』という書物も著し、その中でサハリン島について「サハリンの真の所有者はアイヌだ。したがってサハリンを占有するにはアイヌの同意なしにおこなわれてはならない。もしアイヌを脅かして松前がサハリンをにぎろうとするのなら、ロシアはただではすまさない」と書き記した。

1,806

津軽藩が再び領国内のアイヌたちに同化政策を強制し、アイヌは「平民（百姓）」扱いとされた。そしてこれにより「政治的」には津軽藩から蝦夷《えぞ》が姿を消すことになった。ロシア船がサハリン島（樺太）に渡来しオフイトマリ〈大泊・コルサコフ〉に上陸し、クシュコタンの松前藩会所を襲撃しそこの番人を連行した。米価低落で、幕府は酒勝手造を許可した。

1,807

松前藩を陸奥国伊達郡の梁川に移して、西蝦夷《えぞ》地を含む北海道島全域——クナシリ（国後）島・エトロフ（択捉）島・サハリン島南部（南樺太）も含む——を江戸幕府の直轄とし、アイヌの負債を整理するという名目で、山丹《サンタン》交易をアイヌたちから奪ってしまった。アイヌの負債というのは、山丹人が青玉、鷲羽、錦類を今年貸し付けて、翌年にそれにみあう貂《てん》皮、獺《かわうそ》皮などの獣皮を取り立てる交易方式をとっていたために、その差額が積み重なってできたものだが、実態は、松前藩からの山丹渡来品の催促や強要に応えてアイヌたちが無理な買い物をさせられた結果だったとされる。山丹人は、借金のかたにアイヌの身柄を拘束して山丹に連行して下人として使役したりした。

ロシアの艦長のフォストフがサハリン島（樺太）のクシュコタンで「サハリン島を占領したぞ」と勝手に宣言した。ロシア船がエトロフ島にも来航して会所を襲撃し、警備の侍が殺された。無力な松前藩にこのまま蝦夷地を任せておくことはできないと判断した江戸幕府は、さらに自分たちで北辺の防備を固めるため、出兵令を津軽、南部、庄内、久保田（秋田）の各藩に出して蝦夷地防衛にあたらせている。ロシア人が蝦夷に上陸して警備の武士が殺害されたというニュースを耳にして、文武両道のエリートで、生涯妻をめとらず、女性を近づけなかったとされる伊賀忍者の末裔平山行蔵が、頭に一気に血をのぼらせ、口角泡を飛ばして対ロ強硬策を幕府に進言し、海防論を強硬に主張した。行蔵はこのころ四谷に武芸と兵学を教える道場を開いていた。幕府がロシア船打ち払いを命じた。このころ北海道島におけるアイヌの人口はおよそ二万六千八百人ほどだった（松前地方居住の者を除いた数字）。

1,808

蝦夷地の警衛などが重なり仙台藩の経営が逼迫した。ロシアの艦長のフォストフが今度はエトロフ（択捉）に姿をあらわして「ここを占領する」とまたもや勝手に宣言し、アイヌの家に火を放った。常陸国平柳村の農家兼桶のタガ職人の子として生まれた間宮林蔵と幕府蝦夷《えぞ》地御用掛の松田伝十郎の二人が、「樺太奥地の検分」を命じられて、スメレンクル（ニヴフ族）のガイドとともにサハリン島（樺太）を探査した。林蔵らは和人としてははじめてサハリン島と大陸の間にある海峡を「発見」し、これを「間宮海峡」と命名したものの、「草」と呼ばれる幕府の密偵だったために、世界的な冒険家になり損ねた。林蔵は「ヲロッコというて蝦夷人とは種族のかはった土人がタライカと申処《もうすところ》に住んでいることをはじめて知った。ウィルタ（オロッコ族）が日本の文献に登場するのはこれがはじめてだ。最上徳内《もがみとくない》が『渡島《おしま》筆記』を著し「アヰノ」という表記を使用した。「アヰヌ亦アイノ、方言此類小差あり。夷の称なり」「自称してアヰノといふ、……これを呼んでゐぞといへば喜ばず」と。江戸幕府が仙台、南部、会津の各藩に「択捉《エトロフ》、国後《クナシリ》、箱館」の警衛を命じた。仙台藩は藩の兵士千七百人を派遣した。

1,809

幕府蝦夷《えぞ》地御用掛の松田伝十郎がアイヌの負債問題解決に乗り出し、アイヌが自力で返済できない部分は幕府が肩代わりして決済することにした。ソーヤ（宗谷）アイヌはこれ以後完全に山《サン》丹《タン》交易から排除され、大陸と行き来する自由をすべて奪われて、場所内に閉じ込められることになった。山丹人との交易はすべてシラヌシ（白主）会所扱いの官営とされたのである。蔵王山が爆発して硫黄が河川にあふれ、阿武隈川下流の魚がみなことごとく死んだ。

アリュート族をガイドとしたロシア人たちが、亀の島（北米大陸）西岸を南下してサンフランシスコ湾に入り、その地のネイティブたちと接触、交流を持った。こうしたアリュート族を媒介とした接触は以後数年続く。

1,809 TO 1,810

南サハリンのトンナイで新しい年を迎えた幕府隠密の間宮林蔵と松田伝十郎の二人が、今回はサハリン島（樺太）と大陸の間にある海峡を渡り、満州仮政府（清朝役人の出張所）に朝貢に行くというスメレンクル（ニヴフ族）のチーフ・コーニという名前のガイドにくっついてアムール川下流域の探査をおこない、仮政府のあるデレンに到着し、そこでサハリン島や沿海州の先住民族が貂《てん》の皮を上納して、かわりに酒や煙草や布帛《ふはく》などをもらっているのを目撃した。間宮林蔵はその著作『東韃《とうだつ》紀行』に「この地方を経歴してあまねく諸夷を観するに、習俗もみな異なり、一種類の人たちではない。スメレンクルと称する人たちがいる。ジャンタと名つくる人たちがいる。コルデッケと呼ぶ人たちがいる。部落ごとに境があり、名前も変わる」と書いた。

1,810

七月二十日の宵の口、浅草馬道あたりの若衆が、銭湯からの帰り路、突然、天から人間が降ってくるのを目撃した。下帯ひとつつけていない素っ裸に、なぜか足袋だけが夜目にも白く輝いている二十五、六歳の男だった。さっそく町役人に来てもらって番屋へ担ぎ込み、医者に見せると、身体に異状はなかった。しばらくすると男は正気づき、自分は京都油小路の安井御門跡の寺侍、伊藤内膳の倅《せがれ》で安次郎と名乗り、今臥せているところが江戸浅草と聞いて仰天して泣き出した。話によると、伊藤安次郎は二日前の朝十時ごろ、嘉右衛門という男と、家僕庄兵衛の三人連れで愛宕山に詣で、暑いので裸体になって涼んでいたら、そこへひとりの老僧が出てきて、おもしろいものを見せてやるからついてこいというので、ついていったところまでは覚えているが、後はなにも知らないなどという。番屋でも、放って置けないので町奉行所に訴え、吟味中は浅草溜《だめ》(留置場)へ預けられ、公儀から京都へ照会すると、安次郎の申し立てどおり、嘉右衛門、庄兵衛の証言も一致したうえ、当日愛宕山上に安次郎が脱ぎ捨てた衣服の縞柄、大小刀の銘までことごとく符合するばかりか、唯一の所持品である白足袋も京都製だったなど、安次郎の陳述に偽りのないことが認められ、程なく京都へ送り返された。安次郎の足袋が少しも破れていなくて、裏に泥ひとつついていなかったこと、わずか二日ほどでどうやって京都から江戸まで運ばれてきたかなど、不思議は残された。きっと天狗の仕業だろうと、江戸の人たちは話し合った。

水戸徳川家が編纂して八十年前に献上してあった南朝正統の立場に立つ歴史の本『大日本史』を朝廷が受け取った。そして幕末に向かって尊皇運動が高揚するようになると、この南朝正統論が人々の意識の表面に再びあらわれ出るようになるのだった。津軽弘前城の天守閣が再建された。

ポリネシア人のカメハメハ大王が、白人になかば操られてハワイ全島を制圧し、最初の王朝をたて、サンダルウッド(白檀)の木を王家の独占とした。

1,811

銅版画家の司馬江漢がこの年に脱稿した『春波楼筆記』というエッセイ集に「上天子《うえは》・将軍より、下士《しもは》・農・工・商・非人・乞食に至るまで、皆以《もっ》て人間なり」と書き記した。新将軍を祝うために第十二回目の朝鮮使節団が江戸にやってきた。そして朝鮮からの使節はこのときの三百三十六人の使節団が最後となった。松前奉行所国後《クナシリ》詰調役奈佐政辰がロシア船艦長ゴロウニンらをクナシリ（国後）で捕らえ、松前に連行して幽閉した。

1,812

相模国の川崎、神奈川、保土ヶ谷あたりで中規模の地震が起きた。ロシアが前年のゴロウニン逮捕の報復として、クナシリ（国後）海上でロシア船の船長リコルドに高田屋嘉兵衛を捕らえさせた。

伊勢神宮を参拝しようと二見浦の宿に泊まっていた京都三条天部村のエタ二十一人の身分が発覚したために、当日同じ宿屋で合火した者に二十一日の禁忌が、その二十一日の禁忌の者と合火した者は七日の禁忌が、さらにその七日の禁忌の者と合火した者は当日の禁忌が、それぞれ命じられた。「合火」というのは「同じ火を使った」ということで、つまり「同じ火」で炊いた釜の飯を食べたり、「同じ火」で沸かした風呂に入ったりしたことを意味する。そればかりかエタの飯を炊いたかまどは壊して、使った食器類は土中に埋めろという命令も出された。

アメリカとイギリスが亀の島の占有権をめぐって勝手に戦争をはじめ、ネイティブ・ピープルの国もどちらかに肩入れせざるを得なくなり、ショウニー族の国はイギリス側についた。白人に雇われる形で戦争に参加した先住民たちの国の中には内部が二つに分裂して戦い合うところまで出てきた。ロシア人九十五人とアリュート族ら北方の先住民族八十人ほどが亀の島（北アメリカ大陸）の西岸を南下して北カリフォルニアの沿岸部に砦を築いた。南からのスペイン人の侵略に困り果てていたポモ族などのネイティブたちは、このロシアとアリュートの南下に大喜びしたらしい。北カリフォルニアのネイティブとアリュートら北方ネイティブの部族を越えた結婚も広まった。

1,813

ロシア船長リコルドが、高田屋嘉兵衛らをともないクナシリ（国後）島に来航し、ゴロウニンの釈放交渉に入る。嘉兵衛らの尽力により、四か月後、ゴロウニンらがリコルドに引き渡された。ロシアとの緊張関係が緩んだ。尾張国の小島屋庄右衛門が所有する「督乗丸」が江戸から復航中に遠州灘で漂流した。

1,814

岡山城西郊の上野中村の神官だった黒住《くろずみ》宗忠が太陽神信仰の神道系宗教である黒住教を開教した。

1,815

二年前に遠州灘で漂流した尾張国の小島屋庄右衛門の船「督乗丸」が、一年も太平洋をさまよったあげく、アメリカはカリフォルニアのサンタ・バーバラ沖で、イギリスの商船に救助された。

1,816

イギリスの巡洋艦アルセスト号〈マックスウェル艦長〉と僚艦ライアラ号〈バジル・ホール艦長〉が黄海探検の途中で沖縄の那覇を訪れ、泊港《とまり》に四十日間停泊した。琉球王府の役人は要求されるまま牛肉、豚肉、野菜、水などを供給し、その返礼としてイギリス側から望遠鏡や軍艦の見取り図などを受け取っている。

1,817

沖縄で凶作のために飢饉が起きた。

1,818

伊勢国一志郡須川村〈三重県一志郡三雲村字小野江〉で松浦武四郎が産声をあげた。生家は、伊勢神宮につながる伊勢街道のそばにある庄屋で、父親は茶の湯と俳諧をよくする国学者でもあり、名を松浦時春といって、あの本居宣長の弟子だった。武四郎は松浦家の四男坊で末っ子で、残された記録類には「竹四郎」と書かれている。

そのころ国学者で紀行家の菅江真澄がはじめて津軽亀ヶ岡出土の土器を手にとってしげしげと

見つめ、写生して「これらは蝦夷《えぞ》人のつくったもの」と『新古祝甕』という本に書いた。亀ヶ岡から出土した土器や土偶などはこの時代に物好きな人たちに珍重され人気を集め、「亀ヶ岡もの」と呼ばれて江戸や長崎、はては遠くオランダまで輸出された。

もともとこの時代の国学者とは、自分の国（国家ではなく、それぞれのお国）とか、自分の村とかが、どういうところかを研究する学問で、博物学や旅行をしてその記録を書くこともまた国学の一部だったし、そうした知識に対する需要が全国津々浦々まであったらしい。

1,819

御書物奉行の近藤重蔵が目黒三田の別邸の庭に大きな模造富士を作ったことが発覚して、幕府により「分をすぎたもの」として難色を示され、大坂に御弓矢槍奉行として左遷された。

アメリカがイスパニアから借金のかたとしてフロリダ半島を取り上げた。

1,820

アメリカの捕鯨船マロ号の船長ジョーゼフ・アレンが日本近海の捕鯨場を発見した。幼いころに山人（天狗）に連れ去られて、そのもとで生活し修業していたと主張する少年の寅吉が、浅草観音堂の前にいきなり出現して江戸中の話題となり、国学者の伴信友や平田篤胤など、そうそうたる知識人たちがこの天狗小僧と面接した。伴信友も平田篤胤も、本居宣長の没後の門人だった。

1,821

ロシアの南下が一時的に沈静化したために、松前藩が蝦夷《えぞ》地の復領のための猛運動を展開し、幕府も十四年ぶりに蝦夷地を松前藩に返した。アイヌの和人化がいっそう進められた。

江戸浅草の十代目の弾左衛門が死んだ。九代目のときに直系が絶え、そして十代目にして傍系も絶えたのである。幕府は江戸町奉行を通じてこのときに弾左衛門家をつぶすこともできたのだが、そうすることはせず、変則的な養子縁組みを認めて弾左衛門家を存続させた。

オランダ国籍の商船が沖縄近海にあらわれた。

1,822

弾左衛門家の手代たちの手で、死んだはずの十代目弾左衛門が、自ら引退願いを提出し、その場で富三郎という少年に跡目を譲った（ことにされている）。十一代目の弾左衛門は、安芸国佐伯郡廿日市坂田村の雑色《ぞうしき》頭河野団右衛門の息子富三郎だった。佐伯郡の名前の通り、その地はもともと「俘囚《ふしゅう》」の限定居留地のあった場所である。十五歳になる富三郎が、すでに死んでいる十代目金太郎の養子となり、十一代目を襲名した。

松前奉行支配調役で三十俵三人扶持だった幕府の隠密の間宮林蔵が、江戸に帰任して勘定奉行普請役になった。平田篤胤が『仙境異聞――仙童寅吉物語』を書き上げた。北海道島のアイヌの人口は二万三千七百二十人。

オランダの商船が沖縄の港に入港し琉球王府の役人に開港と貿易を求めたが、日本は鎖国しており、琉球だけが単独で交渉に応じることはできないとしてこれを拒絶した。

1,823

ドイツ人のフィリップ・フランツ・フォン・シーボルトが、オランダ商館詰めの医師として長崎に来日した。シーボルトは博物学者でもあり、考古学者でも人類学者でもあった。

1,824

北アメリカ大陸の北西部太平洋沿岸にあった先住民の国であるチヌーク族王国の最後の国王であり、太平洋側斜面のフラットヘッド族連合国のチーフでもあった人物の娘と、北アメリカ大陸の先住民たちとの交易会社であるハドソン湾会社の幹部、英国人アーチボルド・マクドナルドの間に、一人の男の子が誕生した。息子を産むと先住民の母親は産後のひだちがよくなくてじきに亡くなってしまった。ラナルドと命名された赤ん坊はチヌーク族王国最後の国王の家にあずけられた。

伊勢国一志郡須川村の松浦武四郎が七歳になり、村の真学寺という寺で僧侶になるための勉強をはじめたが、両親は武四郎が僧になることには反対だった。

1,825

陸奥国閉伊郡の南部藩の領内に住む農民たちが、塩の専売に抗議してデモをおこなった。幕府が諸国の大名に外国船を見たらこれを討ち払えと命令した。

1,826

オランダ商館で医師をしていたシーボルトが長崎から江戸にやってきた。出羽国出身の最上徳内《もがみとくない》が、自らの手になる蝦夷地測量図と植物標本をシーボルトにプレゼントした。近藤重蔵の息子の富蔵が、目黒三田に父親が作った模造富士の所有権を争って、隣人の家族を皆殺しにするという事件が起こった。隣家の農家が、父親が大坂に赴任している間に模造富士――俗に「近藤富士」と呼ばれる――をわがものにして、見物に来る者たちを相手に商売をしていたことに腹を立てたもの。近藤重蔵は息子の富蔵とともに逮捕され獄舎につながれたうえ、重蔵は近江大溝の分部《わけべ》侯にお預けとなり、富蔵は八丈島に流罪となった。

1,827

「ここにはもっぱら皮の加工に従事するいわゆるえたがたくさん住んでいる。この人たちは一般にきらわれていて、非常に低い一種独特な階級に属し、普通は隔離された町に住み、他の村人とは公民として共同体をつくらず、これらの村人の住居にはいることすら許されていない」

――シーボルト著『江戸参府紀行』より

英国艦ブロッサム号が沖縄と小笠原諸島にやってきて実測をした。艦長のフレデリック・W・ビーチーはイギリス海軍士官で、地理学者で、太平洋とベーリング海峡を調査する使命を持っていた。ビーチーは琉球における風葬の場所を案内人と訪れて「琉球では骨、または肉体を焼却しないのか?」と聞いたところ、案内人は驚いて「イギリスではそんなことをするのか?」と聞き返したという。ビーチーは小笠原の父島を「ピール島」と、二見港を「ロイド港」、母島を「ペーリー島」と命名した。以後幕府が崩壊するまで欧米の文書には小笠原のことがその名前で登場することになる。

世界の動きと日本の動きのギャップについていけなくなった琉球王の尚灝《しょうこう》が、薩摩藩の役人にたいし、退位して僧籍に入ることを告げた。「王位は息子の尚育《しょういく》に譲るから」と言うがはやいか頭を丸めて隠居してしまった。鹿児島城下の鍛冶屋郷士の西郷家に吉之助が生まれた。のちの「西郷隆盛」その人である。西郷家は被差別先住民系の特殊な家系だったとされるが、真相は闇に包まれている。

1,828

江戸浅草の十一代目の弾左衛門が二十歳で世を去った。彼は最も短命な弾左衛門だった。開明学者で書物奉行の高橋景保が、自分の作成した「大日本沿海輿地全図」を、ドイツ人の医者で博物学者のシーボルトが持っていた「オランダ海外領土全図」と密かに交換したことが内偵により発覚して逮捕拘禁された。この事件を内偵していたのが幕府隠密の間宮林蔵だった。シーボルトはスパイとして詮議を受けて出島に幽閉された。高橋景保は獄死したが、そのあとで改めて国法違反の罪で死罪にかけられ、二度殺されるほどの厳刑に処されたほどで、その子十二人は遠島、門弟五十人あまりも処罰された。越後で大きな地震が起こった。

沖縄で琉球王を尚育《しょういく》が引き継いだ。尚育は十六歳だった。

1,829

ロシアのニコライ一世の命を受け、探検船のセニアビン号による世界周航の探検の途中、太平洋海域の調査をおこなっていたロシア人探検家のリュトケが、ボニン・アイランズ（小笠原諸島）の父島に上陸し、島々の調査をして、詳しい地図を作成した。

亀の島の住民のために先住民の言葉で書かれた最初の新聞『チェロキー・フェニックス』が、英語とチェロキー語で発行された。

弾左衛門家の手代たちによって、十一代目弾左衛門の退役願いが江戸町奉行に提出され、信濃国筑摩郡出川の長吏大友彦太夫の弟の周司が、十二代目弾左衛門を襲名した。シーボルトが海外追放され、日本への再渡航も禁じられた。シーボルトはドイツに帰国すると『日本』という厚い本を著しその中で「石器時代の北部日本はエビスの国であったが、激烈な戦闘ののちに、ミカドの勢力によって占領された」と書き記し、エビスは「アイヌ」であるとの説を唱えた。

1,830

ナサニエル・セボリーら国籍不明の数名の白人がハワイ諸島の先住ポリネシア人を連れてボニン（小笠原）諸島に移住してきて、野菜とパイナップルを栽培したりして自給自足の生活をはじめた。

伊勢大神宮おかげ参りがまたしても流行となった。松浦武四郎が伊勢の津にある藩校の学生となった。当時、津はいうならば文化の中心地で、数多くの文人や学者たちが集まってきていた。武四郎少年はここで、三年間にわたり多くの著名人と出会い、講義を聞き、夢をふくらませ続けた。彼が自分の放浪癖についで気がついたのもこの時代だった。京都で大きな地震が起きた。

アメリカ合衆国で「東部地域に暮らしているすべてのインディアンをミシシッピ河の西に移住させる法律」が制定された。

1,832

尾張国知多郡小野浦の宝順丸（千五百石積）が、尾張からの荷を積んで江戸に向かう途中、遠州灘で暴風雨に遭い、帆柱を折り、舵を奪われて漂流をはじめた。

盗賊の鼠小僧次郎吉が逮捕されて浅草で獄門。薩摩藩の指示で中国風の衣装を身にまとった、異国風で派手な琉球からの使節が江戸にやってきたのをきっかけとして、目新しいものを求めていた江戸や、退屈していた関西でも、再び琉球ものが大ブレイク。葛飾北斎までもが「琉球八景」を発表したが、彼自身は琉球を訪れたことなどなく、清国で出版され江戸に持ち込まれていたイラスト入り琉球ガイドブックの『琉球国史略』（周煌《しゅうこう》著）に収められていた「球陽八景」というモノクロのイラストを基に、彼独自の極彩色を施したものだった。

1,833

伊勢国の津の藩校で学んでいた松浦武四郎が、十六歳になり、広い世界を知りたいという夢を抱いて、ひとまず郷里の須川村に戻った。そして準備を調えて日本を知るための放浪巡礼の旅に出る。須川村から東海道をのぼり、将軍家の住む江戸におもむき、さらにそこから今度は中山道を下って信濃国の善光寺に詣で、ついで戸隠山に登頂してから、郷里に戻ったのだ。しかしこの旅は、それ以後彼が死ぬときまで続く諸国遍歴の旅の足ならしにすぎなかった。日本海沖で大きな地震が発生し、出羽国、越後国の被害甚大。奥羽で飢饉が起きて死者が多く、海を越えて蝦夷松前に命からがら逃げ出す者たちも多かった。冬のはじめ、夜のしじまを破り、この世の終わりかとも思えるほどの無数の星が、輝きながらしきりに降るのが目撃された。獅子座流星群だが、その強烈な光りに目を覚まして起き出した人たちは、なにか不吉なことが起こらねばよいがと噂しあったという。

1,834

「陶器の花瓶、あるいは柳模様の陶磁器を積んだ一艘の日本の平底帆船」——尾張国知多郡小野浦の宝順丸（千五百石積）——が、風と黒潮海流に押し流されて太平洋を横断して、北西部太平洋岸にあるフラッタリ岬〈アメリカ・ワシントン州北西海岸〉の近くに打ち上げられた。十七人の乗組員は三人をのぞいて死亡していた。生存していた三人は、その土地のネイティブ・ピープルに捕まり、先住民の習慣にしたがって「家奴（奴隷）」にされた。

当時この地域で先住民との毛皮取引に従事していたハドソン湾会社コロンビア地区のバンクー

バー砦交易所の社員による本社への報告では、奴隷とされた日本人三人は人類愛にあふれた英国人によって買い戻され、ロンドン、マカオを経由して日本に送り戻された。

十歳になったラナルド・マクドナルドがカナディアン・ロッキー山脈の東側にあった白人入植地の学校に寄宿生として送られたが、そのラナルドの頭には、三人の漂流民のニュースをきっかけに話題となった太平洋の反対側にある隣国「神秘の日本」のことが焼きついた。

伊勢国の松浦武四郎少年が、画帳（スケッチブック）と一管の筆を携えて京都を目指した。それが彼の本格的な諸国遍歴の旅のはじまりだった。歴史的な名所旧跡、行く先々であらわれる名山峻険への登攀、神社仏閣への参詣。自由な行動には厳しく制限が加えられていた時代にあって、彼はそんなことはまるで気にせず、盗賊や飢饉や疫病にたびたび遭遇しても、足の向くまま、心の命ずるままに、もちまえの好奇心を一杯にふくらませて、日本列島を歩き回った。

1,836

京都福知山の大工桐村五郎三郎の娘としてのちの大本教の開祖である出口ナオが誕生した。江戸下谷御徒町の直参旗本榎本円兵衛の家では長男釜次郎が誕生した。のちの榎本武揚である。父親の円兵衛は、伊能忠敬にも師事する知識人だった。

幕府隠密の間宮林蔵が石見の浜田藩に潜入し、竹島を密航の拠点に東南アジアとの密貿易をしていた廻船問屋会津屋八右衛門を逮捕させると同時に、八右衛門に暗黙の諒承を与えていた浜田藩の勘定方を死罪に追い込み、重臣たちを自決させ、藩主をちっ居させ、その嫡男を奥州棚倉に

1,837

国替えさせるという浜田藩あげての大騒動を引き起こした。林蔵はこののち、密貿易で知られた薩摩藩の領地に、髪も結わず、月代《さかやき》も剃らず、乞食や非人のような姿で、三年間にわたって潜入していたとされる。薩摩藩は密貿易で財政を支えていたためにことのほか隠密対策にうるさく、隠密であることが露見したら生きて城下から帰ることができないといわれていたが、林蔵はその地で経師の弟子になって、たまたま襖の修理の仕事で城内に入ることにも成功したという。

全国的にまたしても飢饉で、奥羽地方では死者十万人を越えた。米価がとてつもなく高騰し、南部地方や津軽地方の流民に海を越えて移住しようとするものが増加した。松前藩は命からがら逃げ出してくる者たちを捕らえては本国に送還し続けている。当然、送還された者よりも密航を成功させた者たちのほうが多かったことだろう。

亀の島の北西部太平洋沿岸やカナダ西部、アラスカなどで天然痘が猛威をふるい、四万三千人あまりが死亡した。こののち数年にわたって、白人の毛皮商人によって持ち込まれた天然痘で亀の島の各地で先住民がたくさん命を落とした。

全国で前年からの飢饉が続いて死者が多数出た。大坂町奉行所元与力の大塩平八郎が門弟や近在の農民らとともに世直しを目的に蜂起した。大塩平八郎はひと月後に自殺したといわれるが、死体は黒焦げで確認もできず、乱後、甑島《こしき》に逃げ、彼の地で殺されるまで四年間を生き延びたとする説もあるし、そもそも乱自体が、民衆のガス抜きのためのはじめからやらせで、大塩は密かにおかみの手で脱出したという説もあるほど。長期にわたる飢饉の結果蝦夷地への移住者が増加しはじめていた。松浦武四郎二十歳。彼は身に僧侶の法衣をまとって薩摩の国にいた。僧侶の格好をするのが放浪の旅をして歩くには一番よいと、賢明にも彼は気づいたのだった。琉球諸島では大風と旱ばつのために死者三千八百名を数えた。

1,838

松浦武四郎の父親が帰ってこない息子を案じつつ、伊勢国で亡くなった。息子の武四郎はその時、疫病が蔓延する長崎にいた。そしてこの長崎で彼は僧籍に入り、禅林寺の謙堂和尚の徒弟となって名前を「文桂」と改めている。しかし漂泊の思いはやまず、そこに落ち着くこともなく、彼は再びほんものの僧侶として目的地などない巡礼の旅を続けた。隠密の間宮林蔵が江戸に帰りついて、江戸深川蛤町に居を構えて年金暮らしをはじめた。

この年から翌年にかけて、亀の島の東部にあったチェロキー国の住民が強制的に徒歩で「涙の路」をたどって西に移住させられ、その過程で数千名が命を落とした。

1,839

ネイティブ・ピープルとの混血であったラナルド・マクドナルドが四年間の学業を終えて白人の父親のコネでカナダの銀行に就職した。

松浦武四郎改め文桂が対馬に渡り、そこから海の向こうの朝鮮国の山々を眺め、すきあらば朝鮮国に渡ろうとしたが、禁令が厳しくて目的は果たせなかったのもこのころで、同じころ文桂こと武四郎の母親が息子の顔を二度と見ることもなく世を去り、文桂は天涯の独り者となった。

1,840

江戸浅草の十二代目弾左衛門が江戸町奉行に引退を願い出た。というより、集団指導体制のもとで弾左衛門家の手代たちに引退させられたらしい。手代たちは十一代目の親戚縁者の中から、摂州兎原郡〈兵庫県神戸市〉住吉村長吏頭の長男の小太郎に白羽の矢を立て、この年の末に十三代目——最後の——弾左衛門を襲名した。

イギリスが清国を植民地化しようとして阿片戦争を起こした。

1,841

土佐国高岡郡宇佐浦〈高知県土佐市〉の漁師筆之丞が所有する漁船に乗り、幡多沖〈高知県土佐清水沖〉で鰹漁をしていた船主の筆之丞、漁師の五右衛門、寅右衛門、重助、そして十四歳の万次郎ら五人が、漁に出て三日目に黒潮の異変と遭遇して漂流し、七日間太平洋を漂ったあげくに鳥島に漂着した。この島で彼らは魚や海藻やアホウドリを捕らえて食べて生き延びた。そして近くを通りかかったアメリカの捕鯨船ジョン・ホーランド号に救助された。

1,842

イギリスと清国の間の戦争で、清国が負け、南京条約が結ばれて、上海、広東など五つの港が開港され、香港がイギリスの領土とされた。幕府がとりあえず十七年前に出した「異国船打ち払い令」を撤回し、これまでの方針を転換して、外国船にたいして薪や水や食料の給与を許可した。貴重な肥料となるし尿の取引額が年間で三万五千四百九十両にもなった。し尿は「勤番」「町肥」「辻肥」「たれこみ」「お屋敷」というふうに品質に応じてランク分けがされており、お屋敷が下等品とされた。

二十一歳になったラナルド・マクドナルドが世界の都ニューヨークに姿をあらわした。そしてそこで捕鯨船「プリマス号」に船員としてもぐり込んで、この年の暮れにハワイ諸島に向けて出帆した。そこはアメリカの太平洋における捕鯨業の中心地でもあり、北太平洋で操業するすべての捕鯨船の集結地であった。白人勢力による捕鯨業はこのころが最盛期で、ほかにもサンダルウッド（白檀）やナマコや真珠貝を求める商人や布教のためのキリスト教宣教師らが大挙して太平洋の諸地域を訪れていた。

1,843

ラナルド・マクドナルドがハワイ諸島の島のひとつのマウイ島のカラカウア湾で、日本の北方海域に向かう捕鯨船であるデイビッド・パドック号の乗組員となった。乗組員となる条件は、日本の海岸の沖合いの希望した場所で自由に船を離れることを認めることだった。

土佐幡多生まれの万次郎たちを救出した捕鯨船ジョン・ホーランド号がハワイ諸島で万次郎以

外の四人を降ろし、万次郎は船長ホイットフィールドの好意からアメリカ本土に連れていかれた。万次郎が上陸したのはマサチューセッツ州ニューベッドフォードの港で、そこはアメリカ屈指の捕鯨基地であり、さらに彼はもうひとつの大きな捕鯨基地であり船長の故郷のフェアヘブンで、英語や航海術や測量術の教育を受けることになった。

北海道島の東部のクスリ〈釧路〉、アッケシ〈厚岸〉あたりが大地震に見舞われた。二十六歳になった文桂こと松浦武四郎が、旅の途中にある村で蝦夷地や樺太についての噂を耳にし興味をかきたてられた。母親の死を知った文桂はいてもたってもいられずいったん故郷の伊勢国一志郡須川村に帰郷するが、両親の墓に詣でて親不孝を深く詫びると、すぐ再び旅へ——北の旅へ!——出ることを決意した。そしてその旅の決意を伊勢大神に伝えるために、かつて僧籍に入って朝夕経文を唱えることを日課としていた彼は、わざわざ僧籍を離脱してもとの武四郎に戻り、再び髪を伸ばしてから伊勢神宮に参詣している。そして生まれ変わった松浦武四郎が残りの生涯をかける北への旅を開始した。数か月後、武四郎は津軽国の舞戸町〈津軽西岸の鰺ヶ沢〉にいて、そこから松前に渡ろうと計画していたが、監視が厳しくて断念。計画を翌年に延期してとりあえず陸前国に向かった。

赤穂藩が「えたへの達し書」を出し、そこで、武士や村役人などのそれなりの身分の者に道で出会ったら、かぶりものをとって道をあけて平伏すること。もしその道が狭かったら、田畑などによけて平伏せよと書いた。江戸では、神職、修験、行人、行者は江戸市中に居住してはならないし、百姓や町人の出身者は元の職に立ち戻ること、また目印となる看板や梵天は出してはならないと、奉行所から再び通達が出された。神職、修験、行人、行者は浅草の新堀、麻布広尾村、雑司ヶ谷鼠山に移転させられることになり、引っ越し料が与えられた。

相模北部と武蔵西部を震源とする地震で八王子、町田、津久井、小田原、御殿場にかけてが激しく揺れた。国学の四大人のひとりとされるスピリット・フリークの平田篤胤が六十八歳で世を去った。

先代の浅草弾左衛門の周司が「親と同じ身分を子は受け継ぐとする古来からの身分制度の根幹を揺るがした」としてちっ居させられた。彼が弾左衛門だったころ、猿飼頭門太夫が「素人から弟子を抱えたい」と申し出たという。関東八州の猿飼は、古来より弾左衛門が直接支配をしていたので、猿飼からの訴えはすべて弾左衛門経由で町奉行に伝えられることになっていた。そのときこの申し出を受けて十二代目は「親の縁切り証文がなければいけない」という裁定を下したのだ。これは「親の縁切り証文があれば素人でも猿飼になれる」つまり「親が許せば長吏にも非人にもなれる」という危険な裁断だったわけ。「猿飼」というのは中世の芸能民に連なる「猿回し」「猿ひき」ともいわれる先住民系の限定職業のひとつで、陰陽道的には「猿は馬の病を治す」とされており、「馬医者」でもあった。江戸の町に非人寄場が開設された。

間宮林蔵が幕府隠密としての孤独な一生を終えた。享年六十九歳。

極東アジアへの進出を狙っていたフランスが、朝鮮を訪問するに先立って軍艦を那覇の泊港《とまり》に

1,845

来航させ、通商とキリスト教の布教の自由を求めた。琉球王府が通商を断ると、フランス側は、琉球語修得のためとして、フランス人宣教師と中国人の伝道師を残したまま退去した。あとに残された二人は、琉球と薩摩の警護の役人が厳重に見張りをするなか、泊港北岸にあった天久村《あめくむら》の聖現寺《せいげんじ》に幽閉され、そこで三年を過ごすことになった。

帆足万里《ほあしばんり》という神道家が『東潜夫論《とうせんぷろん》』で「穢多《えた》はいにしえ奥羽に住んでいた『夷人ノ裔』である。上古、『蝦夷《えぞ》ノ俘《ふ》』を『伊勢ノ廟』に献じたところ、牛馬を喰い皮肉を投げちらしたり、神山の木を伐って叫呼したので、倭姫命が朝廷に請うて、これを諸州に移した。佐伯部というのがそれで、穢多の先祖にあたる。その後田村麻呂が奥羽を平らげ、蝦夷を日本人とした。したがって穢多も『常ノ人』と異なるところがない。穢多は『盗賊ヲ監』するとされるが、実は『盗賊ノ宿』になっている。平人と交わらないために悪事が露見しないだけで、城下のなかに『夷狄ノ邦』があるようなものだ。そこで穢多を集めて大神宮に参詣させ、『祓除』して平人とし、蝦夷島に移し、耕種蓄牧にあたらせたい」と。

松浦武四郎がどこをどうしたのか北の道筋を使って——斎藤佐八郎の手船にて——ついに三厩《みんまや》から海峡を渡るのに成功し、エサシ〈江差〉に入った。その地で当局の取り締まりが表向きは厳重なことを知ると、武四郎は手持ちの道具類を残したまま商人である和賀屋孫兵衛の手代となって東蝦夷《えぞ》地の奥へと分け入った。それが以後六回、十三年間に及ぶ、蝦夷地、樺太(サハリン島)、南千島の踏査行のはじまりだった。この年彼は「箱館、森、有珠《ウス》、室蘭《ムレラン》、襟裳《エリモ》、釧路《クスリ》、厚岸《アッケシ》、根室《ネモロ》、知床《シレトコ》」と、蝦夷島（北海道本島）を七か月にわたって旅して歩き、シレトコ〈知床〉で「勢州一志郡三雲出松浦武四郎」と標柱を建て、十か月目に箱館に戻ると、そのまま真っ直ぐ江戸に帰って、さらなる北地探検の準備をはじめた。

沖縄の泊《とまり》港に今度はイギリスの商船が姿を見せ、前年のフランスと同じように、強引に六名の者を残して立ち去った。眼鏡をかけたベッテルハイムという名前の宣教師兼医者のイギリス人と、その妻、娘が二人に、下僕の清国人が二人と犬が一匹だ。この六人と一匹は、若狭町海岸にあった護国寺の一室を監視つきであてがわれた。そして結局九年間も沖縄に滞在することになるのだった。

アメリカが、メキシコから独立していたテキサスを併合した。

1,846

松浦武四郎が正月に松前に渡り、そこで待機しているうちに、樺太詰めの役人で松前藩の医師であった西川春庵とたまたま知り合った。武四郎はこれを絶好の機会と見て、春庵の下僕となって樺太（サハリン島）に渡る。二人は西蝦夷地を通って海峡を越えて樺太に入り、東海岸を探査し、再び海を渡って今度は西海岸に沿うように南下して樺太の玄関口であるシラヌシ（白主）に出た。そこから宗谷海峡を渡り、蝦夷島のソーヤ〈宗谷〉に帰着し、武四郎はそこで主人の西川と別れると、言葉の勉強も兼ねてアイヌのガイドを雇い入れ、その案内ではるばるモンベツ〈紋

1,847

別〉を経てシレトコ〈知床〉におもむき、前年に建てた標柱を確認し、その後再びまたソーヤ〈宗谷〉に戻った。そこからさらにイシカリ〈石狩〉、チトセ〈千歳〉、ユウフツ〈勇払〉の各地を見てまわってからエサシ〈江差〉に出て、そこで年を越した。

そのころ万次郎はといえば、アメリカの捕鯨船に乗り組み、鯨を追いかけて世界中を航海してまわっていた。その航海距離は全長で地球を六周するぐらいだったといわれている。イギリスの軍艦が沖縄の那覇に来航し、琉球国王に面会を求めた。同じころ、二年前に来たフランスの軍艦も那覇に再来して、再び通商と布教の自由を求めた。薩摩藩も、江戸の幕府も、琉球の事態にどう対処すればよいのかわからずに判断を停止していたので、最終的に琉球は、外国人退去の交渉を中国福建総督に依頼した。

アメリカ合衆国がオレゴンを併合し、メキシコと戦争をしてカリフォルニアをも獲得した。

松浦武四郎がエサシ〈江差〉から船で津軽に帰り着いた。三十歳になった武四郎が『再航蝦夷日誌』を書いた。武四郎はその中で「浜にはヲロッコ等がぼくを見物に大勢やってきたが、どの人もみな、マス、アメマス、シャケ、アザラシなどを手に手に持ってきた。その親切は心根に徹していた」と書きとめている。また「ヲロッコは性明るき晴れやかなる処を好む」とも書いた。「ヲロッコ」はアイヌの言葉であり、彼らは自分たちを「ウィルタ」と呼ぶことから、武四郎がアイヌをガイドにサハリン島（樺太）を探検したことが確認できる。

1,848

薩摩藩が琉球王府に、幕府が外国貿易開始を内諾したことを伝えた。琉球王の尚育《しょういく》が三十五歳で激動の世を去り、たった六歳の次男尚泰《しょうたい》が王位に就かされた。この第十九代琉球王尚泰こそ、琉球王朝最後の王となる運命の星のもとに生まれた人物だった。

陸奥閉伊郡切牛村の農民一万人ほどが南部藩の重税に抗議して槍・鉄砲十挺を持って大挙して遠野に向かった。途中近隣の村々から一揆が次々と合流し、百キロほどの道のりを歩いて役所に強訴し、軍用金提供を断った商家は家屋を粉砕され、役人たちも番所でこの一揆の勢いを止めることができずに、南部藩の家老が結局農民たちの要求をほぼ全部受け入れる形で決着した。信州の善光寺のあたりで大きな地震が発生した。

現在アメリカのニューメキシコとして知られている地域で、タオス・プエブロの一族が白人の侵入者を相手に叛乱を起こした。

陸奥国閉伊郡切牛村の農民で佐々木弥五兵衛という者が、前年の一揆の首謀者として捕らえられて処刑された。

ネイティブ・ピープルとの混血であったラナルド・マクドナルドの乗り込んだ捕鯨船デイビッド・パドック号が、マリアナ群島、香港、台湾海峡、東シナ海、朝鮮海峡、済州島を経て、この年の春に日本海に入った。ひと月ほどかけて捕鯨をした後、船が満杯となったので、ラナルド・マクドナルドは、小さなボートに航海用の四分儀と一か月分の食料などを積んで、漂流を偽装して宗谷海峡近くのヤギシリ〈焼尻〉島という島に上陸した。そこで数日を過ごしてから、リシリ〈利尻〉島に向かい再び偽装した漂流をしているところを四人のアイヌの乗った小舟に救助されてノッカトマリ〈野塚泊〉という所に連れていかれ、岬の丘の上の番小屋に案内された。ここで十日間ほど留めおかれ、次にポントマリ〈本泊〉の運上屋に移され、そこでまた二十日間ほど監禁された。マクドナルドはそこで過ごしながら「日本人」と「日本人に従属するアイヌ人」を観察し「アイヌはブリティッシュ・コロンビアの海岸インディアンであるハイダ族とベラ・クーラ族に体つきがそっくりだ」と日記に書き残した。

松前藩はこの間に江戸幕府と連絡を取り、幕府は「西蝦夷《えぞ》利尻島にはしけで漂着した異国人」の処遇を「江差経由で長崎に移送せよ」と松前藩に通達した。松前藩は処置の沙汰を急飛脚で宗谷勤番所に連絡し、宗谷勤番所がリシリ〈利尻〉から送られてきたマクドナルドの身柄を収監した。マクドナルドはソーヤ〈宗谷〉からエサシ〈江差〉に向かう順風を待ってひと月ほど監禁生活を送ったのち、帆船で松前に送られた。松前で役所の人間に検分を受けるとき、役所のエライ人間はアメリカ先住民の血を受け継ぐマクドナルドを見るなり「日本人じゃないか！」と声をあげたという。取り調べののち、いきなりかごにのせられて十六人ほどの兵に護送されて江良町村まで運ばれ、そこでまた二十五日ほど凪を待ってから、長崎に向かう護送船の北前船天神丸の中の特別監禁室に軟禁されたまま、日本海に沿って南下すること九日間の航海で、この年の十月十一日に長崎に着いた。

1,849

ラナルド・マクドナルドは長崎における監禁生活中、「日本最初の英語教師」として森山栄之介ら十四人のオランダ通詞に英語を教え、この年の四月、香港より漂流アメリカ人を連れ帰るために長崎にやってきたアメリカの軍艦プレブル号に引き渡された。イギリスの軍艦が相模に来航した。長崎を出た軍艦プレブル号は上海を経由してマカオに着いた。ラナルド・マクドナルドはその後、イギリス船籍の船で南に向かった。

三十二歳の松浦武四郎が、千島のエトロフ（択捉）島とクナシリ（国後）島を調査探検するために再び松前に向かった。クナシリ（国後）場所請負人の柏屋喜兵衛の長者丸に乗り込み、東蝦夷《えぞ》地海岸を経てクナシリ島、エトロフ島に渡り、各地を踏査した。調査探検といっても、彼には特別な計測機械があったわけではなく、手に入るぐらいの小さなコンパスを持っていただけで、距離を測るのは勘か、あるいは自分の足で歩いて実測しなければならなかった。それに探検道具といってもたいしたものがあったわけではない。彼が終世大切な友人として扱った三個の鍋釜などの炊事用具だけが、彼にとって最も大切な道具だった。

1,850

捕鯨船を降りた万次郎はゴールド・ラッシュのカリフォルニアに行き、金山で数か月働いて、帰国するだけの資金が溜まると、金掘りの仕事をやめてハワイ諸島に渡った。そしてそこでかつての漁師仲間と再会して、そのうちの二人と一緒に、上海へ行く商船のサラボイド号の乗客となった。

松浦武四郎が二百冊以上の記録帳をもとにして全三十五冊からなる『三航蝦夷日誌』を完成させ、彼の最初の蝦夷地図も上梓された。この後五年間、彼は江戸で精力的に執筆活動を続けながら、幕府の政治と関係を持つようになる。

1,851

アメリカの商船オークランドが太平洋で二か月近く漂流していた十七人の日本人の船乗りたちを救助した。これを絶好の機会ととらえたアメリカ大統領フィルモアは、東インド艦隊司令官オーリック海軍代将を日本との国交を求める特使として任命。オーリック代将は遣日特使として「日本国皇帝」にあてた手紙を持ち、フリゲート艦のサスケハナ号に乗り込んで、プリマス、サラトガの二艦を従えて意気揚々とバージニア州の港を出航した。とここまではよかったのだが、出港後じきに艦長と職権の範囲について激しい衝突をきたし、この盛大な喧嘩を乗せたまま、艦隊は南米リオデジャネイロから喜望峰を迂回してインド洋に入った。

土佐の漁師、万次郎らを乗せたアメリカの商船サラボイド号が、正月の沖縄に到着した。そしてそこから万次郎らは琉球の船で日本に戻った。十年ぶりの祖国で万次郎は、やがて土佐藩の開成館で英語や航海術や西洋式捕鯨術を教えることになり、新しく生まれつつあった世界を広く見る世代に影響を与えた。

遣日特使のオーリック代将の乗るサスケハナ号が香港に入港したが、香港で彼らを待っていたのは一通の解任通知だった。アメリカ政府はすでにオーリックの後釜として郵船総監のマシュー・ガルブレイス・ペリー海軍代将と交渉を進めていた。ペリーは日本にたいする重要使命——日本の皇帝に開国を求める手紙を届けること——を遂行するには、まず東インド艦隊を拡張すべしと主張し、この要求はいれられて、東インド艦隊司令長官に任命され、遣日アメリカ合衆国特権大使も兼任した。オランダ商館長が幕府にアメリカの開国要求をあらかじめ告げた。ペリー長官がアナポリス海軍基地でフィルモア大統領の激励を受け、旗艦ミシシッピでアメリカ東部の——まだ東部しか正式にはアメリカではなかった——ノーフォーク海軍基地を出航したのは、この年の十一月二十四日のことだった。ペリー提督もまたはるばる東回りで日本を目指した。

新興国のアメリカが日本国皇帝と会うために使節を派遣するという噂を耳にしたロシアのニコライ一世は、負けてはならじと日本に使節を派遣するように政府に命じ、ロシア政府は海軍中将のプチャーチンを遣日使節に任命した。プチャーチンは外務大臣の書簡を携えて軍艦パルラダ号でバルト海の軍港クロンシュタットをおっとりがたなで出航し、とりあえずイギリスのポーツマス港に向かった。そしてそこでロシア政府はイギリスからもう一隻汽船を買い入れ、これをウォストーク号と命名し、旗艦パルラダ号に従わせることにした。

一夫多妻制で皇室の血統が絶えることを防ぐために設けられていた天皇《ミカド》の後宮に属する官女のひとりに子どもが生まれた。彼がのちに天皇になる存在だったと正史ではいわれる。

年が改まった正月六日、イギリスのポーツマス港からロシアの遣日使節一行を乗せた四隻の軍艦が出航し、東回りで日本を目指した。プチャーチンの乗った軍艦パルラダ号がアフリカの南端のケープタウンに着くのは三月上旬のことで、この時点ですでにアメリカにまるひと月の遅れを取っていた。そしてこの遅れは最後まで縮まらなかった。

本州島のほぼ中央部、相模湾北西部沿岸を大きな地震が立て続けに二度襲い、小田原城は天守閣が大破するなどの壊滅的な損害を受けた。人々は早春のきつい冷え込みの中、野宿を余儀なくされた。この地震は人口百三十万人を越す江戸の町にも少なからず影響を与えた。江戸の非人寄場が廃止された。

陸奥国南部藩領で再び大規模な一揆が起きた。一揆というか、領民が一斉に集団で逃げ出したわけ。種子島銃四十挺と竹槍五百本で武装した農民たちを先頭に、「小○」（困るの判じ絵）ののぼりを立てた一万二千の総勢が代官所を打ち壊して釜石を目指した。途中一揆は村々を勧誘して、婦女、僧侶、山伏たちまでもがこれに参加し、百三十六の村からその数一万六千となって遠野に向かい、そのまま押し寄せる波のように藩境を越えて仙台藩領内に逃げ込んでしまった。今回は農民たちの勝利だった。役人たちが、農民のこうした行動にたいして腹をたて「百姓分として上をおそれざるやりくち、不届き者め」と叱りつけると、農民たちは大声でからからと笑いながら「お前らな、百姓などと軽しめるはとんだ心得違いだぞ。その百姓の言うことを、よくうけたまわれ。士農工商天下みな源平藤橘《げんぺいとうきつ》の姓をはなれず、天下諸民もとはすべて百姓なり。そもそも人の命を養う故に百姓ばかりを百姓というのだ。汝らもこの百姓に養われているものじゃないのか」

と言い返したと記録にある。この事件がきっかけになって南部領各地で強訴打ち壊しが相次いだ。

ペリー提督を乗せたミシシッピ号は一月下旬にケープタウンに姿をあらわしていた。三月にはコロンボ、シンガポールに、四月上旬には香港に到着した。それから、中国沿岸を北上し、五月四日に上海に入港した。そして日本訪問に先立ち、日本近海を探検しようじゃないかということになった。ペリー提督は香港で旗艦に変えたサスケハナ号に乗り込み、三隻の軍艦を率いて五月二十六日に那覇沖合いに錨を下ろした。これに気づいたイギリス人の医者で宣教師のベッテルハイムは丘の上に英国国旗を高く掲げてみせた。

ペリーは日本国政府がアメリカ合衆国の要求をあくまでも拒絶した場合、報復として琉球諸島を占領する計画をあらかじめ立てており、国務長官を通じて大統領の許可も得ていたのだが、アメリカで大統領選挙がおこなわれて政府党が敗れて民主党のフランクリン・ピアスが大統領に当選したために、政府の外交方針も変更されていた。琉球王府の中は守旧派と開明派の二つに分かれ対立が激しかったが、アメリカ太平洋艦隊をバックにつけたペリー提督一行はなかば強引に王城におしかけて城門を開けさせてしまう。そうやって那覇を拠点として確保すると、彼らは次に小笠原島の探検に向かい、小笠原の父島の二見港でかねてより移り住んで暮らしていた米国系住民から貯炭場建設用敷地百六十五エイカー（六十六ヘクタール）を買収し、同島をアメリカ政府の保護下に置く準備を整えてまた那覇に戻った。そして海軍長官にあてて「琉球王国は日本帝国の最も重要な付庸国であるが、われわれはすでに同国の支配権を獲得した」という手紙を発送して、七月二日に、江戸に向かって出航する。つまり、ペリー提督は、自分では琉球を征服したという認識を持っていたのだ。

さて、蒸気で動くアメリカの黒船四隻が浦賀に来航し、江戸だけでなく、日本国中が大騒ぎとなった。幕府も大あわてで浦賀奉行配下の与力中島三郎助を交渉にあててこれを追い払おうとしたものの、ペリー長官はいささかも動じずに前大統領からの国書を無理やり押しつけると、来年また来るという捨てぜりふを残して、十七日に江戸湾を出て、二十五日には那覇に帰りついた。那覇の町で必要な物資を調達した後、八月二日にペリーはサスケハナとミシシッピの両気走艦を率いて錨を上げて香港に向かった。ペリーが本国における政変を知ったのは香港においてだったという。薩摩藩藩主の島津斉彬《なりあきら》が「白帆ニ朱ノ丸」を国旗に採用したらどうかと幕府に提案した。

ロシアの使節プチャーチン提督がパルラダ号など軍艦四隻を率いて長崎に来航した。万次郎が幕臣に登用された。ロシアの使節プチャーチンが軍艦四隻を率いて長崎に再来し、一応の開国交渉をすませ、その足で那覇にも訪れた。ロシアの海軍少佐のネヴェリスコイらがサハリン島のクシュコタンに上陸し、そこを占拠してロシアの旗を立てた。

松浦武四郎がペリーの来航などで激しく動揺する幕府から、日本の取るべき道についての意見を求められた。

ネイティブ・ピープルとの混血で日本初の英語教師となったラナルド・マクドナルドが、オーストラリア、アフリカ南端、ローマ、パリ、ロンドンを訪れたのち、北アメリカに戻りついた。

この年、アメリカはアリゾナ南部をメキシコから買収して、その領土がついに大西洋岸から太平洋岸にまで達した。

ペリー提督は一月中旬に香港を出発し、下旬には東インド艦隊が沖縄の那覇に集結。そこからペリー提督が太平洋艦隊の軍艦七隻で神奈川沖に再び来航した。アメリカの新海軍長官がペリーからの手紙を読んであわてて「琉球王国占領の中止」を命令したが、手紙はペリーが日本や琉球にいる間には到着しなかった。上陸したペリー提督が、土産として持参したミニチュアの機関車を走らせて日本人を驚かせた。幕府とアメリカの間で条約が調印され、下田と箱館が開港された。アメリカ側の記録ではほろ酔い気分の日本の役人が「ニッポンとアメリカ、心はひとつ（Nippon and America, all the same heart)」と宣言したとある。鎖国体制がここに崩壊した。

江戸時代最後の伊賀忍者、沢村甚三郎保祐《やすすけ》が藤堂藩（伊賀上野）の藩主の命令で、ペリーの乗ってきた船の艦内探索の任務を遂行した。彼は幕府側役人の一人に扮して、かなりの接待を受けたようだ。パン二個、葉巻二本、ロウソク二本を記念にもらったと記録にしたためている。ロシアの使節プチャーチンが長崎にまた来航した。吉田松蔭と金子重輔が下田でアメリカの戦艦に密航を頼み、拒絶されて幕府に逮捕された。松浦武四郎もこのときアメリカ使節のペリーとの応接状況を記録するために下田にいた。ペリー提督はいったん下田をあとにして箱館に回航し、開港に必要な踏査をおこなったのち再び下田に戻ると、条約の細部のつめをおこなって対日任務を一応完了させ、六月二十八日の朝に下田をたち、七月一日に那覇に帰っている。そしてまず琉球王府との間に「米琉修好条約」を締結するが、「友好条約」とは名ばかりで、このときすでに那覇に駐留中の海軍水兵が酒を飲んで沖縄の女性を強姦するという事件が起きている。襲われたのは機織りをしていた五十七歳の女性で、犯人は騒ぎを知って駆けつけた住民たちによって崖に追い詰められ、足を踏みはずして海に落ちて溺死した。

二十八歳の西郷隆盛が薩摩藩のお庭番として藩主島津斉彬《なりあきら》に随行しはじめて江戸に来た。幕府が「日本総船印ハ白地日ノ丸幟《のぼり》」と布告した。

イギリスの東インド艦隊が長崎に入港した。イギリスとも条約が結ばれた。ロシア使節プチャーチンを乗せたディアナ号が大坂に来航し、ついで下田に回航した。松浦武四郎はプチャーチンとの応接状況も書きとめた。東海大地震（マグニチュード八・四）が発生し、フォッサマグナが揺れたために、被害は本州島中部全域におよんだ。一瞬噴火しそうになった富士山は最後の瞬間に噴火を取りやめた。ロシア使節プチャーチンの乗ってきたディアナ号が大津波で大破し、修理のため停泊していた伊豆の戸田《へた》で沈没した。このときの大津波は約十二時間後にゴールド・ラッシュに沸いていたアメリカ西海岸のサンフランシスコでも観測されている。大地震が下田を壊滅させた状況を松浦武四郎は克明に記録した。そして次は紀伊半島南部と四国南部を大きな地震が襲い、再び大きな津波が発生した。このときの津波で大坂がかなりの被害を受けた。幕府とロシアとの間で「日露和親条約」が結ばれ、下田、箱館、長崎が開港された。エトロフ（択捉）・ウルップ（得撫）島間が国境とされ、サハリン島（樺太）は両国雑居地に決められた。北海道島におけるアイヌの人口は一万八百五人まで低下した。

三十七歳の松浦武四郎が、「蝦夷《えぞ》」と「樺太」と「千島」の地図を作成し幕府に献上した。松前とその周辺を除く蝦夷地全域を再び松前藩から接収して江戸幕府直轄とし、箱館奉行管轄とすることが決められた。和人の蝦夷地移住による「屯田」政策がとられた。江戸で大地震が発生して圧死者約十万人。仙台藩が徳川江戸幕府から「択捉《エトロフ》、国後《クナシリ》、根室、釧路、十勝、日高の東蝦夷地全域」の防備を命じられた。津軽、南部、久保田（秋田）の三つの藩にも蝦夷地派兵が命じられた。フランス艦隊司令長官のゲランが琉球と条約を締結した。

江戸幕府が松浦武四郎のこれまでの業績を認めて黄金十両を与えて褒賞し、同じ日に水戸藩の徳川斉昭《なりあきら》も五両を、数日後には仙台藩の伊達慶邦が銀十五枚を、彼に賞として与えている。

本居宣長の養子本居太平の女婿で、紀州徳川藩に仕えて『紀州続風土記』の編纂に従事する傍ら、そのときの探査行で得た情報をもとに『賤者考』という本も著した国学者の本居内遠《もとおりうちとお》が没した。その『賤者考』にはこの当時の紀伊国内の五十二種類の賤民が次のようにリストアップされている。

古令良賤差別（雑戸《ざっこ》、官戸《かんこ》、家人《けにん》、官奴婢、私奴婢、陵戸《りょうこ》）、夙《しゅく》（「宿」とも書く。守戸《しゅこ》の弁）、陰陽師《おんみょうじ》（西宮）、神事舞（代神楽、獅子舞、千秋万歳）、猿楽（四坐喜多、幸若《こうわか》、狂言、四拍子、地謡《じうたい》）、今時色目（用達、陪臣、被官、家子、賤職、数色）、散所《さんじょ》（他屋）、梓巫女《あずさみこ》、田楽法師（祭俄《まつりにわか》、坐敷俄《ざしきにわか》）、放下師《ほうかし》（品玉《しなだま》、綾織《あやおり》、軽業《かるわざ》、籠抜《かごぬけ》、手妻《てづま》）、遊女（遊行女、婦芸子）、傾城夜発《けいせいやはち》（女郎、立君《たちぎみ》、辻君、船娼、太夫《たゆう》、新造、禿《かぶろ》）、飯盛女《めしもりおんな》（茶汲《ちゃくみ》女、出女《でおんな》）、願人僧《がんにんそう》（住吉踊、戯開帳、戯経、ちょんがれ、祭文《さいもん》）、浄瑠璃芝居、観物師（機関《からくり》、畸疾《きしつ》、異物類）、術者（飯縄大神、

使狐）、高野聖《こうやひじり》、偽造師（山師、マヤシ、呼売、読売、拐児）、免堂（風呂）、刑殺人（牢番）、肝煎《きもいり》（町役、夫役《ぶやく》、夜番、番子、辻番、番太郎）、白拍子《しらびょうし》（舞子、踊子）、傀儡女《くぐつめ》（傀儡師、西宮夷下、淡路人形、簓与次郎《ささらよじろう》）、越後獅子（軽業）、俳優（お国かぶき、素人狂言、身振物まね、声色、女かぶき、猿狂言、小児芝居、茶番狂言、俄茶番、乞食芝居）、踊（盆踊、かかひ歌垣、こここね伊勢音頭）、舌耕《ぜっこう》（軍書読、落噺《おとしばなし》）、弦売僧《つるめそ》（鉢叩《はちたたき》）、事触《ことぶれ》（鹿島踊）、狙公《そこう》（猿芝居）、俑具師《ようぐし》（土師《はじ》）、青楼《せいろう》（亡八、女衒《ぜげん》、幇間《ほうかん》、仲居、引舟《ひきふね》、まわし男、軽子《かるこ》、花車《かしゃ》、槍手《やりて》、女髪結い、芸者、風呂屋、密会宿）、勧進比丘尼《かんじんびくに》（巫女《みこ》、お寮《りょう》）、犬神（出雲狐持、妖僧、聖天《しょうてん》、供僧《ぐそう》、尻穢《しりえ》）、髪結《かみゆい》（一銭剃《ぞり》）、伯楽（馬子、牛子、曲馬、芝居、女曲馬、曲鞠《きょくまり》）、放免（犬猿合壁《がっぺき》、間者俘囚《かんじゃふしゅう》）、妖曲歌（長歌、小歌、木やり音頭、説教、祭文、船うた、馬子歌、国々童謡、ちょんがれ）、行乞《ぎょうこつ》（袖乞《そでごい》、六十六部、納経、西国巡礼、四国遍路、善光寺詣、念仏踊、鉢開《はちひらき》、雲水僧、抜参宮《ぬけさんぐう》、大社巡《たいしゃめぐり》、金毘羅詣、二十四輩巡堂房、勧化《かんげ》）、番太（非人番、ハチヤ）、穢多《えた》（餌取《えとり》、皮田、二十八ヶ条）、男色（治郎《やろう》）、盲目（配当積塔会瞽女《はいとうしゃくとうえごぜ》、三弦弾、町芸子、琵琶法師）、浄瑠璃語（女太夫、アヤツリ、釣人形師、仙台浄るり）、浮浪（やどなし、雲助、逃亡、追放）、乞食（片居《かたい》、癩疾、物吉《ものよし》、畸疾、癡狂）、伎丐《ぎかい》（諸伎数種）、丐頭《かいとう》（長吏、ハイタ、散在）、難渋町（棄児《すてご》）、温房《おんぼう》（ハチ）、革細工。

　以上の賤民のリストには、純粋の奴隷だけでなく、良民の中から抜け落ちて「サガリ」と呼ばれて取り扱われた人たちも含まれている。ここに集められていないそうした職業をざっとあげてみると「床屋者」「湯屋」「取揚婆」「俑具屋」「石屋」「染物屋」「下駄屋」「遊女屋」「三味線屋」

「焼芋屋」「左官」「井戸掘」「古銅買」「紙屑買」「紙漉」「灰買」「炭焼」「鏡磨」「下駄歯入」「蜆《しじみ》売」「飴売」「縫針売」「酸漿《ほおずき》売」「納豆売」「夜蕎麦売」「刻煙草売」「甘酒売」「とう辛売」「かん酒売」「羅宇のすげ替え」「ももんじい屋（鹿、猪、狐、狸などの肉を店頭に掛けて客の嗜好に応じて鉄鍋に盛り酒食の下物に供する業）」「荷持」「車力」「土方」「軽子」「木挽」「木拾」「馬方」「牛子」「湯屋の三助」「芝居の留場（劇場のガードマン）」「太鼓持」「こんごう（草履取）」「大神楽」「人形《デク》廻」「見世物師」「独楽廻」「膏薬売」「入歯口中療治」「覗きからくり屋」などがある。そのすべてを細かく説明する余裕はないが、「床屋者」と「湯屋」を例にとってみよう。

「なにかほかにご商売はござりますまいか？」

「床屋者」「湯屋」ともに株というものがあり、この株を買えば誰でも営業ができることになっていた。ただそのときには「不浄役人」と称する「牢番頭」すなわち「弾左衛門」のもとに行き、許可をもらわなくてはならない。

許可をもらいに行くと、弾左衛門はその人間を座敷に招きあげて、「そのようなことをなさずとも、それ以外にも御商売がございましょう。今一度とっくりとお考えなさった方がよろしかろうと思います」などと優しいことを言う。そのときはそうそうに退いて、二、三日して再び出かけると、今度もまた奥へ通されて、「なにかほかにご商売はござりますまいか？」と聞かれるから、「どう考えましても、これ以外に商売はござりませんから」と答える。すると弾左衛門が

「今一度ご親類ともご相談の上にて」と言う。このときも、口答えなどせずにそうそうに退散する。さらに三、四日してからまた行くと、またしても奥に通されて、「ほかにご商売はございませんか？」と尋ねられるから、そのときには「いろいろ親類とも相談しましたが、ほかには何もありませんので、何分よろしく」と頼めば、「さようなら、いよいよわたくしの配下に御成りでございますか」と念を入れて尋ねられる。「はい。何分よろしきように」とこちらが言うと、牢番頭はいきなり居丈高になって、「下がれッ！」と大喝一声。まあ、こういうふうになるだろうとあらかじめ承知の営業人は、そのまま「ハハッ」と地面に飛びおり庭にはいつくばることになる。そしてここでいろいろな約束事が言い渡されるわけ。そうしたら、このあとは一年に二度、支配頭に付け届けをする。そのときには必ず裸足で入らなくてはならない。同様に廃業するときには、彼のもとに行き、こう言う。「長くお世話になりましたが、このたび廃業いたしますから」と。すると弾左衛門が配下の者に命じて盥《たらい》に水を汲んだものを持ってこさせ、「これで足を洗え」と命じてくるから、言われるがまま足を洗えば、次には「どうぞお通りなさい」と奥へ通される。そして「まずおやめになりまして、お目出度うございまする」と祝されて帰されることになるのだ。だからこれをして「足洗い」というのである。わたしたちは日常よく「足を洗う」という言葉を使うが、その背景にあるものを少しはこのエピソードから実感できただろうか？

日本列島の太平洋沿岸の広い地域——東海・南海——で——人びとの信ずるところによれば、大きなナマズが動いたために——またまた大地震が発生した。震源は江戸の町の直下だった。安政の大地震といわれているものである。江戸城も大きな被害を受けた。損害を受けた地域は関東から中部全域におよんで、江戸の町では一万人近くが死んだ。そして弾左衛門の配下の者たちが、その死体処理にあたった。

岡山藩がエタ身分の人を対象に「無紋渋染・藍染」以外のものを着用してはならないと命令したが、岡山藩領のエタたちが撤回を求めて立ちあがり、これを事実上撤回させた。

晴れて幕府に雇われて蝦夷《えぞ》地御用掛の職を手にした松浦武四郎が、幕府雇の身で蝦夷地を松前藩から幕府へ引き継ぐのに立ち会ったあと、公務で東西蝦夷地の現地調査を進めながら『戊午《ぼご》日誌』『北蝦夷余誌』を書き進めた。幕府が「蝦夷人」「夷人」という公文書における表記を「土人」に変更した。

アメリカ総領事のタウンゼント・ハリスが、英語とオランダ語に堪能な書記兼通訳のヒュースケンを連れて下田に着任し、宿舎とされた下田郊外の柿崎にある玉泉寺に腰を落ち着けた。幕府が長崎に開校した海軍伝習所に二十一歳になった榎本武揚が入学して、造船、測量、航法、機関についてなどのエリート教育を受ける。武揚はすでにこのときまでに江川太郎左衛門からオランダ語を、中浜「ジョン」万次郎からは英語を学んでいた。北関東で大きな地震が起き、岩槻城〈埼玉県南東部〉が破損した。ロシア使節のポシェットが下田に来航した。

このころから和人によるアイヌの人たちの呼び方も「蝦夷《えぞ》」から「土人・古民・旧土人」へと変化する。当時北海道島の先住民であるアイヌにたいして「風俗改め」と称してむりやり日本語名に改めさせ、月代《さかやき》や髭を剃って「和人化（日本人化）」することが奨励され、和人化（日本人化）したアイヌを「帰俗土人」とか「新シャモ」と呼んで報奨を与えはじめた。これにたいしてアイヌの人たちの多くが山に隠れたりして当然ながら抗議や抵抗をした。オシャマンベ〈長万部〉のチーフ・トンクルは、オシャマンベ会所の玄関先に呼び出されて手足を押さえ込まれ無理やり髭を剃られ髪を結われ、「徳右衛門」と名前を変えられたことを「一族のアイヌそのものへの恥辱」ととらえ、ハンガー・ストライキでこれに抗議して、そのまま餓死したと、松浦武四郎は書いた。

また彼の日記によれば、武四郎はこの年、テシオ〈天塩〉から石狩川の上流への道路開削調査のため、天塩川をさかのぼっている。川筋のアイヌの家に宿泊し、村の長老と話をした際、その長老から、武四郎が理解できていなかった「カイナー」というアイヌの言葉について、「カイとはこの国に生まれた者、ナは敬語である」と説明を受けている。

アメリカ総領事のハリスが江戸で将軍に謁見し、アメリカ大統領ピアースからの国書を手渡した。幕府がアメリカとの通商貿易および公使の江戸駐在を許可した。そしてその旨の報告が京都の朝廷に送られた。

京都の天皇が条約調印拒否の回答を幕府に送ったが、幕府は神奈川沖のポウハタン号でハリスと日米修好通商条約という名前の不平等条約を締結した。江戸幕府は戦う前にこの時点で白旗を掲げて無血降伏をしたのだ。ロシアが清国との条約で、アムール川（黒龍江）以北をロシア領とし、特使ムラビヨフを江戸幕府に派遣してサハリン島（樺太）もロシア領であることを主張したが、幕府はイギリスとフランスの肩入れもあってこれを受け入れなかった。

幕府によりアイヌの人たちの人別帳が作られはじめる。人別帳が作られるということは、幕府の統治の一層の強化であり、アイヌの人たちにとっては強制的な和人化にほかならない。幕府の仕事で樺太と蝦夷地の山川、集落、漁場、鉱物、植物、動物などの調査をしていた松浦武四郎が、二十八冊からなる『東西蝦夷地山川地理取調図』という北海道島の大地図を上梓するとほぼ同時に、『戊午《ぼご》日誌』を著し、サル〈沙流〉川流域の各村のアイヌが男女を問わず軒並み強制連行されて労働を強いられていることを指摘、またこの年に執筆中だった『知床日誌』でも、シレトコ〈知床〉やアバシリ〈網走〉ではアイヌの男女が強制連行され、男性は昼夜の別なく働かされ、女性は和人の番人や船形たちの慰みものにされており、「このままではあと二十年もすればアイヌの種が絶えるかもしれない」と書いた。

武四郎はさらにアイヌの人たちから直接に聞いて回った苦労話や抵抗の話、剛勇ぶり、親孝行の話、彼が直接見聞きした和人の不正行為にたいする告発と糾弾などを、すべて実名入りでまとめて『近世蝦夷人物誌』を上梓し、箱館奉行に提出した。が、その本は、これまでの悪逆非道が表に出ることを恐れた松前藩による猛烈な妨害にあって、出版がさしとめられてしまう。そして

1,859

この事件を契機にして、武四郎と幕府の関係にも終止符がうたれた。彼はこの年の暮れに「御雇御免願」を提出し、次のような歌を残している。「わが家が小さくても世人よ笑うなかれ。なぜならこの腹には蝦夷地の山や川が入っているのだから。もう幕府から給料をもらうのは一切やめにする。頭の上の空があまりにも青いから」

仙台藩が幕府から東蝦夷地の警衛を命じられた。前年の不平等条約に反対しつつ獄につながれたまま差別のない世界を夢見た吉田松蔭が処刑され、三十歳で世を去った。江戸の山谷の真崎稲荷の祭り見物にやってきた浅草のゲットーに暮らす男が、地元の男たちに「祭りがけがれる」と言いがかりをつけられてなぐり殺されるという事件が起きた。弾左衛門は犯人たちの処罰を求めたが、町奉行は「エタどもの命は平人の七分の一だ。あと六人殺さなければ平人から一人の犯人を出せない」とはねつけたという話が伝わっている。

イギリス初代駐日公使となるラザフォード・オールコック卿を乗せた軍艦サンプソン号が品川沖に姿をあらわし、あえて江戸への上陸を試みるという賭けに出て成功し、高輪の東禅寺を宿舎に与えられた。

1,860

不平等条約締結の幕府責任者が桜田門外で暗殺された。初代イギリス公使のラザフォード・オールコック卿一行が、主に政治的な目的——首都在住の外国代表者に無制限に与えられているはずの旅行権利が、他の公の規定と同じように死文化しているかどうかを調べる——から、西欧人としてははじめて、幕府による阻止妨害計画をことごとく粉砕して、富士山に大宮口（富士宮口）から行列をなして登り、山頂で二泊して下山した。

宮古島の波平恵教らが、過酷な人頭税に苦しむ島の窮状を述べて改革の必要性を訴える訴状を薩摩藩に提出しようとして、その訴状が琉球政庁の手に渡ったため、謀反の疑いがあるとして逮捕され処刑された。

このころの日本の人口はおよそ三千二百万人だった。天皇《ミカド》の官女のひとりから生まれてこの年に八歳になっていた皇子が親王となって皇位継承者と宣言された。

清国とロシアの間で国境をめぐる条約が北京で締結され、沿海州がロシア領に編入された。これにともなってアイヌたちの清国への朝貢交易も否定され、幕府の手に移行していた山丹《サンタン》交易も終焉を迎えた。

アメリカではこの年までの十年間にミズーリ川上流域——スー族や、シャイアン族の国があったところでは——二百五十万頭のバッファローが白人によって殺戮された。それは一年に二十五万頭にのぼる。しかしこれ以後の殺戮の数にくらべるとそれはまだ少ない方だった。

1,861

幕府が無宿人などを蝦夷地《えぞ》に送り労役につかせた。アムステルダムの商人の息子でありながらアメリカ領事館員で書記兼通訳だったヘンリー・ヒュースケンが、芝赤羽の古川畔で浪士に斬殺された。アメリカで内乱（南北戦争）が勃発した。

1,862

七月十五日の夜、八時半頃、江戸の空を光り物がたてつづけに筋を引いて西南の方角へ飛んだ。頭の上のすぐのところをいくつもいくつも飛んで引きも切らず、翌日の夜が明けるころになってもまだ盛んに飛んだ。諸人恐怖せりと。

幕府は竹内保徳をロシアに派遣して国境策定を協議させた。北緯五十五度を国境とするという江戸幕府の主張にロシアはまったく聞く耳を持たなかった。和人の悪逆非道ぶりに腹の虫が収まらなかった松浦武四郎が満を持して『知床日誌』を刊行し、シャリ〈斜里〉地方のアイヌ一族二千人近くがクナシリ（国後）島の漁場に強制的に連行され、男子は重労働をさせられ、女子は和人の「慰み者」とされている実態を暴露し、その非道な行為を告発した。和人たちは彼女たちが妊娠すると唐辛子や水蝌樹《いぼた》などの煎じ薬を飲ませて堕胎させ、生まれた子は「鯨針にて刺殺し、また膝の下に敷殺」（松浦武四郎『炉心余赤』）し、病気になれば山に棄てたりしたという。二十七歳の榎本武揚が幕府留学生としてオランダに留学し、機械、化学、地質などを研究し、モールス信号もマスターした。

イギリス人のアーネスト・サトウが公使付の通訳として来日した。薩摩藩主の行列を護衛する

1,863

薩摩藩士たちが横浜近くの生麦村でイギリス人リチャードソンを殺害した。

イギリスの軍艦が薩摩を砲撃した。箱館に人足寄場が開設された。

1,864

イギリス駐日特派全権公使のラザフォード・オールコック卿が解任され駐中国公使として転出し、かわってハリー・パークスという威勢のいい三十七歳の青年が中国の上海領事から転任してきた。イギリスとフランスの連合艦隊が下関を砲撃した。

かつての亀の島の住人だったナバホの人たち二千四百人ほどが、キット・カーソンの命令で、合衆国陸軍に武力で威嚇されながら、強制移住のために五百キロもの長距離を行進して歩かされ、途中で二百名ほどが命を落とした。

1,865

沖縄本島那覇の南東にある東風平《こちんだ》の農家に謝花昇《じゃばなのぼる》が誕生した。摂津の海にイギリス・フランスらの連合艦隊が占領軍として侵入した。大和守の小出秀美が幕府によりロシアへ特使として派遣され、九回の談判の末、サハリン島（樺太）は両国の雑居地と決められた。

和泉国〈大阪府〉の堺で樽桶製造業を営む川口善吉と常の間に長男が誕生し、「定次郎」と命名された。坂本竜馬のあっせんで西郷隆盛と木戸孝允の間で幕府に対抗するための薩長同盟が成立した。幕府と長州の間で二度目の戦争が起きる。江戸の弾左衛門も手下五百人と共に戦争に参加したが、実戦になる前に停戦が成立して、戦闘に参加することはなかった。将軍の徳川家茂が暗殺された。徳川慶喜が最後の征夷大将軍に任命された。清国からの最後の冊封使によって、琉球国の国王に尚泰《しょうたい》が任じられた。

幕府がオランダに発注していた軍艦開陽丸がロッテルダムで完成した。この軍艦の製造を監督していたのが留学生の榎本武揚で、かれはこの間に今後の通信手段として電信が重要になると考えて、フランス製のモールス印字電信機二台を自費で購入していた。武揚がその開陽丸で帰途に就いた。

イギリス駐日公使のハリー・パークスが夫人と友人たちと日本の役人を伴って村山口から富士山に登り、八合目で「土人造り置ける石室」に宿泊、翌日濃い霧の中を山頂に出てなにも見えないまま、再び八合目の石室に宿泊、ようやくの晴天のもと宝永山をめぐって須走に下山した。パークス夫人は、日本の歴史がはじまって以来最初に富士山に登った女性となった。

攘夷派の三十六歳の天皇が「御九穴より御脱血」という異常な死に方をした。公式な発表では死因は「天然痘」とされたが、イギリスの公使館で働く通訳のアーネスト・サトウは「裏面の消息に通じるある日本人から、天皇は毒殺されたのだと断言された」と書いた。どうやらヒ素系毒物による急性中毒症状だったらしい。天皇毒殺の首謀者としては「伊藤博文」「岩倉具視」ら明治の元勲とされた人たちの名前が各方面でとりざたされている。正室の子ではなかった親王が――足を地面につけることを許されずに育った皇太子が――少年皇帝になったとされるが、在野のラディカルな歴史家の中には、薩摩と長州の両藩が南朝正統論にたって北朝の流れをくむ天皇をこのときどさくさにまぎれて暗殺し、天領であの大塔宮護良親王《だいとうのみやもりなが》の領地でもある山口県麻郷に隠れ住んでいた南朝の末裔とされる大室家の嗣子――大室寅之祐――を明治天皇にしたと指摘する者もいたりする。

木戸孝允から品川弥二郎宛のこの年の書簡の一節に「甘《うま》く玉《ぎょく》を我方へ抱き候御儀、千載《せんざい》の一大事にて、自然万々一も彼手に奪れ候ては、たとへいか様の覚悟仕候とも、現場の処、四方志士壮士の心も乱れ、芝居大崩れと相成……」とある。倒幕派の志士たちが天皇を「玉」という隠語で呼んでいたことがわかるだろう。つまり「敵方に天皇を持っていかれてはせっかくの大芝居も台無しだ」と読める。

三河国設楽《したら》郡の長吏小頭の弥五七が、領主菅沼左近将監にあてて上申書を提出し、江戸の長吏頭弾左衛門の手下《てか》となることを希望し、菅沼家の留守居役から弾左衛門に手紙が送られて、それを受け取った弾左衛門は町奉行に伺いを立てて了承を得た。十三代目弾左衛門が「賤称廃止の嘆願」を幕府へ提出した。軍艦開陽丸が日本に帰り着いて、榎本武揚はいきなり幕府海軍の軍艦奉行に任じられた。

これまで久保田（秋田）藩が警備を受け持っていた北蝦夷地《えぞ》（樺太・サハリン島）に、幕府の命令で仙台、南部、津軽の三藩が緊急出動した。幕府と長州との間でまた戦争が起きた。三河国で「ええじゃないか」ムーブメントが起こり、瞬く間に尾張名古屋周辺から伊勢一帯、東は甲斐や信濃、西は京都や大坂を中心に、中国地方や四国地方の一部まで、北は但馬のあたりまでを巻き込んで、「ええじゃないか」「ええじゃないか」「ええじゃないか」と大衆が踊り回る熱狂的乱舞大騒動となった。東海道を中心にして、伊勢神宮や諸国の神々のお札が空から降り、仏像や物が、はては金塊が降ってきたといわれる。畿内や尾張では人の片腕や生首が降ったという噂も立った。長い間抑圧されてきた庶民の性エネルギーが一挙に爆発した感がある。

徳川幕府が崩壊し、最後の征夷大将軍が大政を奉還した。このときに徳川家を守るために何らかの裏取引（埋蔵金授受を含む）があったとウワサされている。朝廷はただちにこれを許可し、「神武創業のはじめ――仏教渡来以前――にもどって百事を一洗する」という内容の王政復古の大号令を発して、征夷大将軍の制度を廃し、肉食を解禁する宣言をおこなっている。「夷をもって夷を制する」時代が、ここに終焉したかに見えた。金光教の教祖手文治郎が布教をはじめた。

事実上の日本帝国の初代皇帝となる少年が長州藩兵に四方を守られて摂津打出浜に上陸した。

二つの異なる国が自分たちになにひとつ相談なく、自分たちの全財産を売りわたしたり買い取ったりしていることを、アリューシャン列島とアラスカの先住民たちが知った。この年、アラスカのラッコをほとんど獲りつくしたロシアが、アメリカにアリューシャン列島をつけてアラスカ全土を居抜きで七百二十万ドルで売り飛ばした。

イギリスをバックにつけた薩摩と長州の連合軍が、皇居と少年皇帝を支配下におさめて事実上朝廷を乗っ取った。実際は、坂本龍馬や高杉晋作を背後で操っていたイギリスの武器商人のトーマス・ブレーク・グラバーが、薩摩と長州を「官軍」にしたてたのだ。京都の朝廷から徳川慶喜追討の命令が出された。摂津国渡辺村の長老たちが「エタ」の称を廃止するよう江戸の幕府に求めた。江戸にいた第十三代目の弾左衛門とその手下《てか》六十五人が、幕長戦争に功績にありとして身分が引き上げられ「平人（平民）」に組み込まれた。以後弾左衛門は名前を「弾内記」と改めることになる。弾左衛門家の手代六十五人が身分引き上げを幕府に請願して許可された。

徳川の最後の将軍が江戸を出て——徳川発祥の地——駿府に送られた。蝦夷《えぞ》地開拓に関する建議が公卿たちから出され、朝議が開かれて——アイヌにはなにひとつ相談もなく——蝦夷地開拓の大方針が決定され、箱館裁判所が設置された。神と仏が一緒にいるなど不自然だとして、神仏を分離させるための神仏判然令が施行され、二千年近く続いた仏教と神道の結婚にも終止符が打たれて、廃仏毀釈ムーブメントが起こった。

有栖川宮が東征大将軍に任命された。江戸城が皇居とされ、東京城と改称した。江戸町奉行が廃止され、市政裁判所と改称された。江戸城あけ渡し後、幕府陸軍奉行は土方歳三以下二千名あまりの兵と陸路で北を目指し、軍艦奉行の榎本武揚は新政府への軍艦引き渡しを拒んで四隻の軍艦を率いて蝦夷地に向かった。両者は途中で合流して箱館に向かうことになる。

この当時の民衆のほとんどが天皇の存在を知らなかったらしく、天皇というものを人々に知らしめる必要があったために、まずは実験的に御所のある京都で「京都府下人民告諭大意」なるものが公布された。その冒頭には「開闢《カイビャク》以来動《ユル》ギナキ皇統、開闢以来カハラザル下民ノ血統ナレバ、上下ノ恩義弥《イヨイヨ》厚ク益《マスマス》深シ。是即《コレスナワチ》万国ニ勝《スグ》レシ風儀ニテ、天孫立置《タテオキ》給フ御教、君臣ノ大義ト申モ此事ナリ」とある。「歴史がはじまって以来ゆるぐことのなかった皇統」があると同時に「歴史はじまって以来かわることのなかった下民の血統」があるのが、「すべての国に勝る風儀」だと主張しているわけ。

　松浦武四郎が初代の箱館府判事に任命されて、官位を与えられた。そして多年にわたって蝦夷地方のことで苦心尽力したとして多額の賞金も与えられた。一か月後箱館から呼び戻された武四郎は、東京府知事付属に任命され、さらに東京府郡政局御用掛に任命され、日本の首府が東京に遷都されるにあたってその先駆の役目——御東幸先迄急飛脚御用——を与えられた。

　天皇の即位式がおこなわれた。そのさい紫宸殿《ししんでん》の高御座の前に置かれた地球儀を、天皇が王座を離れて、その日本国の部分に三度沓《くつ》をあてる秘儀が、取り巻きによって演出されている。

　土方歳三、榎本武揚らが蝦夷地というか松前藩の土地を占拠し、五稜郭（箱館）を本営として、蝦夷地を占領した。蝦夷共和国が樹立され、榎本武揚がくじ引きで蝦夷島総裁に就任。新生日本帝国では明治新政府が発足。千年前から続いていた本州島東北部の二国制が終わり、陸奥国が磐城・岩代〈以上福島県〉・陸前〈宮城県〉・陸中〈岩手県〉・陸奥〈この場合は青森県〉に、出羽国が羽前〈山形県〉・羽後〈秋田県〉に分けられて七国制がしかれた。

　この年の記録では、浅草新町の弾左衛門の配下は四百十七軒。江戸市中の非人の数は、浅草車善七の手下三百六十三軒（うち小屋頭百十一軒）、品川松右衛門の手下百四十三軒（うち小屋頭四十二軒）、深川佐助と木下川文次郎の手下六十七軒（うち小屋頭二十二軒）、代々木久兵衛の手下三十七軒となっている。

亀の島の中央部、ロッキー山脈の山麓、現在コロラドとして知られているところのサンド・クリークという場所で、ほとんどが女性と子どもたちしかいなかったシャイアン一族の野営地がジョン・M・チビントン大佐率いる合衆国騎兵隊に襲われて、男性十人、女性と子ども九十人、あわせて百人が虐殺された。「サンド・クリークの大虐殺」といわれる事件である。スーの国がララミー砦においてアメリカ合衆国政府と条約を取り交わした。アメリカの地図でいうモンタナ、ノースダコタ、サウスダコタ、ネブラスカ、ワイオミングの五州にまたがるスーの国が条約によって確定され、「陽が昇り、水が流れ、緑の草が生える限りいつまでも」そこはスーの人たちのものとされた。ナバホ国がアメリカ政府との間で、自国を居留地にする条約に調印した。

IMPERIAL TIME

1,869 - 1,945

CHILDREN OF THE SUN

帝国の時代

蝦夷《えぞ》共和国総裁榎本武揚、箱館の七重村近郊の土地三百万坪をロシア人のガルトネルに九十九年間の期限付きで貸与。太政官を東京に移すとの通達がなされた。特に東北地方の人々にたいして日本帝国政府が『奥羽人民告諭』を布告し、その中で「天子様は、天照皇大神宮様の御子孫にて、この世の始より日本の主にましまし、神様の御位正一位など国々にあるもみな、天子様より御ゆるしあそばされ候わけにて、誠に神様より尊く……」と伝えた。天皇京都をたち、途中で天皇としてははじめて伊勢神宮を参拝して、東京城に入る。全国に小学校を作ることが奨励された。大学校が設けられ、皇道精神をベースにした指導者の人材育成がはかられた。

榎本武揚の軍が、五稜郭の近くの丘陵に後背守備陣地として四稜郭を急造した。新政府軍の箱館総攻撃が開始された。西郷隆盛も箱館に急行した。蝦夷島共和国樹立を夢見て箱館五稜郭にたてこもっていた榎本ら、たまらずに降服。榎本武揚は入獄。新政府、版籍奉還を強行。旧藩主たちがあらためて中央政府から藩令（知事）に任命されたが、琉球の尚国王は――清国が国王として任命したこともあって――そのまま国王の地位に留められた。松前藩最後の藩主の松前修広《まつまえながひろ》が藩知事となる。新政府により北海道島に「開拓使」が設置された。榎本武揚がガルトネルという名のロシア人に貸してしまった七重村の土地を、新政府は交渉の末、六万二千五百ドルの賠償金を支払って取り戻した。

松浦武四郎が御役御免を願い出て東京府知事付属を辞職したが、彼はそのまま蝦夷開拓御用掛開拓大主典に任命され、のちに開拓使判官の職に就いて、北海道島の道・郡・国の名前を命名することになった。そして「蝦夷地」が「北海道」と改称された。この新しい名前は、松浦武四郎が政府に提出した原案——日高見道《ひたかみ》、北加伊道《ほくかい》、海北道《かいほく》、海島道《かいとう》、東北道《とうほく》、千島道《ちしま》——の中から「北加伊道」と「海北道」の二つをたして二で割った形で決定されたもの。アイヌたちが自分たちの国を「カイ」と呼び、お互いのことを「カイナー」と呼びあっていたという背景があり、武四郎が名づけた「北加伊道」には「北のアイヌの国」の意味があるのだが、足して二で割ると、そうした背景もきれいに消えうせてしまった。この功によって、武四郎は従五位に叙せられ、金十両をもらっているが、その後、北海道経営方針についての会議に出席して、アイヌから搾取するだけの場所請負制の廃止を強く主張し、その結果、形の上では請負制が廃止されたものの、廃止は名目のみで、利益を失う請負商人らは開拓使にさかんに賄賂を贈って仕事を続けた。これを見て見ぬふりの開拓使のやり方に不満を表明して、武四郎はさっさと帝国政府の役職から身を引いてしまう。政府は彼の辞職願を受理したが、そのかわりに終身十五人扶持を与える決定を下し、従五位の位を与えて華族の一員に加えている。その後、松浦武四郎は東京神田五軒町に居を構えた。

蝦夷地改め北海道に「渡島」「後志《シリベシ》」「石狩」「胆振《イブリ》」「日高」「天塩」「十勝」「釧路」「根室」「北見」「千島」の十一国が置かれ、全道は八十六郡に分けられた。そしてまず函館（旧箱館）に札幌開拓使仮役所が、次に根室に根室開拓使出張所が置かれ、本格的な和人の開拓の準備がととのえられた。白人のラッコ密猟者がクリル（千島）列島から南下してきていたために、新政府により択捉島《エトロフ》に異国船によるラッコの密猟を監視するための監視所も設置された。

秋田家となっていたかつての秋田安東氏が子爵に列せられることになり、宮内庁から系図の提示を求められた際、宮内庁側から「いやしくも皇室の藩屏たる華族が長髄彦《ながすねひこ》の兄の子孫では困る」と、ノーマルな安倍系図のように祖先を「四道将軍大彦命」に訂正せよと指導された。秋田家は「おそれながら当家は神武天皇御東征以前の旧家ということをもって家門の誇りといたしております。天孫降臨以前の系図を正しく伝えておりますものは、はばかりながら出雲国造《こくぞう》家と当家のみしかないのでございます」といってその改訂を拒否したという噂がある。薩摩藩がイギリス公使館護衛歩兵隊軍楽長のジョン・W・フェントンに委託して「君が代」に曲をつけさせた。

和人による北海道島開拓が本格化した。場所請負制が廃止されると同時に、アイヌの狩猟権も漁業権も取り上げられた。帝国政府が石狩漁場の労働力を確保するために石狩川上流のアイヌたちを石狩川河口に移住させると通告。川上の人一族（ペニウンクル）のチーフ・クーチンコロは村の代表四人とともに石狩役所におもむき、役人と激しく直談判《チャランケ》をおこない、計画を撤回させた。

王政が古《いにしえ》に復《かえ》ったのにもかかわらず、「王化にうるおっていない」者たちがいるとして、太政官が「東京中非人乞食どもこの度本府においてそれぞれ取り調べ廃疾老幼のほか壮健の者は旧里へ引き渡し候に付き藩県において受け取り候上は以後再度管轄外へ立ち出でざるよう屹度処置致すべき事」と。つまり、東京で浮浪者をしている者たちのうち体が健康な者はその故郷に送り返すから、藩や県では、よろしくその者たちを管轄外に出さないように、という通告である。これを受けて東京府が府民を対象にして貧富の状況についての調査をおこなったが、それによると人口五十万三千七百人のうち「極貧民」十万三千四百七人、「極々貧民」一千八百人と出た。

大和国山辺郡三昧田《さんまいでん》村出身で天理教の開祖として「陽気に暮らす」ことをすすめた中山みきが

1,870

神懸かりとなり『おふでさき』を書きはじめた。
アメリカではモンタナ州のコッブ砦で、コマンチ族のチーフ・トカウェイがフィリップ・シェリダン将軍と会談した。チーフが友好の挨拶として「わたし、良いインディアン（Me, Good Indian)」というと、将軍は「良いインディアンとは、死んだインディアンのことだ」と答えたという。

イギリス公使館の軍楽長のフェントンが作曲した「君が代」が天皇の前で演奏されたが、反応はいまいちで作品はボツにされた。北海道開拓使の初代開拓次官に、琉球王国を植民地として支配した薩摩藩の官僚であり、榎本武揚率いる蝦夷共和国攻撃の参謀を務めた黒田清隆が就任した。黒田は北海道島開拓の模範をアメリカの西部開拓における「民族浄化政策《エスニック・クレンジング》」に求め、アメリカから開拓顧問団を招聘する腹づもりだった。

樺太開拓使が設置された。五十三歳になっていたあの歩く人の松浦武四郎が、よほど腹に据えかねたことがあったのだろう、官職だけでなく位階までも政府に返上した。松浦武四郎はこののち二度と北海道の地を踏むことはなかった。仙台藩主の伊達邦成が旧家臣らとともに北海道島に移住を開始し、十一年をかけて移住者は一千二十六戸、三千六百八十五人を数えた。

神道が「国家統一の基盤」と宣言された。第十三代目弾左衛門こと弾内記《ないき》が、さらに名前を改めて「弾直樹」を称しはじめる。最後の「車善七」が襲名し、二か月後には名前を「長谷部善七」

1,871

と改めた。福井藩に招かれてウィリアム・エリオット・グリフィスというアメリカ人が来日し、福井藩の藩校で理学や化学の教鞭をとることになった。
アメリカで殺戮されるバッファローの数がこのころから年間で二百五十万頭を下らなくなる。

弾直樹が新技術を導入するためにアメリカ合衆国から製革技術者のチャーリー・ヘンニンガーを招いた。太政官から「斃《へい》牛馬勝手処置令」が公布され、これまでは無条件無償で長吏《ちょうり》のものとされてきた牛馬の死骸が、皮も骨も肉も持ち主がどう処置してもかまわないことになった。これは皮革業者の元締めとしての弾直樹にとって衝撃的なことだった。

戸籍法が定められた。陸軍の師団の前身である鎮台が、東山道（本営は石巻）と西海道（本営は小倉）に、設置された。木戸孝允以外の参議が辞職し、鹿児島藩大参事の西郷隆盛が参議に就任した。帝国政府が廃藩置県を断行し中央集権の強化をはかる。文部省が創設された。沖縄が鹿児島県の管轄となった。

宮古島の漁師六十八名が台湾に漂着し、うち五十六人が台湾の先住民であるバイヤン族に殺されるという事件が起きた。帝国政府は、これ幸いとばかり、清国に「日本国民を殺した」として厳重抗議、琉球の日本帝国への帰属を国際的に認めさせることに成功する。日清修好条約を調印した。新政府が岩倉具視、大久保利通、木戸孝允、伊藤博文らを使節団としてヨーロッパの文物や制度を知るために欧米に派遣した。

宗門人別帳が廃止された。この年の統計によればエタが二十八万三百十一人、非人が二万三千四百八十人、皮作など雑種七万九千九十七人、合計三十八万二千八百八十八人いたとされる。実質的に日本建国から江戸幕府までの長期にわたる朝廷や幕府への軍需品供給を背後で支えていたのはこの人たちだったと思われる。太政官布告により、賤民制廃止令が施行され、四民平等がタテマエとなり、「エタ」「非人」の呼び名も廃止された。曰く「穢多非人等ノ称被廃候条《はいされそうろうじょう》、自今《じこん》身分職業共平民同様タルヘキ事」（エタ・非人などの名称が廃止されたので、これからは身分・職業ともに平民と同様であるべきこと）と。これは、江戸の時代の事柄には一切触れないという密約に基づく徳川慶喜からの莫大な埋蔵金献納をうけて「権現さま（家康）の生まれ素性を隠すため」の政策だったという説もある。しかしあろうことか戸籍にはふたたび今度は「新平民」という差別的な呼称で記されることになったのだ。そして新聞では、社会の底辺に組み込まれた人たちにたいしてこのころから「貧民」「貧民窟」という言葉が多用されるようになっていく。

弾左衛門家が十三代にわたって住んだ浅草新町の土地が政府にいったん没収され、すぐに安価で払い下げられた。もともと弾左衛門の住んでいた土地は江戸時代には「除地」と呼ばれて納税の対象にならなかったが、払い下げられて以降は税金を納めなくてはならないとされた。東京府が弾直樹に通告してこれまでの支配の職務を解任した。燈心の専売権もとりあげられた。旧生野藩領の住民五千人がエタ解放と地租改正に反対して暴動をおこした。新政反対の一揆は西日本を中心に高まりを見せていく。横浜などの開港場では裸体や立ち小便などの風俗矯正が実施された。樺太開拓使が廃止され、北海道開拓使に合併された。札幌に開拓使庁が開設された。アイヌを

1,872

「平民」籍に入れ、役所の台帳に記入するために和人式の姓名を強要した。開拓使の布告で北海道島の先住民であるアイヌが「ちゃんと開墾をするのなら家も農具も与えるが、その場合、昔から土人たちがやってきたような家に死者が出たときにその家をまるごと火を付けて焼き払って他所に転住すること」をかたく禁じられた。そしてアイヌの女子の入れ墨と男子の耳輪も禁じられ、アイヌ全員に和語（日本語）を学ぶことが強制された。北海道島の先住民であるアイヌの名称を公文書では「旧土人」とするよう通達が下された。北海道にアメリカからリンゴが栽培のために導入された。これまでは男女ともたいていの人が髪を結っていたのだが、この年から男性の断髪がはじまった。

アメリカ合衆国政府が議会で、合衆国の領域内にあるいかなるインディアンの国、もしくは部族を、もはや独立した国や部族や勢力として、対等な条約を交わす対象としては認めないという決議をおこなって、数千年続いた先住民の国々と亀の島の存在そのものを全面的に否定した。そればかりか、これまで各先住民の国や部族が、合衆国政府と相互に結んできた無数ともいえる条約のすべてが、このとき反古《ほご》にされた。

政府が天皇に牛肉を試食させ、すでに形ばかりになっていた肉食の禁制を完全に解いた。僧侶にも肉食妻帯蓄髪が認められた。収監されていた榎本武揚が、黒田清隆、西郷隆盛、福沢諭吉たちの助命運動により釈放され、そのまま北海道開拓使四等出仕を命じられた。福井藩の藩校で教えていたW・E・グリフィスが新政府に雇われ、東京大学の前身である南校で理学や化学を教えはじめた。グリフィスはこのころ天皇とも親しくつきあっている。日本ではじめて全国の戸籍調査が実施された。

日本の総人口は三千三百十一万八百二十五人で、北海道だけだと約十一万人だった。それ以前は、寺人別帳が住民登録のかわりで、寺人別に入っていない者は無宿者として差別され続けた。しかしこの年の戸籍調査では、山奥や秘境などに隠れとおして寺人別帳に入っていなかった者が、入っていた者とほぼ同じくらいいたとされる。またそれでもまだ安心できずに山の中を逃げ回っていたのが、サンカとされる人たちだった。そして「サンカ」という言葉もこの前後から警察関係者によって調書などの中で使われはじめる。それは戸籍を持たずに山間や河川敷きをねぐらにしていた自由民、漂泊民、浮浪民にたいする警察の用語として使われはじめ、最初は「山の穴に住んでいる」と思われて「山窩」あるいは「山に住んでいる」として「山家」という字があてられていた。

山伏の経営する寺子屋に入るなど、幼少のころから出家遁世を願っていた大阪府堺市の河口定次郎が、この年小学校に入学した。土地永代売買の禁が二百二十九年目にして解かれた。土地が動産と同じように、商品交換体系の中に組み入れられたのだ。「北海道土地売貸規則・地所規則」が制定された。北海道開拓使の命令で、アイヌ二十七人（女子七名、男子二十名）が教育を受けるためとして東京へ強制的に連行された。一説では三十五人だったとする意見もある。子どもたちは東京芝の増上寺境内に作られた開拓使学校に入れられている。その結果、一年たらずで行方不明になったり病気で命を失ったりで、帰郷できた者はわずか五人しかいなかった。

仙台県が宮城県と名前を変えた。北海道開拓次官だった黒田清隆が「北海土人の容貌も言語もまったく内国人とは異種の体をなしていて、風俗や習慣は醜いものであるから、これを内国人のように開化せしめることが開拓政策として必要である」という届書を、国制を統括する太政官の最高官庁である正院に提出した。黒田が北海道開拓顧問団の監督として、アメリカ合衆国第二代の農務省長官ホーレス・ケプロン将軍を招き、この二人の植民地主義者によって、北海道開拓のマスタープランが作られることになる。

スパイとして本国に追放されたあと「エビス（蝦夷）はミカド勢力に占領されたアイヌだ」と主張したドイツ人のシーボルトの次男、ハインリッヒ・フィリップ・フォン・シーボルトが、オーストリア公使館の役人として来日し、公務の傍ら考古学や人類学の研究をおこなって、父親が提唱した「アイヌ石器時代人説」をさらに追究した。

新橋と横浜の間の鉄道が開通して、古代の服装のままの天皇《ミカド》、貴族たち、文武百官、琉球の王族、アイヌのチーフ、外国からの賓客らが列席した。これを見るとよくわかるが、日本帝国とは古代国家がそのまま西洋の服を着ただけのものにすぎない。

琉球が藩に組み込まれた。琉球処分だ。それまで独自に清国との関係を結んでいた琉球国にたいし、日本帝国の政府は清国との関係を絶つように勧告するとともに、琉球国王尚泰《しょうたい》を一方的に琉球藩主に任命、東京に来て天皇に会うよう要請した。だが琉球の王は病気を理由にその命に従わず、あいかわらず独立国として清国との交流を続けたので、この年の三月に帝国政府は内務大臣松田道之に官吏五十人、警官百余名、陸軍の兵隊四百余名を派遣し、武力によって琉球国王尚泰を首里城から別の屋敷に強制移住させている。この時点で琉球王国は消滅し、沖縄県が生まれた。ヤマトによる沖縄の支配がこのときからはじまった。琉球国王尚泰は東京行きをかたくなに拒んでいたが、半ば強制的に日本帝国政府の迎えの汽船「東海丸」で連行され、侯爵の地位を与えられ、以後七十年間、東京住まいを余儀なくされた。

太陰暦のかわりに太陽暦（グレゴリオ暦）が採用された。違式詿違《いしきかいい》条例が東京をはじめ各府県で出された。軽犯罪を取り締まることをたてまえにしたもので、混浴、行水、裸体、裸足、刺青、ほうかむりなどを、諸外国への体面と国家創設のために罰則付で禁じたもの。コジキ禁止令も東京府から出された。十二代目弾左衛門の周司が世を去った。

神話に基づいて神武天皇即位の年を紀元とし、即位日——一月二十九日——を祝日にすることが決定された。この年の十二月三日、いきなりこの日が「皇紀二千五百三十三年（明治六年）一月一日」になった。石川県で衛生上の理由から「諸勧進や物貰い」などの禁止令が出され、コジキ狩りがおこなわれた。性の抑圧と一夫一婦制に基づく家庭を創設するために「よばい」などのような、それ以前の町村共同体的な風習が、このころことごとく否定されていった。

神武天皇の即位日が「二月十一日」に改められた。徴兵令が布告された。キリスト教も実にあっさりと解禁された。帝国新政府のヨーロッパ使節団が帰国した。彼らは自分たちが最初の日本からの訪問者だと思ったローマ法王庁で、二百六十年前にやってきた支倉常長《はせくらつねなが》の話を聞かされて腰が抜けるほど驚いたらしい。帰国してすぐ、事の真実が伊達家に問い合わされ、伊達家は所蔵していた遣欧使節に関する資料をはじめて公開した。

地租改正条例が発令され、蝦夷地が持ち主のない土地として「天皇の財産」に没収されてしまった。岡山県津川原村で賤民制廃止令に反対する「解放令反対一揆」が起こり、新平民とされた人たち百戸ほどが住む村が暴徒に襲撃され、火を放たれてことごとく焼け落ち、長老たちは石で撲殺され、悲鳴を上げて逃げ迷う老少婦女は捕らえられて、背中にワラ束を縛して火を放ち焼死させられ、男女十八人が虐殺される事件が起きたが、こうした事件は、先住民居留地（日高見国の戦争捕虜の収容所）が多くあった西日本各地で頻発した。朝鮮問題で西郷隆盛が参議を辞職して鹿児島に帰る。

北海道開拓使の通達により、豊平、発寒、琴似、篠路などの川での夜中の引き網、豊平川ではさらに杭木取立張網（ウライ網）漁が禁じられた。この年の調査によると北海道の和人の人口は十六万二千七百人だった。沖縄の刑務所には一人の受刑者もいないというので首里で祝賀会が開かれた。千島列島において外国船の狩猟者たちによるラッコの組織的な捕獲がはじまった。千島列島産のラッコ毛皮は、当時世界でも最高の品質で、ロンドンの市場では一枚が最低十五ポンドから最高二百ポンドの間の相場で取引されていた。

北海道開拓使長官に薩摩出身の黒田清隆が昇格して「開拓十か年計画」が打ち上げられたが、目に見えるような成果はなかった。青森県にリンゴ栽培が導入された。日本最初のお雇い外国人教師だったW・E・グリフィスが帰国した。日本帝国が軍隊を台湾に派兵し、清国との間で北京条約を結んで「琉球の日本への帰属」を認めさせ、多額の賠償金を手に入れ、正式に「琉球を日本帝国の領土である」と宣言して、諸外国にもその承認を得た。榎本武揚が海軍中将兼特命全権ロシア大使に就任した。

天皇が神田明神に参拝して弊物《へい》を納めたことで、国賊である将門の霊を祀った神社に主上が参拝したとして、政府内部で大変な騒ぎとなった。その月のうちににわかに「神田大明神」の勅額が外されて神庫にしまわれてしまったらしい。額は二百年ほど前に右大臣大炊御門経孝《おおいのみかどつねたか》が勅命によって染筆したものとされていた。そしてこの勅額のかわりに、あらためて太政大臣三条実美が描いた「神田明神」の額が掲げられ、これまでの将門主霊神を退けて摂社とし、常陸国鹿島郡大洗の磯前神社から少彦名命《すくなひこなのみこと》のご神体として一石をもってきて、一宮というものを新造した。しかし神田明神の氏子たちが今度は総代を立てて、神主側が「勝手に神格を高めようとして恥知らずな行為をした」とその非に対して抗議をするなどして騒ぎ立てたために、改めて別殿が造営され、二宮・洲崎女神の像を移し、社の表に「将門神社」の扁額が掲げられた。

天理教の教祖中山みき七十七歳のこの年の『おふでさき』に「高山《たかやま》の真の柱が唐人や、これが第一神の御立腹」と出た。高山とは「貴族階級」のことだし「唐人」というのは「渡来人」ということで、つまり「皇室を中心とした高山階級が渡来民族である」ということだという。こうしたことが原因で、中山みきは、この後十八回ほど留置場に入れられることになる。

亀の島にあった「偉大なスーの国」で金が発見され、サウスダコタのブラックヒルズに大量の白人移住者が流入した。バッファローが生命線だったコマンチ、カイオワ、シャイアンの各部族が大平原南部でアメリカ合衆国との戦争に突入した。

1,875

北海道開拓使通達の「胆振《イブリ》日高両州方面鹿猟仮規則」により、アイヌの矢猟が免許鑑札制とされた。特命全権公使となった榎本武揚がロシアにおもむき樺太・千島交換条約が結ばれた。ラッコ島と呼ばれていたウルップ（得撫）島以北のクリル（千島）列島十八島を日本領土とするかわりに、樺太をロシアに譲りわたした。この条約でロシア領となった樺太に暮らしていたアイヌの人たち八百四十一人が、北海道宗谷湾沿岸に強制移住させられた。クリル（千島）列島に暮らしていた総勢百人ほどのアイヌの一族も、北海道に集められた。

関東地方を流れる利根川に鮭がさかのぼり田んぼにまで入り込んだ。ドイツ人の地質学者のエドムンド・ナウマンが、東京開成学校や東京帝国大学で教鞭をとるために来日した。広島県、島根県、鳥取県において「山家《さんか》狩り」がおこなわれた。取り締まる側は、諸国を漂流する民が強盗、殺人、放火などをおこなう「人類をもってこれを視るべからざるもの」と認識していた。高知県でも同様な「亡徒」、岡山県では「諸国流民」と呼ばれる戸籍を持たない人たちが一斉に狩り集められて「授産場」に収容され、強制的に日本人化させられた。とにもかくにも、長かった武士

1,876

の時代からこのころまで、漂流民というか、流浪の民というか、定住せずに諸国を渡り歩いている自由な人たちが、日本列島にはうじゃうじゃいたのだ。日本帝国の軍艦「雲揚」が測量を口実にして朝鮮江華島砲台を攻撃した。

アメリカでこの年までの五年間で白人に——先住民の食料になっているという理由だけで——殺されたバッファローの数はなんと一千五百万頭近くを数えた。

天皇が東北地方を開闢《かいびゃく》以来はじめて視察した。ロシアと移住してきた樺太アイヌとの接触を恐れた帝国政府は、前年に移住させたばかりの八百四十一人を今度は石狩川流域の対雁《ツイシカリ》〈江別市〉に再度強制的に移住させ、札幌近辺の開拓工事や炭鉱で強制労働を強いるなどした。最初の屯田兵百九十八戸が琴似〈札幌市〉に入植した。アイヌの戸籍が完成した。アイヌのトリカブトの毒を用いた毒矢による獣類射殺が禁じられ、かわりに猟銃を貸与し、その取り扱いを教示するなどの措置がとられること、そして猟者の数は六百名と決められた。札幌農学校が設立され、アメリカからマサチューセッツ州立農科大学学長クラークが「大志を抱いて」来日した。

ドイツ人のシーボルトの次男、ハインリッヒ・フィリップ・フォン・シーボルトが「特に石器時代に関する日本考古学覚書」という論文の中で、遺跡から出土する土器は三種類あり、最古のものは「アイヌ土器」で石器時代のものとし、残りの二種類はいずれも金属器時代に属し、「新しい時代に渡来して先住のアイヌ人を征服した和人のもの」とした。またこの年に来日したイギ

1,877

リス人の鉱山技師で地質学者のジョン・ミルンも「北海道、千島のコロボックル覚書」という論文を書いて「コロボックルという石器時代人が、本州のアイヌと並立して北海道に居住していた」とし、シーボルトのアイヌ説を評価した。

アメリカのモンタナ州でリトル・ビッグ・ホーンの戦いがくりひろげられた。三十六歳のカスター大佐率いる二百六十人の第七騎兵隊が、スー族とシャイアン族の連合軍三千五百騎との三時間に及ぶ戦いで全滅させられた。スー族のチーフはシッティング・ブルで、この戦いにはクレイジー・ホースも参加していた。カスターは死後将軍に列せられた。

西郷隆盛が「新政厚徳」を旗印に鹿児島で革命のために挙兵した。歴史では「西南戦争」とされるものだが、当時英国領事館員として鹿児島にいたアーネスト・サトーはこれを「西郷戦争」と名づけている。西日本の大半の民主団体が革命軍に参加したこの戦争は、日本列島南西部を舞台に七か月近く続き、最終的に鹿児島で城山が陥落して革命軍が政府軍に敗れ、西郷隆盛は自刃して六十歳の生涯を閉じた。

アメリカ合衆国の貝類研究者エドワード・S・モースができたばかりの東京帝国大学の動物学教授となった。彼は東京近郊の東海道本線沿線の貝塚（大森貝塚とのちに命名された）を発掘調査し、土中より得た器物がアメリカ・インディアンの製作物と酷似していたことから、こう結論づけた。「アメリカ・インディアンの先祖がはじめ日本にいて、のちに日本人においはらわれて、アメリカ大陸に移転したのかもしれない」と。モースは石器時代人をプレ・アイヌとする説をたてて、このころ北海道島日高の沙流《サル》地区でアイヌたちと寝食を共にしていたフィリップ・F・シーボルトと論争になったが、後年には「石器時代人アイヌ説」を唱えるようになる。モースはまた、その麻縄のこよりで文様を施された土器を「コードマークド・ポッテリー（縄紋土器）」と命名した。

　北海道地券発行条例が制定されて、アイヌの人たちの居住している土地が「無主地」として基本的に官有地（天皇の土地）とされた。つまり国家による計画的な土地の収奪がおこなわれ、「アイヌモシリ――アイヌの大地」が消滅させられたということ。対雁《ツイシカリ》〈江別市〉のアイヌ多数がコレラに罹った。これ以後十年ほどで、コレラや天然痘で対雁のアイヌの半数の四百人が死んでしまう。千島列島から連れてこられたアイヌの一族も、コレラや結核などの伝染病に冒されて半数にまで人口が激減し、その後は北海道内をたびたび強制的に移住させられて離散壊滅した。

　北海道開拓使の教師だったアメリカ人のエドウィン・ダンの発案で、北海道島にいるエゾオオカミを硝酸ストリキニーネという毒物で全滅させるという計画が動き出した。この毒を馬肉などに仕込んで北海道各地の山野にばらまいたのだ。そればかりか、エゾオオカミを絶滅させるために、捕獲者に賞金を与える制度も導入された。宮内省の奥好義《おくよしいさ》と林広季の二人が雅楽風に味つけをした「君が代」を作曲しなおした。堺の河口定次郎が「職人に学問はいらない」という父親の意向で小学校を退学させられ、家業の桶樽製造を手伝うことになった。

　亀の島のブラックフット、ブラッドらの諸族が、カナダ政府と条約を締結し、現在カナダのアルバータ州となっているところの南部を割譲させられた。オグララ・ダコタ一族のチーフ・クレイジー・ホースが、ウルフ・マウンテンの戦いでネルソン・A・マイルズ将軍率いる騎兵隊に敗れた。

1,878

日本帝国政府が戸籍上のアイヌの人たちの呼称を「旧土人」に統一した。北海道島勇払郡の美々《ビビ》に国営の鹿肉缶詰工場が作られた。片方でアイヌの人たちによるシカの狩猟を制限しておきながら、たくさんのシカが和人によって殺されて、皮と角は細工用の原料として大量に中国に輸出された。内臓と血液からは人造硝石を作るなどの有効利用が試みられた。エドムンド・ナウマンが帝国地質調査所技師長に就任した。フィリップ・F・シーボルトがベルリン人類学民族学原始史協会会報に「アイヌの毒矢」「日本の石器時代についての若干の考察」などの論文を発表した。

向学心に燃えた河口定次郎が、堺で家業を手伝いながら夜学に通いはじめる。定次郎は河辺和一郎という先生について習字、算術、素読を中心に、孝経、四書、五経、国史略、十八史略を学んだ。そして『釈迦一代記』という書物を手にしたことから仏教に傾倒する。

イギリス人聖公会の宣教師で心霊術に興味を抱いていたジョン・バチェラーがアイヌへの伝道活動を開始した。バチェラーは布教と称して、アイヌの女性たちに催眠術をかけてセクハラ行為をくりかえしたといわれている。長野県にリンゴ栽培が導入された。日本帝国政府は「琉球藩」を廃して「沖縄県」とした。琉球国が沖縄県になったのだった。その沖縄県下の宮古島で、下地利社という名前の「新しい政府の政治を喜ばずヤマトへの帰順に不満を抱いていた」男が、仲間から裏切りと見なされて殺されるという事件が起きた。沖縄県の設置を喜ばない者の一部は清国を頼って沖縄から脱出した。

エドワード・モースが大森貝塚の発掘の報告書を『大森の貝塚（Shell Mounds of Omori）』としてまとめた。その冒頭には「世界人種の中で、日本人ほど、その起源について興味を抱かせる人種はない」とある。この本は同じ年に東京大学法理学部から『大森介墟古物編』として翻訳出版されるが、「日本は千五百年の歴史を持つ国であるが」とモースによって書かれた部分が、翻訳書では「日本は二千五百年の歴史を持つ国」と意図的に改ざんされていた。ちなみにこの年は「皇紀二千五百三十八年」だった。

本州島北部、東北部、北海道で——天上の神が怒って——大雪が降り、野生のシカに大打撃を与えた。北海道に前年完成した官営の鹿肉缶詰工場も原料不足で運転不能となり、シカ猟にも厳しい制限が加えられた。

1,880

春先、関東南部の横浜周辺でちょっとした地震が起き被害が出た。この地震に驚愕したお雇い外国人らが「日本地震学会」を設立した。日高の平取《ビラトリ》にアイヌ児童の教育——日本人化・皇民化——を目的とした「佐留太小学校平取分校」が設けられた。「天皇」という呼称がこのころようやく確立したようだ。それ以前は長いこと「帝《みかど》」と呼ばれていた。ドイツ人軍楽隊教師のエッケルトが保育唱歌の「君が代」を編曲したものの一部を、宮内省の雅楽課楽長の林広守らが再度手直しして完成させ、天皇の前で演奏した。堺の河口定次郎が信貴《しぎ》山の毘沙門天に禁酒、禁肉食、不淫の三年間の精進を願がけした。文部省が「国安妨害と風俗紊乱」の書籍を、学校教科書として不採用を決定した。このころから小説の世界で言文一致運動がはじまる。

幻覚性のサボテンであるペヨーテを摂取する風習が、メキシコのフィチョール族、タマウマラ族、コラ族から亀の島のアパッチ族に、アパッチ族からコマンチ族に、そしてカイオワ族に広まり、カイオワ族から、シャイアン族へと広まった。ペヨーテは、聖なる食べ物として肉体と精神を浄化する宗教的な儀式に用いられたり、お産の陣痛を軽くするための鎮痛剤に使われたり、万能薬としてお茶にして日常的に飲まれたりした。

1,881

沖縄県の粟国《あぐに》島で島民が租税徴収の不正を糾弾するために暴動を起こした。フィリップ・F・シーボルトが『蝦夷島のアイヌ族に関する民族学的研究』という本を書いた。小学校教則綱領が出され、小学校の歴史教育から世界史が排除されて、以後「天皇——神——の国である日本の歴

1,882

史」だけを子どもたちに教えればよいとされた。文部省の「小学唱歌集」に完成したばかりの「君が代」が収められた。

ハワイ国王のデウッド・カラカウアが世界視察の旅の最初の訪問地として日本にやってきて、天皇と会見し、太平洋同盟をくわだてるために、姪で王位継承者のカイウラニ王女（六歳）と皇室のある親王（十五歳）の婚姻をもちかけた。亀の島ではチーフ・シッティング・ブル（タタンカ・イヨタケ）に率いられたハンクパパ・ラコタ一族が合衆国政府に帰順した。

「わしは一族のものたちにこう忠告している。白人の道をいくとき、もしそこでなにか良きものを見つけたときには、それを拾いあげよ。もしも、それが悪いものだったり、良いものと思っていたものが実は悪いものとわかったときには、それをすぐ捨てさり、二度とさわるな」

――亀の島　ラコタ一族のメディスン・チーフ、シッティング・ブルの言葉

北海道開拓使廃止。函館、札幌、根室の三県を置いた。『統計集誌』による概数では全国総人口三千八万九千四百一人のうち、古代の蝦夷《エミシ》の末裔と思われる「エタ」に該当する者は四十四万三千九十三人、非蝦夷《エミシ》系統の「非人」に該当する者は七万七千三百五十八人となっている。これに数の入っていない蝦夷《エミシ》系の「雑種賤民」を加えると、サムライの時代が終わった直後の蝦夷《エミシ》系官賤民の人口は、少なくとも五十万人をくだらなかったのではないかと想像される。さらにこの

1,883

統計の総人口も、人口が報告されていない地域もかなりあり、実際はこれよりも四百万から五百万人多いとされる。このころ北海道島における日本人居住者は二十四万人に増加した。

沖縄県東風平《こちんだ》の農家の息子に生まれた謝花昇《じゃばなのぼる》が、村から選ばれて師範学校に入学し、その後すぐ、五人の県費派遣学生の一人として東京へ行き、いったんは学習院に入学したが、のちに東京山林学校（東大農学部）に転入して、実際に役に立つ学問を学ぶことになった。謝花は東京にいる間に中江兆民に師事し、幸徳秋水や木下尚江らとも交わって欧米の最新思想にも触れた。

札幌県が十勝川上流におけるサケ漁を禁止した。徴兵令が改正されて、長男にも兵役の義務が課せられることになった。堺で成長した河口定次郎は十九歳の青年らしく「長男に兵役の義務が生じると、銃後の守りが不備になる。ここはひとつ、改正以前のように、長男だけは兵役を免じられるようにせねばなるまい」と純粋に考えた。

1,884

十勝川上流域のアイヌたちがサケ漁を禁止されたために困窮状況に陥った。北千島の占守島《シュムシュ》のアイヌの人たち九十七人中九十三人が色丹島《シコタン》へ強制的に移住させられた。北海道島有珠《ウス》のアイヌのチーフでキリスト教徒だった向井富蔵に次女が誕生し「フチ」と名づけられた。フチの日本名は「八重子」といった。八重子はキリスト教徒として育てられた。

河口定次郎が天皇に徴兵制のことで直訴をするために関西から上京する。時は自由民権の時代であり、埼玉県秩父地方で急進的な自由党を支持する農民ら五千人から一万人が、秩父困民党と称し、自由と自治を求めて、埼玉、群馬、長野県で一斉に蜂起し、減税を訴えて、郡役所や高利貸しを襲撃し、前橋の監獄を襲撃する計画まで立てていた。軍隊が出動して十日間の激戦ののち、この暴動は鎮圧された。最高幹部の一人の井上伝蔵ら三人がその後姿を消して、ようとして行方が知れなかったというが、実際は蜂起の中心地だった下吉田村の支援者の家の土蔵の中に身を潜めていたのだ。この時の反乱軍の旗印のひとつに、西郷隆盛が掲げた「新政厚徳」があったという。青年河口定次郎は、この事件にでばなをくじかれて直訴を取りやめた。

東京府本郷弥生町の陸軍射的場近くの向ヶ岡貝塚で、これまでしばしば発見されていた石器時代の土器とは形も色も厚さも文様も異なる土器が発見されて「弥生式土器」と仮に命名された。

ミクロネシア（南洋群島）のマーシャル諸島で現地人に日本人の水夫が殺されるという事件が起き、これを調査するために時の外務大臣から南洋行きを命じられた外務省御用掛と、その随行員の二人が、イギリスの捕鯨船で横浜からマーシャル群島に向かった。二人は犯人を探し出して島の王様の手で処刑させ、ついでにその王様に彼の支配する三十二の島々を日本帝国に帰属させる確約をとりつけ、王様の家に日章旗を掲げて帰国したが、外務大臣から思い切りしかりつけられて、再度マーシャル群島に行って日章旗を降ろしてくることになった、という真か嘘かわからない話が残されている。

歩くのを止めなかったあの松浦武四郎が、大和の大台原山《おおだいがはら》を拓いた。六十八歳の武四郎は、役小角《えんのおづぬ》が歩き回った道をあまねく、それも三回も遍歴し、私財を投じて七十五か所に神社や祠を建立した。帝国地質調査所技師長のエドムンド・ナウマンが帰国した。ナウマンは日本各地の地質調査研究の結果、日本列島を東北部と南西部に引き裂いている大断層帯（「糸魚川―静岡」構造線）の存在を主張し、これを当初は「割れ目地帯の大溝」と名づけたが、のちにラテン語で「大きな割れ目」を意味する「フォッサ・マグナ」と呼び代えた。フォッサ・マグナは「女性性器」の隠語でもあった。

のちに伊藤博文の娘婿となる末松謙澄《かねすみ》という在英公使館の書記が、江戸の沢田源内の偽書をもとに英国人をよそおって匿名で英語で発表した「義経＝ジンギスカン説」の論文が、愛国的文書として「翻訳」されて『義経再興記』というタイトルで刊行された。税金の滞納による強制処分のために田畑を失った農民が十万人を突破した。東南アジアなどで日本人の売春婦が増え、婦女の人身売買が問題となった。河口定次郎が東京から堺の家に戻り、再び塾で勉強をしたり、「堺仏教進徳会」を結成したり、アメリカ人の女性宣教師から英語とキリスト教を学んだりした。

沖縄本島の名護間切で大地主の占有地の解放を求めて一揆が起きた。帝国政府に逓信省が創立され、個人的に通信機を輸入するなど文字どおり日本のＩＴ革命の旗手であった榎本武揚が、初代の逓信大臣に任命された。

1,886

函館、札幌、根室の三県を廃止し、北海道庁を設置。「北海道土地払い下げ規制」で和人に官有の——アイヌの人たちから取り上げた——「未開地」を、一人十万坪払い下げまたは無償で貸し付けた。北海道島への移民が激増した。このころの北海道の人口は約三十万人に増えていた。

秩父困民党の最高幹部だった井上伝蔵らが変装して北へ逃亡した。新潟へ逃げ、そこから一度宇都宮に戻り、仙台へ出て、そこから船で苫小牧《トマコマイ》に上陸し、札幌に入り、そこで三人は別れている。井上伝蔵は石狩に落ち延び、素性を隠して生活をはじめた。


探検家の松浦武四郎が、人跡未踏の地でよき友人となってくれた三個の鍋と釜を、琵琶湖を眼下に見る三井《みい》寺の景勝地である天神山に自ら埋めて、そこに碑を建てた。自分の死後それらの「友人たち」が粗末に扱われるのをおそれてのことだった。そして武四郎は東京の家のとなりに、一畳敷きの小さな小屋を建て、「草ノ舎」と呼んでそこで暮らしはじめる。

河口定次郎が京都の同志社に入学したが、学資不足でじきに退学。

アメリカ合衆国において、政府やミッション系の学校に通う先住民の国や部族の子どもたちが、一族に太古から伝わる言葉で話すことを禁止された。アメリカ合衆国内務省は、インディアン事務局を通じてすべてのインディアンの役所に、英語を公用語とするように強制した。

1,887

青森県木造町の亀ヶ岡の遺跡から左脚が欠損しているだけで、あとはほぼ完ぺきな形を留めた土偶（遮光器土偶）が出土した。坪井正五郎という人類学者が東京人類学会の機関誌に「コロボックル北海道に住みしなるべし」「コロボックル内地に住みしなるべし」という論文を発表して、日本の先住民をアイヌとする学説を支持した小金井良精などの学者たちと激しい論争をおこなった。国学者の黒川真頼は、アイヌであれコロボックルであれ日本列島に先住民がいて、天皇家が遅れてやってきたとする説を気に入らず、「蝦夷人種論」を発表して「蝦夷《えぞ》は皇化に帰することを望まずに東国に逃げ、そこから暫時北海道地方に移住したもので、日本固有の人種などと夢のようなことを吐くやつがいるが、ものを知らないにもほどがある」と蝦夷先住民説を攻撃した。彼は「大昔に蝦夷といわれたのは、天皇の命令に従わずに良民をしいたげ、力に頼って朝廷をあなどって年貢を納めていなかった連中のことである」と決めつけた。六十九歳になっても歩くのを止めなかった松浦武四郎がこの年はじめて富士山に登頂した。河口定次郎は二十二歳で、堺市立宿院小学校の教員を務めていたが、もちまえの正義感から校長の不正究明に加わって辞職した。

アメリカ合衆国で、先住民から土地を取り上げるための法律である「土地割当法（ドーズ法）」が制定された。この法律の目的は「インディアンに個別に土地を割当てて、農民として自立させることである」となっていて、狙いはリザベーションそのものの解体だった。部族ごとにあてがわれていた土地を個人の所有——世帯主には百六十エイカー、十八歳以上の独身者には八十エイカーを与え、二十五年間は売買を禁止するというもの——に切り替え、そのかわりに「インディアンは州の法律の適用を受ける」とした。土地がひとたび誰か個人の所有になりさえすれば、二十五年後にはそれを買い上げることが容易になるからだ。

この「土地割当法」は、土地を所有するという概念を持たない先住民から土地を取り上げる見事な方策として、六年後に日本帝国政府が北海道島の先住民から土地を取り上げるための「旧土人保護法」を制定しようとする際に、その手本とされたもの。またこの「土地割当法」と抱き合わせで、アメリカ合衆国政府は先住民にたいして伝統的な宗教行事の一切を禁止し、リザベーションの中にいる子どもたちを親もとから引き離し、リザベーションの外に作った寄宿舎つきの学校に強制的に行かせた。

アメリカを研究旅行中だったドイツ人薬理学者のレーヴィス・レーヴィン博士が、デトロイトのある製薬会社から、メキシコのソノーラという砂漠に住む先住民によって数百年間食されてきたペヨーテというサボテン——学名が「ロフォフォーラ・ウィリアムシイ」とつけられたもの——を大量に手に入れて、それをベルリンに持ち帰り、自分を被験者にして実験に取りかかり、白人で最初にペヨーテを食べた人間となった。

1,888

アイヌの人たちの共同利用地だったところを「新冠《ニイカップ》御料地」にしていた宮内省が、今度はそこを「新冠御料牧場」と名前を改めて、そこに暮らすアイヌの人たち四百人ほどを奥地の姉去《アネサル》〈新《にい》冠《かっぷ》町字大富〉へ強制的に移住させた。四年前に色丹《シコタン》島に強制移住させられた千島のアイヌ九十三人のうち四十五人がこの年までに死亡して、ほぼ半減した。

松浦武四郎が脳いっ血で倒れ、そのまま一畳の家で世を去った。享年七十歳。彼が死ぬと天皇は使いを派遣して、武四郎を改めて従五位に叙した。その遺骸ははじめ浅草の称福寺に葬られたが、遺言によって分骨され、一部は東京駒込の染井墓地に、残りは奈良県大和の彼が拓いた大台原山《おおだいがはら》に葬られた。彼が晩年を過ごした草ノ舎は、麻布の紀州徳川家の邸内に移築されたが、その後転々と人手に渡り、現在は東京三鷹にある国際基督教大学の泰山荘に保存されている。

第一回電気学会が開かれ、臨席した逓信大臣の榎本武揚が、幕末の動乱で行方不明となっていた、オランダ留学のおりに購入した自分の電信機と二十年ぶりに対面した。再び上京した河口定次郎が本所の五百羅漢寺にある溯源教会に住み込み、アルバイトをしながら哲学館（現東洋大学）に通いはじめた。

会津の磐梯山が噴火して、桧原《ひばら》、小野川、秋元の三つの湖が出現した。

亀の島の西部砂漠に暮らすパイユート族のウォボカ――英語名をジャック・ウィルソン――という男が大病を患い、意識をなくしている間に、平原に再び幾百万頭ものバッファローが棲むようになって、地上にある白人と白人の文明がすべて消えてなくなるというヴィジョンを、グレイト・スピリットによって見せられた。そしてその日――千年王国の到来――を早く来たらしめるようにするためには大地を踏み締めて踊れという声を聞いた。

われわれは　もういちど　生きるだろう
われわれは　もういちど　生きるだろう

――亀の島　コマンチ族のゴースト・ダンスの祈りの歌

1,889

「大日本帝国憲法」が公布され、大日本帝国の統治者が天皇であることが明言された。そして「日本人単一民族説」なるファシズム的妄想に基づいて、その統治者たる天皇は「万世一系」「神聖にして是侵す可からざる」存在と規定された。

東京湾を震源地とするマグニチュード六程度の地震が発生。十三代目弾直樹没。アイヌの人たちの食料分として許されていたシカ猟が開拓使によって禁止された。アイヌたちをジーザス・フリークにしようとたくらんでいたジョン・バチェラーが胆振《イブリ》の幌別にアイヌ児童用「愛隣学校」を設立した。函館地方で三十五頭が、札幌地方で四頭が殺されたという新聞記事を最後に、北海道島で野生のエゾオオカミが絶滅した。わかっているだけで八年間で一千五百三十九頭の巨大なエゾオオカミが賞金のために殺された。ちなみにエゾオオカミは学名を「カニス・ルプス・レークス」といい、これは「狼の王」という意味である。

アメリカ合衆国の中で生存が確認されたバッファローはわずか五百四十一頭にすぎなくなっていた。

「おそらく野性の動物たちが姿を消したときには
インディアンもまた　姿を消していることだろう」

——亀の島　オグララ・ラコタ一族、ブラック・エルクの言葉

1,890

河口定次郎が哲学館を無事に卒業し、寄宿先の黄檗《おうばく》宗五百羅漢寺で得度し、慧海仁広《えかいじんこう》の僧名を授かり、同寺の住職となったが、生まれついて正義感あふれる彼は、黄檗宗内部の腐敗にたまらず、すぐに僧籍を返上して辞職する。

この年、亀の島の住民だったネイティブの国々や諸部族の人口は、アメリカ合衆国において二十三万人にまで激減していた。亀の島の住人たちの間で、死んでいったインディアンたちと失われた自然の蘇りを希求するゴースト・ダンス運動が高まりを見せる。スー族の居留地でゴースト・ダンスが禁止された。ウーンデッドニー・クリークで、チーフ・ビッグ・フットをはじめとして女性や子ども二百三十人を含む三百五十人のインディアンが、ゴースト・ダンスをするための準備中に、アメリカ陸軍第七騎兵隊によって皆殺しにされた。

1,891

本州島中部の濃尾《のうび》平野で最大級の地震が発生し、死者七千二百余名、倒壊家屋およそ十四万を数え、名古屋市に大きな被害を与えた。東北本線の上野青森間が全線開通した。

アメリカ合衆国で先住民にたいする「土地割当法（ドーズ法）」が修正されて「もし、割当てられた土地を使用する能力がないインディアンがいる場合は、これを人に賃貸してもよい」とされた。この結果リザベーションの土地の多くが、ただ同然の百年契約の賃貸料などで白人に借りられてしまうことになる。

1,892

大本教開祖となる五十七歳になる出口ナオに神が降臨した。神からの最初のメッセージは「この神は三千世界を立替へ立直す神じゃぞ。三千世界一度に開く梅の花、艮《うしとら》の金神《こんじん》の世になりたぞよ」だった。沖縄県人で県費派遣学生として東京で学んだ謝花昇《じゃばなのぼる》が帰郷して、県の農林技官に就任した。東京湾北部を震源地とする地震。

1,893

あのジョン・バチェラーが函館にもアイヌ児童用「愛隣学校」を設立した。改進党の加藤政之助代議士が第五回帝国議会に「北海道旧土人保護法」案を提出して否決された。この「北海道旧土人保護法」案こそ、欧米視察でアメリカ政府が先住民から土地をおためごかしにとりあげた法律（「土地割当法（ドーズ法）」）を聞きかじって、そっくりまねしたものなのだ。その第一条は、「北海道庁長官は管内在住の土人をして土地を開墾し農業に就かしめることを努むべし」というものだった。

日本帝国の文部省により「君が代」が小学校の儀式用唱歌と定められ、「小学校祝日大祭日儀式規定」により、「君が代」を歌うときには「天皇、皇后の写真への最敬礼、万歳、勅語の奉読」の儀式をおこなわなくてはならないとされた。

宮古島、八重山など先島諸島における過酷な人頭税の改正もしくは撤廃を求める請願書が四人の代表によって帝国議会に提出された。沖縄県知事が農民の意思を無視して、農民たちが協同で開墾していた杣山《そまやま》を「産業開発・旧藩士族の救済」の名目で一方的に利用する計画を立てた。県から土地整理調査委員に任命されていた謝花昇《じゃばなのぼる》は、この計画が農民を裏切る無謀な暴挙であるとして、県知事と真っ向から対立。結果として謝花の努力は実を結ばずに、農民たちは多額の金を払って自分たちの共有地を買わされることになった。謝花も官職を辞した。

朝鮮で農民の反乱が起きた。巨額な利益をもたらす捕鯨のための基地としてのハワイの価値に気づいて、かねてより植民地化をたくらんでいたアメリカが、カメハメハ二世の孫の死をきっかけに、一部島民を背後より操って王家にたいする反逆を企てさせ、その政変に介入する形でカメハメハ王朝を転覆させて、ハワイ諸島を一方的に自国の領土に組み入れた。そしてポリネシア系の先住民から土地を取り上げ、母国語の使用を禁止したり、キリスト教を強制したりして、彼らの伝統文化を解体させてしまった。

1,894

ネイティブ・ピープルとの混血であり、コロンブス以来西洋人の見果てぬ夢であった「北西路」（東洋への近道）をたどってはじめて日本を訪れたラナルド・マクドナルドが、ワシントン州の自宅で「サヨウナラ」を告別の言葉として、この世を去った。

東京湾北部の深いところを震源とする地震で、東京、川崎、横浜などで死者計三十一人を数えた。朝鮮で大規模な農民の叛乱が起きた。朝鮮政府は清朝中国に反乱平定のための派兵を求めた。内政の危機を回避するためという口実で日本帝国もこれに介入し、日本帝国皇帝は、師団を朝鮮半島に送り朝鮮国王を王宮で捕虜にすると同時に清朝中国にたいして宣戦を布告した。日清戦争といわれているこの戦争の主戦場は当初は朝鮮半島だったのである。この年の小学校の歴史の教科書は第一章が「神武天皇以前」となっていて『日本書紀』や『古事記』に基づいて「何れの国に在りても太古の事は詳かならず。されば最初吾が国に住居せし人民は如何なるものなりしか知り難し、唯古への記録に土蜘蛛と云ふ名ありて其の穴居野蠻の民たりしを知る」と教えられていた。記述の欄外には「太古の土人」という語句もある。日本帝国が遼東半島を占領した。

ウィーンで万国博覧会が開かれ、北は千島から沖縄までを大日本帝国の領土とし、ふたつの異文化とひとつの異民族を支配していることを世界に誇るために、大量のアイヌの民族資料が集められて送られている。このときの資料は天皇に献上され、のちに東京博物館に所蔵された。

サンスクリット語とチベット語の仏教経典入手を目指し、インドとチベットへの渡航を決心した河口慧海《えかい》（定次郎）が、インド事情研究のために目白僧苑の釈雲照律師に師事した。またパーリ語学習のために、セイロンから小乗仏教を持って帰国した雲照の甥の釈興然を横浜市烏山に訪ね、彼の三会寺の門を叩いている。このときの仲間に、禅のパラダイムををローカルなものからグローバルなものにシフトするのに多大な貢献をすることになるあのダイセツ・スズキこと鈴木大拙がいた。

1,895

茨城県中部を震源とする大きな地震に関東一円が襲われた。北海道庁に派遣された役人たちが、内地から送られてくるアイヌの人たちのための公金を不正に着服していたことが第八回帝国議会で追求され、同議会に「北海道旧土人保護法」案が再び提出されたが、論議されないまま議会は閉会した。秩父困民党の元の指導者だった飯塚森蔵が白糠《シラヌカ》のコタンに潜伏、自由平等の世界観を貫きアイヌの人たちと連帯交流した。有珠《ウス》のチーフで向井八重子の父である向井富蔵が死んだ。北海道島におけるシカ猟が全面的に禁止された。日本帝国の軍隊が朝鮮の王妃を暗殺した。清国との戦争の結果、台湾の日本帝国への割譲が決定し、日本帝国軍はただちに台湾に侵攻したものの、植民地支配に反対する武装ゲリラの抵抗に苦しめられた。

1,896

失われつつあった東北の大地のスピリットを受けて岩手県花巻に、宮沢賢治が誕生した。青森県弘前市に第八師団が設置されることが決定した。酒と煙草が合法的な麻薬として日本帝国により課税の対象になった。アラスカやカナダ北西部太平洋岸でゴールド・ラッシュが起こった。スペインの植民地支配に抗してフィリピンで民衆が一斉に武装蜂起した。

1,897

「北海道国有未開地処分法」が制定されて、開墾・牧畜・植樹の用地一戸あたり百五十から二百五十万坪を無償で貸し付け、成功後無償付与することが決められた。華族や大資本（林業・製紙業）の進出を優遇する政策だった。北海道の人口がこの十年でほぼ倍増して七十八万人になった。向井八重子が札幌に出てジョン・バチェラーの経営するホームズ・スクールで教育を受けた。

1,898

河口慧海《えかい》が神戸発の日本郵船和泉号に乗り込み、厳格な鎖国政策をとっていたチベットへのルートを探るべく、まずはインドへ向けて単身船出した。

沖縄でも断髪がはじまった。朝鮮が国号を「大韓」と改め、皇帝の即位式がおこなわれた。

アメリカ政府はバッファローを保護するようになり、その数も増えはじめてはいたが、この年、コロラド州のロスト・パークというところで二頭の雄と一頭の雌、そして一頭の子どもからなる残存種が殺されたことによって、アメリカ合衆国内では野生の原産種が絶滅した。六人のイヌイット（エスキモー）が、ピアリ提督の北極発見に連なる航海からニューヨークに連れてこられた。六人は最初元気一杯だったが、ニューファウンドランドで全員が風邪を引き、ニューヨークでは結核に罹かった。翌年までに五人が死に、一人だけ十歳の子どもが奇跡的に回復して、のちに成人してニューヨークでタクシーの運転手となる人生を送る。

ドイツ人の薬理学者のアルトゥール・ヘフター博士がペヨーテ・サボテンの内部に発生する純粋なメスカリンを研究室で分離し、自ら摂取して、それが強力な幻視誘導作用を持つアンフェタミンであることを確認した。

琉球王国が沖縄県になったために無禄となった旧士族が沖縄には六千から七千人いて、その彼らが秘密結社「公同会」を結成し、かつての王である尚家を盛りたてて復権をはかろうと大日本帝国政府の首相に請願書を提出したが、「こういうまねをしていると国事犯として処分するぞ」

1,899

と一喝されて、秘密結社は雲のように消えてしまった。

社団法人北海道土人救護会が設立された。この救護会の設立者である小谷部全一郎《おやべぜんいちろう》は横浜で牧師をしていた人物で、それ以前は北海道、千島列島を放浪し、そして十年ほどアメリカ合衆国に滞在したあげく「アイヌというアメリカのインディアンに相当する原住民のキリスト教化と生活改善を目的」として勉学にいそしみ、エール大学の大学院まで卒業してきた思い込みの強い人物だった。

アメリカとスペインが戦争をしてアメリカが勝利し、キューバが解放され、グァム島とプエルトリコとフィリピンがアメリカの領土に組み込まれた。


「北海道旧土人保護法」が成立、公布。帝国政府は、アイヌの人たちが占有していた北海道の大地をすべて取り上げ、国有地にした。そして狩猟や漁労を生活の中心に据えて暮らしていたアイヌの人たちに、農耕用として土地を給与し、農耕を強制するとともに、土地の所有権とその取得を制限した。皇民化教育と称して、アイヌの人たちが自分たちの言葉を使うことを禁止し、日本語を使うことと、日本語名を強制した。「北海道旧土人保護法」の第一条は「北海道旧土人にして農業に従事する者又は従事せむと欲する者には一戸に付土地一万五千坪以内を限り無償下付することを得」となっており、十五年間その土地をほったらかしにして開墾しなかった場合には没収することになっていた。

1,900

旭川の第七師団設置建設工事を東京の大倉組が請け負って開始した。「石器時代人コロボックル説」を唱えた人類学者の坪井正五郎の弟子だった鳥居竜蔵が、師の説を実証しようと北千島を調査したが、そこでは「最近までアイヌが縦穴に居住して土器を製作していて、コロボックル伝承もなかった」と師を落胆させた。社団法人北海道土人救護会の設立者である小谷部全一郎《おやべぜんいちろう》が、「アイヌの救世主たらん」とする思い込みから、北海道島の胆振《イブリ》国の洞爺湖近くの虻田《アブタ》にあったアイヌの村に移住して「土人乙種実業学校」を創立し、校長となって文部大臣の認可まで受けた。

沖縄県下の各学校に天皇と皇后の写真が配布され、「内地」同様にそれを拝むことが強制された。とにかく子どもたちの頭を日本人にしなくてはならないとして、沖縄県では乏しい予算の半分が、皇民化教育のための教育費につぎ込まれたのだった。

神さまフリークで、前年に「世界を救え」という天啓を得ていた二十八歳の上田喜三郎が大本教に入り、開祖ナオの五女と結婚して、「出口王仁三郎《おにさぶろう》」を名乗り、大本教の基礎がためをはじめた。

フィリピンでアメリカの統治に反対して叛乱が起きた。フィリピンがアメリカの統治から独立して自治を確立するのは実に四十七年後のことである。

十三代目の浅草弾左衛門であった弾直樹に、生前の功を賞して賞状及び銀盃が与えられた。北海道庁が第七師団西にある近文《チカブミ》アイヌ給与予定地の大倉組大倉喜八郎への払い下げを決定し、住

1,901

民のアイヌの人たちに天塩《テシオ》移住が命じられたが、その後に起こった近文アイヌ給与予定地返還要求運動によって、移転命令および大倉組への土地払い下げ処分とともに取り消しにされた。北海道島の人口はおよそ百万人で、和人たちの農耕地もかなり広がっていた。そして農耕地が広がるとすぐ、農地を荒らすシカの問題が浮上して、今度はシカは狩猟獣として和人のハンターたちの狩の対象とされて、以後毎年六万頭近くが殺戮され、たちまち減少していった。日本帝国がアメリカと「紳士協定」を結び、アメリカへの移民にたいするパスポートの発行を制限した。

ロシアが満州〈中国東北〉を占領し、日本帝国の東アジア進出の野望が打ち砕かれた。三十四歳になっていた河口慧海《えかい》が、俗情を遠く離れて清浄妙法の修行をするために、単独でネパールからダウラギリの北方を経て、標高六千メートルのテンギュール村から、活仏（ダライ・ラマ）の住むチベットに密入国した。

「旧土人児童教育規程」が公布され、アイヌの子どもたちの教育内容は理科と歴史と地理を除いたものとされた。拓殖計画「北海道一〇年計画」の一環として一九一一年までに全道に二十一校の「旧土人学校」の開設をめざす。北海道余市《ヨイチ》町で、のちに「違星北斗《いぼしほくと》」を名乗ることになるアイヌの詩人が誕生した。彼は日本名を「違星滝次郎」とされていた。

1,902

奈良県磯城《しき》郡田原本町、古代大和の中心があったところの機屋《はた》兼農家の住井岩次郎とその妻さとの間に三人目の娘が誕生して「すゑ子」と名づけられた。帝国陸軍の青森歩兵第五連隊第二大隊が、厳寒の八甲田山中で、耐寒雪中行進中に道に迷って遭難し、百九十九人が凍死した。自然の世界に生きるアイヌとしての自信を歌にすべく詩人となる森竹竹市が誕生した。アメリカ合衆国がフィリピン全土を平定した。

1,903

幌別《ホロベツ》村のアイヌ、知里《ちり》（ちりぱ）高吉とナミ（アイヌ名ノカアンテ）の間に知里幸恵《ゆきえ》が生まれた。誕生したのは登別《ノボリベツ》の母親の実家の金成家で、事情があって彼女は祖父と祖母の四女として入籍された。祖母モナシノウクは登別アイヌ一族の偉大なストーリーテラーでユーカラを話す人であり、叔母はあのバチェラーに師事した敬けんなキリスト教徒で、ユーカラを覚えて伝える人でもあった。大阪で開催された第五回内国勧業博覧会の「学術人類館」に北海道アイヌ、台湾先住民、琉球人など三十二名が「展示される」事件が起きた。二百六十六年も続けられた琉球内部での地域差別的な人頭税が島民の激しい反対運動と指揮者による請願運動によってようやく廃止された。日本とロシアの間で戦争の気運が高まったために、幸徳秋水、堺利彦らが、主戦論に転向した『万朝報《よろずちょうほう》』新聞社を退社して「平民社」を結成し、戦争反対と社会主義の普及のために週刊『平民新聞』を創刊、『社会主義神髄』を著したばかりの幸徳秋水は「世田谷のボロ市」についての聞き書きなどをした。

1,904

幸徳秋水が『平民新聞』に東京の木賃宿のレポートを掲載した。小学校の教科書が国定化されることが決められた。この国家による教科書の統一と小説の言文一致運動によって、地方の言語文化を決定的に敗者の位置におとしめ、奈良に都があった時代のような中央集権的な構造が、ここにまた完成された。大日本帝国がイギリスに押されるかたちで、フランスと手を結んだロシアにたいして宣戦を布告した。イギリスの有名な貴族であったベッドフォード公が出資し、ロンドン動物学会と大英博物館が協同で企画した「東アジア動物学探検隊」の一隊員として、二十五歳のアメリカ人青年マルコム・P・アンダーソンが来日した。河口慧海《えかい》がチベットとネパールとインドで「確かに何かを見て」帰国した。

1,904 TO 1,905

朝鮮と満州をめぐって日露戦争。日本帝国は朝鮮を軍事占領下に置いてこの戦争を戦った。戦争が終わってポーツマス条約が結ばれ、サハリン島（樺太）の北緯五十度から南が日本の領土、北はロシアの領土となる。この北緯五十度ラインにまたがって生活をしていたウィルタ族は分断され、南にいたアイヌ、ウィルタ、ニヴフ、ヤクーツ、キーリン、サンダーなどの少数民族の種族は、北緯五十度ラインから北には行けなくなってしまった。日本帝国ではサハリン島（樺太）南部のネイティブ・ピープルを「大日本帝国が領有する地域に居住する少数民族については、日本国籍をもつものとみなす」とした。

1,905

アメリカのセントルイスで開催された「ルイジアナ博覧会」に北海道島沙流《サル》川流域奥津内《オウコツナイ》のアイヌの一団が参加した。このころアメリカの扇動的な記事を売り物とするハースト系のメディアで黄禍論高まる。

週刊『平民新聞』が帝国政府の圧力で廃刊になった。奥羽本線が全線開通した。「東アジア動物学探検隊」隊員のマルコム・アンダーソンが、通訳兼助手の二人と、奈良県の許可を得て吉野山の山中に狩猟のために分け入り、奈良県吉野郡小川村（東吉野村）の鷲家口で望月楼という宿屋に滞在中、それまでに採集したネズミの剥製を作っているとき、そこへ地元の三人の猟師が一頭のオオカミの死骸を持ってやってきた。価格交渉の末にアンダーソンはそのオオカミの死骸を八円五十銭で購入し、オオカミはその場で内臓をとられて剥製にされた。そしてこの、三人の猟師に鉄砲で撃ち殺された若い雄のオオカミが、日本列島で採集された最後のニホンオオカミとなった。このオオカミの頭骨と毛皮は、大英博物館で保存されている。
日露戦争後の講和反対の暴動にたいして戒厳令がしかれた。平民社が内部対立が原因で解散した。

1,906

日本帝国陸軍参謀長の名前で「日露戦史編纂綱領」が定められた。日本帝国の戦争をどのように記録にとどめるかを記したものだが、これに付随する「日露戦史史稿審査ニ関スル注意」には「戦争を記述する際に絶対に書いてはならないこと十五箇条」があり、「動員から編成完了までの日」「軍隊の失敗」「具体的な輸送力」「特殊部隊の編成」「戦いがうまく運ばなかった理由」「将来の作戦に関すべき恐れのあるもの」などがあげられているが、その十一番目に「国際法違反または外交に影響すべき恐れのある記事は記述すべからず」という一項目がある。その理由として「俘虜《ふりょ》土人の虐待、もしくは中立侵害と誤られ得べきもの、または当局者の否認せる馬賊使用に関するなどの記事のごとき、往々物議をかもしやすくひいて累を国交に及ぼし、あるいは我が軍の価値を減少するの恐れあるが故なり」と書かれている。

「旭川町旧土人保護規定」施行。対雁《ツイシカリ》〈江別市〉に強制移住させられた樺太アイヌのうち生き残った者はほとんどが、このころにはサハリン島に帰島した。東京大学教授の白井光太郎が「縄紋土器」の名前をはじめて使用した。のちに土器の表面の装飾が縄の文様であることから「縄文」と改められるが、その後も「縄紋」を使い続ける人たちもいる。

有珠《ウス》のアイヌのチーフ・モコチャロこと向井富蔵と向井フユの次女だった八重子が、ジョン・バチェラー夫妻の養女となった。島崎藤村という小説家が被差別部落出身の青年の心を描いた小説『破戒』を出版した。

サンフランシスコ大地震が起きた。アメリカ建国以来で最大規模の地震だった。サンフランシスコ教育委員会がすべての日本人と中国人と韓国人の子どもたちの学校を隔離した。アメリカで反日本人の気運がいっそう高まった。

1,907

どさくさにまぎれて成り上がって権力を握った伊藤博文が、韓国統監として李氏朝鮮（大韓）の皇帝を退位させ、事実上日本帝国が朝鮮王国の内政を支配した。「京城」で韓国軍隊解散式がおこなわれたが、韓国国軍の一部が日本帝国軍と武力衝突し、反乱が朝鮮半島各地に飛び火した。

1,908

アイヌの子どもたちの小学校が和人並みの小学校に改編された。バチェラーの養女となった八重子がバチェラー夫妻とともに日本を出国して、一年の予定で英国に向かった。青函連絡船の運航がはじまった。横浜で暮らしていたイギリス人の医師で考古学にも造詣の深かったニール・ゴードン・マンローが、神奈川県内の貝塚や古い地層を発掘し『先史時代の日本』という本を著し、その中で発掘した石器の写真とともに「日本に旧石器時代が存在した可能性」を提起したが、「神武天皇以前には見るべきものなし」と信じ込んでいた学者たちによって無視された。

法政大学の教授がユダヤ人の興味を日本に向けるために「太秦を論ず」という論文を発表し、六世紀、七世紀に日本列島に「二万五千人という大量人数で渡来」した秦氏は「ユダヤ人」だったと主張した。

沖縄県の農林技官として農民のために戦って職を辞した謝花昇《じゃばなのぼる》が「今、沖縄を食う虫がやってくる。はやく征伐しろ」の叫びを残して病死した。享年四十四歳。

江戸幕府の海軍副総裁で、大政奉還後は北にのぼって蝦夷《えぞ》共和国初代総裁となり、幕府側から新政府側にくら替えしてからも、ロシア大使、外務大輔、海軍卿、清国大使、逓信大臣、農商務

1,909

大臣、外務大臣などを歴任して、日本帝国に十分貢献したスーパーエリートの榎本武揚が、七十二歳で病没した。

中央シベリア高原西南部のツングースで、隕石の衝突と想像される謎の大爆発が起きたが、このときに現地を調査したロシアの科学者は問題の隕石のかけらを発見することができなかった。

沖縄県の土地制度や税制が、謝花昇《じゃばなのぼる》らの運動の成果として、ようやく「内地並み」に改正された。『沖縄毎日新聞』が「県下の教育は形式から見ればほとんど理想に近く、その効果においてほとんどゼロに近し」と書いた。北海道登別《ノボリベツ》のアイヌ一族の偉大なストーリーテラーを祖母として、知里幸恵《ちりゆきえ》の弟の真志保《ましほ》が誕生した。「北海道旧土人保護法」による差別を解消することを目的にしたらしく、帝国議会において「土人保護の議」が可決されたが、かえって教育と啓蒙の名のもとにアイヌ独自の生き方や言葉への規制が強化される結果となった。東京湾を震源とする中規模な地震発生。維新の秘密を握る男、伊藤博文が、満州のハルピン駅で朝鮮人の愛国者によって暗殺された。民族学者の白鳥庫吉《くらきち》が、満州鉄道歴史調査部で講演をおこない、その中ではじめて「シャーマニズム」にたいして「シャマン教」という言葉を使用した。

亀の島では、カイオワ族からタオス・プエブロにペヨーテの儀式が伝えられた。

七十五年ぶりに「ハレー彗星」が地球に大接近した。有毒ガスの尾が地球を包み、人類は滅亡するだろうという情報が駆けめぐり、世界中が恐怖におののいた。長野県東筑摩郡中川手村にある明科製材所の職工だった宮下太吉が爆弾製造犯として逮捕されたのをきっかけに、各地の反権力、反戦論者の社会主義者や無政府主義者が一斉に検挙された。

かねてより「国の富は国民に平等に分配すべきである」と主張していた元新聞記者の幸徳伝次郎（秋水）も、神奈川県湯河原で逮捕された。容疑は、こともあろうに天皇がやれと言っている戦争に反対したばかりか、その天皇の暗殺まで企てた「大逆罪」だったが、実際は暗殺の部分はでっちあげだった。幸徳秋水の逮捕は、当時の若者たちの頭に強烈な印象を残している。

「韓国併合に関する条約」が調印され、李氏朝鮮の皇帝・純宗が皇族となって、大日本帝国が朝鮮半島を名実共に植民地とし、「大韓帝国」の国名を「朝鮮」と変えて、その国民を隷属させた。李氏朝鮮がこのときに滅亡し、大日本帝国による朝鮮への支配と弾圧は、以後三十五年間続く。

白瀬中尉の南極探検隊が東京の芝浦港を出帆した。樺太アイヌの日本名「山部安之助」がこれに同行した。最後の徳川将軍だった徳川慶喜が隠居した。

このころ千島列島周辺におけるラッコはほとんど壊滅状態にあり、アメリカ、イギリス、ロシア、日本の四か国が毛皮資源のラッコが乱獲によって絶滅するのをおそれて禁猟条約を締結した。

このころまで秋田県の仙北《せんぼく》地方においては夏期、高い木と木の間に横木を渡して、そこに板を乗せて櫓《やぐら》を作り、天井は草やワラなどで葺き、壁のかわりにワラやコモなどを垂らして、はしご

1,911

を掛けて出入りするような、樹上の家がそこかしこで見られた。この年における全国のサンカのセブリ数（戸数）は、二万三千三百七十三戸だったという。

亀の島に属する大平原をテリトリーにする国々や部族が、それまで伝統的におこなってきたサン・ダンスの聖なる儀式が、自虐行為と白人に受け取られて一方的に禁止された。

「無政府主義の革命といえば、すぐ短銃や爆弾で主権者を狙撃するもののごとくに解する者が多いのですが、それは一般に無政府主義の何たるかが分っていないためであります。弁護士諸君にはすでに承知になっているごとく、同主義の学説はほとんど東洋の老荘と同様の一種の哲学で、今日のごとき権力、武力で強制的に統治する制度がなくなって、道徳、仁愛をもって結合せる相互扶助、共同生活の社会を現出するのが、人類社会必然の大勢で、吾人の自由幸福を完くするには、この大勢に従って進歩しなければならないというにあるのです」

——東京監獄監房にて書かれた幸徳秋水（伝次郎）三十九歳の陳弁書の一節

「大逆事件」の裁判が特別裁判所で秘密のうちにおこなわれ、起訴されていた被告二十六人中、幸徳秋水、大石誠之助、管野スガら二十四人に死刑判決を下し、わずか六日後に減刑組をのぞく十二人の死刑が執行されて、世界中を驚かせた。皇太子が北海道を鉄道で「行啓」して、沿線のアイヌの人たちが「奉迎」のため大動員された。柳田國男が『人類學雜誌』に『「イタカ」及び

「サンカ』』の論文を連載し、そのなかで「サンカはクグツの残存する形の人びとだ」と説いた。

アメリカ合衆国カリフォルニア州のバーニイというところの屠場の近くで——カリフォルニア・インディアンとは弓の形が異なるモンゴリアン・タイプの弓を手にした——最後の「野生の」インディアンが罠にかかって捕らえられた。学者たちによって「イシ」と名づけられた彼は——のちに英語を話すことを学んで、驚くべき話を残しているが——亀の島で石器時代を送っていたヤヒ族と呼ばれる部族の最後の生存者であり、その一族は三十年ほど前に絶滅していた。イシの話したことによれば、彼は「四千年以上続いたカリフォルニアで最も古い一族の生き残り」とのことだった。

イシはカリフォルニア大学バークレイ校の博物館で小使い助手をつとめ、石器時代の技術を今に伝えることになる。イシがきわめて整頓好きなことについて、その観察者だった文化人類学者のシオドーラ・クローバー博士は「生活に用いる道具や品々を整頓して置くことを手際よくやり、かつそれを楽しむという態度は、日本人が単なる整頓を『整頓の美学』にまで高める傾向を暗示する」と書き残している。

伊豆大島の三原山が噴火した。この噴火は二年続いた。松浦武四郎の『近世蝦夷《えぞ》人物誌』が、五十五年後にして、やっと日の目を見て出版された。そこには豪勇、義徒、貞節など二十八の項目に分けて、彼が蝦夷地で出会って感銘を受けた九十九人のアイヌたちが登場していた。また過

1,913

労や環境の変化、天然痘や梅毒などの伝染病で体を痛めた者、一家の働き手をつれさられてその日暮らしを強いられている老人、子ども、障害者などの貧しい者、年頃の男女がいなくなって人口や世帯の少なくなってしまった村のことなど、アイヌの悲惨な生活と深刻なコタンの様子がきめ細かく紹介されていた。この本の凡例の最後に、武四郎は「教えられたわけでもないのに人間としての生き方を全うしている蝦夷たちのことを都の人間たちは心に恥じなくてはならない」と書き残している。このころアイヌの人口は十八万人と、若干の増加傾向にあった。この年、稲の作つけ面積が三百万ヘクタールを越えた。「平和の人」という意味の名前を持つ日本帝国皇帝が死んだ。奈良県の被差別部落の人たちが大和同志会を結成した。皇太子が践祚して、年号が変わった。米価が高騰して、下層人の生活に影響が出た。

「おのづから　をしへにかなふ蝦夷人《えぞびと》が　こころにはぢよ　みやこがた人」

——松浦武四郎『近世蝦夷人物誌』より

樺太アイヌの山部安之助が『あいぬ物語』を出版した。「石器時代人コロボックル説」を唱えた人類学者の坪井正五郎が急死して、コロボックル説は立ち消えとなった。東京湾を震源とする地震。

1,914

鹿児島の桜島が大噴火をした。伊豆大島の三原山の噴火は終息した。日本全国のサンカ集団の国一《くずかみ》が相州（相模・神奈川県）で集会を開いた。ヨーロッパのバルカン半島で戦火があがって、第一次世界大戦が勃発した。日本帝国はドイツを追い出すかたちで、陸軍が中国に侵略し、海軍は赤道以北のドイツ領だった南洋諸島を占領した。

1,915

W・E・グリフィスが『ミカド――その制度と人』という本をアメリカで著した。その中にある「ミカド主義と神道」に関する章で彼は「古事記の伝説は、多くの点でアメリカのインディアンの伝説とぴったり符合しており、また各人の名前がひとつひとつ長い説明文になるという点では、古代の『日本語』は（アメリカ・インディアンの部族のひとつイロクォイ族の）イロクォイ語によく似ている」と書いた。

日本帝国政府が――治安上の理由をもって――占領中の朝鮮国において「金海金氏」の系譜の発行を禁止した。そこには「金海（金官）伽耶の首露王には十人の王子がいて、そのうちの七人の王子が、世の中が厭になったからといって、雲に乗って伽耶を去った」と書いてあるのだそうだ。

天皇が京都御所の紫宸殿《ししんでん》で即位した。新しい天皇は体が弱かった。

房総半島九十九里浜南部で十六日間続く群発地震が発生した。大地震の前兆ではないかと東京の市民は噂しあった。

1,916

新冠《ニイカップ》御料牧場の都合で、姉去《アネサル》〈新冠《にいかっぷ》町字大富〉のアイヌの人たち全八十戸が平取《ビラトリ》と貫気別《ヌキベツ》〈平取町字旭〉に強制的に移住させられた。アイヌの子どもたちの就学年齢が和人の六歳より一歳遅い七歳からの四年間と縮小された。秩父困民党の元の指導者だった飯塚森蔵が白糠《シラヌカ》のコタンに隣接した家で亡くなった。山から薪を背負って自分の家の近くまで来たときに足を滑らせて転倒して舌を噛み切ったことが原因だった。

亀の島の石器時代の最後の生き残りとして二十世紀に紛れ込み、八年間だけ鉄器時代を生きたヤヒ族のイシが「あなたは居なさい、ぼくは行く」の言葉を残して、この世界から姿を消した。彼は死ぬまで自分のほんとうの名前を明かすことはなかった。

1,917

南関東の箱根一帯で群発地震。「阿夷奴研究」（日本阿夷奴学会編）第一号が発刊された。ロシアで革命が起こってソビエト社会主義共和国連邦が誕生した。アメリカの先住民における出生率が、一八六七年以来はじめて死亡率を越えた。第一次世界大戦のためにヨーロッパに出兵したアメリカの先住民の数はおよそ二万人だった。

1,918

山梨県東部で地震。蔵王山が噴火した。秩父困民党の指導者で死刑の判決を受けていた井上伝蔵が、北海道の北見で腎臓病で亡くなった。彼は結婚しても息を引き取るまで妻にさえ身分を明らかにしなかったとされる。北海道庁が「開道五十年」を記念して『北海道史』を刊行し、その中で「知識の低い蝦夷《えぞ》には北海道の開拓はできなかった。それをなすには他の優等人種を待たなくてはならなかった。北海道の近くにいて、蝦夷と接触する優等人種とは和人のほかにはいない」と書いた。知恵が足らずに大地を収奪し生態系を破壊することを、当時の思い上がった和人が「開拓」と称していたことがわかる。

歴史学者の喜田貞吉が、山地で漂泊生活を営んでいるサンカを「有史以前の時代に、日本に渡来した朝鮮の白丁《はくちょう》族ではなかろうか」という見解を表明した。このころ日本の石器時代文化に「縄文式土器」と「弥生式土器」の二つの流れがあることが確認されて、人類学者の鳥居竜蔵が「縄文式土器の製作者はアイヌ、弥生式土器の製作者は固有日本人であり、現代和人の祖先である固有日本人は、北方から沿海州、朝鮮半島を経て渡来し、縄文人アイヌにとって代わった」と唱えた。

亀の島では、ペヨーテをよく噛んで食べることによってもたらされる意識の拡張された体験を教義の中心にすえた宗教が、ネイティブ・アメリカン・チャーチとしてオクラホマ州で旗揚げした。当初の参加メンバーは、アパッチ、シャイアン、コマンチ、カイオワ、オテ、ポンカの諸国および諸部族だった。この年、十か月にわたってアメリカを中心とした世界中で、インフルエンザが大流行して、なんとのべ三千万ほどの人たちが、生命を失ったとされる。

1,919

「北海道旧土人保護法」第一回改正法が施行された。一九一〇年以来占領され土地を奪われ生活を破壊された朝鮮の人たちは、しかたなく安価な労働力として日本に移住する者が増え、この年にはその数三万を数えた。朝鮮半島のほぼ全域で独立運動が起こり、日本帝国の軍隊がこの動きを徹底的に弾圧した。弾圧は運動が終息するまで一年近く続けられた。奈良から単身上京して、講談社の社員となり、広告製作部で働きはじめた十八歳の住井すゑ子と、博文館という出版社で『農業世界』という雑誌の編集をしていた二十七歳の犬田卯《しげる》が恋愛関係に落ち、ふたりはやがて一緒に暮らすようになる。

1,920

北海道の人口がこの二十年で倍増して二百万人になった。ハンターたちの手で北海道島の山野からシカがほとんど姿を消したことにあわてて、帝国政府がシカを禁猟にしたがもはや手遅れで、平地でシカを見かけることはもうなくなってしまった。知里幸恵《ちりゆきえ》が『アイヌ神謡集』の執筆を開始した。

1,921

「土人戸口届出規則」なるものが作られて樺太の南部に住んでいるアイヌたちに日本国籍が与えられた。だが同じ地域に暮らすウィルタ、ニヴフ、ヤクーツ、キーリン、サンダーといった北方少数民族には、国籍は与えられなかった。茨城県南西部を震源とするマグニチュード七の地震が起こり、北関東の広い範囲で被害が出た。

部落差別の撤廃とすべての人間（ヒューマン・ビーング）の解放を求めて、各地の被差別部落——もともとは古代蝦夷《エミシ》系先住民居留地で、その後にはさまざまな先住系の人たちが為政者の都合で押し込められてきた場所——に暮らす人たちが自主的に京都に集まり、全国水平社が創立され、労働者階級の英雄《ワーキングクラス・ヒーロー》たちにプライドを取り戻させるべく、西光万吉《さいこうまんきち》という奈良県の被差別部落の青年が執筆した「全国に散在する吾が特殊部落民よ団結せよ」ではじまる有名な「水平社宣言」が出された。

東京湾の浦賀水道で地震が発生し、この地震で建設途中だった東京駅駅前の丸ビルに被害が出て補強のために完成が一年遅れることになった。茨城県南西部で再び地震。九州島、大分県別府市の的ケ浜《まとがはま》で、皇族の一人が汽車で近くを通る予定があるために目障りであるとして、警察官によって、乞食の——サンカだとする説もある——人たちの暮らす二十一戸（六十戸という説もある）ばかりの村が焼き討ちされ、全焼した。

「旧土人児童教育規程」が廃止されてアイヌの子弟の教育も一般規程に準拠となった。アイヌの教化と生活改善団体である「十勝旭明《ぎょくめい》社」が発足した。アイヌのユーカラの伝承者でもあり、アイヌ文学の紹介を一生の仕事と決めていた知里幸恵《ちりゆきえ》が、持病の心臓病で十九歳と三か月の若さで帝都に没した。朝鮮半島の「京城」にあった大日本帝国の朝鮮総督府で『朝鮮史』の編纂事業が開始された。支配者の日本帝国が前代王朝の正史を編纂することで、その支配の正当性を主張するという、実にもって「中華文明世界に特徴的な王朝史の編纂の伝統」を受け継いだ十か年計画の事業だった。

「宣言

全國に散在する吾が特殊部落民よ團結せよ。

長い間虐《いじ》められて來た兄弟よ、過去半世紀間に種々なる方法と、多くの人々によってなされた吾等《われら》の爲の運動が、何等の有難い効果を齎《もた》らさなかった事實は、夫等《それら》のすべてが吾々によって、又他の人々によって毎に人間を冒瀆されてゐた罰であったのだ。そしてこれ等の人間を勦《いたわ》るかの如《ごと》き運動は、かえって多くの兄弟を堕落させた事を想へば、此際吾等の中より人間を尊敬する事によって自ら解放せんとする者の集團運動を起せるは、寧《むし》ろ必然である。

兄弟よ、吾々の祖先は自由、平等の渇迎者《かつごうしゃ》であり、實行者であった。陋劣《ろうれつ》なる階級政策の犠牲者であり、男らしき産業的殉教者であったのだ。ケモノの皮を剥《は》ぐ報酬として、生々しき人間の皮を剥ぎ取られ、ケモノの心臓を裂く代價として、暖かい人間の心臓を引裂かれ、そこへ下らない嘲笑の唾まで吐きかけられた呪はれの夜の悪夢のうちにも、なほ誇り得る人間の血は、涸《か》れずにあった。そうだ、そして吾々は、この血を享《う》けて人間が神にかわらうとする時代にあうたのだ。犠牲者がその烙印《らくいん》を投げ返す時が來たのだ。殉教者が、その荊冠《けいかん》を祝福される時が來たのだ。

吾々がエタである事を誇り得る時が來たのだ。

1,923

吾々は、かならず卑屈なる言葉と怯懦《きょうだ》なる行為によって、祖先を辱《はずか》しめ、人間を冒瀆してはならぬ。そうして人の世の冷たさが、何《ど》んなに冷たいか、人間を勦る事が何であるかをよく知ってゐる吾々は、心から人生の熱と光を願求禮讃《がんぐらいさん》するものである。

水平社は、かくして生れた。

人の世に熱あれ、人間に光りあれ」　――全国水平社創立大会『宣言』大正十一年三月三日

一月には茨城県南西部を震源とする地震、六月には銚子沖の鹿島灘で群発地震、そして九月には関東大震災が発生し、九月いっぱいで七百回を越える余震も起きた。各地でデマにもとづいて朝鮮人狩りがおこなわれ、数千人の朝鮮からの移民が殺害された。東京、神奈川、埼玉、千葉の府県に戒厳令が発令された。警察と軍隊による社会主義者の殺害事件が勃発。関東大震災の被害は、神奈川、東京を中心に死者・行方不明者十四万三千人弱、家屋全壊十三万近く、被災者は約三百四十万人に達した。

大蔵省の置かれていた神田明神の旧地に「将門塚」があったが、震災のために破損が激しく、これを取り壊して整理することが決められて、工学博士の大熊喜邦の手で発掘調査がおこなわれた。塚の下から長方形の小さな石室があらわれ、その中には比較的時代の新しい瓦や陶器の破片などのまじった土があり、かつて一度発掘され、また補強されたらしいことが認められたものの、その正体は結局判明しなかった。その後石室は壊されて、そばにあった蓮池も埋め立てられ、そ

1,924

のうえに大蔵省の仮庁舎が建てられた。

知里幸恵《ちりゆきえ》の『アイヌ神謡集』が出版された。幸恵の弟の真志保《ましほ》が室蘭中学へ入学した。

「其の昔此の広い北海道は、私たち先祖の自由の天地でありました。天真爛漫な稚児の様に、美しい大自然に抱擁されてのんびりと楽しく生活してゐた彼等は、真に自然の寵児、何と云ふ幸福な人だちであったでせう」

——知里幸恵『アイヌ神謡集』序文の冒頭の一節より

南関東の丹沢山塊で大地震が起きた。日本ではじめてアイヌのための実業学校を洞爺湖に近い虻田《アブタ》町に設立したキリスト教の牧師の、小谷部全一郎《おやべぜんいちろう》という思い込みの強い人物によって書かれた『成吉思汗ハ義経也』という本が刊行され、未曽有のベストセラーとなった。小谷部のこの本は、義経という英雄物語を媒介として日本帝国の東アジア大陸侵略を肯定したばかりか、失地回復の歴史的権利をそれに与えるものでもあった。

アメリカ合衆国議会がアメリカ国内にいるすべての先住民にたいして市民権を与える議決を賛成多数で通過させた。ヴァージニア州では「インディアンの血が八分の一以上の場合、その人間をインディアンと見なす」と決められた。

1,925

「治安維持法」が公布され、国体（天皇制）の変革と、私有財産制（資本主義）の否認とを企てる者の取り締まりが強化された。日本の人口が六千万人と急増した。

1,926

岡山県の津雲《つぐも》貝塚で六十六体の縄文人の人骨を発掘した清野謙次は、西日本各地の遺跡から出る人骨のコレクターで、現代のアイヌと和人の人骨と、これらの人骨を比較して「石器時代人は現代アイヌよりも現代和人に似ていて、それらは日本原人とでも呼ぶべきものであり、現在の和人もアイヌも、この原人の進化と、それぞれ南北の隣接人種との混血によって生じた」という説を発表した。また彼は『日本民族生成論』において「日本古代史に於ける征伐やら戦争は、歴史時代に於けるそれと同様、大体に於て、一種族内に起こった、政治的意味あるものに外ならなかった。そして頑迷不逞にしてまつろわぬ者共が平らげられたのであった」と、先住民も日本人で「生意気にも言うことを聞かなかった奴等なのだ」と決めつけた。

すでに亡くなっていた阿部弘蔵という在野の歴史家が「四百九十余種、数万巻の参考図書を調査探求」（序文による）して書いた『日本奴隷史』という大著が、弘蔵の息子の阿部徳蔵によって公刊された。

このころ民族学関係の文献に「シャマン教」「シャマン」「シャーマン」という言葉が使われるようなる。東北アジアのさまざまな民族とにわか仕立ての「日本民族」との一体性を強調するため、神道とされるものの中心的要素として強引にシャーマニズムを想定したもので、これもまた

1,927

日本帝国による朝鮮半島から大陸への侵略侵攻と密接に結びついていた。「侵略ではなく、もともと自分らのものだった土地へ帰るのだ」というわけ。病弱だった天皇が死んで、摂政だった皇太子が践祚して年号が変わることになった。

インド、ネパール、チベット精神世界の旅から帰国後、こともあろうにマスコミには「チベットに入りもしない山坊主のでたらめ」と中傷されたり、地理学会からもチベット潜行を疑われて深く絶望していた河口慧海《えかい》が、この年、孤独のうちに還暦を迎えて、一切の宗派仏教を否定し、還俗して「雪山道人」を号した。東京湾中部を震源として中規模の地震が発生した。

帝都東京の大手町で大蔵省の庁舎の建築に携わる工事関係者や大蔵省の役人の中に怪我人や死亡者や原因不明の病気にかかる者が続出し、死亡者は二年間に十四人を数え、怪我人も非常に多く、それも不思議とみな足を負傷する場合が多かったという。誰が言うともなく、それが「将門塚」を壊した祟りであるという噂が広がって、帝都の人々の肝を大いに寒からしめたために、大蔵省では理財局長を祭典委員長として、神田明神の宮司を祭主に、盛大な将門鎮魂祭をとりおこない、大蔵大臣以下参与や次官たちが列席した。金融恐慌が起きた。

名古屋練兵場で即位まもない天皇を統監とする濃尾《のうび》平野特別演習がおこなわれ、地元第三師団の岐阜歩兵第六十八連隊第五中隊の現役二等兵が、重装備で実弾入りの三八式歩兵銃を右手に持ったまま、馬に乗った天皇の前に駆け寄って、軍隊内における「特殊部落民に対する差別」を直

1,928

訴するという事件が起きた。訴状には「軍隊内におけるわれらが特殊部落民に対する賤視差別は封建制度下におけるごとく熾烈にして差別争議頻発し、その解決に当たる当局の態度は被差別者に対して些少の誠意もなくむしろ弾圧的である。全国の各連隊内における該問題に対する当局の態度は一律不変であるが、これは陸軍当局の内訓的指示によるもの、と視ることが、おそれながら、どうも至当かと存ぜられまする」とあった。

アイヌ出身の歌人、違星北斗《いぼしほくと》がウタリ（同胞）とともに雑誌『コタン』を創刊し、そこに「アイヌの姿」という散文を発表した。

「見よ、またたく星と月かげに幾千年の変遷や原始の姿が映っている。山の名、川の名、村の名を静かに朗詠するときに、そこにはアイヌの声が残った。然り、人間の誇りは消えない。アイヌは亡びてなるものか。違星北斗はアイヌだ。今こそはっきり斯く云い得るが……反省し瞑想し、来たるべきアイヌの姿を凝視《みつめる》のである」

——違星北斗「アイヌの姿」の一説より

千葉付近でやや強い地震。満州で戦争の火花が上がったこの年、天皇が京都の紫宸殿《ししんでん》で即位した。今度の天皇は、王政復古を断行したあの強い帝国皇帝にあこがれて育ったという。即位式のあった日、東京の警視庁が十八歳未満の男女がダンスホールに入ることを禁止した。

1,929

島崎藤村が『中央公論』という雑誌に『夜明け前』の連載を開始した。違星北斗《いぼしほくと》が結核で死去した。二十九歳だった。彼は小学校を出てから肉体労働者をしているうちに国文学者・金田一京助のアイヌ研究に接してアイヌ精神に目覚め、「違星北斗」と名乗り、和人への同化政策が推し進められる時代の中で、ウタリ（同胞）への限りない愛情を歌に託した。アメリカ合衆国のニューヨーク株式市場で世界恐慌の引き金が引かれた。

1,930

世界大恐慌の年。日本帝国はひたすらに、後ろを振り返ることもなく、国家主義への道を突き進みつつあった。違星北斗《いぼしほくと》の遺歌文集『コタン』が出版された。その違星北斗の夢でもあったアイヌ初の全道組織が、北海道庁の肝いりで、皇民化教育の一環として「北海道アイヌ協会」なる御用組織として旗揚げされ、『蝦夷《えぞ》の光』という雑誌も発行された。アイヌの味方のような顔をしながら「良き皇民」になるための教えをえらそうに説く、信用できない組織であり雑誌だった。北海道アイヌ協会は十勝旭明《ぎょくめい》社が中心となっていたために、旭川のアイヌたちは不参加。樺太の敷香《ポロナイスク》に敷香支庁が作られ、その中に土人事務所ができた。この事務所が、樺太におけるすべてのネイティブ・ピープルを管理指導するということになり、皇民化の名のもとに彼らからほんとうの名前と言葉を奪い去った。土人教育所が設置され、彼らが知っているのとは異なる神（天皇）のことを、子どもたちの頭に焼きつけさせた。

住井すゑ子の『大地にひらく』という懸賞小説が『読売新聞』に連載された。彼女は当時、創刊されたばかりの『婦人戦線』という女性アナキスト運動の雑誌に、高群逸枝、松本正枝、望月百合子、平塚らいてうらと参加して文筆の腕を振るっていた。国勢調査がおこなわれ、内地人口六千四百四十五万五人、外地人口二千五百九十四万六千三十八人、失業者は三十二万人を数えた。台湾の先住民である高山族およそ三百人が、台中州霧社で日本帝国にたいして反乱を起こした。駐在所、警察分署を襲撃し、霧社公学校に避難していた日本人約二百人のうち百三十数名が殺された。日本帝国軍隊二千人が出動して「討伐」作戦がおこなわれ、先住民五百人を殺害して平定した。丹沢を震源とする中規模の地震が起き、北伊豆で死者二百七十二人、全壊二千戸を越えた。以後関東地方においては地震ナマズが鳴りを潜めることになる。

1,931

バチェラー八重子の歌集『若き同族（ウタリ）に』が出版された。北海道アイヌ青年大会が開催された。白老《シラオイ》の貝沢藤蔵の『アイヌの叫び』が出版された。日本帝国の関東軍による満州の武力による占領がはじまる。東北や北海道が冷害で凶作となり、娘たちの身売りが急増した。

1,932

旭川の給与予定地をアイヌへ返還するよう天川恵三郎、荒井源次郎らが東京で運動を展開した。関東軍が日本帝国の傀儡《かいらい》国家として満州国を建国した。満州国の成立は天皇の「御陵威《みいづ》」による神霊現象と見なされて、満州国が天皇の支配下にあることが正当化された。その満州国へ開拓農民の移住もはじまる。アメリカのニュース週刊誌『タイム』の表紙に天皇の肖像が掲載され、日本帝国政府が「最新号は表紙を上にしてテーブルに置いて欲しい。天皇の肖像の上にはなにも置かないでいただきたい」と要請を出した。

東京浅草の旧新町にあり、弾左衛門家の守り神でもあった白山社が今戸八幡と合祀された。国体（天皇制）の変革と、私有財産制（資本主義）の否認とを企てる者の取り締まりのために、警視庁が、それまでの特別高等警察課を「特別高等警察部（特高）」に昇格させた。恐慌と前年の凶作の影響で、東北や北海道を中心に全国でまともに食事をとれない欠食児童が二十万人を突破し、家族心中の数も増加した。

1,933

三陸沖大地震発生。国家主義、軍国主義の色の強い小学校国語読本が使われはじめた。詩人の宮沢賢治が三十七歳で世を去った。樺太（サハリン島）アイヌ――エンチゥ――にも日本帝国の戸籍法が適用されることになった。

1,934

旭川市近文《チカブミ》の給与予定地だけを対象とした「旭川市旧土人保護地処分法」が公布された。アイヌ出身の知里真志保《ちりましほ》が東京帝国大学文学部言語学科を卒業し、若くして天才的言語学者とうたわれた。本州島東北部が再び大凶作に見舞われ、娘の身売りや、欠食児童が増加し、行き倒れや自殺が多発した。

アメリカ政府が「インディアン一般土地割当法（ドーズ法）」の誤りを認めて廃止した。

1,935

貴族院議員で、学者の美濃部達吉が唱えた「天皇機関説」が、国体に反するものとして政府によって全面的に排撃否定され、美濃部は議員を辞職するはめに。住井すゑ子が家族とともに夫の犬田卯《しげる》の郷里である茨城県の牛久に東京から移住し、農村の貧しさに刮目した。北海道の人口が三百万人を突破した。大本教の出口王仁三郎《おにさぶろう》ら幹部三十人あまりが不敬罪と治安維持法違反で逮捕され、大本教に解散命令が下された。

1,936

京都府綾部と亀岡にあった大本教の教団の本殿や墓地などが日本帝国により爆破解体された。外務省が国号を「大日本帝国」に統一すると発表した。また「日本国皇帝」の呼称は「大日本帝国天皇」と決められた。ナチス・ドイツが主導したベルリン・オリンピックが開催され、日本選手百七十九人が参加した。妻を亡くしてイギリスに一時帰国をしていたバチェラーが、イギリス皇帝から大英帝国勲章を授与された。

知里真志保《ちりましほ》の『アイヌ民譚集』が出版された。文部省が皇国史観を徹底させるために『国体の本義』という「天皇を中心とした神の国」の解説を全国に配布。大日本帝国と中国が衝突して戦争状態となった。「愛国行進曲」というレコードの売上げが百万枚を突破。帝国政府が「我々は何をなすべきか」という文書を千三百万部も印刷して各家に送りつけた。朝鮮人には「皇国臣民の誓詞」を渡した。大日本帝国軍が南京を占領し、推定で十四万人とも、四十万人ともいわれる数の一般住民や捕虜を殺しつくした。「焼きつくし、殺しつくし、奪いつくす」のが昔から続けられたこの国の戦争のやり方だった。大日本帝国が帝国内における反国家的な学者や文化人や運動家たちを検挙。「北海道旧土人保護法」第二回改正法が公布され、北海道庁長官の許可が得られれば給与地の売却が可能となった。アイヌ精神の蘇りを求めた森竹竹市の詩集『原始林』が自費で出版された。

火も水も草木鳥獣
凡てを神として
生活《たつき》した往昔《むかし》の
ウタリ（同族）等
感謝の祈り！
信仰の生活！！
私は凡てを懼《おそ》れ

1,938

凡てを敬ひし祖先《みおや》の
原始生活が懐かしい

――森竹竹市「原始生活」詩集『原始林』より

大日本帝国の朝鮮総督府の編纂になる『朝鮮史』全六編三十五巻(本文二万四一一一ページ)と『朝鮮史料叢刊』二十種、『朝鮮史料集真』三帙《ちつ》が十六年目にして完成を見た。全国水平社が綱領を変更して『国体の本義』に徹して国策に協力することを決定した。東京で開催が予定されていた第十二回オリンピックが中止になった。ドイツからヒトラー・ユーゲントの代表三十人が来日して三か月ほど滞在した。アイヌの人口が十六万人に低下した。

スイスのバーゼルにあるサンド製薬の研究所で、陣痛と出産を楽にする新薬を研究中だったアルバート・ホフマン博士が、麦角から得られる血管収縮物質として最初のd―リゼルグ酸ジエチルドアミドを合成した。これがLSD―25と呼ばれる化合物である。この化学合成物質はテストを受けないままほったらかしにされた。

1,939

アメリカのニューヨーク州の北部にいた先住民のトナワンダ・セネカ族がニューヨーク州からの分離独立を宣言した。満州国とモンゴルの国境付近で大日本帝国軍とソ連軍が交戦し、日本軍が大敗した。イギリスがドイツに宣戦布告をしたために、ドイツと同盟を結んでいる大日本帝国にはいられなくなったバチェラーが、骨を埋めるつもりだった日本を離れてカナダ経由でイギリスに帰国した。朝鮮総督府が朝鮮の人たちの氏名を日本式に無理やり改めさせた。

1,940

民政党の政治家の斎藤隆夫が衆議院で「軍部の政治への介入」や「軍事費を一切の批判のあたらないところで決定していくやり方」などについて大胆な軍部批判の演説をおこなったところ、天皇の統帥権を侵す国賊といわれて議会の席を追われた。津田左右吉という早稲田大学の教授が右翼に襲撃されて大学を辞任。彼の書いた『古事記及日本書紀の研究』や『神代史の研究』という本が「皇室の尊厳冒瀆の大逆思想」として発売禁止にされた。

長谷部言人《ことんど》という皇国史観を信奉する学者が、この年に発表した「太古の日本人」(『人類学雑誌』五十五巻一号)の中で「土蜘蛛、熊襲、夷《えびす》、蝦夷《えみし》」などの地方住民は「皇軍に抵抗する不良分子」とし、「石器時代人が日本人なることは寧ろ当然過るのであります。ただ交通不便な為めに地方的に言語風俗のみならず相貌にも多数の差異を生じ、土蜘蛛、熊襲、蝦夷等の呼称を与えられ、後世の歴史家を迷わせたに過ぎないと思ふのであります」と決めつけた。

日独伊三国同盟が成立。天皇はそのとき「正義を高揚して世界をひとつの家族にすること」は「天皇家の祖先の偉大な訓令」と表明。東京市内に「ぜいたくは敵だ」の立て看板千五百本が出された。国勢調査の結果、大日本帝国の総人口は一億五百二十二万余人、内地人口七千三百十一万余人と発表された。皇紀二千六百年——神武天皇即位から二千六百年目——とされて、東京で

1,941

連続五日間にわたる盛大な祝典——万歳三唱、ちょうちん行列、旗行列、音楽行進——がおこなわれた。

メキシコにおいて第一回アメリカ大陸インディアン会議が開かれ、席上合衆国インディアン局の代表が、「ペヨーテを儀式に用いるインディアンのネイティブ・アメリカン・チャーチにたいしてそれぞれの国が門戸を開いておくべきだ」と指摘した。


大日本帝国の子どもたちにたいして「天皇の子ども」としての教育が徹底されはじめる。このころ「天皇の子ども」が国民であり、「天皇の子どもにならない者たち」は国賊として「非国民」と呼ばれ、取り締まりの対象にされていた。天皇が「大東亜共栄圏の樹立」を掲げてアメリカとイギリスにたいして宣戦を布告。大日本帝国陸軍がマレー半島に上陸した。大日本帝国海軍が、アメリカ合衆国の植民地であったハワイの真珠湾を奇襲した。東京の新聞や通信社が協同で主催して「米英撃滅国民大会」が開催された。朝鮮人のキリスト教徒約二千人が神社参拝を拒否して投獄され、そのうちの五十名あまりが獄死させられた。

アメリカ先住民で第二次世界大戦中にアメリカ軍として出兵した者は二万五千人で、さらに一千名ほどが軍事関連施設で働いたが、派兵そのものに反対する先住民の部族や国もあり、徴兵拒否で投獄された者もかなりの数にのぼった。

水平社が「言論、出版、集会、結社等臨時取締法」に基づく願書を提出しないまま、法的には解消した。大日本帝国の軍隊がマニラを占領した。帝国が宣戦布告をした日（十二月八日）を忘れさせないために、その翌月から毎月八日が「大詔奉戴日」とされ、学校に行く前に子どもたちは全員が、自分の家の近くの氏神神社に集合し、そこで（見えない）宮城を遥拝し、帝国の兵隊さんの武運長久を祈り、天皇陛下万歳をしてから、みんなでそろって学校に行くことと決められた。樺太の敷香《ポロナイスク》にあった大日本帝国の敷香陸軍特務機関が、樺太に住む十五歳以上の少数民族全員に召集令状を出した。ツンドラ地帯を突破できるスパイとして正式な国籍を持たない少数民族を利用する計画だった。大日本帝国占領下のフィリピンのマニラで現地新聞が天皇の写真を掲載したために、すべてのフィリピン人はその新聞を恭しく取り扱うように警告され、不用意にその新聞を捨て置いたり、それでなにかを包んだり、それをごみ箱に捨てたりすることを禁じられた。

大日本帝国軍がアメリカ本土にほど近いアリューシャン列島のダッチ・ハーバーを爆撃した。関門海峡に海底トンネルが開通し、九州島と本州島が鉄道でつながった。大日本帝国は八紘一宇の大義名分のもと、北はアリューシャン列島の一部、樺太から、西は朝鮮半島、満州、中国の一部、インドシナ半島、ビルマ、南はミクロネシアの南洋諸島、スマトラ、ボルネオ、ニューギニアまで、武力で帝国の領土を目いっぱいに拡大させた。一説には、インドを越えてアラブにまで攻め込むつもりだったといわれている。

1,943

太平洋における戦局の主導権がこの年アメリカに移った。大日本帝国においては、なんであれ英語を使うことが禁止された。天皇のお気に入りであり、帝国政府の首相だった東条英機が南方戦線視察の帰り道に沖縄に立ち寄り、高等女学校を訪れた。女学生たちが絣織《かすりおり》の実習をしているのを見て彼は「こんなものが戦争の役に立つか」と怒鳴りつけた。大日本帝国軍が天皇の名のもとに朝鮮半島から狩り出した二十万人ともいわれる女性たちを「女子挺身隊」という名前で、激しい戦闘のおこなわれる最前線に強制的に派遣し、兵士たちの性欲のはけ口とした。大日本帝国軍がアリューシャン列島の中のアッツ島を占領し、先住民であるアリュート族の四十二名を「保護」し、北海道島の小樽に連行した。アメリカ軍はアリューシャン列島全島のアリュート人をアラスカ本土に強制的に疎開させた。アリューシャン列島のアッツ島で日本帝国軍が全滅させられた。本州島中央部の太平洋沿岸、静岡県の登呂〈静岡市〉で弥生時代の代表的な遺跡とされるものが発見された。東京の上野動物園で空襲に備えるとして猛獣とされた動物たちが薬殺された。徴兵を猶予されていた学徒七万人の出陣が決められ、壮行会が雨の降りしきる神宮外苑競技場でおこなわれた。

1,944

アメリカ内務省がアラスカ州内に六か所の先住民居留地を設置した。北海道島の有珠《ウス》山付近で大噴火が起こり、新しい山ができた。この山は「昭和新山」と名づけられた。ミクロネシア諸島のサイパン島がアメリカ軍の手に落ちて、沖縄が本土防衛のための最前線基地として位置づけら

1,945

れ、内地から十万近い兵士が沖縄本島を中心に送り込まれた。沖縄から学童疎開のための船三隻が鹿児島に向けて出航し、その中の一隻がアメリカ軍の潜水艦に撃沈されて、一千七百名の学童のうち、救助されたのが二百二十七名で、一千四百七十三名の児童の命が失われた。沖縄を要塞化する土木工事が開始され、島民はその労働に駆り出された。本土決戦に備え国民総武装が決定され、各地で竹槍——!!!——の訓練が開始された。アメリカ機動艦隊からの空爆で那覇市が焼失した。アメリカ軍による日本列島各地にたいする大規模な空爆がはじまる。大日本帝国海軍が神風特別攻撃隊を編成。大日本帝国が風船爆弾をアメリカに向けて放つ。東南海地震が起こり死者九百人、家屋全壊二万戸を越す被害が出た。ジョン・バチェラーが九十歳で死んだ。

愛知県を中心に東海地方で大地震が起き、死者千九百人以上、一万二千戸の家屋が全壊した。河口慧海《えかい》が新雪の舞う涅槃会《ねはんえ》の当日に東京世田谷の自宅で入寂した。人々の間に日本が戦争に負けるとの流言が広まりはじめた。アメリカ軍と大日本帝国軍が沖縄本島を舞台に激突。三か月間に及んだ沖縄の地上戦は「世界の戦争の歴史の中でももっとも激烈な戦闘」だった。その戦いの中で沖縄の人たちはアメリカ軍に殺され、また日本軍にも殺された。沖縄戦の戦没者はアメリカ軍の一万二千五百二十人にたいして、日本軍のそれは九万四千百三十六人（うち沖縄出身者二万八千二百二十八人、その他六万五千九百八人）で、ほかに一般県民がおよそ九万四千人だった。沖縄戦の敗北が決定的になってもなお、最高意思決定者の大日本帝国天皇は敗北を認めず、軍にたいして「作戦部隊の奮起を望む」などと要求していた。最高戦争指導会議で「本土決戦」の方針が決められた。

亀の島南西部の先住民の国、ホピ国の土地から採掘されたウラニウムを使用して、アメリカ政府により極秘裏に最初の原子爆弾が三発作られ、最初の一発はニューメキシコの砂漠に、残りの二発は日本列島に投下されることが決められた。最初の原子爆弾が亀の島南西部にあるホワイト・サンドという砂漠で爆発して世界が原子力時代の入り口に置かれた。

アメリカ軍が沖縄全島を制圧し、ヒロシマ（広島市）とナガサキ（長崎市）——日本におけるキリスト教布教の二大中心地——でウラニウムとプルトニウムの二種類の原子爆弾による大量殺戮生体実験ののち、連合軍が大日本帝国による「国体（天皇制）護持」を前提条件とした「無条件降伏」を受けて、大日本帝国の武装解除と、皇軍によって抑圧されていた日本人民解放のために「本土」に進駐した。この年まで十五年間続いた大東亜戦争（太平洋戦争）で犠牲となった日本国籍を持つ者は三百十万人、アジア、太平洋上の諸島での天皇の軍隊による殺戮者数は、およそ二千万人にのぼると推定される。

占領軍総司令部（連合国軍最高司令官総司令部＝ＧＨＱ）が「日の丸」の公式掲揚を禁止。天皇がＧＨＱ本部を訪れた。このとき、米陸軍通信隊撮影によるモーニングにシルクハットの正装の天皇と戦闘服姿のマッカーサー将軍の並んだ写真が新聞各紙に掲載されたが、内閣情報局がこの写真を不敬として発売禁止の処置をとった。ＧＨＱが即座にこの発禁解除を命令した。農地改革がはじまった。東北地方の仙台に進駐したアメリカ軍の兵隊の中に、その地方に自生していた野生の大麻を吸っている者がいることが発覚して、あわてたＧＨＱにより「麻薬原料植物の栽培を禁止する覚書」が敗戦処理政府に提出され、その中に「マリュアナ（カンナビス・サティバ）」（大麻）も含まれていた。この年の人口七千百九十九万八千百四人。北海道の人口は約四百万人。第二次世界大戦の戦勝国により国際連合が結成された。小樽で保護されていた四十二人のアリュート人が、アメリカ軍によってアラスカに送還された。

大日本帝国の植民地から解放された朝鮮半島では、北に共産主義大国のソビエト社会主義共和国連邦の支持を受けた金日成将軍の政権と、南にアメリカの後押しを受けて自由主義社会を標榜する李承晩政権が臨時にうちたてられた。

CIVILIZED TIME

1,946 - 2,000

TO BE OR NOT TO BE A GOOD JAPANESE

文明の時代

アメリカが天皇を戦犯として告訴せず、戦争中の天皇の役割を隠ぺいすることと引き換えに、占領軍総司令部（連合国軍最高司令官総司令部＝ＧＨＱ）の指図で、天皇が自らの神格化を否定して「人間宣言」をおこない、人間であることをしろしめすために日本国中をツアーしてまわらされた。名古屋市千種区で自営業（雑貨商）をしていた五十六歳の熊沢寛道が「自分こそ南朝の正系だ」と名乗りをあげた。いわゆる「熊沢天皇」の出現で、この事件はアメリカの雑誌『ライフ』の記事にもなり、各種の通信社によって世界中に配信された。あの出口王仁三郎《おにさぶろう》が大本教を愛善苑として再建した。

連合国が日本国憲法の草案を作成して日本政府に示した。いわゆるマッカーサー草案といわれるものだが、その中に「土地および一切の天然資源の究極の所有者は人民の集団的代表者としての国家に帰属する。国家は土地またはそのほかの天然資源をその保存、開発、利用または管理を確保または改善するために公正なる補償を払って収用することができる」とあり、これを受け取った政府は腰を抜かすほど驚いたらしい。結局この条項は削除され、「財産権の内容は、公共の福祉に適合するように、法律でこれを定める」という文言が入ることになった。また「すべての人は、法の前に平等である。人種、信条、性別、カーストまたは出身国により、政治的関係、社会的関係、教育の関係および家族関係において差別されることを、正当化または容認してはならない」という草案が「すべて国民は、法の下《もと》に平等であって、人種、信条、性別、社会的身分又は門地により、政治的、経済的又は社会的関係において、差別されない」と変更され、「カーストまたは出身国」が「社会的身分又は門地」と置き換えられた。

戦争中に解散させられていた水平社にかわって部落解放全国委員会が京都で結成された。占領軍総司令部（ＧＨＱ）が奄美大島を含む琉球列島、小笠原群島などにおける日本の行政権を停止した。これにより沖縄は日本政府の管轄から切り離され、アメリカの軍政下に置かれた。占領軍政府のワトキンズ少佐が「アメリカ軍政府は猫であり、沖縄は鼠である。猫の許す範囲しか、鼠は遊べない。鼠にとって猫はいい友だちであるかもしれないが、猫の考えは違う」と言った。アメリカ教育使節団が、漢字の全廃と、ローマ字使用を日本語の改革として提言した。天皇の戦争責任が問われないことになった。日本列島の「旧石器時代の遺跡」がはじめて確認された。広島と長崎で白血病患者が出はじめた。

北海道島の札幌で、アイヌ出身のジャーナリスト高橋真が「アイヌ問題研究所」を設立してアイヌ独立に向けての機関紙『アイヌ新聞』を創刊した。シャクシャインが蜂起したゆかりの地、日高の静内《しずない》で全道アイヌ大会が開かれ、今度は旭川のアイヌの人たちも含む二千人ほどが参加して「社団法人北海道アイヌ協会」が設立された。新冠《にいかっぷ》御料牧場と日高種馬牧場のアイヌへの返還要求などが決議された。「北海道旧土人保護法」第三回改正法が公布され、これによって病人やけが人にたいする救療が打ち切りとなり、自活不能者への救助や給付が廃止された。西日本一帯を大地震が襲い、死者行方不明者数六万三千人を数えた。

フィリピンがアメリカから独立した。アメリカで、軍事上、科学上、産業上の、原子力および核エネルギー開発のための巨大な国家プロジェクトを扱うことを目的として「原子力委員会」がつくられた。

農地改革により地主階級が解体された。この後四年間で政府によって約二百五十万人の旧地主から農地が買い上げられ（取り上げられ）、約四百二十万人の旧小作人が国から売り渡しを受けた。しかしこの農地改革は、土地所有権中心主義のこの国の土地についてのシステムや意識を本質的に変革することはなかった。なぜなら、史上はじめて地主となった旧小作農民——百姓——ははじめから耕作権としての土地所有権と商品的土地としての土地所有権の二重性を持った土地を所有することになったのだから。

北海道アイヌ協会が、給与地の農地改革法適用除外を道庁と政府に求めるも不許可とされた。占領軍総司令部（ＧＨＱ）第九軍団司令部のジョセフ・スイング少将がアイヌの長老四人に「独立する意志があるかないか、独立するなら機会は今しかないですよ」と打診。四人はその打診を断った。少将は「今、独立しないで、あとで日本人とけんかするようなことは絶対にしないように」と伝えた。

日本国憲法が施行され、第二次世界大戦までの「国体」なるものは「象徴天皇制」というふうに言葉が置き換えられて、民主主義に基づく天皇制にその姿を変えていた。シルクハットにモーニング姿へと装束を改めた古代国家が、そのまま近代に出現したといっていいかもしれない。共産主義の脅威で頭がいっぱいだったアメリカは、とにかく扱いやすい権力者を日本に必要としていた。

生活保護法が制定され、「北海道旧土人保護法」にあった疾病者、傷痍者の医療保護、就学資金、住宅改良資金の給付が廃止となった。この時点で「旧土人保護法」の実体は消失していた。

「北海道旧土人保護法」第四回改正法が公布され、これにより地租、地方税および登録税の免税特権が廃止された。北海道知事選挙にアイヌの佐茂菊蔵が、北海道議会議員選挙にアイヌの小川佐助が立候補し、両者とも落選したが、佐茂菊蔵は一万一千票を獲得した。

長野県の浅間山が噴火し、登山者二十人ほどが死んだ。

1,948

「社団法人北海道アイヌ協会」から機関紙『北の光』が創刊され、詩人の森竹竹市が「あいぬ民族の明確化」という文章を寄稿し「天孫降臨即ち天孫民族と自称する和人共が日本へ上陸前から日本を占有していた真正日本人は我々アイヌ民族であったのである」と書いた。森竹は「アイヌ民族が日本人の中に同化したのではなく、アイヌ民族の中に天孫族が同化したのだ」と大らかに主張したのだ。

国際連合総会において「世界人権宣言」が採択された。占領軍総司令部（ＧＨＱ）によって大麻（カンナビス・サティバ・エル）の栽培・所持・売買が正式に禁止された。日本列島のいたるところに、建国以前の太古から生えていた麻が、アメリカ軍の意向を受けて、このときから違法なものとされたのだ。繊維をとるための麻の栽培は、許可制にされた。福井県で大地震が発生し、死者三千七百人余、四万戸近くの家屋が全壊した。朝鮮半島に大韓民国（南朝鮮・韓国）と朝鮮民主主義人民共和国（北朝鮮）の二国が正式に成立した。

亀の島の中西部の先住民の部族にまでペヨーテを食べる風習が広まっていた。結局ネイティブたちにとっては、伝統的な一切の儀式を禁止されて最後まで残されたのがペヨーテを食べることだったというわけである。

1,949

占領軍総司令部（ＧＨＱ）のマッカーサー元帥が「国旗掲揚制限」を解除した。サンカのセブリ数（戸数）が二千十一戸と、四十年ほどで十分の一に激減した。そのかわり一般社会へ同化した「トケコミ」の数は、四万八千三百十九戸（人口に換算するとざっと二十万人）にものぼった。群馬県の岩宿遺跡で民間考古学研究者の相沢忠洋が関東ローム層——約三十万年前から一万年前くらいに富士山の火山灰が降り積もってできた堆積層——から石器を発見し、これによって日本列島の旧石器時代の存在が明らかになった。

青森県上北郡甲地《かっち》村の石文《いしぶみ》集落で農業をする七十四歳の川村種吉が、同集落千曳の雑木地帯で半分土に埋もれた大きなジャガイモのような形をした大岩を発見した。青年団の協力を得てこの大石を引き上げ、苔を落としてみると、土中にめりこんでいた下部のほぼ中央に文字のようなものが四つ浅く彫られていた。拓本を取ると「日本中央」の四文字が浮かび上がった。

中華人民共和国という共産主義王朝がユーラシア大陸の東で成立した。ソビエト社会主義共和国連邦（ソ連）が、カザフ共和国セミパラチンスクの砂漠で、最初のプルトニウム原爆の大気圏内核実験をおこなった。ソ連はこの後四十年間をかけて、この砂漠で四百七十三回の核爆発を起こすことになる。

ミイラ化されている（奥州）藤原四代——清衡《きよひら》・基衡《もとひら》・秀衡《ひでひら》・泰衡《やすひら》——の遺体の学術調査なるものがおこなわれた。調査の目的ははじめから「四人がアイヌではなく日本人であること証明する」ためのようなもので、調査にあたった学者も、いまだに日本人単一民族説という皇国史観の亡霊に取り憑かれたままの長谷部言人《ことんど》教授と、その後継者である鈴木尚教授らだった。このときの学術調査の報告書『中尊寺と藤原四代』で鈴木教授は「遺体の人類学的観察」を担当し、その中で「藤原氏一族はアイヌと考えるよりも、日本人と考える方が穏当である。ただ例外として清衡はやや他の三体と異なって、多少アイヌにしばしば見られる特徴もあるが、しかしこれとても日本人に皆無というものでもないし、頭形、鼻形、眉間から鼻にかけての形は日本人的であるから、遽《すみやか》にアイヌの混血があるともいえない。むしろ藤原氏一族として見れば日本人と考えても差支えなかろう」と苦しい言い方をして、結局「日本人とはなにか?」の本質的な問題までには踏み込むことはなかった。しかしミイラの副葬品の調査からは奥州藤原氏四代の異なる姿が見えていた。清衡の太刀の柄にはおよそ日本人的とはいえないような「繊細な螺鈿《らでん》の文様」が施されていたし、基衡の棺から出てきた鹿骨製の装具には「蝦夷《えぞ》文様以外のなにものでもない彫刻」がほどこされていたのである。

朝鮮半島で南北戦争が勃発した。朝鮮動乱といわれるが、実質的には朝鮮半島におけるソ連、および中国の共産党軍とアメリカ軍の、共産主義と自由資本主義の間の戦争だった。一年後にはおよそ三百万人の韓国朝鮮人が戦争で死んでいた。戦争はまる二年続いた。そして朝鮮半島の野生のトラが絶滅した。北海道島余市町のフゴッペというところで内部の壁面にいろいろな彫刻——

人物、仮装人物、四足獣、海獣、魚、舟、線や円の幾何学模様など――が施された洞窟遺跡が発見された。紀元一、二世紀の遺跡で、日本列島で発見された該当世紀の遺跡のどれとも似ていないので、おそらくはその時代に活発な動きを見せていた「靺鞨《まっかつ》」のものではないかと想像される。
亀の島でスー族の聖者でありメディスンマンだったブラック・エルクが八十七歳の生涯を閉じた。

「世の六つの力よ、哀しみのなかにある我が声を聞きたまえ。御身たちに呼びかけるのも、もうこれ限りになろう。願わくば、我が民人たちをよみ返らせ給え!」

――ブラック・エルクの祈りの言葉

1,951

伊豆大島で三原山が大噴火。日本民族学協会が「沙流《さる》アイヌ共同調査報告」(『民族学研究』)を発行した。山形、福岡、東京、奈良などで人身売買が続出し、五千人ほどが接客婦や女給などに売られた。新生――古代体制国家――日本が、連合国諸国とアメリカ合衆国のサンフランシスコ市で平和条約を締結し、アメリカ合衆国とは日米安全保障条約を締結して独立した。が、このときの平和条約にソ連が不参加だったために、北方領土の問題は未決定のままとされた。
国際連合が「世界人権宣言」に基づく条約を起草するにあたって、国連事務総長の名前で世界各国の「人権状況」に関する報告を求めてきたことにたいして、日本政府が、在日朝鮮人とアイヌ民族については「同じ日本人として扱っているから差別はない」と虚偽の報告をし、しかも「厳密に言えばマイノリティの問題とは言えないが」と断りをあらかじめ入れたうえで、前の時代からの部落問題に触れ、「憲法の理念が広まれば差別はなくなる」と主張した。だがその後も憲法の理念は広まることもなく、部落問題も、差別も、なくなることはなかった。「熊沢天皇」として一躍時の人となっていた熊沢寛道が昭和天皇にたいして「天皇不適格確認訴訟」を起こしたものの、東京地方裁判所は「天皇は裁判権に服しない」として相手にすらしなかった。

この年アメリカは、先住民から取り上げて軍用地にしたネバダの砂漠で、十六回の大気圏内核実験をおこなっている。そしてもともとショショーニ族が「母なる大地」と呼ぶその美しい砂漠で、アメリカ合衆国は以後四十年の間に、なんと九百四回もの核実験を強行することになる。

「ひとたび我々の母なる地球が放射能で汚染されたら、母なる地球は、われわれのために、この大地に生きるすべてのものたちのために、食べ物を作り出すことができなくなるだろう。われわれは、みんなの知恵を寄せ集めて、このわれわれの惑星を救わなくてはならない。われわれは、ひとつの水と、ひとつの空気と、ひとつの地球を、もっているだけなのだから」

——核実験に反対し続ける西ショショーニ国の精神的指導者コービン・ハーニイの言葉

1,952

住民登録の施行でサンカの共同体が完全に壊滅した。住民登録の制度とは「すべての国民の住所をその住所地の市町村役場に登録し、居住関係を明らかにさせようとするもの」だ。これによって自由民の——兵役と納税と教育の義務からも自由だった——ほとんどのサンカは、漂泊をやめて一般の社会にとけこんだ。

北海道の十勝沖で地震が発生し、三陸地方にかけて被害が発生して死者三十三人を数えた。琉球に中央政府が発足した。伊豆八丈島南方のベヨネーズ岩礁で海底火山が噴火し、調査にあたっていた第五海洋丸が爆沈して三十一人が死亡。イギリスがオーストラリア西岸のモンテベロ島で最初の核実験をおこなった。アメリカは太平洋で水爆の実験。

1,953

「日本人類学会・日本民族学協会」が「アイヌ研究」を中心テーマとして第八回連合大会を開き、言語学者で、ユーカラの伝承者だった知里幸恵《ちりゆきえ》の弟で、登別出身のアイヌである知里真志保《ましほ》博士が、和人の——アイヌを研究対象としてしか見ていない——アイヌ学者たちと決別した。真志保はこのとき「アイヌに存在した呪術的仮装舞踏劇と神謡の起源、神の観念の形成される史的背景」について講演した。

沖縄のアメリカ軍民政府が土地収容令を公布し、土地収容に反対する島民にたいして武装兵が出動するようになった。奄美大島、喜界（鬼界）島、徳之島、沖永良部島、与論島などの奄美群島が日米協定調印後日本に返還された。本州島東北部の、かつて最後の俘囚王安倍一族のテリトリーだった奥六郡の難所で、自然の要塞とされた北上——日高見——川上流の栗駒山山麓一迫《はざま》の谷に、政府の北上総合開発として最初のダムが建造され、東北における日本国の電源開発事業がはじまった。

ソ連が水爆の実験に成功した。アメリカの大統領が国連で「原子力の平和利用《アトム・フォー・ピース》」をぶちあげた。

1,954

アメリカの大統領が一般教書の中で「沖縄のアメリカ軍基地は無制限に保持する」と表明した。青函連絡船の洞爺丸が暴風雨で沈没し、死者行方不明百五十五人。アメリカ合衆国の原子力委員会が太平洋のビキニ環礁でおこなった水爆実験の際に、日本の漁船「第五福竜丸」が被災し、大勢の乗組員が重大な放射線障害を受け、ひとりが死亡した。ソ連が世界初の工業用原子力発電所を始動させた。

オルダス・ハックスリーというイギリスの知識人で作家のひとりが、ペヨーテ・サボテンから抽出されたメスカリンの影響下で『知覚の扉』という本を書いた。

1,955

北海道知事が通達によってアイヌの熊祭りを禁止した。部落解放全国委員会が「部落解放同盟」に名称を改めた。アメリカが南ベトナムの軍事政権に肩入れする形でベトナム戦争がはじまった。人里離れたところでおこなわれていた核実験が、ストロンチウム九〇の濃度というかたちで、め

1,956

ぐりめぐって、地球上のすべての人たちに影響を与えていることが、このころわかりはじめた。

売春防止法が制定された。米の農林一号と農林二十二号の交配種が「コシヒカリ」と命名された。沖縄の那覇で市長選挙がおこなわれて、反米派の市長が誕生した。アメリカに最初の白いインディアンであるビート族があらわれた。アレン・ギンズバーグが「吠える」を発表した。知里《ちり》真志保《ましほ》博士が『アイヌ語入門』というタイトルの本を書き、その中でバチェラー博士などアイヌの理解者の仮面をかぶっていた著名なアイヌ学者たちを痛烈に批判した。

「アイヌ語は日本人にとって、そう縁のない言語ではない。日本語からアイヌ語に入ったことばもたくさんあるし、アイヌ語から日本語に入ったことばも、ふつう考えられているほど少ないものではない。ことに、北海道から本州の東北地方にかけて、おびただしい数のアイヌ語が、あるいは地名となり、あるいは山間に住む狩猟者の山ことばとなり、あるいは農山村や漁村の日常語の中になにげなくまぎれこんでいて、それとなく使われているのである。われわれはふだんのくらしの中で、それとも知らずに、かなり多くのアイヌ語に親しんでいるわけである」

——知里真志保著『アイヌ語入門』まえがきより

1,957

沖縄の那覇に前年誕生した反米派の市長がアメリカ軍によって罷免された。農民文学運動に生涯を捧げた犬田卯《しげる》が病没した。夫の死を看取った住井すゑ（すゑ子）が、被差別部落を題材にして『橋のない川』を書きはじめる決心をした。その昔日高見国があったとされる茨城県の東海村に、国策で建造された原子力研究所の実験炉が臨界に達し、日本列島に最初の原子の火がともった。ソ連とアメリカが相次いで人工衛星を打ち上げた。世界で最初の、ソ連が打ち上げた人工衛星は「スプートニク」という名前だった。ジャック・ケルアックが『オン・ザ・ロード（邦題は「路上」）』を著した。ソ連ウラル地方の核工場で核廃棄物の爆発事故が起きたが、世界がその事実を知らされるのは二十年近くたってからのことになる。

1,958

売春防止法の罰則規定が施行されて、公認の売春施設三万九千軒が姿を消し、従業婦十二万人が廃業した。九州島の阿蘇山が大爆発を起こした。死者十二人。沖縄の通貨がすべてドル建てに切り替えられた。知里真志保《ちりましほ》博士が北海道大学文学部の教授になった。差別が自分にはわかっていないと気がついた住井すゑが、部落解放同盟の東京事務所に出向き、解放運動に参加させてくれと頼みこんだ。以後彼女は各地の被差別部落に出かけて教えをこう生活を続けながら、ライフワークとなる『橋のない川』を書き続ける。

1,959

キューバで革命が起きた。アラスカがアメリカ合衆国の四十九番目の州にされた。ハワイ諸島がアメリカ合衆国の五十番目の州にされた。

1,960

フランスが当時植民地だったアルジェリアのサハラ砂漠で初の原爆実験。韓国で軍事クーデターが起こり、文民政府が倒れた。三陸海岸で大津波。チリ地震によるもの。北海道第三期総合開発計画が策定され、その目玉として苫小牧東部の大規模工業基地開発計画の一環として、苫東へ工業用水を供給するために二風谷《にぶたに》ダムが計画された。

現代日本人の身長や頭長幅示数にかなりの地方差があることに着目した人類学者の小浜基次が「生体計測学的に見た日本人の構成と起源に関する考察」(『人類学研究』七巻一・二号)という論文の中で「アイヌ系の東北・裏日本型がもともと広く日本に分布していたところへ、あとから朝鮮半島より新しい長身、短頭、高頭の集団が渡来し、瀬戸内海沿岸をへて畿内に本拠を占め、さらに東海・関東方面へ進出し、両者の混交によって現在の日本人が構成されたのであろう」と推論して「現代和人構成の主流をなした基本集団は朝鮮系とアイヌ系であり、その混交によって亜型、移行型も形成され、現代の和人(日本人)を構成している」と結論づけた。

グァム島の山中を逃げ隠れしていたもと大日本帝国の兵隊ふたりが保護されて帰国した。東西冷戦を背景にして、アメリカと日本の間に相互安全保障条約が締結され、アメリカ軍が好きなだけ日本列島に居すわれることが決められた。

1,961

北海道アイヌ協会が「北海道ウタリ協会」と名前を改めた。「ウタリ」とはアイヌ語で「同胞」を意味した。知里幸恵《ちりゆきえ》と真志保《ましほ》の叔母で、アイヌユーカラの筆録に生涯を捧げてきた「イメカナ」というアイヌ名を持つ金成マツが八十五歳で世を去った。登別アイヌ出身で言語学者としてアイヌ語に言霊を取り戻すために努力してきた知里真志保博士もまた、「まだ死ねない」の言葉を残して五十二歳で没した。住井すゑの小説『橋のない川』第一部が刊行された。奈良県の小林部落をモデルに、部落民自身による部落解放へ向けた全国水平社の結成とその後の闘いを描くこの大河小説は、この後三十二年かかって第七部が完成するまでに五百万部以上が売れ、中国語、英語、タガログ語、イタリア語に翻訳されることになる。

農業基本法が公布された。大阪の釜ヶ崎のドヤ街で暴動が起こり、二千人近くの群集が警官隊と衝突した。

ソビエト社会主義共和国連邦が最初の有人宇宙衛星を打ち上げた。ベルリンで東西を分断する壁の建設がはじまった。

1,962

東京の人口が一千万人を突破した。都市にスモッグが発生しはじめた。ソ連に負けじとアメリカも有人宇宙衛星を打ち上げた。アメリカ合衆国のジョン・F・ケネディ大統領が、沖縄にたいする日本の潜在主権を認める発言をした。アイヌ同胞への布教活動を精力的に続けたバチェラー八重子が京都旅行中に脳いっ血で没した。富士山山頂が国有地かどうかで係争中だった裁判で、

1,963

名古屋地裁が「八合目以上は浅間神社に払い下げること」と判決を下した。北海道島で十勝岳が噴火し、硫黄採掘作業員五人が死亡した。伊豆三宅島の雄山が噴火した。

「ササニシキ」米誕生。埼玉県狭山市で女子高校生が誘拐されて殺される事件が起き、部落の青年——石川一雄——が別件で逮捕されて、この事件の犯行を一か月後に自白した。この年、人類学者の小浜基次が近畿、山陽、山陰、九州、四国の四十七か所の「部落」を調査して「形質人類学から見た日本の東と西」(『国文学解釈と鑑賞』二十八巻五号)という論文を発表している。その中で彼は「大陸朝鮮型形質のもっとも濃厚な畿内地区に、もっとも非朝鮮的な形質を持つ東北・裏日本型の部落が孤島として介在することは、注目に値する」と記した。彼はまた「エミシ」を、和人とアイヌの中間形質を持つものとして、「混血アイヌ」と呼び、「純アイヌ」と区別している。つまりその人たちが「エミシ」として歴史に登場するころには、すでにそうとうの混血が進んでいたことになるということらしい。

黒人やマイノリティの権利回復運動が高まりはじめたアメリカで、ジョージ・ウォレスという右翼の政治家が「今日も差別、明日も差別、永遠に差別!」と公然と主張した。この演説の草稿を書いたのは実はウォレス本人ではなく、「エース・カーター」ことアサ・アール・カーターが本名の、当時過激な活動を展開していた極右白人優越主義者団体KKK(クークラックスクラン)のメンバーの男といわれ、このカーターはのちに「フォレスト・カーター」を名乗って西部劇を

1,964

書く小説家となり、かの有名なインディアン小説の『リトル・トゥリーの教育』（邦題『リトル・トリー』）を発表することになる。

アメリカ合衆国上院が、アメリカ合衆国とソ連というふたつの巨大な核保有国による大気圏内の核実験を終わらせる、制限つき核実験禁止条約を圧倒的多数で批准した。日本とアメリカの間でテレビの宇宙中継がおこなわれ、アメリカ大統領の暗殺の瞬間が放映された。

浦和地方裁判所で、前年に女子高校生誘拐殺人の罪で逮捕された部落の青年に死刑の判決が出た。青年は東京高等裁判所に控訴して、殺害を全面否定し、自白は強要されたもので自分は無実と訴えた。旧行政管理庁が「北海道旧土人保護法」の廃止を池田勇人内閣に勧告。ビートルズが音楽で地球を征服した。新潟でマグニチュード七・五の直下型地震が起こった。琉球立法院が日の丸掲揚の自由と日本国籍明示を要求する決議案を採択した。青函トンネルの工事が開始された。

アメリカで若者革命がはじまった。この革命はやがて世界に広まっていく。アラスカをマグニチュード八という桁はずれに巨大な地震が襲った。アメリカ軍が北ベトナムにたいする爆撃を開始した。中国が核爆発実験を成功させた。

1,965

産軍複合体にコントロールされるかのようにアメリカがベトナムで地上戦に突入した。世界各地でベトナム反戦運動の気運が高まる。アメリカの先住民で、徴兵されてアメリカ軍の兵士としてベトナムに派兵された者は四万二千五百人を数えた。

アメリカ人の考古学者であり国立スミソニアン研究所のエバンスとメガースの両教授が、南米エクアドルのバルディビア遺跡を調査し、そこから発掘される土器群が、様式や年代において日本の「縄文」土器と明確な対応を示していると発表した。二人は「日本から南米への土器文化の伝播」もありうるのではないかと指摘した。

日本と韓国の間の国交が回復した。「同和地区に関する社会的及び経済的諸問題を解決するための基本方針」が提出され、学校教育で使われている教科書にたいする批判がおこなわれた。この「同和地区」とは行政の用語で、一般には「被差別部落」とかただ単に「部落」と呼ばれるものだが、かつての先住民限定居留地のこと。

1,966

紀元節にあたる二月十一日が学識者たちによって日本の建国記念日と決められた。北海道島苫小牧市の勇払川で約三百年前の「イタオマチㇷ゚」という全長九メートルほどのアイヌ独特の構造をした外洋型舟二隻が出土した。茨城県の東海村で、日本最初の原子力発電所が運転を開始した。

ＬＳＤや大麻やシロシビン（マジック・マッシュルーム）やペヨーテといった、人間をさまざまに縛りつけている文化的な条件づけを解除させる働きを持つドラッグが、欧米の若者たちの関心事になった。アメリカでバックパッキング革命がはじまり、多くの若者たちが寝袋など背中に背負えるだけの家財道具を持って地球を放浪するようになった。中国では文化大革命勝利祝賀のために紅衛兵百万人が北京に集まった。

意識を拡張する働きを持つＬＳＤがアメリカで非合法化されたこの年、ベトナム戦争で死んだアメリカ人が五千人を越えた。国連総会で「国連人権規約Ｂ規約（市民的及び政治的権利に関する国際規約）」が採択され、その二十七条は「種族的・宗教的又は言語的少数民族が存在する国において、その集団の他の構成員とともに自己の文化を享有し、自己の宗教を信仰しかつ実践し又は自己の言語を使用する権利を否定されない」と明確に規定した。

自分は天皇であると名乗り出た熊沢寛道が死んだ。

1,967

かつての「紀元節」である二月十一日が、「建国記念の日」として祝日になった。

アメリカ中から何万人という若者たちがサンフランシスコ市のハイトアシュベリー地区やニューヨーク市のイースト・ビレッジに「愛の夏（サマー・オブ・ラブ）」のために集まった。支配者的な階層制度に基づく価値観から逃げ出し、体制の網の目からおっこちてヒッピーやフラワー・チルドレンになる——白いインディアンの——生き方が、若者たちの心をとらえた。アメリカで大人と子どもの間が内戦状態に。アメリカ合衆国が保有する核爆弾は三万二千五百発と発表された。

アメリカ軍政下の那覇市で、沖縄島民十八万人が集まって沖縄即時無条件返還を要求する大会が開かれた。

1,968

アメリカ軍の原子力大型航空母艦エンタープライズが佐世保に入港した。世界の若者革命と同調したかのように日本各地の大学で紛争が起こりはじめる。東北本線全線電化完成。日本政府が「北海道百年記念祝典」なるものを札幌で催した。「北海道百年」は当然ながら「日本人による開拓がはじまって百年」を意味していた。このときの役人たちには誰一人としてアイヌの大地が侵略されて百年だという想像力を働かせることができなかったようだ。札幌市の中心から東南へ約十五キロの丘陵（野幌森林公園）に「北海道百年記念塔」が建設され、アイヌの権利回復運動の指導者だった山本多助はそれを「侵略の塔」として糾弾した。また旭川市の常盤公園にも、北海道開拓記念碑として「風雪の群像」という彫像が建てられることになり、当初のデッサンが「アイヌの老人が和人の役人の足元にひざまずいているもの」だったことから、これを屈辱的なポーズとして「侵略」を「開拓」という言葉に置き換える日本本土人の自己中心的な歴史認識が問われた。結局この彫像は「アイヌの老人が木の切り株に坐っているもの」に改められて、翌年に完成して公開されている。

「北海道旧土人保護法」第五次改正法が公布され、貧困者の子弟への学資及び住宅改良資金の給付が打ち切られた。「北海道旧土人保護法」の改正はこのときが最後となった。旧行政管理庁が「北海道旧土人保護法」廃止の方針を示して北海道としての見解を求めた。北海道民政部は「旧土人保護法」の廃止を時期尚早として反対した。九州島宮崎県えびの町を中心に大地震。北海道の十勝沖でも再び大地震が起きて、死者五十人。小笠原諸島が返還され、東京都小笠原村となった。

アメリカのロスアンジェルスのカリフォルニア大学でカルロス・カスタネダという若い文化人類学者がアリゾナ州からメキシコにかけてをテリトリーとするヤキ族のシャーマンについて世界の認識の仕方を学び、そのフィールド・ワークなるものを『ヤキ族の知の道――ドン・ファンの教え（A Yaqui Way of Knowledge : The Teachings of Don Juan)』という本にまとめあげて卒業論文として公開した。この本がきっかけとなってアメリカ大陸の先住民にたいする意識がかつてない次元に高められた。カスタネダのこの本も紹介されている最初の『ホール・アース・カタログ（Whole Earth Catalog)』が刊行され、知識の世界の再構築がおこなわれ、世界中の若者文化と生き方に影響を与え、価値転換運動も加速した。先住民文化への関心も高まりはじめた一方で、混血が急増し、自分が何族に属するのかもわからないようなインディアンも多数生まれて、インディアンの各部族社会が文化的な危機を迎える。アメリカ先住民の間で「白人文化と対抗するためにはインディアンは部族を越えてひとつにまとまるべきだ」という考え方に基づいて「汎インディアン運動」が起きた。フランスのパリでは学生デモと警官隊が衝突し、フランス全土でゼネストが起きた。フランスがなにごともなかったかのように南太平洋で核実験をおこなった。

沖縄の米軍基地の中で毒ガスが漏れ出すという事故が起きた。アイヌの偉大なチーフ・シャクシャイン没後三百年にあたるこの年、北海道島静内《しずない》町で「シャクシャイン顕彰会」が設立され、同地にあるシャクシャインのチャシコッ(城址)で、シャクシャインの命日とされる九月二十三日に、はじめて同顕彰会による「シャクシャイン祭」が催された。以後毎年シャクシャイン祭は九月二十三日に同所でおこなわれるようになった。

若いスイス人で宇宙考古学者を称するエーリッヒ・フォン・デニケンが『神々の車輪(Chariots of Gods)』という本をアメリカで著し「数千年前にこの惑星に宇宙から訪問者があった」ことの証明として、日本列島の本州島東北部、青森県亀ヶ岡遺跡から出土した「遮光器土偶」を「宇宙服を身に着けた太古の宇宙人ではないか」と指摘した。

諸部族からなる八十九人のアメリカ・インディアンの活動家たちが、サンフランシスコ湾に浮かぶアルカトラッ島を占拠して「アメリカ大陸はもともとインディアンのものである」と世界に向けて宣言した。全米のアメリカ・インディアンたちがこの占拠事件に影響を受けて、ネイティブ・アメリカンの精神復興と権利回復の運動がはじまった。アルカトラッ島の占拠は、同時に進行していたアメリカの若者革命にも影響を与えつつまる二年間続く。この年、アメリカの宇宙飛行士がはじめて月面に立ち、残りの人類が、月から眺めた地球の映像をテレビで目撃した。神秘主義や神霊や魔術や密教への関心が若者の世界で高まりつつあった。

アメリカ合衆国がアリューシャン列島のアムチトカ島で地下核実験をおこなう。

1,970

日本がはじめて人工衛星を打ち上げた。北海道の全道市長会で「北海道旧土人保護法」の廃止が決議された。北海道ウタリ協会も同法の廃止を決議した。中央政府の外務省が、国際連合の人権規約に基づく報告書の中で「本規約に規定する少数民族はわが国に存在しない」とまぬけな表明をした。北海道百年記念事業として、侵略者の北海道知事の名前で、こともあろうにチーフ・シャクシャインのプラスチック製の像が、静内《しずない》にあったチーフ・シャクシャインの砦の跡に建てられるという事件が起きた。像の台座の正面には「英傑シャクシャイン」とあり、その下に「北海道知事　町村金吾書」と刻まれていた。「町村金吾」は、ご丁寧にも、かつて特高警察の指導者として、アイヌの人たちを弾圧した人物でもあったのだ。

沖縄コザ市でアメリカ軍の兵隊が乗用車で沖縄人《ウチナーンチュ》の男性をはねて逃げたことから騒動が起こり、五千人の市民とアメリカ軍憲兵隊が対立し、アメリカ人の車七十三台が焼かれ、基地内の小学校にも火が放たれるなど騒ぎはエスカレートしたが、アメリカ兵でも差別を受ける黒人兵には被害が及ばないようになっていたなど、奇妙な秩序のある暴動だった。

「性差別への告発」をスローガンにしたウーマンリブの集会が東京で開催された。日本を憂える高名な作家が、同じ東京市ヶ谷の自衛隊東部方面総監部で切腹して果てた。アメリカ軍がベトナムへ、またそこからカンボジアにも侵攻した。人間をとりかこんでいる環境が再発見されはじめたアメリカ合衆国で、この年「地球週間《アースウィーク》」として、環境の再発見を祝福する行事がはじめてとりおこなわれた。

畿内飛鳥で「帰化人の里」と呼ばれていた檜隅《ひのくま》の地で高松塚古墳から壁画が発見された。三面の壁に日月図と――朱雀を除く――四神図、そしてそれぞれに同数の男女十六人が描かれていたのだ。その古墳は徳川時代には「文武天皇陵」と伝えられていたもので、それがいつのまにか取り消されてただの古墳となっていた。こうした四神図と星宿図が壁面に描かれた墳墓は高句麗と、同じ扶余《ふよ》の流れをくむ百済にしか見られないもので、被葬者がヤマト朝廷の支配層に属する朝鮮半島からの渡来氏族であることは明白だった。

首相の田中角栄が「日本列島改造論」を発表した。北海道沙流《さる》郡平取《びらとり》町にアイヌ出身の萱野茂が独力で集めた民具を中心にして、町立「二風谷《にぶたに》アイヌ文化資料館」が完成した。民具のほとんどは和人の「アイヌ研究家」によって持ち去られていたものばかりで、挨拶に立ったウタリ協会の貝沢正理事は、これまでの和人の悪逆非道を批判したうえで「アイヌの内面から見た正しい歴史の探求こそ望ましい」と語った。

北海道庁が「ウタリ生活実態調査」を実施し、その結果を公表した。平取町で月刊新聞『アヌタリアイヌ――われら同胞人間』が刊行され、その第一号の特集で「有珠《うす》の海を汚すな！　伊達火力発電所建設に反対するアイヌの漁民たち」という座談会が組まれ、札幌では「アイヌ解放同盟」（代表結城庄司）や、「ヤイユーカラ（自ら行動する）・アイヌ民族学会」（会長成田得平）が、旭川には「旭川アイヌ協議会」が、東京には「東京ウタリ会」（のちに「関東ウタリ会」と改称）が誕生した。第二十六回日本人類学会・日本民族学会連合大会が、中心テーマを「アイヌ研究」にすえて、札幌の札幌医科大学で開かれ、ラディカルな学者たちがこれまでのアイヌ研究を根本的に批判した。アイヌ解放同盟代表の結城庄司らが、日高・静内で和人の観光協会が観光客の客寄せに使いはじめた「シャクシャイン像」の台座に刻まれていた「知事町村金五書」の名前の文字の部分を削り取る事件が起きる。こののち、七〇年代の世界的な民族解放闘争と価値逆転闘争の影響を受けて、旭川市常盤公園の「風雪の群像」爆破事件、札幌の北大文学部アイヌ資料ケース爆破事件、根室のノッカマップ灯台落書き事件、白老《しらおい》町長殺人未遂事件、室蘭のアイヌ慰霊碑落書き事件、登別の知里真志保《ちりましほ》碑汚損事件、白老民族資料館汚損事件、静内町開拓記念「北辺開拓の碑」汚損事件、札幌のケプロンと黒田清隆像汚損事件、苫小牧市民会館前「勇払千人同心」ブロンズ像破損事件、北大構内クラーク博士像、初代総長像汚損事件が連続して起きた。

沖縄が日本に返還された。日本返還を望まなかった沖縄人はこのときグァム島やアメリカ本土に移住した。沖縄県那覇市市民会館でおこなわれた祝賀ムードとはかけ離れた「沖縄県発足式典」で、屋良朝苗《やらちょうびょう》知事は壇上で「一九五二年四月一日に設立された琉球政府は一九七二年五月十五日をもって解散し、昭和四十七年五月十五日、ここに沖縄県が発足したことを宣言する」と二つの年号を使い分けた。沖縄島はこの後急速に開発の波にのみ込まれて自然が荒廃していく。

アメリカ合衆国で亀の島の住人たちによるデモがおこなわれた。「アメリカン・インディアン・ムーブメント（ＡＩＭ）」や「破られた条約の道（トレイル・オブ・ブロークン・トリィティズ）」のメンバーや支援者たちがアメリカの首府ワシントンＤＣで合衆国内務省インディアン局（ＢＩＡ）の連邦政府ビルを占拠してその一部を破壊した。スウェーデンのストックホルムで世界の少数民族の代表らも参加して国際連合が人間環境会議を開催し、宣言の中で「地球の危機」

がうたわれた。地球の総人口が三十七億六千万人を突破。

恐るべき量の枯れ葉剤（ダイオキシン）が武器として使われたベトナム戦争が終わった。アメリカ人五万三千、ベトナム人三百万の生命がこの戦争で失われたとされる。アメリカが地元の一部の権力者に肩入れする形で侵略戦争を展開して負けたのは、これがはじめてのことだった。

北海道の札幌でアーティストの砂沢ビッキらによって「全国アイヌ語る会」の第一回が開催され、差別の実態や、「旧土人保護法」の存廃問題、権利回復運動のあり方などについての討論がくりひろげられた。この年から使われはじめた日本の中学校の社会科の教科書に、部落問題に関する記述がはじめて登場した。沖縄の金武《きん》湾で、環境破壊を懸念して「母なる海を守れ」を合い言葉に、石油備蓄基地（ＣＴＳ）建設反対運動が起きた。住井すゑの小説『橋のない川』の第六部が完成した。

アメリカン・インディアン・ムーブメント（ＡＩＭ）のグループに属するインディアンの若者たち二百人ほどが、サウスダコタ州のパイン・リッジ・リザベーションにある交易所と教会とラシュモア山を二か月以上にわたって占拠した。

1,974

第一次北海道ウタリ福祉対策七か年計画が開始された。「アイヌ無形文化伝承保存会」が設立された。根室市内において祖先供養のための儀式「ノッカマップ＝イチャルパ」が開催された。アイヌ解放同盟綱領案が起草された。伊豆半島の沖でやや強い地震があり、半島南部に被害が集中し、死者三十人を数えた。十年前の狭山女子高校生誘拐殺人事件の被告とされ、無実を訴え続けた石川青年に無期懲役の判決が出され、石川青年は最高裁判所に即日上告した。

亀の島の先住民であるホピ族とナバホ族の土地争議を解決させるという名目で、合衆国政府がこれに直接関与できるようにするための法律が作られた。狙いはホピとナバホの土地の下に眠っている石炭や石油やウラニウムといった埋蔵鉱物資源だった。インド政府がインド西部ラジャスタン州ポカランの核実験場で、あくまでも「平和目的」であることを強調して地下核実験をおこなった。

1,975

東京都が第一回「東京在住ウタリ実態調査」を実施し、結果を公表した。この年の四月から使われはじめた日本の小学校六年生の社会科の教科書で、江戸時代の身分制度と明治維新のときの四民平等のところで、部落問題についての記述が付け加えられた。

青森県北津軽郡市浦村が「市浦村史資料編」として、津軽五所川原《ごしょがわら》市の和田家に伝わる門外不出とされる文書を一部出版公開した。俗に『東日流《つがる》外三郡誌』という名前で知られるもののうちの最初に出されたもので、神武東征の際に奥州に逃れたナガスネヒコの兄の安日《アビ》を始祖とする津軽の安倍一族という「大和朝廷によって歴史から消された敗者のサイド」から――おそらくは二十世紀、それも戦後になってから――頭を絞って歴史を書き直すために反天皇制蝦夷《エミシ》史観にのっとり、机上で再構築された作為と空想と怨念のかたまりのような大部の書物であり、はじめからフィクションとして出せば問題にもされなかったようなものが、あらかじめ「古文書」として世に出されたものだから騒ぎが大きくなり、歴史学者や民俗学者やマスコミ関係者を巻き込んで、十年ほどのちに空前の真贋論争が繰り広げられたあげく、結局――東北の歴史を変造する――偽書とされた。

沖縄県で沖縄国際海洋博覧会が半年間開催され、皇太子が沖縄を訪問したが、「ひめゆりの塔」のそばで現地の青年から火炎ビンを投げつけられた。天皇と皇后が日本記者クラブの記者団とはじめて会見を持ち、席上「戦争終結のため、原爆投下は、気の毒だが、やむをえなかった」と発言した。在日コリアンの社会で、日本の学校に通う子弟が本名を名乗る「本名宣言運動」が起こる。北海道島の網走市で「オロッコの人権と文化を守る会」準備会が発足した。

アメリカ合衆国サウスダコタ州のパイン・リッジ居留地でアメリカン・インディアン・ムーブメント（ＡＩＭ）の活動家とＦＢＩの間で武力衝突が起き、二人のＦＢＩ捜査官が死亡し、レオナルド・ペルティエというネイティブの青年が殺人の容疑者として逮捕された。ペルティエは最初から殺人容疑を全面的に否定して、以後合衆国政府と裁判闘争を続けている。「国連人権規約Ｂ規約（市民的及び政治的権利に関する国際規約）」がこの年に発効したが、日本はまだ批准していなかった。

1,976

北海道庁で消化器爆弾が爆発して職員二人が死亡し、九十五人が負傷した。現場から「アイヌ全滅を企てる日本帝国主義粉砕」という東アジア反日武装戦線の声明文が発見された。アイヌの教化と生活改善団体である「十勝旭明社《ぎょくめい》」が「アイヌ系住民が一般社会民の中に於て混然一体となり、一般日本民族として生活を営むに至った」という理由で、五十年の歴史を閉じた。東京都が「東京在住ウタリ実態調査報告書」の抜粋を公表した。伊豆半島南部の河津で大きな地震。「オロッコの人権と文化を守る会」が「オロッコ」は「アイヌ語」であるために、本来の呼称に戻し「ウィルタ協会」として正式に発足。沖縄県で喜納昌吉が家族や友人とチャンプルーズというバンドを結成し、精神のバランスを崩さざるをえなかった占領下の沖縄の状況を「ハイサイおじさん」という明るい歌にたくして大ヒットさせた。

1,977

動燃（動力炉・核燃料開発事業団）が自主開発した高速増殖実験炉「常陽」が臨界に達し、日本のメディアがこぞって「エネルギー自立への第一歩」とうたいあげた。アメリカで第二次世界大戦以後この年までに原爆六百個分のウラニウムとプルトニウムが行方不明になっていることが発表された。アイヌで「ヤイユーカラ（自ら行動する）・アイヌ民族学会」会長の成田得平が参議院議員全国区選挙に立候補して落選。日本の文部省が小中学校の新学習指導要領で「君が代」を国歌と規定した。

最高裁判所が狭山事件について口頭弁論もないまま上告を棄却した。弁護団が異議申し立てをしたが、その異議申し立ても却下され、原判決のまま石川一雄の無期懲役が確定した。その後も石川青年の無実を証明するような証拠や証言が出てきて、再審の請求が何度か提出されたが、いずれも棄却された。

アメリカ・インディアンのスー族のメディスンマンであったブラック・エルクの言葉をまとめた『ブラック・エルクは語る』が日本語化された。北海道島の洞爺湖畔の有珠《うす》山が大噴火した。網走市議会が「ウィルタ（オロッコ）文化資料館建設用地（市有地）の無償貸与」を満場一致で可決した。

「同じ日本人でありながら、どうして部落のことで差別があるのか。戦後の日本は民主主義の国です。平等の国です。部落のことが解決されないかぎり、少数民族に対する差別は続くでしょう。差別があるかぎり民主主義はないでしょう」

――ウィルタ族のゲンダーヌ（日本名、北川源太郎）が歴教協第二十九回大会でおこなった発言の一部

東北自動車道の岩槻（埼玉県）と盛岡（岩手県）の間が全線通行可能になった。北海道島の網走市に北方少数民族資料館ジャッカ・ドフニが、ウィルタ族のゲンダーヌ（日本名、北川源太郎）を館長として建てられた。伊豆半島を中心に関東と東海地方にマグニチュード七の地震が発生し

て死者二十人以上、負傷者多数を出した。冒険家の植村直巳が犬ぞりを使って単独で北極点に到達した。宮城県沖でマグニチュード七・四の巨大地震。仙台市などを中心に死者二十八人、負傷者多数を出し、建物の被害も三万五千棟に及んだ。伊豆大島近海でも地震。伊豆半島東方沖の群発性地震がはじまる。

七月三十日、沖縄の「本土復帰」から六年たって、それまで三十三年間もアメリカと同じ右側通行だった車線が、一夜にして左側通行へと切り替わったために、沖縄ではバスが崖から転落したり、タクシーが大事故を起こしたりした。世界でも二例目になる交通変更で、六十億円の税金が投入されたこの愚行は「ナナサンマル交通区分変更」と呼ばれた。

アメリカ合衆国で亀の島の住人たちによる「ロンゲスト・ウォーク」がおこなわれた。「アメリカン・インディアン・ムーブメント（ＡＩＭ）」のメンバーや支援者たち延べ数千人がサンフランシスコからアメリカの首府ワシントンＤＣまでを、西の端から東の端まで歩いて踏破し、各地でアメリカ先住民の精神復興と権利回復にたいする意識を高めた。ソ連の原子炉を積んだ人工衛星がカナダ北東部の湖に墜落した。オーストリアが国民投票で原発の運転をストップし、原発禁止法を制定した。

1,979

北海道庁、第二回「ウタリ生活実態調査」を実施し、結果を公表した。ようやく日本政府が「国連人権規約Ｂ規約（市民的及び政治的権利に関する国際規約）」の批准を決意した。木曽の御岳山が有史以来初の噴火爆発。
経済優先から強引に運転を開始して三か月後のアメリカ合衆国のスリーマイル島原子力発電所で、二号炉がちょっとしたトラブルから誘発された大事故を起こし、住民が避難する光景が世界に報道された。地球科学者のジェームズ・ラブロックが「地球はひとつの生きた有機体で、相互に依存しあうエコシステムであり、地球上のあらゆる植物、鉱物、動物、大気があるひとつの生きた存在を構成している」と、数千年、いや数万年前から地球のネイティブ・ピープルが主張し続けていたことを教育を受けた人にもわかるように改めて「ガイア仮説」として提唱した。サハリン島への大陸からの移民が先住民族であるニヴフを押しやり、人口の九十九・六パーセントに達したと、ソ連科学アカデミー付属の極東科学センターが報告。

神うらば　拝《うが》むんて
沖縄の先姿《さちしがた》
みいまんてぃ　くぃみそーり
アイエーナー　ちゃーすがやー
拝でぃん　拝まらん

神がいるのならば拝みたい
沖縄の未来の姿を
見守ってくださいと
ああ、どうしたらいいのだろうか
拝んでも拝みきれない

——喜納昌吉「イヤ　ホイ!」一九七九年より

日本公演のために来日した元ビートルズのポール・マッカートニーが税関において大麻取締法違反で逮捕拘留された。第二次世界大戦後にサハリン島南部域から北海道島に移住した樺太アイヌ（エンチゥ）の一部が北海道ウタリ協会（常呂支部）に所属することになった。北アメリカ大陸太平洋岸西北部、アメリカのワシントン州にある名峰セントヘレンズ火山が大噴火を起こし、噴煙が北半球一帯に拡散して各地に異常気象を起こした。日本列島は記録的な冷夏に襲われた。伊豆半島東方沖でも地震。

亀の島の諸国および諸部族に属するアメリカの先住民の数が、百四十一万八千人にまで増加した。合衆国政府が南部パイユート族に五千エーカーの土地を返還した。スー国が、一八七六年に合衆国政府が違法にブラック・ヒルズの土地七千三百万エーカーを奪い取ったとして最高裁で争っていた裁判に勝訴し、その代価として——土地の全面返還ではなく——一億二千二百万ドルを合衆国政府から受け取った。アラスカのネイティブ・ピープルが、広大な国立公園を含む国有林の中で、食料確保のために自由に狩猟採集漁労ができるように法律が改正された。

国連総会で日本政府が「国連人権規約B規約（市民的及び政治的権利に関する国際規約）」にうたわれているような「少数民族は日本に存在しない」と報告して世界をあきれさせた。元ビートルズのジョン・レノンがニューヨークで銃で撃たれて殺された。沖縄の宮古島で約二万年前の人のものと推測される頭骨と脊椎骨が発見され、日本人のルーツは中国の南部人が渡来したものという説が浮上した。

1,981

第二次北海道ウタリ福祉対策が開始された。沖縄本島の山原《やんばる》地方で空を飛べない新種の鳥が発見され「ヤンバルクイナ」と命名された。

1,982

この年の三月、地球など太陽系の九惑星が太陽から見て九十五度の角度内におさまる「惑星直列」が起きた。これは千五十年ぶりの出来事だった。長いこと、過去二千年近く、自然を敵と見てこれをレイプしたり征服する支配者的な生き方を背後から支えてきた既成巨大宗教の権威が音を立てて崩れはじめており、イマジネーションの時代の夜明けが近づいたためか、七〇年代の意識拡張体験と、南北アメリカ大陸の先住民の文化——世界の認識の仕方——にたいする関心の高まりがきっかけとなって、本来は極東アジアからスカンジナビアにかけて広く分布する北方ユーラシアの狩猟民および一部の遊牧民に特有な宗教概念と、それにともなう儀式の総体を指すものであったシャーマニズムへの再評価に脚光が当たりはじめる。

文部省が高校の社会科の教科書の検定に際して、アジアへの「侵略」を「進出」に言葉を書き換えさせていることが発覚した。第二次世界大戦後にサハリン島南部域から北海道島に移住した樺太アイヌ（エンチゥ）の一部が北海道ウタリ協会の豊富《とよとみ》支部にも所属することになった。北海道ウタリ協会が総会で「北方領土」問題にたいして「先住民族」としてのすべての権利を留保すること、「北海道旧土人保護法」の廃止および新法制定を要求することなどを決議した。札幌市内の豊平川畔において鮭を迎えるアイヌの伝統儀式「アシリチェップ＝ノミ」が開催された。東北新幹線と上越新幹線が開業した。

カナダ北西部にイヌイット（エスキモー）の自治州の設置が認められた。カリフォルニア大学デイビス校で「先住アメリカ人研究《ネイティブ・アメリカン・スタディ》」を教える、自らも先住民系アメリカ人のジャック・D・フォーブス教授が、「混血が進んでいる状況にあっては、理論的には紀元二千五十年から二千百年の間に、すべての――ヨーロッパ系、アフリカ系、アジア系の――アメリカ合衆国市民に、アメリカ先住民の血が混ざり込む」と統計学上の研究結果を発表した。亀の島でスー族の希代のメディスンマンであったレイム・ディアーが生涯を閉じた。

「偉大なる曽祖父のスピリットよ。哀れみをおかけください。わが一族の者たちが生きていけますように」

――レイム・ディアーの祈りの言葉

「二風谷《にぶたに》ダム及び平取《びらとり》ダムの建設に関する基本計画」が告示された。札幌アイヌ文化協会が結成された。北海道ウタリ協会の総会で、日本国政府、北海道が、全千島における先住者であるアイヌ民族の地位を再確認し、北海道島においても、先住者がアイヌだったことを明確にすべきであるということが確認された。秋田県沖の日本海でマグニチュード七・七の地震が発生し、男鹿半島に遠足中の児童らが津波にさらわれるなどして死者百四人を数えた。アイヌの権利回復運動の旗手で、北海道ウタリ協会の理事を務めてもいた活動家の結城庄司が、四十五歳で世を去った。

1,984

伊豆の三宅島の雄山が大噴火し、溶岩流によって島の西端の村があらかた焼失した。アメリカの辞書出版社であるメリアム・ウエブスター社が『ニュー・カレッジ辞典』のこの年の版から「Jap」の項目を削除することを決めた。

北海道アイヌ古式舞踊連合保存会による「アイヌ古式舞踊」が、日本国の重要無形民俗文化財に指定された。北海道ウタリ協会が、「北海道旧土人保護法」の廃止と「アイヌ新法」の制定を総会で採択し、知事と道議会議長に陳情した。北海道庁は知事の私的諮問機関「ウタリ問題懇話会」を設置した。二風谷《にぶたに》ダム建設予定地の用地買収交渉がはじまった。建設予定地の日高の沙流《さる》川沿いの地域は、北海道でも一番アイヌの人たちが多く暮らす地域だった。二風谷地区約五百人の住人のうち八十パーセント以上がアイヌで、買収対象地の地権者は百五十三人、うち八十五人がアイヌだった。大半が買収要求に応じたが、二風谷文化資料館館長の萱野茂と、北海道ウタリ協会の副理事長の貝沢正の二人だけが最後まで首を縦に振ることがなかった。北海道ウタリ協会が北海道大学医学部アイヌ納骨堂において「アイヌ人骨イチャルパ」（祖先供養祭）を開催した。日本人の北川源太郎であることをやめてひとりのウィルタ族の人間にもどり、網走市で北方少数民族資料館ジャッカ・ドフニの館長をしていたダーヒンニエニ・ゲンダーヌが、脳いっ血のために死んで別の世界に行った。

国連先住民族年を前に、東京の国立博物館（旧東京博物館）で、恒久的な陳列として、アイヌ

1,985

の人たちの民族的な展示が可能になったが、アイヌ民族の資料の陳列に積極的ではなかった文部省は、「アイヌの民族としての存在を認めていない。陳列を撤去しろ」とまで主張した。

「土地も森も海もうばわれ、鹿をとれば密猟、鮭をとれば密漁、薪をとれば盗伐とされ、一方、和人移民が洪水のように流れこみ、すさまじい乱開発が始まり、アイヌ民族はまさに生存そのものを脅かされるにいたった」

――北海道ウタリ協会が作成した「アイヌ新法案」の中の「本法を制定する理由」の一部

「野山に生きる木々や、動物を含めた自然があってこそ、より自由に、よりたくましく、人間は生きることができる」

――貝沢正がアイヌの精神としていつも語っていた言葉

茨城県と千葉県の県境付近を震源として五十六年ぶりに中規模の地震が関東地方で発生した。

チカップ美恵子が肖像権をめぐりアイヌ研究者を相手に裁判を起こした。子どものころの写真が無断でアイヌ関連の学術書に掲載され、その本の中でアイヌ民族を亡びゆくものとしてとらえていたことにたいして彼女が怒ったもの。

ソ連が核爆弾を四万五千発も保有していた。フィリピンで政変が起きて、前の大統領が国外逃亡し、新しく女性の大統領が誕生した。男女雇用機会均等法が施行された。ハレー彗星が地球に大接近した。ソ連のチェルノブイリ原子力発電所で事故から大爆発が起こり、放射能が大量に――ヒロシマ原爆の十倍も――大気中に放出されて周囲六百キロが放射能に汚染され、そのあまりにも悲惨な状況が全世界にテレビ中継された。フランスの大気圏内核実験に抗議するために南太平洋を見回っていた国際的環境保護団体グリーンピースの所有する船「虹の戦士号」が、ニュージーランドのドックで修理中にフランスの秘密諜報員によって爆沈された。日本政府が「農業を生けにえにするので、もっと自動車と家電製品を買ってください」という主旨の提言（前川レポート）をアメリカ合衆国の大統領にあてて提出。東北自動車道が工事着工以来二十年目にして青森まで全線開通した。

首相の中曽根康弘が「アメリカの知的水準が低いのは黒人やプエルトリコ人やメキシカンが居るからだ」と発言してアメリカのマスコミに叩かれると、この「知的水準発言」の釈明に「複合民族国家は教育などで手の届かないところもある。日本は単一民族国家だから、手が届きやすい」などと「日本単一民族国家」説を主張して、さらに自らの知的水準の低さを天下にさらしたために、批判の世論が湧きあがり、「北海道旧土人保護法」も問題とされた。政府はこそくにも同法の名称を「旧土人」から「ウタリ」への変更だけでこの問題に対処しようと試みたけれど、北海道ウタリ協会は新法制定をあくまでも求めた。国会の衆議院本会議において「国連に対して日本には差別を受けている少数民族はいないと報告しているが、これを撤回すべきではないのか」と質問されると、再び中曽根首相は「その報告は正しい」としたうえに、さらに付け加えて「自分は髭や眉が濃く、アイヌの血が多く混ざっていると思う」と、驚いて口が開いたまま閉じなくなってしまうようなことを言った。そして政府は再び首相の発言を踏まえて「アイヌ民族は独自の宗教・言語を保存しており、独自の文化を保持しているが、憲法で平等を補償された日本国民としての権利の享有は否定されていない」と報告した。北海道庁が第三回目の「ウタリ生活実態調査」をして結果を公表。伊豆大島の三原山が噴火し大量の溶岩が流出して、島民と観光客に避難命令が下された。

1,987

日本列島の各地で地震が頻発した。国連人権委員会の先住民作業部会にアイヌ代表が参加した。北海道の平取《びらとり》町や旭川市でアイヌ語教室が開設された。日本人映画監督の宮田雪《きよし》が前年に製作した『ホピの予言』という、バランスを失った人間の生き方に警告を与えるドキュメンタリー映画が、アメリカ合衆国のサンフランシスコで開かれた第十二回アメリカ・インディアン・フィルムフェスティバルでドキュメンタリー大賞を受賞した。

1,988

九州島の阿蘇山、桜島の活動が活発化した。大手ウイスキーの製造販売の会社の社長が「遷都」の話題の中で「北は大体が熊襲の山地で、熊襲の国でございますから、そんなにたんと(人間が)

住んでおるはずがない。文化的程度もきわめて低い」と、「熊襲」と「蝦夷《エミシ》」を取り違えて教育の足りなさを露呈するとともに、自らの文化的程度の低さを天下に曝して笑い者になった。東北各地のホテルや酒屋、スナックなどで当該会社の商品の不買運動が広がった。問題発言をした社長は、宮城、岩手、青森、秋田、山形、福島の東北六県の各県庁に知事を訪ね、謝罪した。津軽の外が浜と函館をつなぐ約五十四キロの青函トンネルが開通した。北海道知事の私的諮問機関であるウタリ問題懇話会が答申を提出し、「北海道旧土人保護法」の廃止と「アイヌ新法」制定の必要性を訴えた。北海道ウタリ協会は答申に沿った要請を決議し、知事と道議会議長に再び陳情した。北海道知事、道議会、ウタリ協会の三者が一致して中央政府に要請した。第三次北海道ウタリ福祉対策開始。チカップ美恵子の肖像権裁判が原告の実質勝訴で和解した。二風谷《にぶたに》ダム収用委員会に出席した萱野茂が「アイヌはアイヌモシリ、すなわち《日本人》が勝手に名づけた北海道を《日本国》へ売ったおぼえも、貸したおぼえもございません」と陳述して異議を申し立てた。八八年の八月一日から八日までの八日間、長野県の八ヶ岳山麓で「いのちの祭り」と「縄文祭」がひらかれ、亀の島からホピ族の伝統的通詞兼メッセンジャーのトーマス・バンヤッカが——アメリカ合衆国のものではなく——ホピ国のパスポートで日本に入国し、祭りに参加した。青森県鰺ヶ沢町湯舟の杢沢《もくさわ》遺跡から、十世紀頃（平安時代）に蝦夷《エミシ》たちが使っていた製鉄炉三十三基前後と、鍛冶工房、木炭窯、工人の住居跡がまとまって出土した。

昭和天皇が重病となり、イギリスの『サン』というタブロイド新聞が「地獄は悪人『天皇』を待っている」という品のない報道をしたことにたいして、外務省は駐英日本大使に「この記事はわれわれの君主である天皇陛下を侮辱するものである」と抗議させた。外務省の官僚が天皇を「象徴」としてではなく「君主」と認識していることがあきらかにされた。中央防災会議の地震防災対策強化地域指定専門委員会が「南関東直下のM七級地震の発生はある程度の切迫性がある」と発表した。青森県農協、農業者代表者大会が、六ヶ所村の核燃料サイクル施設反対を決議。

アメリカ先住民のショショーニ族のメディスンマンであるローリング・サンダーから差別のなんたるかを学んで帰国していた北山耕平が『ネイティブ・マインド——アメリカ・インディアンの目で世界を見る』を地湧社から刊行した。アメリカ合衆国議会が「国際文化生存法」を通過させた。

「先住民族は、自然や人間、そして両者のバランスのとれた関係について豊富な知識を持つ。スピリチュアルな世界についての彼らの考え方から、熱帯雨林、治癒、農業などについての伝統的知識にいたるまで、彼らの社会は、世界やわれわれ自身に関する新しい解釈のための機会を提供する。しかし、こうした先住民族の多くが、現在、深刻な差別、人権の否定、文化的・宗教的自由の喪失、そして最悪の場合、文化的・物理的な破滅にも見舞われている。世界中の数多くの場所で、こうした傾向が続けば、人類の文化的・社会的・言語的な多様性が急速に失われて、取り返しのつかないことになるだろう。文化的・社会的・宗教的・芸術的な表現の測り知れぬほどの豊かさはいうをおよばず、文書化されていない生態学的・生物学的・薬理学的な知識の膨大な宝庫さえも、失われることだろう」

——アメリカ合衆国議会「国際文化生存法」の一節

日本全国の県をことごとく訪問したが、最後まで沖縄にだけは足を踏み入れることができなかった天皇が死んで、年号が変わった。福島県の東京電力福島原子力発電所三号炉で、再循環ポンプが完全に破壊される事故が起きたが、東電側は事故をことさらに隠そうとした。青森県六ヶ所村で核燃料サイクル施設反対一万人行動。

九州島の佐賀県で吉野ヶ里遺跡が発掘された。周囲を環濠が取り巻く弥生中期の最大級の遺跡で、すわ邪馬台国かと騒がれたが、朝鮮半島から移住した人たちが経営する対先住民のためのコロニー兼砦だったようだ。発掘された人骨には、首が切断されて頭骨のないものや、一体の人骨に十二本の矢じりが残ったものなどがあった。

伊豆半島東海岸沖を震源とする群発地震のあと、伊東市沖三キロのところで海底火山が噴火した。サンフランシスコで大地震が起き、高速道路やビルが倒れて二百七十人を越す死者が出た。ベルリンの壁が崩壊し、その映像が世界に中継された。

北海道ウタリ協会が「アイヌ民族文化祭」を札幌で開催。参議院議員北海道選挙区の選挙にアイヌの苫和三《とまかずみ》が立候補して落選。日本国政府、関係省庁による「アイヌ問題検討委員会」を設置。北海道日高の二風谷《にぶたに》に住み「沙流《さる》川を守る会」を主宰する山道康子らが第一回「アイヌモシリ一万年祭」を開催した。東京都が第二回目の「ウタリ実態調査」をおこなって、都内には二千七百人ほどのアイヌが暮らしていることがあきらかになった。日本民族学会研究倫理委員会が「アイヌを独自の民族と認めて日本の単一民族国家観を否定する五項目の見解」を発表した。二風谷ダム収用委員会が北海道開発局の申請を認めて強制収用の裁決を出し、結局ダム建設が強行されることになった。

アペ、フチ、カムイ
ワッカ、ウシ、カムイ
カムイ、ウタリ、ドラノ
ウウエ、カルパワ、ウシ
アイヌ、ラメトク、コル
アイヌモシリ、ワ
カムイ、カルプリ
ヤイカチピ
イノイノイタク、イキナシ、コンナ

火の神よ
水の神よ
神の仲間とともに
たくさん集まって
人としての勇気を持ち
人間の大地に
よい生き方が
よみがえるように
祈る言葉を捧げます

——アイヌモシリ一万年祭のカムイミノで長老《エカシ》がとなえた祈りの言葉

1,990

国際連合の総会が、人権、環境、開発、教育、保健の分野において、世界の先住民が直面している諸問題の解決のため、国際協力を推進する見地から、一九九三年を「世界の先住民のための国際年」とすると宣言した。法務大臣の梶山静六が記者会見で、外国人不法就労者の一斉摘発に関連して「悪貨が良貨を駆逐する。アメリカにクロが入ってシロが追い出されるように」と発言

1,991

し、アメリカ議会や公民権団体が強く反発、「黒人議員連盟」は駐米大使に首相の公式謝罪と法相の罷免を要求した。地球の人口が六十億人を越えた。ロンドンで地球サミットが開催され「地球環境の危機」が宣言された。生態学的に地球が死にそうになっているということで、これもまた世界各地の少数民族がかねてより指摘し続けていたことだった。新しい天皇が即位した。九州島の雲仙岳と普賢岳が約二百年ぶりに噴火活動をはじめた。北海道議会が幌延高レベル廃棄物施設の計画反対を決議した。

第二次世界大戦のときに、アメリカ政府によってアラスカ本土に強制移住させられたアリューシャン列島に暮らしていたアリュート人たちが、アメリカ政府による不法収容に関する謝罪と賠償金を受けた。しかし、アッツ島の元住民四十二名だけは、日本軍に「保護」されていたとして、補償の対象からはずされた。東西に分断されていた壁が壊されてドイツが統一された。

基本的にはアメリカ合衆国とイラクの戦いだった中東湾岸戦争が衛星放送で生中継された。ほんものの戦争がテレビで茶の間にライブ中継されるのはこれがはじめてのことだった。コンピュータが日常の中に入りはじめ仮想現実——ヴァーチャル・リアリティ——という言葉が使われはじめる。福井県の関西電力美浜原子力発電所二号機でありえないはずの事故が起きて、一次冷却水が二次冷却水系に流出して原子炉が自動停止し、緊急炉心冷却装置が作動した。原発事故としては国内最大級のものだったが、通産省は施行ミスとして処理した。

1,992

ソビエト社会主義共和国連邦が解体され、共産主義が瓦解した。九州島の普賢岳で大規模な火砕流が発生した。国際連合の人権規約に基づく報告書で日本国政府がアイヌを本規約の「少数民族」とはじめて認めた。南北朝鮮が国連に承認された。普賢岳で大火砕流が発生して四十人を越える死者が出た。国連総会で「核軍備の凍結」決議案が採択に付されたが日本政府代表は「日本は、核軍縮実現に向けての道を追及しながらも、核抑止が世界の安全を保つうえで重要な役割を果たし続けている現在の世界状況を見落とすべきではない、と考える」とこれに反対した。

沖縄コザ出身の民謡家、ロッカー、歌う人で踊る人の喜納昌吉が、NHKの紅白歌合戦に出演して「花――すべての人の心に花を」を歌った。彼は曲の間奏に「人類はひとつ、地球はひとつ、ちゃーあっち（ずっと歩く）」「ONE　LOVE」というメッセージを入れることに成功した。

東京湾の浦賀水道を震源として地震が起きた。青森県六ヶ所村――本州島において蝦夷《エミシ》の国が最後まで残っていたところ――に建設された商業用ウラン濃縮工場が操業を開始した。東京国立博物館の佐々木利和主任研究官が「アメリカ北西海岸のインディアンと北千島アイヌ民族が、編みかごを作る技術において共通の文化を持っていた」と発言。二風谷《にぶたに》アイヌ文化資料館の萱野茂が、参議院比例代表区に社会党の名簿十一位に登載されたが、おしくも次点となり落選した。国際連合が主宰する「世界の先住民のための国際年」の幕開けを告げるセレモニーのため、アメリカ合衆国ニューヨーク州の国連本部に北海道ウタリ協会の野村義一理事長が招へいされ、アイヌ民族を代表して記念演説をおこなった。二風谷ダム裁判を萱野茂とともに戦い続けた北海道ウタリ協会副理事長の貝沢正が亡くなり、息子の貝沢耕一が遺志を引き継いだ。北海道の人口が五百六十六万人に。沖縄県の那覇に、かつての琉球王府の象徴で、第二次世界大戦の中で破壊された首里城が復元された。

県営の野球場の建設を進め、すでに一塁側と三塁側の内野スタンドの工事もできあがっていた青森市が、開発工事を一時停止させて、その下に眠っていた、いまだかつてなかったほど巨大な縄文遺跡の発掘保存に着手した。三内《さんない》丸山遺跡として知られる縄文前期から中期にかけての遺跡で、発掘によってこれまでの縄文にたいする認識を根本から見直す必要に迫られた。

国連総会で「向こう十年間を先住民の国際十年とする」という決議が採択された。サハリン島でニヴフ語を母語とするニヴフがいなくなった。

「アイヌ語で大地のことを『ウレシパモシリ』と呼ぶことがあります。『万物が互いに互いを育てあう大地』という意味です。冷戦が終わり、新しい国際秩序が模索されている時代に、先住民族と非先住民族との間の『新しいパートナーシップ』は、時代の要請にこたえ、国際社会に大いに貢献することでしょう」

――国連本部で「国際人権デー」に合わせて開催された「世界の先住民のための国際年」の記念式典における野村義一（八十四歳）の演説の一節

1,993

国際先住民年。二風谷《にぶたに》ダム裁判がはじまった。あくまでも土地収用裁決の取り消しを求める原告はアイヌ文化の伝承者の萱野茂と貝沢耕一。北海道庁が第四回「ウタリ生活実態調査」をして結果を公開した。それによると北海道に居住するアイヌの人たちの人口は約二万三千人とされたが、これはあくまでも北海道ウタリ協会に加入している会員と、自らアイヌと名乗る人たちの数字で、実際の数字は五万人とも、六万人ともいわれている。北海道南西沖を震源としたマグニチュード七・八の日本海側における観測史上最大の地震発生で、死者行方不明者あわせて二百三十九人。人口四千人の奥尻島《おくしり》では大津波と火災で四百戸が流出したり炎上したりし、青苗《あおなえ》地区は壊滅状態になった。那覇地裁が「日の丸は国旗」と判示。伊豆半島東方沖で群発地震が活発化。青森県が三内《さんない》の野球場の工事に着工した。同じ青森県の六ヶ所村では国家プロジェクトとしてプルトニウム再処理工場が着工した。

1,994

北海道大学の吉崎昌一教授が政府の「アイヌ新法問題検討委員会」で、「北海道と東北北部ではアイヌは先住者」との見解を表明した。北海道ウタリ協会からアイヌ語テキストが発行された。青森県知事がはじめて三内《さんない》丸山の遺跡発掘現場を訪れた。東京にある早稲田大学文学部前のビル地階に、アイヌと和人（日本の人）が自由に集える場所として、アイヌ料理のレストラン『レラ・チセ（アイヌ語で「風の家」）』が開店した。アイヌの人たちの活動団体が、首都圏には「関東ウタリ会」「レラ（風）の会」「ペウレ・ウタリの会」「東京アイヌ協会」の四つあり、このレストランは「レラの会」の代表で旭川アイヌを母に持つ長谷川修らが作ったもの。「レラの会」はアイヌが「住みたい土地に住み、使いたい言語を使い、自由にふるまえるための自己決定権を持つこと」を目標としている。住井すゑが九十歳で小説『橋のない川』の第七部を完成させ、第八部の執筆に取りかかった。
「北海道立アイヌ民俗文化研究センター」が設置された。青森県三内丸山遺跡から「直径一メートル近い栗の巨木柱を六本も使った掘立柱の遺構」が出土して、見る者を驚愕させた。青森県が正式に野球場建設工事の即刻中止と遺跡の保存を決定した。アイヌ出身の萱野茂が、社会党枠比例代表の参議院議員として繰り上げ当選した。アイヌ出身の国会議員は萱野が最初だった。国連人権委員会の先住民族作業部会で「先住民族は自決権を有する」との宣言案が議論されたが、宣言にはいたらなかった。「コシャマイン慰霊祭」が上ノ国町で開催された。「二風谷《にぶたに》ダム訴訟」の裁判で日本国政府が「我が国においてアイヌの人々と呼ばれる少数民族が存在していることを認める。二風谷地区にアイヌの人々が居住し、独自の文化を有していることを認める」とした書面を札幌地方裁判所に提出した。北海道東方沖を震源とするマグニチュード八の大きな地震が発生した。国連総会において一九九五年から十年間を「人権教育のための国連十年」とすることが決められた。狭山事件の被告にされて無期懲役の刑で服役していた石川一雄が三十一年ぶりに仮出獄で故郷に戻った。

「旧土人とは、もしかして私のことでしょうか?」

1,995

――アイヌとして最初の国会議員となった萱野茂（七十歳）が、当選後の参院内閣委員会で政府側にはじめてした質問

北海道島東部の阿寒町、白糠《しらぬか》町など十の町村でエゾシカの雌の狩猟が約七十四年ぶりに解禁された。「日本国の歴史」がはじまったところとされている淡路島を震源とした直下型大地震（マグニチュード七・二）で死者六千三百八人、負傷者約四万人、家屋全壊約十万棟など、兵庫県南部に被害が集中した。教祖を天皇としたミニ絶対君主制を信奉する密教カルト系破壊集団により、東京の地下鉄が毒ガスのサリンで無差別攻撃を受けて十一人が死亡した。サハリン島北部でマグニチュード七・六の直下型地震、死者が二千人を越した。日本政府が人道援助を申し入れた際、ロシアのエリツィン大統領が「どうせあとで北方領土を返せといわれるだろう」と発言。第四次北海道ウタリ福祉対策開始。内閣官房長官の私的諮問機関である「ウタリ対策のあり方に関する有識者懇談会」が設置された。中国がロプノールで地下核実験を強行した。

沖縄で駐留米兵三人による女子小学生暴行事件が起きた。沖縄県警は容疑者の身柄引き渡しを求めたが、米軍は例によって日米地位協定を理由に拒否。沖縄県知事が米軍用地の強制使用のための代理署名を拒否した。宜野湾市で少女暴行事件に抗議する県民集会に八万五千人が参加した。沖縄の少女の悲劇にはじまったこの人権の問題は、しかしのちに日本政府によって「国際都市形成構想」などというお金の問題にすり替えられてしまう。新食糧法が施行され、食管制度がなく

なって、建て前のうえでは、日本列島におけるコメ作りが建国――歴史開闢――以来はじめて、自由にできるようになった。このときをもって長かった「弥生時代の終焉」ととらえることもできるかもしれない。福井県敦賀市で動燃（動力炉・核燃料開発事業団）が運転していた高速増殖炉「もんじゅ」で冷却剤のナトリウムが配管の亀裂で漏れる事故が起きた。

ブラジル国立先住民財団が、南米アマゾンの密林で文明と接触がなく、石器時代と変わらない生活を送っている先住民族を確認したと発表。この先住民たちは身長百六十センチ前後で、鉄器を持たず、弓矢で狩猟生活を送り、人口は全部で百人ほどだという。ハワイ南方のムルロア環礁でフランスが核実験を強行したことにたいし、実験に反対する人たちがフランス領タヒチに世界各地から集まったことを契機として、タヒチ島でポリネシア系先住島民による独立運動が起きた。世界女性会議が北京で開催され、「女性の権利は人権である」ことが明確にうたわれた。

1,996

二風谷《にぶたに》ダムが完成し、貯水をはじめた。「ウタリ対策のあり方に関する有識者懇談会」が答申を出し、アイヌの北海道への先住性を認め、アイヌ伝統文化の保存振興と理解促進策をとるように求めた。警視庁警察学校（東京都中野区）で使われている副読本に「わが国は同一民族、同一言語、同一文化といった、世界にまれなほど国民が同質的であるという大きな特徴を持っている」と日本の「優越性」を指摘する記述があることが判明して書き直しを求められた。

北海道島の胆振《いぶり》管内の白老《しらおい》に「アイヌ民族博物館」が完成し公開された。参議院議員の萱野茂が『萱野茂のアイヌ語辞典』を完成させた。アイヌ民族の神聖な祈りであるカムイノミが、ジュネーブの国連欧州本部内で、アイヌ民族会議の沢井アク代表と阿部ユポ事務局長の手によっておこなわれた。萱野茂の要求に北海道開発庁が応じ、アイヌ民族の伝統的舟おろし儀式「チプサンケ」のために、貯水した水を放流して一時的に儀式用の場所を提供し、湖底に沈んだ河辺が再び姿をあらわした。登別出身のアイヌ語学者、知里真志保《ちりましほ》博士の偉業をたたえる顕彰碑が、市内の私有地から博士の母校である登別小学校前に移設された。アイヌ民族博物館敷地内の最大のチセから出火、カヤぶき屋根の木造平屋約百八十平方メートルを全焼し、内部に展示されていた民族衣装や小物などが焼失したために、アイヌ民族博物館で、出火を神々にわびる儀式「ニゥエンホリッパ」がほぼ半世紀ぶりにおこなわれた。もともとニゥエンホリッパは、不注意で事故を起こしたことを神にわびる踊りだった。

沖縄県楚辺《そべ》通信所の一部に「不法使用地」が発生し、土地の所有者知花《ちばな》昌一が土地の明け渡しを求める仮処分を申請した。沖縄県で「日米地位協定の見直しと基地の整理縮小」に関する県民投票がおこなわれ、米軍の基地使用に反対する意見が大勢を占めた。新潟県西蒲原郡巻町で原子力発電所建設計画の是非を問う住民投票がおこなわれ、建設を拒否する反対票が大差で上回った。沖縄コザ出身のミュージシャン喜納昌吉の作詞作曲した「花――すべての人の心に花を」が日本レコード大賞特別賞を受賞した。

ふたりの発見者にちなんで「ヘイール・ボップ彗星」と名づけられた巨大彗星の長く尾を引く姿が、地球の各地で目撃され、地球人の精神生活にも大きな影響を与えた。計算によるとこの彗星が次に姿をあらわすのは二千三百八十年後の西暦四千三百七十七年ごろとのこと。明治政府により禁止されて以来非合法化されていたアイヌの伝統の狩り「エゾシカ追い込み猟」にたいして、環境庁から百二十一年ぶりに正式な許可が下りた。アイヌ語のはじめての新聞『アイヌタイムズ』（季刊）が創刊された。平取《びらとり》在住の萱野茂と貝沢耕一が札幌地方裁判所に請求したことにより起こされた「二風谷《にぶたに》ダム訴訟」の裁判の判決で、アイヌ民族を「少数民族」と認め、「二風谷地区にアイヌの人々が居住し、独自の文化を有していることを認める」判決がおりた。「先住少数民族であるアイヌ民族独自の文化に最大限の配慮をしなければならないのに、必要な調査を怠り、本来最も重視すべき諸価値を不当に軽視ないし無視した」（裁判長）という理由から、建設省の事業認定は裁量権を逸脱しており、それに基づいた収用裁決ともども「違法」と判断された。なるほどなるほど、判決自体は、きわめて画期的ではあったが、ダムがすでに完成してしまっていることから、収用裁決の取り消しという原告側の請求は「却下」されたのだった。

「アイヌ文化の振興並びにアイヌの伝統等に関する知識の普及及び啓発に関する法律」案が日本国の国会で可決成立したが、そこではアイヌ民族が新法制定の根拠としてきた「先住権」には触れることを避け、政治的、社会的、経済的な権利を法的に保障する条文もなかった。「北海道旧土人保護法」および「旭川市旧土人保護地処分法」は廃止され、「旧土人」という言葉は公文書から姿を消したが、しかし日本政府には、アイヌの人たちを「先住民」とする歴史認識は一貫してなかった。北海道ウタリ協会の定期総会が開かれ、協会名を設立当時の「北海道アイヌ協会」に戻すとの提案にたいし、差別助長を懸念する声が出て紛糾し、提案は取り下げられた。アイヌ出身の最初の参議院議員の萱野茂は「アイヌと和人の歴史的和解の第一歩だ」とコメントした。映画監督の宮崎駿《はやお》が原作・監督をした映画『もののけ姫』が公開された。古代から中世につながる先住民系賤民の人たちの誇り高きスピリットの蘇りを、自然対反自然の構図の中で表現したスペクタクル・アニメーション映画だった。

亀の島でショショーニ族とチェロキー族のインタートライバルなメディスンマンとして新しい世代に影響を与え続けたローリング・サンダーが、アメリカのネバダ高原砂漠にある自宅で地球における旅を静かに終えた。世界に現存する約六千の言語のうち、アイヌ語をはじめとして三千の少数民族の言語が絶滅の危機に瀕していることが、アメリカにある環境・人口問題研究機関ワールドウォッチにより明らかにされた。六千言語のうち約半数の言語の使用者は五千人から六千人以下で、子どもたちがまだ習得しておらず、また、五千七百の言語は公的な保護措置のないまま放置されているという。

常に平等を訴え続け、全国水平社をモデルに大河小説『橋のない川』の執筆を精力的に続けていた作家の住井すゑが九十五歳で没した。小説『橋のない川』第八部は未完のままとなった。十四年前、四十五歳で死去したアイヌ解放運動の中心人物であった結城庄司の遺稿集『チャランケ』(アイヌ語で「弁舌の優劣をもって事の裁決にあたる」の意味。草風館刊)が出版された。

駐留軍用地特別措置法という法律が改正されて、それまでは地方自治体の長たる知事にゆだねられていた代理署名などの手続きを、日本政府が直接おこなえるように変えられた。元コザ市長で、祖国復帰運動のリーダーのひとりだった九十五歳の大山朝常が「ヤマトは帰るべき『祖国』ではなかった」とサブタイトルをつけて『沖縄独立宣言』という本を著した。「沖縄独立の可能性をめぐる激論会」が開催された。七十一歳になる萱野茂が参院議員を引退することを「狩猟民族は足元が明るいうちに村に帰る」という言葉で表明した。「先住民族であるアイヌ民族の尊厳と権利の回復」を目的とした「日本アイヌ協会」ができた。ロシア・サハリン州のポロナイスク市（敷香）に住む北方先住民族、ウィルタ族のただ一人の文化伝承者、小川（ショークト）ハツコが亡くなった。歴史教科書の「従軍慰安婦」や「南京大虐殺」などの記述をことさらに声高に非難し、その記述を削除させるためのキャンペーンが、一部の学者、議員、マスコミ、団体などで公然とおこなわれはじめた。大都市部を中心に、道路、公園、河川敷などに、「逃散《ちょうさん》」のニュータイプであり、各自治体によって「野宿生活者」とか「路上生活者」とか「住所不定者」とか「野外生活者」とそれぞれに異なる名前をつけられ、メディアからは「ホームレス」と一括して呼ばれる人たちの集団で生活する姿が、見受けられるようになった。この年、ホームレスは、全国で一万五千人ほどが確認されている。

「もしメディスン・パワーの使い方をあやまてば、その人間とその人間のまわりにいるものたちにわざわいがもたらされる。悪にまさるような善を選ぶこと、それが鍵だ。正しく生きておれば、正しい導きも、授けられよう」

1,998

――亀の島　西ショショーニ国のメディスンマン、ローリング・サンダーの言葉より

ワシントンの米スミソニアン研究所国立自然史博物館でアイヌ民族特別展が開催された。二年後に九州と沖縄県で先進八か国首脳会議がおこなわれることが決定した。インドがパキスタンを牽制するためにインド西部ラジャスタン州ポカランの核実験場で地下核実験を立て続けに五回おこなった。パキスタンも負けじとアフガニスタン国境に近い同国南西部のバルチスタン州チャガイ丘陵核実験場で、都合六回の地下核実験を強行した。

1,999

正式に「日の丸」が国旗とされ、「君が代」が国歌と定められた。天皇在位十年（皇紀二千六百五十九年）ということで東京で盛大な祝典――万歳三唱、ちょうちん行列、旗行列、音楽コンサート――がおこなわれた。沖縄県にある米軍普天間飛行場代替施設の移設先に同じ沖縄島名護市の辺野古《へのこ》の海が決められた。そこの自然を破壊して、今度は海上にアメリカ軍のための洋上へリコプター基地を造るのだという。深刻な不況で企業はリストラを強化し、失業者は三百万人を突破し、それにともなって全国のホームレスも二万人を越えて、東京、大阪、名古屋など大都市だけでなく、じわりと周辺都市にも拡大しはじめた。

茨城県東海村の原発燃料加工工場で、青い光からはじまる臨界――事実上の核爆発――事故が

起き、四方八方に飛び散りあらゆるものを突き抜ける中性子線により、三人の作業員が大量被曝して病院に搬送され（のちに二人は死亡）、施設周辺十キロの範囲に「屋内退避勧告」という名の「外出禁止令」が出されたが、政府は情報を管理することの方に熱心で、住民の暮らしと健康を守るという姿勢はどこにもなかった。周辺地域住民の中性子被曝は問題にされるほどではないと政府は主張した。アメリカの核管理研究所が「唯一の被爆国のお粗末な核事故」と日本の原子力政策を批判した。

2,000

二千年紀。地球のいろんなところの人がこの年を特別な思いを持って迎えた。韓国（大韓民国）が「日本海」の名称を「東海」に改めるように主張し、アメリカの公文書や、『ナショナル・ジオグラフィック』誌もそれにあわせて日本列島西岸に接する海のことを「EAST SEA（Sea of Japan）」と併記するようになった。ローマ法王のヨハネ・パウロ二世が、キリスト生誕二千年を祝して贖罪の年とされたこの年、先住民族などにたいして一方的におこなったカトリック教会の過去の過ちをはじめて認めて、許しを乞い求める特別なミサを、バチカンのサンピエトロ寺院で開いた。

北海道島、洞爺湖畔の有珠山が噴火。東京都の知事が首都の治安問題を語る中で「三国人」と発言。北朝鮮（朝鮮民主主義人民共和国）と韓国（大韓民国）の北と南の首脳会談が平壌で開催された。東京の霞ヶ関で「平成の改新」が起きた。これまでの総理が病死して、新しくその職を引き継いだ日本国の首相が数日後に「わが国は天皇を中心とする神の国であるぞ」と発言。沖縄で駐留米兵による女子中学生猥褻事件が発生した。そしてその沖縄で先進国首脳会議が開催され、沖縄が日本に「返還」されて以後はじめて、アメリカの大統領が沖縄に足を降ろした。ロシアの大統領も、中国、北朝鮮を経由して沖縄にやってきた。

富士山火口地下深くで鳴動があり、伊豆諸島の三宅島の雄山で噴火が起こって、その近海で大規模な群発地震が相次いだ。福島県では会津磐梯山も火山活動を再開。日本の政府が通信傍受法――盗聴法――を施行した。北海道島の駒ヶ岳で噴火。日本とロシアの首脳会談が東京で開かれたが、国境の線引き問題は進展せず、アイヌ、ウィルタなど先住少数民族のことは話題にすらされなかった。米価が暴落して、稲作にどっぷり頼りきってきた日本農業が危機的状況に追い込まれた。噴火が深刻化して三宅島の住民が全員本土に避難させられた。長野県の浅間山でも火山性の地震が観測された。鳥取県西部の山間地帯の地下で活断層が突然動いて強い地震――マグニチュード七程度――が起き、日本列島西部地域の広い範囲に被害が出た。アイヌの人たちを完全に押し込めることに成功した北海道の和人政府が、深地層研究所という名前の「やり場のない放射性廃棄物処分」を研究する施設を、先住民には相談もなく正式に受け入れた。

米国北西部の先住民の研究で知られるポートランド州立大（オレゴン州）のケネス・エイムズ教授（人類学）が、青森県の三内《さんない》丸山遺跡を訪れ、全長三十二メートルという大型縦穴住居を間近に見て、アメリカ北西部の先住民の遺跡からも同規模の住居跡が出土していると指摘し、「米国の場合には建物内に複数の家族が住んだが、その位置は地位の順を示している。五千年前の三内丸山に階層が存在したのか、ぜひ知りたい」と語った。

南北アメリカ大陸の先住民の指導者たちがメキシコのティオティワカンに集まって「第一回国際先住民サミット」を開き、いかに先住民として連帯しながら市場原理万能主義のグローバライゼーションから一族の生活を守るかを討議した。中華民国（台湾）で政府が第四原子力発電所の建設を凍結した。東北旧石器文化研究所の副理事長が「国内最古の前期旧石器の発掘」を自作自演していたことが発覚し、メディアや学界を巻き込んで大騒動に。日本列島に高度な知性を持った原人がいたとする定説があっけなくも崩れ去った。青森県六ヶ所村に建設中の再処理工場の貯蔵施設へ、各地の原子力発電所から出る使用済み核燃料の搬入が本格的に開始された。

大地の世話をする者たちがあらかた消えて、アルコールという時間を忘れさせる薬理作用のある麻薬に麻痺して現実を見失い、大量生産と大量消費と大量廃棄に踊らされる者たちばかりと化した日本列島は、当然の帰結としてゴミであふれかえり、水も空気も汚染されて、野生動物たちは姿を消しつつあり、家や家族を捨てて路上生活に転ずる普通人たちの数も、いっそう増加した。地球規模では南極上空のオゾンホールが過去最大になった。アメリカ、ロシア、日本など、これまでさんざん地球を汚してきた国々が共同して、地上三百五十キロの宇宙空間に、宇宙ステーションの建設が開始された。

新しい時代を生きる君へ

Prologue 2,001 and Beyond

日本語で「国」という字はたんなる長方形である。

このイメージはまた日本語では、牢獄を意味する。

二十世紀を代表する文明批評家でカナダ人のマーシャル・マクルーハンが、一九六九年に発表した「再部族化した造物主たち」という論文の中に書き残した言葉

大地にはスピリットが存在する。そのスピリットはすべての生命あるものたちをひとつにつないでいる。こうしたネイティブ・ピープルの視点に立てば、われわれは地球と一体であり、われわれの内なる自然のスピリットは太古から現在まで、なにひとつ変わってはいない。だがその自然のスピリットの外側を取り囲むように、感情や信仰という幾層もの固い殻がおおっているために、われわれはスピリットの源にまで到達できないようにされてしまっているのだ。

二千年ほど前、日本列島に新しい生き方を持った人たちが到来しはじめて以来、われわれは、ゆっくりと、だが確実に、われわれのほんとうのスピリチュアルな源と触れることがなくなっていった。やがてわれわれは自分の内なる声に耳を傾けることもなくなり、そのかわりに自然の法にそむくような、いくつもの偽りの法に従いはじめた。大陸から便利なものを持って新しく、続々とやってきた人たちは、先住の人たちが自然の法に従っているという理由で、その人たちをことごとく絶滅させるか内部にのみこんでいった。日本列島で完成しつつある「日本人」は、内側にたくさんの先住民のスピリットを抱え込み、そうしたスピリットが発動しないような、なんともやりきれない「しくみ」で、タテマエの上の文明の国を維持し続けてきた。

着る物など外見は、影響を受ける文化によってさまざまに変わったが、内側のスピリットを眠らせたままにしておく「しくみ」は、変わることがなかった。そして今、二千年ほど前に地球の各地ではじまった新しい生き方、生命よりも大切なものがあるという錯覚に立脚して本質に目を向けさせないシステムが、地球のすべての生命あるものたちの生存を脅かすようになっている。日本列島も例外ではなく、自然は不自然に場所を取ってかわられ、野生は潮が引くようにわれわれの前から姿を消しつつある。

われわれは、すべての生命の絶滅という、きわめて危うい瞬間に立ち会っているのだ。そしてこの生命への危機がひきがねとなり、ようやく自分の内なる声に耳を傾けようかという気運も、世界的に起こりはじめた。こうした時代が来ることを、地球上に残った先住民の文化では「不思議な夢」として語り継いできた。ネイティブ・アメリカン・ピープルの伝承でいえば、「ホピの予言」「ブラック・エルクの幻視」「虹の戦士の教え」などがそれにあたる。

そうした予言的な夢に共通しているのは、母なる地球の聖なる自然にたいして、人間がいっさい思いを払わなくなって、それを平気で汚すようになり、すべての生命が危機にさらされる時が到来するということである。生存のための希望がことごとく失われていく。しかし、すべてが終わると思われたそのとき、新しい世代があらわれると、予言はそろって伝えている。これまで母なる地球に加えられてきた危害や損傷を回復させ、傷を癒す力を持った癒しと学びの世代が登場するだろうと。彼らは地球に残された古代からの知恵を集め、愛と調和の内にそれらを地球の新しい知恵として再生させるだろうと。

世界の中でもわたしたちの国は、差別を人間支配の道具として使ってきたという点において、筋金入りの特別な存在である。われわれが自分の内側の声を素直に聞けるようになるためには、内なるほんとうの自然を取り囲んでいる差別という何層もの強固な殻を溶かしていかなくてはならない。教育の名のもとに、差別をより強固なものにする道具として長いこと使われてきた「彼らの歴史」を、今度は差別を溶かすための道具として、逆さまに使いはじめなくてはならない。

わたしがこの本を作ろうと思い立ったのは、「日本という国」を、ではなく、「母なる日本列島」を、もっと愛する世代の到来を夢に見たからであり、もう一度日本列島の自然の声を直接に聞く世代の出現こそが求められていると確信したからである。

われわれは、われわれの生命にたいして責任を持たなくてはならない。どうすれば力を自分のものにできるかをすすんで学び、成長し、偉大なる精霊と母なる地球の語る声に耳を傾けなくてはならない。地球そのもの、母なる日本列島そのものに触れることで、曇りのない頭で直接学びはじめる必要があるだろう。母なる島々のエネルギーに波長をあわせ、われわれの思考や生命力を増幅させていかなくてはならない。そうすれば不変と思われている「しくみ」そのものを変えるための力も、与えられるだろう。

しかし力を与えられるということは、当然ながら責任も伴う。いにしえの武芸の達人のごとく、行動のすべてにたいして、過ちを犯さないようにすることが求められるようになろう。日本人としてではなく、ひとりの「人間」として、プライドを持って母なる島々の上に立とうと思ったら、まずは地球を救うという責任を持たなくてはならない。そして二番目には、あなた自身を救う責任も持たなくてはならない。そのためには、ほんとうに必要な知識を守る人間にならなくてはならないのだ。あなたを日本人にするための歴史を学校は教えてくれるが、その歴史は、絶対にあなたを日本列島そのものに触れるところまでは連れていかない。

わたしは、もう一度「人間」として日本列島に触れるための「われわれの歴史」を編纂したつもりである。あなたが日本という名前の絨毯をくるくると巻きあげ、その下で息づいている日本列島に直接触れ、その声を聞くようになったら、この本はその役目を終える。
われわれは日本列島に帰らなくてはならない。

北山耕平　二千一年、蛇の年の初春　津久井にて
イヤー・オブ・ザ・スネーク

この本を作るに当たってはたくさんの方々のお世話になった。すべての人の名前を出すことはできないが、その一人一人を思い出しながらこれを書いている。とりわけ、おそるべき長さの第一稿の原稿に最初に目を通してくれた細川廣次、さまざまな支援を与えてくれた長野真、推敲のために大量の原稿をプリントアウトする機会を与えてくれた島本脩二、デザインに並ならぬ才能を発揮してくれた白谷敏夫、そして最後まで側にいてくれた瑳緒里と、わたしを現実に引き戻し続けた一馬の、四人の友と家族には、とくに感謝を言いたい。この本を形にするのに力を尽くしてくれた編集者の植松明子女史ならびに地湧社のみなさんには、お礼の言葉もない。この本はみんなの力でできあがったものだ。

参考図書及び資料

BIBLIOGRAPHY

SOURCES OF EVENTS

歴史学研究会編『新版日本史年表』岩波書店、一九八四年
児玉幸多編『日本史年表・地図』吉川弘文館、一九五一年
英文日本大事典編『バイリンガル日本史年表』講談社インターナショナル、一九九七年
坂本賞三・福田豊彦監修『日本史図表』第一学習社、一九九九年
藤井千之助監修『総合世界史図表』第一学習社、一九九〇年
神田文人編『昭和史年表 第二版』小学館、一九八八年
世相風俗観察会編『現代風俗史年表』河出書房新社、一九九九年
下川耿史編『昭和・平成家庭史年表 1926～1995』河出書房新社、一九九七年
西東秋男『日本食生活史年表』楽游書房、一九八三年
『日本史年表の基礎知識』「歴史読本」一九九三年十二月臨時増刊　新人物往来社

＊

萱野茂『萱野茂のアイヌ語辞典』三省堂、一九九六年
知里真志保『地名アイヌ語小辞典』北海道出版企画センター、一九八八年
本多貢『北海道地名分類事典』北海道新聞社、一九九九年
久松潜一監修『新潮国語辞典 新装改訂版』新潮社、一九八二年
高柳光寿・竹内理三編『角川日本史辞典 第二版』角川書店、一九七四年
佐藤和彦編『中世史用語事典』新人物往来社、一九九一年
高木正幸『差別用語の基礎知識（'99年版）』土曜美術社出版販売（一九九〇年初版）
小野泰博他編『日本宗教ポケット辞典』弘文堂、一九八六年

天野信景『塩尻 百巻本（上下）』室松岩雄・井上頼国共編、帝国書院（一九〇七年復刻）
八切止夫『野史辞典』日本シェル出版、一九八〇年
乾克己他編『日本伝記伝説大事典』角川書店、一九八七年

*

大倉精神文化研究所編『神典（上下）』大倉精神文化研究所、一九三八・三九年
井上光貞監訳『日本書紀』（日本の名著）中央公論社、一九八三年
宇治谷孟訳『日本書紀（上下）』（講談社学術文庫）講談社、一九八八年
次田真幸訳注『古事記（上中下）』（講談社学術文庫）講談社、一九七七年
大野七三編『先代舊事本紀 訓註』意富之舎、一九八九年
宮東斎臣編『鵜鶿伝 先代旧事本紀大成経』先代旧事本紀刊行会、一九八一年
宇治谷孟訳『続日本紀（上中下）』（講談社学術文庫）講談社、一九九二年

*

隈元浩彦『私たちはどこからきたのか』毎日新聞社、一九九八年
橋口尚武『海を渡った縄文人』小学館、一九九九年
山崎謙『よみがえる縄文の都』ディ・エイチ・シー、一九九五年
雄山閣編『縄文時代の日本』（歴史公論ブックス）雄山閣出版、一九八一年
今村啓爾『縄文の実像を求めて』（歴史文化ライブラリー）吉川弘文館、一九九九年
安田喜憲『環境考古学事始』（ＮＨＫブックス）日本放送出版協会、一九八〇年
安田喜憲『縄文文明の環境』（歴史文化ライブラリー）吉川弘文館、一九九七年

安田喜憲『森の日本文化』新思索社、一九九六年
「科学朝日」編『モンゴロイドの道』（朝日選書）朝日新聞社、一九九五年

＊

いき一郎編訳『中国正史の古代日本記録』葦書房（福岡）、一九八四年
佐原眞『大系日本の歴史1 日本人の誕生』小学館、一九九二年
吉村武彦『日本社会の誕生』（岩波ジュニア新書）岩波書店、一九九九年
田口卯吉『日本開化小史』（岩波文庫）岩波書店、一九三四年
吉田孝『日本の誕生』（岩波新書）岩波書店、一九九七年
杉本正年『日本基層文化の整理学』文化出版局、一九八七年
茂在寅男『古代日本の航海術』（創造選書）小学館、一九七九年
一戸良行『古代が見えてくる本』研成社、一九九三年
王金林『古代の日本』六興出版、一九八六年
鯨清『日本国誕生の謎』日本文芸社、一九七八年
大和岩雄『「日本」国はいつできたか』六興出版、一九八五年
西嶋定生『日本歴史の国際環境』（UP選書）東京大学出版会、一九八五年
山口恵一郎監修、本間信治著『日本古代地名の謎』新人物往来社、一九七五年
山中順雅『法律家のみた日本古代千五百年史』国書刊行会、一九九五年
原田実『もう一つの高天原』批評社、一九九一年
森浩一『日本神話の考古学』朝日新聞社、一九九三年

黛弘道編『古文書の語る日本史1 飛鳥・奈良』筑摩書房、一九九〇年
河野省三『旧事大成経に関する研究』河野博士古希祝賀会、一九五二年
上田正昭『日本武尊』(人物叢書) 吉川弘文館、一九八五年
谷川健一『白鳥伝説』集英社、一九八六年
和泉竜一『やまとたける「蝦夷《えぞ》」征伐』県南民報社、一九八七年
石渡信一郎『ヤマトタケル伝説と日本古代国家』三一書房、一九九四年
石渡信一郎『蘇我王朝と天武天皇』三一書房、一九九六年
石渡信一郎『聖徳太子はいなかった』(三一新書) 三一書房、一九九二年
小林惠子『聖徳太子の正体』文藝春秋、一九九〇年
隼人文化研究会編『古代隼人への招待』第一法規出版、一九八三年
鹿島昇『日本王朝興亡史』新国民社、一九九〇年
佐治芳彦・吾郷清彦・鹿島昇『日本列島史抹殺の謎』新国民社、一九八二年
佐治芳彦・吾郷清彦・鹿島昇『倭人大航海の謎』新国民社、一九八三年
浜田秀雄『契丹秘史と瀬戸内の邪馬台国』新国民社、一九七七年
山本紀綱『日本に生きる徐福の伝承』謙光社、一九七九年
安藤輝国『邪馬台国は秦族に征服された』現代史出版会、一九八三年
森浩一編『馬:日本古代文化の探求』社会思想社、一九七四年
菊池山哉『天ノ朝の研究』批評社、一九九六年
八切止夫『日本古代史』日本シェル出版、一九七八年

八切止夫『天の日本古代史研究』日本シェル出版、一九八二年

＊

陳寿撰『東アジア古代史』ヒデミ・フミノ訳、新人物往来社、一九八六年
馬寅主編『概説 中国の少数民族』君島久子監訳、三省堂、一九八七年
李家正文『中国古代の諸民族』（オリエントブックス）木耳社、一九八九年
船木勝馬『古代遊牧騎馬民の国』誠文堂新光社、一九八九年
岡田英弘『倭国』（中公新書）中央公論社、一九七七年
岡田英弘『倭国の時代』文藝春秋、一九七六年
金両基『物語 韓国史』（中公新書）中央公論社、一九八九年
上田雄『渤海国の謎』（講談社現代新書）講談社、一九九二年
尹錫暁『伽耶国と倭地』兼川晋訳、新泉社、一九九三年
洪淳昶『韓国古代の歴史』吉川弘文館、一九九二年
斎藤忠・江坂輝弥編『先史・古代の韓国と日本』築地書館、一九八八年
高濬煥『「伽耶」を知れば日本の古代史がわかる』（ふたばらいふ新書）双葉社、一九九九年
全浩天『朝鮮から見た古代日本』未来社、一九八九年
在日本朝鮮社会科学者協会歴史部会編『高句麗・渤海と古代日本』雄山閣出版、一九九三年
角林文雄『任那滅亡と古代日本』学生社、一九八九年
張龍鶴『虚構の国日本』現代出版、一九八七年
朴炳植『ヤマト言葉の起源と古代朝鮮語』成甲書房、一九八六年

朴炳植他『古代朝鮮と日本』泰流社、一九八七年
鈴木治『白村江』学生社、一九九九年
井上秀雄『古代朝鮮史』「日本放送協会市民大学テキスト」一九八八年四月～六月期
朴炳植他『卑弥呼は語る』学習研究社、一九八九年
朴炳植『日本語の悲劇』情報センター出版局、一九八六年
朴炳植『日本原記』情報センター出版局、一九八七年
朴炳植『ヤマト原記』情報センター出版局、一九九三年
朴炳植他『消された「ウガヤ」王朝本』毎日新聞社、一九九三年
辛淑玉『韓国・北朝鮮・在日コリアン社会がわかる本』（ワニの本）KKベストセラーズ、一九九五年

＊

井上辰雄『常陸国風土記にみる古代』学生社、一九八九年
加藤稔『古代東北文化の源流』新人物往来社、一九七六年
細井計他『岩手県の歴史』（新版県史3）山川出版社、一九九九年
渡部信夫他『宮城県の歴史』（新版県史4）山川出版社、一九九九年
大林太良編『日本古代文化の探求15 蝦夷』社会思想社、一九七九年
新谷行『古代天皇制国家と原住民』三一書房、一九七八年
石渡信一郎『古代蝦夷と天皇家』三一書房、一九九四年
菊池山哉『別所と俘囚』批評社、一九九六年
菊池山哉『先住民族と賤民族の研究』批評社、一九九五年

菊池山哉『蝦夷《エミシ》とアイヌ』批評社、一九九五年
田中紀子『蝦夷《エミシ》と古代王朝の研究』批評社、一九九八年
高橋崇『蝦夷（えみし）』（中公新書）中央公論社、一九八六年
高橋崇『蝦夷（えみし）の末裔』（中公新書）中央公論社、一九九一年
中西進編『エミシとは何か』（角川選書）角川書店、一九九三年
海保嶺夫『エゾの歴史――北の人びとと「日本」』（講談社選書メチエ）講談社、一九九六年
田中勝也『エミシ研究』新泉社、一九九八年
柴田弘武『鉄と俘囚の古代史』彩流社、一九九八年
大塚初重他『みちのく古代 蝦夷《えみし》の世界』山川出版社、一九九一年
板橋源『奥州平泉』（日本歴史新書）至文堂、一九六一年
高橋富雄『征夷大将軍』（中公新書）中央公論社、一九八七年
高橋富雄『辺境：もう一つの日本史』（歴史新書）教育社、一九七九年
高橋富雄『古代蝦夷を考える』吉川弘文館、一九九一年
高橋富雄『平泉の世紀』（ＮＨＫブックス）日本放送出版協会、一九九九年
司東真雄『東北の古代探訪』八重岳書房、一九八〇年
永岡治『古代東国物語』（角川選書）角川書店、一九八六年
中名生正昭『歴史を見なおす東北からの視点』かんき出版、一九九五年
安本美典編『「東日流《つがる》外三郡誌」偽書の証明』廣済堂、一九九三年

＊

菊地徹夫『北方考古学の研究』六興出版、一九八四年
荒木博之他編『日本伝説大系第一巻北海道・北奥羽編』みずうみ書房、一九八五年
知里幸恵編『アイヌ神謡集』弘南堂書店、一九二三年
札幌学院大学人文学部編『北海道と少数民族』札幌学院大学生活協同組合、一九八六年
田中了・D・ゲンダーヌ『ゲンダーヌ』現代史出版会、一九七八年
中江克己『蝦夷、北海道の謎』(河出文庫) 河出書房新社、一九九七年
庄司浩『辺境の争乱』(歴史新書) 教育社、一九七七年
坂本正行『北の神々と先住民族』マービス、一九八七年
小笠原信之『アイヌ差別問題読本』緑風出版、一九九七年
知里真志保『和人は舟を食う』北海道出版企画センター、一九八六年
知里真志保『アイヌ語入門』北海道出版企画センター、一九八五年復刻
河野本道『アイヌ史／概説』(北方新書) 北海道出版企画センター、一九九六年
宮島利光『アイヌ民族と日本の歴史』(三一新書) 三一書房、一九九六年
菊池勇夫『アイヌ民族と日本人』(朝日選書) 朝日新聞社、一九九四年
西浦宏己『アイヌ、いまに生きる』新泉社、一九八四年
松浦武四郎『武四郎蝦夷地紀行』秋葉實解読、北海道出版企画センター、一九八八年
新谷行『増補アイヌ民族抵抗史』(三一新書) 三一書房、一九七七年
大友幸男『アイヌ語古朝鮮語　日本の地名散歩』三一書房、一九九七年
入間田宣夫・小林真人・斉藤利男編『北の内海世界』山川出版社、一九九九年

佐々木史郎『北方から来た交易民』（ＮＨＫブックス）日本放送出版協会、一九九六年
大熊良一『幕末北方関係史考』近藤出版社、一九九〇年
＊
外間守善『沖縄の歴史と文化』（中公新書）中央公論社、一九八六年
比嘉春潮『沖縄の歴史（新稿）』三一書房、一九七三年
伊波普猷『沖縄歴史物語』（平凡社ライブラリー）平凡社、一九九八年
小玉正任『史料が語る琉球と沖縄』毎日新聞社、一九九三年
長澤和俊編『奄美文化誌』西日本新聞社、一九七四年
嶋岡晨『琉球王朝』（成美堂文庫）成美堂出版、二〇〇〇年
澤田洋太郎『沖縄とアイヌ』新泉社、一九九六年
澤田洋太郎『アジア史の中のヤマト民族』新泉社、一九九九年
＊
林陸朗校注『将門記』（新訂版古典文庫）現代思潮社、一九八二年
林陸朗他『平将門の乱』現代思潮社、一九七五年
梶原正昭・矢代和夫『将門伝説』新読書社、一九七五年
永岡治『海賊のいた入江』青弓社、一九八六年
宇佐公康『安徳天皇はすり替えられていた』木耳社、一九九〇年
相原精次『鎌倉史の謎』彩流社、一九九八年
佐々木馨『執権時頼と廻国伝説』（歴史文化ライブラリー）吉川弘文館、一九九七年

笹本正治『武田信玄』（中公新書）中央公論社、一九九七年
鈴木良一『後北条氏』（有隣新書）有隣堂、一九八八年
小口雅史編『津軽安藤氏と北方世界』河出書房新社、一九九五年
村井章介『海から見た戦国日本』（ちくま新書）筑摩書房、一九九七年
小和田哲男『呪術と占星の戦国史』（新潮選書）新潮社、一九九八年
『戦国大名370出自総覧』「歴史読本」一九八四年三月臨時増刊　新人物往来社
進藤孝一『秋田「物部文書」伝承』無明舎出版、一九八四年
網野善彦『中世の非人と遊女』明石書店、一九九四年
網野善彦編『中世を考える　職人と芸能』吉川弘文館、一九九四年
網野善彦『日本中世の民衆像』（岩波新書）岩波書店、一九八〇年
梶原正昭校注『陸奥話記』（古典文庫）現代思潮社、一九八二年
増淵勝一訳『北条九代記（上中下）』教育社、一九七九年
岡野友彦『家康はなぜ江戸を選んだか』（江戸・東京ライブラリー）教育出版、一九九九年
小林久三『家康、夏の陣に死す』ＰＨＰ研究所、一九九五年

＊

阿部弘蔵『日本奴隷史』日本シェル出版（一九八〇年復刊）
本田豊『白山神社と被差別部落』明石書店、一九八九年
中尾健次『弾左衛門』解放出版社、一九九四年
石渡信一郎『日本古代国家と部落の起源』三一書房、一九九八年

菊池山哉『特殊部落の研究』批評社、一九九三年
中尾健次『江戸の弾左衛門』（三一新書）三一書房、一九九六年
塩見鮮一郎『江戸の非人頭車善七』（三一新書）三一書房、一九九七年
塩見鮮一郎『弾左衛門の謎』三一書房、一九九七年
川元祥一『被差別部落の生活と文化史』三一書房、一九九一年
渡辺俊雄『いま、部落史がおもしろい』解放出版社、一九九六年
八切止夫『同和地域の歴史』日本シェル出版、一九八四年
高橋貞樹『被差別部落一千年史』（岩波文庫）岩波書店、一九九二年
浅倉繁『被差別部落の源流』静山社、一九八六年
久保井規夫『江戸時代の被差別民衆』明石書店、一九八九年
後藤晨次『日本的差別の流儀』情報センター出版局、一九八八年
斎藤洋一・大石慎三郎『身分差別社会の真実』（講談社現代新書）講談社、一九九五年
部落解放研究所編『［新編］部落の歴史』解放出版社、一九九三年
部落解放・人権研究所編『［続］部落史の再発見』解放出版社、一九九九年
本田豊『被差別部落の民俗と伝承』三一書房、一九九八年
沖浦和光『天皇の国賤民の国』弘文堂、一九九〇年
神野清一『卑賤観の系譜』（歴史文化ライブラリー）吉川弘文館、一九九七年
住井すゑ『わが生涯 生きて愛して闘って』聞き手・増田れい子、岩波書店、一九九五年
中川清編『明治東京下層生活誌』（岩波文庫）岩波書店、一九九四年

*
石川正知『忍の里の記録』（郷土の研究10）翠楊社、一九八二年
田村栄太郎『考証忍者物語』雄山閣、一九八八年
杜山悠『忍者の系譜』創元社、一九七二年
戸部新十郎『忍者と盗賊』廣済堂出版、一九九八年
戸部新十郎『忍者の履歴書』朝日新聞社、一九八九年
戸部新十郎『忍者と忍術』毎日新聞社、一九九六年
小山竜太郎『真説・日本忍者列伝』荒地出版社、一九六四年
*
柳田國男「山人外傳資料」『柳田國男全集4』（ちくま文庫）筑摩書房、一九八九年
谷川健一編『日本民俗文化資料集成1サンカとマタギ』三一書房、一九八九年
後藤興善『又鬼と山窩』批評社、一九八九年
田中勝也『サンカ研究』翠楊社、一九八二年
三角寛『サンカの社会』朝日新聞社、一九六五年
三角寛『サンカの社会資料編』母念寺出版、一九七一年
佐治芳彦『漂泊の民山窩の謎』新国民社、一九八二年
*
赤松啓介『非常民の性民俗』明石書店、一九八八年
赤松啓介『非常民の民俗境界』明石書店、一九九一年

杉山二郎『遊民の系譜』青土社、一九八八年
川村湊『「大東亜民俗学」の虚実』(講談社選書メチエ)講談社、一九九六年
服部邦夫『鬼の風土記』青弓社、一九八九年
今田洋三『江戸の禁書』(〈江戸〉新書)吉川弘文館、一九八一年
知切光蔵『天狗の研究』大陸書房、一九七五年
知切光蔵『鬼の研究』大陸書房、一九七八年
平田篤胤『仙境異聞・勝五郎再生記聞』(岩波文庫)岩波書店、二〇〇〇年
雄山閣編『妖異風俗』(講座日本風俗史)雄山閣出版、一九八八年
永原慶二・海野福寿責任編集『図説日本の歴史22 図説静岡県の歴史』河出書房新社、一九八七年
沢史生『伊豆歴史散歩』創元社、一九七八年
沢史生『ゆのくに伊豆物語――天狗と河童のはなし』国書刊行会、一九七七年
沢史生『閉ざされた神々』彩流社、一九九八年
沢史生『鬼の日本史(上下)』彩流社、一九九〇年
沢史生『闇の日本史』彩流社、一九八七年
長山靖生『偽史冒険世界』筑摩書房、一九九六年
窪田志一『岩屋天狗と千年王国(上下)』八幡書店、一九八七年
広瀬秀雄『太陽・月・星と日本人』(カルチャーブックス)雄山閣、一九七九年
服部竜太郎『易と呪術』新人物往来社、一九七二年
服部竜太郎『易と日本人』(カルチャーブックス)雄山閣出版、一九七五年

『風土記日本第5巻東北・北陸篇』平凡社、一九五八年
村岡空『狂気の系譜』伝統と現代社、一九七七年
金井典美『湿原祭祀』法政大学出版局、一九七七年
スチュアート ヘンリ『はばかりながら「トイレと文化」考』（文春文庫）文藝春秋、一九九三年
外立とし江他企画編集『喜納昌吉 1948~2000流れるままに』エイト社、二〇〇〇年

＊

末木文美士『日本仏教史』新潮社、一九九二年
義江彰夫『神仏習合』（岩波新書）岩波書店、一九九六年
銭谷武平『役行者ものがたり』人文書院、一九九一年
新田正信編『役行者御傳記図会』山伏文化保存会、一九七六年
安立行編著『日蓮大聖人自伝』墨水社、一九八〇年
金井南龍編『神さまのお談義《ハナシ》』真理研究会、一九七六年

＊

平岩米吉『狼・その生態と歴史』動物文学会、一九八一年
成瀬洋『日本島の生いたち』同文書院、一九七七年
つじよしのぶ『富士山の噴火』築地書館、一九九二年
遠藤秀男『富士山』寺田書店、一九七〇年
伏見功『富嶽歴覧』現代旅行研究所、一九八二年
寒川旭『揺れる大地』同朋舎出版、一九九七年

石橋克彦『大地動乱の時代』（岩波新書）岩波書店、一九九四年
今関六也他編『日本のきのこ』（山渓カラー名鑑）山と渓谷社、一九八八年
「人間家族」編集室編『原子力の時代は終わった』雲母《きらら》書房、一九九九年

*

鬼頭宏『人口から読む日本の歴史』（講談社学術文庫）講談社、二〇〇〇年
網野善彦『日本社会の歴史（上中下）』（岩波新書）岩波書店、一九九七年
網野善彦『日本論の視座』小学館、一九九〇年
網野善彦・川村湊『列島と半島の社会史』作品社、一九八八年
網野善彦『東と西の語る日本の歴史』（講談社学術文庫）講談社、一九九八年
大野晋・宮本常一他『東日本と西日本』日本エディタースクール、一九八一年
斎川眞『天皇がわかれば日本がわかる』（ちくま新書）筑摩書房、一九九九年
立教女学院短期大学公開講座編『天皇制を考える』新教出版社、一九九〇年
中江克己『海の日本史』河出書房新社、一九九六年
安達巖『日本型食生活の歴史』農山漁村文化協会、一九八二年
大野晋『日本語の年輪』（新潮文庫）新潮社、一九六六年
石原保秀、早島正雄編『東洋医学通史』自然社、一九七九年
鈴木秀夫『気候の変化が言葉をかえた』（ＮＨＫブックス）日本放送出版協会、一九九〇年
木村政昭『太平洋に沈んだ大陸』第三文明社、一九九七年
中塚明『歴史の偽造をただす』高文研、一九九七年

山部芳秀『Q&A「日の丸・君が代」の基礎知識』明石書店、一九九九年
＊
スチュアート ヘンリ『北アメリカ先住民族の謎』光文社、一九九一年
青木晴夫『アメリカ・インディアン』（講談社現代新書）講談社、一九七九年
秋道智彌『ハワイ・南太平洋の謎』（光文社文庫）光文社、一九八九年
松岡静雄『太平洋民族誌』岡書院、一九二五年
海津一朗『蒙古襲来』（歴史文化ライブラリー）吉川弘文館、一九九八年
堀越由美子監修、「夜明けへの道」編集部編『夜明けへの道』スタジオリーフ、一九九二年
＊
A・コンドラトフ『ベーリング大陸の謎』金光不二男・新堀友行訳、（現代教養文庫）社会思想社、一九九四年
R・マクドナルド、W・ルイス編『マクドナルド「日本回想記」――インディアンの見た幕末の日本』富田虎男訳訂・村上直次郎編、（刀水歴史全書）刀水書房、一九八一年
V・V・レベジェフ他『カムチャトカにトナカイを追う』斎藤君子訳、平凡社、一九九〇年
Z・ソコロワ『北の大地に生きる（シベリア民族誌）』本荘よし子訳、国際文化出版社、一九八七年
B・A・トゥゴルコフ『トナカイに乗った狩人たち』斎藤晨二訳、加藤九祚解説、（刀水歴史全書）刀水書房、一九八一年
ウノ・ハルヴァ『シャマニズム』田中克彦訳、三省堂、一九八九年
M・スティングル『ポリネシアン・トライアングル』坂本明美訳、祐学社、一九八八年

マルコ・ポーロ『東方見聞録』青木富太郎訳、社会思想社、一九六九年
E・ヨリッセン・松田毅一『フロイスの日本覚書』（中公新書）中央公論社、一九八三年
E・ヨリッセン『カルレッティ氏の東洋見聞録』PHP研究所、一九八七年
W・ウェストン『極東の遊歩場』岡村精一訳、山と渓谷社、一九七〇年
W・G・アストン『神道』安田一郎訳、青土社、一九八八年
斎藤君子編訳『シベリア民話集』（岩波文庫）岩波書店、一九八八年
L・H・モーガン『アメリカ先住民のすまい』古代社会研究会訳、（岩波文庫）岩波書店、一九九〇年
J・G・ナイハルト『ブラック・エルクは語る』弥永健一訳、（現代教養文庫）社会思想社、一九七七年
W・E・グリフィス『ミカド——日本の内なる力』亀井俊介訳、（岩波文庫）岩波書店、一九九五年
ヒュースケン『ヒュースケン日本日記』青木枝朗訳、（岩波文庫）岩波書店、一九八九年
F・ウォーターズ『仮面の神がみ（上下）』上村哲彦訳、科学情報社、一九七四・一九七五年
W・T・ヘーガン『アメリカ・インディアン史』西村頼男他訳、（北大選書）北海道大学図書刊行会、一九八九年
シオドーラ・クローバー『イシ』中野好夫・中村功訳、岩波書店、一九七七年
ゲーリー・スナイダー『亀の島』サカキナナオ訳、「亀の島」を発行する会、一九七八年
R・ウォルシュ『シャーマニズムの精神人類学』安藤治・高岡よし子訳、春秋社、一九九六年
テレンス・マッケナ『神々の糧（ドラッグ）』小山田義文・中村功訳、第三書館、一九九三年

＊

Chamberlain, B.H. *Japanese Things*. C.E.Tuttle co, Tokyo, 1971
Schultes, R.E. *Hallucinogenic Plants*. Golden Press, NY, 1976
Waters, Frank. *Mountain Dialogues*. Swallow Press, OH, 1981
Ballou, Robert O. *Shinto*. The Viking Press, NY, 1945
Philippi, Donald L. *Songs of Gods, Songs of Humans*. University of Tokyo Press, Tokyo, 1979
Greene,Vaughn M. *Astronauts of Ancient Japan*. Merlin Engine Works, CA, 1978
Wolf, A & B Hungry. *Indian Tribes of The Northern Rockies*. Book Publishing Company, TN, 1989
Whiteford, A.H. *NorthAmerican Indian Arts*. Golden Press, NY, 1970
Levinson, D, and D. Sherwood. *Tribal Living*. Johnson Books, CO, 1984
Beckham, S.D. *The Indians of Western Oregon*. Arago Press, OR, 1977
Forbes, Jack. *Native Americans*. Naturegraph Publishers, CA, 1982
Modesto, Ruby. *Not for Innocent Ears*. Sweetlight Books, CA, 1980
Mount, Guy.(ed.) *The Peyote Book*. Sweetlight Books, CA, 1987
Sauer, Carl. *Man in Nature*. Turtle Island Foundation, CA, 1939
Pope, C.S.R.(ed.) *Rolling Thunder Speaks*. Clear Light Publishers, NM, 1999

【論文・講演録】

植原和郎「渡来人に席巻された古代の日本」『原日本人』（朝日ワンテーマ マガジン14号）朝日新聞社、一九九三年

松下師一「近世初期の『服忌令』と『穢れ』意識の再編成について」『史窓』28号
原田実「『先代旧事本紀』と『大成経』」『季刊邪馬台国』58号
スチュアートヘンリ口述「『民族』をめぐる諸問題」出版・人権差別問題懇談会、一九九八年度学習研修会記録

【雑誌】

『歴史読本』特集「忍者の系譜」一九八二年三月号
『歴史公論』特集「古代日本の辺境民」一九八四年十二月号
『季刊考古学』特集「縄文と弥生を比較する」23号
『歴史読本』特集「古代東北戦争　エミシvsヤマト」一九九一年八月号
『歴史読本』特集「奥州藤原四代の興亡」一九九三年六月号
『THIS IS 読売』特別企画「縄文その魅力をたどる」一九九七年二月号
『アサヒグラフ』特集「三内丸山遺跡と北の縄文世界」一九九七年八月別冊号
『アサヒグラフ』特集「１９９９古代史発掘総まくり」一九九九年十二月号
『別冊歴史読本』特集「危険な歴史書『古史古伝』」二〇〇〇年十月号

〈著者紹介〉
北山耕平（きたやま　こうへい）
1949年神奈川県に生まれて東京で育つ。大学卒業後、雑誌『宝島』の編集に携わる。'76年に渡米し、雑誌の特派員生活を送る。'79年、運命的にアメリカ・インディアンの世界につかまり、その時のショックが引き金となり、自らのルーツを探す旅をはじめるなか、以後ネイティブ・モンゴロイドの間に残されている伝統的ストーリー・テリングの技法を学び続ける。
著書に『ネイティブ・マインド』（地湧社）、訳書に『レイム・ディアー』（J・F・レイム・ディアー、リチャード・アードス共著、河出書房新社）、『ローリング・サンダー』（ダグ・ボイド著、共訳、平河出版社）、翻案に『虹の戦士』（太田出版）など。

ネイティブ・タイム――先住民《せんじゅうみん》の目《め》で見《み》た母《はは》なる島々《しまじま》の歴史《れきし》

2001年2月15日　初版発行

著　者　北山耕平©
発行者　増田正雄
発行所　株式会社 地《ち》湧《ゆう》社
東京都千代田区神田東松下町12-1　（〒101-0042）
電話番号 03-3258-1251 郵便振替 00120-5-36341
印　刷　東京印書館
製　本　小高製本

万一乱丁または落丁の場合はお取り替えいたします
ISBN4-88503-158-3 C0021

ネイティブ・マインド

アメリカ・インディアンの目で世界を見る

北山耕平著

アメリカ大陸の砂漠で、インディアンと呼ばれる人々との出会いが、著者の世界観を一変させた。地球とつながった彼らの生き方を体系的に考察し、それらを自らに再生する方法を導き出す長編力作。

四六判上製

セブン・アローズI

聖なる輪の教え

ヘェメヨースツ・ストーム著

阿部珠理訳

ネイティブ・アメリカンのスピリットと教えを伝えるたくさんの物語がちりばめられた、死と再生の一大叙事詩の第一巻。以降『心の目をひらく旅』『よみがえる魂の物語』の全三巻で完結。

A5変型上製

雪の国からの亡命

チベットとダライ・ラマ 半世紀の証言

ジョン・F・アベドン著

三浦順子・小林秀英・梅野泉訳

大国の論理に翻弄されてなお、自由とアイデンティティを求めるチベットの人々の深い精神性と政治的現実を描ききった長編ノンフィクション。地球上のあらゆる民族問題を解く鍵がここにある。

四六判上製

ラムゼー・クラークの湾岸戦争

いま戦争はこうして作られる

ラムゼー・クラーク著

中平信也訳

米国によって巧妙に仕組まれた戦争へのシナリオ、イラク国民に加えられた想像を絶する攻撃と制裁。元米国司法長官が爆撃中のイラクで見た戦争の実体を膨大な資料と証言によって克明に検証する。

A5判並製

ガンジー・自立の思想

自分の手で紡ぐ未来

M・K・ガンジー著

田畑健編・片山佳代子訳

近代文明の正体を見抜き、真の豊かさを論じた文明論をはじめ、チャルカ(糸車)の思想、手織り布の経済学など、ガンジーの生き方の根幹をなす独特の思想とその実現への具体的プログラムを編む。

四六判上製